벤저민 그레이엄의
증권분석
개정 제7판

Security Analysis, 7th Edition:
Principles and Technique
by Benjamin Graham, David Dodd,
and edited by Seth Klarman
First Published by McGraw Hill LLC, New York.

Copyright ⓒ 2023, 2009, 1988, 1962, 1951, 1940, 1934 by McGraw Hill
All rights reserved.

Korean Translation Copyright ⓒ 2025 by The Business Books and Co., Ltd.
Korean edition is published by arrangement with McGraw Hill LLC
through Imprima Korea Agency, Seoul.

이 책의 한국어판 저작권은 임프리마 코리아 에이전시를 통해
저작권자와 독점 계약을 맺은 (주)비즈니스북스에게 있습니다.
저작권법에 의해 국내에서 보호를 받는 저작물이므로 무단 전재와 복제를 금합니다.

SECURITY ANALYSIS

개정 제7판

《 벤저민 그레이엄의 》

증권분석

벤저민 그레이엄·데이비드 도드 지음
이건·박성진·설윤성 옮김

7th Edition

비즈니스북스

일러두기

- 《증권분석》 개정 제7판은 1940년에 출간된 제2판을 바탕으로 현재 가치투자계의 최고 대가들이 해설을 덧붙여 새롭게 탄생시켰다.
- 이 과정에서 도표 등 자료 중심인 11개 장(제9장, 제11장~제14장, 제20장, 제25장, 제30장, 제35장~제36장, 제46장)과 비고를 모은 '부록'은 본 책에서 생략하였다. 이 생략한 장들은 원문 PDF를 온라인으로 제공받을 수 있다('이 책의 소개' QR코드 참조).
- '주석'은 더 깊이 연구하려는 독자를 위해 그대로 번역하여 참고하도록 했다.

벤저민 그레이엄의 증권분석 개정 제7판

1판 1쇄 인쇄 2025년 8월 28일
1판 1쇄 발행 2025년 9월 22일

지은이 | 벤저민 그레이엄, 데이비드 도드
옮긴이 | 이건, 박성진, 설윤성
발행인 | 홍영태
편집인 | 김미란
발행처 | (주)비즈니스북스
등 록 | 제2000-000225호(2000년 2월 28일)
주 소 | 03991 서울시 마포구 월드컵북로6길 3 이노베이스빌딩 7층
전 화 | (02)338-9449
팩 스 | (02)338-6543
대표메일 | bb@businessbooks.co.kr
홈페이지 | http://www.businessbooks.co.kr
블로그 | http://blog.naver.com/biz_books
페이스북 | thebizbooks
인스타그램 | bizbooks_kr
ISBN 979-11-6254-438-9   03320

* 잘못된 책은 구입하신 서점에서 바꾸어 드립니다.
* 책값은 뒤표지에 있습니다.
* 비즈니스북스에 대한 더 많은 정보가 필요하신 분은 홈페이지를 방문해 주시기 바랍니다.

비즈니스북스는 독자 여러분의 소중한 아이디어와 원고 투고를 기다리고 있습니다.
원고가 있으신 분은 ms1@businessbooks.co.kr로 간단한 개요와 취지, 연락처 등을 보내 주세요.

"지금은 실패했지만 회복하는 사람도 많을 것이고,
지금은 축하받지만 실패하는 사람도 많을 것이다."

_호라티우스, 《시론》 Ars Poetica

차례

추천사 워런 버핏	11
추천사 살아있는 현대 투자 교과서―홍진채	13
《증권분석》제7판에 바치는 찬사	16
이 책의 소개	19
《증권분석》판본	20
옮긴이의 글 주식시장 100년의 흥망성쇠가 고스란히 담긴 영원한 고전―박성진	21
제7판 서문 그레이엄과 도드의 영원한 지혜 ―세스 클라먼	31
제2판 서문	68
제1판 서문	70
제7판 개론 그레이엄과《증권분석》의 역사적 배경 ―제임스 그랜트	73
제2판 개론 투자 정책의 문제들	93

제1부　조사와 분석기법

제1부 개론: 벤저민 그레이엄-가치투자의 탄생과 현대금융 ―로저 로웬스타인	111
제1장 ｜ 증권분석의 범위와 한계. 내재가치의 개념	134
제2장 ｜ 분석의 기본 요소. 양적 요소와 질적 요소	148
제3장 ｜ 정보의 원천	163
제4장 ｜ 투자와 투기의 구분	175
제5장 ｜ 증권의 분류	188

제2부 고정 수익 투자

제2부 개론: 채권의 속박을 풀어 주다 — 하워드 막스　　　　　　　　199

제6장	고정 수익 증권 선정 원칙 1	223
제7장	고정 수익 증권 선정 원칙 2, 3	237
제8장	채권투자의 구체적 기준 1	252
제9장	채권투자의 구체적 기준 2(온라인 자료 참조)	263
제10장	채권투자의 구체적 기준 3	264
제11장	채권투자의 구체적 기준 4(온라인 자료 참조)	273
제12장	철도 및 공익기업 채권 분석의 특수 요소(온라인 자료 참조)	273
제13장	채권 분석의 기타 특수 요소(온라인 자료 참조)	273
제14장	우선주 이론(온라인 자료 참조)	273
제15장	우선주 선정 기법	274
제16장	수익사채와 보증사채	287
제17장	보증사채 2	300
제18장	보호 조항과 선순위 증권 보유자 구제	315
제19장	보호 조항 2	329
제20장	우선주 보호 조항. 후순위 자본 유지(온라인 자료 참조)	341
제21장	보유 종목 점검	342

제3부 투기적 선순위 증권

제3부 개론: 부실채권 투자 — 도미니크 미엘   355

제22장	특권부 증권	370
제23장	특권부 선순위 증권의 기술적 특성	381
제24장	전환증권의 기술적 특성	395
제25장	신주인수권부 선순위 증권. 이익참가부 증권. 전환과 헤징(온라인 자료 참조)	404
제26장	안전성이 낮은 선순위 증권	405

제4부 보통주 투자 이론. 배당금 요소

제4부 개론: 가치투자를 위한 조사와 분석 — 토드 콤스   421

제27장	보통주 투자 이론	437
제28장	보통주 투자의 새로운 원칙	456
제29장	보통주 분석의 배당금 요소	466
제30장	주식배당(온라인 자료 참조)	483

제5부　손익계산서 분석. 보통주 평가에서 이익 요소

제5부 개론 1: 가치투자의 진화 —스티븐 로믹	487
제5부 개론 2: 소유-경영자와 동업하라 —벤저민 스타인, 재커리 스턴버그	505

제31장 ｜ 손익계산서 분석	516
제32장 ｜ 손익계산서의 특별손실과 기타 특별 항목	531
제33장 ｜ 손익계산서를 속이는 교묘한 술책. 자회사 이익	542
제34장 ｜ 감가상각비 등과 수익력의 관계	560
제35장 ｜ 공익회사의 감가상각 정책(온라인 자료 참조)	580
제36장 ｜ 투자자 관점에서 본 상각 비용(온라인 자료 참조)	580
제37장 ｜ 이익 실적의 중요성	581
제38장 ｜ 과거 실적을 의심해야 하는 이유	596
제39장 ｜ 보통주의 주가수익배수. 자본 변경 조정	605
제40장 ｜ 자본구조	616
제41장 ｜ 저가 보통주. 수익원 분석	629

제6부　재무상태표 분석. 자산가치의 의미

제6부 개론: 재무상태표 분석의 유용성 —세스 클라먼	645

제42장 ｜ 재무상태표 분석. 장부가치의 중요성	652
제43장 ｜ 유동자산 가치의 중요성	664
제44장 ｜ 청산가치의 의미. 주주-경영진 관계	680
제45장 ｜ 재무상태표 분석(결론)	696

제7부 증권분석의 기타 측면, 가격과 가치의 괴리

제7부 개론: 시장은 여전히 비효율적이다 —낸시 짐머만 ... 721

- 제46장 | 스톡-옵션 워런트(온라인 자료 참조) ... 735
- 제47장 | 금융 비용과 경영 비용 ... 736
- 제48장 | 피라미드식 기업금융 ... 747
- 제49장 | 동종기업 비교분석 ... 757
- 제50장 | 가격과 가치의 괴리 1 ... 772
- 제51장 | 가격과 가치의 괴리 2 ... 792
- 제52장 | 시장분석과 증권분석 ... 801

제8부 가치투자의 현대적 개념

- 글로벌 투자 —윌리엄 더멀, 아쉬쉬 판트, 제이슨 모먼트 ... 819
- 비상장기업 투자: 사례분석 —데이비드 에이브럼스 ... 837
- 기금 운용의 원칙과 사례 —세스 알렉산더 ... 848

- 부록(온라인 자료 참조) ... 856
- 제7판 소개 《증권분석》 제7판에 관하여 —세스 클라먼 ... 857
- 감사의 글 ... 862
- 해설자 소개 ... 863
- 옮긴이 소개 ... 866

| 추천사 |

워런 버핏

책이 넘치는 내 서재에는 유난히 아끼는 책이 네 권 있다. 모두 출간된 지 50년이 넘은 책들이다. 이 네 권은 내가 지금 처음 읽더라도 여전히 엄청나게 가치 있는 책들이다. 글자는 바랬어도 책에 담긴 지혜는 여전하기 때문이다.

네 권 중 두 권은 애덤 스미스의 《국부론》(1776) 제1판과 벤저민 그레이엄의 《현명한 투자자》(1949) 초판이다. 세 번째 책은 당신이 집어 든 그레이엄과 도드의 《증권분석》 제2판이다. 나는 1950년과 1951년 컬럼비아 대학교에서 증권분석을 공부했다. 당시 엄청나게 운이 좋았던 나는 벤저민 그레이엄과 데이비드 도드로부터 직접 배울 수 있었다. 나는 이 책과 두 스승 덕분에 인생이 바뀌었다.

당시에 배운 내용이 매우 실용적이어서, 나는 이 지식을 바탕으로 투자와 사업에 관한 모든 결정을 내리게 되었다. 나는 그레이엄과 도드를 만나기 오래전부터 주식시장에 매료되어 있었다. 11살에 처음으로 주식을 사기 전까지(주식투자 자금 115달러를 모으다 보니 11살이 되었다), 나는 오마하 공공 도서관에서 주식시장에 관한 책을 모조리 찾아 읽었다. 흥미롭고 매혹적인 책이 많았다. 하지만 정말로 유용한 책은 한 권도 없었다.

그러나 그레이엄과 도드를 처음에는 책을 통해서 만나고, 이어서 직접 만난 다음 나는 지적 방황에서 벗어나게 되었다. 두 분은 투자를 안내하는 도로 지도를 그려 주었고, 나는 57년째 이 지도를 따르고 있다. 다른 지도는 찾아볼 이유가 전혀 없었다.

그레이엄과 도드는 내게 투자 아이디어뿐 아니라, 우정과 격려와 신뢰까지도 소나기처럼 퍼부어 주었다. 두 분은 젊은 학생에게 전혀 대가를 기대하지 않았다. 오로지 일방적으로 도움을 베풀어 주었다. 결국, 나는 두 분을 가장 존경하게 되었다. 두 분은 타고난 천재였으며, 아낌없이 친절하게 베풀어 주는 인격자였다.

염세가라면 두 분의 행동에 어리둥절했을 것이다. 그레이엄과 도드는 나와 같은 젊은 학생 수천 명을 가르쳤는데, 모두 잠재 경쟁자였다. 이들은 염가 주식을 사거나 차익거래를 하면서 그레이엄의 투자회사 그레이엄-뉴먼Graham-Newman Corporation과 정면으로 경쟁할 사람들이었다. 게다가 그레이엄과 도드는 수업과 저서에서 최신 투자 사례를 사용했는데, 우리가 분석할 일을 대신 해 준 셈이었다. 두 분의 행동 양식은 두 분의 사상과 마찬가지로 우리에게 깊은 인상을 남겼다. 우리는 현명하게 투자하는 방법뿐 아니라, 현명하게 살아가는 방법까지 배웠다.

내가 컬럼비아 대학교 대학원에서 공부하고 서재에 소장 중인《증권분석》제2판은 1940년판이다. 이 책은 내가 네 번이나 읽었을 정도로 정말이지 너무나 특별하다.

그러나 이번에는 내게 더욱 소중한 네 번째 책에 대해서 설명하겠다. 2000년 도드의 외동딸 바버라 도드 앤더슨Barbara Dodd Anderson이 여백 수백 군데에 메모가 담긴 아버지의 1934년판《증권분석》을 내게 주었다. 도드가 1940년 개정판 출간을 준비하면서 남긴 메모였다. 이렇게 뜻깊은 선물은 일찍이 받아 본 적이 없다.

| 추천사 |

살아있는 현대 투자 교과서

홍진채 (라쿤자산운용 대표)

워런 버핏의 서재에는 특별한 책이 세 권이 있다. 애덤 스미스의 《국부론》, 벤저민 그레이엄의 《현명한 투자자》, 그리고 그레이엄과 도드의 《증권분석》이다. 특히 《증권분석》은 그의 투자 철학을 뿌리부터 형성한 '지도'와 같은 책이었으며, 버핏은 수십 년이 지난 지금도 그 원칙을 따르고 있다고 여러 차례 강조해왔다.

바로 그 책이 지금 다시 독자들 앞에 놓였다. 이 책은 단순히 복각된 고전이 아니라, 오늘날 가장 존경받는 투자자들이 직접 해설자로 참여하여 지금 이 시대의 언어로 다시 살아난 교과서다.

이 책의 해설에 참여한 이들은 그 자체로 오늘날 투자 세계의 정수다. 세스 클라먼은 《안전마진》의 저자이자 바우포스트 그룹을 이끄는 전설적인 가치투자자다. 그는 워런 버핏과 함께 대표적인 가치투자자로 꼽히며 '제2의 워런 버핏'으로 불린다. 오크트리 캐피털의 공동 창립자이자 회장인 하워드 막스는 시장 사이클과 리스크에 대한 깊은 통찰로 유명하여 그의 투자 메모는 업계에서 매우 높은 신뢰를 받는다.

오늘날 버핏의 뒤를 이어 버크셔 해서웨이의 포트폴리오를 운용하는 토드 콤스 역시 해설진에 이름을 올리고 있다. 그는 단지 버핏의 후계자라는 수식어를 넘어, 실전 시장에서 《증권분석》의 철학을 체화하며 운용 성과로 그 가치를 입증하고 있는 인물이다. 이 밖에도 각자의 분야에서 내로라하는 투자자들이 이 책의 정신에 대한 통찰을 더했다.

이들은 단지 유명 인사가 아니라 투자 원칙과 실전 성과로 그 가치를 증명해 낸 사람들이다. 이들의 해설은 《증권분석》을 과거의 고전이 아닌, 지금 이 시대에도 살아 있는 언어로, 원칙으로, 철학으로 되살아나게 하는 해석의 고리가 된다.

투자를 처음 시작하는 이라면 이 책이 좋은 '첫 경험'이 되어줄 것이다. 투자의 본질은 내재가치, 군중심리 그리고 유동성이라는 세 기둥 위에 세워져 있다. 알에서 태어난 새가 처음 마주한 동물을 어미로 여기듯, 투자에서 처음 접하는 세계관이 무엇이냐에 따라 평생의 투자 태도가 달라진다. 처음 마주치는 세계관이 탐욕과 속임수라면 투자는 고통과 혐오로 가득 찬 일이 될 수도 있다. 반대로 이 책이 말하는 냉정함, 안전마진, 독립적 사고를 처음 접한다면 투자는 인생의 가장 평온한 동반자가 될 것이다.

이미 일정한 경험을 쌓은 이들에게도 이 책은 여전히 살아 있는 검증의 도구다. 투자란 어느 순간 '이제 좀 알겠다'는 착각이 들 때부터 위험해지기 시작한다. 마치 운전 2년 차에 사고 확률이 가장 높듯, 자신만의 방식에 익숙해졌을 때 가장 큰 실수를 한다. 시장은 끊임없이 새로운 방식으로 투자자를 시험하고, 예상 밖의 상황은 자만한 이의 판단력을 비틀어 놓는다.

《증권분석》은 흔히 '가치투자의 바이블'로 불린다. 하지만 '가치투자'에 대한 일반적인 인식, 단지 저PER·저PBR 주식을 고르라는 편협한 하나의 '기법'을 가르치는 책이 절대 아니다. 책의 가르침은 훨씬 더 근본적이다. 무엇이 기업의 '가치'를 결정하는가? 그 가치는 왜, 그리고 어떻게 시장 가격과 괴리되는가? 그 괴리를 인식한 투자자는 언제, 어떻게 행동해야 하는가? 이 책은 수치와 재무제표, 심리와 군중, 유동성과 시장의 구조를 종합적으로 바라보며 이 질문에 답한다.

특히 이 책이 강조하는 핵심 중 하나는, 가치는 하나의 고정된 수치가 아니라 '범위'로 추정해야 한다는 점이다. "투자란 본질적으로 정밀한 과학이 아니다."

"가치평가는 수학적으로 보이지만 실제로는 심리적이고 임의적인 면이 많다. 분석을 아무리 정교하게 해도 미래의 경제 환경 변화로 인해 그 결과가 달라질 수 있다." "많은 경우, 분석적 기법을 통해 주식의 '신뢰할 수 있는 가치 범위'dependable range of valuation를 산출할 수 있다. 이 범위가 현재 가격과 상당히 다를 때 투자 기회가 생긴다."

시장의 불확실성을 인정하고 겸허히 받아들이면서도, 독자적인 판단을 고수하는 태도는 현대의 거장들에게도 깊은 영향을 미쳤다. 세스 클라먼은 "기회에 맞는 기준을 만족할 때까지 기다려라. 그리고 공황 상태에 빠지지 않기로 결정하는 것도 하나의 결정이다"라고 말하며 혼란 속에서도 원칙을 지키는 태도의 중요성을 강조했다. 하워드 막스 역시 "예측할 수는 없지만, 대비할 수는 있다"고 말하며, 시장을 통제하려 하기보다 리스크를 관리하고 준비하는 것이 투자자의 본질적인 역할임을 지적했다.

투자는 스스로 판단하고 책임지는 일이다. 《증권분석》은 그 판단의 뼈대를 제공한다. 이 책을 통해 독자 여러분이 자기만의 언어로 시장을 해석하고, 더 나아가 자기 삶을 투자라는 렌즈로 새롭게 바라볼 수 있기를 바란다. 90년 가까운 세월 동안 수많은 투자자가 이 책에서 다시 출발했고, 지금도 여전히 그렇다. 그 여정의 다음 차례가 여러분이길 바란다.

| 《증권분석》 제7판에 바치는 찬사 |

제1판이 출간된 지 90년이나 지난《증권분석》을 2025년인 지금도 많은 투자 현인들이 한결같이 추천하는 이유가 뭘까? 대다수 투자자는 주식시장의 변동성 때문에 힘들어한다. 성공한 많은 투자 대가들은 그 변동성을 이겨냈기에 큰 수익을 얻을 수 있었고, 그 뿌리는 바로 이 책《증권분석》에서 얻을 수 있었다고 말한다. 독자 여러분도 이 책을 통하여 변동성을 이겨내는 힘을 키워 보길 권한다.

- 김철광(필명 '바람의숲')

투자하다 보면 '결국 버핏'이라는 말을 절감하는 순간이 온다. 우리처럼 워런 버핏에게도 그렇게 귀착하는 대상이 있다. 바로 스승이었던 벤저민 그레이엄이다. 이 책은 그의 다른 책보다 난도가 높지만, '결국 그레이엄'으로밖에 설명할 수 없는 근본이자 불멸의 고전이다. 이번 제7판에서는 '코로나19'라는 대격변을 겪은 후, 그의 제자를 자처하는 여러 투자자가 개론을 추가해 시의성까지 더했다. 이 책으로 투자를 시작하지는 않았더라도, 앞으로는 늘 함께하게 될 것이다.

- 변영진generalfox, 출판사 호라이즌프레스 대표,
《노마드 투자자 서한》,《지름길은 없다》옮긴이

《증권분석》 제7판은 단순한 재출간이 아니다. 세스 클라먼을 비롯한 전설적 투자자들이 덧붙인 통찰은 크게 변동하는 시장에서도 변하지 않는 원칙이 있음을 알려준다. 투자에 진심인 사람이라면 곱씹어 읽어야 하는 고전 중의 고전이다.

- 정채진(전업투자자),《운과 실력의 성공 방정식》옮긴이

이번《증권분석》은 제2판의 가치투자 이론을 21세기 금융 환경을 반영해 새롭게 해석하였다는 점에서 그 가치가 높다. 또한 현재 월스트리트를 이끄는 세스 클라먼, 하워드 막스, 토드 콤스 같은 거장들이 나서서 그레이엄과 도드의 투자 철학이 급변하는 오늘날에도 변치 않는 근본임을 보여준다. 이 책은 지금까지와 같이, 정보의 홍수와 시장의 광기 속에서도 투자자들이 현명한 판단력을 유지할 수 있게 돕는 나침반이 될 것이다.

― 홍영표,《워런 버핏 바이블 2021》공저자

세스 클라먼과 해설자들은 투자의 고전《증권분석》개정판에 담긴 영원한 지혜를 재치 있게 체계적으로 전달한다. 이 책은 지금은 물론 앞으로도 오랜 기간 적합한 책이다. 이 책을 읽고 따르는 독자들은 큰 이익을 얻을 수 있다.

― 로런스 서머스 Lawrence H. Summers,
재무부 장관과 하버드 대학교 총장 역임

금융 시스템과 시장은 지극히 복잡하며 끊임없이 변화한다. 우리는 계속 배우면서 예측 불가능한 사건에 대비해야 하지만, 바뀌지 않는 근본 원칙도 있다는 사실을 기억해야 한다. 그것은 그레이엄과 도드가 주는 위대하고도 영원한 교훈이다. 세스 클라먼은 빠르게 변화하는 금융 생태계에서 얻은 풍부한 경험을 바탕으로《증권분석》제7판에 담긴 교훈을 유익하고도 통찰력 넘치는 방식으로 생생하게 전달한다.

― 제이미 다이먼 Jamie Dimon,
JP모건 체이스 의장 겸 CEO

어떤 수준의 투자자라도 그레이엄과 도드의 영원한 고전《증권분석》제7판을 읽으면 엄청난 혜택을 얻을 것이다. 가치투자는 세월의 시험을 견뎌 냈지만, 그 과정은 순탄하지 않았다. 실제로 최고의 가치투자자들은 거의 90년 전 그레이엄과 도드가 신봉한 원칙을 유지하면서 변화하는 정치, 사회, 경제 지형과 함께 끊임없이 진화하고 있다.

― 스탠 드러켄밀러 Stan Druckenmiller,
듀케인 패밀리 오피스 Duquesne Family Office CEO

그레이엄과 도드의《증권분석》은 사업 분야와 투자 분야 리더에게 고전적이면서도 전문적인 지침서이다. 워런 버핏과 세스 클라먼 등《증권분석》제7판 기고자들은 투자 분야의 '올스타'들이다. 이들이 나누어 주는 독특하고도 사려 깊은 통찰은 이들의 뒤를 따르는 차세대 투자자에게 길을 밝혀 줄 것이다.

— 케네스 셔놀트Kenneth I. Chenault, 제너럴 캐털리스트General Catalyst 의장 겸 이사,
아메리칸 익스프레스 의장 겸 CEO 역임

통찰력 넘치는 해설 덕분에 《증권분석》 제7판은 최고의 개정판이 되었다. 진지한 가치투자자 모두의 필독서이다.

— 브루스 그린왈드Bruce Greenwald,
컬럼비아 경영대학원 자산관리 및 금융 명예교수

《증권분석》이 가치투자자의 성서라면, 제7판은 신약 성서다. 세스 클라먼과 해설자들은 제로 금리로 잉여자금이 넘치는 세상에서부터 암호화폐와 밈 주식meme stock(인터넷 커뮤니티 등에서 유행하는 주식)의 등장에 이르기까지 그들이 전혀 예측할 수 없었던 시장 사건들에 그레이엄과 도드가 어떤 방식으로 접근했을지 예측해 주는 진정한 예언자다. 가치투자 교리의 신봉자는 물론 호기심 많은 초보자에게도 이 책은 필독서다. 이 책은 진실한 신도를 격려하고 고집스러운 투기꾼을 올바른 투자자로 개종하는 신앙 고백이다.

— 베키 퀵Becky Quick, CNBC 앵커

그레이엄과 도드의 영원한 교과서 《증권분석》 제7판은 나를 포함한 여러 세대의 투자자에게 영향을 미친 불후의 원칙들로 구성된 교훈적이고도 인상적인 책이다. 이 개정판은 발전하는 시장 환경, 변화하는 기준, 자산운용업의 최근 동향을 포착하며 지구력과 인내심이 가치투자에 성공하는 가장 확실한 방법이라고 강조한다.

— 로런스 핑크Laurence D. Fink,
블랙록BlackRock, Inc. 의장 겸 CEO

쇄도하는 금융 데이터, 끊임없이 발전하는 경제, 행동재무학의 발달로 투자 기술이 바뀌는 중이다. 컬럼비아 경영대학원에서 30년 동안 증권분석 과목을 가르친 나는 이 개정판의 변함없는 지혜와 최신 해설의 조합을 높이 평가한다. 진지한 투자자의 필독서다.

— 마이클 모부신Michael Mauboussin, 모건스탠리 자산운용 산하
카운터포인트 글로벌의 컨실리언트 리서치Consilient Research, Counterpoint Global 책임자

| 이 책의 소개 |

벤저민 그레이엄과 데이비드 도드는 1934년 《증권분석》을 출간하여 투자의 이론과 관행을 영원히 바꿔 놓았다. 당시는 미국을 비롯한 세계가 대공황에 빠졌던 유례없는 격변기였다. 1940년 두 저자는 종합 개정판을 내놓았다. 《증권분석》 제2판은 우리 시대에 가장 영향력 있는 두 투자 철학가의 권위 있는 조언으로 인정받았다.

《증권분석》은 지금도 주식과 채권 분석의 기본 교과서로 세계에서 인정받고 있으며, 가치투자의 바이블로 꼽힌다. 《증권분석》 출간 90주년을 기념하기 위해서, 맥그로힐은 제7판을 자랑스럽게 출간하게 되었다.

제7판은 1940년도에 출간된 《증권분석》 제2판을 바탕으로 오늘날의 선도적인 가치투자자와 금융 기고가의 생생하고도 실제적인 해설을 덧붙여 만들었다. 그 결과, 당대 가치투자의 바이블이 완성되었다.

제7판에서 생략된 장의 원문(이하 '온라인 자료')은 아래 QR 코드를 통해 다운로드 받을 수 있다.

《증권분석》 판본

《증권분석》 제1판(1934): 그레이엄Graham과 도드Dodd
《증권분석》 제2판(1940): 그레이엄과 도드
《증권분석》 제3판(1951): 그레이엄과 도드
《증권분석》 제4판(1962): 그레이엄, 도드, 코틀Cottle, 테이텀Tatham
《증권분석》 제5판(1988): 그레이엄, 도드, 코틀, 머리Murray, 블락Block, 레이보위츠Leibowitz
《증권분석》 제6판(2009): 그레이엄, 도드, 클라먼Klarman, 그랜트Grant, 그린왈드Greenwald

| 옮긴이의 글 |

주식시장 100년의 흥망성쇠가 고스란히 담긴 영원한 고전

벤저민 그레이엄의 《증권분석》 제1판이 출간되고 90여 년의 세월이 흘렀습니다. 그레이엄은 1976년 82세의 나이로 세상을 떠났지만, 《증권분석》은 지금까지 계속 개정판이 나오고 있습니다. 그 어떤 분야에서도 이렇게 거듭하여 개정판이 나오며 생명력을 이어가는 책을 찾아보기는 어려울 것입니다.

1914년 컬럼비아 대학교를 졸업한 그레이엄은 여러 교수직 제안을 뒤로하고 월스트리트에서 경력을 시작했습니다. 주식은 투기 수단이고 주식시장은 카지노의 사촌처럼 여겨지던 시기에 그레이엄은 기업의 재무제표를 분석하고 펀더멘털에 집중해 저평가된 기업에서 투자 기회를 발굴했습니다. 그리고 놀라운 성과를 내며 명성을 쌓아갔습니다. 이런 현장에서의 성공과 실전 경험을 바탕으로 그레이엄은 1925년부터 증권분석에 관한 책을 구상하기 시작했습니다. 이후 생각을 가다듬고 자료를 정리하기 위해 1927년부터 컬럼비아 대학교에서 강의를 시작하며 본격적으로 집필을 준비했습니다. 당시 재무 강사였던 데이비드 도드가 강의 내용을 기록하는 역할을 맡았습니다.

《증권분석》 제1판(1934): 대번영과 대폭락의 혼돈 속에서 태어난 가치투자서

그러던 1929년 10월 주식시장이 붕괴되며 대공황이 급습했습니다. 대공황의

다우지수와《증권분석》출판 시기

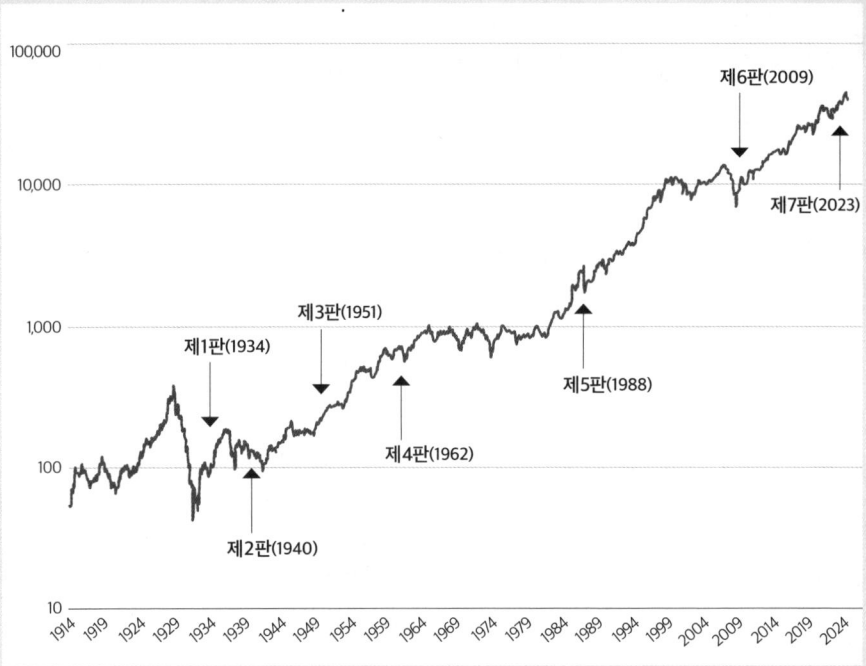

여파는 끔찍했습니다. 1929년 고점에서 1932년 저점까지 다우지수는 3년이 넘는 기간 동안 90퍼센트 가까이 폭락했고, 그레이엄 역시 -70퍼센트라는 막대한 손실을 입었습니다. 하지만 그레이엄은 굴하지 않았습니다. 그는 평균회귀의 힘을 믿는 낙관론자였습니다. 그레이엄은《증권분석》책 맨 앞에 다음과 같은 로마시인 호라티우스의 글을 인용하고 있습니다. "지금은 실패했지만 회복하는 사람도 많을 것이고, 지금은 축하받지만 실패하는 사람도 많을 것이다." 그레이엄은 시간이 지나면 기업의 실적과 주가가 다시 회복될 것이라는 강력한 믿음을 가지고 있었습니다. 1935년, 마침내 그레이엄은 모든 손실을 회복했습니다. 1934년《증권분석》제1판을 출간한 지 1년 후였습니다.

대공황 이전 1920년대는 '위대한 개츠비'의 시절로 '광란의 20년대'Roaring

Twenties로 불릴 만큼 대번영의 시기였습니다. 주식시장 역시 1921년 저점에서 1929년 고점까지 8년 동안 6배 가까이 쉴 새 없이 오르며 가파른 상승장을 이어갔습니다. 그리고 끔찍한 폭락이 찾아왔습니다. 그레이엄은 자서전에서 "《증권분석》이 발표되기까지 7년이라는 세월이 걸렸다. 1934년까지 엄청난 고통을 치르며 얻어낸 지혜를 책에 쏟아부을 수 있었기 때문에 만약 더 일찍 책을 냈더라면 큰 실수가 되었을 것이다"라고 회고했습니다.[1]

대공황을 거치며 대중은 주식시장을 떠났습니다. 대중에게 주식은 오직 투기 대상일 뿐이었고, 투자할 돈도 관심도 없었습니다. 그레이엄과 도드 역시 제1판 서문에서 "최근의 주식시장 붕괴로 주식 투자는 신뢰를 잃었다"고 인정했습니다.[2] 그럼에도 저자들은 미국 기업의 3분의 1 가까이가 청산가치보다 낮은 가격에 거래되고 있음을 지적하며 기업의 펀더멘털에 집중하라고 촉구했습니다. 대부분의 사람이 주식 투자에 관심을 두지 않던 엄혹한 시기에 출간된 《증권분석》 제1판은 주식을 투기가 아닌 투자의 대상으로 바라보고, 주식 증서 뒤에 있는 기업의 가치를 체계적으로 분석한 가치투자의 바이블입니다.

《증권분석》 제2판(1940): 전쟁이 불러온 불확실성 속에서도 빛난 원칙

제2판이 출간된 1940년은 제2차 세계대전이 한창이던 시기였습니다. 1932년 바닥에서 반등하던 주식시장은 1937년 고점을 찍고 등락을 거듭하다 다시금 하락장에 진입하고 있었습니다. 제2판에서 저자들은 "지금은 특히 제2차 세계대전이 미치는 영향에 주목하게 된다. 투자 정책 측면에서 보면 세계대전이 장래에 중대

---

[1] Benjamin Graham: The Memoirs of the Dean of Wall Street, 1996, 한국어판 《벤저민 그레이엄》(월가의 스승 벤저민 그레이엄 회고록), 321쪽.

[2] Bruce Greenwald and Paul Johnson, "Value Investing: A Paradigm Is Born(A century of Ideas)", Columbia Business School, 2016, Chapter 2.

한 영향을 미칠 것이라고 암시하는 정도가 최선이다. 증권분석 측면에서 보면 불확실성이 증가하여 분석이 복잡해지겠지만, 분석의 기본이나 기법이 바뀌지는 않을 것이다"라고 담담하게 이야기합니다. 제2판은 워런 버핏을 포함한 가치투자 후예들이 가장 높게 평가하는 판본이며, 제1판의 일부 약점을 보완한 가장 포괄적인 판본으로 받아들여지고 있습니다. 이번 《증권분석》 제7판이 바로 제2판의 내용에 현대 가치투자자들의 해설을 덧붙인 판본입니다.

《증권분석》 제3판(1951): 1950년대 황금기를 맞은 미국 주식시장과 그레이엄의 시선

제3판이 출간된 1951년은 미국 주식시장의 대세 상승이 시작되던 초입입니다. 1949년 중반부터 1966년 초반까지 다우지수는 6배 가까이 상승했습니다. 1950년대와 1960년대의 미국 주식시장은 대공황 이후 다시 돌아온 최고의 황금기였습니다. 그레이엄과 도드는 제3판 서문에서 "제3차 세계대전의 가능성이 우리 마음을 무겁게 짓누르고 있다"고 언급합니다. 미래 예측과 전망이 얼마나 힘들고 부질없는지 보여주는 대목입니다. 하지만 저자들은 현명하게도 "제3차 세계대전이 우리에게 미치는 영향은 헤아릴 수 없이 크다. 그러나 증권분석 분야에서는 다양한 증권 사이에서 선택하는 문제나, 증권과 현금 사이에서 선택하는 문제만 고려하면 된다. 전쟁이 일어나면 필연적으로 인플레이션이 발생하므로, 확정 금액을 지급하는 증권이나 현금보다는 유형의 생산 자산을 상징하는 보통주를 건전하게 선택하는 편이 더 안전하다"고 조언합니다.[3]

《증권분석》 제4판(1962): 성장주의 시대, 시험대에 오른 가치투자와 진정한 승자들

그레이엄은 1956년 컬럼비아 대학교를 은퇴하고 월스트리트를 떠나 캘리포니

---

3 《증권분석》 제3판, p.25.

아와 프랑스에서 시간을 보냈습니다. 1962년에 《증권분석》 제4판이 출간되었는데, 아마도 제4판을 쓰며 그레이엄과 도드는 매우 심란했을 것입니다. 1960년대는 성장주의 시대였습니다. 제4판 서문은 당시 주식시장에 만연하던 생각들과 자신들의 보수적인 입장이 크게 다르다는 주의사항으로 시작합니다. 제4판이 나오던 1960~1961년의 시장 상황은 제1판부터 제3판이 나오던 이전의 시장 상황과 크게 달라졌다고 지적합니다. 또한 1955년 어느 시점부터 저자들의 가치 기준과 실제 시장 수준이 서로 어긋나기 시작했고, 그 격차가 계속 확대되어 왔다고 말합니다.[4]

그레이엄의 우려에도 불구하고 주식시장은 1960년대 중반까지 상승세를 계속 이어갔습니다. 이런 상황은 미국 증시의 비이성적 과열irrational exuberance을 우려했던 앨런 그린스펀의 발언이 나오던 1996년 말 상황과 비슷해 보입니다. 시장은 그린스펀의 경고 이후에도 2000년 닷컴버블이 터질 때까지 3년 동안 2배 가까이 더 올랐습니다.

'고고시절'Go-Go Years로 불리는 1960년대, 새로운 세대의 젊은 펀드매니저들은 신기술과 새로운 기업에 열광했고, 과감하고 빠르게 매매하며 브레이크 없이 질주하였습니다. 퍼포먼스 펀드Performance Fund로 알려진 이들 펀드는 오직 '성과'에만 집착했고, 단기 고수익을 추구하며 성장주에 공격적으로 투자했습니다. 이들의 놀라운 수익률을 좇아 뮤추얼펀드로 자금이 물밀듯이 들어왔고, 피델리티 캐피털 펀드Fidelity Capital Fund를 운영하던 제리 차이Gerald Tsai는 전국적인 스타 펀드매니저로 명성을 날렸습니다.

---

[4] *Security Analysis*(4th Ed.), pp. v-vi.

당시 오마하 시골에서 '버핏투자조합'을 운용하던 젊은 워런 버핏은 투자조합원에게 보내는 서한에서 이들 성장주 펀드를 비판적인 시각으로 바라보았습니다. 점차 버핏은 안전마진이 충분한 투자 기회를 찾는 데 어려움을 겪었습니다. 1966년부터 신규 투자자를 받지 않았고, 마침내 1969년, 투자조합을 청산하기로 결정합니다. 1968년 초 주식시장이 미쳐 돌아갈 때, 버핏은 위대한 스승인 그레이엄의 말을 듣기 위해 그레이엄을 신봉하는 12명의 동료들을 불러모아 그레이엄을 찾아갔습니다. 동료들에게 버핏은 한 가지 당부 사항을 전했습니다. "1934년 판《증권분석》이외에는 어떤 자료도 가지고 오지 마십시오."[5] 이후 1968년 11월을 고점으로 주식시장은 폭락했습니다. 1969년 청산 시 버핏투자조합은 보수 차감 전 연평균 29.5퍼센트의 놀라운 복리수익률을 달성했는데, 같은 기간 다우지수의 연평균 수익률은 7.4퍼센트였습니다.

그레이엄의 후예들은 제4판을 달가워하지 않았습니다. 제4판을 집필하던 시기 그레이엄은 주식투자에 대한 흥미가 크게 줄어든 상태였고, 그 결과 새로 참여한 공저자들의 영향을 크게 받았다고 생각했습니다. 월터 슐로스는 "제4판은 결코 그레이엄 스타일이 아니다"라고 말했습니다. 워런 버핏 역시 "《증권분석》제4판의 14장은 그레이엄이 아니라 시드니 코틀Sidney Cottle이 썼는데, 코틀이 틀렸다"고 말했습니다. 그레이엄 역시 제4판이 그리 마음에 들지 않았는지, 1970년대 중반 UCLA에서 강의할 때 《증권분석》 대신 《현명한 투자자》를 교재로 선택했다고 합니다.[6]

폭락 후 1년 반의 하락기를 거친 주식시장은 놀랍게도 새로운 성장주 장세를 시작했습니다. 시장 붕괴에 놀란 투자자들은 이번에는 경기 침체 속에서도 살아남은

---

[5] Alice Schroeder, *The Snowball: Warren Buffett and the Business of Life*, 한국어판 《스노볼 1》, 604쪽.
[6] Janet Lowe, *Benjamin Graham on Value Investing: Lessons from the Dean of Wall Street*, 1996, p.199.

제록스Xerox, IBM, 폴라로이드Polaroid, 코카콜라, 코닥Kodak과 같은 대형 성장주로 포트폴리오를 꾸렸습니다. 이들 주식은 '니프티피프티'Nifty-Fifty로 불렸는데, '고고시절'의 중소형주와 달리 영원히 성장할 것으로 여겨졌습니다. 사람들은 '니프티피프티'를 한번 매수 결정을 하면 팔지 않고 영원히 보유한다는 의미로 '원디시젼one-decision 주식'이라고 불렀습니다. 매수 열기가 절정에 달하던 1972년 '니프티피프티' 주식들의 평균 PER는 41.9였는데, 이는 S&P500 지수 편입 기업들의 2배가 넘는 수치였습니다. 이들 기업 중 5분의 1 이상의 PER가 50을 넘었고, 폴라로이드는 90배를 넘었습니다.[7] 결국 1973년 주식시장이 붕괴되었고, 스태그플레이션 시기가 도래했습니다.

한편, 1960년대 경영학계에서는 현대 금융이론이 탄생하고 확산되기 시작했습니다. 새로운 이론은 주식시장이 효율적이라고 주장했는데, 기업의 주가에는 해당 시점에 기업에 대해 공개된 모든 정보가 반영되어 있다는 것입니다. 주가는 아직 알 수 없는 새로운 정보에만 반응할 것이기에 기업의 펀더멘털 분석은 의미가 없고, 개별 주식 선택으로 초과 수익을 만들어낼 수 없다고 주장합니다. 그레이엄의 가치투자 방식 역시 예외가 아니며, 이들에 따르면 가치투자자들의 성과는 단지 운이 좋았기 때문입니다. 충분히 많은 사람들이 참여해 동전을 던지면, 누군가는 계속해서 앞면이 나오는 것과 같은 이치라는 것입니다. 하지만 버핏은 계속해서 앞면이 나오는 투자자들의 상당수가 '그레이엄과 도드 마을'(벤저민 그레이엄과 데이비드 도드의 투자 철학을 따르는 투자자들을 지칭하는 은유적인 표현) 출신이라면 얘기가 달라진다고 지적합니다. 실제로 워런 버핏을 필두로 찰리 멍거, 월터 슐로스, 빌 루안Bill Ruane, 톰 냅Tom Knapp, 마리오 가벨리Mario Gabelli, 세스 클라먼, 토드 콤스 등 수많은 그레이엄의 후예들은 장기적으로 시장을 이기며 놀라운 성과를 꾸

---

[7] Jeremy J. Siegel, *Stocks for the Long Run*, 한국어판 《제레미 시겔의 주식투자 바이블》, 155쪽.

준히 이어오고 있습니다. 이를 우연이라고 할 수 있을까요? 1987년 10월 19일 다우지수가 하루 만에 22.6퍼센트나 빠진 블랙먼데이Black Monday 사건은 현대 금융 이론에 치명적인 일격을 가했습니다. 버핏은 학계와 전문가들이 "시장이 자주 효율적인 모습을 확인한 다음, 시장이 항상 효율적이라고 잘못된 결론을 내렸다. 그러나 '자주'와 '항상'의 차이는 낮과 밤만큼이나 크다"라고 지적했습니다.[8]

스태그플레이션과 함께 다시 고통스러운 침체의 시기가 찾아왔고 사람들은 주식시장을 떠났습니다. 1974년 말 다우지수가 바닥을 향해 가던 시기 워런 버핏은 "성욕이 넘치는 남자가 하렘에 간 기분"이라고 말했습니다. 투자자들이 떠난 시장에는 다시금 싼 주식이 넘쳐났습니다. 오랫동안 지루한 횡보장을 이어가던 주식시장은 1982년 중반부터 닷컴버블이 붕괴되던 2000년 초까지 또다시 오랜 강세장을 이어갔습니다.

《증권분석》 제5판(1988), 제6판(2009) 그리고 제7판(2023): 세월과 시장의 파고를 넘은 진정한 바이블

그레이엄 은퇴 이후, 뱅커스 트러스트Bankers Trust의 투자 부문을 이끌고 이코노미스트로 활약하던 로저 머리Roger Murray가 그레이엄의 컬럼비아 대학교 강의를 이어받았습니다. 로저 머리가 공저자로 참여한 《증권분석》 제5판이 1988년 출간되었는데, 제4판과 마찬가지로 제5판 역시 큰 주목을 받지는 못했습니다. 서브프라임 모기지 사태subprime mortgage crisis로 불리는 금융 위기가 터지고 난 2009년, 세스 클라먼이 수석편집자를 맡아 《증권분석》 제2판에 오늘날의 여러 선도적인 투자자들의 해설을 덧붙여 《증권분석》 제6판을 출간하였습니다. 그리고 코로나19

---

[8] Warren Buffett and Lawrence Cunningham, *The Essays of Warren Buffett*, 2015, 한국어판 《워런 버핏의 주주 서한》, 148쪽.

위기가 지난 2023년 다시 한 번 세스 클라먼의 주도하에 이번 《증권분석》 제7판이 출간되었습니다.

지금까지 살펴본 것처럼 《증권분석》에는 그레이엄이 월스트리트에 진출한 1914년부터 현재까지 110년이 넘는 역사가 담겨 있습니다. 그동안 다우지수는 50 수준에서 40,000을 넘어 800배 이상 상승했습니다. 하지만 그 과정에는 '광란의 1920년대'와 대공황, 1950년대의 강세장과 1960년대의 '고고시절', 1970년대 초반의 '니프티피프티' 장세와 이어진 스태그플레이션의 시대, 1980년대와 1990년대의 장기 강세장과 닷컴버블, 2007년의 서브프라임 모기지 금융 위기와 2020년 코로나19 위기까지 수많은 번영과 위기, 등락과 성쇠가 있었습니다. 《증권분석》에는 극도의 불황과 호황, 엄청난 상승장과 폭락장, 극심한 비관과 낙관, 공포와 탐욕의 세월을 이겨낸 지혜가 담겨 있습니다.

'그레이엄과 도드 마을'에서 만날 투자자들에게

1976년 워런 버핏은 《파이낸셜 애널리스트 저널》Financial Analyst Journal에 기고한 그레이엄을 추모하는 짧은 글에서 "그레이엄은 무질서하고 혼란한 주식 투자에 체계와 질서를 만들었다. 어떤 분야의 창시자가 이룬 업적은 후대의 작업이 더해지며 점차 퇴색되기 마련이다. 하지만 이 책은 출간된 지 40년이 지난 지금도 경쟁이 될 만한 후보조차 찾아보기 어렵다. 출간 후 몇 주나 몇 달 사이에 조롱거리가 되기 십상인 이 분야에서 그레이엄의 투자 원칙은 여전히 굳건하다. 금융 위기로 얄팍한 사고 체계가 무너질 때면 더욱 빛을 발하고 많은 깨달음을 준다. 그의 조언을 따르는 사람들은 항상 보답을 받았다"고 언급했습니다.[9] 버핏의 추모글 이후로도 50년이 더 지났지만, 그의 찬사는 여전히 유효합니다.

앞으로 더 많은 세월이 흘러도 여전히 유효하며, 《증권분석》은 영원한 고전으로 남을 것이라고 생각합니다. 부디 이 책을 읽는 독자 여러분들에게도 100년의 세월을 견뎌낸 지혜가 전해질 수 있기를 희망합니다. 앞면이 나올 확률이 높은 동전을 던지는 '그레이엄과 도드 마을'에 합류할 수 있기를 바랍니다.

이 책은 다양한 분야의 수많은 투자자가 참여해 지혜를 더했습니다. 옮긴이들 역시 이 책을 번역하며 여러 사람들의 도움을 받았습니다. 특히 제7부 개론 〈시장은 여전히 비효율적이다〉를 번역하며 신영자산운용 엄준흠 대표님의 많은 도움을 받았습니다. 감사를 표합니다.

옮긴이들을 대표하여
박성진

---

9   Preface by Warren Buffett, *The Intelligent Investor*, 2003, p.ix.

제7판 서문

시대를 초월한 그레이엄과 도드의 지혜

세스 클라먼

투자는 선택의 연속이다. 큰 기회를 잡고 막대한 보상을 받기도 하지만 심각한 곤경에 처할 수도 있다. 세상은 계속 바뀌고 알아채기 힘든 미묘한 변화들로 가득하다. 이런 세상에서 투자자는 상충될 수도 있는 여러 목표를 균형 있게 추구해야 한다. 수익을 내고, 자산을 불리고, 손실을 피하고, 인플레이션을 방어하고, 만약을 대비해 유동성도 확보해야 한다.

어떤 상황에서도 믿고 따를 수 있는 원칙을 담은 안내서가 있다면 도움이 될 것이다. 대공황이 한창이던 1934년, 벤저민 그레이엄과 데이비드 도드는 수많은 주식과 채권 중에서 가치 있는 투자 대상을 찾아내는 방법을 담은《증권분석》을 출간하였다. 그 후 90년 넘게 꾸준히 개정판이 출간되며《증권분석》은 가치투자의 바이블이 되었고 '그레이엄과 도드'는 시대를 초월하여 현명한 투자의 대명사가 되었다.

《증권분석》제6판은 그레이엄과 도드 시절 이후 최악의 금융위기가 한창이던

2009년에 출간되었다. 이번 제7판에서는 제6판 출간 이후의 새로운 사건들과 최근 경제 상황 및 사업 환경 변화는 물론, 투자 업계와 증권분석 분야의 발전상을 반영하였다. 워런 버핏을 비롯한 여러 가치투자자에게 가장 호평받는《증권분석》제2판의 내용에 최고의 투자자들과 전문가들이 참여하여 현재의 시각으로 해설을 덧붙이고 보완하였다. 허황되고 일시적인 것과 실질적이고 지속 가능한 것을 구분하고 세상의 변화를 견뎌 낸 지혜를 담고자 노력하였다. 90년의 세월이 흐르며 시장은 크게 바뀌었고 책에 담긴 사례는 다소 진부해 보인다. 그럼에도 가치투자의 핵심 원칙은 지금도 여전히 의미가 있다는 것을 알게 될 것이다.

《증권분석》은 두껍고 상세한 내용을 담고 있어 읽기 쉬운 책은 아니다. 투자에 관심은 있지만 경험이 일천한 투자자라면 시간을 내어 읽을 만한 가치가 있는지 의문이 들기도 할 것이다. 그럼에도 나는 이 책을 읽는 시간이 결코 헛되지 않을 것이라고 확신한다.

변함없는 원칙

변화야말로 투자 세계에서 변하지 않는 유일한 것이다. 어떤 투자 서적이든 시간의 시험을 견뎌 내려면 보편적이어야 한다. 성공적인 투자 철학은 단순하고 확고한 원칙에 기반하면서도 활용과 전략에 유연하고 변화를 헤쳐 나갈 수 있어야 한다. 가치투자가 바로 그런 투자 철학이다. 반면 시장의 유행을 좇게 되면 정신없이 매매하고 변동성에 끊임없이 휘둘리게 될 것이다.

《증권분석》제2판의 세부 내용은 지금과 매우 다른 과거 시절을 다룬다. 증기기관차가 대륙을 가로질러 수많은 생산품을 운송하던 굴뚝경제 시대가 그 배경이다. 반면 오늘날 세계는 점점 더 정보경제와 서비스 경제로 변모 중이다. 수많은 사람이 키보드와 스크린 앞에서 데이터를 수집, 추적, 분석하거나 서비스 활동에 참여하고 있다.

《증권분석》에서 다루었던 많은 기업이 합병이나 구조조정, 청산 등을 통해 사라졌고, 그레이엄과 도드가 사용한 기법과 방식 중에는 진부해지고 유용성이 떨어진 것도 있다. 이를테면 오늘날 장부가치는 당시에 비해 중요성이 떨어진다. 그레이엄과 도드는 운전자본에서 모든 부채를 차감한 순운전자본의 3분의 2 미만에 거래되는 주식을 매수하라고 조언했는데, 대공황 시기에는 이런 조건에 부합하는 주식이 많았지만 지금은 찾아보기 힘들다.

시간이 흐르며 책에 담긴 여러 사례와 기법의 유용성은 퇴색했지만, 투자자의 본성은 변하지 않았고 여전히 시장에는 비효율성이 존재한다. 그레이엄과 도드의 근본 원칙은 여전히 유효하다. 여러 세대에 걸쳐 가치투자자는 그레이엄과 도드의 가르침을 받아들이고 매우 다양한 환경과 국가, 자산 유형, 증권에 적용하여 성공을 거두었다. "불가사의한 미래에도 통하는"(제1판 서문) 원칙을 제시하고자 했던 두 저자의 바람이 실현된 것이다.

그레이엄과 도드는 혹독한 경기 침체가 지속되고 극도로 위험 회피가 만연하던 1930년대의 금융 환경을 목도하고 헤쳐 나가며 이 책을 썼다. 1920년대 후반 이후의 10년은 주식시장 최고의 시기이자 최악의 시기였다. 주식시장은 들뜨고 흥분하며 열광적으로 1929년 정점에 이르렀고, 1929년 10월 붕괴 이후 오랜 기간 몹시도 고통스러운 침체기가 이어졌다. 극단적인 시기였지만 그런 시기를 돌아보는 것은 의미가 있다. 전쟁이나 팬데믹, 거시경제 충격, 부동산 붕괴, 금융위기, 대기업의 갑작스러운 몰락, 국가부도, 광범위한 기술 격변, 극적인 정치와 규제 변화처럼 예기치 못한 일은 언제든 일어날 수 있다. 사람들은 오늘과 비슷한 내일을 기대하고 대체로 내일은 오늘과 비슷하지만, 가끔은 급작스럽게 상황이 바뀌고 통념이 완전히 뒤집힐 수 있다. 그런 시기가 닥치면 당황하여 머릿속이 하얘질 것이다. 이때야말로 그레이엄과 도드의 투자 철학이 필요한 시기다. 그레이엄과 도드는 "우리는 독자들에게 피상적이고 일시적인 현상을 지나치게 강조해서는 안 된다고 내내 경고하였다. 투자의 세계에서 일시적인 현상에 대한 강조는 착각일 뿐이며 응징을 받는다"라고 했다(제1판 서문). 가치투자 철학이 특히 유리한 때가 바로 이런 혼란과 격동의 시기다.

변동성이 바로 기회다

그레이엄과 도드에 따르면 채권은 선순위 청구권이고, 주식은 기업 소유권의 일부다. 주식투자에서 투자자가 얻는 가장 중요한 수익의 원천은 투자한 기업의 사업활동에서 나오는 현금흐름이다. 맥도날드가 햄버거 10억 개를 팔면 맥도날드 지분 1퍼센트를 가진 주주 입장에서는 햄버거 1,000만 개를 판 셈이다. 사업의 가치는 그 사업이 만들어 낼 현재와 미래의 재무 성과와 직접 연관이 된다.

가치평가를 하다 보면 시장의 비효율성으로 인해 가치에 비해 주가가 과도하게 상승하거나 하락하는 경우를 자주 보게 된다. 한동안 심리가 펀더멘털을 압도할 수 있다. 하지만 사람들은 결국 현실을 깨닫게 되고 과도한 주가 상승에 따른 희열도 사그라진다. 주가가 과도하게 하락해 가격 오류가 생기는 순간이 사업의 부분 소유권을 헐값에 확보할 수 있는 좋은 기회다. 현재의 불확실성과 사업의 일시적 곤경은 결국 해결될 것이고 주가는 사업가치를 반영해 상승하고 가치투자자는 이익을 얻는다.

주가 그 자체는 정보로서 가치가 없다. 매일매일의 주가는 사업의 성과와 전망에 대한 합리적인 평가에 기반하기보다는 수요, 공급에 의해, 다시 말해 매도자와 매수자의 변덕이나 믿음, 갑작스러운 금전적 필요에 의해 결정되는 경우가 많다. 뜻밖의 상황이 발생하거나 불확실성이 커지고, 자본 흐름이 순간순간 변하면서 단기 시장 변동성이 심화되고 주가는 기업가치를 벗어난다. 이익을 내지 못하는 많은 고성장 기술주나 바이오 주식의 주가 흐름에서 볼 수 있듯이 가치평가에 사용한 가정이나 투자자 심리에 약간의 변화만 생기더라도 주가는 크게 요동칠 수 있다.

이 같은 주가의 급격한 변동 때문에 투자자는 곤경에 처할 수 있다. 회사 가치를 정확히 분석하더라도 투자자는 주식시장에서 수익을 내지 못할 수 있고, 심지어는 손실을 보며 자신의 통찰이 반박되는 것을 지켜봐야 할 수도 있다. 오랜 기간 보상은 고사하고 상당한 평가손실을 경험할 수도 있다. 옳은 판단을 내렸지만 시장에서는 틀린 것처럼 보일 수 있다.

일견 문제가 있어 보이지만, 이런 상황 속에 기회가 있다. 주식시장 그 자체가 기회를 만들어 낸다. 어느 날 어떤 주식은 다소 정확하게 가격이 매겨지고 어떤 주식은 가격이 잘못 매겨진다. 하지만 기업가치는 결국 펀더멘털을 따라간다. 그레이엄의 말을 빌리자면, "시장은 단기적으로는 투표소지만, 장기적으로는 저울이다." 이 말을 받아들이고 이용하는 투자자는 주식을 헐값에 사서 기업가치가 주가에 반영되기를 인내하고 기다리며 결국 이익을 거둘 것이다.

합리적인 판단으로 투자 대상에 확신을 가질 수 있고 요동치는 시장의 변동과 일시적인 평가손실을 견딜 수 있다면, 주가 하락에도 용기를 내어 버티고 가능하면 추가 매수함으로써 심화되는 저평가 상황을 유리하게 활용할 수 있다. (극단적인 저평가는 그 자체로 촉매가 될 수 있다. 염가 주식 매수자나 기업 인수자의 관심을 끌 수도 있다.) 주가는 타당한 분석을 틀려 보이게도 하지만, 잘못된 결론을 입증하는 것처럼 보이게도 한다. 주가 상승에 자신감을 얻은 투자자는 투자 매력이 점점 떨어지는 바로 그 순간에 자신의 투자에 더욱 확신을 갖는 실수를 저지른다.

장기적으로 투자에 성공하려면 주가 하락을 즐길 줄 알아야 한다. 주가 하락은 더 좋은 가격에 해당 기업의 지분을 추가 확보할 수 있는 기회이며 매도하지 않으면 결코 손실이 아니라는 것을 기억할 필요가 있다. 이런 관점으로 주가 하락을 바라보면 겉으로 나빠 보여도 실은 좋은 상황일 수 있다. 물론 주가 하락이 계속될 때 투자자는 자신의 분석과 결론을 철저히 재검토해 보아야 한다. 특히 갑작스럽고 급격하게 주가가 하락할 때는 상황이 변했거나 분석에서 놓쳤거나 중요한 정보를 잘못 이해한 것은 아닌지 점검해 보아야 한다.

자신감과 인내심이 부족하고 단기성과 압박에 시달리는 투자자는 주가 하락에 굴복하기 쉽다. 시장에 뒤처지는 기간이 길어지면 고객이나 상사의 차가운 비난에 위축감이 들고 스스로도 의구심을 갖게 될 것이다. 투자자는 이런 기간을 단호히 버텨야 한다. (이런 이유로 타인의 돈을 맡아 운용하는 사람은 인내심 있는 장기 성향의 고객을 확보하는 것이 중요하다.) 반면 자신감이 지나치면 확신 편향에 빠져, 자신의 분석에 반하는 것은 걸러 내거나 무시하고 자신의 분석을 지지하는 것에만 푹 빠질 수 있다.

투자자는 자신의 분석을 여러 번 검토하고, 투자 아이디어를 점검하고 믿음을 갖춘 후에 투자를 실행해야 한다. 동시에 새로운 정보나 관점에 항상 열려 있어야 하고, 편견 없이 생각을 바꿀 수 있어야 한다. 이는 마치 담장 위를 걷는 것과 같다. 확신을 만들어 가되 너무 집착해서는 안 된다.

아울러 투자한 회사의 사업성이 중요하긴 하지만 투자 성과는 지불한 가격과 불가분의 관계라는 것을 기억해야 한다: 가치에 비해 적게 지불할수록 투자 수익은 커진다. 매수와 매도 모두 엄격해야 한다. 그레이엄과 도드는 말했다. "가격이 핵심이다. 예컨대, 한 종목이 어떤 가격에서는 투자 대상으로 매력이 있지만, 다른 가격에서는 매력이 없다."(제4장) 다시 말해 가격은 당신이 지불하는 것이고, 가치는 당신이 얻는 것이다.

가치투자는 1달러를 50센트에 사는 것

그레이엄-도드 시절이나 지금이나 가치투자는 증권이나 자산을 그 가치보다 적게 주고 매수하는 행위를 뜻한다. 즉 1달러를 50센트에 사는 것이다. 가치투자자는 두 번 이익을 취한다. 구매한 자산에서 나오는 현금흐름에서 한 번, 시장이 주식의 가치를 알아보고 가격을 올리면서 발생하는 시세차익으로 또 한 번. 싸게 살수록 안전마진이 커지고 수익도 커진다. 안전마진은 실수, 부정확, 불운, 경제와 주식시장의 변동에 대비하는 완충재가 된다. 가치투자가 기계적으로 염가 증권을 찾아내는 수단(예를 들어 PBR이나 PER이 어느 수준 이하인 주식을 매수)이라고 착각하는 사람도 있지만, 실제로는 심층적인 분석, 장기투자, 군중심리 억제, 위험 축소를 강조하는 종합 투자 철학이다.

할인 기회를 찾고 이용하는 것이 가치투자의 핵심이다. 하지만 어느 정도가 매수하거나 보유하기에 적정한 할인인지 아는 것은 과학보다 예술에 가깝다. 스스로 결정해야 한다. 적절한 매수가와 매도가를 정한 다음 이용 가능한 정보를 반영해 꾸준히 조정해야 한다.

가치투자자는 가격이 가치에 근접하면 매도할 수 있도록 준비해야 한다. 고평가된 증권을 보유한 채 더 높은 주가 상승을 바라는 것은 투기 영역이기 때문이다. 가치투자자는 대개 내재가치 대비 10~20퍼센트 할인된 수준까지 주가가 상승하면 매도하기 시작한다. 매도 시점은 증권의 유동성, 가치를 실현할 촉매의 존재, 경영진의 자질, 사업의 레버리지, 분석할 때 세웠던 가정에 대한 신뢰도 등을 고려해 결정해야 한다. '너무 일찍' 매도해 '테이블에 남겨 둔 돈'을 보면 아쉬울 수 있지만 너무 늦게 매도하는 것보다는 훨씬 덜 고통스럽다. 주가 상승을 즐기다 매도 시기를 놓쳐 주가 하락을 지켜보는 것은 심리적으로나 경제적으로나 매우 고통스럽다. 반면 엄격한 매도 규칙을 지키면 적정 가격에 팔고 나서 주가 하락으로 다시 기회가 올 때 좋은 가격에 재투자할 수 있다.

가치투자는 역발상과 꼼꼼한 계산의 결합이다. 본능을 거슬러야 하고 철저하고 깊이 있는 분석이 필요하다. 차별화된 관점을 가져야 한다. 좋은 뉴스일지라도 이미 투자자들의 기대감에 반영된 것이라면 쓸모가 없다.

금융시장의 비효율성

금융시장을 비효율적으로 만드는 것은 무엇일까? 사람들은 때때로 흥분하거나 공포에 사로잡혀 주식을 사고판다. 투자한 기업의 펀더멘털을 고려하기보다는 최근에 큰 수익을 보거나 손실을 본 경험에 따라 투자의사결정을 빈번하게 바꾼다. 주위 사람들이 수익을 내고 있는 곳에 동참하고 싶어진다. 시장의 추세를 따르며 안일하게 위험 추구 행동을 할 수도 있다. 손실을 보며 역발상 관점을 유지하는 것은 쉽지 않다. 분기 실적 적자나 갑작스러운 신용등급 강등처럼 예상치 못한 사건에 과민하게 반응하기도 한다. 시시각각 사업 환경이 바뀌고 복잡하고 불확실한 상황을 분석하는 것이 벅찰 수도 있다. 주가가 상승하면 좋아 보이고 주가가 하락하면 팔고 싶어지는 성향을 극복하는 것도 쉽지 않다.

여러 가지 이유로 주가는 기업가치를 벗어난다. 투자자마다 현실 인식이 다를 수 있다. 타고난 낙관론자도 있고 뿌리 깊은 비관론자도 있다. 자신의 분석에 몰입해 보유 종목과 사랑에 빠지기도 한다. 바라보는 시간 지평도 다르고, 미래에 대한 기대도 다르다. 대학 기금이나 재단은 정말 장기적인 관점을 가질 수 있지만, 은퇴를 앞두고 모아 놓은 돈으로 생활해야 하는 가정은 그러기 힘들다. 사람마다 감내할 수 있는 위험의 정도가 다르다. 가격 변동을 대하는 자세도 다르고, 영구 자본 손실 가능성을 대하는 태도도 다르다. 포트폴리오에서 기대하는 수익도 다르다. 보유 주식의 배당이 중단되거나 보유 채권의 채무불이행이 발생하면 가격에 상관없이 매도해야 하는 투자자도 있다.

시장 비효율성을 야기하는 이런 여러 이유 말고도, 대니얼 카너먼Daniel Kahneman이 《생각에 관한 생각》에서 묘사한 것처럼 사람은 기본적으로 편향된 행동을 한다. 사람들은 매수 가격에 집착해 상황이 나빠지는 데도 쉽게 팔지 못하는 경향이 있다. 매도해야 하는데도 손실을 보고 싶지 않아 본전을 생각하며 무작정 기다린다. 금전적 손실을 입고 나면 더욱 위험 회피적이 되어 좋은 기회가 왔는데도 놓치는 경우가 많다. 최근에 경험한 사건 가능성은 과대평가하고 최근에 발생하지 않은 사건 가능성은 과소평가하는 경향을 보인다. 투자자의 이런 작은 비이성적 행동이 누적되어 주식시장에 가격 오류가 생긴다. 이런 편향을 인식하고 극복할 수 있다면, 가격 오류를 만드는 무리에서 빠져나와 가격 오류를 이용해 이익을 거둘 수 있다.

제도적인 제약 때문에 내재가치와 주가의 괴리가 생기기도 한다. 대체로 그런 제약은 좋은 의도로 만들어졌지만, 잠재적인 매수자와 매도자 집단을 제한하기 때문에 시장 효율성을 저해한다. 예를 들어 많은 펀드가 투자 적격 신용등급, 배당 지급, 거래소 상장과 같은 조건을 충족하는 대상에만 투자할 수 있도록 규정을 정한다. 특정 산업에만 투자하는 펀드도 있다. 하지만 투자에서는 가격이 가장 중요하다. 모든 증권이 어떤 가격에서는 매수, 어떤 가격에서는 보유, 또 다른 가격에서는 매도 대상이 된다. 좋은 기회가 왔는데도 제약 때문에 매수나 매도를 할 수 없다면 투자 성과는 저하될 것이다.

어떻게 하면 비효율적이고 비경제적인 행동을 야기하는 이런 편향에 굴복하지 않고 편향을 기회로 활용할 수 있을까? 내가 운영하는 바우포스트 그룹Baupost Group은 불합리하고 편향된 행동에 빠질 위험을 최소화할 수 있는 문화를 조성하는 데 적극적이고 계획적인 노력을 기울인다. 팀을 이루어 꾸준히 새로운 정보와 관점을 받아들이고 냉정하게 우리의 결정을 재검토한다. 아울러 제도적 제약을 만들지 않으려고 노력한다. 비효율적으로 가격이 매겨질 가능성이 가장 높은 증권이나 자산을 조사하고 분석, 추적하여 기회를 찾는다. 이런 기회들은 다른 투자자가 관심을 두지 않는 틈새에서 자주 발견되는데, 예를 들면 최근에 어려움을 겪거나 신용등급이 강등된 채권이나 대규모 소송에 피소 중인 기업과 같이 불확실성이 큰 상황에서 생겨난다. 합병, 주요 자산 매각, 분할처럼 급격한 변화를 겪고 있는 기업에서도 그런 기회가 발견된다. 어떤 흥미로운 상황을 조사하다 다른 기회를 발견하기도 한다. 과거에 성공했던 투자에서 패턴을 찾아보기도 한다. 소외된 증권이 매력적인 할인 기회가 될 수 있기에 '신新저가' 목록을 뒤지기도 한다. 광범위하게 잠재 기회를 탐색하고 진정한 저평가인지 확인하기 위해 깊이 파고든다. 매수하고 나서도 계속 파고든다.

가치평가는 예술이다

가치투자는 적정가치보다 할인된 가격에 기업을 사는 것이지만, 대입하면 가치가 튀어나오는 공식이 있는 것이 아니다. 단순히 최근 이익이나 현금흐름, 장부가치 대비 낮은 배수로 거래되는 주식을 사는 것이 아니다. 암울한 전망, 경쟁 심화, 사업성 훼손, 숨은 부채, 장기간 이어지는 심각한 소송, 무능하거나 부패한 경영진과 같은 합리적 이유로 저평가되는 것일 수도 있다. 투자자는 항상 회사에 대해 모르는 것이 있다는 것을 염두에 두고 끊임없이 추가적인 정보를 탐색하고 겸손한 자세와 회의적인 태도로 모든 투자 대상을 검토해야 한다.

그렇다면 가치는 어떻게 구할 수 있을까? 여러 가지 방법이 있다. 미래 현금흐름을 추정하고 현재가치로 할인하는 방법, 손익계산서나 재무상태표, 현금흐름표를 구성하는 핵심 항목에 적절한 배수를 적용하는 방법, 기업의 사적 시장가치(해당 사업을 잘 아는 제삼자가 지불할 것으로 기대되는 합리적인 금액)를 평가하는 방법, 청산가치(각각의 사업부를 최고 입찰자에게 쪼개어 매각할 때 받을 수 있는 총금액)를 구해 보는 방법이 있다. 가치는 하나의 값으로 도출할 수 있는 것이 아니다. 현명한 투자자라면 이런 모든 방법을 고려해 타당한 가치 범위를 구해야 한다.

각각의 방법마다 장단점이 있다. 사적 시장가치는 시장 상황과 경기에 따라 변동성이 크고, 때로는 해당 자산이 거래된 이력이 없을 수도 있다. 대체로 자금 조달 가능성과 조달 비용에 크게 영향을 받는다. 반면 배수를 적용하는 방식은 공개된 재무제표 항목을 이용할 수 있다는 장점이 있다. 표면적으로 좀 더 객관적으로 보이지만, 낮은 배수에 집착하다 보면 품질이 떨어지고 전망이 좋지 못한 사업만 남게 되거나 고성장 사업의 가치를 놓칠 수 있다. 비록 그레이엄은 주식을 분석할 때 이익, 배당금, 장부가치를 가장 중요하게 고려했지만, 오늘날 많은 가치투자자가 그런 항목보다는 잉여현금흐름(사업을 통해 매년 창출되는 현금에서 모든 자본적 지출과 운전자본을 제하고 남은 금액)에 집중한다. 왜냐하면 GAAP 회계기준에 따라 보고된 이익과 사업에서 실제로 만들어 내는 현금이 실질적으로 크게 다를 수 있기 때문이다. 예를 들어 유무형 감가상각비는 실제로 현금이 유출되는 비용은 아니지만, 보고된 이익에 영향을 미치고 실제적인 현금 창출 능력을 감춘다. 반대로 일부 사업 활동은 현금을 소모하면서도 비용 처리되지 않고 쓸모없는 재고나 회수 불가능한 채권으로 쌓이기도 한다.

현재 현금흐름에 배수를 곱하는 것은 핵심적인 기업가치를 포착하지 못할 수 있다. 궁극적으로 중요한 것은 사업에서 나오는 미래 현금흐름이다. 현재 현금흐름에 영향을 미치는 요인들을 제대로 파악하는 것도 어렵지만, 미래 현금흐름을 추정하는 것은 훨씬 더 어렵다. 미래 사업 환경이 과거와 다르다면 더욱 그럴 것이다.

미래 예측이 어렵기 때문에 그레이엄과 도드는 미래 예측을 최대한 삼가야 한다고 믿었다. 《증권분석》 제1판 서문에서 두 저자는 이렇게 말했다. "기업의 미래 전망 예측은 지극히 중요한 주제이지만, 이런 주제에 대해서는 구체적으로 가치를 논할 수 없어서 지면을 거의 할당하지 않았다." 하지만 오늘날 투자자들은 미래 현금흐름에 관심을 가져야 한다. 지금은 주당 1달러의 현금흐름을 동일하게 만들지만, 5년 후에는 주당 2달러의 현금흐름을 만들어 낼 것으로 기대되는 기업이 전혀 성장하지 않고 계속 주당 1달러의 현금흐름을 만드는 기업보다 분명히 훨씬 가치 있다. 현금흐름의 질과 원천도 중요하다. 자체 사업을 통해 성장하는지 인수를 통해 성장하는지, 꾸준히 성장하는지 변동성을 보이는지, 성장하는 데 대규모 자본 투자가 필요한지도 중요하다. 기업이 현금흐름을 증가시킬 수 있는 방법도 다양하다. 제품 판매가격을 높일 수도 있고 판매량을 늘릴 수도 있다. 심지어 가격을 낮춰 매출을 더 늘릴 수도 있다. 고수익 제품을 좀 더 팔기 위해 제품 믹스를 변경할 수도 있고 신제품을 개발할 수도 있다. 원가 절감을 통해 증가한 현금흐름은 고객 기반 확대로 증가한 현금흐름과는 성격이 다르다. 비용 절감으로 군살을 뺄 수 있지만 근육도 함께 빠질 수 있다. 필연적으로 고객 만족도나 경쟁사 대응에 영향을 미친다. 성장에도 차이가 있는데, 더 가치 있는 성장이 있다. 투자자는 구체적인 성장의 내용을 깊이 들여다보고 가치평가에 반영해야 한다. 그레이엄과 도드는 미래 예측을 꺼렸지만, 기존 사업이 급격히 쇠락하고 지속적으로 유망한 신사업이 태동하는 작금의 환경에서 미래 전망을 무시한 채 기업가치평가를 할 수는 없다.

DCF 방식을 이용하는 경우 적절한 할인율을 결정해야 하는데, 할인율에 따라 가치평가가 크게 달라진다. 기대 현금흐름의 대부분이 먼 미래에 발생하는 고성장 사업인 경우는 더욱 큰 영향을 받는다. 투자자는 현금흐름의 품질, 일관성, 위험도를 평가해 적절한 할인율을 결정해야 한다. 좋은 기업은 강력한 진입 장벽, 적은 자본 투자, 자체적 성장, 반복 구매, 가격 결정력, 높은 마진, 낮은 기술 진부화, 깊고 넓은 해자, 지속 가능하고 증가하는 잉여현금흐름을 갖고 있다. 이런 특성을 갖춘 기업은 경쟁사보다 더 크게 성장하고 수익성도 높다. 따라서 최고 품질의 기업은 그렇지 못한 기업보다 할인율을 낮추고 더 높은 배수를 부여해야 한다. 얼마나 더 높은 배수가 적당한지에 대해서는 많은 이견과 논쟁이 있을 것이다.

어떤 가치평가 방법을 사용하든 최고 경영진의 재능과 능력, 우선순위, 핵심 가치도 함께 살펴보아야 한다. 유능한 경영자는 현금흐름을 개선하고 효과적인 자본 배분 결정을 수행한다. 하지만 이런 능력을 계량화하기는 쉽지 않다. 그레이엄과 도드는 말했다. "경영자의 능력을 평가하는 객관적 기준은 거의 없으며, 있다고 해도 전혀 과학적이지 않다." 그러나 이 말을 오해해서는 안 된다. 경영자의 수완, 성실성, 동기 모두 투자자의 수익에 중대한 영향을 미친다. 경영진의 과거 행동이 미래 행동에 대한 가장 신뢰할 수 있는 지표가 될 수 있다. 경영진의 인센티브와 주주의 이익을 일치시키는 것도 중요하다.

사업을 잘 하는 것 말고도 경영자는 다양한 수단으로 기업가치를 높일 수 있다. 적절한 시기에 자사주를 취득하거나 신중하게 레버리지를 사용하고 현명하게 기업 인수를 할 수도 있다. 경영자가 주주 중심으로 결정을 내리려 하지 않으면, 그 회사는 '가치함정'value trap에 빠질 위험이 있다. 자산이 충분히 활용되지 않고 현금흐름이 낭비되기 때문에 주가가 싸더라도 부실한 투자가 된다는 뜻이다. 이런 기업에는 행동주의 투자자들이 관심을 갖기도 하므로 관심을 가져 보는 것도 좋다. 행동주의 투자자는 이사회에 참여해 경영진을 교체하고 효과적인 경영을 통해 가치를 회복시킬 수 있다. 투자자는 주주 이익보다 자신들의 이익을 먼저 챙기는 경영진이 있는 기업에 가격이 싸다는 이유로 투자하는 것에 신중해야 한다. 이런 회사의 주식은 내재가치보다 크게 할인되어 거래되지만, 충분히 그럴 만한 이유가 있다. 오늘 주주 몫이었던 가치가 내일이면 감쪽같이 사라질지도 모르기 때문이다. 다시 말해 미래에 현금흐름이 발생하더라도 그 현금흐름이 투자자 몫이 될 가능성이 낮다면 DCF 분석에서 제외시켜야 한다.

가치평가는 과학이자 예술이며, 지속적인 판단이 요구된다. 분석적인 좌뇌와 직관적인 우뇌를 함께 사용하여 철저한 분석은 물론 논리적으로 표현하기 힘든 미묘한 차이나 대안적 관점도 함께 살펴보아야 한다. 최고의 가치투자자가 되려면 이런 내재적인 불명확함을 항상 유념하면서, 습관화된 규율과 인내, 깊은 호기심, 진리에 충실한 마음, 수년간의 분석과 투자 경험을 통해 얻게 된 판단력을 갖고 세심한 기업분석과 가치평가 작업을 수행해야 한다.

빅데이터와 기술혁신

투자 기회를 찾기 위한 증권분석 작업은 세월이 흐르며 점점 더 정교해지고 있다. 과거 가장 뛰어난 투자자였던 벤저민 그레이엄의 분석조차 지금은 충분히 예리하지 않다. 이제는 월스트리트의 누구라도 컴퓨터 앞에 앉아 엄청난 데이터를 거의 공짜로 살펴보고 관심 기업의 재무 상태를 상세히 파악할 수 있다. 누구나 그런 정보를 쉽게 이용할 수 있기 때문에 정보만으로는 우위를 가질 수 없다. 더 나은 결론을 이끌어 낼 수 있는 통찰이나 분석 능력을 갖출 때 우위를 확보할 수 있다.

그레이엄과 도드는 투자에 영향을 미치는 미래의 수많은 변화를 예상할 수 없다는 사실을 받아들였다. 과거의 성취가 누적되어 신기술이 출현하고 신기술은 변화를 더욱 가속화한다. 이제 가속화하고 있는 기술 변화가 가져온 혼란은 투자자가 마주하는 일상이 되었다. 왕성한 벤처 캐피털 활동으로 여러 신사업이 태동했고 대부분의 산업에서 경쟁이 심화되었다. 나아가 꾸준히 지속되는 기업 인수합병은 업계 지형을 단기간에 크게 바꿔 놓고 있다.

변화를 헤쳐 나갈 수 있도록 투자 원칙은 굳건하되 실행은 유연해야 한다. 전통 기업들이 직면한 도전과 신생 기업들의 고속 성장을 촉진하는 새로운 환경을 평가할 수 있어야 한다. 과거에 기업을 성공으로 이끌었던 방식이 더 이상 통하지 않을 수도 있다. 환경이 급변하고, 소비자 취향이 바뀌고, 경쟁 관계에 변화가 생기기 때문이다.

그레이엄은 아날로그 세상에 살았지만 지금은 디지털 세상이다. 기업들은 그레이엄과 도드가 상상할 수도 없었던 제품을 만들고 기술을 활용한다. 많은 기업이 선도자 우위, 신속하고 전례 없는 확장성, 막강한 해자, 매우 낮은 한계생산비용, 성장할수록 수익성도 좋아지고 더 강력해지는 네트워크 효과를 누리고 있다. 《증권분석》에서 인터넷 검색엔진이나 소프트웨어 기업, 스마트폰 제조사의 가치평가 사례를 찾을 수는 없다. 그럼에도 그레이엄이 제시한 분석 방법은 지금도 여전히 기업가치를 분석하고, 거래되는 증권의 가치를 평가하고, 안전마진의 존재 여부를 판단하는 데 유용하다. 예측 가능성, 지속성, 성장, 사업 전략, 유동성, 리스크를 살펴보는 것은 기업, 시장, 국가, 시대를 막론하고 중요한 문제이다.

지난 25년 동안 인터넷은 상상할 수 없었던 많은 기업을 탄생시켰고 몇몇은 세계 최고의 기업이 되었다. 방대한 데이터를 수집하고 분석해 기업이 보다 효과적이고 정교한 타깃 광고를 할 수 있게 해 주는 구글(지금은 알파벳)이 대표적이다. 구글은 기존의 광고 산업을 와해시키며 점점 더 강력한 해자를 구축하고 있다.

인터넷과 벤처 캐피털의 급격한 성장 덕분에 기업가는 자신의 사업을, 심지어는 지금까지 존재하지도 않았던 산업을 꿈꿀 수 있게 되었다. 돈이 없어도 벤처 자금 조달을 통해 기업을 창업하고 성장시킬 수 있고, 성공한다면 시장의 선도기업으로 등극할 수도 있다. 이런 혁명이 너무도 빠르게 전개된 탓에 가치투자자들이 당혹스러운 상황에 처하기도 한다. 미래가 과거와 크게 다르지 않을 것으로 생각하고, 지금까지의 현금흐름 추세를 바탕으로 명백히 싸다고 평가했던 투자 대상이 결국 싼 게 아니었다는 것을 깨닫게 된다. 그런 기업 대부분이 경기 순환의 일시적 하락 국면에 처한 건실한 회사가 아니었던 것이다. 경이로운 신생 기업이 태동해 시장을 잠식하고 기존 산업을 뿌리째 흔드는 파괴적 기술혁신 앞에서 생존을 위협받고 있는 것이다.

'기술'이라는 단어는 《증권분석》 초판부터 제4판까지 색인에 포함되지도 않았는데, 이제는 기업의 사업성을 분석하고 이해하는 핵심 요인이 되었다. 기업은 끊임없이 기술을 개발하고 출시해야 하며 기술을 활용해 운영 효율성을 높일 방안을 고민해야 한다. 그렇지 않으면 뒤처지고 낙오될 것이다. 이것이 오늘날 거의 모든 산업에 존재하는 명백한 위협이자 기회이다. 기술이 가져온 거센 변화의 물결 때문에 현재의 현금흐름을 바탕으로 미래의 현금흐름을 전망하기 어렵게 되었다. 하지만 가치를 결정하는 것은 미래 현금흐름이다.

그레이엄은 꾸준히 이익을 만들어 내는 기업에 관심이 있었지만, 당시에는 어떤 기업의 이익은 회복되고 어떤 기업은 그렇지 못한지에 대한 분석이 지금만큼 정교하지 않았다. 오늘날의 투자자는 최고의 회사를 찾기 위해 기업뿐만 아니라 사업 모델까지 분석한다. 경영진과 애널리스트는 매출이나 이익률, 제품 믹스, 기타 변수의 변화가 최종 이익에 미치는 영향을 세심하게 분석한다. 투자자는 경쟁자나 공급자, 고객이 기업 수익성에 막대한 영향을 미칠 수 있다는 것을, 빠른 혁신으로 사업 환경이 급격하게 바뀔 수 있다는 것을 알고 있다. 고성장 기업을 평가할 때에는 얼마나 오랫동안 성장이 지속될지, 언제 성장세가 꺾일지 평가해야 하는데, 그러려면 현재의 사업 현황뿐 아니라 잠재 수요와 접근 가능한 총시장total addressable market, TAM의 크기를 고려해야 한다. 나아가 기업의 원가 구조와 제품 경쟁력을 감안하여 해당 기업이 합리적으로 차지할 수 있는 시장 점유율도 추정해 보아야 한다. 비록 새롭게 태동한 산업에서 사업의 미래 전망을 평가하는 것이 쉽진 않겠지만, 투자자가 미래 성장을 무시하고 분석하지 않거나, 성장이 수익성과 현금흐름 개선으로 이어질 시기나 가능성을 고려하지 않는다면 많은 것을 놓치게 되는 셈이다.

예전에는 미래 성과를 예측하는 최선의 방법은 현재의 추세를 연장하는 것이었다. 하지만 놀라운 성장을 가능하게 하고 기존 기업들에 치명적 타격을 주는 혼란스러운 신기술의 출현으로 그레이엄 시대에 비해 지금은 미래가 오늘과 같을 가능성이 훨씬 낮아졌다. 어떤 기업에는 더 나은 미래가, 또 다른 기업에는 밝지 않은 미래가 펼쳐질 것이다. 이것은 그레이엄과 도드의 핵심 신조에 반하는 것이다. 그레이엄과 도드 시대에 미래를 전망하기 위해서는 현재를 살펴보고 최근 상황을 돌아보는 데서 시작하는 것이 최선이었다. 이제 가치투자자는 과거보다 훨씬 더 뛰어난 분석 능력을 갖추어야 한다.

가치투자자는 미래를 무시해선 안 된다. 하지만 빠르고 지속 가능한 현금흐름의 성장에 가치를 부여하되 신중해야 한다. 약간의 차이로 결과가 크게 달라질 수 있는 미래 현금흐름을 알아내는 것은 만만치 않은 일이다. 따라서 현재가 아닌 상상 속의 먼 미래에 발생할 현금흐름에 대가를 지불하는 것은 위험이 따른다. 그레이엄과 도드는 지적했다. "증권분석은 예상이 아니라 사실에 근거해서 주로 가치를 다룰 때 가장 유용하다." 두 사람은 가능성보다 현실을 훨씬 선호하면서 말했다. "분석가는 미래를 자신의 분석을 옹호해 줄 근거가 아니라 대비해야 하는 위험으로 보아야 한다." 투자자는 성장에만 몰두하여 과도한 가격을 치르는 위험을 떠안지 않도록 조심해야 한다. 그레이엄과 도드는 거듭 지적했다. "이런 사고가 극단으로 치달으면, 좋은 주식은 아무리 가격이 올라도 상관없으며, 25달러에서 200달러로 상승하고 나서도 똑같이 '안전'하다고 생각하게 된다." 1970년대 초 '니프티 피프티'Nifty Fifty(50대 우량종목) 시대와 1999~2000년 인터넷 거품 시대, 2021년 저금리와 막대한 경기 부양 이후의 주식시장이 바로 이런 오류로 주가가 하늘 높이 치솟았던 사례다.

오늘날 몇몇 기업의 성장은 좀 더 예측이 용이하다. 이들 기업은 뛰어난 역량을 갖춘 고품질 사업을 구축해 시장 점유율을 빠르게 늘려 가고 있다. 앞으로도 계속 성장할 가능성이 높아 보이는데, 이런 성장에 돈을 지불하지 않는다면 최고의 기업을 놓칠 수 있다. 오늘날 이런 기업의 해자와 확장성을 평가하는 것은 그레이엄과 도드 시대의 장부가치 분석만큼이나 중요한 요소가 되었다.

꾸준히 성장할 것으로 예상되는 기업의 가치를 분석하기 위해 우리 회사에서는 철저하게 펀더멘털 분석을 수행하고, 향후 2~3년 미래 이익을 보수적으로 전망한 다음, 현재 주가 수준과 비교한다. 가까운 미래 이익 대비 배수가 합리적이라면(다시 말해 현재 시장 배수보다 현저히 낮고 두 자릿수 초반을 넘지 않는다면) 성장률이 둔화하더라도 하락이 제한적일 것이다. 대체로 우리 회사는 보수적인 가정하에 충분한 안전마진을 확보할 수 있는 수준인 최소 10퍼센트 중반의 내부수익률 internal rate of return, IRR을 목표로 모든 투자를 검토한다. 예상 수익률이 그보다 낮은 투자에는 관심을 두지 않는다.

장기적 관점: 투자와 투기의 차이

주식을 사는 대부분의 사람은 빨리 돈을 벌고 싶어 한다. 하지만 그런 자세로는 안정적인 투자 수익을 얻을 수 없다. 가치투자는 충분한 시간이 주어질 때만 효과가 있다. 단기적으로 가격이 어떻게 될지는 아무도 모른다. 빨리 수익을 챙기고 싶다면 가치투자는 도움이 되지 않을 것이다. 투기자는 주식투자를 카지노 룰렛 위를 구르는 구슬처럼 모니터상에서 끊임없이 변하는 숫자 맞히기 게임으로 생각한다. 매 순간 바뀌는 주가 변동은 흥분을 불러일으킨다. 하지만 근본적으로 '랜덤 워크'이기 때문에 단기적 예측은 불가능하다. 투기자는 어리석게도 해당 사업의 본질을 도외시하고 가격에 집중하기 때문에 터무니없는 가치평가에도 가격이 상승하는 모든 것에 끌린다. 운과 실력을 구분하지 못하고, 모니터상의 가격 상승을 도박이 성과를 내고 있다는 증거로 받아들인다. 투기는 특히 상승장에서 인기가 있는데, 하방 리스크에는 거의 관심을 두지 않는다. 황홀한 상승장에서 가치평가와 리스크 관리를 도외시한 투기자들이 큰 수익을 내며 저 멀리 앞서가는 모습을 지켜보면서, 엄격한 가치평가 기준을 꿋꿋하게 지켜 갈 수 있는 투자자는 많지 않다.

최근에는 미술품, 희귀 우표, 코인, 와인 컬렉션, 대체불가토큰nonfungible tokens, NFT, 수많은 암호화폐처럼 가격이 상승할 만한 자산이라면 무엇이나 투자 대상에 포함시키려는 움직임이 있다. 이런 자산은 현재는 물론 미래에도 현금흐름을 창출하지 않으며, 전적으로 매수자의 기분에 따라 가치가 결정되므로 투자가 아니라 투기로 간주되어야 한다.

1년 365일 24시간 쉴 새 없이 쏟아지는 언론 보도는 투자자의 단기 성향을 더욱 강화한다. 이른바 전문가들은 주가가 상승하거나 신고가를 기록하면 기뻐 날뛰면서 분위기를 북돋우고, 시장이 반전하면 대중을 위로한다. 독자들은 시장이 당연히 오를 수밖에 없고, 주식을 팔거나 방관하는 것은 좋지 못한 선택일 뿐 아니라 심지어 비애국적이라고 생각하게 된다. 방송은 무리 짓기 사고를 조장하고 투자와 투기의 경계를 모호하게 만든다. 이런 경제 방송은 전문가라면 금융시장의 모든 이슈에 합리적인 견해를 제시할 수 있다는 잘못된 인식을 만들어 낸다. 현대인은 투자가 고통스럽거나 엄격하지 않고 쉽다고 생각하게 만드는 단편적이고 짧은 미디어의 홍수 속에서 살고 있다. 이런 미디어에 그레이엄-도드 방송은 편성되지 못할 것이다. 그레이엄-도드 방송은 마치 페인트가 마르기를 기다리며 지켜보는 것과 같은데, 사람들은 본성상 그런 방송을 결코 보지 않을 것이다.

소셜 미디어의 영향력도 커졌다. 최근 수년간 레딧Reddit과 같은 플랫폼에 모인 투기꾼들은 '밈'meme 주식에 관여하며 악명을 떨쳤다. 이런 주식들은 대체로 재무 구조가 매우 취약하고 파산 직전인 경우가 많아 헤지펀드의 공매도 대상이 되곤 한다. 투기자 무리는 주식을 카지노 게임처럼 취급한다. 때로는 공격적인 매수로 공매도 투자자를 궁지에 몰아넣기도 하지만, 빈약한 펀더멘털과 고평가라는 독성은 시간이 지나며 대부분의 밈 주식을 침몰시킬 것이다. 펀더멘털을 무시하고 비싼 가격을 지불하면 아직 손실이 발생하지 않았을 뿐, 미래 손실을 예약한 것이나 진배없다.

가치투자와 위험 회피

최대한 빨리, 최대한 많은 돈을 벌려고 하는 것은 장기투자자에게 적합한 목표가 아니다. 장기투자자의 목표는 적절하고 지속 가능한 수익을 얻고 유지하는 것이어야 한다. 인플레이션을 감안해 구매력을 증가시키는 것이어야 한다. 채권과 같은 고정수입 투자로는 힘들지만 주식으로는 이런 목표를 달성할 수 있다.

투기자는 단기 수익에 몰두하지만, 가치투자자는 손실을 제한하거나 피하고, 위험을 줄이기 위해 노력한다. 싸게 사면 손실 가능성이 줄어든다. 가치가 변하지 않았다고 가정하면, 가격이 그 이하로 내려가면 잠재 손실은 그만큼 줄고 잠재 수익은 커진다. 학계의 이론과 달리, 주가 하락으로 주식이 더 싸질수록 위험은 줄고 잠재 수익은 커진다. 이런 관점을 견지하고 수익을 내려면 반드시 자본의 성격이 장기적이어야 한다.

사람들의 위험 회피 성향은 이득을 통해 얻는 혜택보다 동일한 금액의 손실이 주는 비용을 더 크게 받아들인다.[1] 동전 던지기로 재산을 두 배로 불리거나 모두 날리는 게임이 있다면, 대부분의 사람들은 이런 도박을 하지 않을 것이다. 위험 회피 성향은 인간 본성 깊숙이 새겨져 있다. 그런데도 주식시장에 투기 열풍이 불면

---

1   그레이엄이 지적했듯이, 손실이 발생하면 심리가 불안해지기 쉽다. 최근에 손실을 보았거나 추가 손실을 두려워할 때는 그 근심 때문에 좋은 기회가 오더라도 그 기회를 활용하기 어려워진다. 저평가 주식이 반값으로 폭락했을 때 회사의 펀더멘털을 거듭 확인해도 아무 문제가 없다면, 그 기회를 활용해 '염가' 주식을 대량으로 사들여야 한다. 그러나 주가 하락으로 순자산이 대폭 감소한 상황에서, 추가 매수를 단행하기란 심리적으로 매우 어려울 것이다.

이런 위험 회피 성향이 한편으로 밀려나고 만다.

철저한 기업분석만이 손실을 방지하는 최선의 방법이다. 주식시장에서는 사업의 아주 작은 한 조각을 살 때에도 사업을 통째로 산다는 마음가짐으로 평가해야 한다. 이런 자세로 분석하고 투자하면 매일의 장부상 손익이 아니라 장기적인 결과를 추구하는 데 좀 더 집중할 수 있다.

위험의 정의와 관리

학계와 업계의 많은 전문가가 베타beta를 위험으로 정의한다. 베타는 과거의 주가 변동성을 말하는데, 시장보다 변동성이 큰 주식은 변동성이 낮은 주식보다 베타가 높고, 더 위험한 것으로 간주된다. 이들은 위험이 클수록 수익도 크고 생각한다. 하지만 가치투자자는 그런 생각을 터무니없다고 생각하며 위험을 다른 방식으로 바라본다. 가치투자자에게는 잠재적 손실 가능성과 손실의 크기가 위험이다. 변동성이 큰 주식은 저평가될 가능성이 높고, 가격이 크게 떨어지면 위험이 매우 낮은 투자 대상이 될 수 있다.

2008~2009년 금융위기가 끝나고 시장이 달아오르자 투기적으로 투자할수록 대체로 성과가 좋았다. 그러자 많은 기관투자자가 자신이 떠안은 위험만큼 수익을 거둘 수 있다고 믿었고, 좀 더 높은 수익을 얻기 위해 의도적으로 더 많은 위험을 감수하는 결정을 내렸다. 하지만 가치투자의 관점에서 수익은 위험을 회피한 결과다. 추가적인 위험 감수를 통해 위험은 확실하게 늘지만, 수익은 얻을 수도 있고 얻지 못할 수도 있다. 거품이 터질 때 대학살이 온다는 것을 기억해야 한다. 지나치게 낙관적인 가정을 바탕으로 높은 가격에 열정적으로 매수한 주식은 나중에 큰 폭으로 주가가 떨어져도 매수자가 나타나지 않을 수 있다. 심지어 위험보다 예상 수익이 더 큰 가격 수준까지 주가가 하락해도 그럴 수 있다.

위험은 일정한 기간을 두고 평가해야 한다. 특정한 순간에 어떤 증권의 가격이 얼마에 거래될지는 아무도 모른다. 상상도 못한 가격까지 주가는 오를 수 있고 떨어질 수도 있다. 하지만 결국 증권의 가치는 해당 사업의 가치를 벗어날 수 없다. 변동성 때문에 포트폴리오 평가액도 오르내린다. 어쩔 수 없이 매도해야 하는 처지라면 부정적이고, 추가로 매수할 수 있다면 긍정적이다. 하지만 장기적인 관점에서 보면, 기업의 현금흐름을 지나치게 낙관하거나 할인율을 부적절하게 선택하는 것만이 실제로 중요한 유일한 위험이다.

증권 투자 위험은 해당 사업의 위험과 밀접히 관련된다. 저원가 기업은 상당한 경쟁우위를 갖고 고수익을 향유하지만 고원가 기업은 심각한 경쟁열위로 고전한다. 어떤 사업은 시장 지위가 잘 변하지 않는다. 어떤 기업은 예측 가능성이 낮고 신뢰할 수 없는 국가에서 사업을 한다. 이런 기업에 투자하는 것은 매우 위험하다. 과도한 레버리지를 이용하는 기업도 있고, 어떤 역경도 견딜 수 있는 견고한 재무상태표를 가진 기업도 있다. 투자자는 그런 위험이 감수할 만한 것인지, 위험을 감수한 대가로 얼마나 많은 기대수익을 얻을 수 있을지 평가해야 한다.

가치투자자에게 가장 힘든 일 중의 하나는 비중을 결정하는 문제로, 포트폴리오의 분산 정도와 위험에 영향을 미친다. 가장 매력적인 기회라면 어느 정도 비중을 실었을 때 편안하게 보유할 수 있는가? 나는 최고의 아이디어로 포트폴리오를 꾸려야 한다고 믿는다. 좋은 아이디어와 나쁜 아이디어를 구분할 수 있다면, 좋은 아이디어와 탁월한 아이디어도 구분할 수 있어야 한다. 하지만 몇몇 종목에 비중을 실어 집중 포트폴리오를 구축하면 유동성에 제약을 받게 된다. 어떤 기업의 지분을 5퍼센트나 10퍼센트 정도 보유한다면 쉽게 매도하기 어렵다. 어떤 종목에 빠져나오기 힘들 정도로 비중을 크게 실어 집중하려면 반드시 강한 확신이 있어야 한다.

다른 투자자들과 마찬가지로 가치투자자에게도 레버리지 활용은 따져 봐야 할 위험이다. 일부 헤지펀드나 기금이 수익률을 높이기 위해 레버리지를 사용하는데, 나는 그런 추가 위험 부담을 선호하지 않는다. 레버리지는 성공하면 투자수익을 키우지만, 실패하면 손실을 키운다. 특히 마진콜을 당할 수 있는 부채는 감당할 수 없는 수준까지 위험을 키울 수 있다. 장기적으로 자신이 옳더라도, 단기적으로 주가는 상상하지 못한 수준까지 얼마든지 오르내릴 수 있다는 것을 명심하고 최악의 폭풍에도 견딜 수 있도록 충분히 대비해야 한다. 그렇지 못할 경우 자신의 통찰력을 보상받기도 전에, 손실이 최대에 이르는 바로 그 시점에 강제로 청산당할 수 있다. 미래에 무슨 일이 벌어지든 자신의 재무 상태를 신뢰하고 밤에 편히 잘 수 있는 것이 위험관리에서 가장 중요하다.

학계의 관점

가치투자를 받아들여 성공한 투자자가 수 세대에 걸쳐 계속 나오고 있음에도 학계에서는 이를 외면하거나 무시하고 있다. 경제학자들은 길바닥에 떨어진 20달러짜리 지폐를 보고도, 진짜 20달러 지폐라면 이미 누군가 집어 갔을 거라는 이유로 줍지 않는다는 해묵은 농담이 있다. 가치투자자는 항상 그런 20달러 지폐를 찾는다. 회의적인 태도를 견지하면서도, 발견되면 낚아챌 준비가 되어 있다.

   현실 세계를 설명한다고 주장하는 우아한 이론을 가지고, 학계는 현실을 지나치게 단순화하고 잘못 이해한다. 시장이 연속적이고, 참여자는 합리적이며, 정보가 완전하고, 거래 비용이 없다는 가정에 의존하는데 이는 매우 의문스럽다. 그런 이론 중 하나가 증권 가격은 항상 효율적이며, 모든 가용 정보를 반영한다는 효율적 시장 가설Efficient Market Hypothesis, EMH이다. 이 이론은 기본적 분석을 통해 가치를 찾아낼 수 있다고 생각하는 그레이엄과 도드의 사상과 근본적으로 배치된다. 또 다른 이론으로 자본자산 가격결정 모형Capital Asset Pricing Model, CAPM이 있다. CAPM은 위험과 수익 사이에 관계가 있다고 주장하는데 변동성(베타)을 위험으로 착각한다. 현대 포트폴리오 이론Modern Portfolio Theory, MPT은 포트폴리오를 구성할 때 분산투자가 주는 장점을 강조한다. 하지만 일단 포트폴리오가 충분히 분산되고 나면, 위험을 높이지 않고서는 기대수익을 높일 수 없다고 주장한다. 이 이론은 가치투자가 보여 준 장기 위험조정 실적에도 불구하고 가치투자를 성공적인 투자 철학으로 인정하지 않는다.

이런 이론들이 학계를 장악한 까닭에 오랫동안 학생들은 증권분석이 쓸모없다고 배웠다. 최고의 아이디어에 자본을 더 투자하기보다는 (효율적 시장에는 좋은 투자 아이디어가 있을 수 없기 때문에) 분산투자에 초점을 맞춰 그저 그런 기업이나 형편없는 기업으로 투자를 확대한다. 하지만 교과서에서 사라진 바로 그 시장 비효율성 덕분에 가치투자자가 큰 수익을 얻을 기회가 생겨난다.

과정과 기질의 중요성

투자자는 지적으로 겸손하고 정직해야 한다. 투자 아이디어가 맞고 분석을 잘해 수익이 날 수도 있지만 때로는 단순히 운이 좋아 수익이 날 수도 있다. 수익이 난 투자가 모두 좋은 투자는 아니며, 손실을 본 투자라고 모두 잘못된 투자도 아니다. 장기적으로 성공한 투자자가 되려면 운과 실력을 구분하고 성공과 실패 모두에서 배워야 한다.

체계적인 분석과 건전하고 정보에 입각한 토론을 통해 투자 과정은 견실해진다. 감정적인 접근은 금물이다. 투자회사라면 다양한 관점과 배경을 가진 사람들이 솔직하고 정중하게 의견을 공유할 수 있는 환경을 구축하는 것이 중요하다. 의사결정이 이루어진 후에도 지속적으로 점검하고, 미래에 보다 나은 의사결정을 위해 반드시 사후 검토가 필요하다. 현명한 투자자는 결과가 아니라 과정에 집중한다. 투자 과정이 잘못되더라도 단지 운이 좋아 좋은 성과를 거둘 수 있다. 하지만 장기적으로 좋은 성과를 거두려면 반드시 올바른 투자 과정을 따라야 한다.

투자를 하다 보면 필연적으로 시장에 뒤처지는 시기가 찾아온다. 투자자는 그런 시기에도 신념을 갖고 고수할 수 있는 지침이 필요하다. 시장의 흐름을 예측할 수 있다면 바닥에 사서 꼭지에 팔고 싶을 것이다. 하지만 주가의 움직임을 알 수 없기에 상승 여력은 크고 하락 위험은 제한적인 투자를 하고, 좋을 때나 궂을 때나 일관되게 투자하는 것이 유일한 방법이다. 그레이엄과 도드가 단호히 주장했듯이, 상황이 바뀔 수 있다는 것을 항상 염두에 두어야 한다. 시장이 붕괴되고 나서 보다 방어적 전략으로 전환하고 시장이 급등한 후에 공격적 전략을 취하는 것은 소용없다. 모두 소 잃고 외양간 고치는 격이다.

대공황 시기를 헤쳐 나갔던 그레이엄은 예측할 수 없는 급격한 변화가 언제든지 발생할 수 있는 세상에서 어떻게 투자해야 하는지 깊이 생각했다. 그레이엄은 영원히 계속될 것 같은 경기 침체 속에서 침체가 얼마나 오래갈지, 어떤 계기로 상황이 호전될지, 미래에 무슨 일이 벌어질지 알 수 없지만 결국 침체는 끝날 것이라고 생각했다. 1930년대는 경제 상황이 급변하고 몹시도 불확실한 시기였는데, 경기순환의 변천에 따라 경제에 큰 변화가 생겼다. 기업에는 제품을 생산할 설비가 있었지만 고객에게는 제품을 살 돈이 없었다. 오늘날과 달리 중앙은행이 경제를 적극적으로 관리하지 않았기 때문에 변동성이 훨씬 컸다. 혼란기에 주식시장을 방어해 줄 그린스펀 풋Greenspan put과 같은 연준의 지원도 없었다.

극도로 어려운 시기에도 그레이엄과 도드는 충실히 원칙을 지켰다. 경제와 시장이 때때로 고통스러운 하강기를 겪는다는 것을 알았고, 하강기의 시작과 끝을 예측할 수 없기에 묵묵히 견뎌 내야 한다는 것도 알았다. 두 사람은 그 암흑기에 경제와 주식시장이 결국은 반등한다는 확신을 글로 표현했다. "우리는 이 책을 쓰면서, 금융시장의 폭락 상태가 영원히 이어진다는 대중의 확신에 맞서야 했다." 평균회귀를 믿는 사람도 고통스러운 손실과 부진한 성과가 지속되면 그 견해를 유지하기 어렵다.

기업 실적이 악화되고 싼 주식이 더 싸지는 경기 하강기를 견뎌야 하는 것처럼, 투자자는 싼 주식이 드물고 투자 자본이 넘치는 경기 상승기에도 인내심을 갖고 절제력을 발휘해야 한다. 역사적 기준으로 볼 때 2010~2021년의 금융시장이 보여 준 성과는 놀라웠다. 강세론자가 큰 수익을 거두었고 하락 위험을 대비하는 것은 헛고생처럼 쓸모없어 보였다. 나만 뒤처질지 모른다는 두려움Fear of missing out, FOMO이 손실의 두려움을 압도했다. 투자자들은 수익을 안전하게 지키는 대신 더 높은 수익을 얻는 데 전적으로 초점을 맞추었다.

자본시장은 주기적으로 대규모 광기에 휩싸인다. 1980년대 말 일본 주식, 1999~2000년 인터넷과 기술주, 2006년 비우량 주택 담보대출, 2020~2021년의 고성장 적자 기업, 채권투자, 암호화폐가 그런 예다. 버블의 한가운데서 버블에 저항하기는 쉽지 않다. 경험 많은 투자자도 자신들이 틀렸다는 시장의 끈질긴 메시지에 굴복하곤 한다. 시장의 압박은 엄청나다. 펀드매니저는 무리에서 너무 이탈하거나 장기간 실적 부진이 지속되면 자리를 잃게 될까 두려워한다. 주위 사람들이 이성을 잃더라도, 가치투자자는 FOMO의 강력한 힘에 맞서 굳건히 반대 방향에 서야 한다.

오늘날 가치투자자들은 금융시장에 문제의 조짐이 보이면 연준이 곧바로 개입하는 경향이 있다는 점도 고려해야 한다. 시장이 심각한 혼란에 빠지면, 연준은 일반적으로 금리를 낮춰 증시를 부양하고 투자자 신뢰를 회복시킨다. 경기 침체가 시작되면 연준은 재빨리 채권을 매입하거나 금리 인하를 단행한다. 연준의 의도는 자본시장 질서를 유지하는 것이지만, 일부 펀드매니저는 연준의 시장 개입을 사실상 투기를 허용하는 조치로 간주한다. '그린스펀 풋'(이제는 파월 풋Powell Put)으로 불린 적극적으로 시장을 떠받치는 연준의 전술은 투기를 조장하는 도덕적 해이를 야기할 뿐 아니라 시장의 고평가 상태를 연장하고 심지어 악화시킨다. 비록 벤저민 그레이엄이 개별 기업의 펀더멘털에 집중하고 거시적 요인은 대체로 무시하라고 조언했지만, 연준은 거대한 고릴라처럼 무시할 수 없는 존재가 되었고, 원하는 것을 얻을 때까지 계속 밀어붙이는 경향이 있다. 2022년 연준은 인플레이션과 싸우기 위해 과거 정책들을 뒤집기 시작했는데, 장기적으로 미래에 어떤 영향을 미칠지 매우 불확실하다.

나는 개별 기업에 초점을 맞추는 보텀업 투자를 견지하면서도, 지배적인 거시환경을 지켜보며 완전히 잘못된 상황에 빠지지 않도록 주의하려고 노력한다. 연준의 존재를 무시하는 것은 정책 입안자의 실책에 속수무책으로 자신을 내맡기는 것과 같다. 무엇보다 중요한 것은, 가치투자자는 변동성이 낮아지고 밸류에이션이 상향되며 생기는 거짓 안도감에 빠지지 않도록 노력해야 한다. 상황은 순식간에 바뀔 수 있다. 고평가된 자산에 투자해 놓고 연준이 구제해 주길 바라서는 결코 안 된다.

2022년의 가치투자: 도전과 기회

풍부한 자본으로 저평가 기업을 탐색하는 경쟁자들이 늘어나면 좋은 투자 성과를 거두기 힘들어진다. 오늘날 시장에 풀린 막대한 자본 때문에 완전히 소외되거나 간과된 투자 기회를 찾기 힘들어졌다. 그레이엄의 《증권분석》을 읽으며 성장한 많은 애널리스트가 금융시장 구석구석을 샅샅이 훑어보고 있다. 여전히 주가를 본질가치에서 멀어지게 만드는 여러 요인이 있지만, 매수자 간의 경쟁으로 가치와 가격의 괴리는 점점 줄어들고 있다. 일부 경쟁자가 가격을 올리는 바람에 좋은 투자 기회가 망가지기도 한다. 공격적인 매수자가 한 명만 있어도 가격 할인이 사라져 버릴 수 있다.

비록 가치투자자가 많아지고 있지만, 여전히 대부분의 투자자는 장기 가치투자에 무관심하다. 대다수 펀드매니저는 오직 기업 이익 성장률이나 주가 모멘텀에 집중한다. 한편 수수료와 거래 비용을 절약하기 위해 막대한 돈이 인덱스펀드로 유입되고 있다. 인덱스펀드 매니저는 아무런 기본적 분석 없이 인덱스에 맞춰 기계적으로 주식을 산다. 점점 더 많은 인덱스펀드가 만들어지면서 가격 오류가 더 오래 지속될 수 있지만, 그만큼 기업분석을 통해 얻을 수 있는 수익은 더 커질 수 있다.

2008~2009년 금융위기 이후 10년 이상 거의 전례 없는 수준으로 '가치'는 '성장'보다 성과가 저조했다. '가치'와 '성장'을 따옴표로 쓴 이유는 이런 표현에 오해의 소지가 있기 때문이다. 성장을 하건 하지 않건, 어떤 주식이든 고평가되거나 저평가될 수 있다. 학계와 월스트리트 사람들은 편의상 배수가 낮은 기업을 '가치'로, 배수가 높은 기업을 '성장'으로 구분해서 부르는데, 이런 구분은 매우 임의적이다. 시장에 저평가 주식이 넘쳐나는 시기도 있고, 저평가 주식을 발견하기 힘든 시기도 있다.

'가치'와 '성장'이라는 잘못된 표현 때문에 '가치' 주식이 주기적으로 저조한 성과를 내는 것처럼 보일 수 있다. 가치투자를 (가격 대비 이익, 가격 대비 현금흐름, 가격 대비 장부가치 등) 배수가 낮은 주식을 매수하는 것으로 생각한다면 큰 실수를 하는 것이다. 앞서 설명했듯이, 풍부한 자금을 바탕으로 진행 중인 급격한 혁신으로 많은 '구舊경제' 기업의 붕괴가 가속화되고 있다. 주식시장은 이런 사실을 모른다. 이런 '창조적 파괴'의 패배자들이 과거 실적 대비 낮은 배수의 가격 수준으로 주가가 하락한다. 하지만 이런 주식들은 결코 저평가 주식이 아니다. 쇠락하는 사업들의 침식이 그 어느 때보다 가팔라지고 있다. 이런 기업들에 투자하는 것은 가치투자가 아니다. 시장의 과잉 반응이 심하고, 상황이 보이는 만큼 심각하지 않다고 확신하는 경우가 아니라면 이런 투자는 피해야 한다.

최근 수년간 '가치' 전략의 저조한 성과로 많은 투자자가 다른 전략을 추구하게 되었는데, 특히 '성장'에 대한 관심이 증가했다. 사업 전망이 좋고 고성장하는 기업이라면 얼마를 지불해도 괜찮다고 생각하는 투자자가 많아졌다. 2008년 금융위기 이후 10년 이상 저금리 상황이 이어지자 투자자들, 심지어 보수적인 투자자들조차 점점 더 많은 돈을 주식에 투자하게 되었다. 달리 '대안이 없다'There Is No Alternative, TINA는 생각으로 투자자들은 저수익 채권 대신 주식을 샀고, 많은 연기금이 유동성이 부족하고 위험할 수 있는 사모펀드나 벤처 캐피털과 같은 대체투자로 내몰렸다. 이로 인해 여전히 적자에 허덕이지만 고성장하는 기업의 가치가 지나치게 부풀려졌다. 그런 기업들 상당수가 수년 내에 이익을 내거나 현금흐름을 만들어 낼 가능성은 매우 낮다. 반면 상당수 저성장 기업들의 주가는 시장 지수를 크게 하회하여, 해당 기업을 잘 아는 사람이라면 결코 팔지 않을 수준의 가격에 거래되고 있다.

'가치' 전략의 실망스러운 성과로 '성장'에 자본이 몰리면서 견실한 기업임에도 성장성이 떨어지는 주식들은 관심에서 멀어졌다. 이런 생각들은 순환적이어서 잘 나가는 주식에는 가격 불문 더 많은 돈이 몰리고, 그렇지 못한 주식은 가격에 상관없이 소외된다. 그 결과 잘나가는 주식의 가격은 더 오르고, 그렇지 못한 주식의 가격은 더 내려간다. 이는 마치 '가치 지옥'처럼 보일 수 있지만, 실제로는 '가치 천국'이 만들어지고 있는 것이다. 그레이엄이 말한 바로 그런 상황이다. 고평가된 기업이 사랑받고 저평가된 기업이 버림받는 시장. 바겐세일 기간인 것이다.

가치투자자의 경쟁우위는 장기적인 관점에서 나온다. 대부분의 투자자는 단기적이고 상대 성과에 초점을 맞추며 끊임없이 주위와 성과를 비교하기 때문에 골짜기 너머 있는 봉우리를 상상하지 못한다. 월스트리트의 분기 예상 실적을 달성하지 못한 주식은 가차 없이 버려지는 상황에서 다음 몇 분기 실망스러운 실적이 기대되는 주식을 사고 싶은 투자자는 많지 않을 것이다. 심지어 단기 부정적인 이슈가 충분히 반영된 주가 수준에서도 많은 투자자가 상황이 호전되거나 회복되는 명백한 증거를 기다리며 관망한다. 차라리 상황이 명백해질 때 좀 더 높은 가격을 지불하고 사겠다는 것인데, 상황이 명백해진 순간은 이미 큰 기회가 지나간 다음이다.

여러 압력에 시달리는 펀드매니저들은 핵심을 벗어난 요소에 신경을 쓴다. 예를 들어 분기 말 손실 상태인 종목은 저평가라도 팔고 이익이 난 종목은 고평가라도 더 사들여 포트폴리오를 치장하는 펀드매니저가 많다. 불평하는 고객에게 손실 난 종목의 보유 사유를 애써 설명하는 게 힘들기 때문이다. 최고의 투자 아이디어를 계속 유지하지 못하게 만드는 이런 제약 요소 때문에 잠재 경쟁자가 중도 탈락하는 것은 장기적 관점의 가치투자자에게는 반가운 일이 아닐 수 없다.

기회는 사람들이 전혀 기대하지 않았던 곳, 찾아볼 생각도 없었고 쳐다보지도 않았던 곳에서 발견되곤 한다. 2008년 금융위기가 한창이던 시기에 우리 회사를 비롯한 여러 가치투자자가 주택시장 붕괴로 먹구름이 잔뜩 끼어 있던 주택담보대출 증권residential mortgage-backed securities, RMBS에서 기회를 찾았다. RMBS는 많은 주택담보대출을 모으고, 여기서 나오는 현금흐름을 몇 개로 나눈 다음 이를 담보로 발행한 증권이다. 혁신적인 상품이었지만 충분한 스트레스 테스트를 거치지 않았다. 등급이 하향 조정되며 유동화 시장 전체가 타격을 받자, RMBS 보유자들은 애물단지로 변한 이들 증권을 시장에 쏟아냈다. 액면가를 회복하지 못할 게 분명해진 '유독성 자산'toxic assets의 가격은 폭락했다. 증권 가격은 주택 가격의 하락 폭을 넘어 펀더멘털을 크게 하회하는 수준까지 떨어졌다. 과도하게 할인된 RBMS가 속출했는데, 하락 위험은 제한적이었고 수익은 매우 쏠쏠해 보였다. 혼란이 클수록 더 좋은 투자 기회가 생길 수 있음을 잘 보여 준다.

지루한 소송, 회계 부정, 재무위기, 스캔들에 연루되어 월스트리트에서 기피하는 회사의 주식이나 채권에서도 투자 기회를 발견할 수 있다. 이런 증권들은 때때로 헐값에 거래되는데, 나쁜 뉴스에 흔들리지 않고 평정심을 유지할 수 있는 투자자에게는 매력적인 기회가 된다. 예를 들어, 2017년 12월 유럽과 남아프리카에서 소매업을 영위하는 남아프리카 기업 스타인호프Steinhoff의 대규모 회계 부정이 적발되었다. 패닉에 휩싸인 스타인호프의 채권 보유자들이 채권을 내던졌고 채권 가격은 급락했다. 하지만 제한된 정보를 수소문하고 분석한 용기 있는 투자자들은 회계 부정의 정도를 가늠해 볼 수 있었고, 주가 하락 폭이 훨씬 더 크다는 사실을 알아낼 수 있었다. 대체로 예상보다 낮은 실적이나 갑작스러운 경영진 교체, 회계 문제, 신용등급 강등과 같은 이유로 시장을 놀래거나 실망시킨 기업이 꾸준히 좋은 성과를 내는 기업보다 가치투자 기회를 제공할 가능성이 높다.

매력적인 투자 기회를 발견하기 어렵다면 기준을 낮춰 투자하기보다는 현금을 보유한 채 기다려야 한다. 기준을 낮추는 것은 재앙이 될 수 있다. 워런 버핏은

2021년 버크셔 해서웨이 주주 서한을 포함해서 여러 차례 좋은 투자처보다 보유 현금이 더 많은 상황을 언급하곤 했다. 버핏이 인내심을 발휘하듯 가치투자자가 인내심을 가져야 하는 시기가 있다. 기다리면서 새로운 할인 기회를 찾고, 핵심 정보를 찾아내고, 새로운 통찰을 계발하기 위해 지속적으로 노력해야 한다. 그러다 보면 결국 새로운 기회를 발견하게 될 것이다. 가치투자를 하는데 시장이 전체적으로 할인될 필요는 없다. 단지 위험을 분산시키기 충분한 20~25개의 투자처만 찾아낼 수 있으면 된다.

기관투자와 대체투자의 성장

지난 90년간 자본시장에서 일어난 가장 중요한 변화는 기관투자자의 부상이다. 1930년대는 개인투자자들이 주식시장을 장악했다. 1950년대에 당시 뉴욕 증권거래소 사장이던 키스 펀스턴Keith Funston은 대중에게 "미국 기업의 지분을 소유하라"라고 촉구했다. 하지만 이 메시지가 방송되는 동안에도 연기금과 여타 기관은 막대한 자본을 축적하고 있었다. 뮤추얼펀드와 여타 집합투자 펀드를 비롯해 기금이나 재단, 보험사, 국부 펀드 같은 기관들이 상장증권의 보유와 거래를 모두 지배하게 되었다.

전문가가 관리하는 대규모 자본이 출현했지만 금융시장에 장기투자는 도래하지 않았다. 위원회나 외부 자문위원들이 점점 더 단기 성과를 비교하는 상황에서 기관투자자들이 장기 전망을 가지고 투자하기는 매우 어렵다. 끊임없는 성과평가는 결국 상대 성과 비교로 이어진다. 야생의 동물과 마찬가지로 무리에서 떨어지는 것은 위험하다. 상대적으로 저조한 성과가 나오게 되면 고객 이탈로 이어질 것이다. 무리를 능가하는 유일한 방법은 무리와 달라지는 것인데, 그 과정에서 필연적으로 거치게 될 저조한 성과 기간을 견딜 수 있는 투자자는 많지 않다.

기관투자 시장에서 두 번째로 중요한 발전은 대체투자의 부상이다. 대체투자는 벤처 캐피털, 차입매수, 사모펀드, 사모 신용private credit, 헤지펀드 등을 포괄하는 투자 방식으로, 21세기가 되자 기금이나 재단, 연금, 국부 펀드 사이에서 대유행이 되었다.

전통적인 주식과 채권 시장에서 충분한 수익이 기대되는 염가 증권을 찾기 힘들어지고, 점점 더 시장이 효율화되며 초과 수익 확보가 어려워졌다고 생각한 기관투자자들은 대체투자 비중을 꾸준히 늘리고 있다. 예일 대학교의 혁신적인 최고투자책임자였던 고故 데이비드 스웬슨David Swensen은 2000년에 출간한《포트폴리오 성공 운용》에서 대체투자를 강력히 주창했다. 스웬슨은 가격이 비효율적으로 책정된 다양한 자산군이 있고,[2] 많은 대체투자 운용사의 위험조정 수익률이 기록적으로 높았고, 최고의 운용사와 나머지 운용사 간에 성과 차이가 컸고, 대체투자 자산과 다른 자산 유형 간에 실적의 상관관계가 낮았음을 지적했다. 그는 대체투자 운용사 실적 1/4분위(상위1~25퍼센트)와 3/4분위(51~75퍼센트)의 수익률 차이가 크므로, 운용사 선택이 중요하다고 강조했다. 많은 기금 관리자가 스웬슨을 따라 대체투자 비중을 늘리고 있다.

《증권분석》에서는 다루지 않았지만, 사모펀드는 오늘날 가장 인기 있는 대체 자산이다.[3] 비상장기업에 투자하는 것과 상장기업 주식 몇 주를 사는 것이 상당히 달라 보이지만 두 경우 모두 가치평가 분석에 큰 차이는 없다. 상장기업의 주가를 가치에서 괴리시키는 요소들이 비상장기업에 그대로 적용되진 않지만, 비상장기업 역시 비슷한 이유로 가격이 잘못 매겨진다. 긴급한 상황에서 기업을 헐값에 매각하거나 투자자에게 유리한 조건을 제시하며 자본을 유치할 수 있다. 부실한 경영진이나 문제가 많은 대주주 일가 때문에 회사가 힘들어질 수 있다. 보유 지분의

---

[2] 흔히 투자자는 자산군별 수익률 차이가 계속 이어진다고 착각한다. 하지만 자산 유형별로 수익률이 정해져 있는 것은 아니다. 수익률은 해당 사업의 펀더멘털과 투자자가 지불하는 가격에 따라 결정될 뿐이다. 어떤 자산 유형에 자본이 계속 유입되면 매력적인 수익률이 유지되기 힘들 것이다.

[3] 두 사람은 비상장기업 소유주가 갖는 지배권의 상대적 이점과 상장 유가증권이 제공하는 시장성의 가치를 비교했다.(제28장)

유동성은 낮지만, 사모펀드 투자자는 경영권을 확보하여 사업을 성공시키고 투자성과를 높이기 위한 작업을 수행할 수 있다. 경영권을 확보하면 투자자는 경영 효율화를 통해 이익을 얻을 수 있을 뿐 아니라 잉여자본의 주주 환원, 사업 계획 변경, 과감한 자본 투자, 성장에 필요한 인수 단행, 기존 사업 부문 철수, 회사 매각 등의 보다 광범위한 조치를 취할 수 있다.

그레이엄과 도드는 기관투자자들에게 점점 더 인기를 얻고 있는 부동산(토지를 비롯한 다양한 용도의 건물)에 대한 직접 투자도 다루지 않았다. 하지만 부동산에도 할인이 존재하고, 할인이 발생하는 이유도 비슷하다. 예를 들어 보유자가 급하게 현금이 필요하거나, 적절한 분석을 수행할 능력이 없거나, 투자자와 시간 지평이나 전망이 다르거나, 투자자들에게 인기 없는 물건일 수 있다. 대출 규제가 엄격해지면 잠재 구매자가 제한되고 정상적인 부동산조차 헐값에 팔릴 수 있다. 모든 건물과 토지가 투자 대상이 될 수 있고, 가격이 잘못 매겨질 가능성이 있다. 사모펀드 투자자와 마찬가지로 건물이나 토지를 매수한 투자자는 신축이나 재건축, 임대료 책정, 건물 재단장이나 용도 변경, 자금 조달이나 리파이낸싱, 매각 등의 여러 가지 선택과 결정을 할 수 있다. 그레이엄과 도드의 가르침에 따라 현금흐름과 수익성, 하방 위험, 부채 상환 비율 debt coverage ratios을 점검하고 여러가지 위기 상황을 고려한 시나리오 분석을 수행한다면 부동산 투자에서도 안전마진을 확보할 수 있을 것이다.

벤처 캐피털 투자는 안전마진을 찾기 어려워 그레이엄과 도드라면 대체투자 대상으로 고려하지 않았을 것이다.[4] 벤처 캐피털은 상승 잠재력도 크지만, 실패할 위험도 매우 크다. 신생 벤처기업을 평가하는 방법도 마땅치 않아, 위험 대비 잠재 이익이 충분한지 따져 보는 것도 쉽지 않다. 물론 경험이 풍부하고 충분히 위험을

---

4 차입매수(자기자본은 거의 없이 대부분 차입금을 이용해 높은 가격에 기업을 인수하는 기법)에서도 안전마진을 찾아볼 수 없을 것이다. 벤처 캐피털이나 차입매수는 가격이 잘못 매겨진 콜옵션으로 간주될 수 있을 경우에만 가치투자 대상이 될 수 있다.

감당할 수 있는 투자자는 미래 전망이 유망한 사업에 (해당 사업이 높은 가치를 인정받고 상장되기 전에) 험난한 여정을 각오하며 한정된 자본을 투자할 수 있다. 하지만 2020~2021년 사이의 벤처 캐피털 수익률은 사실상 전례를 찾아볼 수 없을 정도로 과열된 시장 분위기의 큰 수혜를 보았음을 유념해야 한다. 더구나 벤처 캐피털로 유입된 자본이 크게 증가하며 벤처 투자의 모든 단계에서 거래 가격이 크게 상승하였고, 이로 인해 미래 수익률은 더 낮아질 가능성이 높다.

신생 기업으로 자본 유입이 가속화되며 이들 기업이 미래에 심각한 경쟁 상황에 놓일 가능성이 높아졌다. 넘쳐나는 벤처 자본의 지원으로 현재와 미래의 많은 경쟁 기업이 생겨나고 있는데, 신생 기술 기업들이 이들과의 경쟁에서 살아남을 수 있을지는 불확실하다.

또 다른 대체 자산 유형으로 운용 자산 규모가 3조 달러에 달하는 헤지펀드가 있다. 여러 상품과 시장에 다양한 방식으로 투자함에도 하나의 범주로 간주하는 이유는 보수 구조가 비슷하기 때문이다. 대체로 관리 대상 자산 금액의 1~2퍼센트와 발생한 수익의 약 20퍼센트(때로는 그 이상)를 매년 수수료로 수취한다. 헤지펀드는 1920년대에 시작되었는데, 그레이엄도 당시에 헤지펀드를 운용했다.

그레이엄과 도드는 지금의 헤지펀드를 어떻게 생각할까? 아마도 여러 가지가 뒤섞여 있다고 생각할 것이다. 위험 회피 전략을 추구하며 꼼꼼히 가격 오류를 찾아내고 위험을 헤지하는 곳도 있고, 단기 수익을 추구하며 대규모 레버리지를 동원하고 거시경제 방향에 베팅하는 곳도 있다. 또 기본적 분석을 통해 최고의 기업은 매수하고 부실한 기업은 공매도하는 전략을 추구하는 곳도 있다. 잘되면 양쪽에서 이익을 취할 수 있다. 비유동성, 투명성 부족, 거대한 규모, 레버리지, 과도한 보수는 분명히 그레이엄과 도드에게 적신호를 줄 것이다. 그러나 가치투자를 추구하는 헤지펀드라면 십중팔구 인정할 것이다.

그레이엄과 도드는 개별 투자 대상의 위험 회피를 강조했지만, 분산투자와 헤지를 이용하면 전체 포트폴리오의 하락 위험도 방어할 수 있다고 믿었다.(제1장)

대부분의 헤지펀드도 이 방식을 사용한다. 이들이 보유한 종목들은 개별적으로는 위험이 매우 크지만, 고평가된 유사 종목이나 시장지수를 공매도하는 헤지 전략을 통해 포트폴리오의 전체적인 위험을 낮출 수 있다.

금융시장 밖에서도 통용되는 가치투자 원칙

그레이엄과 도드의 상식적인 원칙이 금융시장에만 적용되는 것은 아니다. 예컨대 2003년 출간된 《머니볼》에서 마이클 루이스가 상세히 묘사한 것처럼 프로야구 선수 시장에도 적용될 수 있다. 주식이나 채권 시장과 마찬가지로 야구선수 시장도 (동일한 이유로) 비효율적이다. 가치를 확인하는 단일한 방법은 없다. 선수를 총체적으로 평가할 수 있는 단일 지표가 있는 것도 아니다. 정보는 산더미처럼 많지만, 활용 방법은 제각각이다. 사람들은 데이터를 잘못 해석하고, 분석 방향을 잘못 잡고, 잘못된 결론에 도달한다. 주식시장과 마찬가지로 야구선수 시장에서도 경영진은 무리에서 벗어나 (슈퍼스타와 재계약에 실패하는 것과 같은) 인기 없는 일을 하다 비난받는 것을 두려워한다. 뛰어난 선수 확보에 과도한 가격을 치르도록 압박을 받는다. 광적인 팬들, 비판적인 언론, 인내심이 부족한 구단주에 이끌려, 지나치게 단기적인 관점을 취하는 경우가 많다. 합리적인 이유보다는 감정적인 이유로 결정을 내린다. 뛸 듯이 기뻐하기도 하고 공포에 휩싸이기도 한다. 혼자 남겨지는 것을 두려워하며, 쓸모없고 거짓된 패턴에 속고, 평균회귀를 이해하지 못한다. 금융시장과 마찬가지로 야구 시장에서도 가치투자자들은 장기에 걸쳐 탁월한 성과를 거두어 왔다.

《머니볼》에는 훌륭한 성과를 계속 유지할 수 있는 방법은 나오지 않는다. 시장의 비효율성은 경쟁자를 끌어들이고 대체로 빠르게 사라진다. 초기 《머니볼》 신봉자들의 극적인 성공을 지켜보며 많은 야구 구단에서 데이터 분석팀을 꾸리기 시작했다. 투자와 마찬가지로 야구팀 경영에도 쏟아져 나오는 대량의 데이터에서 주요 변수를 선별하고 적절한 가중치를 부여할 수 있는 능력이 중요하다. 두 시장 모두 새로운 경쟁우위를 찾아내어 구축하고, 그런 다음 경쟁에 의해 그런 우위가 점차 약해지고, 시장이 변하거나 때로는 규칙이 바뀌며 결국 우위가 사라지는 과정이 계속 반복된다. 끊임없이 새로운 경쟁우위를 개발해야 한다.

야구 구단들은 《머니볼》에 나온 방식을 뛰어넘어 선수들의 가치를 적절히 평가할 수 있는 이론과 분석기법을 계속 발전시켜 왔다. 상상할 수 있는 거의 모든 데이터를 수집하고 활용하는데, 이를테면 투수가 던진 공의 회전 속도, 투수가 던진 공이 스트라이크 같은 인상을 주게 만드는 포수의 피치 프레이밍 기량, 타자가 공을 치고 난 후 야수들의 반응 속도와 같은 데이터까지 측정하고 평가한다. 투자와 마찬가지로 핵심 원칙은 변함없지만, 원칙을 활용하는 방식은 계속 바뀔 것이다. 그레이엄과 도드의 가치투자 원칙이 운동선수 시장에도 적용된다는 사실은 이 원칙이 보편적이고 시대를 초월한다는 것을 잘 보여 준다.

마치며

인내와 절제가 가치투자자의 핵심 자질이지만, 이런 자질을 가진 사람은 드물다. 워런 버핏은 유명한 글 〈그레이엄-도드 마을의 위대한 투자자들〉에서 말했다. "1달러 지폐를 40센트에 사는 아이디어를 설명해 주면, 이 말을 즉시 알아듣는 사람도 있고 전혀 이해하지 못하는 사람도 있다. 이는 마치 면역성과 같다. 즉시 알아듣지 못하는 사람이라면, 몇 년에 걸쳐 설명하고 실적을 보여 주어도 전혀 달라지지 않는다."[5]

나 역시 버핏과 똑같은 경험을 했다. 나는 1978년 여름 인턴으로 일하던 뮤추얼

---

5 "The Superinvestors of Graham-and-Doddsville," 1984; https://www8.gsb.columbia.edu/ sites/valueinvesting/files/files/Buffett1984.pdf.

셰어스Mutual Shares라는 가치투자 회사에 정규직으로 입사하면서 투자자로서의 경력을 시작하였다. 1980년 텔레코Telecor를 청산하고 자회사인 일렉트로 렌트Electro Rent를 분사시키는 이벤트를 분석하고 투자하며 기본적 분석에 매료되었다. 텔레코 주식을 사는 것은 사실상 일렉트로 렌트 주식에 투자하는 셈이었는데, 이 회사는 빠르게 성장하는 장비 대여 회사였는데도 가격이 현금흐름의 약 1배에 불과한 헐값이었다. 첫 번째 가치투자 사례로 아직도 내 기억에 남아 있다.

《증권분석》을 읽고 공감한다면(투기를 억제할 수 있다면), 당신에게도 가치투자자 기질이 있다는 뜻이다. 공감하지 못하더라도 당신에게 적합한 투자 지형은 어디인지, 가치투자자들이 어떤 생각을 하는지는 이해할 수 있을 것이다.

강세장에서는 누구나 돈을 벌기 때문에 가치투자 철학이 필요 없다. 그러나 장차 시장이 어떻게 될 것인지 확실하게 예측할 방법이 없으므로, 우리는 항상 가치투자 철학을 따라야 한다. 가치투자자는 안주하지 않고 항상 깨어 있어야 한다. 많은 투자자가 모방하면서 예전의 투자 우위가 더 이상 통하지 않는 상황에 대비하여 새로운 투자 우위를 계발해야 한다. 가치투자자는 겸손하고 지적으로 정직하며, 호기심이 많아야 한다. 가치투자자는 자신이 운용하는 자본의 책임감 있는 관리자로서 고객과 지역사회와 지구에 미치는 영향을 생각해야 한다. 성공은 물론 실수를 통해서도 배우고 부단히 연마하며, 자신과 인간 행동에 대한 통찰을 키워야 한다. 그리고 지금 작동하는 방식이 앞으로도 계속될 것이라고 생각해서는 안 된다. 역사는 그렇지 않다고 말한다. 폭넓은 기본적 분석, 엄격한 규율과 절제, 부단한 인내심을 바탕으로 위험을 통제하고 손실을 제한하면, 가치투자자들은 좋은 실적을 거둘 수 있을 것이다.

투자의 진정한 비밀은 투자에 비밀이 없다는 것이다. 가치투자의 모든 핵심 요소는 1934년 《증권분석》 제1판이 출간되면서 여러 차례 대중에게 공개되었다. 시대를 초월한 이 기법을 따르지 못하는 사람이 수없이 많으므로, 이 기법을 따르는 사람은 계속 성공할 것이다. 나는 장기적으로 성공한 투자자 중에 가치투자 철학을 고수한 것을 후회하는 투자자를 본 적이 없다. 앞으로도 가치투자를 포기하고 또 다른 투자 철학을 찾아나서는 일은 없을 것이라고 생각한다. 하지만 인간의 본성은 아무 노력 없이 빨리 부자가 되려는 욕망을 영원히 떨쳐 버리지 못할 것이다. 사람들이 빨리 부자가 되고 싶은 유혹에 굴복하는 한, 가치투자는 지난 90년과 마찬가지로 앞으로도 건전하고 안전하며 성공적인 기법이 될 것이다. 가치보다 싸게 산다는 개념은 결코 쇠락하지 않을 것이다. 단기간에 부자가 될 수는 없어도 재산을 지킬 수 있고, 가치투자의 미래가 과거와 다르지 않다면 우리는 천천히 부자가 될 것이다. 이것이 합리적인 투자자가 가치투자 전략에 기대할 수 있는 최대치다.

| 제2판 서문 |

이 책의 제1판을 발간하고 6년이 지났으므로 이번에 종합 개정판을 내게 되었다. 경제계에서는 변화가 너무나 빨리 진행되므로 저자들이 오랜 기간 편히 쉴 틈을 주지 않는다. 지금은 특히 제2차 세계대전이 미치는 영향에 주목하게 된다. 투자정책 측면에서 보면 제2차 세계대전이 장래에 중대한 영향을 미칠 것이라고 암시하는 정도가 최선이다. 증권분석 측면에서 보면 불확실성이 증가하여 분석이 복잡해지겠지만, 분석의 기본이나 기법이 바뀌지는 않을 것이다.

우리는 이 책을 개정하면서 몇 가지를 염두에 두었다. 우리는 몇 가지 약점을 보완하였고, 일부 내용은 새로 판단하여 교체하였다. 금융계에서 최근 진행된 사건들도 검토했는데, 특히 증권거래위원회SEC의 규제가 미치는 영향을 논의하였다. 저금리가 이어지는 현상도 새로운 관점에서 조명하였다. 한편, 월스트리트는 여전히 추세에 주로 의존하고 있으므로, 추세 중심의 현대 투자 철학을 더 폭넓게 비판하였다.

세월은 쏜살같이 지나가는데 최신 사례를 지나치게 강조하면 스스로 발목이 잡힐 터이므로, 1939~1940년 우리가 집필하는 동안 발생한 새 사례만 추가하였다. 그러나 (처음에 미래에 도전하면서 제시했던) 과거 사례들은 당시 제안했던 기법의 타당성을 검증하는 용도로 쓸모가 있을 것이다. 따라서 우리 아이디어를 《증권분석》

제1판(1934) 관련 사례에 적용하여 증권분석에 대한 일종의 '실험'을 시도하였다. 이런 사례들을 참조하면 독자도 증권분석가의 관점으로 자신의 아이디어를 실험할 수 있을 것이다.

    제2판은 분량이 증가했는데, 이는 사례를 대폭 늘린 데다가, 보완 설명 자료를 곳곳에 추가했으며, 철도산업을 더 폭넓게 분석하였고, 상장종목에 관한 새로운 통계 자료를 대폭 추가했기 때문이다. 책의 순서는 대체로 그대로 유지하였다. 그러나 읽는 순서를 바꿔 예컨대 '보통주 투자 이론'부터 읽어 나가더라도 큰 불편은 없을 것이다.

벤저민 그레이엄과 데이비드 도드
1940년 5월
뉴욕에서

| 제1판 서문 |

이 책은 증권 가치에 관심이 많은 모든 이를 위해 썼다. 그러나 독자가 금융 용어와 기본 개념을 어느 정도 안다고 가정하였으므로, 초보자에게 적합한 책은 아니다. 이 책에서 다루는 범위는 책의 제목인 증권분석보다 더 넓다. 개별 종목에 대한 분석기법뿐 아니라, 증권 선택과 위험관리에 관한 일반 원리도 다룬다. 따라서 투자와 투기를 구분하고, 건전하면서도 실용적으로 안전성을 점검해야 하며, 선순위 증권과 보통주 투자에 따르는 권리와 진정한 이익을 이해해야 한다고 매우 강조하였다.

다양한 주제에 대해서 지면을 배분하는 기준으로는 주로 상대적인 중요도를 사용했다. 그러나 예를 들어 기업의 미래 전망 예측은 지극히 중요한 주제이지만, 이런 주제에 대해서는 구체적으로 가치를 논할 수 없어서 지면을 거의 할당하지 않았다. 사람들이 매우 잘 이해하는 내용이라서 대강 넘어간 주제도 있다. 오히려 우리는 투자 분야에서 상대적 중요성이 그다지 높지 않더라도 **저평가 종목** 발굴 기법을 강조했는데, 이는 증권분석가가 이를 통해서 가장 풍성한 결실을 거둘 수 있기 때문이다. 비슷한 이유로 전환사채와 같은 옵션부 선순위 증권의 특성도 이 책에서 자세히 다루었는데, 이런 상품이 최근 몇 년 동안 크게 발전했는데도 현재 표준 교과서에서 다루는 내용은 매우 부실하기 때문이다.

그러나 우리는 이 책에서 현상을 서술하는 것이 아니라, 비판적 관점을 유지하는 일에 가장 주안점을 두었다. 우리는 주로 개념, 기법, 기준, 원리, 그리고 무엇보다도 논리적 추론에 중점을 두었다. 우리는 이론을 위한 이론을 강조한 것이 아니라, 실제로 가치가 있을 때 이론을 강조하였다. 또한 너무 엄격해서 따르기 어려운 기준이나, 효용성 면에서 득보다 실이 많은 기법도 언급을 피했다.

이 책을 저술하면서 가장 중요한 문제는 관점이었다. 최근과 먼 과거에 겪은 다양한 경험을 결합해서, 불가사의한 미래에도 통하는 관점을 정립하는 일이었다. 우리는 이 책을 쓰면서, 금융시장 폭락 상태가 영원히 이어진다는 대중의 확신에 맞서야 했다. 그러나 책의 출간 시점이 다가오자, 투자자들의 해묵은 약점이 또다시 드러나는 모습이다. 이들은 투자하고 싶어서 안달을 부리고 있다. 하지만 보수적인 투자자라면 무엇보다도 1931~1933년과 이전의 폭락으로부터 얻은 교훈을 끊임없이 되새겨야 한다. 이른바 고정-가치투자fixed-value investments(채권 투자—옮긴이)는 스피노자의 표현을 빌리면 "재난을 바라보는 관점"으로 접근할 때에만 건전하게 선택할 수 있다. 다른 유형의 투자를 다룰 때에도, 우리는 독자들에게 피상적이고 일시적인 현상을 지나치게 강조해서는 안 된다고 내내 경고하였다. 월스트리트에서 20년 동안 다양한 경험을 쌓고 보니, 투자의 세계에서 일시적인 현상에 대한 강조는 착각일 뿐이며 응징을 받는다는 사실을 깨달았기 때문이다.

이 책을 쓰는 과정에서 우리를 도와주고 격려해 준 여러 친구에게 깊이 감사드린다.

벤저민 그레이엄과 데이비드 도드
1934년 5월
뉴욕에서

제7판 개론

그레이엄과 《증권분석》의 역사적 배경

제임스 그랜트

1934년 8월 1일 연합통신은 아돌프 히틀러가 독일의 대통령이 되었다고 전했다. 베를린의 제보자는 "총통이 누군가에게 사전 허락을 받지 않아도 된다면, 업무 전체가 매우 간소화될 것"이라고 했다. 이런 역사적 시기에 출간된 727페이지짜리 가치투자 교과서(《증권분석》 제1판)가 당시는 물론 지금까지 베스트셀러가 되리라고는 아무도 상상하지 못했을 것이다.

사후에 출간된 자서전 《벤저민 그레이엄 자서전》에서 그레이엄(1894~1976)은 주식을 여전히 투기로 간주하던 시기인, 1914년에 투자업계에 입문한 자신의 행운에 감사하였다.[1] 1934년은 좋은 시점이 아니었다. 1929년 정점에서 1932년 바닥까지 다우존스 산업 평균 지수는 87퍼센트나 폭락했다. 경기가 쇠퇴했던 1933년

---

1 Graham, *The Memoirs of the Dean of Wall Street*, edited by Seymour Chatman (New York: McGraw-Hill, 1996), p. 142. 한국어판 《벤저민 그레이엄 자서전》.

에는 미국 실업률이 25퍼센트로 정점을 기록했다. 전미경제조사회National Bureau of Economic Research는 대공황이 1933년에 끝났다고 판단했다. 하지만 특히 월스트리트에서 생활고에 시달리던 사람들을 포함해 수많은 미국인은 당연히 이 판단을 의심했다.

1930년대 초 약세장에 파산이 이어지며 미국 금융회사에서는 고위층에서 말단에 이르기까지 직원들이 추풍낙엽처럼 떨려 나갔다. 남은 사람들도 루스벨트 초대 행정부로부터 모진 취급을 당했다. 그레이엄은 시장 규제가 가벼운 시기에 증권 업무를 배웠다. 그레이엄이《증권분석》제1판 집필을 시작한 시점은 허버트 후버 행정부가 전시가 아닌데도 처음으로 철저하게 시장에 개입하던 기간이었다. 그리고 루스벨트 행정부가 처음으로 거시경제 정책을 급진적으로 뜯어고칠 때는《증권분석》제1판 교정 작업을 진행하고 있었다. 1934년이 되자 여러 연방법이 제정되어 증권시장을 규제하였고, 은행예금을 보호했으며, 물가를 통제했다(지금처럼 물가 상승을 제한하는 법이 아니라, 물가 하락을 제한하는 법이었다). 정부는 물가를 띄우려고 달러의 가치를 떨어뜨렸다. 이렇게 경제가 엉망진창이던 기간에도《증권분석》을 찾아 읽는 독자들이 꾸준히 이어졌다는 사실은 미국 금융시장의 회복탄력성과 더불어, 그레이엄의 사상이 얼마나 훌륭했는지를 잘 보여 준다.

《증권분석》제1판이 발간되고 5개월이 지나자〈뉴욕타임스〉에 루이스 리치Louis Rich의 서평이 실렸다. 그가 양심적인 평론가여서 책을 모두 읽었는지는 알 도리가 없다. 아무튼 리치는 약간의 아쉬움을 덧붙였지만, 이 책을 극찬했다. 1934년 12월 2일 이렇게 썼다. "최근 시장이 기록적인 폭락을 거듭하는데도 투자를 못 해서 안달 난 사람이 아직 남아 있다면, 이 책을 읽어 보기 바란다. 이 책은 내용이 풍부하고, 사려 깊으며, 세심한 데다가, 학구적인 동시에 실제적인 책이다. 형식과 사고방식은 교과서적이지만, 초보자도 깊이 흥미를 느낄 만한 온갖 내용이 담겨 있다."[2]

---

2   Louis Rich, "Sagacity and Securities," *New York Times*, December 2, 1934, p. BR13.

그러나 대폭락 이후 투자에 흥미를 느끼는 초보자들이 사라지자 월스트리트는 해가 다르게 큰 타격을 입었다. 사람들은 거래량이 더는 감소할 여지가 없고, 뉴욕 증권거래소 회원권 가격도 바닥에 도달했으며, 주가도 터무니없이 싸다고 생각했지만, 이런 기록은 계속 경신되었다. 증권거래소의 기관지 《익스체인지》Exchange 편집인들은 태연한 척하기조차 쉽지 않았다. 1940년 《증권분석》 제2판이 발간될 무렵 '경제발전이 끝나야 하는가?'라는 제목의 스웨덴 경제학자 구스타브 카셀Gustav Cassel의 논문이 《익스체인지》 헤드라인을 장식했다.³ 편집자들은 "증권 중개인들이 자리를 지켜야 하는 이유"라는 질문을 던지고 나서, 다음과 같이 답했다. "장기간 시장이 침체를 거듭했지만, 최근 진행된 시장 보호 조치들의 진가를 대중이 제대로 이해하면 증권 투자에 대한 관심이 살아날 것이기 때문이다." 하지만 당시 사람들은 월스트리트에 호의적이지 않았다. 길거리에서 노름을 하다 법정에 끌려온 피고인들에게 뉴욕시의 한 치안판사는 비꼬는 투로 "조만간 월스트리트 주식 중개인처럼 요트와 별장도 장만할 수 있겠군요"라고 질책(1940년 출간된 《고객의 요트는 어디에 있는가》라는 책에서 월스트리트 증권 트레이더였던 프레드 쉐드 주니어는 고객의 이익보다 자신들의 이익에 더 관심이 많았던 금융인들의 탐욕과 모럴 해저드를 꼬집었다—옮긴이)하며 금융업계 종사자들을 조롱하기도 하였다.⁴

지금은 상상하기 어렵지만, 당시는 머피의 법칙이 작동하던 시기였다. 잘못될 여지가 있으면 실제로 잘못되었다. '불황'은 경기 불황에 그치지 않고 세계관에도 영향을 미쳤다. '구조적 장기 침체'를 주장해 온 하버드 대학교 경제학 교수 앨빈 핸슨Alvin Hansen과 조지프 슘페터Joseph Schumpeter는 미국의 인구 성장률이 장기간 하락할 것으로 예측했다. 핸슨은 1939년 논문에서 이렇게 주장했다. "인구 성장률 하락과 대규모 자본 지출을 흡수해 줄 수 있는 중대한 혁신의 부재가 완전고용

---

3   Gustav Cassel, "Must There Be an End to Progress?" *Exchange*, January 1940.
4   *Exchange*, "Why Do Securities Brokers Stay in Business?", September 1940.

상태에 도달하지 못하게 하는 주된 원인이다."[5]

핸슨과 당시 사람들은 베이비 붐이 임박했음을 알 방법이 없었다. 사람들은 유럽에서 새로 벌어진 전쟁과 자본주의 쇠퇴와 몰락에 정신이 팔려 있었으므로, 베이비 붐은 감히 상상조차 할 수 없었다. 핸슨의 생각은 늘 일감 부족에 시달리던 로어 맨해튼의 증권 중개인과 트레이더의 생각과 일치했을 것이다. 뉴욕 증권거래소는 계속 적자를 기록하고 있었다. 실적을 발표하기 시작한 1933년부터 1940년까지, 증권거래소가 이익을 낸 해는 1935년 한 해뿐이었고 그것조차 명목상 이익이었다. 1937년 브라운 대학교 경제학과 조교수 첼시 보스랜드Chelcie Bosland는 새로 낸 저서 《보통주 투자 이론》The Common Stock Theory of Investment에서 마치 당연한 이야기를 되풀이하듯이, 미국 경제는 약 20년 전 제1차 세계대전 시점에 정점을 찍었다고 말했다. 또한 익명의 당국자 말을 인용하여 1975년이 되면 미국의 인구 증가가 멈출 것이라는 말도 덧붙였다.[6] 그레이엄이 《증권분석》에서 채권 발행자의 상환 능력은 번영기가 아니라 침체기를 기준으로 평가해야 한다고 말할 만하였다 (지금 상장된 3,000개 대기업의 20퍼센트 가까이는 이 기준을 통과하지 못할 것이다. 실제로 〈블룸버그〉에 따르면, 이 기업들은 불황기가 아니었던 2022년에도 이자비용을 지불할 수 있을 만큼의 영업 활동 현금흐름을 만들어 내지 못했다).[7] 당시의 투자자는 경계를 늦추지 말아야 한다고 조언을 받았다. 1940년 개정된 《증권분석》 제2판에서 그레이엄은 이렇게 경고했다. "지난 20년 동안 채권 가격이 신고가를 기록하기도 하고, 두 번이나 폭락하기도 했으며, 현재 제2차 세계대전이 진행 중임을 고려하면, 채권의 미래를 함부로 확신해서는 안 된다."(제6장)

월스트리트는 1920년대 호황기에도 그 면적이 넓지 않았지만, 거품이 붕괴된 다음에는 면적이 훨씬 줄어들었다. 벤저민 그레이엄은 동업자 제리 뉴먼Jerry

---

5 James Grant, *The Trouble with Prosperity* (New York: Random House, 1996), p. 84.
6 Chelcie C. Bosland, *The Common Stock Theory of Investment* (New York: Ronald Press, 1937), p. 74.
7 Bloomberg News, "Zombie Firms Face Slow Death in the US as Easy-Credit Era Ends," May 31, 2022.

Newman과 함께 아주 자그마한 사무실을 열었다. 두 사람은 월스트리트 52번가에서 전문 투자회사를 운영했다. 이 회사는 차익거래, 기업회생, 파산, 기타 복잡한 상황들에 강점이 있었다. 이 회사 사무실은 1937년판《포천》Fortune에 실린 월스트리트 금융가 지도에 나오지도 않았다. 당시 월스트리트 지도에 점으로 표시된 회사들도 지금과 비교하면 규모가 놀라울 정도로 작았다. 메릴 린치 본사 전체가 쓸 공간으로 트럼프 빌딩 한 층이면 충분했다. 1936년 1억 9,500만 달러를 발행하여 인수 업무 부문에서 압도적 1위를 차지한 모건 스탠리 본사도 브로드웨이 인근 건물 한 층으로 넉넉했다. 급여 인상도 경기만큼이나 정체되었으며, 특히 하급직이 더 심했다.[8] 1939년 10월 기준으로 연방 최저임금이 20퍼센트 인상된 이후에, 증권 중개인은 시간당 30센트의 급여를 받을 수 있었다.[9]

1940년 3월《익스체인지》는 주식시장에 대한 대중의 무관심을 보여 주는 상세한 자료를 실었다. 20세기 초반 30년 동안에는 주식의 연간 거래량이 늘 상장된 주식 수를 (때로는 큰 폭으로) 웃돌았다. 1900~1930년 사이에 연간 거래량이 상장 주식 수의 절반에도 못 미친 해는 1914년 한 해뿐이었다. 제1차 세계대전의 충격이 가라앉을 때까지 거래소를 4.5개월 폐쇄했기 때문이다. 그러나 1930년대로 접어들자 주식 매매 회전율이 50퍼센트에 도달하기도 힘겨웠다. 1939년에는 제2차 세계대전이 터지며 거래량이 단기간 급증했는데도, 회전율은 무려 18.4퍼센트로 내려갔다. 연구의 저자는 말했다. "농업 부문에서 이런 실적이 나왔다면, 이미 오래전에 정부에서 보조금을 지급했을 것이다. 안타깝게도, 월스트리트에 대해서는 정부 지원이 너무 빈약한 듯하다."[10]

이제 더는 나빠질 여지가 없다고 생각하면서 위안을 삼으려고 하면, 또다시 실적이 악화되었다.《증권분석》제2판이 발간되고 2개월이 지난 1940년 8월 19일,

---

8   *Fortune*, "Wall Street, Itself," June 1937.
9   *New York Times*, October 3, 1939, p. 38
10 *Exchange*, March 1940.

거래량은 겨우 12만 9,650주였다. 1916년 8월 5일, 4만 9,000주의 거래량을 기록한 이래 최저 거래량이었다. 1940년 전체를 통틀어 거래량이 2억 759만 9,749주였다. 이는 2022년 기준으로 평범한 날에 한 시간이면 채워지는 거래량이고, 거래가 활발했던 1929년 회전율의 18.5퍼센트에 불과한 수준이었다. 회전율과 주요 주가지수가 하락하며 거래소 회원권 시세도 하락했다. 1942년 바닥시세는 겨우 1만 7,000달러였다. 1897년 이후 최저가였으며, 1929년에 기록한 최고가 62만 5,000달러에서 97퍼센트 하락한 가격이었다. 프레드 쉐드 주니어는 《증권분석》 제2판과 동일한 1940년에 발간된) 재치 넘치는 저서 《고객의 요트는 어디에 있는가》에서 이렇게 말했다. "1932년이 되자 투기를 했던 사람들은 모두 빈털터리가 되었다."[11] 게다가 대공황 기간에 빈털터리 신세를 간신히 모면한 사람들도 위험에서 벗어난 것이 절대 아니었다. 1937년 8월 폭락하기 시작한 시장은 1938년 3월이 되자 절반 수준으로 내려앉았다. 실물 경제도 금융 부문보다 나을 바가 없었다. 겨우 9개월 만에 산업 생산이 34.5퍼센트나 감소했는데, 당시 세대에게 단기간에 발생한 가장 심각한 경제적 손실로 여겨졌던 1920~1921년 불황보다 더 심각한 수준이었다.[12] 루스벨트 행정부는 1937~1938년 침체가 "공황"depression이 아니라 "경기후퇴"recession라고 주장했다. 1938년 미국의 평균 실업률은 18.8퍼센트였다.

대공황 이후 또다시 큰 폭의 주가 하락이 발생하기 직전인 1937년 4월, 브라운 브라더스 해리먼 앤드 코Brown Brothers Harriman & Co.의 파트너 로버트 로벳Robert Lovett은 대중 잡지인 《새터데이 이브닝 포스트》Saturday Evening Post에 경고의 글을 실었다. 월스트리트 지배층의 핵심 집단에 속했던 로벳은 주식이든 채권이든 이제 안전한 금융자산 따위는 없다고 선언했다. 요는 사람이 언젠가 사망하듯이, 회사도 망하고 자본도 사라질 수 있다는 말이었다. 그는 독자들에게 다음과 같은 자료

---

[11] Fred Schwed, Jr., *Where Are the Customers' Yachts?* (New York: Simon and Schuster, 1940), p. 28. 한국어판 《고객의 요트는 어디에 있는가》.

[12] Benjamin M. Anderson, *Economics and the Public Welfare* (New York: Van Nostrand, 1949), p. 431.

를 근거로 제시했다.

> 1901년 12월 31일 인기 배당주 20종목을 100주씩 사서 1936년까지 계속 보유하며 주식배당과 주식분할 혜택을 모두 받고 주어진 모든 권리 행사를 통해 추가 주식을 받았더라도, 1936년 12월 31일 현재 시장가치는 투자 원금보다 39퍼센트 감소했을 것이다. 쉽게 말해서, 투자 원금 29만 4,912달러의 가치가 1936년 12월 31일에는 18만 72달러로 쪼그라들었다. 어느 모로 보나 엄청난 손실이다.
>
> 시장이 붕괴하기 전에는 사람들이 무분별하게 '영원한 투자'permanent investments를 말했지만, 우리는 영원한 투자는 전적으로 회복할 수 없는 손실을 가져올 뿐이라고 확신한다.[13]

시장은 로벳의 말처럼 처참하게 하락했다. 1937~1938년 약세장 바닥에서, 뉴욕 증권거래소에 상장된 주식 5종목 중 하나는 순유동자산보다도 낮은 가격에 거래되었다. 현금과 당좌자산에서 부채를 모두 차감한 가치보다도 주식의 시장가치가 낮았다는 말이다. 다시 말해서 기업의 가치가 마이너스였다. 당시의 월-마트였던 그레이트 애틀랜틱 앤드 퍼시픽 티 컴퍼니Great Atlantic & Pacific Tea Company(A&P)도 이렇게 버림받은 회사였다. 1938년 저점에서 이 회사 보통주와 우선주의 시장가치 합계액은 1억 2,600만 달러였는데, 현금, 재고자산, 매출채권을 보수적으로 평가해도 1억 3,400만 달러였다. 그레이엄과 도드의 표현을 빌리면, 여전히 이익이 나오는 회사의 주식이 '폐지' 가격에 거래되고 있었다.(제50장)

---

13 Robert A. Lovett, "Gilt-Edged Insecurity," *Saturday Evening Post*, April 3, 1937.

달라진 월스트리트

막대한 투자 자금(2021년 2,370조 달러에 달하는 미국 증권예탁결제원 증권 거래 규모)[14] 과 인덱스 혹은 패시브 투자의 유행(2022년 3월 31일 기준, 인덱스펀드의 자산 규모는 8조 5,300억 달러로 액티브 운용 자금 8조 3,400억 달러와 비슷하다),[15] 수수료 없는 주식 거래(2019년 말 주요 증권사들이 거래 수수료를 0퍼센트로 인하했다), 기업의 '환경, 사회, 지배 구조' 책임 준수 정도에 따른 투자 등급 책정에 이르기까지 작금의 월스트리트 풍경은 벤저민 그레이엄에게는 낯설어 보일 것이다.

1930년대 이전에는 연방 차원의 증권 규제가 없었다. 증권거래위원회SEC가 설립되기 전에는 기껏해야 지방 정부 차원에서 제재하는 정도였다. 그냥 암묵적으로 용인될 수 없는 활동들이 있었다. 예를 들어 당시 주식 공모Initial Public Offerings, IPO에 따르는 위험과 보상은 전문가의 영역으로 간주되었기 때문에 대중을 상대로 주식 공모 영업을 하지 않았다. 제1차 세계대전 기간과 직후에 자존심 있는 뉴욕 증권거래소 회원사들은, 미합중국 자유공채United States Liberty Bonds를 수익성은 더 좋지만 덜 애국적인 다른 채권으로 교체하라고 고객에게 권유하지 않았다. 이런 영업 행위를 막는 법이 있는 것도 아니었지만 그레이엄에 의하면, 증권사들은 그냥 이런 영업을 하지 않았다.[16]

1930년대 월스트리트에는 아직 많은 것이 갖춰지지 않았다. 새로 권한을 부여받은 규제 당국들은 금융 혁신을 달가워하지 않았고, 거래 비용은 비싼 수준이었으며, (적어도 오늘날의 전산 표준에 따르면) 기술 수준도 원시적이었다. 그럼에도 충

---

14 DTCC 2021 annual report, p. 56.
15 Morningstar Direct 자료를 앨런 슬론Allan Sloan이 인용, "투자의 민주화The Democratization of Investing," Yahoo Finance, May 22, 2022.
16 *The Memoirs of the Dean of Wall Street*, p. 169.

분하다고 판단한 투자자도 적지 않았다. 그레이엄의 입장도 비슷했다.《증권분석》 제2판에서 금융 혁신을 논의하며 각주에 다음과 같이 기술했다. "1939년 6월 증권거래위원회는 건전한 선례를 만들었다. 그리스-플레거 태닝Griess-Pfleger Tanning Company이 기업회생 과정에서 발행하는 '자본소득 채권'에 대해, 이런 혼성 증권 고안이 도를 지나쳤다는 이유로 승인을 거부한 것이다."(제5장, 주석 4)

그레이엄에 따르면 안전은 채권투자의 핵심이다. 따라서,

> 채권의 수익이 한정적이라는 개념에서부터 채권투자에 대해 중요한 관점이 도출된다. 채권은 손실 회피가 중요하므로, 채권 선택에서는 주로 배제하는 방식을 써야 한다는 점이다. 즉 종목을 탐색하여 편입하는 방식이 아니라, 제외하고 거부하는 방식이 되어야 한다.(제6장)

오늘날(2021년 말 기준) 세계적으로 명목 수익률이 0보다 낮은 거의 18조 달러 규모의 고정 수익 증권이 존재한다. 이와 같은 초저금리 시대에 그레이엄이라면 어떻게 투자할까? 이제 한 푼이라도 더 많은 고정 수익을 얻으려는 사람들에게 채권투자는 배제하고 거부하는 과정과는 거리가 멀어졌다. 약간의 베이시스 포인트(1퍼센트의 100분의 1) 차이를 필사적으로 찾아다니는 확보의 과정이자 필연적으로 무비판적인 수용의 과정이 되었다.

그럼에도 그레이엄의 입장은 달라지지 않았을 것이다. 그는 1940년《증권분석》 제2판에서 "법정 투자 종목"(주 은행 감독국이 자신의 감독하에 있는 저축은행들에 적합한 투자 대상으로 규정한 증권 목록) 제도를 지지하며 다음과 같이 말했다. "우량 등급 채권 선정 작업은 채권을 배제해 나아가는 과정이므로, 투자자는 구체적인 원칙과 기준을 적용해서 부적합한 채권을 걸러 내야 한다."(제8장)

1930년대에 재무 정보 공개 혁명이 일어났다. 새 연방법에 따라 상장회사들은 연말은 물론 분기에도 주주들에게 실적을 보고하게 되었다. 그러나 새 기준을 모

든 상장회사에 즉시 적용할 수는 없었기 때문에, 여전히 정보를 공개하지 않은 채 과거 방식으로 운영되는 회사가 많았다. 그런 회사 중 하나가 재무 정보 기업인 던 앤드 브래드스트리트Dun & Bradstreet(D&B)였다. 그레이엄은 '재무 정보를 제공하는 회사가 자사 주주들에게조차 이익을 공개하지 않는' D&B의 역설을 흥미로워했다.(제3장, 주석 4) 21세기 기준으로 보면, 그레이엄 시대는 정보도 부족했고 정보의 흐름도 느렸다. 당시에는 전화 회의도 없었고, 스프레드시트도 없었으며, 먼 시장에서 전해지는 속보도 없었다. 실제로 외국과는 거래가 많지 않았다. 《증권분석》은 외국 시장에 거의 관심을 두지 않았다.

이런 환경은 오늘날 경제학자들이 말하는 '효율적 시장'(정보가 빠르게 퍼지고, 사람들이 정보를 완벽하게 처리하며, 가격에도 정보가 즉각적으로 반영되는 시장)의 발전에 거의 도움이 되지 않았다. 그레이엄이 효율적 시장 개념에 대해 들었다면 비웃었을 것이다. 반면 경제학에 '행동재무학'behavioral finance이라는 분야가 있다는 것을 발견한다면 흐뭇해할 것이다. 《증권분석》을 읽다 보면, 투자는 모든 면에서 인간 행동과 관계된다는 사실에 놀라게 된다. 2021년 밈 주식이 등장하기 80년 전부터 그레이엄은 주식시장이 투자가치는 물론 오락 가치의 원천이기도 하다는 사실을 알았다.

> 주식을 사는 이유가 단순히 탐욕 때문일지라도, 사람들은 이런 추악한 충동은 숨기고 그럴듯한 논리와 양식을 내세우고 싶어 한다. 볼테르의 잠언을 흉내 내자면, 우리는 주식 분석을 전혀 하지 않더라도, 분석을 하는 것처럼 위장할 필요가 있다.(제27장)

이 과정에서 과소평가와 과대평가라는 이상 현상이 나타난다. 그레이엄은 이런 이상 현상이 곤혹스러웠다. 1920년대 말 호황기에도 주가가 순유동자산에 못 미치는 기업이 많았다. 제1차 세계대전 직후 채권시장이 혼란에 빠지자, 어리둥절한 투자자들은 미국 재무부가 발행한 4.25퍼센트 '자유공채 4회'보다도 더 높은 가격에 4퍼센트 유니언 퍼시픽 1순위 담보채권Union Pacific First Mortgage을 사기도 했다. 그는 "주식시장의 고질적인 과잉 반응"에 대해 언급했다.(제50장) '모든 시장'이라고 썼더라도 그리 다르지 않을 것이다.

그레이엄이 금융 사이클을 자세히 다루진 않았지만 분명히 사이클을 파악하고 있었다. 그는 증권의 가격이나 투자자산 유형이 유행을 타듯이, 아이디어도 유행을 탄다고 생각했다. 《증권분석》에서 논의하고 있는 1930년대 초의 주택 담보대출 보증 사업의 몰락을 읽는다면 오늘날 주식시장과 금융시장에서 주기적으로 반복되는 바닥을 향한 경주를 예견할 수 있을 것이다. 다음과 같이 묘사된 그레이엄 시대의 모습은 지금 우리의 모습이기도 하다.

> 더 공격적인 부동산 채권 회사들이 새로 등장하면서 오래된 부동산 채권 회사들의 정책에 심각한 악영향을 미쳤다. 경쟁 심화로 기존 회사들도 대출 기준을 완화하게 된 것이다. 이들은 신규 담보대출 기준을 갈수록 완화하였고, 기존 담보대출의 만기를 갱신할 때에는 흔히 대출금을 증액해 주었다. 게다가 담보 보증 액면 금액이 보증 회사 자본금보다도 여러 곱절 많아졌으므로, 담보물의 가치가 전반적으로 하락할 때에는 보증 효과가 취약해질 수밖에 없었다.(제17장)

그레이엄은 증권분석 자체도 사이클이 있다고 보았다. 유행이 되었다가 인기가 식으며 유행이 지나간다. 주식을 단순한 종잇조각이 아니라 자신의 사업처럼 생각하는 사람들이 증권분석을 직관적으로 받아들인다. 이런 투자자들은 이익 모멘텀이나 경제 전망에 관한 월스트리트의 엉터리 예측에 별 관심이 없다. 그 대신 주식을 평가하면서 그 이면에 있는 회사의 가치를 알고 싶어 하며, 회사의 재무상태표를 분석한다. 그러나 희망과 예언만으로 주가가 떠오를 때에는 이런 분석이 유행에서 벗어나게 된다. 실제로 1927년 무렵에는 가치투자 원칙이 점술과 차트 분석에 밀려났다. 그레이엄은 '새 시대'new era 투자 기법에 대해 신중하게 비판했다.

그레이엄은 가치투자 기법이 과거 지향적임을 인정한다. 가치투자는 미래보다 과거에 더 비중을 두고, 내일의 이익 전망보다 안정적인 수익력을 더 강조하는 기법이다. 그러나 제1차 세계대전 이후에 신기술, 새로운 기법, 새로운 기업 형태가 등장하면서 새로운 위험과 기회가 생겨났다. 이에 따라 대표적인 기업들의 안정성이 갈수록 감소하면서, 이익 성장 예측보다 안정적인 수익력을 강조하던 기존 분석기법이 다소 힘을 잃었다. 하지만 그레이엄은 굳건했다. "이익 추세만을 무조건 유일한 가치 기준으로 삼은 새 시대 이론은 무서운 증시 폭락과 함께 무너질 것이다."(제28장) 실제로 그렇게 되었다. 그리고 미디어의 영향력이 커진 21세기에도 주기적으로 끔찍한 붕괴가 일어난다.

팔방미인

벤저민 그로스바움Benjamin Grossbaum은 1894년 5월 9일 런던에서 태어나, 두 살이 되기 전에 가족과 함께 뉴욕으로 이주했다. 그레이엄은 수학, 고전어, 현대어, 논증적 글쓰기의 천재였고, 당시 최상의 뉴욕시 공립학교에서 가르치는 모든 과목에서 뛰어났다. 그는 기억력이 비상했고 독서를 좋아했다. 학자로 성공할 확실한 재능이었다. 그러나 아버지가 35세에 사망하자 어머니와 세 형제는 재정난을 겪게 되었다. 그레이엄은 어린 시절부터 일했고, 궁핍하게 생활했다.

그레이엄의 자서전이 따로 있으므로, 전기 형식의 이야기는 길게 하지 않겠다. 이 천재는 1911년 9월 17세의 나이에 장학금을 받고 컬럼비아 대학교에 입학했다. 그는 이미 엄청난 지식을 습득한 상태였으므로, 첫 학기부터 '최고급 과정'에서 수업을 시작하였다.[17] 1914년 차석으로 대학을 졸업하고 저명한 학술지 《미국 월간수학》American Mathematical Monthly에 미적분학 교수법 개선에 관한 논문을 발표

---

[17] *The Memoirs of the Dean of Wall Street*, p. 106.

한 성과로 파이 베타 카파Phi Beta Kappa 회원이 되었다.[18]

이런 학문적 성취를 뒤로하고 그레이엄은 월스트리트 밑바닥부터 경력을 시작했다. 뉴욕 증권거래소 회원사 뉴버거, 헨더슨 앤드 로브Newberger, Henderson & Loeb에서 러너runner(장내 거래인에게 주문을 전달해 주는 사람—옮긴이) 겸 시세판 담당자로 업무를 시작했다. 그리고 1년도 지나지 않아 그는 구겐하임 익스플로레이션 컴퍼니Guggenehim Exploration Company의 청산을 이용하는 거래에 착수했다. 그가 구겐하임 주식을 매수하는 동시에 구겐하임이 일부 지분을 보유한 회사 주식을 공매도하는 것을 선배 직원들은 넋 나간 모습으로 지켜보았다. "계산했던 대로 정확하게 이익을 실현하자, 나뿐 아니라 모두가 행복해했다."[19]

《증권분석》은 갑작스럽게 쓰인 책이 아니다. 1928년 컬럼비아 대학교에서 (나중에 《증권분석》을 공저하는 데이비드 도드의 도움을 받으며) 고급 증권분석 강의를 시작하기 오래전부터 그레이엄은 《매거진 오브 월스트리트》Magazine of Wall Street에 기고하며 빈약한 월급에 수입을 보태고 있었다. 그의 기사는 자신감 넘치는 고학력 월스트리트 금융인의 글이었다. 전문가의 의견을 인용할 필요가 없었다. 자신의 생각과 해석으로 충분했다. 그가 관심을 기울였던 주제들은 이후 《증권분석》의 내용으로 발전했다. 그는 특수상황을 매우 좋아했으며, 나중에 '그레이엄-뉴먼'은 이 분야에서 큰 성공을 거두었다. 따라서 고공행진을 벌이던 복잡한 사업 구조의 아메리칸 인터내셔널American International Corp.이 1920년 추락했을 때, 그는 이 회사가 (잘 드러나지 않은) 투자 자산의 가치보다 명백하게 저평가되었다는 사실을 입증할 수 있었다.[20] 1921년 굿이어 타이어 앤드 러버Goodyear Tire and Rubber의 갑작스러운 파산도 그의 관심을 사로잡았다. 그는 "현재 파산하는 기업이 많긴 하지만, 굿

---

18 Benjamin Graham, "Some Calculus Suggestions by a Student," *American Mathematical Monthly*, June 1917, vol. 24, no. 6, pp. 265-71.
19 같은 글, p. 145.
20 Benjamin Graham, "The 'Collapse' of American International," *Magazine of Wall Street*, December 11, 1920, pp. 175-176, 217.

이어의 몰락은 놀라운 사건이다"라고 썼다. 그리고 굿이어는 생존할 것이라고 예리하게 판단했다.[21] 1924년 여름, 그는 《증권분석》에서 거듭 강조하게 되는 주제를 만나게 된다. 회사의 청산가치보다도 낮은 가격에 거래되는 주식을 발견한 것이다. 그레이엄은 "상궤를 벗어난 염가 주식 8종목"이라고 머리기사를 달고, "시가총액이 현금 및 현금성 자산에도 못 미치는 이례적으로 흥미로운 종목군"이라고 소제목을 붙였다. 일례로 토너파 마이닝Tonopah Mining은 주당 유동 자산이 4.31달러였는데도 주가가 1.38달러에 불과했다.[22]

그레이엄이 월스트리트에 진출하던 1914년 무렵 투자 세계는 달콤한 합리성의 시대가 끝나는 것처럼 보였다. 이전까지 사업가들은 주로 투자를 했는데, 사업체를 분석하듯이 주식과 채권을 분석했다. 당연히 주식을 발행한 회사가 보유한 자산과 부채를 파악하려고 노력했다. 채권에 투자할 때에는(당시에는 채권투자가 일반적이었다) 회사가 불황을 이겨 낼 수 있는 재무 여력을 갖추고 있는지 확인하려고 했다. 그들은 사업가이자 투자자였다. 그레이엄은 자서전에서 말했다. "나는 내 분야에서 말하자면 '똑똑한 녀석'이 되었다." 그의 특기는 버림받은 주식이나 채권, 청산 기업, 파산 기업, 차익거래처럼 다른 사람들이 거들떠보지 않는 투자 기회를 세심하게 분석하고 이용하는 것이었다. 1920년대 초부터 그레이엄은 '안전마진'margin of safety을 전도했다. 미래는 아무도 알 수 없으므로, 자신을 방어하기 위해서라도 '내재가치'intrinsic value보다 낮은 가격을 치러야 한다고 주장했다. 《증권분석》에서 정의하는 내재가치란, "일반적으로 정의하자면 예컨대 자산, 이익, 배당금, 확실한 전망처럼 사실로 뒷받침되는 가치로서, 인위적 조작이나 극단적 심리로 왜곡되는 시장 호가와는 다른 개념이다."(제1장)

그는 하찮은 경력으로 시작해 투자의 최고봉에 도달했다. 수학에 통달했던 그

21　Benjamin Graham, "The Goodyear Reorganization," *Magazine of Wall Street*, March 19, 1921, pp. 683-685.
22　Benjamin Graham, "Eight Stock Bargains off the Beaten Track," *Magazine of Wall Street*, July 19, 1924, pp. 450-453.

는 타고난 차익거래자였다. 그는 흔히 한 종목을 사는 동시에 다른 종목을 팔았다. 아니면 동일한 회사의 전환사채와 주식을 반대 방향으로 매매했다. 이런 방식으로 그는 변덕스러운 시장에서도 확실한 이익을 보장받을 수 있었다. 1920년대 초에는 듀폰과 당시 인기주였던 GM 사이의 가격 불균형을 이용하기도 했다. 듀폰은 GM 지분을 대량 보유하고 있었다. 이에 따라 듀폰의 가치는 보유한 GM 주식의 시장가치에 주로 좌우되었다. 듀폰의 나머지 사업은 가치를 인정받지 못했다. 이런 이상 현상을 이용하려고 그레이엄은 듀폰 주식을 사는 동시에 GM 주식을 공매도하여 헤지하였다. 시장이 정신을 차려 듀폰과 GM의 주가가 예상했던 방향으로 움직이자 그는 이익을 실현하였다.[23]

그러나 그레이엄도 싸고 안전한 투자라는 엄격한 개념에서 벗어날 때가 있었다. 듀폰과 GM 차익거래를 멋지게 성공시키기 4년 전, 아직 경험이 부족했던 그레이엄에게 사기꾼이 접근하여 실체도 불분명한 회사에 투자하라고 권유하였다. 그레이엄은 맨해튼 서부의 콜럼버스 서클Columbus Circle에 전광판으로 내걸린 회사명 세이볼드 타이어Savold Tire만 보고 사기꾼에게 돈을 맡겼다. 하지만 전광판이 회사의 유일한 실체였다고 그레이엄은 자서전에서 고백했다. "이 뻔뻔스러운 사기꾼을 검찰에 고발한 사람은 아무도 없었다." 그의 말에서 드러나듯이, 그레이엄 역시 고발하지 않았다.[24]

35세가 되던 1929년, 그레이엄은 부와 명성을 쌓아 가고 있었다. 그레이엄 부부는 여러 하인을 거느렸는데, 인생에서 처음이자 마지막으로 남자 하인도 거느렸다. 그레이엄이 뉴먼과 함께 너무도 탁월한 투자 실적을 쌓아 나가자, 버나드 바루크Bernard Baruch 같은 거물도 그를 찾았다. 바루크는 자신과의 동업을 제안했다. 그러려면 그레이엄이 지금 하고 있는 일을 정리해야 했다. 그레이엄은 말했다. "그

---

23 Graham, *Memoirs*, p. 188.
24 같은 책, pp. 181-184.

이 제안에 매우 들뜨기도 했지만, 친구 및 고객과 그토록 만족스럽게 유지해 온 관계를 갑자기 끝낼 수는 없다고 대답했다."[25] 그러나 그토록 만족스러웠던 관계는 곧 훨씬 덜 만족스러워졌다.

그레이엄은 시장이 절정에 도달하자 우려했지만, 그 우려를 실행에 옮기지는 못했다. '그레이엄-뉴먼 파트너십'의 1929년 자본금은 250만 달러였다. 이들은 약 250만 달러의 헤지 포지션과 450만 달러의 순매수 포지션을 보유하고 있었다. 그레이엄이 나중에 깨달았지만 레버리지가 너무 컸다. 게다가 보유한 주식이 매우 싸서, 어지간한 타격을 입어도 버틸 수 있다고 굳게 확신했던 점이 상황을 더 악화시켰다. 시장 붕괴가 시작되던 1929년 4분기 마이너스 20퍼센트 정도의 손실로 힘든 시장을 잘 버텨 냈다. 그러나 1930년 마이너스 50퍼센트, 1931년 마이너스 16퍼센트, 1932년 마이너스 3퍼센트의 손실이 계속 이어지며 누적 손실이 70퍼센트에 이르렀다.[26] "나는 폭락을 예측하고서도 대비하지 못했다는 점을 자책한 것이 아니라, 분에 넘치게 사치스러운 생활에 빠졌다는 사실을 자책했다. 물질적 행복을 얻는 진정한 열쇠는 어떤 경제 상황에서도 쉽게 버틸 수 있는 검소한 생활이라고 나는 곧 확신했다." 가계 금융에도 안전마진 개념을 적용한 것이다.[27]

학계가 《증권분석》을 가치투자 교과서로 즉시 받아들인 것은 아니다. 《증권분석》 제1판 발간 3년 후에 나온 첼시 보스랜드의 저서 《보통주 투자 이론》은 인용한 출처가 53개였고 저자가 43명이었지만, 그레이엄과 도드는 한 번도 인용되지 않았다. 반면 에드거 로런스 스미스Edgar Lawrence Smith의 저서는 보스랜드의 주목을 받았다. 1924년 발간된 그의 책 《보통주 장기투자》Common Stocks as Long Term Investments는 채권이 본질적으로 주식보다 우월하다는 오랜 견해에 도전했다. 스미스가 제시한 한 가지 이유는 달러가 (당시에는 금 태환이 가능했는데도) 인플레이션에

---

25 같은 책, p. 253.
26 같은 책, p. 259.
27 같은 책, p. 263.

취약하므로, 채권자가 본질적으로 불리하다는 점이다. 하지만 보통주 투자자는 그렇지 않은데, 투자한 회사가 이익을 내고 그 이익의 일부가 회사에 유보되어 장래에 또 이익을 내면, 투자자의 원본가치는 "복리 이자가 늘어나듯이" 증가하기 때문이다.[28]

스미스의 책은 출간 시점이 절묘했다. 출간 후 1년도 안 되어 이른바 '쿨리지 대형 강세장'Coolidge bull market이 시작되었다. 129페이지에 불과한 이 책은 강세장 추종 투자의 이론적 근거가 되었다. 장기적으로 주식의 실적이 우월하다는 생각(1930년대에는 명백해 보이지 않았지만)이 미국인의 투자 규범으로 자리 잡았다. 그러나 그레이엄은 스미스의 가설에, 더 정확하게 표현하자면 강세장에 무비판적으로 적용하는 것에 강하게 반대했다. 주가 수익 비율이 10인 주식에 투자하는 것과 20~40인 주식에 투자하는 것은 전혀 다른 이야기이기 때문이다. 게다가 스미스의 분석은 사람들이 거래하는 주식 증서의 밑바탕에 어떤 자산가치가 있는지에 대한 중요한 질문을 비켜 갔다. 끝으로, 스미스의 주장에는 보통주가 과거에 보여 준 실적이 미래에도 틀림없이 계속될 것이라는 가정이 담겨 있었는데, 그레이엄은 그 주장을 믿지 않았다.(제27장) 그레이엄은 엄격한 비평가이기도 했지만, 관대한 비평가이기도 했다. 1939년에 그는 《저널 오브 폴리티컬 이코노미》Journal of Political Economy로부터 존 버 윌리엄스John Burr Williams의 저서 《투자가치 이론》The Theory of Investment Value 서평을 의뢰받았다. 윌리엄스의 가설은 간결하면서도 중요했다. 그는 보통주의 투자가치가 미래 모든 배당금의 현재가치라고 주장했다. 윌리엄스는 투자자들이 이 말의 의미를 깨닫는다면 터무니없는 수준까지 주가를 끌어올리지 않고 자제할 것이라고 기대했다. 그러나 계량 분석과 심리 분석에 모두 통달한 그레이엄은 윌리엄스의 예측에 회의적이었다. 그레이엄은 윌리엄스의 기법을 적용하려면 미래 금리, 이익 성장, 성장이 멈춘 시점의 최종가치에 대해 다양한 가정을

---

28 Grant, *The Trouble with Prosperity*, p. 43.

해야 한다고 지적하며 말했다. "필연적으로 부정확한 가정과 매우 정교한 수식 사이에 커다란 괴리가 존재할지 모른다." 그레이엄은 윌리엄스의 기법이 참신하면서도 분별 있다고 칭찬하면서, 특유의 우호적인 평으로 마무리했다. "저자의 공식에는 이런 보수적 사고가 들어 있지 않다. 그러나 투자자들이 고등 대수학을 받아들여 주가에 분별 있는 태도를 취할 수 있다면, 나는 고등 대수학을 적극적으로 지지할 생각이다."[29]

그레이엄이 책에 담은 지식과 논리만으로는 《증권분석》이 판을 거듭하며 지금까지 나오기 어려웠을 것이다. 그레이엄의 뒤를 이어 컬럼비아 경영대학원의 증권분석 과정 교수가 된 로저 머리는 "그레이엄과 도드의 투자 방식은 … 주식시장의 분위기에 따라 추종자가 늘기도 하고 줄기도 한다"라고 지적했다.[30] 코로나 기간 투기적인 시기에 레딧 커뮤니티에 모인 사람들은 안전마진의 개념이 필요하다고 느끼지 않았다.

《증권분석》이 오랜 기간 독자들로부터 사랑과 존경을 받는 데는 책에 담긴 지성과 인간미와 유머 덕분이 아닐까 생각한다. 월스트리트 거장 가운데 그레이엄보다 고전어와 문학에 조예가 깊으면서 금융 역사에도 정통한 사람이 있을까? 나는 자신 있게 '없다' 쪽에 걸겠다. 하지만 이 위대한 투자 사상가이자 실천가도 자신의 시대를 완전히 벗어나지는 못했다. 그가 살아가면서 몸소 겪었던 일부 경험은 이례적인 것이었고, 특히 대공황은 엄청난 이상 현상이었다. 현재 경험을 바탕으로 미래를 예측하는 행위가 어리석음을 깨달은 사람이 바로 그레이엄이었다. 그런데 위험을 회피하는 신중한 투자자는 어떤 경제 상황에서도 번창할 수 있다고 727페이지에 걸쳐 설명한 다음, 이 투자 철학자는 놀라운 결론에 도달한다.

---

[29] Benjamin Graham, "Review of John Burr Williams's *The Theory of Investment Value* (Cambridge, MA: Harvard University Press, 1938)," *Journal of Political Economy*, vol. 47, no. 2 (April 1939), pp. 276-278.

[30] Roger F. Murray, "Graham and Dodd: A Durable Discipline," *Financial Analysts Journal*, Sept.-Oct. 1984, vol. 40, no. 5, pp. 1819, 22-23.

어떻게 투자해야 하는가? 미국의 자선단체나 교육기관의 자산을 책임지고 있다면 어떻게 투자해야 하는가? 그레이엄은 이런 질문을 던지고 나서 조심스러운 답변으로 시작하더니 이어서 놀라운 충고를 한다. "우량 등급 고정 수익 증권에서 나오는 낮은 이자만으로도 운영할 수 있는 기관이라면, 이런 종목만 보유해야 한다고 생각한다. 과거에 주가지수가 더 높은 실적을 기록하기는 했지만, 이런 실적이 주식투자에 필연적으로 수반되는 무거운 책임과 반복되는 불확실성까지 보상해 줄지는 의문이다."(제52장)

이 말이 위대한 가치투자자의 진심이었을까? 대공황 기간의 참혹한 손실을 견뎌 내고 이후 전후 번영의 시기에 놀라운 투자 실적을 기록한 그가 보통주는 그런 수고를 할 가치가 없다고 정말로 생각했을까? 제2차 세계대전이 루스벨트 행정부의 재정 및 통화 정책을 몰아붙이던 1940년, 우량 등급 채권의 수익률은 겨우 2.75퍼센트였지만 우량주의 배당수익률은 5.1퍼센트였다. 그레이엄은 정말로 채권이 주식보다 안전하다고 말한 것일까? 그는 분명히 그렇게 말했다. 원숭이도 나무에서 떨어지듯이, 그레이엄도 실수할 때가 있다. 우리도 마찬가지다. 이를 교훈으로 삼자.

자서전 말미에 그레이엄은 자신이 남긴 지적 유산에 대해 조심스럽게 전망했다. "만약 미래 세대가 내 이름을 기억해 준다면 아마도 원자재 준비 통화 계획 Commodity Reserve Currency Plan의 창안자로 기억할 것이다."[31] 그레이엄의 계획은 미국 재무부가 30개의 기본 원자재로 구성된 포트폴리오를 사전에 정한 고정 가격으로 사고팔 수 있게 만들어 가격 수준을 안정화하고 경기 순환의 진폭을 줄이자는 것이었다. 금은 30개의 기본 원자재 중의 하나가 되고 원자재 준비 통화가 금본위제를 대신하게 되는 것이다. 이런 그의 제안은 간간이 논의되긴 했지만 실행되진 않았다.

---

31 *The Memoirs of the Dean of Wall Street*, p. 293.

아마추어 극작가이자 고전 애호가였고 공인 재무분석가 탄생의 산파 역할을 했던 그레이엄의 진정한 유산은 바로 《증권분석》이다. 투자자의 관점에서 이 책의 가치는 얼마일까? 지금은 구하기 힘든 《증권분석》 제1판의 중간 가격은 2만 달러다.[32] 1934년 5달러의 가격에 제1판을 구매했다면 대략 연 복리 수익률 10퍼센트에 해당한다. 같은 기간 배당 재투자를 감안한 S&P500의 연 복리 수익률 10.8퍼센트에 약간 뒤진다. 하지만 이 계산에는 《증권분석》이 4세대에 걸쳐 독자에게 지급한 비과세 지적 배당이 빠져 있다. 그리고 그 가치는 주식 보유자가 받은 현금 배당보다 더욱 크고 소중하다.

---

32 AbeBooks, "Security Analysis by Benjamin Graham, First Edition," June 27, 20-22.

 **제2판 개론**

투자 정책의 문제들

엄밀하게 말해서 증권분석은 명확한 계획이나 투자 기준 없이도 실행할 수 있지만, 그렇더라도 증권분석 기능만을 전문화하는 것은 매우 비현실적이다. 재무상태표와 손익계산서에 대한 비판적 검토, 관련 사안에 대한 비교, 채권 및 우선주의 조건과 보호 조항 분석 등은 전형적인 증권분석 기능이지만, 실제로 증권을 사거나 팔려고 할 때 실행되는 작업이므로 투자 원칙이나 투기 개념을 바탕으로 바라보아야 하기 때문이다. 이 책에서는 투자 이론과 분석기법을 명확하게 구분하려고 하지 않을 것이며, 때로는 둘을 밀접하게 결합할 것이다.

먼저 증권 투자에 수반되는 정책 문제들을 간략하게 검토하겠다. 이런 논의는 글을 쓰는 시점의 상황으로부터 일부나마 영향을 받을 수밖에 없다. 따라서 우리가 내리는 결론이 일시적인 흥밋거리가 되지 않으려면, 상황이 바뀔 수 있다는 사실을 충분히 고려해야 한다. 실제로 이런 변화 요소는 금융 세계를 지배하는 핵심적 사실이라 하겠다. 이런 관점을 이해할 수 있도록 개괄적인 데이터를 제시한다.

기준 기간의 금융 및 경제 데이터

기간	1911~1913			1923~1925			1936~1938		
	최고	최저	평균	최고	최저	평균	최고	최저	평균
기업 지수*1	118.8	94.6	107.9	174.9	136.0	157.9	164.9	106.0	137.0
채권 수익률*1	4.22%	4.02%	4.09%	4.82%	4.55%	4.68%	3.99%	3.36%	3.65%
제조업 주가지수*1	121.6	92.2	107.6	198.6	128.6	153.4	293.4	124.8	211.1
다우존스 산업 평균:									
가격 범위	94	72	82	159	86	112	194	97	149
이익	$8.69	$7.81	$8.12	$13.54	$10.52	$11.81	$11.41	$6.02	$9.14
배당금	5.69	4.50	5.13	7.09	5.51	6.13	8.15	4.84	6.66
주가수익배수*2	11.6	8.9	10.1	13.5	7.3	9.5	21.2	10.6	16.3
배당수익률*2	5.5%	7.1%	6.3%	3.9%	7.1%	5.5%	3.4%	6.9%	4.5%
US스틸*3									
가격 범위	82	50	65	139	86	111	178	53	96
이익	$11.00	$5.70	$7.53	$16.40	$11.80	$13.70	$11.22	($5.30)	$3.33
배당금	5.00	5.00	5.00	7.00	5.25	6.42	1.40	—	0.42
주가수익배수*2	10.9	6.6	8.6	10.1	6.3	8.1	53.4	15.9	28.8
배당수익률*2	6.1%	10.0%	7.7%	4.6%	7.5%	5.8%	0.2%	0.8%	0.4%
GE*4									
가격 범위	196	142	172	524	262	368	1,580	664	1,070
이익	$16.72	$12.43	$14.27	$32.10	$27.75	$30.35	$53.50	$23.40	$38.00
배당금*5	10.40	8.00	8.80	19.80	19.80	19.80	53.50	21.85	38.90
주가수익배수*2	13.7	10.0	12.1	17.2	8.6	13.8	41.5	17.5	28.2
배당수익률*2	4.5%	6.2%	5.1%	3.8%	7.6%	5.4%	2.5%	5.9%	3.6%
아메리칸 캔*6									
가격 범위	47	9	25	297	74	150	828	414	612
이익	$8.86	$0.07	$4.71	$32.75	$19.64	$24.30	$36.48	$26.10	$32.46
배당금	—	—	—	7.00	5.00	6.00	30.00	24.00	26.00
주가수익배수*2	10.0	1.9	5.3	12.2	3.0	6.2	25.5	12.7	18.8
배당수익률*2	—	—	—	2.0%	8.1%	4.0%	3.1%	6.3%	4.2%
펜실베이니아 철도									
가격 범위	65	53	60	55	41	46	50	14	30
이익	$4.64	$4.14	$4.33	$6.23	$3.82	$5.07	$2.94	$0.84	$1.95
배당금	3.00	3.00	3.00	3.00	3.00	3.00	2.00	0.50	1.25
주가수익배수*2	15.0	12.2	13.8	10.9	8.1	9.2	25.6	7.2	15.5
배당수익률*2	4.6%	5.7%	5.0%	5.5%	7.3%	6.5%	2.5%	8.9%	4.1%
AT&T									
가격 범위	153	110	137	145	119	130	190	111	155
이익	$9.58	$8.64	$9.26	$11.79	$11.31	$11.48	$9.62	$8.16	$9.05

배당금	8.00	8.00	8.00	9.00	9.00	9.00	9.00	9.00	9.00
주가수익배수*2	16.5	11.9	14.8	12.6	10.4	11.3	21.0	12.3	17.1
배당수익률*2	5.2%	7.3%	5.8%	6.2%	7.6%	6.9%	4.7%	8.1%	5.8%

*1 기업 활동 및 제조업 주가의 액스호턴Axe-Houghton 지수(둘 다 추세에 따라 조정하지 않음). 우량 등급 철도 채권 수익률.
*2 고가, 저가, 평균주가를 각 기간의 이익 및 배당금 평균과 비교함.
*3 1936~1938년 실적에 40퍼센트 주식배당을 반영함.
*4 1913~1930년 사이의 다양한 주식배당과 주식분할을 반영함. 1912년 1주는 1936년 약 25주에 해당.
*5 1925년 배당금으로 지급된 일렉트릭 본드 앤드 셰어Electric Bond and Share 1주 제외.
*6 1936~1938년 숫자는 1926년의 6대1 주식 교환 반영.

이들은 지난 25년 동안 가치와 기준이 뒤집히고 격변하는 모습을 보여 준다.

기준으로 잡은 기간은 1911~1913년, 1923~1925년, 1936~1938년인데, 지난 25년 동안 '정상'에 가까웠거나 비교적 안정적이었던 기간이다. 첫째와 둘째 기준 기간 사이에 제1차 세계대전이 끝나고 번영기가 왔으며, 이어서 전후 혼란기, 인플레이션, 심각한 불황이 뒤따랐다. 1925년과 1936년 사이에는 '새 시대 붐', 증시 대폭락과 대공황, 다소 불규칙한 회복이 이어졌다. 그러나 세 기준 기간을 분석해 보면, 비교적 정상적인 기간이었는데도 불안정성이 증가해 왔다는 사실에 충격받게 된다. 이는 도표 A 그래프의 폭이 갈수록 넓어지는 모습에서 분명히 드러난다. 이 그래프는 전반적인 기업 활동과 제조업 주가의 변동을 추적한 것이다.

이로부터 미래는 훨씬 더 불안정할 것이라고 추론한다면, 이는 터무니없는 생각이다. 그러나 과거 추이를 무시한 채, 더 안정적이고 더 번창하는 시대가 착실히 다가오고 있다는 1925년의 안락한 확신에 다시 빠져드는 것도 마찬가지로 경솔한 판단이다. 지금은 미래에 관한 어떤 이론이든 신중하게 받아들여야 하며, 유연하고도 편견 없는 투자 정책이 필요한 시점이다. 이런 주의 사항에 유념하면서, 투자 정책의 문제점들을 유형별로 간략하게 살펴보자.

도표 A.

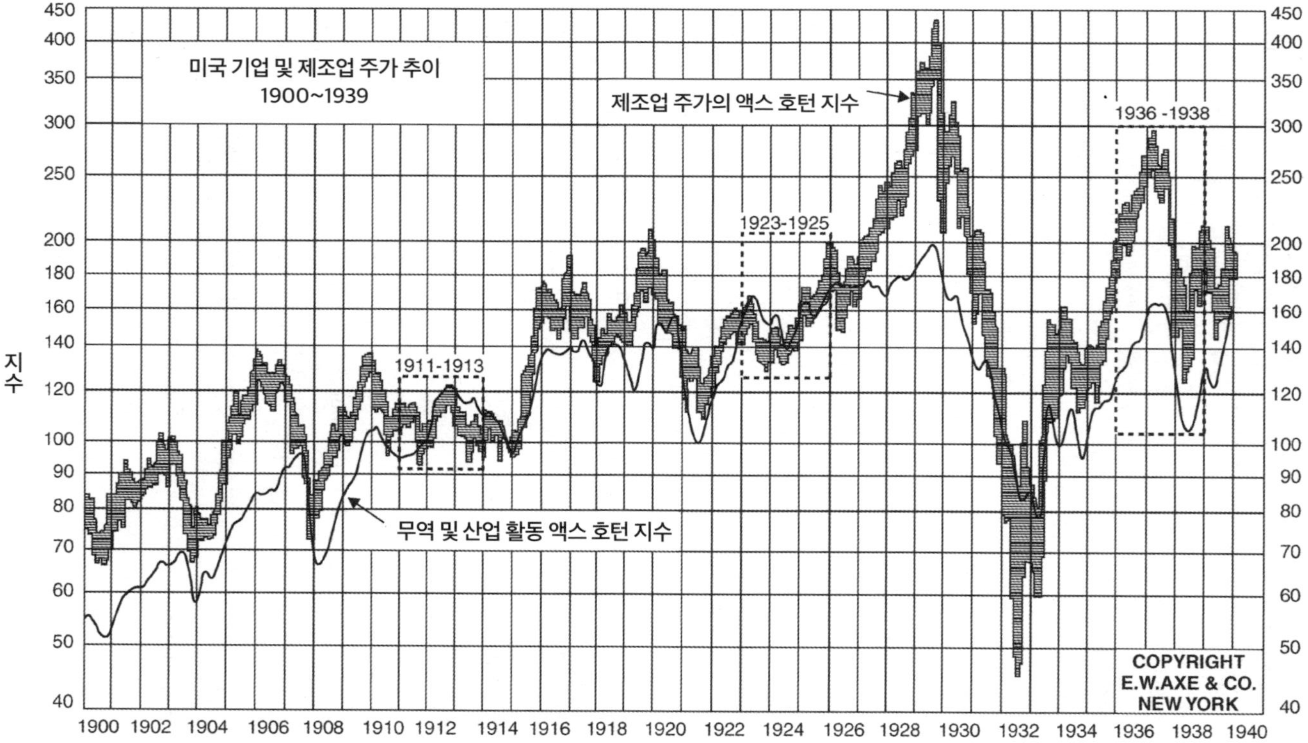
미국 기업 및 제조업 주가 추이
1900~1939
제조업 주가의 액스 호턴 지수
무역 및 산업 활동 액스 호턴 지수
1911-1913
1923-1925
1936 -1938
지수
450
400
350
300
250
200
180
160
140
120
100
90
80
70
60
50
40
1900 1902 1904 1906 1908 1910 1912 1914 1916 1918 1920 1922 1924 1926 1928 1930 1932 1934 1936 1938 1940
COPYRIGHT
E.W.AXE & CO.
NEW YORK

도표 B.

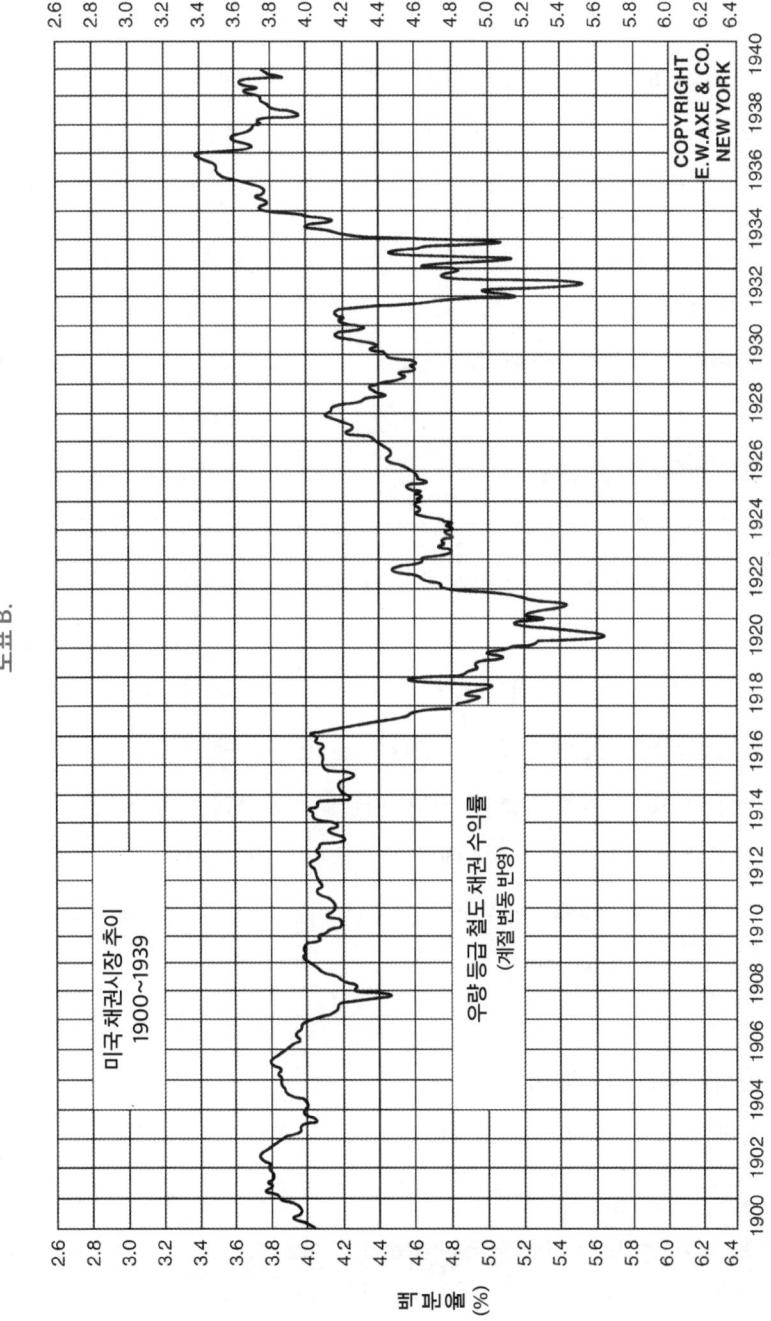

미국 채권시장 추이
1900~1939

우량등급 철도 채권 수익률
(계절 변동 반영)

제2판 개론 투자 정책의 문제들 97

A. 우량 등급 채권과 우선주에 대한 투자

지금은 1913년보다 채권투자가 훨씬 복잡한 문제가 되었다. 1913년의 주요 과제는 안전도에 상응하는 고수익 채권을 고르는 일이었다. 수익률이 낮더라도 표준 채권(거의 모두 철도 담보채권)에 만족하는 투자자라면, '눈 딱 감고 사서 묻어 두어도' 좋았다. 그러나 지금은 세 가지 문제와 씨름해야 한다. 원금과 이자의 안전성, 채권의 미래 수익률과 가격, 미래 달러의 가치 문제다. 이들 문제는 말하기는 쉽지만 해결하기는 거의 불가능해 보인다.

1. 원본과 이자의 안전성

지난 20년 동안 심각한 불황이 두 번 있었고, 한때 절대 안전하다고 생각되었던 수많은 철도 채권이 폭락했으므로, 부주의한 투자자는 장래에도 갑작스러운 충격을 받을 수 있다. 변화도 없고 걱정도 없는 '영구 투자' 개념은 이제 영원히 사라졌다. 그러나 우리가 연구한 바로는, 매우 엄격한 기준으로 채권을 선정하여 투자하고 자주 조사하면 과거에 발생했던 심각한 손실을 대부분 피할 수 있으며, 불황기에도 만족스러운 수익을 거둘 수 있다. 채권을 신중하게 선정하려면 기업의 미래도 전망해야 하지만, 투자자에게 예지력이 있어야 한다거나 이익이 증가할 이례적으로 유망한 기업에만 투자해야 한다는 뜻은 아니다. 이는 채권뿐 아니라 우량 등급 우선주에도 해당하는 말이다.

2. 금리와 채권 가격의 미래

단기채권과 장기채권 모두 수익률이 이례적으로 낮으므로, 투자자들은 낮은 수익이 불만스러울 뿐 아니라 다른 불안에도 시달리고 있다. 낮은 수익률이 일시적인 현상에 그쳐서 다시 이전 수준으로 높아진다면, 장기채권 가격은 25퍼센트 이상 하락할 수도 있다. 이 정도 하락이면 10년 치 이자에 해당하는 손실이다.

1934년에도 우리는 이런 위험을 심각하게 고려해야 한다고 생각했다. 당시 저금리 상황은 기업 활동 부진에서 비롯된 현상이라서, 기업 활동이 살아나면 금리가 급격히 상승할 수 있었기 때문이다. 그러나 1936~1937년에 기업 활동이 상당 수준 회복되었는데도 이런 저금리 상황이 여러 해 이어졌으므로, 저금리는 자본잉여나 정부 재정 정책의 결과로 볼 수 있다.

1939년 유럽에서 전쟁이 일어나면서 여기에 새로운 불확실성이 추가되었다. 제1차 세계대전이 발발했을 때에는 금리가 급등하고 우량 등급 채권 가격이 폭락했다. 1914년과 1939년 상황 사이에는 공통점도 많고 차이점도 많으므로, 예측하기에는 너무 위험하다. 이번에도 채권 가격 폭락 위험이 분명히 존재한다. 그러나 금리 급등을 기대하면서 투자를 연기하는 정책에도 현실적인 문제가 많다. 아마도 예컨대 만기가 15년 이하인 채권에 투자하는 방법이 이런 불확실한 상황에서 가장 합리적인 대응책이 될 것이다.

소액 투자자라면 미국 저축채권이 이 문제를 완벽하게 해결해 준다. 투자자는 언제든지 중도상환권을 행사할 수 있으므로, 가격 하락 위험이 방지되기 때문이다. 나중에 더 자세히 논의하겠지만, 미국 저축채권이 등장하면서 대부분 채권투자자의 지위가 근본적으로 바뀌었다.

3. 달러의 가치

달러의 구매력이 대폭 하락한다고 확신한다면, 채권 대신 보통주나 상품을 선택해야 한다. 그러나 인플레이션이 단지 가능성에 그친다면, 채권투자 정책이 더 복잡해진다. 인플레이션 가능성에 대한 찬반 논란은 매우 장황하므로, 우리는 어느 쪽도 편들지 않겠다. 1933년 이후 물가 추이를 보면 인플레이션에 대한 우려가 없는 듯하지만, 과거 현상이 반드시 미래에도 되풀이되는 것은 아니다. 신중한 투자 정책을 수립하자면, 포트폴리오에 보통주나 유형자산을 포함하여 달러의 가치 하락에 대비하는 방법이 있다. 그러나 이런 혼성 정책에도 복잡한 문제가 수반된다. 마지막 분석 단계에서 각 투자자는 어떤 위험을 선택할 것인지 스스로 결정해야 한다.

B. 투기적 채권과 우선주

투기적 채권과 우선주는 그 유형 자체에 문제가 있는 것이 아니라, 투자 속성이 채권과 보통주의 중간 성격이라는 점에서 문제가 비롯된다. 투기적 선순위 증권에 대한 투자 원리는 예나 지금이나 다름이 없다. (1) 더 높은 수익률만으로는 원금 손실 위험을 보상받을 수 없으므로, 적정 자본이득 가능성도 있어야 한다. (2) 열등한 선순위 증권으로 간주하는 것보다는 보통주처럼 생각하고 투자하는 편이 건전하다.

C. 보통주 투자의 문제

보통주 투기로 돈을 벌기는 어렵지만, 그 방법을 이해하기는 어렵지 않다. 투기자는 시장의 전반적인 흐름이나, 특정 종목의 움직임이나, 특정 회사의 미래 사건을 예측하여 돈을 건다. 물론 투기자들이 겪는 문제도 세월이 흐르면서 바뀌었다. 그러나 투기는 확률이 불리하고, 성공하려면 자질과 훈련이 필요하다는 사실은 지금도 과거와 크게 다르지 않다. 하지만 주식 투기는 이 책의 범위에 포함되지 않는다.

현재 관행

우리의 관심사는 보통주 투자이며, 가치를 분석하고 원금을 지키는 명확한 기준에 따라 사는 행위라고 잠정적으로 정의한다. 그러나 현재 관행에서 이런 기준을 찾아보아도, '좋은 주식이 좋은 투자다'라는 막연한 개념 정도만 나올 뿐이다. '좋은 주식'이란 (1) 실적이 우수한 선도기업으로서, 장래에도 좋은 실적이 기대되는 주식이나, (2) 미래 이익 전망이 매우 밝은 재정이 건전한 기업이다. (1940년 초 현재 코카콜라가 (1)의 예이고, 애벗 랩Abbott Laboratories은 (2)의 예이며, GE는 둘 다 에 해당한다.)

그러나 투자 대상 보통주의 '질적 기준'에 대해서는 주식시장에 매우 명확하고도 논리적인 아이디어가 있지만, (주가와 계량적 가치를 다루는) 그 '양적 기준'은 매우 막연해서 전혀 없다시피 한 실정이다. 재무상태표 가치는 전혀 주목받지 못한다. 뚜렷한 추세가 있다면 평균 이익도 전혀 중요하지 않다. 이른바 '주가수익배수'도 중구난방으로 적용되므로, 과거 실적을 쓸 때도 있고, 현재 실적을 쓰기도 하며, 가까운 미래 실적을 쓰는 일도 있다. 그러나 주가수익배수가 투자 관행을 좌우하는 것이 아니라 오히려 투자 관행에 좌우되므로, 기준이라고 부르기가 어렵다. 다시 말해서 어떤 종목의 '적정' 주가수익배수는 시장에서 정하기 나름이다. 우리는 1926년부터 지금까지 주가수익배수가 지나치게 높다는 이유로 사람들이 보통주를 팔았다는 증거를 발견하지 못했다.

이렇게 투자 기준조차 없는데도 (투자신탁을 포함한) 보통주 투자자들의 현재 관행을 '투자'라고 부르는 이유를 우리는 도무지 이해할 수가 없다. 차라리 '우량주에 대한 투기'라고 부르는 편이 훨씬 합리적이고 유익할 것이다. 사실 이런 '투자'의 결과도 과거 투기의 결과와 다르지 않았을 것이다. 1930년 이후 GE와 일반 주식들의 주가 움직임을 비교해 보면 이런 사실이 드러난다. 다음 표를 보면 오늘날 제조 분야의 유서 깊은 우량기업 GE 보통주 주가가 일반 보통주보다도 더 큰 폭으로 오르내렸음을 알 수 있다.

1937년에는 GE의 가치가 18억 7,000만 달러였고, 1년 뒤에는 겨우 7억 8,400만 달러였다고 말한다면, 이는 터무니없는 소리다. 1년 동안 이 우량기업의 가치를 절반 넘게 날려 버릴 만한 사건이 발생한 것도 아니고, 1년 사이에 이익이 감소하여 기업의 미래가 영구적으로 달라졌다고 투자자들이 주장한 것도 아니다. 단지 대중이 낙관적이었기 때문에 GE가 64.88에 거래된 것이고, 그 대중이 비관적으

GE 보통주, 다우존스 산업지수, 스탠더드 스태티스틱스 Standard Statistics' 산업주 지수, 1930~1939

연도	GE		다우존스 산업		스탠더드 스태티스틱스 산업*	
	고가	저가	고가	저가	고가	저가
1930	95.38	41.50	294.1	157.5	174.1	98.2
1931	54.75	22.88	194.4	73.8	119.1	48.5
1932	26.13	8.50	88.8	41.2	63.5	30.7
1933	30.25	10.50	108.7	50.2	92.2	36.5
1934	25.25	16.88	110.7	85.5	93.3	69.3
1935	40.88	20.50	148.4	96.7	113.2	72.8
1936	55	34.50	184.9	143.1	148.5	109.1
1937	64.88	34	194.4	113.6	158.7	84.2
1938	48	27.25	158.4	99.0	119.3	73.5
1939	44.63	31	155.9	121.4	118.3	86.7

* 주간 께께 지수(1926 = 100). 1939년에는 350개 제조업체, 그 이전에는 347개 제조업체.

로 바뀌었기 때문에 27.25에 거래된 것이다. 이 가격이 '투자가치'나 '투자자들의 평가'라고 말한다면, 이는 언어나 상식에 대한 폭력이다.

네 가지 문제

보통주 투자의 지침으로 삼을 명확한 기준을 찾는다면, 다음 네 가지 문제에 주목하기 바란다. (1) 미래의 기업 이익, (2) 기업 사이의 질적 차이, (3) 금리가 배당금이나 이익에 미치는 영향, (4) 시점 선택이 매매에서 차지하는 비중.

미래의 기업 이익

과거 경험에 비추어 이 문제를 고찰할 때 나타나는 두드러진 반응은 주식시장이 과연 미래를 건전하게 판단할 수 있겠느냐는 회의론일 것이다. 첫 번째 도표의 데이터를 보면 1926년 이전에는 시장이 제조업 보통주의 매력도를 전반적으로 저평가했음을 분명히 알 수 있다. 전반적으로 과거와 현재 이익을 보수적으로 평가했으며, 빠르게 성장하는 미국의 선도기업들인데도 성장 잠재력에 프리미엄을 지불하지 않았다. 1913년에는 철도회사들이 채권과 주식에서 차지하는 비중이 컸다.

1925년이 되자 자동차가 개발되면서 시가전차 부문이 대부분 위기를 맞이했으나, 이 시점에도 시장은 철도산업에 다가오는 위협을 감지하지 못했다.

보통주의 미래 성장 요소가 널리 인식되어 주식시장에 처음으로 영향을 미친 시점은, 공교롭게도 미국에서 국토 개발과 인구 성장이라는 역동적 요소가 사라져서 경제가 심각한 불안정 상태로 접어들던 시기였다. 새 시대 테마를 타고 거의 모든 종목이 과대평가되었지만, 특히 공익 산업과 연쇄점 그룹이 주목받았다. 1931년이 되어서도 시장은 이들의 내재적인 한계를 깨닫지 못하고 높은 가격을 치렀으며, 5년 뒤에도 시장은 철도 채권의 중대한 위상 변화를 감지하지 못했다.

질적 차이

1940년 주식시장은 최근 경험과 명확한 미래 전망을 중시했다. 과거 어느 때보다도 대형 우량주를 선호했다. 이는 1929년 이후 선도기업들이 불황에도 더 잘 버텼고 수익력도 더 완벽하게 회복되었기 때문이다.

특정 산업을 선호하는 현상도 있었다. 대표적인 예가 화학과 항공 산업이었다. 화학은 연구개발을 통해서 놀라운 성장을 기록했으며, 항공은 국방부의 주문량이 막대했다.

이런 선호 현상은 쉽게 이해가 되지만, 몇 가지 의문이 떠오른다. 첫째, 선도 주식과 기타 주식 사이의 가격 차이가 이례적으로 크다는 점이다. 1934~1939년 평균 이익을 기준으로 삼는다면, '좋은 주식'은 주가가 기타 주식의 2~3배나 된다. 자산가치 기준으로는 그 차이가 더 벌어진다. 선도주는 자본이익률이 훨씬 높기 때문이다. 이제는 유동자산이 거의 관심을 끌지 못할 정도로 자산가치가 무시당하는 단계에 이르렀다. 따라서 실적이 중간 수준인 회사조차 청산가치보다 훨씬 낮은 가격에 거래되기도 한다.

'좋은 주식'과 기타 주식을 비교할 때에는 미국 기업에 대한 전망까지도 고려해야 한다. 매우 경솔한 행위인데도 미국 기업 전반을 예측하는 것은 지난 15년 동안의 실적을 보면 기업의 매출액과 이익이 장기적으로 상승한다고 예상하기 어렵기 때문이다. 과거를 바탕으로 미래를 전망하는 것이 옳다면, 우리는 1940년에 미래를 전망할 때에도 1924년 당시의 미래 전망이 얼마나 타당했는지 돌아볼 필요가 있다. 당시 사람들은 장기적인 생산 증가와 꾸준한 주가 상승이 '정상'이라고 의심 없이 받아들였다. 그러나 연방준비제도이사회Federal Reserve Board 지수에서도[1] 100으로 잡았던 1923~1925년 산업 생산 평균이 지금 돌아보면 평균보다 매우 높은 수준이었다. 물론 앞으로도 장기 상승 국면이 이어질 가능성을 부인할 수는 없지만, 그 가능성을 철석같이 믿어서는 안 된다.

현재 주식시장을 보면, 사람들은 대기업의 이익은 더 증가하고 중소기업의 이익은 감소하며, 유망 산업의 실적은 더 개선되고 기타 산업의 실적은 악화한다고 예상하고 있다. 이런 전망 때문에 일부 종목은 주가가 높고 다른 종목은 주가가 낮은 듯하다. 과거 추세도 좋고 미래 전망도 밝은 주식이 가치가 더 높은 것은 당연하다. 그러나 월스트리트의 편파성이 도를 넘어서지는 않았을까? 우량 대기업에 두 가지 한계가 있지 않겠는가? 첫째, 회사의 거대한 규모 자체가 추가 상승에 걸림돌이 되고, 둘째, 높은 자본이익률이 경쟁이나 당국의 규제 때문에 낮아질 위험이 크지 않겠는가?

또한 중소기업과 비인기 업종은 절대 기준으로나 상대 기준으로나 확실히 저평가 상태일지 모른다. 이것은 이론상 충분히 가능하다. 어떤 가격 수준에 이르면 아무리 좋은 주식도 지나치게 비싼 주식이 되고, 아무리 나쁜 주식도 지나치게 싼 주식이 되기 때문이다. 1940년에 주식시장이 이미 이런 상태에 도달했다고 강력하게 주장하는 이유가 있다. '좋은 주식'에 두 가지 잠재적 약점이 있다면, 기타 주식에는 두 가지 잠재적 강점이 있다. 첫째, 정상적인 시장에서도 주가가 순유동자산 가치를 밑도는 종목이 수없이 많다면, 이는 월스트리트의 편파성이 도를 지나쳤다는 강력한 신호다. 둘째, 분석을 더 진행해 보면 상장 중소기업들이 전국의 수십만

---

[1] 1940년에 위원회는 이 지수를 수정했다. 새로운 요소를 추가했고, 1935~1939년 평균을 기준으로 채택했다.

비상장기업의 대표라는 사실을 깨닫게 된다. 월스트리트는 현재 번창하는 대기업을 제외하고 모든 기업이 계속 쇠퇴한다고 예측하고 있다. 그러나 그런 상황은 경제적으로도 가당치 않고 정치적으로도 가능하지 않다고 본다.

일부 인기 업종에 집착하는 주식시장의 행태도 의심스럽다. 이런 집착은 속성상 도를 지나치기 일쑤다. 대중의 집착이 과도한지 판단할 양적 기준이 없기 때문이다. 시장에서는 낙관주의도 과도한 수준까지 높아질 뿐 아니라, 머지않아 쇠퇴할 인기 업종에 대한 집착도 놀라운 수준까지 올라간다(예: 1925년의 제빵 업종, 1927년의 라디오와 냉장고 주식, 1928~1929년의 공익기업과 연쇄점, 1933년의 주류 회사).

사람들이 1939년에 애벗 랩에 보였던 열정과 아메리칸 홈 프로덕트American Home Products에 대한 무관심도 대조적이다. 한 제약회사에 대해서는 탁월하게 전망했고, 다른 제약회사는 그저 그렇다고 전망했다. 이러한 시장의 전망이 맞을 수도 있다. 그러나 1927년에는 시장이 아메리칸 홈 프로덕트와 관련 회사(특히 램버트Lambert)에 비슷하게 열광했었다는 사실을 기억한다면, 시장의 전망을 확신하기는 곤란하다.[2]

금리

세 번째 요소는 금리와 주가 사이의 관계다. 현재와 같은 저금리가 장기간 이어진다면, 예컨대 1923~1925년보다 주식의 평균 수익률은 내려가고 1달러당 기대 수익성은 증가할 것이다. 다우존스 산업 평균 데이터에서 나타나듯이 1936~1938년 이익이 더 높게 평가받은 것은 장기 금리가 하락했기 때문으로 보인다. 그러나 금리 하락은 장기간의 기업 확장기가 끝나고 투자 자본의 수익성이 하락한 결과에서 비롯될 수도 있다. 만일 그런 경우라면 금리 하락은 주식가치에 부정적인 영향을 미치게 되며, 1936~1938년 1달러의 수익성이 15년 전에도 못 미칠 수 있다.

---

[2] 세 회사에 관한 데이터는 부록의 비고 1을 참조하라.

시점 선택 요소

최근 매매에는 적절한 가격보다도 적절한 시점이 중요하다고 말하는 사람이 많다. 과거 우량 종목의 주가가 큰 폭으로 움직이지 않던 시절에는 매수 시점이 중시되지 않았다. 1924~1929년에는 우량주는 무한히 성장하고 주가도 계속 상승하므로 매수 시점이 잘못되어도 아무 문제가 없다고 착각했다. 지난 10년 동안은 대부분 종목이 장기 상승세를 유지하지 못하고 큰 폭으로 오르내렸다. 이런 상황이라면 투자 성공도 투기와 마찬가지로 당연히 매매 시점 선택에 좌우된다. 따라서 이제는 주요 시장 흐름 예측이 주식투자 기술의 핵심이 된 듯하다.

주식시장 예측 기법이 타당하냐는 주제는 광범위한 조사와 활발한 논쟁이 벌어질 사안이다. 그러나 여기서는 우리의 편견이 담긴 판단을 요약해서 제시하는 정도로 마무리한다. 분석을 통해서 매력적인 가격에 사는 방법이 아니라면, 시점 선택으로 늘 적절한 시점에 주식을 살 수는 없다고 본다. 마찬가지로, 주식을 팔 때에도 이른바 기술적 신호에서 단서를 잡을 것이 아니라, 주가가 객관적인 가치 기준을 초과하여 상승했을 때 팔아야 한다. 물론 시점 선택을 개선하는 세련된 기법이 있을지도 모른다. 그렇더라도 우리의 결론은 일반적으로 인정된 시점 선택 원칙(예: 상승추세가 명확하게 드러난 다음에만 매수해야 한다)이 투자의 핵심 속성과 반대라는 점이다.

전통적으로 투자자들은 곤경에 처한 투기자들이 낙담하여 주식을 팔 때 용기와 인내심을 발휘하여 주식을 샀다. 이제 투자자들이 시장 신호만 바라보면서 기다린다면 투기자들과 다를 바가 무엇이며, 투기자들보다 실적이 나을 이유가 어디에 있겠는가?

결론

우리는 지침이 될 만한 명확한 투자 기준을 찾아보았지만, 구체적인 기준보다 유의 사항이 더 많았다. 우리는 우량주를 사려면 경기가 침체하고 주식시장이 가라앉을 때까지 기다려야 한다는 오랜 원칙에 도달했다. 이런 때가 아니면 높은 가격에 사서 나중에 후회하기 때문이다.

반면에 강세장이 과열되는 시기를 제외하면, 이른바 수많은 '비우량주'는 거의 모든 상황에서 진정한 투자 기회를 제공한다. 수많은 비우량주는 매우 인기 없는 대상이지만, 진정한 투자자와 재능 있는 증권분석가에게 더 합리적인 도전 기회가 될 수 있다.

제 1 부

조사와 분석기법

제1부 개론

벤저민 그레이엄-가치투자의 탄생과 현대금융

로저 로웬스타인

　벤저민 그레이엄 생애에 그가 샀던 어떤 주식보다 그의 삶에 큰 영향을 미친 주식은 아마도 그의 어머니가 구입한 소액의 US스틸 주식이었을 것이다. 그녀는 1904년 사별한 남편의 사업을 꾸려 가다 실패하고 하숙집 운영을 시작했지만 역시 실패했다. 1907년 시장에 낙관적인 분위기가 고조되자 그녀는 신용 계좌를 개설해 주식을 샀다. 하지만 그해 말 주식시장은 폭락했고 그녀의 계좌도 날아갔다. 이것이 13살 그레이엄의 첫 번째 투자 경험이었다.

　그레이엄은 이후로도 여러 차례 같은 교훈을 배우게 된다. 이런 인생 초기 경험을 통해 투자에 대한 통찰을 얻을 수 있었다. 그는 뉴욕에서 자랐고 형편이 어려웠지만 컬럼비아 대학교에 입학할 수 있었다. 졸업과 동시에 3개 학과(수학, 철학, 영어)에서 그에게 전임강사 자리를 제안했지만, 컬럼비아 대학교 학장은[1] 똑똑한 학

---

[1] 컬럼비아 대학교 학장은 프레더릭 폴 케펠Frederick Paul Keppel이었다. 이 일화는 어빙 칸Irving Kahn과 로버트 밀

생을 학계보다는 기업계로 보내기를 좋아했고 그레이엄에게 월스트리트를 추천했다. 그레이엄은 1914년 주급 12달러에 뉴버거, 헨더슨 앤드 로브 채권부에서 직장 생활을 시작했다. 몇 달 뒤 제1차 세계대전이 발발했다. 전쟁 초기 월스트리트에는 짙은 먹구름이 드리워졌지만 미국이 유럽을 지원할 것이 명확해지면서 강세장으로 돌아섰다. 그레이엄은 학창 시절의 지적 호기심을 갖고 증권을 대했다. 규제가 없던 시기였고 기업에 대한 정보도 찾아보기 어려웠다. 주식을 사는 사람들은 진정한 투자자라기보다 추세를 사는 투기꾼이었다. 하지만 그레이엄은 달랐다.

정보 수집에 어려움이 있었지만, 그레이엄은 처음부터 자산가치에 근거한 증권 분석에 주력했다. 초창기 그가 발굴해 성공한 투자 기업으로 구겐하임 익스플로레이션 컴퍼니가 있다. 이 회사는 저평가된 동광회사들의 지분을 보유하고 있었는데 그레이엄은 차익거래 기회를 발견하고 투자해 성공했다. 1916년 22살의 그레이엄은 여전히 뉴버거를 다니고 있었고 지인이었던 교수의 계좌를 관리해 주고 있었다. 대체로 구겐하임과 같은 차익거래, 즉 명백한 할인 기회를 찾아 투자했고 그럴 때 그는 안도감을 느꼈다. 하지만 1916년 가을 하락장이 시작되었다. 그레이엄은 신용을 이용하고 있었고, 손실을 보고 매도할 수밖에 없었다. 고통스러운 2년의 시간이 지나고 나서 교수의 투자금을 회복할 수 있었다. 이런 주식시장의 상승과 하락 사이클은 그의 경력 내내 반복되었고, 지금도 계속 반복되고 있다. 아주 어린 나이에 투자와 투기의 차이를 명백히 이해한 그레이엄조차도 호시절에는 신중함의 끈이 느슨해졌다. 30살을 앞두고 그레이엄은 뉴버거를 떠나 그레이엄 코퍼레이션Graham Corporation이라는 투자회사를 설립했다. 차익거래와 헤지 거래에서 탁월한 실적을 보이며 그의 평판은 빠르게 퍼져 나갔다. 듀폰 투자가 그레이엄의 대표적인 차익거래 사례인데, 제너럴 모터스(이하 GM)의 지분을 상당량 보유한 듀폰

른Robert D. Milne의 "Benjamin Graham: The Father of Financial Analysis," *Financial Analysts Research Foundation*, Occasional Paper No. 5.에 나온다.

의 주가는 GM 주식의 평가액 수준에 불과했다. 화학 사업의 가치가 완전히 무시된 것이다. 그레이엄에게 그런 투자는 누워서 떡 먹기였다. 하지만 그에게 수학적 계산이 투자의 전부는 아니었다. 그에게는 복잡한 증권을 파헤쳐 핵심만 끌어내는 재주가 있었다. 그는 증권의 유형이 아니라, 기초 자산에 대한 청구권의 우선순위와 청구권의 가치가 증권의 가치를 결정한다는 사실을 일찌감치 깨달았다. 뉴버거에서 일할 때, 그는 많은 전환주식이 보통주와 이익 잠재력은 같으면서 하락 위험은 적다고 결론내렸다. 그는 이런 통찰력을 컨솔리데이티드 텍스타일Consolidated Textile 투자에 활용했는데, 위험이 거의 없다고 판단된 7퍼센트 전환사채를 매수하는 한편 방적 공장의 밝은 전망 때문에 투기적 선호도가 높았던 보통주를 공매도하였다. 그레이엄은 보통주를 보유하고 있던 시니어 파트너에게 이런 사실을 알려주었지만, 파트너는 따분한 채권보다는 활발하게 거래되는 보통주를 선호한다고 대답했다. 1년도 지나지 않아 보통주는 70달러에서 20달러고 폭락했고, 전환사채는 프리미엄이 붙어 상환되었다.

빠르게 경험을 쌓으며 그레이엄은 스스로를 실전 투자자이자 교사라고 생각하기 시작했다. 1919년 〈투자자에게 주는 교훈〉Lessons for Investors이라는 팸플릿을 작성했는데, 이는 조숙한 25세 청년이 나누어 주는 지혜였다. 1925년 그레이엄은 자신의 투자 지식을 알려 줄 책을 쓰기로 결심했다. 하지만 "다행히 책을 쓰기 전에 이 주제에 대해 더 배워야겠다는 생각이 들었다"라고 나중에 회상했다. 그때 만약 책을 썼더라면 지금 여러분이 읽고 있는, 그가 7년 후에 쓰게 될 책과는 내용이 많이 달랐을 것이다. 집필을 연기한 덕분에 더 훌륭한 《증권분석》이 탄생하게 되었다.

1920년대 후반 월스트리트는 광란의 시기였다. 주가가 하락하지 않고 오르기만 하는 주식의 '새 시대'가 가속화되고 있었다. 그레이엄은 본능적으로 신중해졌다. 그는 공들여 분석한 다음 가치에 비해 훨씬 싸다고 판단되는 주식만 매수했다. 그의 명성도 커져 갔다. 1926년 어느 날, 워싱턴을 방문해 주간州間통상위원회Interstate

Commerce Commission, ICC의 잘 알려지지 않은 서류들을 훑어보다 원래 스탠더드 오일 트러스트Standard Oil Trust 소속이었다가 분사된 노던 파이프라인Northern Pipeline이 주당 95달러 상당의 현금성 자산(대부분 우량 철도 채권)을 가지고 있다는 사실을 알아냈다. 하지만 이런 사실은 외부에 잘 알려지지 않았고 노던 파이프라인의 주가는 65달러였다. 제리 뉴먼과 동업 중이던 그레이엄은 조심스럽게 17만 주를 사들인 다음, 회사에 철도 채권을 매각해 주주들에게 거액의 배당을 지급하도록 건의했다. 경영진은 거부했고, 그는 위임장 대결을 펼쳐 이사 자리를 확보했다. 몇 번에 걸쳐 분배가 이루어졌고, 모두 합해 주당 110달러의 큰 수익을 거둘 수 있었다.

그레이엄은 노던 파이프라인에 이어 스탠더드 오일에서 분사한 다른 회사들에서도 좋은 성과를 거두었다. 이 일로 당시 월스트리트의 전설적인 인물이었던 버나드 바루크와의 만남이 이루어졌다. 그레이엄이 저평가 종목을 추천하면 바루크는 대량으로 매수해 좋은 수익을 거두었다. 시장이 점점 더 과열되자 그레이엄과 바루크는 과도한 상승을 걱정했다. 바루크는 단기채권 수익률이 8퍼센트인데 2퍼센트에 불과한 다우지수의 배당수익률은 터무니없다고 지적했다. 그레이엄 역시 "보상의 법칙에 의해서 언젠가 뒤집어질 것입니다"라고 응답했다. 하지만 그레이엄은 아직 준비가 되어 있지 않았다. 1928년 그가 운용하는 벤저민 그레이엄 조인트 어카운트의 수익률은 60퍼센트를 기록했다. 49퍼센트의 다우지수 상승률을 뛰어넘는 실적이었다.[2] 그레이엄의 몫은 60만 달러에 달했는데 이는 당시 베이브 루스가 번 돈보다 10배가 많은 돈이었다. 그레이엄은 컬럼비아 대학교에서 야간 강의를 시작했다. 수강생 대부분이 월스트리트에서 근무하는 사람이었다. 그레이엄은 이제 월스트리트 정상에 오른 것 같았다.

하지만 1929년 10월 시장이 붕괴되었다. 1930년 최악의 상황은 끝났다고 판단한 그레이엄은 다시 한 번 신용으로 공격적인 투자를 단행했다. 그레이엄의 조교

---

2   배당을 제외한 수익률.

였던 어빙 칸에 따르면 그레이엄은 "자신의 계좌를 포함해 신용을 이용한 모든 투자가 위험에 처해 있다는 사실을 깨닫지 못했다." 시장 하락은 끝나지 않았다. 1932년 대공황이 깊어지며 계좌 손실은 마이너스 70퍼센트에 달했다. 그레이엄과 뉴먼은 무급으로 5년을 보내야 했다. 그레이엄의 아내는 댄스 강사로 다시 일했고, 가족들은 센트럴파크의 호화로운 집에서 허름한 아파트로 이사했다. 그 시기에 그레이엄과 도드는 《증권분석》을 집필하기로 맥그로힐과 계약을 맺었다. 당시 컬럼비아 대학교의 조교수였던 도드는 그레이엄이 관대하게 공저자로 인정했지만, 그레이엄이 본문을 모두 썼고 도드는 사실 확인과 의견 제시와 같은 보조자의 역할을 수행했다. 투자 서적을 집필하기에 절묘한 시기였다. 상장기업의 3분의 1이 청산가치보다 낮은 가격에 거래되고 있었다. 소위 전문가라는 사람들은 대부분 주식에 투자한다는 개념을 신용하지 않았고, 주식투자가 순전히 투기라고 주장했다. 하지만 그레이엄은 매수 기회가 왔음을 깨닫고 용기를 내었다. 그동안 힘들게 얻은 지혜 덕분에 시장 추세는 변덕스럽다는 믿음을 가질 수 있었다. 책에서 그레이엄은 주식시장은 "저울"이 아니라 "투표소"라고 썼다. 시장은 수많은 개인이 이성과 감정을 뒤섞어 선택하는 장소다. 증권분석은 투자자들이 순간적인 열정을 멀리하고 증권의 진정한 가치를 평가할 수 있도록 돕기 위해 쓰였다. 고전 애호가였던 그레이엄은 책의 맨 앞장에 로마 시인 호라티우스의 글을 실었다. "지금은 실패했지만 회복하는 사람도 많을 것이고, 지금은 축하받지만 실패하는 사람도 많을 것이다." 너무도 적절한 은유다. 가격은 운명처럼 덧없기 때문에 근본적인 가치판단 기준이 될 수 없다. "거대한 수익이 하루아침에 거대한 손실로 둔갑하고 … 투자자의 무모한 낙관론이 순식간에 깊은 절망으로 변하더라도" 그레이엄은 결코 놀라지 않을 것이다.[3] 진지한 투자자라면 현재의 주가나 주가 예측이 아니라 재무상태표나 손익계산서와 같은 자료를 통해 파악할 수 있는 기업의 내재가치인 장기

---

3   Benjamin Graham and David Dodd, "Introduction," in 《증권분석》(New York, NY: McGraw-Hill, 1934), p. 3.

가치를 신뢰해야 한다.

이 통찰은 1934년이나 지금이나 여전히 진실이지만, 대다수 투자자는 과거의 경험에서 배우지 못한 채 시장에 들어온다. 20세기 후반과 21세기 초반에도 열거하기 힘들 정도로 수많은 유행과 거품이 있었다. 2022년 투자자들은 경제를 마비시킨 코로나 팬데믹, 치명적인 러시아-우크라이나 전쟁, 급격한 인플레이션의 위협을 겪었다. 팬데믹은 동시대 투자자들이 한 번도 경험해 보지 못한 것이었고, 전쟁과 인플레이션은 먼 과거에서 돌아온 유령처럼 보였다. 이런 복합적인 충격은 투자자들이 금리 변동처럼 계산 가능한 위험뿐만 아니라 산술적 추정은커녕 예상조차 못했던 불확실성에 직면하고 있음을 상기시켜 준다. (심지어 '안전'하다고 여겨진 주식에 투자하는 경우에도) 투자자들에게는 그레이엄의 '안전마진'이라는 보호막이 반드시 필요하다. 만약 그레이엄이 지금 이 책을 쓴다면 그는 무슨 말을 할까? 알 수 없지만 몇 가지 생각해 볼 순 있다. 그가 포트폴리오를 어떻게 구성할지는 알 수 없지만 그의 방식을 활용할 수는 있다. 시장에서 형성된 주가는 미래에 대해 알려 주는 것이 거의 없다는 그의 조언은 여전히 유효하다. 모든 추세가 반전될 수 있다는 사실은 여전히 안전마진의 필요성을 시사한다. 그레이엄은 소프트웨어나 디지털 앱은 몰랐지만, 그럼에도 2007~2022년 주식시장이 낯설지 않을 것이다. S&P500 지수는 세 번 폭락했는데 한 번은 절반 가까이, 두 번은 3분의 1가량 하락했다. 그럼에도 전반적으로 연 11퍼센트의 놀라운 상승을 보였고, PER은 1929년 수준에 근접했다.[4]

최근 유행하는 사모펀드에 대해 그레이엄은 아마도 사모펀드와 전통적인 주식의 구분이 피상적이며 형식의 차이일 뿐이라고 지적할 것이다. 두 경우 모두 소유권 지분을 보유하는 것이며 궁극적으로 기업의 성과에 따라 가치가 결정된다. 매

---

[4] 11퍼센트는 2007년 12월 31일(이전 상승장의 고점에 근접했던 시기)부터 2022년 8월까지의 복리다. PER은 https://www.multpl.com/shiller-pe에서 실러 P/E를 참조하라.

일 매시간 거래되지 않기 때문에 사모펀드의 변동성이 덜한 것은 사실이지만 기반이 되는 사업은 동일한 외부 환경의 영향을 받는다. 이런 외부 환경으로 2022년에는 금리 상승, 인플레이션, 2개 분기 연속 GDP 감소, 에너지 가격 변동, 노동력 부족, 계속된 공급망 지연, 우크라이나 전쟁이 있었다. 상장주식은 그해 상반기 23퍼센트 하락한 반면, 사모펀드 매니저들은 여전히 과거의 장밋빛 수익률을 선전했다. 하지만 이면을 보면 높은 가격에 투자가 이루어진 3.3조 달러 규모의 사모펀드 역시 동일한 압력을 받고 있었다. 사모펀드 포트폴리오의 수익률을 추적해 구성한 사모펀드 지수는 37퍼센트 하락했다.[5] 과거 사모펀드의 성과가 상당히 높은 수준의 부채 덕분이라는 것을 알았다면 그레이엄은 진저리를 쳤을 것이다. 부채는 양날의 검과 같다. 상승장에서 수익을 키우지만 금리가 오르고 경기가 둔화되면 치명적인 비용을 요구한다. 미국 경제는 최근 금리 상승과 경기 둔화를 겪고 있으며, 유럽, 영국, 중국에서도 경기 둔화가 진행되고 있는 것으로 보인다.

아울러 그레이엄은 밈 주식을 보며 당혹스러워할 것이다. 2020년대 초반 밈 주식은 전적으로 소셜 미디어를 통한 홍보에 기반하여 상당수의 추종자를 끌어모으고 가치평가를 부풀렸다. 적자 상태의 비디오게임 유통업체인 게임스톱GameStop이 대표적인데, 모바일 앱을 통해 거래하는 소액 투자자들의 관심을 끌었다. 그들은 자신들의 투자 경험 부족을 마치 명예훈장처럼 여겼다. 일부는 공매도한 기관투자자들에게 손실을 입힐 수 있다면 자신들의 수익이 줄어도 괜찮다고 했다. 몇 달 만에 게임스톱 주식은 한 자릿수에서 483달러로 급등했고, 300억 달러 이상의 가치를 부여받았다. 증권방송 진행자인 짐 크레이머Jim Cramer와 억만장자 일론 머스크 같은 유명 인사들이 개인투자자를 부추겼고, 일부 인사는 개인투자자들이 월스트리트에 대항해 십자군 전쟁을 수행하고 있다며 격려했다. 한 베스트셀러 작가는

---

5 "PE Lessons," *The Economist*, July 9, 2022.

게임스톱 사태를 "20세기판 프랑스 혁명"으로 묘사했다.[6] 결국 주가는 고점에서 크게 하락했지만 2022년 말 기준 여전히 과거 수준보다 상당히 높은 상태이다.

밈 주식보다 더 지속적이고 광범위하게 나타난 현상은 기업 인수 목적 회사인 SPAC_{Special Purpose Acquisition Company} 주식에 대한 열풍이다. SPAC에 대해 많은 지면을 할애해 논의하려고 하는데, SPAC이 특별해서가 아니라 그레이엄 시대나 우리의 시대나 월스트리트가 미쳐 돌아가는 방식을 잘 보여 주는 사례이기 때문이다. 큰돈을 빨리 벌고 싶은 욕망에 눈이 멀어 안전마진이 전혀 없다는 것을 깨닫지 못하는 투자자들에게 사소한 금융 혁신을 이용해 높은 가격에 주식을 판매한다는 측면에서 기발하다고 할 수 있다. 2020~2021년의 짧은 기간에 SPAC은 기업공개_{IPO} 시장의 판도를 바꾸었다. 사모펀드와 마찬가지로 SPAC은 형식적으로는 새로워 보였다. 월스트리트 초기부터 기업들은 기업공개를 통해 자금을 조달했다. SPAC이 일반적인 상장과 다른 점은 순서를 뒤바꾼 것이다. 일반적으로 기업들은 창업 후 어느 시점이 되어 돈이 필요해지면 월스트리트로 가서 자금을 조달한다. SPAC은 그 순서를 뒤집었다. 먼저 월스트리트에서 자금을 조달해 놓은 다음에 그 돈을 쓸 기업을 물색하는 것이다. 월스트리트 초보자가 보기에도 (특히 초보자라면) 이 방식은 뭔가 앞뒤가 맞지 않는다고 느낄 것이다. 아마도 현대금융 기법 중에 그레이엄의 가르침이 가장 필요한 분야가 SPAC일 것이다. 언론에서 자주 다루지만 대부분 홍보 성격에 가깝고, SPAC 투자의 위험성이 크게 간과되고 있기 때문이다.[7]

SPAC은 IPO를 통해 상장된 페이퍼컴퍼니로, 관례상 주당 10달러의 가격에 주식을 발행한다. 전통적인 IPO와 달리 SPAC은 운영자금을 마련하기 위해 자본을 조달하는 것이 아니다(운영할 게 아무것도 없다). 운영되고 있는 기업을 매수하는 게 목적인 껍데기 회사다. 보통 18~24개월 이내에 기업 인수를 마무리 짓는다. 기간

---

6 Ben Mezrich, *The Antisocial Network*.

7 독보적이고 훌륭한 논문으로 Michael Klausner, Michael Ohlrogge, and Emily Ruan, "A Sober Look at SPACS," European Corporate Governance Institute, Working Paper, January 2022.

안에 인수를 마무리 짓지 못하면 투자자는 돈을 돌려받고 SPAC은 청산된다. 한편 SPAC이 합병 대상 기업을 결정하고 나면, SPAC 투자자들은 두 가지 선택을 할 수 있다. 합병으로 새로 탄생한 기업의 주식을 받거나, 싫으면 주당 10달러에 이자를 더한 금액으로 상환받을 수 있다.[8] SPAC 투자자들은 얼마든지 자신에게 유리한 선택을 할 수 있다. 나아가 SPAC의 초기 투자자들은 10달러에 해당하는 주식을 받을 뿐 아니라 약간의 워런트도 받는다. 상환을 선택하더라도 워런트는 그대로 가질 수 있기 때문에 추가적인 차익을 기대할 수 있다.

이렇게 보면 SPAC은 투자자에게 공짜 점심이나 다름없다. 그렇다면 누가, 무슨 이유로 이런 공짜 점심 값을 지불할까? SPAC이 그냥 만들어지는 것은 아니다. 스폰서라고 불리는 투자자 집단이 SPAC을 만든다. SPAC 설정을 위해 스폰서는 수백만 달러를 투자해야 하지만 그 대가로 SPAC 지분 20퍼센트를 그냥 갖는다. 스폰서는 대상 회사를 물색하고 합병을 이끌어 낼 강력한 동기를 갖게 된다. 그렇지 못하면 SPAC이 청산되고 투자금에 손실을 보기 때문이다.

SPAC 투자자들에게 제공하는 공짜 점심은 자본을 유치하고 프로젝트를 진행하기 위한 유인책이다. 공짜 점심을 먹는 사람은 또 있다. 스폰서는 SPAC 상장 전에 주식을 인수해 줄 인수단이 필요하다. 월스트리트 은행들이 그 역할을 맡고 2퍼센트 수수료를 챙긴다. SPAC이 합병을 마무리하면 3.5퍼센트의 수수료를 추가로 챙긴다. SPAC은 또 다양한 자문 수수료나 법률 비용 등을 지불한다. 이런 제반 비용을 감안하면 SPAC에 상당한 비용 지출이 있다는 것을 알 수 있다.

이런 복잡성을 고려할 때 SPAC은 월스트리트의 작은 전초기지일 뿐이다. SPAC이 존재하는 이유는 우리가 아직까지 언급하지 않은 참여자, 바로 인수 대상 기업에 이익이 되기 때문이다. 인수 대상 기업은 대체로 소규모 비상장기업, 종종 초기 스타트업인 경우가 많다. 이런 기업들은 대체로 너무 투기적이어서 전통적인

---

[8] IPO를 통해 들어온 돈은 신탁계정에 예치되므로 상환은 보장된다.

IPO를 통해서는 자금을 모으기 힘들다. 의도한 바는 아니겠지만 SPAC은 이런 기업들에 결정적인 이점을 제공한다.

일반적인 IPO에서 인수단이 IPO 기업의 미래 이익이나 매출과 같은 추정치를 제공할 때에는 매우 신중해야 한다. 그렇지 않으면 큰 소송 위험에 직면할 수 한다. 상장하려는 기업의 내부자는 중립적인 제3자가 아니다. 비공개 회사에서 유일한 정보원이며, 그들의 예측은 당연히 낙관적인 경향이 있다. 그들 손에 일반투자자의 운명이 걸려 있기 때문에, 규제 당국은 IPO 기업이 미래에 대한 추측일지라도 실제 사실로 잘못 판단될 수 있는 내용은 발표할 수 없도록 금지한다. 즉 IPO 기업은 미래 전망 진술forward-looking statement에 대한 관례적인 면책 규정safe harbor을 적용받지 못한다.

하지만 SPAC에는 부주의한 증권 규제의 허점으로 인해 그런 제약이 없다.[9] SPAC은 크게 두 개의 거래가 발생한다. 하나는 껍데기 기업을 상장해 자본을 조달하는 것이다. 기술적으로 보면 이것이 IPO에 해당하지만 조사할 자산이 아무것도 없기 때문에 심사는 거의 문제가 되지 않는다. 두 번째 단계로 SPAC은 대상 기업을 인수한다. 실제로는 이 작업이 일반인에게 기업을 공개하는 과정이지만, SPAC은 이미 기업공개가 된 상태이므로 이 합병은 기술적으로 IPO에 해당하지 않는다. 따라서 정상적인 IPO 심사를 우회하게 되며, 일반투자자 보호가 이루어지지 않는다.

수년 동안 SPAC은 큰 관심을 받지 못했다. 2016년 일반적인 IPO는 75건인데 비해 SPAC은 13개가 상장되었다.[10] 그러다 서서히 증가하기 시작해, 2019년에는 일주일에 하나씩 SPAC이 상장되었다. 리처드 브랜슨Richard Branson은 매출이 전혀 없는 우주 관광 기업 버진 갤럭틱Virgin Galactic의 지분을 무려 8억 달러의 가치로

---

9 Klausner 외, 앞의 글, pp. 52-54, 67, 71.
10 Kristi Marvin, SPACInsider.

SPAC과 합병할 수 있었다. 월스트리트는 돈 냄새를 맡았다. 2020년 4월, 규제 문제로 상장에 애를 먹던 온라인 스포츠 베팅 기업 드래프트킹DraftKings이 SPAC을 통해 상장했다. 갑자기 SPAC 바람이 불기 시작했다. 코로나19 봉쇄로 경제가 침체에 빠지고 연준이 시장에 유동성을 공급하자 값싼 돈으로 무장한 투기꾼들이 SPAC에 몰려들었다. 스팩인사이더SPACInsider 대표 크리스티 마빈Kristi Marvin에 따르면, "모두가 SPAC을 원했고, 밸류에이션은 천정부지로 치솟았다."

전통적으로 SPAC이 IPO를 할 때 주로 투자하는 곳은 헤지펀드와 같은 금융투자기업들이었다. 헤지펀드는 합병이 발표되면 상환하거나 (가격이 좋다면) 다른 투자자에게 매각했다. 2020년 들어 개인과 기관으로 관심이 확대되었는데, 이들은 'SPAC 쇼핑꾼'SPAC tourists으로 불렸다. SPAC 투자자의 질문은 단순했다. 합병 후 주가가 10달러를 넘을까? 그럴 가능성이 낮다면 투자자는 상환을 선택할 것이다. 하지만 스폰서의 계산법은 상당히 달랐다. 참여자들 사이의 인센티브 구조가 제대로 설계되지 않으면 문제가 발생하기 마련인데, SPAC의 인센티브 구조는 매우 잘못 설계되어 있었다. 스폰서는 당연히 좋은 가격에 매력적인 기업을 인수하고 싶어 한다. 하지만 스폰서 입장에서는 판이 깨지는 것보다는 부실한 합병이라도 하는 것이 낫다. 합병이 완료되면 보유 주식에서 무조건 수익이 나지만(공짜로 주식을 확보했기 때문에), 거래가 성사되지 않으면 SPAC을 설립하기 위해 투입한 수백만 달러에서 손실이 발생할 것이기 때문이다.

상환 가능성은 참여자별로 이해관계가 다르다. 상환은 SPAC의 자본구조를 약화시키고, 투입된 비용을 분산시킬 기반을 줄인다. (만약 SPAC 주식의 절반이 상환되면, 5.5퍼센트의 인수 수수료는 남은 자본에 11퍼센트의 수수료가 될 것이다.) 상환받은 주주가 남은 주주의 부담을 증가시키므로 SPAC 구조는 탈출 경쟁 가능성을 내포한다.

스폰서에게는 출구 옵션이 없으므로 상환을 최소화하고 가능한 많은 돈을 남기는 것이 중요하다. 일부 스폰서는 큰 지분을 보유한 주주들과 상환하지 않기로 비밀스럽게 특혜성 합의를 하기도 하고, 일부는 상환된 자본을 대체할 신규 자본을 (특혜 조건으로) 조달하기도 한다.[11]

스폰서는 주주들이 상환보다는 주식 매도를 통해 빠져나갈 수 있도록 주가 부양에 많은 노력을 기울인다. 실질적으로 이것은 합병 법인이 10달러 이상에서 거래될 것이라고 일반투자자를 설득하는 것을 의미한다. 이런 상황은 풀 수 없는 수학 문제와 같다. 합병 전 SPAC 주식은 분명히 10달러 미만의 가치를 갖는다. 유일한 유형자산은 IPO로 조달한 주당 10달러에서 투입된 비용을 제한 금액이다. 그렇다면 합병이 SPAC의 가치를 어떻게 높일 수 있을까? 하나의 해결책은 싼값에 합병 대상 기업을 인수하는 것이다. 그럼 합병 기업의 주당 가치는 높아질 것이다. 하지만 헐값에 거저 주울 수 있는 기업은 없다. 대상 기업의 주주들은 당연히 정당한 가치를 받고 싶을 것이다. 실제로는 스폰서들의 다급한 사정을 잘 알기에 적정가치 이상을 요구하는 경우가 많다. 또 다른 가능성은 대상 기업을 상장하는 것만으로도 기업가치를 높일 수 있다는 것인데, 이론적으로는 가능하지만 현실적인 가능성은 높지 않다. 아니면 (통상적으로 합병 기업의 이사진이 되는) 스폰서의 임원이 전문성과 재능을 발휘하여 합병 기업의 가치를 높이는 것이다.

어리숙한 투자자들은 스폰서가 똑똑하고 투자자의 이익을 위해 일한다고 쉽게 믿었다. 공시는 불투명했고, 숨은 비용을 모두 아는 투자자는 거의 없었다. SPAC이 활황이던 18개월 동안 합병된 모든 SPAC을 분석한 바에 따르면 스폰서의 몫과 투자자에게 지급된 워런트, 은행 수수료 및 기타 수수료를 제하고 일반 투자자의 몫(중간값)은 애초의 10달러에서 5.7달러로 희석되었다.[12] 내재가치에 비해 무려 43퍼센트가 줄어든 것이다.[13] 투자자들은 숨은 비용을 알지 못했을 뿐 아니라

---

11 Klausner 외, 앞의 글, pp. 12-13.
12 Klausner 외, 앞의 글, 초록abstract. 평균 순현금 보유액은 더욱 나빴다. 분석 대상 SPAC의 평균 현금 보유액은 합병 전 4.10달러에 불과했다.
13 클라우즈너(p. 10)에 따르면, 합병 후 SPAC의 가치는 순현금과 상관관계가 높았다(비용을 많이 쓴 SPAC의 가치가 더 나빴다). 아마도 합병 대상 기업은 SPAC이 현금을 얼마나 가지고 있는지 알고 있었을 것이고, 비용 부담을

SPAC이 전통적인 IPO에 비해 비용 효과적이라고 믿었다. 실제로는 비용이 훨씬 많이 들었다. 스탠퍼드 로스쿨 교수인 마이클 클라우스너Michael Klausner는 SPAC을 자세히 조사해 보고 "SPAC이 내재 비용과 관련된 투명성이 매우 부족하다"라는 것을 발견했다.[14]

관련 규정의 허점 덕분에 스폰서는 공격적으로 합병을 추진할 수 있는 동기와 기회를 얻게 되었다. 미래 전망 진술에 면책을 받은 SPAC 스폰서는 로드쇼를 진행하며 낙관적인(때로는 터무니없는) 전망을 자유롭게 제시했다. 2021년 하반기 경기 부양 이후 상승장이 시작되자 규제 공백을 이용하려는 월스트리트의 열망도 끓어올랐다. 많은 유명인이 SPAC을 홍보했다. (대마초 기업 투자로 유명한) 래퍼 제이지, 리얼리티 쇼에 출연해 유명해진 투자자 매트 히긴스, '살림의 여왕' 마사 스튜어트, 헤지펀드 거물 빌 애크먼, 미식축구 선수 패트릭 머홈스, 테니스 스타 세레나 윌리엄스 같은 이들이다. 시티그룹, 골드만삭스, 크레디트 스위스와 같은 최고 금융 기업들이 SPAC 인수에 참여했다.

SPAC 합병에 대한 홍보는 심히 뻔뻔스러웠다. 전기트럭 스타트업 니콜라Nikola는 "보라, 주행 중인 니콜라 원"이라는 트윗 문구와 함께 내리막길을 질주하는 트럭 영상을 공개했다. SEC에 따르면 해당 영상은 (그해 5월 SPAC 합병을 앞두고) 2018년 초 회사 트위터 및 페이스북 계정에 게시되었고, 적어도 2020년 9월까지 투자자들이 볼 수 있었다. 투자자들은 제2의 테슬라를 찾았다고 생각했고, 주가는 73달러까지 치솟았다. 니콜라는 단 한 대의 차량도 팔지 못했지만 포드보다 더 높은 가치를 부여받았다. SPAC 합병 18개월 만에 공표된 SEC의 영업 중지 명령cease-and-desist order에 의하면 니콜라는 주가를 띄우기 위해 "수많은 거짓말"을 했다. 특히 영상 속 트럭이 주행하는 데 니콜라 배터리나 부품이 전혀 사용되지 않

SPAC 주주들이 모두 떠안도록 스폰서와 협상했을 것이다.

14 같은 글, 8.

았다는 사실을 누락시켰다. 트럭은 단지 내리막길을 중력의 힘으로 굴러 내려간 것이었다.[15] 사기가 드러나자, 주가는 폭락했다.[16] 니콜라가 극단적인 사례이긴 하지만, 실질적인 사업 활동이 전혀 없는 합병 대상 기업의 매출과 이익을 장밋빛으로 부풀리는 일은 비일비재했다. 이후에도 수많은 SPAC이 제시한 미래 전망은 모두 빗나갔다.[17] 전기버스 기업(전기차는 SPAC의 인기 섹터였다) 어라이벌Arrival SA의 CEO는 2021년 3월 합병을 앞두고 매출이 0달러에서 3년 후 140억 달러로 급증할 것이라고 전망했다. 하지만 합병이 완료된 그해 말, "장기 전망을 철회합니다"라는 짧고 충격적인 발표를 했다.[18] 햇빛에 민감하게 반응하는 자동차 유리를 만드는 기업인 뷰View는 투자자들에게 자신을 테슬라나 아마존과 비교했다. 하지만 합병이 완료되고 달콤한 말은 사라졌다.[19]

2020년 248개의 SPAC이 830억 달러라는 막대한 자본을 조달했는데, 이는 그 전 10년동안 조달한 전체 금액보다 많았다. 2021년에는 613개의 SPAC이 1,620억 달러를 모았고, 전통적인 IPO 상장기업보다 SPAC 상장이 더 많았다.[20] 열기가 한껏 고조되자 합병 발표 전에 SPAC 주가는 평균 11.5달러 수준까지 상승했다. SPAC이 보유한 현금을 15퍼센트 할증해서 사는 것과 같았다. SPAC이 사용한 상당한 비용은 아예 고려하지도 않았다.[21] 스폰서를 맹신한 투자자들은 백지수표를 건넸다. 많은 투자자가 기대감을 품었다. '스폰서들은 똑똑한 사람들인데, 뭐라도 찾아내겠지.' 물론 개인투자자들은 자신들이 이성적으로 행동하고 있다고 믿었다.

---

15 SEC Administrative Proceeding File NO. 3-20687, "In the Matter of Nikola Corp.," December 21, 2021.
16 니콜라 창업자 트레버 밀턴Trevor Milton은 2022년 10월 14일 증권 사기 혐의로 유죄판결을 받았다.
17 Paul Kiernan, "SEC Proposes New Disclosure Requirements for SPACs," Wall Street Journal, March 30, 2022.
18 Heather Somerville and Eliot Brown, "SPAC Startups Made Lofty Promises. They Aren't Working Out," Wall Street Journal, February 25, 2022.
19 Eliot Brown, "SPACs Are Warning They May Go Bust," Wall Street Journal, May 27, 2022.
20 SPACInsider.
21 Klausner 외, 앞의 글, pp. 76-77.

그들은 편안하게 상환 옵션을 행사할 수 있었고, 더구나 주가가 10달러 이상에서 형성되고 있어서 상환할 필요조차 없었다.

열기가 최고조에 달하자 합병 발표 후 SPAC의 주가는 주당 평균 15.77달러까지 치솟았다. 상황이 이러니 5명의 SPAC 투자자 중 4명이 상환하지 않기로 선택한 것은 당연한 결정이었을 것이다.[22] 하지만 유감스럽게도 2021년 봄, SPAC 합병을 통해 상장된 기업들의 민낯이 드러났고 실적은 기대에 부응하지 못했다. 거품이 터지고 SPAC 주가는 폭락했다. 열기가 식자 합병을 앞둔 SPAC 투자자의 절반 이상이 상환을 선택했다.[23] SPAC의 신규 발행도 시들해졌다. 2022년 7월, 5년 만에 처음으로 신규 SPAC 발행이 전무했다. 기존 SPAC들도 합병 대상 기업과 투자자 모두가 수용할 만한 합병 협상을 이끌어 내기 점점 힘들어졌다. 2021년 상장된 613개의 SPAC 중 70퍼센트 이상이 2022년 9월에도 여전히 필사적으로 합병 대상기업을 물색 중이다.[24]

아마도 많은 SPAC이 청산될 수밖에 없을 것이고, 투자자들은 돈을 돌려받을 것이다. 하지만 이미 합병이 완료된 주주들은 운이 좋지 않았다. 2020~2021년 사이에 상장하고 합병을 완료한 SPAC의 평균 주가는 2022년 9월 기준 5.03달러로 급락했다.[25] 대부분의 투자자가 손실을 보았는데, 평균적으로 투자금의 절반을 잃었다. 2020년 이후 합병을 완료한 수백 개의 SPAC 중 15퍼센트 정도만 본전 가격인 10달러 수준에서 주가가 형성되었다.[26] 70퍼센트 이상은 2달러 아래로 떨어졌

---

[22] 같은 글, pp. 77, 79.

[23] 같은 글, p. 79.

[24] SPACInsider; Matthew Goldstein, "SPACS Were All the Rage. Now, Not So Much," *New York Times*, June 2, 2022.

[25] SPACInsider; 2022년 9월 14일 데이터. 플로리다 대학교에서 오랫동안 IPO를 연구한 제이 리터Jay Ritter는 2021년 합병을 완료한 199개의 SPAC을 모두 구입했다면 2022년 9월 14일 기준 63.8퍼센트의 손실을 보았을 것이라고 계산했다.

[26] SPACInsider. 2020년 1월 1일부터 2022년 9월 14일까지 330개의 SPAC이 합병을 완료했는데, 이 중 39개만이 10달러 이상에서 거래되고 있다.

다.[27] 상대적으로 보더라도 SPAC의 성과는 나스닥이나 기존 IPO 기업에 비해 한참 저조했다.[28]

한편 스폰서들은 거래당 평균 1억 달러 이상을 벌었다. 일반투자자들이 손실을 본 거래에서도 스폰서들은 수백만 달러를 벌었다.[29] 월스트리트는 거품을 조장하며 큰돈을 벌었다. 2020년 벽두부터 2022년 3분기까지 인수단은 약 80억 달러의 수수료를 챙겼다.[30] 2022년 3월 거품이 꺼지고, SEC는 뒤늦게 공시 요건을 강화하고 SPAC이 제시한 전망치가 빗나갔을 때 쉽게 소송할 수 있도록 규제 개혁을 제안했다.[31] 골드만삭스는 "변화된 규제 환경"을 언급하며 즉시 사업 규모를 축소했다.[32] SPAC이 더 이상 투자자를 호도할 수 없게 되면 월스트리트도 더 이상 게임을 할 수 없을 것이다.

돌이켜 보건대 SPAC의 유일한 목적은 상장을 위한 뒷문을 제공하는 것이었다. 하지만 그 대가로 증권 규제 회피라는 막대한 비용을 치르게 되었고, 비효율적으로 자본이 배분되었고, 투자자들은 손실을 보았다. SPAC 초기 투자자 대부분은 상환이나 매각을 통해 손실을 비켜 갈 수 있었다. 하지만 그들이 판 SPAC 주식을 매수한 투자자들과 상환하지 않기로 결정한 투자자들은 다른 모든 참가자(특히 인수 대상 기업)의 비용을 모두 떠안았다. 클라우즈너 교수는 다음과 같이 결론 내렸다. "상환하지 않기로 결정한 SPAC 주주들은 … 자신도 모르게 합병 대상 기업에 상장 보조금을 지원한 셈이다."[33]

SPAC 거품은 교훈적이지만 다행히 짧게 지나갔고, 끈질기게 지속된 암호화폐

---

27 Bailey Lipschultz, "SPCA Fire Sales Stick Investors with Deeply Discounted Buyouts," *Bloomberg*, June 9, 2022.
28 Klausner 외, 앞의 글, p. 35.
29 같은 글, pp. 11, 43.
30 Jay Ritter.
31 "SEC Proposes New Disclosure Requirements for SPACs."
32 "SPACS Were All the Rage."
33 Klausner et. al., 앞의 글, p. 7.

투기 열풍에 가려졌다. 그레이엄이 비트코인에 대해 듣는다면 처음에는 혼란스러워하겠지만, 곧바로 광란의 1920년대를 떠올리며 월스트리트 기관들의 탐욕스러운 부추김과 무엇이든 쉽게 믿고 무리 지어 다니는 개인투자자들의 모습을 금방 알아차렸을 것이다. 비트코인과 같은 암호화폐들은 정부 개입 없는 통화를 만들려는 이념적 열망에서 비롯된 대안화폐 혹은 미래의 통화로 홍보되었다. 하지만 비트코인을 법정통화로 채택한 국가는 엘살바도르가 유일하다. 40세 대통령이 마이애미에서 열린 비트코인 콘퍼런스에 참석해 발표한 것이다. 새로운 화폐에 투자하자마자 이 중미 국가는 50퍼센트의 평가 손실을 입었다. 하지만 엘살바도르에서도 상품과 서비스를 사는 데 비트코인을 쓰는 사람은 아무도 없다. 실제로는 미국 달러를 쓴다. 마찬가지로 미국에서도 수백만 명의 사람들이 암호화폐를 사지만, 경제활동에는 거의 쓰이지 않는다. 사람들은 암호화폐를 화폐라고 생각하지 않는다. 사람들은 암호화폐의 가격을 달러로 표시하지, 달러의 가격을 암호화폐로 표시하지 않는다. 비트코인이 전자결제의 수단이 되기에는 거래 처리가 너무 느리다. 비자나 마스터카드가 수천 배 빠르다.[34] 암호화폐를 떠받치는 블록체인 기술은 독창적이고 몇몇 다른 목적으로 이용될 수도 있다. 블록체인망에서 채무 증권을 거래하는 투자은행도 있다. 하지만 암호화폐 투자자들이 해당 기술에 대한 권리를 소유한 것은 아니다. 단지 자신들이 보유한 코인을 나타내는 코드를 소유한 것일 뿐이다. 비트코인의 유용성이 증명된 분야는 마약 카르텔이나 납치범, 포르노 제작자 등의 불법적인 자금 이전이다. 코넬 대학교 교수이자 디지털 전문가인 에스와르 프라사드Eswar Prasad에 따르면 비트코인은 "전적으로 희소성에 기반해 가치가 매겨지는, 순전히 투기적인 자산으로 남을 것이며, 그것이 가치를 갖는 유일한 이유는 다른 사람들이 가치가 있다고 생각하기 때문이다."

---

[34] Ed Lin, "Bitcoin Can't Take a Bite out of Visa, Mastercard," Barrons.com, March 28, 2018, https://www.barrons.com/articles/bitcoin-cant-take-a-bite-out-of-visa-mastercard-1522238401.

암호화폐만큼 광범위한 인기를 얻은 투기 수단도 드물다. 시장가격으로 1조 달러가 넘는 많은 코인이 (디지털로) 주조되었다. 하지만 아무도 이 코인의 내재가치를 확인할 수 있는 방법이나 정의를 제시하지 않았다. 코인은 매출이나 배당, 현금흐름을 전혀 만들어 내지 못하고, 수익 창출도 없다. 17세기 네덜란드 튤립 광풍처럼 다른 사람에게 더 비싼 가격으로 팔 수 있을 것이라는 희망으로 구입된다. 이 책의 편집자인 세스 클라먼의 책 《안전마진》Margin of Safety에는 투기꾼들이 거래하는 정어리 사례가 있다. 미국 서부 해안 정어리 가격이 제정신을 가진 사람이라면 결코 사지 않을 수준까지 치솟았는데, 그 이유가 '먹는 정어리'가 아니고 '거래하는 정어리'라서 그렇다고 투기자는 설명한다. 코인은 이 서부 해안 정어리와 같다. 튤립과 정어리 가격은 그나마 다른 꽃이나 해산물 가격과 비교되는데 암호화폐는 비교되는 것조차 없다. 2021년 말에서 2022년 중순 6개월 동안 6만 7,000달러 이상에서 거래되던 비트코인은 2만 달러 아래로 주저앉았다. 어떤 가격이 적절한지 합리적으로 판단할 수 있는 방법은 없다. 비트코인은 먹는 것이 아니라 거래하는 것이었다. 한때 주요 투자회사들은 투기적이고 위험하기 때문에 고객들에게 적합하지 않다고 암호화폐를 기피했다. 하지만 1920년대 투자회사들이 그랬듯이, 곧바로 원칙을 버렸다. 대형 투자은행들은 암호화폐 부서를 만들고 투기 거래를 촉진했다. 돈이 있는 곳으로 월스트리트는 움직인다. 골드만삭스의 디지털 자산 글로벌 책임자인 매튜 맥더모트Mathew McDermott는 투자자 수요를 충족시키기 위해 암호화폐 부문을 확대할 것이라고 선언했다. 암호화폐 가격이 급락하자, 맥더모트는 "이런 정도의 가격 움직임은 크게 놀랍지 않다"라고 말했다.[35] 골드만삭스의 고객들도 그랬을지 궁금하다.

---

[35] James Rubin, "Goldman's Crypto Chief Worries About Fraud, but Not Cryptocurrency's Future," Coindesk.com, May 22, 2021, https://www.coindesk.com/markets/2021/05/22/ goldmans-crypto-chief-worries-about-fraud-but-not-cryptocurrencys-future/, and Mathew McDermott and Allison Nathan, "Crypto Volatility: What's the Outlook for Digital Assets?" Exchanges at Goldman Sachs (podcast), https://www.goldmansachs.com/insights/podcasts/ episodes/05-18-22-mathew-mcdermott-f/transcript.pdf.

피델리티 인베스트먼트Fidelity Investments는 2022년 미국 퇴직연금 401(k)에 비트코인을 투자 옵션으로 추가하려는 자사의 계획에 노동부가 '심각한 우려'를 표명하지 못하도록 압력을 행사했다. 피델리티의 계획대로 된다면, 근로자들의 은퇴 자금 바구니에 암호화폐가 추가될 것이다. 연금 후원자sponsor인 기업 상당수가 피델리티의 고객인데, 미국의 근로자퇴직소득보장법 'ERISA'에 따르면 연금 후원자는 엄격한 전문성 기준을 준수해야 한다. 이는 근로자에게 투자 옵션을 '신중하게' 제공할 것을 요구한다. 피델리티는 암호화폐가 신중한 것인지에 대해 언급하지 않는다. 단지 기업이 원하면 판매할 것이다. 자사 웹사이트에서 피델리티는 비트코인을 "모두가 꿈꾸는 가치 저장 수단"이라고 묘사하고 있다. 그레이엄 시대의 투기시장이 그랬듯이 암호화폐도 사실상 규제를 받지 않고 있다. 영업꾼들이 활개치는 모습이 1920년대를 연상시킨다. 당시 '선샤인 찰리'라고 불렸던 내셔널시티 은행장 찰스 미첼Charles E. Mitchell은 매우 투기적인 페루 채권을 비롯해 수억 달러 상당의 증권을 소액 투자자들에게 팔아 치웠다. 증권 가격은 폭락했고 투자자들의 돈은 휴지조각이 되었다. 최근 소프트웨어 기업 마이크로스트래티지MicroStrategy의 CEO인 마이클 세일러Michael Saylor는 24억 달러를 차입하고 유상증자까지 해서 30억 달러가 넘는 비트코인을 구입했다. 세일러는 추종자들에게 "가진 돈으로 모두 비트코인을 사라. 그리고 … 돈을 더 빌릴 수 있는 방법을 찾아내 비트코인을 더 사라"라고 강력히 권고했다. 세일러의 디지털 복음은 투자자들의 이성이 아니라 신념에 호소했다. 그레이엄과 도드의 기본적 분석은 설 자리가 없었다. 비트코인 가격이 3분의 1 수준으로 하락하자 회사 주식은 폭락했고 세일러는 사임했다.

또 다른 코인 옹호자인 마이크 노보그라츠Mike Novogratz는 헤지펀드를 운영하다 큰 손실을 보고 문을 닫았는데, 갤럭시 디지털Galaxy Digital의 CEO로 다시 등장해 암호화폐 투자 펀드를 팔았다. 노보그라츠는 암호화폐 전도사가 되어 콘퍼런스나 TV, 소셜 미디어에 등장해 신실한 믿음으로 디지털 통화를 전파했다. 비트코인 컨벤션에서 끝없이 설교하는 것이 자신의 역할이며 "멈출 수 없다"라고 말했다.

갤럭시는 1달러 미만의 가격에 거래되던 루나Luna라는 새로운 코인에 큰돈을 투자했다. 많은 소액 개인투자자가 뛰어들며 루나 가격은 100달러로 치솟았다. 노보그라츠는 의기양양하여 트위터에 "나는 진짜로 루나에 미쳤다!!!"I'm officially a Lunatic!!!라고 썼다. 이 트윗에는 달을 보며 짖는 늑대 문신을 새긴 자신의 왼팔 이두박근을 함께 올렸다. 몇 달 후, 루나는 99퍼센트 폭락했고 투자자들은 수십억 달러를 잃고 공황 상태에 빠졌다. 폭락 후 노보그라츠는 인터뷰에서 "너무 많은 사람이 큰돈을 잃은 것이 몹시 고통스럽다"라고 했지만, 본인이 '주의사항'도 함께 언급했다고 주장했다.[36]

루나의 붕괴는 암호화폐 자산을 예치하면 높은 이자를 주는 소위 암호화폐 은행들에 대한 심판의 일부였다. 그런 회사 중 하나인 셀시우스 네트워크Celsius Network는 코인을 맡기면 7퍼센트의 이자를 지급했다. 당시 일반 은행의 이자는 1퍼센트가 안 되었기 때문에, 그렇게 높은 이자가 지속 가능한지 의문이 있었다. 또 다른 암호화폐 사업자 보이저 디지털Voyager Digital은 투자자 예치금이 연방예금보험공사FDIC에 가입되어 안전한 것처럼 넌지시 암시했다. 회사 홍보 자료에는 "혹시라도 회사나 협력사가 파산하여 여러분의 펀드가 위태로워지는 경우에도, 최대 25만 달러까지 전액 상환을 보장합니다"라고 적었다.[37] 보이저는 9퍼센트 수익을 제시했고 예금이 쇄도했다. 그들은 자신들의 자산관리 방식을 "저위험"이라고 묘사했다. NBA 댈러스 매버릭스Dallas Mavericks 구단주인 마크 큐번Mark Cuban은 보이저를 공식 스폰서로 지정했다. 그는 보이저를 "거의 위험 부담 없이 암호화폐 세계로 들어갈 수 있게 해 주는 … 우리 매버릭스 팬들에게 딱 맞는 곳"이라고 장담하며

---

[36] Gregory Zuckerman and Justin Baer, "Mike Novogratz's Crypto Comeback Faces a Trial by Fire," *Wall Street Journal*, June 4, 2022.

[37] Eliot Brown and Yifan Wang, "Crypto Meltdown Pushes Voyager into Bankruptcy," *Wall Street Journal*, July 6, 2022; David Benoit, "Customers Learn Crypto Accounts Not FDIC Insured," *Wall Street Journal*, July 8, 2022, and https://www.cbsnews.com/news/voyager-fdic-insurance-federal-reserve/.

팬들을 부추겨 보이저 플랫폼에서 거래하게 만들었다.[38]

보이저와 셀시우스는 각각 50억 달러 상당의 대출을 받았다. 투자자들은 자신들의 '예금'이 안전하다고 믿었다. 하지만 암호화폐 은행은 법적으로 은행이 아니었고, FDIC 보험에 가입되지도 않았고, 많은 레버리지를 사용했다. 보이저는 부채가 자산보다 23배, 셀시우스는 19배가 많았다. 전통적인 은행에 비해 2배 이상 높았다. 그럼에도 셀시우스 설립자인 알렉스 마신스키Alex Mashinsky는 "700년 동안 고객들은 은행 말고 달리 선택의 여지가 없었다"라고 말하며 회사가 고객들에게 더 좋은 기회를 주었다고 주장했다. 하지만 그 700년이 지나고 암호화폐 시장은 붕괴되었고 투자자들은 한꺼번에 자금을 인출했다. 보이저와 셀시우스는 인출을 중단했고, 파산신청을 했다. 암호화폐는 시장 추세에 전적으로 의존하고, 내재가치를 찾기 어렵고, 레버리지가 높다는 측면에서 그레이엄이 말한 투기에 가깝다. 1920년대에 그랬던 것처럼 가치평가는 언급조차 되지 않는다. 오히려 '새 시대' 투자로 선전되었다. 암호화폐 홍보와 거래 사업을 하는 회사들은 NFL 쿼터백 톰 브래디나 코미디언 래리 데이비드와 같은 유명인을 능숙하게 이용한다. 정부 규제 기관에서 일하다 은퇴한 사람들을 이사회에 합류시켜 안정감을 보여 주려 애쓴다. 미국 최대 암호화폐 거래소인 코인베이스Coinbase는 미국 법무부 연방검사이자 가상화폐 조정관이었던 캐서린 혼Kathryn Haun을 이사회에 영입했다. 코인베이스는 2021년 시총 860억 달러, 주당 381달러라는 놀라운 가격에 상장했다. 기업공개 후 4명의 내부자가 189~422달러 가격에 12억 달러의 주식을 매각했다. 2022년 회사의 매출은 급감했고 주가도 100달러 아래로 추락했다.[39]

암호화폐 거품은 기술 엘리트의 부상에 따라 파생된 결과로 보인다. 모든 분야

---

[38] 보이저에 대해서 다음을 참조할 것. https://fortune.com/2022/08/11/mark-cuban-sued-voyager-digital-crypto-web3/, 그리고 https://www.youtube.com/watch?v=aB9GpBOrolw. 셀시우스에 대해서 다음을 참조할 것. https://www.wsj.com/articles/celsius-owes-users-more-than-4-7-billion-11657841826.

[39] Corrie Driebusch and Tom McGinty, "Coinbase Leaders Net $1.2 Billion in Share Sales," *Wall Street Journal*, May 27, 2022.

에 기술이 심대한 영향을 끼치면서 기술 전문가는 고대의 예언자와 같은 지위에 올랐고, 기술 기업은 가치와 가격이라는 오래된 시험이 필요치 않은 것처럼 여겨졌다. 소프트웨어가 복잡해지고 난해해지면서 전통적인 가치 측정 방식이 밀려났다. 이해할 수 없는 것을 누가 평가할 수 있겠는가? 많은 기술 기반 사업들이 전례 없이 놀라운 속도로 장기간 성장하는 모습을 보여 주자, 이들 사업이 매우 특별한 가치를 갖고 있다는 합리적 전제가 형성되었다. 하지만 상승추세가 끊임없이 이어지자 이런 합리적 전제는 훨씬 덜 합리적으로 바뀌었는데, 사람들은 해당 산업의 높은 성장률이 고정된 상수와 같아서 선도적인 기술주는 어떤 가격에 사도 괜찮다고 생각하게 되었다. 이는 1960년대 말과 1970년대 초의 '원-디시전'one-decision 주식의 철학과 비슷하다. 한번 사면 평생 보유한다는 의미로 ITT, 에이본Avon, 폴라로이드Polaroid와 같은 블루칩 기업이 그런 주식이었다. '니프티 피프티'로도 불렸다. 하지만 이후 니프티 피프티는 고점에서 80퍼센트 폭락했다. 오늘날 경제에서 디지털의 중요성이 커지는 것을 감안하더라도 디지털 기업의 주가는 크게 부풀려졌다. 사람들은 지금도 여전히 '원-디시전' 주식투자를 하고 있다. 금세기 초반 미국 GDP에서 디지털이 차지하는 비중은 약 10퍼센트로 과거 대비 3분의 1 증가했다.[40] 인상적인 수치이긴 하지만 주가 상승에 비하면 다소 초라하다. S&P500에서 기술주가 차지하는 비중은 28퍼센트다.[41] 그레이엄과 도드 투자자들이 기술주를 회피하는 것은 아니다. 단지 가격이 가치와 무관한 별개의 것이 아니며, 결국 가치를 반영한다는 것을 알고 있을 뿐이다. 2022년 첫 8개월 동안, 기술주 중심의 나스닥 주가는 25퍼센트 하락했고, 디지털 대표기업들은 반토막이 났다.

2022년의 시장 하락은 가격이 결국 가치를 반영한다는 것을 잘 보여 준다. 한동

---

[40] "The Era of Big-Tech Exceptionalism May Be Over," The Economist, July 27, 2022; 또한 다음을 보라. https://www.statista.com/statistics/1239480/united-states-leading-states-by-tech-contribution-to-gross-product/#:~:text=In%202021%2C%20the%20United%20States,GDP%20has%20remained%20relatively%20consistent.

[41] 2022년 3월 30일 기준.

안 기술은 일반적인 경기순환의 영향을 받지 않는 예외처럼 보였다. 하지만 2022년 고공비행하던 기술 기업들이 연달아 매출과 이익 둔화, 경쟁 심화, 경기 둔화 및 전 세계적인 공급망 혼란의 압력에 직면하고 있다고 발표했다. 기술 기업 역시 다른 산업과 동일한 압력을 받고 있었던 것이다. 영국의 《이코노미스트》는 "빅테크 예외주의"의 시대가 끝난 것은 아닌지 의문을 표했다.[42]

그레이엄 도드 투자자는 그런 거시적인 문제에는 큰 관심을 두지 않을 것이다. 그레이엄은 특정 증권에 대한 조사와 분석에서 출발해 보텀업 방식으로 증권을 선택하라고 가르친다. 결국 중요한 것은 확실한 안전마진을 확보할 수 있는 예상 수익과 잉여현금흐름이다. 그렇지 않은 증권은 투자가 아니라 투기라고 그레이엄은 조언했다. 밈 주식, 과도하게 부풀려진 사모펀드의 가치평가, SPAC, 암호화폐, 사이비 암호화폐 은행의 고레버리지 대출은 모두 투기의 다른 모습이다. 사람들의 이런 행동은 인간 본성에서 비롯되기에 증권시장은 앞으로도 계속 어리석은 행동을 반복할 것이다. 어쩌면 언젠가는 인간 사회가 조금은 개선을 이룰 수도 있을 것이다. 그날까지 이 책의 독자는 1934년의 독자들과 마찬가지로 계속 좋은 성과를 거둘 것이다. 1934년 〈뉴욕타임스〉는 다음과 같이 《증권분석》 서평을 실었다. "근래의 시장 붕괴(대공황)를 겪고도 여전히 투기에 빠진 사람들이 남아 있다면 모쪼록 이 책을 읽기 바란다. 이 책은 풍부하고 원숙하고 세심한 학문적 탐구와 실천적 지혜의 소산이다."[43]

---

42 "The Era of Big-Tech Exceptionalism May Be Over."
43 Louis Rich, "Sagacity and Securities," *New York Times*, December 2, 1934.

증권분석의 범위와 한계. 내재가치의 개념

'분석'이란, 결론을 도출하려고 확고한 원칙과 건전한 논리를 바탕으로 사실을 주의 깊게 연구한다는 뜻이다. 분석은 과학적 기법이다. 그러나 투자는 본래 엄밀한 과학이 아니므로, 분석을 증권 분야에 적용할 때 우리는 심각한 걸림돌을 만나게 된다. 하지만 법률과 의학도 개인의 기술과 운이 성패를 크게 좌우하므로 분석이 어렵기는 마찬가지다. 그렇더라도 법률과 의학에서는 분석이 유용할 뿐 아니라 필수적이다. 따라서 투자와 나아가 투기에 대해서도 분석이 필요하다고 말할 수 있다.

지난 30년 동안 월스트리트에서 증권분석의 위신은 화려하게 상승하기도 하고 수치스럽게 추락하기도 했다. 그 위신이 주가 흐름과 관계는 있었지만 절대로 주가 흐름에 따라 오르내린 것은 아니다. 증권분석의 위신은 1927년경까지 장기간 거침없이 상승하였고, 이에 따라 재무 보고서와 통계 데이터에 대해 전면적으로 관심이 높아졌다. 그러나 1927년 '새 시대'가 시작되면서 사람들은 분석적 기법을 사실상 포기했다. 겉보기에는 사실과 숫자를 여전히 강조하는 듯했지만, 실제로는 사이비 분석가들이 대중의 착각을 뒷받침하려고 조작한 사실과 숫자였다. 1929년 10월 시장이 붕괴했을 때에도 이런 사이비 분석가들은 당황하지 않았다. 그러나 이후 기업들이 줄줄이 무너지고 유서 깊은 기업들마저 수익력을 상실하자, 이들의 분석은 이번에도 턱없이 빗나가 버렸다. 결국 분석 업무는 두 번 불신당했다. 시장이 붕괴하기 전에는 줄기차게 가공의 가치를 제시했기 때문에 불신당했고, 시장이 붕괴한 다음에는 실제 가치가 모두 사라졌기 때문에 불신당했다.

1927~1933년의 대공황 기간은 너무도 예외적이어서 증권분석이 유용한지를 판단하기에 적합한 기준이 되지 못한다. 그러나 1933년 이후에 대해서는 다르게 볼 수 있다. 채권과 우선주 분야에서는 증권 선택의 건전한 원칙이 타당함을 잘 보여 준 듯하다. 그러나 보통주 분야에서는 시장의 편견 때문에 보수적 관점이 혼란에 빠졌고, 싸 보이는 종목들이 오히려 부진한 실적을 기록했다. 반면에, 분석적 기법을 적용했다면 대표 종목들의 주가가 1937년 초에는 지나치게 높고 이후에는 지나치게 낮다고 믿었을 것이다.

증권분석의 세 가지 기능: 1. 설명 기능

증권분석의 기능은 세 가지로 구분할 수 있다. 설명 기능, 선별 기능, 비판 기능이다. 비교적 명확한 기능인 설명 기능은 증권에 관한 중요한 사실들을 정리해서, 이해하기 쉽도록 조리 있게 설명해 주는 기능을 뜻한다.

이 기능은 스탠더드 스태티스틱스Standard Statistics와 피치 서비스Fitch service 등이 다양한 편람을 통해서 유가증권 전체에 대해 적절하게 수행하고 있다. 이보다 더 심층적인 설명 기능에서는 증권의 강점과 약점을 밝히고, 성격이 비슷한 증권의 실적을 비교하며, 미래 실적에 영향을 미칠 요소들을 평가한다. 이런 유형의 분석은 거의 모든 회사 증권에 적용할 수 있으며, 투자는 물론 현명한 투기에도 도움이 된다고 하겠다. 판단의 근거가 되는 체계적인 사실을 제공하기 때문이다.

2. 선별 기능

선별 기능에서는 한 걸음 더 나아가 분석가가 자신의 구체적인 판단을 제시한다. 어떤 증권을 살지, 팔지, 계속 보유할지, 아니면 교체할지 판단해야 한다. 선별 기능에는 어떤 유형의 증권이나 상황이 가장 유리하거나 불리하며, 선별 기능의 한계는 무엇인가? 먼저 분석적 판단 사례들부터 살펴보는 편이 좋을 것이다. 이로부터 더 일반적인 질문을 끌어낼 수 있다.

분석적 판단 사례

1928년 세인트루이스–샌프란시스코 철도회사St. Louis-San Francisco Railway Company 표면금리 6퍼센트 비누적적 우선주가 가격 100에 대규모로 공모되었다. 이 회사의 실적을 보면, 이익이 고정비(이자비용)와 우선주 배당금 합계액의 1.5배 이상이었던 적이 한 번도 없었다. 이 채권에 확고한 선별 기준을 적용했다면, 안전성이 부족하다고 판단하여 사지 않았을 것이다.

이와 대조적인 사례가 있다. 1932년 6월에는 오언스–일리노이 글라스 컴퍼니Owens-Illinois Glass Company 표면금리 5퍼센트 1939년 만기 채권을 만기수익률 11퍼센트인 70에 살 수 있었다. 이 회사는 극심한 침체기에도 이익이 고정비보다 몇 곱절 많았다. 회사의 유동자산만으로도 채권을 충분히 상환할 수 있었으며, 주가가 낮을 때에도 보통주와 우선주의 시가총액 규모가 막대했다. 이 채권을 분석했다면 매우 안전하면서 가격도 매력적인 종목이라고 추천했을 것이다.

이번에는 보통주 사례를 살펴보자. 항공 산업 주식에 붐이 일기 전인 1922년, 라이트 항공Wright Aeronautical Corporation 주식은 뉴욕 증권거래소에서 겨우 8달러에 거래되고 있었다. 그러나 이 주식은 배당금이 1달러였고, 이익이 한동안 2달러를 넘었으며, 현금성 자산이 주당 8달러가 넘었다. 이 주식을 분석했다면 내재가치가 시가보다 훨씬 높다는 사실이 즉시 밝혀졌을 것이다.

1928년 이 주식이 280달러까지 상승했던 시점을 생각해 보자. 이 주식의 주당 이익은 1927년에 3.77달러였고, 1928년에는 8달러였다. 배당금은 2달러였으며, 순자산가치는 주당 50달러에 못 미쳤다. 이런 상황을 연구했다면 주가 대부분이 이 회사의 미래 전망을 반영한 것으로 밝혀지는데, 이는 다시 말해서 시장가치가 내재가치보다 훨씬 높았다는 뜻이다.

세 번째 사례는 인터버러 래피드 트랜짓 1순위 차환사채Interborough Rapid Transit First and Refunding 표면금리 5퍼센트와 같은 회사의 표면금리 7퍼센트 담보부채권이다. 1933년에는 둘 다 거래 가격이 예컨대 62로 똑같았다. 그러나 7퍼센트 담보부채권이 5퍼센트 채권보다 분명히 가치가 높았다. 7퍼센트 담보부채권에는 액면가 1,000달러마다 5퍼센트 채권 액면가 1,736달러가 담보로 제공되었고, 원금의 만기가 도래하였으며, 원금을 전액 상환받든지 담보를 매각하여 이익을 얻든지 선택할 수 있었다. 7퍼센트 채권은 담보에서 나오는 이자가 매년 약 87달러였으므로(실제로 이 금액을 채권 보유자들에게 분배하였다), 5퍼센트 채권보다 이자가 훨씬 많았다. 어떤 문제가 발생하더라도 7퍼센트 채권이 5퍼센트 채권보다 가치가 떨어지는 상황은 상상하기가 어려웠다.

이번에는 1936년 10월 현재 113에 거래된 파라마운트 픽처스 1순위 전환 우선주Paramount Pictures First Convertible Preferred와 15.88에 거래된 위 보통주를 비교해 보자. 우선주는 원하면 보통주 7주로 전환할 수 있었고, 누적 배당금이 주당 약 11달러였다. 우선주가 보통주보다 분명히 쌌다. 보통주가 배당금을 받으려면 먼저 우선주가 막대한 배당금을 받아야 하며, 보통주 주가가 상승한다면 우선주는 전환권을 행사하여 그 이득도 모두 얻을 수 있었기 때문이다. 보통주 보유자가 이 분석을 받아들여 우선주로 교체했다면, 배당금도 더 받고 주가도 상승하여 큰 이익을 실현했을 것이다.[1]

---

1   여섯 사례의 이후 결과는 부록의 비고 2를 참조하라.

내재가치와 가격

앞의 사례에서 보듯이, 증권분석을 하면 상당히 실용적인 구체적 성과를 얻을 수 있으며, 증권분석은 다양한 상황에 폭넓게 적용할 수 있다. 이 중에서도 분석가는 증권의 내재가치에 관심을 기울이게 되며, 특히 내재가치와 시장가격의 괴리에 초점을 두게 된다. 그러나 내재가치는 이해하기 어려운 개념이다. 일반적으로 정의하자면 예컨대 자산, 이익, 배당금, 확실한 전망처럼 사실로 뒷받침되는 가치로서, 인위적 조작이나 극단적 심리로 왜곡되는 시장 호가와는 다른 개념이다. 그러나 내재가치가 주가처럼 분명하고 확정적일 것으로 생각한다면 이는 커다란 착각이다. 전에는 사람들이 보통주의 내재가치가 '장부가치', 즉 공정하게 평가한 순자산가치와 같다고 생각했다. 이런 관점이 매우 명확하기는 했지만, 실제적으로는 아무 소용이 없었다. 평균 이익도 평균 주가도 장부가치와는 관계가 없는 것으로 드러났기 때문이다.

내재가치와 '수익력'

그 뒤를 이은 생각이 내재가치는 기업의 수익력에 따라 결정된다는 관점이었다. 그러나 '수익력'을 논하려면 미래 실적을 매우 자신 있게 예측할 수 있어야 한다. 과거 평균 이익을 파악하는 것으로는 부족하고, 심지어 이익이 증가 추세인지 감소 추세인지를 아는 것으로도 부족하다. 평균 이익이나 이익 추세를 바탕으로 미래 이익을 추정할 수 있다는 충분한 근거가 있어야 한다. 경험에 비추어 보면 평균 이익이나 이익 추세가 실제 이익과 전혀 다른 경우가 너무도 많았다. 즉 명확한 숫자로 나타낸 '수익력' 개념과 역시 명확하게 나타낸 내재가치 개념은 증권분석에서 **일반 전제**general premise로 받아들이기 곤란하다는 뜻이다.

사례: 더 구체적이고 전형적인 사례를 통해서 이 추론을 확인해 보자. 1933년 초 J. I. 케이스 컴퍼니J. I. Case Company의 내재가치는 얼마였을까? 주가는 30달러였고, 주당 자산가치는 176달러였으며, 배당금은 지급되지 않았고, 10년 평균 이익

은 주당 9.50달러였으며, 1932년 실적은 주당 17달러 적자였다. 전통적인 평가기법을 따르면, 10년 평균 이익에 10을 곱한 95달러가 내재가치가 된다. 그러나 도표에서 지난 10년 동안의 이익을 하나씩 살펴보자. 평균 이익은 9.50달러이지만, 각 연도의 이익은 중구난방으로 나타난다. 따라서 이 평균이 과거 실적을 대표한다고 주장하기도 어렵고, 미래 예상 실적을 나타낸다고 말하기도 곤란하다. 따라서 평균 이익으로 내재가치를 산출한다면, 이는 인위적인 숫자에 불과하다고 보아야 한다.[2]

J. I. 케이스 컴퍼니 주당 이익

연도	이익
1923	($2.10)
1924	(5.90)
1925	15.30
1926	23.30
1927	26.00
1928	26.90
1929	20.40
1930	11.00
1931	(2.90)
1932	(17.40)
평균	$9.50

분석에서 내재가치의 역할

다양한 분석 사례에서 내재가치 개념이 서로 모순을 일으키지 않도록 개념을 정리해 보자. 여기서 핵심은 해당 증권의 내재가치를 명확하게 산정할 필요가 없다는 점이다. 분석가는 단지 증권의 가치가 적정한지, 아니면 시장가격보다 매우 높거나 낮은지만 밝히면 된다. 이런 목적이라면 내재가치의 근사치를 대충 산정하는

---

[2] 1933~1939년 케이스 컴퍼니의 주당 이익은 마이너스 14.66~19.20달러로서, 평균 3.18달러였다. 주가가 움직인 범위는 30.50~191.75달러였으며, 1939년 종가는 73.75달러였다.

것으로도 충분하다. 간단하게 비유하자면, 어떤 여자의 정확한 나이를 모르더라도 대충 훑어보면 그 여자가 유권자 연령층인지 충분히 판단할 수 있으며, 어떤 남자의 정확한 체중을 모르더라도 대충 훑어보면 그 남자가 비만인지 알 수 있다.

앞의 사례를 돌아보면 더 명확해질 것이다. 세인트루이스-샌프란시스코 철도회사 우선주는 내재가치를 정확하게 계산하지 않더라도 투자 대상이 아님을 알 수 있다. 단순히 과거 이익 실적만 보더라도 투자자들을 보호해 줄 안전마진이 매우 부족한 것으로 드러난다. 그러나 오언스-일리노이 글라스 컴퍼니 회사채는 정반대였다. 이 회사도 가치를 공정하게 평가하기는 틀림없이 어려웠을 것이다. 그러나 이 회사의 가치가 부채보다 훨씬 많다는 사실은 매우 쉽게 판단할 수 있었다.

라이트 항공 사례에서, 첫 번째 상황에서는 회사의 가치가 주당 8달러인 180만 달러보다 훨씬 높았다. 그러나 두 번째 상황에서는 회사의 가치가 주당 280달러인 7,000만 달러보다 훨씬 낮은 것이 분명했다. 1922년에 라이트 항공의 가치가 실제로 주당 20달러인지 40달러인지를 판단하기는 어려웠을 것이며, 1929년에 실제 가치가 주당 50달러인지 80달러인지 판단하기도 어려웠을 것이다. 그러나 이렇게 정확하게 판단하지 않더라도 주당 8달러에는 이 주식이 매력이 있고 주당 280달러에는 매력이 없음을 충분히 알 수 있었다.

J. I. 케이스는 훨씬 전형적인 보통주 사례로서, 시장가격만으로는 내재가치를 산정하기 어려운 경우였다. 그러나 여기서도 시장가격이 매우 높거나 낮으면 얼마든지 판단을 내릴 수 있었다. 1933년 초에는 이 회사도 내재가치가 주당 30달러인지 130달러인지 판단하기 어려웠다. 그렇더라도 주가가 10달러까지 내려갔다면, 분석가는 회사의 가치가 시장가격보다 높다고 확실히 주장할 수 있었다.

내재가치 개념은 유연하다

여기서는 내재가치 개념이 얼마나 유연한지 살펴보자. 내재가치 개념은 사례에 따라 더 명확해질 수도 있고 다소 모호해질 수도 있다. 모호할 때에는 내재가치를

'추정 가치 범위'로 나타낼 수 있는데, 불확실성이 커지면 이 범위도 넓어진다. 예를 들어 1922년에는 라이트 항공의 내재가치 범위가 20~40달러였지만, 1933년에는 30~130달러였다. 따라서 내재가치 개념이 명확하지 않더라도 시장가격이 내재가치의 최대치나 최소치를 크게 벗어나면 충분히 판단을 내릴 수 있다.

내재가치 개념이 명확한 사례

인터버러 래피드 트랜짓 사례에서는 내재가치를 더 명확하게 추론할 수 있다. 5퍼센트 채권의 시장가격을 이용해서 7퍼센트 채권의 가치를 매우 명확하게 계산할 수 있기 때문이다. 실제로 담보채권을 취득해서 채권 소지자들에게 분배한다고 가정하면, 5퍼센트 채권의 가치는 1,000달러이지만 7퍼센트 채권의 가치는 1,736달러이고, 시장가격도 이 비율대로 형성되어야 한다. 그러나 이 과정에서 다소 복잡한 상황이 발생할 수 있으므로, 이 절차가 정상적으로 진행된다고 확신할 수는 없다. 따라서 7퍼센트 채권의 가치가 5퍼센트 채권보다 74퍼센트 높다고 말할 수는 없지만, 훨씬 높다고는 분명히 말할 수 있다. 두 채권은 같은 가격에 거래되고 있으므로, 이런 판단만으로도 매우 유용하다.

인터버러 채권은 내재가치에 대해서 명확한 판단을 내릴 수 있는 특수 사례에 해당한다. 이런 상황이라면 채권을 청산할 수도 있고, 이른바 '차익거래'나 '헤지'도 가능하다. 이런 상황이 이론적으로 보면 분석 업무에 가장 유리한 듯하지만, 이는 특수한 성격이어서 발생 빈도가 낮으므로 투자 이론과 실무 관점에서 보면 그다지 중요하지 않다.

분석을 가로막는 걸림돌

a. 부적합하거나 부정확한 데이터

분석가라고 해서 항상 옳을 수는 없다. 그리고 분석가의 판단이 논리적으로 옳아도, 실제로는 성과가 나쁠 수도 있다. 분석 업무를 가로막는 주요 걸림돌은 다음 세 가지다. (1) 부적합하거나 부정확한 데이터, (2) 미래에 발생하는 불확실성, (3) 시장의 비합리적인 움직임. 부적합하거나 부정확한 데이터도 심각한 걸림돌이긴 하지만, 그 중요성은 셋 중 가장 낮다. 의도적으로 데이터를 조작하는 경우는 드물다. 잘못된 분석은 대부분 회계 조작에서 비롯된다. 따라서 유능한 분석가는 회계 조작도 찾아내야 한다. 은폐가 조작보다 더 자주 일어난다. 그러나 은폐 건수는 당국의 규제로 대폭 감소했다. 뉴욕 증권거래소에 이어 증권거래위원회도 회계 관행을 완벽하게 공개하고 충분하게 설명하도록 요구하고 있다. 중요한 사안에 대해서 회사가 여전히 숨기는 정보가 있다면, 분석가는 경험과 기술을 바탕으로 이 사실을 감지해야 한다. 그리고 회사에 문의하고 압력을 가해서도 사실을 밝혀낼 수 없다면 대비책을 세워야 한다. 때로는 이런 은폐 사실을 찾아내지 못해서 잘못된 판단이 나오기도 한다.

b. 미래에 발생하는 불확실성

미래에 발생하는 변화가 훨씬 중요한 걸림돌이다. 사실과 명확한 전망을 바탕으로 내린 판단도, 새로운 사건이 발생하면 수포로 돌아갈 수 있다. 이로부터 분석가는 상황 변화를 어디까지 예측해야 하느냐라는 문제가 제기된다. 이에 대해서는 분석 과정에 들어가는 다양한 요소들을 다룬 다음에 논의하기로 한다. 그러나 미래 변화는 대부분 예측할 수 없으며, 과거 실적이 미래 실적을 대략이나마 알려 준다고 가정하면서 분석을 진행할 수밖에 없다. 이런 가정이 의심스러워질수록 그 분석의 가치는 더 낮아진다. 따라서 증권분석은 보통주보다 선순위증권에 적용할 때 더 유용하고, 실적에 변동이 많은 기업보다 안정적인 기업에 적용할 때 더 유용하며, 매우 불확실하고 변화가 극심한 시대보다는 정상적이고 일반적인 상황에 적용할 때 더 유용하다.

c. 시장의 비합리적인 움직임

세 번째 걸림돌은 시장 자체다. 어떻게 보면 시장과 미래는 똑같은 문제점을 던져 준다. 둘 다 분석가가 예측하거나 통제할 수 없지만, 분석 업무의 성공을 크게 좌우하는 요소다. 전통적 관점에 의하면, 투자 분석가는 시장가격에 관심을 거의 두지 않는다. 분석가의 전형적인 역할은 원금과 이자를 확실하게 지급해 줄 우량 등급 고정 수익 증권을 선별하는 일이다. 투자자는 이후 이 증권의 시장가격에는 관심을 기울이지 말고, 이 증권이 계속 건전성을 유지하는지만 지켜보아야 한다. 그러나 우리가 보기에 이런 전통적 관점은 부정확한 데다 위선적이다. 증권 보유자들은 누구나 시장가격에 관심을 기울인다. 항상 '시장성'을 강조하는 투자 관행에서도 이런 사실이 드러난다. 증권의 유동성(시장성)이 중요하다면, 만족스러운 가격을 유지하는 것은 훨씬 더 중요하다. 우량 등급 채권에 투자한 사람이 투기자보다 가격 변동에 대한 걱정이 덜한 것은 분명하지만, 그래도 여전히 심리적으로 큰 영향을 받는다. 따라서 우량 등급 채권을 분석할 때에도 분석가는 채권의 건전성은 물론 시장가격에 영향 주는 요소들도 고려해야 한다.

분석가가 저평가된 증권이나 고평가된 증권을 탐색할 때에는 시장가격에 더 관심을 기울이게 된다. 이때에는 주로 증권의 가격 흐름에서 판단의 정당성을 확보해야 한다. 이런 분석 작업에 깔린 가정은 두 가지다. 첫째, 시장가격은 진정한 가치에서 벗어나는 경우가 많다. 둘째, 이런 괴리 현상은 대부분 해소된다. 첫째 가정이 옳다는 점에는 의문의 여지가 거의 없다. 월스트리트에서는 흔히 '시장의 판단에는 오류가 없다'라고 말하면서 '증권의 가치는 팔리는 가격 이상도 이하도 아니다'라고 입심 좋게 주장하지만 말이다.

가격 반영이 지연되는 위험

둘째 가정도 이론상으로는 똑같이 옳지만, 실제로 나타나는 성과는 실망스러운 경우가 많다. 무지나 편견에서 비롯된 저평가 상태가 곤혹스러울 정도로 장기간 이어지기도 하며, 과열이나 인위적 조작에 의한 고평가 상태도 마찬가지로 오래갈 수 있다. 이때 분석가가 떠안는 위험은 가격 반영이 지연되는 동안 새로운 변수가 발생하는 것이다. 다시 말해서 가격이 마침내 가치를 반영할 시점이 되었을 때, 분석가가 판단의 근거로 삼았던 사실과 추론이 타당성을 상실해 버리는 것이다.

분석가는 이런 위험이 발생하지 않도록 온 힘을 기울여야 한다. 가능하면 갑자기 바뀌지 않는 상황을 분석 대상으로 삼고, 그가 발견하는 가치 요소가 매우 빠르게 반영될 증권을 분석하며, 정상적인 상황일 때 주로 분석해야 한다. 다시 말해서 시장 상황이 안정적일 때 저평가 증권 발굴에 더 집중하고, 스트레스와 불확실성이 큰 비정상 상황에서는 조심해야 한다.

내재가치와 시장가격의 관계

내재가치와 시장가격의 관계는 다음 도표를 보면 명확해진다. 이른바 분석 요소들이 시장가격에 미치는 영향은 부분적인 동시에 간접적이다. 영향이 부분적이라 함은 주가를 반대 방향으로 이끄는 순전히 투기적인 요소들과 경합하기 때문이다. 그리고 영향이 간접적이라 함은 사람들의 감정과 판단을 거치기 때문이다. 다시 말해서, 시장은 각 종목의 가치를 그 구체적 특성에 따라 정확하고도 객관적으

내재가치 요소와 시장가격의 관계

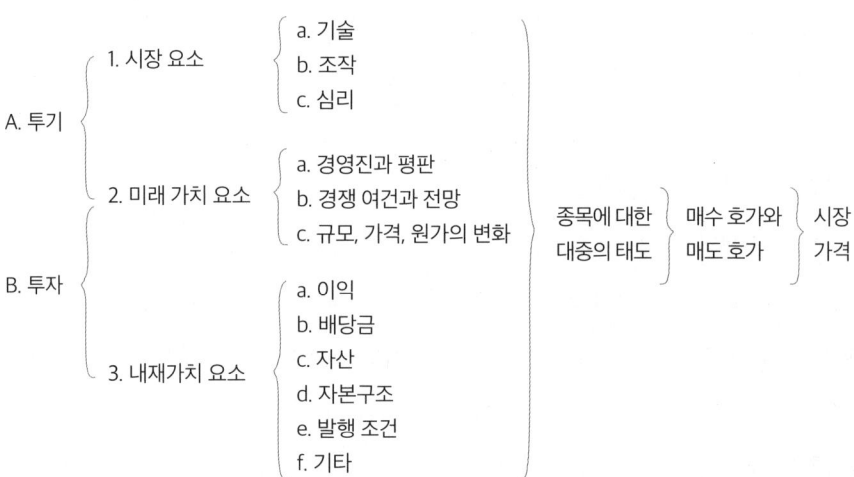

로 기록하는 것이 아니므로, 저울과 같은 존재가 아니다. 시장은 차라리 투표소라고 보아야 한다. 수많은 사람이 이성과 감정을 뒤섞어 선택하는 장소이기 때문이다.

분석과 투기

건전한 분석을 이용하면 불확실성과 위험이 많은 투기적 상황에서도 좋은 실적이 나올 것으로 기대하는 사람도 있을 것이다. 투기 종목이라고 해도 회사의 상태를 전문적으로 조사해서 선택하면 상당한 이득을 얻을 수 있지 않을까? 미래 사건이 불확실하다고 해도, 유리한 사건과 불리한 사건이 대체로 서로 상쇄된다고 보면, 처음에 건전한 분석에서 얻은 이점이 결국 이익으로 연결되지는 않을까? 그럴듯한 주장이지만 믿을 게 못 된다. 가정이 지나치면 분석은 길을 잃게 된다. 따라서 투기적 상황에서는 분석에 너무 의존하면 안 된다는 반론들을 자세히 알아보기로 하자. 첫째, 투기자는 투기 과정에서 심각한 불이익을 떠안게 되는데, 이런 불이익이 건전한 분석으로 얻는 이점보다 커질 수 있다. 이런 불이익에는 수수료와 이자, 매수 호가와 매도 호가의 차이가 포함되며, (분석기법과 어긋나는) 특정 트레이딩 기법을 따르지 않으면 대개 평균 손실이 평균 이익을 초과한다는 점이 가장 중요한 불이익이다.

둘째, 투기적 상황에서는 분석 요소들이 순식간에 갑자기 바뀐다. 앞에서도 언급했지만, 시장가격에 가치가 반영되기도 전에 내재가치가 바뀔 위험이 투기적 상황에서는 훨씬 더 심각하다. 셋째, 분석 과정에서 필연적으로 누락되는 미지의 요소들 때문에 문제가 발생한다. 이런 미지의 요소들이 이론적으로는 유리할 확률과 불리할 확률이 같으므로, 장기적으로는 서로 상쇄되어야 한다. 예컨대 같은 업종에 속한 두 기업을 비교분석해 보면, 전망은 분명히 비슷한데도 이익에 비해 한 기업이 다른 기업보다 훨씬 낮은 가격에 거래된다고 쉽게 판단할 수 있다. 그러나 매력적인데도 주가가 낮은 것은 회사에 불리한 어떤 비공개 요소가 내부자들에게 알려졌기 때문일 공산이 크다. 마찬가지로, 가치보다 주가가 높아 보이는 종목은 회사에 유리한 정보가 내부자에게 알려졌을 가능성이 크다. 투기적 상황에서는 '내부자들'이 이런 이점을 누리는 경우가 많으므로 유리한 변화와 불리한 변화가 서로 상쇄하는 것이 아니라, 분석가가 모르는 사실 때문에 불리한 처지에 놓이기 쉽다.[3]

우연 요소가 증가하면 분석의 가치가 감소한다

넷째, 근거는 더 모호하지만, 실제 중요성은 매우 큰 반론이다. 분석이 투기자에게 확실히 이로울 수는 있지만, 그렇다고 이익을 보장하는 것은 아니다. 그의 모험은 여전히 위험해서, 개별 사례로 보면 손실이 발생할 수 있다. 그리고 운용이 끝난 다음에도 분석이 이득이 되었는지 손해가 되었는지 판단하기가 어렵다. 따라서 투기적 상황에서 제공하는 분석은 그 성과도 불확실하고, 전문가로서의 품위를 떨어뜨릴 수도 있다. 이는 분석가와 행운의 여신이 투기라는 피아노를 함께 연주하는데, 변덕스러운 여신이 모두 자기 멋대로 연주를 주도하는 상황과 같다.

이제 더 구체적인 사례를 보면, 분석이 투기적 상황보다 투자에 적합한 이유를 더 쉽게 이해할 수 있을 것이다. 몬테카를로 카지노에서 룰렛은 19대 18의 비율로 카지노에 유리하다. 따라서 판돈이 37달러 걸릴 때마다 카지노는 평균적으로 1달러씩 번다. 이것은 미숙한 투자자나 투기자에게 불리한 확률이다. 이번에는 일종의 분석을 통해서 룰렛 게임 참가자의 승리 확률이 19대 18로 유리해졌다고 가정하자. 만일 그가 모든 숫자에 판돈을 똑같이 건다면, 어떤 숫자가 나오든지 확실하게 적은 금액을 딸 것이다. 이것은 적절한 투자 상황에서 건전한 분석을 바탕으로 투자를 운용하는 것과 같다.

그러나 그가 판돈을 모두 한 숫자에 건다면, 그에게 약간 유리한 확률보다도 그가 선택한 숫자가 나올 확률이 훨씬 중요해질 것이다. 그는 '분석' 덕분에 행운을

---

[3] '고PER주'와 '저PER주'의 가격 움직임 비교분석 결과를 보려면 부록의 비고 3을 참조하라.

잡을 확률이 약간 높아지기는 하지만, 행운을 잡지 못할 때에는 분석이 무용지물이 된다. 이 사례는 다소 과장되긴 했지만, 투기적 상황을 다루는 분석가의 처지를 보여 준다. 투자 상황에서는 좋은 실적을 보장하는 확실한 이점이었더라도, 운이 지배하는 상황에서는 전혀 효과를 내지 못할 수도 있다.

따라서 투기에서는 분석을 **지침**보다는 **보조 기능**으로 간주하는 편이 현명하다. 운의 역할이 크지 않은 상황에서만 분석가는 권위 있게 말할 수 있고, 자신의 판단에서 오는 결과에 대해 책임질 수 있다.

3. 증권분석의 비판 기능

투자의 원칙과 기업금융 기법 모두 증권분석의 영역에 분명히 포함된다. 둘 다 사실에 대해 기준을 적용함으로써 분석적 판단을 내린다. 따라서 분석가는 자신이 선택하는 기준이 건전하고 실용적인지 고심하게 된다. 채권과 우선주를 비롯한 증권에 적절한 보호 조항이 있는지에도 관심을 기울이며, 특히 일반 금융 관행에 따라 이런 보호 조항을 집행하는 적절한 방법이 있는지에 관심을 쏟는다. 분석가에게는 사실이 공정하게 발표되는지가 대단히 중요한 문제인데, 이는 분석가가 회계 기법에 대해 매우 비판적이 되어야 한다는 뜻이다. 끝으로, 증권의 가치는 경영진의 행위에 크게 좌우되므로, 증권에 영향을 미치는 모든 경영 정책에 관심을 둬야 한다. 여기에는 자본 구성, 배당금과 확장 정책, 경영진에 대한 보상, 심지어 무수익 사업의 청산 여부까지 포함된다.

이런 중대한 문제에 대해 분석가는 비판적 의견을 표현하고, 실수를 방지하며, 재량권 남용을 바로잡고, 투자자를 보호해야 한다.

분석의 기본 요소. 양적 요소와 질적 요소

앞에서는 분석의 기능과 관련하여 분석의 개념과 자료들을 살펴보았다. 이번에는 현업 분석가에게 질문을 던진다고 상상해 보자. 분석할 때 고려하는 요소들은 무엇이며, 다양한 정보를 대하는 태도는 어떠한지 물어보자.

4대 기본 요소

증권을 분석하는 목적은 매우 실제적인 질문에 답하려는 것이다. 아마도 가장 흔한 질문은 이런 식이다. 이런 목적을 달성하려면 어떤 증권을 사야 하는가? S 증권은 사야 하는가, 팔아야 하는가, 아니면 계속 보유해야 하는가? 이런 질문에는 명시적이든 묵시적이든 다음 네 가지 기본 요소가 항상 포함된다.

1. 증권The security

2. 가격The price

3. 시점The time

4. 사람The person

질문을 더 명확하게 표현하면 이렇다. T 시점에 투자자 I가 S 증권을 P 가격에 사야 (팔아야, 계속 보유해야) 하는가? 이 네 요소의 상대적 중요도도 논할 필요가 있으므로, 중요도가 낮은 요소부터 설명하고자 한다.

사람

증권 투자에는 많든 적든 항상 사람 요소가 포함된다. 가장 중요한 요소는 대개 투자자의 재정 상태. 사업가나 매력을 느낄 만한 투기에 수탁자나 가난한 과부가 손대는 일이 있어서는 절대 안 된다. 3.5퍼센트 미합중국 자유공채의 완전 면세 혜택에서 이득을 얻지 못하는 사람이라면, 일부 세금을 내더라도 수익률이 훨씬 높은 국채를 사는 편이 유리하다.[1]

개인의 증권 선택에 영향을 미치는 다른 요소로는 투자 교육 수준과 능력, 기질, 기호가 있다. 그러나 이런 요소들이 중요할 때도 간혹 있지만, 보통은 분석에 중요한 요소가 아니다. 분석에서 도출된 대부분 결론은 투자자나 투기자에 상관없이 객관적으로 기술할 수 있다.

시점

분석 시점도 판단에 여러모로 영향을 미칠 수 있다. 기업은 상태나 전망이 더 좋을 때도 있고 더 나쁠 때도 있으며, 이에 따라 분석가의 견해가 달라질 수밖에

---

[1] 1927년에 미합중국 자유공채 3.5퍼센트는 수익률이 3.39퍼센트였지만, 만기가 비슷한 미합중국 자유공채 4.25퍼센트는 수익률이 4.08퍼센트였다.

없다. 그리고 분석가는 증권을 선정할 때 등급과 수익률 기준을 적용하는데, 두 기준은 전반적인 시장 상황에 따라 달라진다. 수익률이 5퍼센트인 최우량 등급 철도 채권이 1931년 6월에는 매력적이었다. 같은 유형의 채권 평균 수익률이 4.32퍼센트였기 때문이다. 그러나 이 채권이 6개월 뒤에는 전혀 매력이 없었다. 그동안 이런 채권의 가격이 폭락하여 수익률이 평균 5.86퍼센트로 상승했기 때문이다. 끝으로 기업의 재정 상태와 사업 전망을 현재 어떻게 보느냐에 따라 투자 판단이 달라질 수 있다. 투기적 상황에서는 이런 요소가 특히 중요해진다. 보수적인 투자에서는 이런 요소를 무시해야 하지만, 시장이 침체하고 불확실성이 높을 때에는 무시해서는 안 된다.

증권을 분석할 때에는 가능하면 언제나 타당성이 유지되는 원칙과 기법을 사용해야 한다. 그러나 (증권분석이 이루어지는) 환경은 시점에 따라 달라진다는 사실을 명심해야 한다.

가격

가격은 모든 증권 평가에서 핵심 요소다. 우량 등급 채권을 고를 때에는 가격이 대개 부차적인 요소가 되는데, 이는 가격이 중요하지 않아서가 아니라 터무니없이 비싼 경우가 드물기 때문이다. 따라서 이런 때에는 그 증권이 안전한지에 대해서만 관심이 집중된다. 그러나 우량 등급 전환사채를 살 때처럼 특수한 경우에는 가격이 안전성만큼이나 중요한 요소가 되기도 한다. 1929년에 200에 거래되었던 미국 전신 전화 회사American Telephone and Telegraph Company, AT&T 전환사채의 1939년 만기 4.5퍼센트가 그런 예다. 채권 액면 금액과 이자가 안전하다는 사실은 두말할 필요도 없지만, 이 가격에는 지극히 위험한 투자였다. 이후 이 전환사채는 가격이 절반 밑으로 떨어졌다.[2]

보통주는 가격 요소가 더 중요하다. 잘못된 가격을 치르면 잘못된 종목을 사는 것만큼이나 위험하기 때문이다. 나중에 살펴보겠지만, 새 시대 투자 이론은 가격을 고려하지 않았고, 이 때문에 매우 끔찍한 결과가 벌어졌다.

증권: 기업의 특성과 투자 조건

문제 표현 방식을 다음과 같이 바꾸면 증권과 가격의 역할이 더 명확하게 드러난다. (1) 어느 증권을 (2) 얼마에 살 것인가? 하고 묻는 대신, (1) 어느 기업에 (2) 어떤 조건으로 투자할 것인가? 하고 물어보자. 이렇게 물어보면 두 요소를 더 균형 있게 대조하면서 종합적으로 분석할 수 있다. 여기서 투자 조건이란 가격뿐 아니라 증권의 발행 조건과 지위, 상태도 뜻한다.

매력 없는 투자 조건의 예

매우 건전한 기업에 투자하는 경우라도, 투자 조건은 불건전하고 불리해질 수 있다. 1929년 직전까지만 해도 도시 부동산은 가치가 장기간 꾸준히 상승하였다. 따라서 사람들은 도시 부동산이 가장 안전한 투자 대상이라고 간주하게 되었다. 그러나 1929년 뉴욕시 부동산 개발 우선주는 투자 조건이 지극히 불리해서, 처음부터 건전한 투자 요소가 전혀 없었다. 이런 우선주의 발행 조건을 요약하면 다음과 같다.[3]

    1. 발행 조건: 우선주로서, 1순위 담보보다 후순위이며, 배당금이나 원금에 대해 무

---

[2] AT&T 전환사채 1939년 만기 4.5퍼센트의 연도별 가격 변동 범위는 다음과 같다.

연도	고가	저가
1929	227	118
1930	193.38	116
1931	135	95

[3] 이 자금 조달 기법은 프레드 프렌치Fred F. French Company와 관계 회사들이 설립하고 후원하는 별도 보유 회사들에서도 사용하는 기법이다. 그러나 튜더 시티 유닛Tudor City units에서 나중에 발행한 이자부 채권 일부는 예외여서 회사의 선택에 따라 액면가 기준으로 우선주로 전환할 수 있었는데, 계획대로 우선주로 전환되었다. 프레드 프렌치 투자회사에서 발간하여 배포한 The French Plan(10th ed., December 1928)을 참조하라. 다음 자료도 참조하라. Moody's Manual; "Banks and Finance," 1933, pp. 1703-1707.

조건적 권리가 없다. 보통주보다는 선순위라고 하나, 보통주는 현금을 투자하지 않는다. 따라서 보통주 주주들은 잃을 것은 없고 얻을 것은 많지만, 우선주 주주들은 잃으면 모두 잃고 벌어도 조금만 벌 수 있다.

2. 증권의 지위: 투자하는 새 빌딩은 건축 원가가 지극히 높으며, 문제가 발생하면 뒤를 받쳐 줄 적립금이나 후순위 자본이 없다.

3. 발행가격: 액면가 기준 배당 수익률이 6퍼센트로서, 이 우선주보다 장점이 많은 2순위 담보채권의 수익률보다 훨씬 낮다.[4]

매력적인 투자 조건의 예

우리는 전력회사 채권만 조사해도 근래에 매력적인 산업에서 발행되는 불건전한 증권의 예를 수없이 찾아낼 수 있다. 이와 대조적인 사례가 브루클린 유니언 고가철도 1순위 담보채권Brooklyn Union Elevated Railroad First 1950년 만기 5퍼센트로서, 1932년에 60에 거래되어 만기수익률 9.85퍼센트였다. 이 채권은 브루클린-맨해튼 트랜짓 시스템Brooklyn-Manhattan Transit System이 발행하였다. 사람들은 전기철도 산업을 오랜 기간 비관적으로 평가했는데, 자동차와 경쟁해야 하며 요금 등에 대한 규제가 있었기 때문이다. 따라서 이 채권은 비교적 매력 없는 기업이 발행한 증권이었다. 그러나 다음에서 보듯이 투자 조건은 충분히 만족스러웠다.

1. 발행 조건: 운영 회사와 뉴욕시 사이의 계약에 따라, 지하철과 고가철도에서 발생한 이익에서 가장 먼저 원리금을 지급한다. 지하철과 고가철도에 투자한 운영 회사와 뉴욕시의 지분가치가 채권 발행액보다 훨씬 크다.

2. 증권의 지위: 채권을 발행한 회사는 실적이 안정적이었으며 수익력이 충분했다.

---

[4] 이 사례로 인용한 부동산 회사는 우선주에 대해 보너스로 보통주를 지급하였다. 이 보통주는 당장 돈이 되는 것은 아니지만, 여건이 유리하게 전개되면 가치가 생길 수도 있었다. 그러나 투자 관점에서 보면 이 우선주에는 우리가 논의했던 온갖 걸림돌이 있었다. 두말할 필요도 없이, 이 증권은 거의 모든 상황에서 실적이 매우 나빴다.

3. 발행가격: 후순위 채권인 브루클린-맨해튼 트랜짓 Brooklyn-Manhattan Transit Corporation 1968년 만기 6퍼센트보다 수익률이 다소 높았다. (1932년에 발행된 이 후순위 채권을 저가인 68에 샀더라도 수익률이 9퍼센트였지만, 브루클린 유니언 고가철도 5퍼센트는 수익률이 9.85퍼센트였다.[5])

투자 조건인가, 기업의 특성인가?

그러면 투자 조건과 기업의 특성 가운데 어느 쪽이 더 중요한가? 다시 말해서 매력적인 기업에 매력 없는 조건으로 투자할 것인가, 아니면 매력 없는 기업에 매력적인 조건으로 투자할 것인가? 사람들은 서슴없이 전자를 선택하며, 논리에 의해서가 아니라 본능적으로 전자가 옳다고 믿는다. 장기간의 경험을 돌아보면 사람들은 비우량기업에 좋은 조건으로 투자했을 때보다, 우량기업에 불리한 조건으로 투자했을 때 손실이 훨씬 적었을 것이다.

그러나 분석 관점에서 보면 이런 경험을 이용한다고 문제가 해결되는 것은 아니다. 이는 예컨대 '잘 모르면 비싸더라도 좋은 제품을 사는 편이 낫다'라는 원칙을 따르는 셈이다. 하지만 그 분야의 전문가라면 이런 원칙을 따라서는 안 된다. 전문가는 평판이 아니라 조사에 의해 품질을 평가해야 하며, 원래 목적에 들어맞고 가격이 매력적이라면 품질을 어느 정도 양보할 수도 있기 때문이다. 이런 방식은 화장품이나 시계를 살 때와 마찬가지로 증권을 살 때도 적용된다. 이로부터 다음 두 가지 상반된 원칙이 나오는데, 하나는 초보 투자자에게 적합하고, 하나는 분석가에게만 유용하다.

1. 초보 투자자에게 적합한 원칙: **조건이 아무리 좋아도 등급이 낮은 기업에는 투자**

---

[5] 1936년이 되자 브루클린 유니언 고가철도 5퍼센트는 가격이 115.50까지 상승하였다. 1937년 이후에는 회사의 이익이 감소하여 가격이 59로 떨어졌다. 그러나 1940년에 뉴욕시가 회사를 인수하자 안전성을 인정받아 가격이 92까지 회복되었다.

하지 않는다.

2. 증권분석가에게 적합한 원칙: **어떤 증권이든지 일정 가격대에서는 싸고, 일정 가격대에 이르면 비싸진다.**

우리는 기업 선택만을 강조해서는 안 된다고 말한 적이 있는데, 이는 아무리 우량증권이더라도 지나치게 높은 가격을 치르면 안 되기 때문이다. 두 번째 이유는 우량기업으로 알고 선택했으나 뒤늦게 잘못으로 밝혀질 수도 있기 때문이다. 관리가 잘되고 실적도 좋으며 장차 이익이 증가할 것으로 예상되는 대기업을 사람들이 선호하는 당연하다. 그러나 이렇게 기대하고 투자해도 기대대로 실현되지 않는 경우가 많다. 과거에는 선도기업이었으나 지금은 몰락한 기업이 많다. 장래에도 이런 현상이 되풀이되기 쉽다. 가장 인상적인 예가 지난 20년 동안 계속 이어지는 철도산업의 쇠퇴다. 기업의 평판은 일부는 사실이고 일부는 견해에 불과하다. 최근 몇 년 동안에는 투자 의견이 지극히 변덕스러웠으며 믿을 수가 없었다. 1929년만 해도 웨스팅하우스 일렉트릭 앤드 매뉴팩처링Westinghouse Electric and Manufacturing Company은 누가 보아도 산업에서 확고한 지위를 누리는 회사였다. 그러나 불과 2년 뒤에는 주가가 순유동자산에도 훨씬 못 미쳤는데, 이는 사람들이 회사의 미래 수익력을 전적으로 의심했다는 뜻이다. 1929년에는 기적의 기업으로 통하며 주가가 494달러에 이르렀던 그레이트 애틀랜틱 앤드 퍼시픽 티가 1938년에는 36달러로 폭락했다. 1938년의 보통주 주가는 현금성 자산에도 미치지 못하는 수준이었으며, 우선주 주가는 유동성 자산에도 못 미쳤다.

그렇다고 해서 초보자들은 우량기업에만 투자해야 한다는 원칙에 반대하는 것은 아니다. 다만 사람들이 우량기업을 선호하는 이유는 우량기업이 반드시 안전해서가 아니라, 비우량기업에 투자할 때보다 위험이 적기 때문이라는 점을 깨달아야 한다. 분석가는 특정 기업을 강하게 선호하는 시장의 판단도 존중해야 하지만, 독립적이고 비판적인 관점도 반드시 유지해야 한다. 중요하고 확실한 근거가 있을 때는 서슴없이 우량주를 비난하고 비우량주를 지지해야 한다.

분석의 질적 요소와 양적 요소

증권분석에는 사업에 대한 분석이 포함된다. 이런 분석은 한없이 자세히 진행될 수도 있다. 따라서 분석을 얼마나 자세히 할 것인지 현실적으로 판단해야 한다. 이때에는 당연히 상황을 고려해서 판단을 내려야 한다. 어떤 채권에 1,000달러를 투자하는 개인이라면, 그 채권에 50만 달러를 투자하려는 대형 보험사처럼 철저하게 분석할 필요가 없을 것이다. 그러나 이 보험사도 채권 발행을 주선하는 증권사처럼 자세하게 분석할 필요는 없을 것이다. 또 다른 관점에서 보면, 수익률 3퍼센트인 우량 등급 채권에 투자할 때에는 수익률 6퍼센트짜리 담보부채권이나 헐값 주식을 찾을 때만큼 집중적으로 분석할 필요가 없다.

분석의 기법과 정밀도는 증권의 특성과 투자 목적에 맞게

분석가는 분석기법을 사용할 때 균형 감각이 있어야 한다. 분석의 중요성과 신뢰성뿐 아니라, 용이성과 편의성도 고려해야 한다. 예를 들어 철도회사들이 주간통상위원회에 제출하는 보고서처럼 방대한 데이터를 구할 수 있더라도, 비본질 요소 분석 작업에 너무 공을 들여서는 안 된다. 한편, 감당하기 어려울 정도로 노력을 기울여야 하거나 다른 정당한 이유가 있다면, 분석가는 중요한 정보일지라도 포기해야 한다. 완벽한 '사업 분석'을 추구할 때 이런 경우가 자주 발생하는데, 사업이 특허 보호에 의존하는 정도, 지리적 이점, 유리한 노동 조건 같은 비지속성 요소가 그런 예다.

데이터의 가치는 사업 유형에 따라 달라진다

가장 중요한 점은 특정 데이터의 가치가 사업의 유형에 따라 크게 달라진다는 사실이다. 철도회사나 대형 체인점 사업이라면, 매출이나 순이익 5개년 실적만으로도 선순위 증권의 안전성이나 주식의 매력을 매우 건전하게 평가할 수 있다. 그러나 소규모 석유회사라면, 같은 매출이나 순이익 5개년 실적이 오히려 사람들을 현혹하기 쉽다. 이는 주로 유가와 생산량 때문인데, 둘 다 장래에는 과거와 전혀 달라지기에 십상이다.

양적 요소와 질적 요소

분석 요소들은 양적 요소와 질적 요소로 구분하면 편리하다. 양적 요소는 회사의 통계 자료라고 볼 수도 있다. 여기에는 손익계산서와 재무상태표의 유용한 항목이 모두 포함되며, 생산, 단가, 원가, 생산 능력, 수주 잔고 등과 관련된 데이터도 포함된다. 이런 다양한 항목들은 (1) 자본, (2) 이익과 배당금, (3) 자산과 부채, (4) 운영 통계로 분류할 수도 있다.

반면에 질적 요소가 다루는 내용은 사업의 특성, 산업에서 해당 기업이 차지하는 위치, 회사의 실물·지리·운영 특성, 경영진의 특성, 기업·산업·사업 전반에 대한 전망 등이다. 대개 이런 질문들은 기업의 보고서에서 다루는 내용이 아니다. 분석가는 신빙성이 천차만별인 잡다한 정보원에서 답을 찾아야 한다.

대체로 말해서, 철저한 분석에는 질적 요소보다 양적 요소가 훨씬 낫다. 양적 요소는 숫자도 적고, 더 쉽게 얻을 수 있으며, 명확하고 신뢰도 높은 결론을 내리기에 훨씬 더 적합하다. 게다가 재무 실적 자체가 질적 요소를 압축해서 보여 주므로, 질적 요소를 상세히 연구하더라도 중요한 정보가 많이 추가되지는 않는다. (예컨대 증권회사나 통계 서비스 회사에서 발간하는 보고서처럼) 전형적인 증권분석에서는 대개 질적 요소를 간단하게 피상적으로만 다루고, 대부분 지면을 숫자로 채운다.

질적 요소: 사업의 성격과 전망

질적 요소에서 가장 강조하는 부분은 사업의 성격과 경영진의 특성이다. 이런 요소들은 지극히 중요하지만, 현명하게 다루기도 지극히 어렵다. 먼저 사업의 전망을 포함해서 사업의 성격에 대해 살펴보자. 사람들 대부분은 무엇이 '좋은 사업'이고 무엇이 '나쁜 사업'인지 개념이 명확하다. 사람들이 이런 관점을 갖는 근거로는 기업의 재무 실적, 산업의 특정 상황에 대한 지식, 억측이나 편견 등이 있다.

경제가 전반적으로 번창하던 1923~1929년 동안에도 쇠퇴하는 주요 산업이 매우 많았다. 이런 산업으로는 담배, 석탄, 면화 제품, 비료, 가죽, 목재, 정육, 제지, 해운, 시내 전차, 설탕, 모직물이 있었다. 산업이 쇠퇴한 원인은 대개 경쟁 제품이나 서비스의 발달(석탄, 면화 제품, 시내 전차), 과잉 생산과 업계 관행의 타락이었다(제지, 목재, 설탕). 같은 기간에 평균보다 훨씬 번창한 산업도 있었다. 이런 산업에는 캔 제조업, 연쇄점, 담배, 영화, 공익사업이 있다. 이런 산업이 성장한 주된 원인으로는 이례적인 수요 증가(담배, 영화), 경쟁 부재(공익사업, 캔 제조업), 사업 독점력(연쇄점)이 있다.

사람들은 실적이 평균에 못 미친 산업은 '상황이 불리'하다고 생각하여 기피한다. 반대로 실적이 평균을 넘어선 산업은 상황이 유리하다고 생각하고 선호한다. 그러나 이런 판단은 완전히 빗나가는 경우가 많다. 비정상적으로 좋거나 나쁜 상황은 영원히 이어지지 않는다. 전반적인 경기뿐 아니라 산업에 대해서도 마찬가지다. 대개 한쪽으로 치우쳤던 힘이 균형을 회복하면서, 이익이 사라졌던 곳에서는 다시 나타나고, 이익이 지나치게 많았던 곳에서는 감소한다.

수요가 빠르게 증가하여 혜택을 보았던 산업은 공급이 더 빠르게 증가하여 곤경에 처할 수도 있다. 라디오, 항공, 전기 냉동, 버스 운송, 실크 양말이 이런 산업이었다. 1922년에는 1920~1921년 불황기에 탁월한 실적을 올렸던 백화점이 매우 유망한 산업으로 꼽혔다. 그러나 백화점들은 이후 이런 우위를 유지하지 못했다. 1919년 호황기에 공익기업들은 높은 원가 때문에 인기가 없었다. 그러나 1927~1929년에는 투기자에게나 투자자에게나 가장 인기 높은 종목이 되었다. 이어 1933~1938년에는 인플레이션, 요금 규제, 정부와의 직접 경쟁에 대한 우려 때문에 다시 대중의 관심권에서 멀어졌다. 한편, 1933년에는 오랜 기간 침체했던 면화 산업이 가장 빠르게 성장했다.

경영진 요소

우리는 '좋은 산업'을 선택하는 일이 중요하다고 강조했지만, 좋은 산업 선택하기가 절대 말처럼 쉽지 않다는 점도 깨달아야 한다. 매우 유능한 경영진을 고르기도 어렵기는 마찬가지다. 경영진의 능력을 평가하는 객관적인 기준도 거의 없고, 평가한다고 해도 전혀 과학적이지도 않다. 대개는 평판에 의지해야 하지만, 평판도 확실하지가 않다. 경영진의 능력을 보여 주는 가장 설득력 있는 증거는 장기간 기록한 우수한 실적이다. 그러나 여기서 우리는 다시 양적 요소로 돌아가게 된다.

주식시장에서는 경영진 요소를 평가할 때 두 번 계산하는 경향이 강하다. 주가에 우수한 경영진이 올린 높은 이익이 반영되었는데도, '훌륭한 경영진'을 별개의 요소로 보고 상당한 가산점을 추가로 부여한다. 이는 '중복 계산'으로서, 흔히 과대평가의 원인이 된다.

미래 이익 추세

근래에 **이익 추세**가 갈수록 강조되고 있다. 이익 실적이 증가한다면, 이는 두말할 필요도 없이 유리한 신호다. 그러나 재무 이론은 여기서 한 걸음 더 나아갔다. 과거 추세를 미래로 연장하여 미래 이익을 예측하였고, 이런 예측을 바탕으로 기업을 평가하였다. 이 과정에서 숫자를 사용했기 때문에, 사람들은 이런 평가가 '수학적으로 확실'하다고 착각했다. 그러나 과거 추세는 사실이어도, '미래 추세'는 가정에 불과하다. 그리고 경제가 비정상적으로 과열되거나 침체하면 당국이 대응 정책을 펴기 때문에, 경제가 무한정 계속 상승하거나 하락하지도 않는다. 추세가 명확하게 눈에 띌 때쯤이면, 변화의 여건이 무르익었다고 보아야 한다.

과거 평균이 반복될 것이므로 미래에도 과거 추세가 이어질 것이라고 보는 관점이 있는데, 우리는 이런 생각에 반대한다. 이런 관점이 옳을 수도 있겠지만, 그렇다고 추세가 과거 평균보다 유용한 것은 아니다. 증권분석에서는 과거 평균이 반복된다고 가정하지 않는다. 다만, 미래를 내다보는 개략적인 지표에 불과하다고 본다. 그러나 추세는 개략적인 지표로도 사용할 수 없다. 실적이 개선된다거나 악화한다는 예측이 명확하게 나오므로, 실제로 추세는 맞거나 틀릴 수밖에 없다.

이런 차이가 분석가의 태도에 큰 영향을 미치는데, 다음 예를 보면 분명해질 것이다. 1929년에 한 철도회사의 과거 7년 이자 보상 배수 평균이 3배였다고 가정하자. 분석가는 이를 근거로 이 회사의 채권이 건전하다고 평가할 것이다. 이것은 양적 데이터와 기준에 근거한 판단이다. 그러나 이는 앞으로 7년 동안에도 이자 보상 배수가 평균 3배가 될 것이라는 예측이 아니다. 다만, 이익이 감소하여 이자 보상 배수가 3배 밑으로 크게 떨어지면서 채권이 위험해지는 일은 없을 것 같다는 뜻이다. 이후에 경제가 붕괴하더라도, 거의 모든 실제 사례에서 이런 결론은 옳다고 밝혀질 것이다.

이번에는 주로 추세에 근거해서 비슷한 판단을 내려보자. 1929년에 거의 모든 공익기업 지주회사의 이익은 계속 증가했지만, 피라미드식 자본구조 때문에 고정비 부담이 너무 커서 순이익이 거의 다 소진되었다. 투자자들은 이익이 틀림없이 계속 증가할 것이므로 안전마진이 작아도 문제없다고 생각하면서, 이들이 발행한 채권을 거리낌 없이 샀다. 따라서 투자자들은 미래에 대해 분명히 예측을 했고, 이들의 투자가 정당한지는 이 예측의 정확성에 좌우되었다. 만일 예측이 틀리면, 투자자들은 심각한 손실을 피할 수 없었다. 실제로 이 예측은 틀렸다.

추세는 근본적으로 질적 요소이다

나중에 다루겠지만, 주식을 평가할 때 추세를 너무 강조하면 과대평가나 과소평가가 나오기 쉽다. 이는 추세를 미래 어느 시점까지 내다보아야 하는지 정할 수 없기 때문이다. 따라서 추세는 평가 과정이 아주 정확한 것처럼 보여도, 실제로는 심리적이며 매우 자의적이다. 이런 이유로 우리는 추세가 형식상 숫자로 표현되더라도, 실제로는 질적 요소라고 간주한다.

질적 요소로는 적당히 정확한 평가조차 어렵다

추세는 사실 상당히 정확한 예측 형식으로 미래를 전망하는 것이다. 사업의 특성과 경영진의 능력에 대한 평가도 마찬가지로 기업의 전망에 큰 영향을 미친다. 따라서 이런 질적 요소들은 모두 개괄적 속성을 지녔다. 이들 모두 분석하기가 매우 어려워서, 해당 증권의 가격에 얼마나 반영되었는지를 판단하기가 불가능하다. 이런 요소들을 조금이라도 인식하려 한다면 과대평가되기가 쉽다. 시장에서는 이런 현상이 일상적으로 나타난다. 시장에서 과도한 상승과 하락이 반복되는 것은, 사람들이 주로 전망에 따라 가치를 평가하는 탓에, 그 판단이 거의 필연적으로 극단에 치우치기 때문이다.

증권분석은 예측이 아니라 주로 사실에 근거해서 가치를 다룰 때 가장 유용하다. 따라서 분석가가 쓰는 방식은 미래 예측 능력에 따라 성패가 좌우되는 투기자의 방식과 정반대가 된다. 물론 분석가도 미래 변화 가능성을 고려해야 하지만, 그 주요 목적은 미래로부터 이익을 얻으려는 것이 아니라 미래에 손실을 방지하려는 것이다. 분석가는 기업의 미래를 내다보고 그 위험에 대비해야 한다.

내재적 안정성은 질적 요소이다

따라서 분석가가 가장 관심을 기울여야 하는 질적 요소는 내재적 안정성이다. 분석가가 과거 실적으로부터 얻은 계산이 상황 변화 때문에 뒤집힐 위험이 적기 때문이다. 안정성도 추세처럼 숫자로 나타낼 수 있다. 예를 들어 1923~1932년 동안 제너럴 베이킹General Baking Company의 이익은 1932년 이자의 10배 밑으로 내려간 적이 없다. 또는 1924~1933년 동안 울워스Woolworth의 순이익은 주당 2.12~3.66달러 안에서만 움직였다. 그러나 안정성은 대개 실적 통계가 아니라 사업의 특성에서 비롯되므로, 실제로는 질적 요소로 보아야 한다. 실적이 안정적이므로 어떤 사업이 안정적이라고 주장할 수도 있지만, 사실은 다른 요소 때문에 안정적일 수도 있다.

사례: 다음은 1932년 초 현재 액면가보다 높게 거래되던 두 우선주 퍼스트 내셔널 스토어First National Stores(식료품)와 스튜드베이커Studebaker(자동차)를 비교한 예다. 둘 다 우선주 배당금을 지급하고도 남을 만큼 충분한 이익을 계속 벌어들였다. 다음 표에서 나타나듯이, 스튜드베이커의 실적이 더 인상적이었다.

우선주 배당금 보상비율

퍼스트 내셔널 스토어		스튜드베이커	
기간	보상비율	기간	보상비율
1922	4.0	1922	27.3
1923	5.1	1923	30.5
1924	4.9	1924	23.4
1925	5.7	1925	29.7
1927년 3월 31일(15개월)	4.6	1926	24.8
1928년 3월 31일	4.4	1927	23.0
1929년 3월 31일	8.4	1928	27.3
1930년 3월 31일	13.4	1929	23.3
연평균	6.3		26.2

그러나 분석가는 숫자의 이면을 꿰뚫어 보아야 하고, 두 회사 사업의 내재적 특성도 고려해야 한다. 식료품 연쇄점 사업은 수요가 안정적이고, 점포가 지역적으로 분산되어 있으며, 재고 회전이 빠른 점 등 안정성 요소가 비교적 많다. 이 회사는 대규모 식료품 연쇄점이므로, 무모한 확장 정책만 펼치지 않는다면 이익이 극심하게 변동할 일이 없었다. 그러나 자동차 제조업체는 이야기가 전혀 다르다. 자동차는 산업 전체로 보면 매우 안정적이지만, 개별 기업은 극심한 변동에 시달리는데, 이는 주로 대중의 선호도가 자주 바뀌기 때문이다. 스튜드베이커의 이익이

안정적인 모습을 보이긴 했지만, 그렇다고 해서 다른 경쟁 기업들과는 달리 이 회사만 앞으로도 변동성에 시달리지 않는다고 볼 확실한 근거는 없었다. 따라서 스튜드베이커의 실적이 자동차 산업의 일반적 특성과는 사뭇 다른 모습으로 나타났을 뿐이다. 반면에 퍼스트 내셔널 스토어가 보여 준 안정적인 실적은 식료품 사업의 내재적 특성과 잘 일치한다. 따라서 분석가는 사업의 내재적 특성에 더 비중을 두어, 퍼스트 내셔널 스토어를 더 건전한 투자 대상으로 평가해야 한다.[6]

요약

양적 요소와 질적 요소에 대한 논의를 요약하자면, 분석가는 반드시 숫자와 확고한 기준을 근거로 결론을 내려야 한다. 그러나 이런 숫자만으로는 부족하다. 질적 요소가 반대로 나타난다면 결론이 완전히 뒤집힐 수도 있다. 실적 통계가 만족스럽더라도, 장래 전망이 의심스럽거나 경영진을 믿을 수 없다면 그 증권은 제외해야 한다. 분석가는 과거 실적이 매우 안정적이어서 뜻밖의 사건이 없을 것으로 판단하고, 안정성이라는 질적 요소를 강조하려는 경향이 있다. 또한 이례적으로 유리한 질적 요소가 양적 요소를 뒷받침해 준다면, 분석가는 그 종목에 대해 훨씬 더 확신할 것이다. 그러나 언제든 질적 요소에 크게 의지해서 판단을 내리는 경우라면, 다시 말해서 가격이 숫자만으로 정당화하기 어려울 정도로 매우 높다면, 이런 분석은 인정받기 어렵다. 엄밀하게 말하면, 만족스러운 실적 통계는 분석가가 판단을 내리기 위한 **필요조건**이지, 절대로 **충분조건**이 아니다.

---

[6] 퍼스트 내셔널 스토어는 이후에도 수익력을 거의 그대로 유지했고, 이 우선주는 1934년과 이후에 상환되었다. 스튜드베이커는 1930년 이후에 이익이 급감했고, 1933년에 법정관리에 들어갔다. 우선주는 가치를 거의 모두 상실했다.

정보의 원천

분석가에게 도움이 될 만한 정보의 원천을 모두 논의하기는 불가능하며, 모두 열거하기조차 어렵다. 여기서는 주요 정보의 원천만 간략하게 설명하고 요점을 논의하기로 한다. 아울러 다양한 정보 경로의 특성과 유용성을 사례를 통해서 설명하고자 한다.

발행 조건 데이터

분석가가 (1) 특정 증권의 발행 조건, (2) 발행 기업, (3) 해당 산업에 관한 데이터를 구한다고 가정하자. 발행 조건은 증권 편람이나 통계 서비스 자료에 요약되어 있다. 채권에 대해서 더 자세한 정보를 얻으려면 분석가는 계약서를 보아야 하는데, 계약서 사본은 수탁회사에서 얻을 수 있다. 회사 주식의 발행 조건은 정관과 세칙에 모두 설명되어 있다. 회사는 주식을 상장할 때 이런 문서를 증권거래위원회와 해당 증권거래소에 제출한다. 주식과 채권의 상장 신청서는 즉시 얻을 수 있으며, 여기에는 주요 발행 조건이 거의 모두 들어 있다. 신규 증권의 유가증권 신고서에도 발행 조건이 들어 있다.

회사에 관한 데이터

주주 보고서(중간 보고서 포함)

기업의 통계 데이터를 구하는 주요 원천은 주주 보고서다. 주주 보고서는 정보의 완성도와 발간 주기가 매우 다양한데, 요약하면 다음과 같다.

주요 철도회사들은 매월 순영업이익 실적까지 제공한다. 대부분 보고서에는 배당금 지급 가능 잔고(순이익)까지 나온다. 매주 화물 운송 실적을 발표하는 철도회사도 많고, 매주 총수익을 발표하는 회사도 몇 개 있다. 연차 보고서에는 재무 실적과 영업 실적이 매우 자세히 나온다.[1]

대부분 공익기업은 분기나 월 단위로 실적을 발표한다. 정기적으로 발표하는 자료로는 총수익, 세후 이익, 배당금 지급 가능 잔고가 있다. 12개월 이동평균 실적만 발표하는 회사도 있다[예: 아메리칸 워터 웍스 앤드 일렉트릭 American Water Works and Electric Company(월간), 노스 아메리칸 컴퍼니 North American Company(분기)]. 매주 판매된 킬로와트시 실적을 발표하는 공익기업도 많다.

산업

제조회사들이 따르는 보고 관행은 회사의 정책에 따라 각양각색이다. 일부 산업에서는 대부분 회사가 똑같은 관행을 따르기도 한다.

---

[1] 현재 일부 철도회사는 모든 주주에게 요약 연차 보고서를 보내며, 요청하는 주주에게만 종합 연차 보고서를 발송한다.

1. 월간 보고서

연쇄점들은 대부분 매월 매출 실적을 발표한다. 1931년 이전에는 구리 제조회사들이 매월 생산량을 발표했다. GM도 매월 자동차 판매 대수를 발표한다.

1902~1933년에 US스틸은 매월 수주 잔고를 발표했으나, 1933년부터는 대신 매월 납품 물량을 톤 단위로 발표한다. 볼드윈 로코모티브 웍스Baldwin Locomotive Works는 매월 출하, 신규 주문, 수주 잔고 실적을 발표한다. 스탠더드 오일 그룹Standard Oil Group에 속한 파이프라인 회사들은 매월 영업 통계를 배럴 단위로 발표한다.

매월 순이익 실적을 발표하는 회사도 있지만, 대부분 일시적인 관행에 그쳤다(예: 오티스 스틸Otis Steel, 멀린스 매뉴팩처링Mullins Manufacturing, 알래스카 주노Alaska Juneau).[2] 기업들은 실적이 개선되는 기간에는 매월 실적을 보고하다가, 실적이 하락하면 이런 관행을 중단하는 경향이 있었다. 분기 실적에 월별 실적을 포함해서 발표하는 일도 있다(예: 1932년 이전까지 US스틸).

2. 분기 보고서

분기 실적 보고가 거의 모든 산업에서 표준으로 자리 잡았다. 분기 보고서를 요구하는 뉴욕 증권거래소의 목소리가 갈수록 커지고 있다. 증권을 새로 발행하거나 추가로 발행하는 회사들은 이런 요구를 거절하기 어렵다. 계절에 따라 실적이 크게 달라지는 기업들은 분기 보고서를 면제받을 수도 있다. 제당, 비료, 농업 기구 회사들이 여기에 해당한다. 분기마다 12개월 이동 평균 이익을 발표하는 방법으로 계절적 변동을 숨기는 방법도 있다. 콘티넨털 캔Continental Can이 이 방법을 사용한다.[3]

모든 담배 제조회사와 주요 백화점이 연간 실적만 발표하는 것은 이해하기 어렵

---

[2] 알래스카 주노는 1925년부터 1939년 말까지 매월 순이익을 발표했다. 1938년부터 캐터필러 트랙터Caterpillar Tractor는 매월 완벽한 손익계산서와 재무상태표를 발표하기 시작했다. 대부분 회사가 이런 데이터를 이사들에게 보고하므로, 이것이 대단히 이례적인 관행은 아니다.

[3] 1936년 3월 뉴욕 증권거래소는 분기 이익 대신 12개월 이동 평균 이익을 발표할 것을 모든 상장사에 제안하였다. 그러나 반발이 매우 심하여 다음 달에 제안을 철회하였다.

다. 울워스 같은 회사가 매출은 매월 발표하면서 이익은 중간에 보고하지 않는 것도 일관성이 없는 행태다. 아직도 분기 보고서를 발표하지 못하는 기업들이 거의 모든 부문에 걸쳐 많이 존재한다. 경영진은 이런 중간 실적을 이용하면서도, 주주들에게는 아무런 해명도 없이 공개하지 않고 있다.

분기 보고서는 순이익 하나만 발표하는 경우에서부터, 손익계산서와 재무상태표를 모두 자세히 제시하고 사장의 소견까지 덧붙인 경우까지 다양하다. GM이 자세한 자료를 제시하는 대표적인 예다.

3. 반기 보고서

아마도 고무회사들을 제외하면 반기 보고서를 표준 관행으로 채택한 산업은 없는 듯하다. 그러나 반기 보고서를 발표하는 개별 회사는 많다(예: 아메리칸 로코모티브American Locomotive, 아메리칸 울른American Woolen).

4. 연차 보고서

상장회사는 모두 연차 보고서를 발간한다. 연차 보고서에는 중간 보고서보다 더 자세한 내용이 들어 있다. 대개 전년 실적과 미래 전망에 관한 사장이나 이사회 의장의 소견도 들어 있다. 그러나 연차 보고서가 무엇보다도 두드러진 점은 반드시 재무상태표를 제시한다는 사실이다.

손익계산서를 통해서 제공되는 정보의 양은 천차만별이다. 예컨대 US레더United States Leather Company 같은 회사는 순이익과 배당금 지급액만 제공한다.[4]

---

[4] 포카혼타스 퓨얼 컴퍼니Pocahontas Fuel Company는 뉴욕 증권거래소에 상장되었으면서도 재무상태표만 발표하고 손익계산서는 전혀 발표하지 않는 유일한 회사일 것이다. 이 회사 채권은 1934년 10월 상장 폐지되었다.
뉴욕 커브New York Curb(아메리칸 증권거래소의 전신)에서 거래되는 이른바 '비상장 종목'은 증권거래위원회의 규제를 받지 않는다. 이런 종목 중 아메리칸 북American Book은 손익계산서를 발표하지 않으며, 뉴저지 아연New Jersey Zinc은 손익계산서만 발표하고 재무상태표는 발표하지 않는다.
증권거래위원회의 규제를 받지 않는 장외거래 종목들은 일반적으로 연차 보고서만 발표한다. 이들의 연차 보고서는 상장회사 연차 보고서만큼 상세하지 않으며, 특히 매출액과 감가상각비가 누락되는 경우가 많다. 대다수 기업은 재무상태표와 손익계산서 둘 다 발표하지만, 예외가 되는 기업도 상당히 많다. 흥미로운 사례가 던 앤드 브래드스트리트다. 재무 정보를 제공하는 이 회사는 자사 주주들에게조차 이익을 공개하지 않는다. 이 밖에도 손익계산서를 누락하는 기업들로는 베미스 브라더스 백Bemis Brother's Bag, 조지프 딕슨 크루서블Joseph Dixon

손익계산서

연간 손익계산서가 어느 정도 온전한 형태를 갖추려면 다음 항목들이 들어 있어야 한다. (1) 매출액, (2) 순이익(다음 항목 공제 전), (3) 감가상각(과 감모상각), (4) 이자비용, (5) 영업 외 이익, (6) 소득세, (7) 지급 배당금, (8) 잉여금 수정(상세히).

증권거래법이 통과되기 전까지는 이런 기본 정보조차 제공하지 않는 기업이 절반을 넘어갔다. (반면에 철도회사와 공익기업은 오래전부터 한결같이 충분한 데이터를 제공했다.) 이제는 증권거래위원회 규정에 따라 이런 정보를 모두 유가증권 신고서(양식 10)와 연차 보고서(양식 10-K)에 공개해야 한다. 매출액은 공개하면 기업에 해가 되므로 비밀로 유지하게 해 달라고 증권거래위원회에 요청한 기업이 매우 많았다. 그러나 이런 요청은 대부분 자진 철회되거나 거부당했다.[5]

그런데 앞에서 열거한 항목들만 주주들에게 제공되는 것은 아니다. US스틸 보고서야말로 정보를 포괄적으로 제공하는 본보기라 하겠다. 이 보고서에는 우리가 열거한 항목 외에 다음과 같은 데이터도 들어 있다.

Crucible(1935년 이후), 글렌우드 레인지Glenwood Range, 굿맨 매뉴팩처링Goodman Manufacturing, 퍼펙션 스토브Perfection Stove, 리걸 슈Regal Shoe 등이 있다.

5   셀러니즈Celanese Corporation of America 같은 몇몇 회사는 1938년 이전에 몇 년 동안 매출액을 비밀로 유지하도록 허락받았다. 그러나 이후에는 허락받지 못했으므로 매출액을 공개했다.
우리가 뉴욕 증권거래소 상장 제조회사의 1938년 보고서(648건)를 거의 모두 조사한 바로는 이듬해 말까지 매출액을 공개하지 않는 회사는 8개에 불과했다. 증권거래위원회에 의하면 매출액 비공개를 허용한 회사는 하나(유나이티드 프루트United Fruit)뿐이었고, 나머지 7개 회사에 대해서는 1939년 12월 현재 허용 여부가 결정되지 않았다. 7개 회사는 다음과 같다. 아메리칸 수마트라 타바코American Sumatra Tobacco, 본 아미Bon Ami, 콜린스 앤드 에이크먼Collins & Aikman, 매티슨 알칼리Mathieson Alkali, 메스타 머신Mesta Machine, 시퍼 펜Sheaffer Pen, 유나이티드 엔지니어링 앤드 파운드리United Engineering and Foundry.
트리코 프로덕트Trico Products Corporation 등 여러 종목이 상장 심사에서 탈락했는데, 추측건대 매출액을 공개하려 하지 않았기 때문이다. 1938년 말인 록웰Marlin Rockwell Corporation이 상장을 철회한 것도 같은 이유로 보인다. 증권거래소는 장외거래 종목에 대해서도 모든 정보를 공개하도록 법을 개정하여 이들의 부당한 이점을 바로잡아야 한다는 입장이다.
연차 보고서에 공개하는 정보가 증권거래위원회에 제출하는 정보보다 훨씬 적은 회사가 여전히 많다. 그러나 스탠더드 스태티스틱스가 《코퍼레이션 레코드 서비스Corporation Records Service를 통해서 증권거래위원회 통계를 정기적으로 발표하고 있으므로, 이를 보완 자료로 활용할 수 있다.

1. 생산 및 판매 수량, 설비 가동률

2. 매출액 구분

   a. 국내와 외국

   b. 본지점과 외부

3. 세부 운영 비용

   a. 임금, 임금률, 종업원 수

   b. 납부 주세와 지방세

   c. 판매와 일반 경비

   d. 유지관리비, 금액과 명세

4. 연간 자본지출 명세

5. 재고자산 명세

6. 보유 부동산 명세

7. 주주 수

재무상태표

재무상태표는 손익계산서보다 양식이 더 표준화되었으므로, 그만큼 자주 비난받지는 않는다. 전에는 재무상태표에 흔히 나타나는 결함이 무형자산과 유형자산을 제대로 구분하지 못하는 문제였는데, 현재 상장회사에는 이런 문제가 거의 없다. (1935년 이후 영업권 금액을 공개한 회사 중 영업권을 토지 건물 계정에 포함한 회사는 다음과 같다. 아메리칸 스틸 파운드리American Steel Foundries, 아메리칸 캔American Can, 하비슨 워커 리프랙터리Harbison Walker Refractories, 루스와일스 비스킷Loose-Wiles Biscuit, US 스틸.)

토지 건물 계정에서 감가상각비 차감 명세는 빠뜨린 채 최종 결과만 공개하는 회사가 매우 많은데, 이들은 비난받아 마땅하다. 보유 증권의 시장가치를 밝히지 않는 결함도 가끔 드러난다(예: 1932년 오펜하임 콜린스Oppenheim Collins and Company).

유가증권과 비유동성 증권을 구분하지 않고 '투자'로 표기한다(예: 피츠버그 플레이트 글래스Pittsburgh Plate Glass Company). 재고자산을 원가와 시가 중 낮은 가격으로 평가하지 않았다(예: 1931년 셀러니즈Celanese Corporation of America). 잡다한 적립금의 성격을 밝히지 않았다(헤이즐-아틀라스 글래스Hazel-Atlas Glass Company). 보유 중인 자사 증권 금액을 밝히지 않았다(예: 아메리칸 아치American Arch Company).[6]

공공기관에 제출하는 정기 보고서

철도회사와 대부분 공익기업은 다양한 연방위원회와 주위원회에 정보를 제공해야 한다. 이런 데이터는 대개 연차 보고서 데이터보다 더 상세하므로, 유용한 보완 자료가 된다. 위원회에 제출하는 주요 보고서 몇 가지를 살펴보는 것도 흥미로울 것이다.

1927년 이전에는 컨솔리데이티드 가스Consolidated Gas Company of New York(지금의 컨솔리데이티드 에디슨 오브 뉴욕Consolidated Edison Company of New York)가 월스트리트에서 오랜 기간 '신비로운 주식'으로 통했다. 주주들에게 제공하는 정보가 거의 없었기 때문이다. 투기자들은 이 회사가 보유한 수많은 자회사 지분 속에 막대한 가치가 숨어 있다고 강조했다. 그러나 이 회사와 자회사들의 영업 데이터와 재무 데이터는 모두 뉴욕 공공서비스위원회Public Service Commission of New York 연차 보고서에서 언제든 확인할 수 있었다. 포스털 텔레그래프Postal Telegraph와 케이블 코퍼레이션Cable Corporation의 모회사 머케이 컴퍼니Mackay Companies도 마찬가지 상황이었다. 이 회사도 주주들에게는 자세한 보고를 하지 않았지만, 주간통상위원회에는 많은 정보를 제공하고 있었다. 피프스 애비뉴 버스 시큐리티Fifth Avenue Bus Securities Company 역시 주주들에게 보내는 연차 보고서는 부실했지만, 그 자회사는 뉴욕 교

---

6 이러한 여러 쟁점을 놓고 뉴욕 증권거래소와 얼라이드 케미컬 앤드 다이Allied Chemical & Dye Corporation 사이에 장기 분쟁이 벌어졌고, 1933년 증권거래소의 승리로 분쟁은 막을 내렸다. 그러나 이 회사의 연차 보고서에는 아직도 매출액, 영업비용, 감가상각 등이 제대로 공개되지 않고 있다.

통국New York Transit Commission에 완벽한 정보를 제출하고 있었다.

끝으로 스탠더드 오일 그룹에 속한 파이프라인 회사들이 있다. 이들도 주주들에게 제공하는 정보에는 지극히 인색했지만, 감독 기관인 주간통상위원회에는 상세한 연차 보고서를 제출할 수밖에 없었다. 몇 년 전에 이들의 보고서를 분석했다면 보유 현금과 유가증권에 관해서 놀라운 사실을 발견했을 것이다.

상무부에서 매월 발간하는 《서베이 오브 커런트 비즈니스》Survey of Current Business의 방대한 데이터 중에는 일반에 공개되지 않는 연쇄점 매출액도 있다(예: 월도프 시스템Waldorf System, J. R. 톰슨J. R. Thompson, 유나이티드 시가 스토어United Cigar Stores, 하트먼 코퍼레이션Hartman Corporation 등).

사례: 《크램스 오토 서비스》Cram's Auto Service는 각 자동차 회사의 주간 생산 실적 데이터를 제공한다. 윌릿 앤드 그레이Willett and Gray는 수확 연도에 회사별 설탕 생산량 복수 추정치를 발표한다. 《오일 앤드 가스 저널》Oil and Gas Journal은 회사별로 주요 유전의 생산량 데이터를 종종 발표한다. 《레일웨이 에이지》Railway Age는 주문받은 장비에 관해서 자세한 정보를 제공한다. 다우존스는 미국 철강 생산율을 매주 추정한다.

상장 신청서

증권거래위원회가 설립되기 전에는 상장 신청서가 가장 중요한 정보 원천이었다. 뉴욕 증권거래소가 상장을 인가하는 조건으로 요구하는 정보는 대개 주주들에게 제공하는 정보보다 훨씬 상세하다. 추가로 요구하는 데이터에는 매출액, 생산량, 연방 법인세, 자회사 영업 명세, 감가상각비 및 감모상각비 산출 기준과 금액이 포함되기도 한다. 보유 부동산, 계약 조건, 사용하는 회계기법 등 값진 정보를 요구할 수도 있다.

이런 상장 신청서가 분석가에게 매우 유용할 것이다. 그러나 유감스럽게도 정기적으로 얻을 수 있는 자료는 아니다.

유가증권 신고서

증권거래위원회가 설립되고 나서 모든 상장증권과 신규 발행 증권(비상장증권 포함)에 관한 정보가 훨씬 포괄적으로 제공되고 있다. 이런 데이터는 워싱턴 증권거래위원회에 제출하는 유가증권 신고서에 들어 있으며, 수수료를 내면 열람하거나 사본을 얻을 수 있다. 유가증권 신고서에 들어 있는 중요한 정보는 인수회사들이 고객에게 제공하는 투자 설명서에도 반드시 포함되어야 한다. 공익기업 지주회사들도 1935년 공익사업법에 따라 이와 유사한 유가증권 신고서를 증권거래위원회에 제출해야 한다. 유가증권 신고서는 너무 분량이 방대해서 일반 투자자들이 읽기에는 부담스러우며, 이를 요약한 (100쪽이 넘는) 투자 설명서조차 투자자들이 제대로 읽는지 의심스럽다. 그러나 유가증권 신고서는 분석가에게 분명히 매우 유용한 자료이며, 분석가를 통해서 투자 대중에게도 큰 도움을 주는 자료다.

기타 공식 보고서

개별 기업에 관한 정보는 다양한 공식 서류에서도 찾아낼 수 있다. 몇 가지 사례를 보자. 1923년 미국 석탄위원회United States Coal Commission 보고서(1925년 상원 자료로 발간됨)에는 이전까지 공개되지 않았던 무연탄회사들의 재무 및 운영 데이터가 들어 있다. 최근 발간되는 연방 통상위원회Federal Trade Commission 보고서에서도 공익기업 및 지주회사, 천연가스 및 파이프라인 회사에 관해서 지금까지 공개되지 않았던 정보를 풍부하게 제공한다. 약 9년 동안의 실적을 정밀하게 조사하여 찾아낸 자료다. 1938년과 1939년 연방 통상위원회는 농기구 및 자동차 제조업체에 관해서 상세한 보고서를 발간하였다. 1933년에는 하원 주간 및 국제 통상위원회House Committee on Interstate and Foreign Commerce의 지시에 따라 파이프라인 회사들에 대한 종합 분석 자료가 발간되었다.

연방 통신 위원회는 1935년에 채택된 의회 결의안에 따라 미국 전신전화 시스템American Telephone and Telegraph System을 조사하여 방대한 분석 자료를 발표하였다.[7] 주 통상위원회의 일부 의견은 분석가에게 매우 값진 정보가 된다. 담보부채권 수탁자로부터 계약 조건에 관한 정보를 얻을 수도 있다. 이 정보가 매우 중요할 때도 있다. 예를 들어 메이슨 시티 앤드 포트 도지 철도회사Mason City and Fort Dodge Railroad Company 4퍼센트 채권 수탁자의 미공개 보고서에 의하면, 이 회사의 이익으로는 이자를 지급할 수 없어서 시카고 그레이트 웨스턴 철도Chicago Great Western Railroad Company가 정책적으로 이자를 계속 지급하고 있다. 따라서 이 채권은 사람들이 생각하는 것보다 훨씬 취약한 상태였다.

통계 및 재무 정보 간행물

다양한 통계 서비스 회사에서 제공하는 간행물에서도 증권분석에 필요한 대부분 정보를 간편하게 찾을 수 있다. 예를 들면 다음과 같은 자료가 있다. 정기적으로 보완 자료도 제공하면서 매년 발간되는 종합 편람(푸어스Poor's, 무디스Moody's), 개별 기업 관련 뉴스를 요약한 일간지(《스탠더드 코퍼레이션 레코드》Standard Corporation Records, 〈피치〉Fitch).[8]

이런 서비스 회사들이 제공하는 정보의 완성도와 정확도는 지난 20년 동안 눈부시게 개선되었다. 그렇더라도 앞에서 설명한 다양한 원천에서 제공하는 데이터를 이런 회사에서 모두 제공한다고 믿어서는 안 된다. 이들이 완전히 빠뜨리는 정보 원천도 있고, 중요한 항목인데도 누락하는 경우도 있다. 따라서 개별 기업을 철저하게 분석하려면 요약 자료나 사본에 의지해서는 안 되며, 원본 보고서와 기타

---

7 이 보고서는 다음과 같이 발간되었다. Sen. Doc. 92, pts. 1~84D, 70th Congress, 1st Session (1928~1937); House Doc. 702, pts. 1 and 2, 75th Congress, 3d Session (1938); House Doc. 468, 76th Congress, 1st Session (1939); House Report No. 2192, pts. 1 and 2, 72d Congress, 2d Session (1933); House Doc. 340, 76th Congress, 1st Session (1939); Proposed Report, Telephone Investigation Pursuant to Public Resolution No. 8, 74th Congress (1938).

8 1941년에 푸어스와 스탠더드 스태티스틱스가 합병하여 스탠더드 앤드 푸어스Standard & Poor's Corp.가 되었다. 푸어스가 발간하던 편람은 폐간되었다.

가능한 모든 서류를 참조해야 한다.

수많은 통계 자료가 담긴 주간지 《커머셜 앤드 파이낸셜 크로니클》Commercial and Financial Chronicle에 대해서는 특별히 언급할 필요가 있다. 이 주간지는 금융 분야와 산업 분야를 대단히 종합적으로 다룬다. 그리고 가장 두드러진 장점은 기업의 보고서와 기타 서류들을 자세하게 재정리한다는 사실이다.

기업에 직접 요청해서 받은 정보

개별 요청이나 경영진과의 면담을 통해서 공개된 정보 외에도 중요한 정보를 더 얻을 수 있다. 주주들이 구체적인 사안에 대해 회사에 정보를 요구하지 못할 이유가 없으며, 요구하면 적어도 일부 데이터나마 얻게 되는 경우가 많다. 주주가 회사의 소유자이며, 직원들을 고용하고 있다는 사실을 절대 잊어서는 안 된다. 달리 특별한 이유가 없는 한, 주주에게는 질문을 던질 권리뿐 아니라 답변까지도 받을 합법적 권리가 있다.

이렇게 중요한 사실에 대해서 사람들이 너무나 무관심했다. 법원도 주주가 기업의 정보에 대해 공동 경영자와 똑같은 권리가 있다고 인정하였다. 이런 권리를 행사하여 기업에 해를 입혀서는 안 되지만, 정보를 요구하는 동기가 부적절하다든가 정보를 공개하면 사업에 피해가 발생한다는 근거를 입증할 책임은 경영진에게 있다.

강제로 회사가 정보를 제공하게 하려면 소송에 비용이 많이 들어가므로, 이런 극단적 방식으로 권리를 행사할 수 있는 주주는 거의 없다. 그러나 경험에 의하면, 합법적 정보를 강력하게 요구하면 매우 고집 센 경영진이라도 응하는 경우가 많다. 특히 요구하는 정보가 같은 분야의 다른 기업이 정기적으로 공개하는 정보에 불과할 때에는 더 쉽게 응한다.

산업에 관한 정보

산업 전반에 관한 통계 자료는 얼마든지 구할 수 있다. 미국 상무부가 발간하는 《서베이 오브 커런트 비즈니스》에는 생산, 소비, 주식, 수주 잔고 등의 월간 데이터가 나온다. 연간 데이터는 〈스태티스티컬 앱스트랙트〉Statistical Abstract, 〈월드 올머낵〉the World Almanac, 기타 편람에 나온다. 더 자세한 숫자는 〈바이에니얼 센서스 오브 매뉴팩처러〉Biennial Census of Manufacturers에서 구할 수 있다. 중요한 요약 수치들이 다양한 업계지業界誌에 자주 발표된다. 이런 업계지를 통해서 산업의 현황과 전망을 상세히 파악할 수도 있다. 따라서 분석가는 산업의 역사와 문제에 관한 완벽한 배경지식을 큰 어려움 없이 얻을 수 있다.

근래에 선도적 서비스 회사가 개발한 추가 서비스에서는 주요 산업에 대한 기본 조사를 제공할 뿐 아니라, 최신 데이터를 보완 자료로 자주 제공하고 있다.[9]

---

9   다음 자료를 참조하라. *Handbook of Commercial and Financial Services*, Special Libraries Association, New York, 1939.

투자와 투기의 구분

'투자'의 일반적 의미

브랜다이스 대법관이 "가치는 여러 가지 의미가 담긴 말"이라고 했듯이, '투자'도 여러 가지 의미가 담긴 말이다. 우리가 관심을 두는 의미는 세 가지다. 첫 번째는 사업에 자금을 투입한다는 의미다. 어떤 사람이 1,000달러를 '투자'해서 잡화점을 연다는 식이다. 1929~1938년 동안 철강 산업의 '투자수익률'은 평균 2.4퍼센트였다.[1]

여기서 투자의 의미는 순수하게 서술적이다. 아무 구분도 하지 않고 아무 판단도 하지 않는다. 그러나 위험 요소를 거부하지 않고 받아들인다는 점에 유의하라. 일반적인 사업 투자에는 '사업 위험'이 따른다.

두 번째는 금융 분야에서 사용하는 의미다. 이런 의미로는 모든 증권이 다 '투

---

1 *Dollars Behind Steel*, 미국철강협회 American Iron and Steel Institute의 소책자, New York, 1939, 4장.

자'다. 예를 들어 투자 딜러나 중개인도 있고, 투자회사[2]나 투자신탁도 있으며, 투자 리스트도 있다. 여기서도 투자와 투기의 구분은 실질적으로 이루어지지 않았다. 다시 말하면, 잡다한 금융 거래를 그럴듯하게 보이려고 완곡한 표현으로 얼버무린 포괄적 단어다.

세 번째는 투기의 반대 개념으로 항상 사용되어 온 더 한정적인 의미다. 사람들은 이런 구분이 당연히 유용하다고 생각했다. 이런 특별한 의미에서 투자는 모든 사람에게 항상 좋은 것으로 간주되었다. 반면에 투기는 여건과 실행하는 사람에 따라 좋을 수도 있고 나쁠 수도 있다고 여겨졌다. 따라서 당사자는 자신의 활동이 투자인지 투기인지 반드시 알아야 하며, 투기일 경우에는 반드시 정당성을 확보해야 한다.

투자와 투기가 이렇게 상반된 것이라면, 그 차이를 모두가 쉽게 이해할 수 있을 것이다. 그러나 의미를 명확하게 표현하려 하면 난처한 문제에 직면하게 된다. 사실 투자는 성공한 투기이고, 투기는 실패한 투자라고 냉소적으로 정의할 수도 있다. 미국 정부 채권은 당연히 투자 상품으로 인정할 수 있지만, 예컨대 1931~1935년 동안 배당금도, 이익도, 유형자산도 없었던 RCA Radio Corporation of America 주식은 틀림없이 투기였다. 그러나 미국 정부 채권으로도 명백한 투기 행위를 할 수 있다 [예컨대 스페셜리스트(해당 증권의 거래를 촉진하려고 시장을 조성하는 거래소 회원—옮긴이)가 단기 급등을 기대하고 미국 정부 채권을 대량으로 매집하는 행위]. 반면에 RCA 주식도 1929년에는 투자 대상으로 널리 인정받았는데, 선도적 '투자신탁' 포트폴리오에 포함되었기 때문이다.

최소한 자신이 무슨 말을 하는지 알기 위해서라도, 두 용어의 정의를 명확하게 내리는 것이 바람직하다. 그러나 더 절실한 이유는 우리가 투자와 투기를 제대로

---

[2] 1939년 10월 증권거래위원회는 '투자회사'라는 이름으로 어드벤처 The Adventure Company, Ltd., 주식을 상장했는데, 이 회사는 디스커버리 The Discovery Company, Ltd.가 설립한 신생 기업이었다. 액면 1센트짜리 주식의 공모가가 10달러였지만, 어느 정도는 타당성이 있었다.

구분하지 못한 탓에 1928~1929년 시장이 과열되어 대공황이 닥쳤기 때문이다. 게다가 자칭 투자자들의 아이디어와 투자 정책은 아직도 혼돈 상태에서 벗어나지 못하고 있다. 바로 이런 이유 때문에 우리는 이 문제에 대해 이례적으로 철저하게 연구하고자 한다. 가장 좋은 방법은 먼저 두 용어에 흔히 부여하는 다양한 의미를 비판적으로 조사한 다음, 이로부터 건전하고 명확한 투자 개념을 구체화하는 것이다.

투자와 투기의 통상적 구분

흔히 사용되는 주요 구분을 다음과 같이 열거할 수 있다.

투자	투기
1. 채권	주식
2. 현금 매수	신용 매수
3. 장기 보유	단기 보유
4. 이자 소득	매매 차익
5. 안전	위험

앞의 네 가지 구분은 매우 구체적이라는 장점이 있고, 일반적인 상황에 널리 적용할 수도 있다. 그러나 이들은 이런 기준을 적용할 수 없는 개별 사례가 수없이 많다는 반론의 여지도 있다.

1. 채권과 주식

채권이냐 주식이냐에 의한 구분은 투자와 투기가 서로 반대라는 통상적인 생각과 일치하며, 투자 권위자 한 사람도 채권만이 투자 범주에 들어간다고 주장한다.[3]

---

[3] 로런스 체임벌린Lawrence Chamberlain의 말. Chamberlain and William W. Hay, *Investment and Speculation*, p. 8, New York, 1931.

그러나 두 번째 주장과는 달리, 우량 등급 우선주는 거의 만장일치로 투자로 인정받고 있다. 게다가 채권에 본래부터 투자 속성이 들어 있다는 생각은 매우 위험하다. 담보가 부실한 채권은 철저히 투기적일 뿐 아니라, 투기로서의 매력조차 가장 떨어지기 때문이다. 또한 단지 자본 차익의 가능성이 있다는 이유만으로 건전한 보통주를 투자로 인정하지 않는 것은 논리적으로 근거가 약하다. 매우 건전한 우량주는 항상 투자 종목으로 분류되었으며, 이런 종목을 사는 사람은 투기자가 아니라 투자자로 인정받았기 때문이다.

2. 현금 매수와 신용 매수, 3. 장기 보유와 단기 보유

두 번째와 세 번째 구분은 고유한 속성보다는 관행적인 기법과 의도에 의한 구분이다. 그러나 현금 매수를 한다고 투자가 되는 것은 분명히 아니다. 실제로 '싸구려 광업주'처럼 가장 투기적인 종목들은 신용거래가 허용되지 않아서 항상 현금 매수만 가능했다. 역으로, 미국 대중이 제1차 세계대전 동안 빌린 돈으로 미합중국 자유공채를 사는 행위는 투자로 분류되었다. 매우 비현실적인 가정이지만, 이런 논리를 엄격하게 적용한다면 일반 관행이 완전히 뒤집힐 것이다. 즉 더 안전한 투자 종목은 신용 매수에 더 적합해지고, 더 위험한 투기 종목은 신용 매수가 어려워질 것이다.

마찬가지로 장기 보유와 단기 보유에 의한 구분도 개략적으로만 적용될 뿐이다. 한 주식 권위자는 1년 이상 보유할 의도로 매수하면 투자라고 정의했는데, 이 정의는 자신도 인정했듯이 엄밀한 기준이라기보다는 편의상 제시한 것이다.[4] 그러나 단기 보유도 확실히 투자가 될 수 있으므로 이 기준은 부정확하다. 그리고 손실이 회복되기만을 희망하면서 계속 보유하는 것처럼, 장기 보유도 확실히 투기가 될 수 있으며, 실제로도 이런 의도로 투기가 실행된다.

---

4   Sloan, Laurence H., *Everyman and His Common Stocks*, pp. 8-9, 279 ff., New York, 1931.

4. 이자 소득과 매매 차익, 5. 안전과 위험

네 번째와 다섯 번째 구분도 속성이 비슷하므로, 하나로 묶어서 분석하기로 한다. 1928년 이전 오랜 기간 투자자들은 무엇보다도 원금을 안전하게 지키면서 계속 이자를 받는 방식에 관심이 많았다. 그러나 주식이 장기투자에 최고라는 신조가 퍼지면서 현재의 소득보다 미래의 소득을 강조하게 되었고, 따라서 미래 원본 가치의 상승에 초점을 두게 되었다. 이자보다 매매 차익을 앞세우고 미래 전망에 주로 의존하게 되면서, (1920년대 말 투자신탁의 정책에서 드러나듯이) '새 시대' 투자 스타일은 실질적으로 투기와 구분하기 어려울 지경이 되어 버렸다. 이런 자칭 '투자'는 정확하게 정의하면 유망한 회사에 대한 투기였다.

이보다는 차라리 과거 사고방식으로 돌아가서, 투자의 주요 목적을 이자 소득으로 삼는 편이 분명히 유익할 것이다. 그러나 한편으로는 투자의 진정한 본질이 이런 구분에 달렸는지도 의심스럽다. 먼 과거의 표준 관행을 조사해 보면, 현재의 소득이 투자의 진정한 관심사가 아니었던 경우도 있다. 예를 들어 최근까지도 은행주는 부자들만 투자하는 종목으로 통했다. 이런 종목들은 배당수익률이 우량 등급 채권 수익률보다도 낮았지만, 이익과 잉여금이 꾸준히 증가하므로 특별 분배와 원본 가치 증가를 기대할 수 있었기 때문이다. 다시 말해서, 주식을 사는 목적이 배당금이 아니라, 이익 누적에 의한 주주 지분의 증가였다. 이런 태도를 투기적이라고 부르는 것은 부당해 보인다. 그러면 이익 대부분을 배당금으로 지급하는 은행주는 투자 종목이고, 잉여금을 꾸준히 축적하는 보수적인 은행주는 투기 종목이라고 불러야 하기 때문이다. 이것은 명백한 모순이다. 따라서 보통주는 배당수익률이 아니라 수익력을 바탕으로 투자 종목이 되는지를 판단해야 한다.

그러면 이 때문에 우리가 '새 시대' 투자 이론으로 돌아가야 하는가? 제1차 세계대전 이전에 배당수익률 낮은 은행주가 '투자 종목'으로 인정받았듯이, 1929년의 배당수익률 낮은 제조업주도 '투자 종목'으로 인정해야 하는가? 이 질문에 답하면 우리의 탐구가 끝나게 된다. 그러나 적절한 답을 구하려면 마지막 다섯 번째 구분인 안전과 위험에 관심을 집중해야 한다.

이 구분은 투자에 관해서 가장 폭넓은 개념을 표현하지만, 여러 가지 단점 때문에 실용성은 떨어진다. 실적을 기준으로 안전을 평가해야 한다면, 이는 사실상 논점을 교묘히 회피하는 것이며, 성공한 투기가 투자라는 냉소적인 정의와 다를 바가 없다.[5] 안전을 앞세워야 하는 것은 당연하지만, 이 구분도 불명확하고 순전히 주관적이라는 반론의 여지가 많다. 경마장 도박꾼도 '확실한 말'에 돈을 걸면서 자신의 선택이 안전하다고 확신할 수 있다. 1929년에 오를 대로 오른 주식을 산 자칭 '투자자'도 주식의 성장 전망을 믿으면서 자신이 안전하다고 생각했다.

안전의 기준

안전 개념은 매수자의 심리보다 더 확실한 무엇인가에 근거를 둘 때만 실제로 유용하다. 안전은 명확하고도 확고한 기준을 적용하는 방식으로 확보해야 한다. 바로 이것이 1912년에 은행주를 샀던 사람들이 1929년에 주식을 샀던 사람들과 다른 점이었다. 은행주를 샀던 사람들은 경험에 비추어 보수적이라고 생각되는 가격 수준에서 매수했다. 이들은 은행의 자원과 수익력을 알고 있었으므로, 주가만큼의 가치가 충분하다고 만족했다. 시장에 강력한 투기 열풍이 불어 주가가 이런 가치 기준을 넘어 상승하면, 이들은 주식을 팔고 기다렸다가 주가가 합리적인 수준으로 돌아오면 다시 매수했다.

1928~1929년에 주식을 산 사람들도 같은 태도를 유지했다면, '투자'라는 용어가 그렇게 비극적으로 오용되는 일은 없었을 것이다. 그러나 이들은 주로 인기 덕분에 상승한 종목들을 '우량주'blue chips라고 자랑스럽게 부르면서, 무의식적으로 도박 본능에 따라 종목을 선택했다. 이들이 과거 은행주를 샀던 사람들과 달랐던

---

[5] 이런 취지의 진지한 제안이 담긴 자료로 다음을 참고하라. Felix I. Shaffner, *The Problem of Investment*, pp. 18-19, New York, 1936.

점은 주가를 평가할 때 확고한 가치 기준을 적용하지 않았다는 사실이다. 시장이 상승하면서 현재 가격이 유일한 가치 척도가 되었으므로, 시장에서는 계속 새로운 기준이 만들어졌다. 이런 무비판적인 안전 개념은 분명히 착각이며 매우 위험했다. 이런 사고가 극단으로 치달으면, 좋은 주식은 아무리 가격이 올라도 상관없으며, 25달러에서 200달러로 상승하고 나서도 똑같이 '안전'하다는 뜻이 된다.

우리가 제안하는 투자의 정의

지금까지 보았듯이, 단지 안전하리라는 예상만으로는 투자인지 확인할 수 없다. 예상은 조사와 기준에 근거해야 한다. 또한 투자자는 현재의 소득에만 집착할 필요가 없다. 때로는 지분의 증가를 기대하고 매수한 다음, 나중에 매도해서 수익을 실현해도 된다. 이런 생각을 바탕으로 우리는 사람들이 쉽게 이해하고 어느 정도 정확성을 유지할 수 있도록, 다음과 같이 투자를 정의한다.

투자 운용이란, 철저한 분석을 바탕으로 원금의 안전과 만족스러운 수익을 약속하는 것이다. 이런 요건을 충족하지 못하는 운용은 투기다.

이 정의에 담긴 의미를 더 논의해 보자. 우리는 여러 가지 이유로 종목이나 매수 대신 '투자 운용'이라고 표현했다. 종목에 따라 투자인지 아닌지가 결정되는 것은 아니다. 가격이 투자인지 여부를 결정하는 핵심 요소인 경우도 많다. 예컨대, 한 종목이 어떤 가격에서는 투자로 분류되지만, 다른 가격에서는 투자로 분류되지 않는다. 더 나아가, 단독으로는 안전성이 부족한 종목이더라도, 여러 종목으로 포트폴리오를 구성하면 투자가 될 수도 있다. 다시 말해서, 분산투자를 통해서 개별 종목의 위험을 낮추는 방법으로 투자의 요건을 충족할 수도 있다. (이는 주식 매입에 일반적으로 적용되는 원리라 하겠다.)

또한 한 증권을 사는 동시에 다른 증권을 파는 일부 차익거래와 헤지도 투자로 간주할 수 있다. 이런 운용에서는 매수와 매도를 결합하여 안전성을 확보하게 된다. 이것은 일상적인 투자 개념을 확대한 것이지만, 전적으로 논리적인 운용 방법이다.

'철저한 분석', '안전을 약속', '만족스러운 수익' 모두 불분명한 표현이라고 반박할 여지가 있지만, 그래도 심각한 오해를 방지할 정도의 명확성은 갖췄다. '철저한 분석'이란 안전과 가치의 확고한 기준에 비추어 사실을 연구한다는 뜻이다. 단지 전망이 뛰어나다는 이유만으로 최고 이익 실적의 40배에 GE를 사라고 추천했다면, 이는 철저한 분석이라고 볼 근거가 전혀 없으므로 분명히 투자가 아니다.

투자에서 추구하는 '안전'은 절대적이거나 완벽한 것이 아니다. 여기서 안전이란 정상이거나 충분히 있을 법한 상황에서 손실에 대비한다는 뜻이다. 예를 들어 안전한 채권은 예외적이거나 극히 드문 상황에서만 부도가 나는 채권을 말한다. 마찬가지로, 안전한 주식도 매우 드문 불의의 사고만 아니면 주가에 걸맞게 기대를 충족시키는 주식을 말한다. 조사나 경험에 비추어 손실 가능성을 감지할 수 있다면, 이는 투기적 상황이다.

'만족스러운 수익'은 '적정 수익'보다 더 넓은 개념이다. 현재 금리와 배당수익률은 물론 자본이득이나 이익도 포함하기 때문이다. '만족스러운'은 주관적인 표현이다. 이는 투자자가 현명하게 판단해서 수락한다면 아무리 낮은 수익이라도 상관없다는 뜻이다.

증권의 질은 물론 가격도 항상 고려해야 한다는 관점에서 투자의 정의를 살펴보는 것도 도움이 될 것이다. 엄밀하게 말하면, 어떤 가격에 사도 투자가 되는 종목은 존재하지 않는다. 우량 등급 채권이나 우선주는 원금 손실의 위험이 클 정도로 가격이 상승하는 경우가 드물어서, 이런 관점이 그다지 중요하지 않다. 그러나 주식은 주가가 지나치게 상승하면서 원금 손실 위험이 발생할 경우가 매우 많다. 특히 건전한 기업의 주식 대다수가 원금을 지키기 어려울 정도로 지나치게 상승하기 일쑤이므로, 대부분 기간에 투기적이라고 보아야 한다. 그러나 월스트리트의 지배적인 의견은 우리의 이런 관점과 다르다는 사실을 경고하는 바이다. 따라서 어느 관점이 옳은지는 독자 스스로 판단해야 한다.

그래도 우리는 다음과 같이 투자의 기준을 추가로 제시하고자 한다.

투자 운용은 양과 질 두 측면에서 모두 근거가 있어야 한다.

GE 우선주에서 발생한 대조적인 사례 두 건을 보면, 가격을 비롯한 기초 사실에 따라 투자와 투기가 얼마나 확실하게 구분되는지 실감할 수 있다.

사례 1: 1934년 12월에 GE 우선주는 12.75달러에 거래되었다. 액면가 10달러에 배당금이 6퍼센트였으며, GE는 배당일마다 언제든지 11달러에 임의 상환권을 행사할 수 있었다. 배당금의 안전성 면에서는 질이 탁월했지만, 12.75에 산다면 원금을 10퍼센트 이상 잃을 수 있는 투기였다. 이 가격에 사는 사람은 임의 상환권이 여러 해 행사되지 않을 것이라고 내기를 거는 셈이었다.[6]

실제로 이 종목은 임의 상환권이 행사되어, 1935년 4월 15일 주당 11달러에 상환되었다.

사례 2: 이 우선주는 상환되자마자 가격이 11달러로 떨어졌다. 당시에 그 가격이면 신용거래로 단기간에 대단히 높은 수익을 올릴 수 있었다. 예컨대 주식중개인은 1935년 1월 15일에 기껏해야 연 2퍼센트만 내면 매매 수수료도 내지 않고 주당 10달러를 빌려 우선주를 11달러에 살 수 있었다. 이렇게 운용하면 투자 금액에 대해 연 40퍼센트나 되는 수익을 확실히 올릴 수 있었다. 계산 과정은 다음과 같다.

---

6 과거에는 미국 단기 국채가 마이너스 수익률에 거래되는 경우도 많았다. 이는 증권 소지자에게 새 증권으로 교환하는 특권이 부여될 것이라는 기대 때문이었다. 우리 정의에 의하면, 액면과 이자를 초과해서 프리미엄을 지급하는 증권은 모두 투기다.

1,000주에 대한 투자 원금	$11,000
1935년 4월 15일 상환 원금과 배당금 합계	11,150
총이익	150
차입금 $10,000에 대한 이자 2% × 3개월	50
순이익	100

투자 원금 1,000달러로 3개월 동안 100달러를 벌었으므로, 이는 연 수익률 40퍼센트에 해당한다.

이 운용 방식이 안전한 투자가 되는 것은 1935년 4월에 우선주가 상환된다고 확신할 수 있기 때문이다.

앞에서 설명한 투자 개념은 통상적으로 사용하는 투자 개념보다 광범위하다. 단기간에 이익을 얻을 목적으로 신용거래를 통해서 주식을 샀는데도 투자로 보았기 때문이다. 따라서 처음에 열거했던 네 가지 구분과는 분명히 어긋난다. 이런 모호성을 보완하려면 적절한 분석을 통해서 확실하게 안전을 보장해야 한다. 따라서 분석의 관점과 투자의 관점은 대체로 같다는 결론에 도달한다.

투자와 투기의 다른 측면

미래와의 관계

투자는 과거에 바탕을 두지만, 투기는 주로 미래를 바라본다는 말이 있다. 그러나 이 말에는 허점이 많다. 투자와 투기 둘 다 미래에 시험받는다. 둘 다 가치가 오르내릴 수 있으며, 미래에 평가받는다. 그러나 분석가가 미래를 보는 관점에는 투자 개념이 그대로 적용된다. 투자는 미래로부터 이익을 얻는 것이 아니라, 미래에 이익을 빼앗기지 않는 것이기 때문이다. 미래가 개선된다면 매우 좋은 일이지만, 미래가 개선된다는 기대에 크게 의지해서 투자해서는 안 된다. 반면에 투기에서는 미래가 과거 실적과 다르게 전개될 것이라고 언제든지 가정할 수 있다.

'투자'의 유형

지금까지 논의한 투자 개념을 명확하게 이해했더라도, 투자의 의미가 매우 폭넓게 사용되었던 탓에 아직도 혼란스러울 것이다. 따라서 투자의 특정 의미를 가리킬 때에는 적절한 설명을 덧붙이면 도움이 될 것이다. 일단 다음과 같이 의미를 정리하고자 한다.

1. 사업 투자: 사업에 자금을 투입
2. 재무 투자나 투자 일반: 일반 증권
3. 보호받는 투자: 이익에 대한 우선 청구권이나 과세권이 있어서 위험이 낮은 증권
4. 분석가의 투자: 철저한 분석을 바탕으로 원금의 안전과 만족스러운 수익을 약속하는 투자 운용

물론 이런 투자 유형들이 서로 배타적인 것은 아니다. 예를 들어 우량 등급 채권은 네 가지 투자에 모두 해당할 수 있다. 그러나 달리 명시하지 않으면, 이제부터 '투자'는 '분석가의 투자'를 뜻한다.

투기의 유형

월스트리트가 사업 활동에 대해 조사받을 때에는 투기와 도박에 대한 구분이 중요해진다. 뉴욕 증권거래소의 공식적인 관점은 '도박'은 예컨대 경마장에서 돈을 거는 것처럼 새로 위험을 창출하는 행위이고, '투기'는 상황에 내재하는 위험을 감수하는 행위이다. '현명한 투기'와 '어리석은 투기'를 정식으로 구분한다면 강력한 반론에 부딪힐 수 있겠지만, 그래도 구분에 실용성이 있다고 생각된다. 따라서 우리는 다음과 같이 구분하고자 한다.

1. 현명한 투기: 찬반양론을 조심스럽게 저울질한 다음 정당하다고 판단될 때 위험을

감수

2. 어리석은 투기: 상황을 조사하지 않고 무조건 위험을 감수

일반 사업 분야에서 사려 깊은 기업들은 '사업 투자'는 물론 현명한 투기도 실행한다. 손실 위험이 매우 작다면, 특별한 의미에서 모험사업도 투자로 분류될 수 있다. 반면에 발상이 좋지 않은 사업은 어리석은 투기에 해당한다. 마찬가지로, 금융 분야에서도 상당한 주의를 기울여서 주식을 사는 행위는 현명한 투기라고 할 수 있다. 그러나 사려가 부족하고 이유도 불건전한 주식 매입은 어리석은 투기다. 드물긴 하지만 주식을 양적으로나 질적으로나 아주 매력적인 조건으로 매수함으로써 위험이 최소화될 때에는 투자로 분류될 수 있다.

투자 요소와 투기 요소

투자로 인정받지 못하는 증권 매수는 자동으로 투기가 된다. 그러나 때로는 이런 증권 매수를 다른 각도에서 보아, 주가를 투자 요소와 투기 요소로 구분할 수 있다. 따라서 1939년 평균 주가 38달러에 GE 주식 매수를 고려한 분석가는, 예컨대 엄격한 관점에서 투자가치를 25달러로 판단할 수도 있었다. 나머지 13달러는 기업의 탁월한 장기 전망에 대한 주식시장의 평가인데, 여기에는 탁월한 기업을 선호하는 강력한 심리적 편향도 포함된다. 이런 연구를 바탕으로, 분석가는 GE 주가 38달러 가운데 투자 요소가 25달러고 투기 요소가 13달러라고 말할 수 있다. 만일 이런 판단이 건전하다면, 25달러 이하에 이 주식을 살 경우 완벽한 투자가 된다. 그러나 25달러를 초과해서 산다면 회사의 투기 요소에 돈을 치르는 셈이다.[7]

---

[7] 우리는 나중에 후회할 위험을 무릅쓰고, 논란의 여지가 많은 사례를 여기에 의도적으로 실었다. 월스트리트 사람 거의 모두 GE 주식은 시가에 관계없이 '투자 종목'이라고 간주할 것이다. 더 구체적으로 말하면, 평균 가격 38달러에 사도 충분히 투자가 된다고 생각할 것이다. 그러나 우리는 가격과 상관없이 투자의 질을 따지는 것은 근본

투자가치, 투기가치, 내재가치

제1장에서는 '내재가치'를 "사실로 뒷받침되는 가치"로 정의했는데, 이제부터 부연 설명을 하고자 한다. 그러나 내재가치가 투자가치만으로 구성되는 것은 아니다. 현명한 투기라면 투기가치도 상당 부분 내재가치에 포함될 수 있다. 따라서 시가에 어리석은 투기가 분명히 반영된 경우에만 시가가 내재가치를 초과한다고 말할 수 있다.

일반적으로 말해서, 어떤 주식의 투기 요소를 평가하는 일은 분석가가 아니라 주식시장의 역할이다. 따라서 분석가가 아니라 시장이 내재가치를 결정한다. 내재가치의 범위는 매우 넓어지기도 한다. 예를 들어, 이 책의 초판에서는 1933년 J. I. 케이스의 내재가치가 최저 30에서 최고 130이라고 계산했다. 매일 바뀔 수 있지만, 이 범위에서 시장에서 결정되는 가격을 최적 내재가치로 인정해야 할 것이다.

적으로 위험한 착각이라고 확신한다. GE의 투자가치가 어디까지이고, 투기가치가 어디부터 시작되느냐에 대해서는 상당한 의견 차이가 나타날 수 있다. 우리가 제시하는 숫자는 단지 예시일 뿐이다.

증권의 분류

증권은 관습적으로 먼저 채권과 주식으로 분류되고, 주식은 우선주와 보통주로 분류된다. 채권과 주식의 구분은 채권자와 동업자라는 법적 지위의 차이를 따른 것이다. 채권 보유자에게는 원금과 이자에 대한 우선적 확정 청구권이 있다. 반면에 주주는 주요 위험을 떠안으면서 회사의 소유자로서 이익을 공유한다. 따라서 채권은 본래 안전성이 높지만, 주식은 투기적 이익을 얻을 기회가 더 많다. 채권과 주식의 법적 지위와 투자 속성이 이렇게 대조적이라는 점에서부터 전형적인 증권 구분이 시작된다.

전통적인 구분에 대한 반론: 1. 우선주와 보통주

우선주와 보통주를 하나로 묶는 방식이 전통적으로 신성시되지만, 여기에는 심각한 반론의 여지가 있다. 기존 방식에서는 우선주가 보통주에 속한다고 보지만, 투자 관행으로 보면 우선주는 틀림없이 채권에 속한다. 우선주를 사는 전형적인 목적은 원금의 안전을 유지하면서 고정 수익을 얻으려는 것이다. 우선주 보유자는 자신이 회사의 동업자가 아니라, 주주보다 우선하는 청구권자라고 생각한다. 우선주 보유자는 기술적, 법적 의미에서만 회사의 동업자나 소유자일 뿐, 투자의 목적과 기대하는 실적 면에서는 채권 보유자와 비슷하다.

2. 채권이라고 꼭 안전한가?

채권과 주식의 극단적인 구분에 반대하는 더 중요한 이유는 채권이 안전하다는 사고방식 때문이다. 이런 구분 때문에 투자자들은 '채권'이란 이름만 붙으면 당연히 손실이 방지되는 것처럼 믿게 된다. 이런 태도는 불건전하며, 이 때문에 심각한 착각이나 손실이 자주 발생한다. 투자자가 이런 착각에 대해서 큰 대가를 치르지 않았던 것은 우연히도 투자 사기단이 채권에 투자 특권을 부여하는 방식으로 사기를 저지른 경우가 드물었기 때문이다.[1] 일반적으로 채권이 주식보다 훨씬 안전하다는 점은 두말할 필요도 없다. 그러나 이렇게 안전하다는 장점은 단지 채권이라는 형식에서 오는 것이 아니다. 전형적인 미국 기업들이 정직하고 현명하게 자금을 조달하는 환경이어서, 충분히 상환할 수 있다고 예상되는 경우에만 확정 채무를 일으켰기 때문이다. 그러나 채권 보유자의 안전을 지켜 주는 것은 기업의 책임감도 아니고, 채무불이행에 대응하는 법적 구제책도 아니다. **안전은 채무기업의 상환 능력에 전적으로 좌우되므로, 상환 능력을 측정해야 한다.**

자산이나 수익력이 없는 회사의 채권은 이 회사의 주식만큼이나 전혀 가치가 없다. 자본을 모두 새로운 모험사업에 투자하는 회사의 채권도 이 회사의 주식보다 안전하지 않으므로 매력이 크게 떨어진다. 채권 보유자는 확정 채권 이상으로는 회사로부터 얻어 낼 수 없으므로, 회사를 완전히 소유했을 때만큼 이익을 실현하

---

1 채권 사기 판매의 예로는 1933년 증권법(공개 번호 2112, 1939년 12월 4일)을 참고하라. 아메리칸 터미널 앤드 트랜짓American Terminals and Transit Company 채권과 그린리버 밸리 터미널Green River Valley Terminal Company 채권 판매와 관련해서 다양한 일당이 유죄판결을 받았다.

지 못하기 때문이다.[2] 이 간단한 원칙은 너무도 명백해서 언급할 가치조차 없어 보인다. 그러나 채권은 더 안전하다는 전통적 관념에 사로잡힌 탓에, 투자자는 자신의 수익을 제한했으니 손실이 확실히 방지될 것이라고 흔히 믿었다.

3. 잘못된 명칭이 오해를 부른다

채권, 우선주, 보통주로 분류하는 방식은 잘못된 명칭 때문에 설명이 부정확해진다는 점이 세 번째 반론이다. 이는 기준 형식을 따르지 않고, 통상적인 조항을 수정하거나 혼합해서 발행하는 증권이 많기 때문이다. 이런 표준 형식을 간단히 정리하면 다음과 같다.

Ⅰ. 채권 형식

    A. 확정 일자에 확정 이자를 받는 절대적 권리

    B. 확정 일자에 확정 원금을 상환받는 절대적 권리

    C. 자산이나 이익에 대해 추가 권리가 없으며, 경영에 대해서도 발언권이 없음

Ⅱ. 우선주 형식

    A. 보통주보다 우선하는 배당률 명시(따라서 보통주가 배당금을 받으려면, 먼저 우선주가 배당금을 모두 받아야 한다. 그러나 보통주에 배당금을 지급하지 않으면, 우선주에 대한 배당금 지급은 임원들의 재량이다.)

    B. 청산 시 보통주에 우선해서 정해진 원금을 지급받는 권리

    C. 투표권이 없거나, 투표권을 보통주와 공유

Ⅲ. 보통주 형식

    A. 채권과 우선주의 청구권을 초과하는 회사의 자산에 대해 비례적 소유권 보유

    B. 우선 공제액을 초과하는 모든 이익에 대해 비례적 권리 보유

---

[2] 이에 대해 설명하는 US익스프레스United States Express Company 청산 건과 더 최근 사례인 코트-리빙스턴Court-Livingston Corporation 건에 대해서는 부록의 비고 4를 참고하라.

C. 임원 선출을 비롯한 여러 목적에 대해 비례적 의결권 보유

이 기준 형식을 따르는 채권과 우선주를 **일반 채권**straight bond과 **일반 우선주** straight prefferred stock라고 부르기도 한다.

수많은 변형

그러나 오늘날 증권시장에는 기준 형식에서 벗어난 온갖 변형 증권이 많다. 물론 가장 흔하면서도 중요한 유형은 다음과 같다. 수익사채income bond, 전환사채convertible bond, 우선주preferred stock, 신주인수권warrant부附 사채와 우선주; 참가적 우선주; 특권주; 무의결권주. 최근에는 채권 이자나 우선주 배당금을 소지자의 선택에 따라 현금이나 보통주로 받는 방식도 개발되었다. 현재 대부분 채권과 우선주에 부가된 **임의 상환권 조항**은 기준 조항에서 그다지 벗어난 형식이 아니다.

이보다 드물게 나타나는 독특한 변형은 수없이 다양하다.[3] 여기서는 오랜 기간 모든 면에서 평이한 일반 종목이었던 그레이트 노던 철도 우선주Great Northern Railway Preferred Stock의 예만 언급하고자 한다. 그리고 이전의 어소시에이티드 가스 앤드 일렉트릭Associated Gas and Electric Company이 **회사의 선택에 따라** 채권을 우선주로 전환할 수 있었던 교활하고도 불쾌한 조항에 대해서도 언급하겠다(따라서 이것은 진정한 채권이 절대 아니었다).

더욱 놀라운 일은, 채권이나 주식의 기준 형식과 완전히 달라서 전혀 다른 이름을 붙여야 하는 증권이 등장했다는 사실이다. 물론 가장 눈에 띄는 증권은 옵션 워런트option warrant로서, 1929년 이전에 개발되어 엄청난 해악을 끼친 매우 중요한 금융상품이다. 아메리칸 앤드 포린 파워American and Foreign Power Company라는 한 회사가 발행한 옵션 워런트의 1929년 시가총액이 10억 달러가 넘었는데, 이는 1914년 미국의 부채를 넘어서는 규모다. 새로 등장한 수많은 증권 중에는 이름이

---

[3] 1934년판 부록의 비고 3을 참고하라. 지면을 절약하려고 이후 판에서는 이 자료를 생략하였다.

할당 증서allotment certificates와 배당금 참가dividend participations도 있었다.[4]

오늘날 증권 목록은 복잡하고 특이한 데다가, 분류도 엉성하여 명칭에 따라 증권을 일반화하는 문제도 있다. 이런 방식이 편리하고 대체로 타당하다는 장점은 있지만, 더 유연하고 정확한 분류 기준으로 대체할 필요가 있다. 분석 목적에 가장 유용한 기준은 매수 이후 드러나는 증권의 **정상적인 행태**가 되어야 한다. 다시 말해서, 증권의 위험-수익 특성이 기준이 되어야 한다.

새로운 분류 제안

이런 관점에서, 분석을 위해 증권을 다음 세 종류로 분류하자고 제안하는 바이다.

분류	대표 종목
I. 고정 가치형 증권	우량 등급 채권이나 우선주
II. 가치가 변동하는 선순위 증권	
A. 수익 가능성이 있으면서 안전한 종목	우량 등급 전환사채
B. 안전성이 낮은 종목	비우량 등급 채권이나 우선주
III. 보통주	보통주

더 친숙한 용어를 써서 위와 비슷하게 분류하는 방법도 있다.

I. 투자용 채권과 우선주

II. 투기용 채권과 우선주

---

[4] 1939년 6월 증권거래위원회는 건전한 선례를 만들었다. 그리스-플레거 태닝이 기업회생 과정에서 발행하는 '자본소득 채권'에 대해, 이런 혼성 증권 개발이 도를 지나쳤다는 이유로 승인을 거부한 것이다. Corporate Reorganization Release No. 13, June 16, 1939 참조. 그러나 법원은 이런 문제를 고려하지 못하고 새 증권 발행을 승인하였다. 다행히 이 증권은 나중에 전액 상환되었다.

A. 전환사채 등

　　　B. 비우량 등급 선순위 증권

　Ⅲ. 보통주

새로운 분류를 더 잘 이해하려면 다소 참신한 명칭이 필요하다. 다음 논의를 보면 이런 필요성이 더 분명해질 것이다.

세 가지 유형의 주요 특성

첫 번째 유형에 속하는 종목은 명칭에 상관없이 증권에서 나오는 소득이 항상 일정하고, 시가가 취득 가격에서 크게 벗어나지 않을 것으로 기대하여 사는 종목이다.[5] 투자자의 주요 관심사는 원금의 안전이며, 투자를 하는 유일한 목적은 꾸준한 소득을 확보하는 것이다. 두 번째 유형에서는 원금의 가치변동이 중요해진다. 유형 A에서 투자자는 채권 부분에 대해 안전성을 바라면서, 전환권 등을 통해 추가 이익 가능성을 기대한다. 유형 B에서는 손실 위험을 분명히 인식하지만, 위험에 상응하는 이익 가능성으로 상쇄된다고 본다. 그룹 Ⅱ. B에 속하는 증권이 그룹 Ⅲ. 보통주와 다른 점은 두 가지다. (1) 후순위 증권에 대해 선순위 청구권을 행사하므로 어느 정도 보호를 받으며, (2) 이론적으로 이익 상한선이 무제한인 보통주와는 달리, 이익 상한선에 분명히 한계가 있다.

고정 가치 유형에는 정상 가격에 거래되는 우량 등급 일반 채권과 우선주가 모두 포함된다. 이 밖에 다음 종목도 포함된다.

　1. 전환가가 너무 동떨어져서 고려 요소가 되지 못하는 건전한 전환사채(선순위 이익

---

[5] 1914년 이후 장기 투자 채권의 수익률과 가격이 실제로 매우 자주 매우 큰 폭으로 변동했으므로, 이런 가격 변동은 분명히 사소한 성격이 아니었다. 그렇더라도 투자자는 습관적으로 이런 가격 변동이 중요하지 않은 것처럼 행동했으므로, 적어도 주관적으로나마 우리의 기준과 명칭은 정당화될 수 있다. 이는 투자자의 자기기만을 묵인하는 것이라고 반박할 수도 있겠지만, 투자자는 우량 등급 채권의 가격 변동을 이용하려고 트레이딩을 하는 것이 아니라 가격 변동을 무시할 것이므로, 더 나은 실적을 올리게 된다고 답변할 수 있다.

참가부 사채나 신주인수권부 사채 포함)

2. 투자등급 보증주
3. 우량 등급 일반 우선주의 지위를 차지하는 '클래스 A' 또는 선순위 보통주

한편, 우연히도 부당하게 낮은 가격에 거래되는 투자 등급 채권은 시가 상승에 대한 기대와 관심이 있으므로, 그룹 Ⅱ에 속한다고 보아야 한다.

정확히 어느 가격에서 가격 변동이 중요해지는지를 정하는 것은 당연히 불가능하다. 가격 수준만으로 판단할 성격이 아니기 때문이다. 예를 들어, 60에 거래되는 표면금리 3퍼센트 장기채권은 고정 가치 유형에 포함될 수 있지만(예: 1922~1930년 동안 노던 퍼시픽 철도Northern Pacific Railway 3퍼센트 2047년 만기 채권), 80에 거래되는 1년 만기 채권은 포함되지 못할 수도 있다. 비교적 짧은 기간에 20포인트 상승한 가격으로 상환되거나, 파산하여 시가가 폭락할 수도 있기 때문이다. 따라서 분석가나 투자자의 개인적 관점에 따라 분류가 달라질 수 있는 모호한 사례에도 대비해야 한다.

보통주의 주요 특성을 드러내는 종목은 명칭이 '보통주', '우선주', 심지어 '채권'일지라도 그룹 Ⅲ에 속한다. 앞에서 언급한 약 200에 거래되던 AT&T 표면금리 4.5퍼센트 전환사채가 적절한 예다. 이렇게 높은 가격에 채권을 사거나 보유한 사람은 실제로는 주식에 투자한 셈이었다. 이 채권은 주식과 함께 매우 큰 폭으로 오르내렸기 때문이다. 공모 시점의 크루거 앤 톨 이익 참가부 사채Kreuger and Toll Participating Debentures는 더 명확한 사례였다. 1928년 공모 가격이 선순위 청구권보다 훨씬 높아서 채권이라는 명칭이 전혀 의미가 없었고, 따라서 사람들만 오해하게 만들 뿐이었다. **이런 '채권'은 분명히 주식 유형이었다.**[6]

이와는 반대로, 선순위 증권의 가격이 너무 낮아서 후순위 증권에는 실제로 회

---

6 부록의 비고 5 참조

사에 대한 소유 지분이 없을 때도 있다. 이런 경우, 저가 채권이나 우선주는 사실상 보통주의 지위를 차지하게 되며, 분석 목적으로도 그렇게 간주해야 한다. 예를 들어 액면가 1달러당 10센트에 거래되는 우선주라면, 우선주가 아니라 보통주라고 보아야 한다. 먼저, 실질적 가치를 지닌 후순위 증권이 없으므로, 이 우선주는 선순위 증권의 기본 요건을 갖추지 못했다. 다음으로, 현재 가격 수준에서 이익 상한선이 실제로는 무제한이므로, 보통주의 이익 특성을 고스란히 지니고 있다.

그룹 Ⅱ와 Ⅲ을 나누는 기준도 그룹 Ⅰ과 Ⅱ를 나누는 기준과 마찬가지로 모호하다. 그러나 경계선에 걸친 사례들은 한 유형의 관점에서 바라보면 큰 어려움 없이 분류할 수 있다. 예를 들어 30에 거래되는 배당률 7퍼센트 우선주는 저가 선순위 증권으로 보아야 하는가, 보통주로 보아야 하는가? 이 질문에 대한 답은 회사의 특성과 투자자의 태도에 좌우된다. 회사의 실제 가치가 우선주의 액면가를 초과한다면, 이 우선주는 선순위 증권의 지위를 확보한다. 한편, 투자자가 이 우선주를 보통주로 간주할 것인가는, 그가 250퍼센트 가격 상승 가능성에 만족할 것인가 더 높은 투기 이득을 기대하는가에 달렸다.[7]

지금까지 논의를 통해서 이제는 새 분류의 특성과 목적이 더 명확해졌을 것이다. 분류에서 실제로 중요한 기준은 종목의 명칭이 아니라, 투자자에게 돌아가는 구체적인 조건과 지위다. 투자자의 법적 청구권보다도 투자 시점의 상황에서 정당하게 기대되는 실적에 중점을 두어야 한다.

---

7 1932년에 이런 우선주가 많았다. 예컨대, 1932~1933년 평균가 30에서 1936~1937년에 107까지 상승했던 인터스테이트 백화점 우선주Interstate Department Stores Preferred가 있었다. 저가 채권에 대해서도 똑같이 말할 수 있다.

제2부

고정 수익 투자

제2부 개론

채권의 속박을 풀어 주다

하워드 막스

　내가 《증권분석》을 처음 접한 것은 1965년이다. 당시 와튼 스쿨 학부생이었던 내게 주어진 독서 과제가 바로 벤저민 그레이엄과 데이비드 도드의 《증권분석》이었다.

　이때는 펀드매니저가 은행이나 신탁회사, 보험회사에서 일하던 시절이었다. 내가 기억하는 최초의 투자 전문 회사 제니슨 어소시에이츠Jennison Associates가 설립되기 몇 년 전이었다. 당시 보통주 투자자들은 S&P500이나 러셀3000이 아니라 다우존스 산업지수를 참조했으며, 펀드매니저의 성과를 순위 매기지도 않았다. 시카고 대학교 증권 가격 연구소에서 1926년 이후 일별 주가를 수작업으로 디지털화하고, 주식의 역사적 수익률 9.2퍼센트를 계산해 낸 것이 불과 몇 년 전이었다.

　'성장주 투자'growth stock investing조차 비교적 새로운 용어였다(그 반대 용어인 '가치투자'는 등장하지도 않았다). 헤지펀드를 언급하는 사람들도 별로 없었고, 나 역시 그런 게 있는지조차 몰랐다. 벤처 캐피털, 사모펀드, 인덱스펀드, 퀀트펀드quant fund, 신흥 시장 펀드emerging market fund는 들어 본 사람이 없었다. '저명한 투자가'라는 말 자체가 모순이었다. 예컨대 워런 버핏은 아직 유명인이 아니었고, 버핏의 스승인 컬럼비아 대학교의 벤저민 그레이엄을 아는 사람도 소수의 투자 전문가에 불과했다.

당시 채권 세계도 지금과는 많이 달랐다. 제로쿠폰 본드zero-coupon bond(이자를 지급하지 않는 채권, 발행 시 할인된 가격으로 구매한 후, 만기 시 액면 금액을 지급받는다—옮긴이)가 개발되기 전이었으므로, 이자 재투자 시점에 금리 변동 위험을 피할 방법이 없었다. 투자등급 미만 채권은 발행될 수가 없었다(신용평가사 무디스는 B등급 채권을 "바람직한 투자 특성을 갖추지 못했다"라고 평했다). 신용등급이 낮은 부실채권들은 "타락천사"(이전에는 투자등급이었지만 발행인이 곤경에 처하면서 신용등급이 하향된 채권)라고 불렸다. '정크 본드'나 '하이일드 채권'이라고 부르기 전이었다. 레버리지 론leveraged loan, 주택저당증권MBS, 부채 담보부 채권 등도 등장하지 않았다. 오늘날의 채권 전문가라면 컴퓨터, 계산기, 블룸버그 단말기가 없는데도 어떻게 만기수익률을 계산했을지 신기하다고 생각했을 것이다.

내가 1960년대 중반에 와튼 스쿨에서 공부를 시작한 것은 행운이었다. 《증권분석》을 공부해도 소용없다고 말하는 효율적 시장 가설을 대학 시절에 배우지 않았기 때문이다. 효율적 시장 가설은 1960년대 시카고 대학교에서 발전한 이론으로 아직 널리 퍼지지 않은 상태였다.

1965년 증권분석의 바이블로 널리 인정받던 이 책으로부터 나는 많이 배웠다. 그러나 '몇 배를 곱하라'나 '몇 년만 계산하라'처럼, 상수가 들어가는 공식이 너무 많고 신조도 너무 많다는 다소 부정적인 느낌도 받았다.

최근 《증권분석》 1940년판에서 고정 수익 증권에 관한 장들을 다시 읽었을 때에도 일부 원칙이 너무 경직되었다는 생각이 들었다. 그러나 덜 계량적이고 더 유연한 상식이 대단히 많고, 앞을 내다보는 통찰력도 담겨 있었다.

이 책에서 매우 흥미로운 측면은 투자 기준의 발전 과정을 바라보는 그레이엄과 도드의 관점이었다.

- 적어도 1940년까지는 채권이 적합한지를 가리는 매우 구체적이고도 보편적인 기준이 있었다. 수탁자가 할 수 있는 행동에 대해서도 법과 규칙, 전통이 있었다. 따라서 부적격 증권에 투자하여 수혜자에게 손실이 발생하면 수탁자가 손실을 배상해야만 했다. 전체 포트폴리오에서 이익이 발생했는지나 수탁자가 전반적으로 업무를 잘 수행했는지는 따지지 않았다. 이런 상황 때문에 당연하게도 포트폴리오에서 위험 자산을 배제하는 것이 매우 강조되었다.
- 이어서 19세기 소송 사건으로부터 '신중한 관리자'prudent man라는 개념이 도입되었다. 투자의사결정 당시의 상황과 전체 포트폴리오에 미치는 영향을 고려하여, 신중한 관리자라면 어떤 판단을 내렸을지 평가했다. 따라서 수탁자의 판단과 결과가 전체적으로 용인될 수 있다면 개별 투자에서 손실이 발생하더라도 배상할 필요가 없었다. 신중한 관리자 규칙은 위험 감수를 전면적으로 금지한 이전 시기에 비해 매우 진일보한 것이었다.
- 해리 마코위츠Harry Markowitz의 주도로 '시카고학파'의 재무 이론이 발전했다. 1950년대에 마코위츠는 상관관계가 높은 자산들이 야기하는 위험을 인식하고, '위험 자산'을 포트폴리오에 추가하면 분산 효과로 포트폴리오 전체 위험을 낮출 수 있다고 발표하였다.
- 끝으로, 시카고학파는 투자 성과를 위험과 수익 사이의 관계로 평가해야 한다고 주장했다. 안전한 투자가 반드시 좋은 투자는 아니며, 위험한 투자가 반드시 나쁜 투자는 아니라는 말이다. 위험이 있더라도 충분히 높은 성과가 기대된다면 매력적이고 신중한 투자가 될 수 있다는 것이다.

이런 과정을 거쳐 투자 관행은 위험 회피에서 위험관리로 진화했다. 오늘날에는 절대적인 투자 원칙이 거의 없다. 사실은 규제 자체가 거의 없으므로, 돈을 벌기 위해서라면 무슨 일이든 거의 모두 할 수 있다. 1940년판《증권분석》에서 우리는 투자에 대한 생각이 현대적 방식으로 전환되는 모습을 볼 수 있다. 이 책은 일부 절대적인 기준도 언급하지만, 버린 기준도 많고 합리적인 채권투자에 대해 진보된 태도도 보여 준다.

절대적인 투자 기준

《증권분석》1940년판에서는 확실히 융통성이 없어 보이는 부분이 있다. 예시하면 다음과 같다.

> 안전하지 않은 증권은 아무리 높은 표시 이자율로도 보상되지 않는다. 투자 대상 채권을 선정할 때에는 배제의 원칙과 구체적인 양적 기준을 적용해야 한다.(제6장)

> 어떤 회사의 후순위 채권이 안전하지 않다면, 이 회사의 선순위 채권도 고정 수익 투자에 적합하지 않다. 후순위 채권이 안전하지 않다면 회사 자체가 취약하다는 뜻이며, 이렇게 취약한 회사의 채권은 우량 등급이 될 수 없기 때문이다.(제6장)

> 중소기업 채권은 고정 수익 투자에 적합하지 않다.(제7장)

내가 1978년 하이일드 채권 운용을 시작했을 때, 대부분 기관투자가는 규정에 따라 '투자등급'(BBB등급 이상) 또는 'A등급 이상'인 채권만 보유할 수 있었다. 대부분의 기관은 가격이 아무리 싸더라도 규정에 맞지 않은 채권은 살 수 없었다. 이런 제한을 받지 않았던 우리는 부적격 채권을 헐값에 살 수 있었다. 언뜻 보기에 그레이엄과 도드의 조언도 이런 규정과 비슷해 보인다.

투자와 투기

이번에 해당 장을 다시 읽으며 나는 투자에 적합한 채권도 있고 적합하지 않은 채권도 있다는 내용과 몇 번이나 다시 마주쳤다. 가격이나 수익률을 불문하고 살 채권과 사면 안 될 채권이 있다는 말이었다. 전적으로 투기 등급 채권만 다루던 나에게는 일을 그만두라는 뜻이었다. 높은 수익으로 위험을 보상받을 수 있다는 생각이나, 재정난에 빠진 회사의 채권은 헐값에 팔릴 수 있으므로 적극적으로 매수할 수도 있다는 생각은 두 저자가 제시한 원칙에 어긋나는 듯했다.

하지만 또다시 읽었을 때 그레이엄과 도드의 말을 내가 잘못 이해했다는 생각이 들었다. 상당 부분 언어의 문제였다. 두 사람은 어떤 채권을 그냥 사지 말라는 것이 아니었다. '투자 관점'으로 사지 말라는 뜻이었다. 80년 전에는 이런 구분이 중요했다. 요즘 사람들은 금전적 이익을 얻으려고 물건을 살 때에는 아무 때나 '투자'라는 말을 쓴다. 사람들은 주식과 채권은 물론 보석, 별장 이용권, 수집품, 미술품, 암호화폐에도 투자한다. 그러나 80년 전에는 투자의 의미가 달랐다. 보수성, 신중성, 안전성 요건을 갖춘 금융자산을 살 때에만 투자라고 불렀다. 특히 투자는 투기와 구분되었다.

온라인 사전(dictionary.com)을 찾아보면 '투기' speculation에 대해 다음과 같이 부차적으로 정의하고 있다. "상당한 위험이 따르지만 큰 수익을 얻을 수 있는 거래에 참여하는 것, 특히 단기에 큰 이익을 기대하며 상품이나 주식을 사고파는 것." 나는 이 정의가 투기와 투자를 구분하는 데 충분한 의미를 제공하지 못한다고 생각한다. 다음과 같은 투기에 대한 일차적 정의가 훨씬 도움이 된다. "뭔가를 생각하고 추측하는 것, 일반적으로 알려진 것이 많지 않을 때 그것에 대한 아이디어나 이론을 만들어 보는 것"(https://www.britannica.com/dictionary), "결정적이지 않은 증거에 기반한 추론, 추측이나 추정"(thefreedictionary.com). 아마도 메리엄 웹스터 사전에 나온 동의어들을 보면 '투기'의 의미를 가장 잘 이해할 수 있을 것이다. "승산"chance, "도박"gamble, "사행"flier, "노름"crapshoot.

그레이엄과 도드의 시대에는 예상 수익이 아니라 품질을 기준으로 투자 적격 여부를 가렸다. 투자하기에 충분히 품질이 높거나 그렇지 않거나였다. 극단적으로는 각 주에서 저축은행의 투자를 규제하는 원칙처럼 엄격한 기준도 있었다. 예를 들어 뉴욕에서는 저축은행이 철도, 가스, 전력회사 채권은 살 수 있었지만, 시가 전차나 수도회사 채권은 살 수 없었다. 부동산 선순위 담보채권은 투자 적격이었지만, 놀랍게도 기업 채권은 투자 부적격이었다.

기준을 따르는 투자는 안전하지만(수탁자도 소송을 당할 위험이 없다), 투기는 위험하다고 생각했다. 이렇게 엄격하고 배타적이며 흑백논리적인 사고에 대해 존 메이너드 케인스는 신랄하게 꼬집었다. "투기자는 자기가 아는 위험을 떠안는 사람이고, 투자자는 자기가 모르는 위험을 떠안는 사람이다."[1]

그러나 현대적인 관점에서는, 제대로 알고 충분히 싼 가격에 사면 어떤 자산이든지 좋은 투자가 될 수 있다. 나는 그 역도 성립한다고 믿는다. 즉 아무리 좋은 자산이라도 지나치게 비싼 가격에 사면 나쁜 투자가 된다. 요즘 누구나 실감하듯이, '투자 적격'이라고 해서 손실이 방지되는 것은 아니다. 이 말에 동의하지 않는다면, 2007~2009년 글로벌 금융위기 이전에 AAA등급을 받았던 수많은 주택저당증권 트랜치Tranche(하나의 금융상품을 위험도와 수익률이 다른 여러 등급으로 나눈 것—옮긴이)들이 신용등급을 강등당하고 결국 액면가도 회복하지 못했다는 사실을 떠올려보라. 《증권분석》은 "원금 손실 위험은 높은 표면금리로 보상되지 않는다"라는 원칙을 반복해서 제시한다.(제9장) 이 원칙을 따른다면 지난 45년 동안 절대 수익률과 위험조정 수익률 모두 투자등급 채권보다 높았던 하이일드 채권은 투자 대상에서 제외된다. 하지만 이 원칙도 더 깊이 생각해 보면 '투자 관점'에서 사지 말라는

---

[1] John Maynard Keynes, *The General Theory of Employment, Interest and Money*, London: Macmillan, 1936, p. 153, 한국어판 《고용, 이자 및 화폐의 일반이론》.

뜻이므로, '투기 관점'이라면 괜찮다는 뜻이 된다. 그럼에도 두 사람이 제시한 포괄적인 원칙은 오늘날 교조적으로 보인다. 투자 관점에서 적합한 채권도 있고 적합하지 않은 채권도 있다는 두 사람의 말에 나는 57년 전에는 부정적이었다. 그러나 지금 다시 읽어 보니 다른 면이 보인다.

투자 현실주의

지난 50~60년 동안 투자 기법들이 훨씬 더 현실적이 되었다. 투자를 품질과 안전성이라는 절대 기준('투자등급'이나 '투기등급'으로 표현하는 것)이 아니라, 기대 이익과 기대 위험의 관계로 평가하게 되었다. 물론 투자 기준이 낮아졌다고 표현할 수도 있다. 이사의 수탁자 의무fiduciary duty와 자본 보전 개념 등이 바뀐 데서도 나타난다.

그레이엄과 도드는 중도적 입장으로 보인다. 이들은 투자 관점 매입에 대해서는 절대적인 요건을 제시하지만, 겉으로 보이는 품질과 안전성만이 절대적인 성공 요소라고 주장하지도 않는다. 다음이 그 예다.

> [채권은 주식처럼 가치가 크게 상승하기 어려우므로,] 채권 선정의 핵심은 장래 이익에 참여하지 않는 대신, 명확하고 확실하게 안전을 확보하는 것이다.(제6장) [신용할 수 없는 채권투자에서 결실을 기대해선 안 된다.]

> 사업이 실패해도 담보권으로 투자 손실을 막을 수 있다고 생각한다면, 이는 대개 완전한 착각이다. 담보자산의 취득원가나 감정가를 제시하면서 채권을 사라고 권유하는 관행은 투자자를 완전히 잘못된 믿음에 빠뜨리는 행위다.(제6장) [신용할 수 있으려면, 증권은 실제로 현재가치가 있는 현금흐름이나 자산으로 뒷받침되어야 한다.]

건전한 기업의 무담보사채[안전이 보장되지 않은 채권]가 허약한 기업의 담보사채보다 확실히 더 견실하다.(제6장) [겉모습만으로는 아무 의미가 없다.]

[수익률이 20퍼센트가 넘는 후순위 채권 대신 수익률이 5.5퍼센트에 불과한] 선순위 커더히Cudahy 담보채권을 사는 사람은 손실 중 극히 일부를 보호받으려고 무려 연 15퍼센트에 달하는 수익률을 포기하는 셈이다. 그는 얻는 것에 비해서 포기하는 것이 너무도 많다. … (반면에) 선순위채권의 수익률이 약간 낮은 수준이라면, 뜻밖의 문제에 대비해서 약간의 보험료를 지불하는 편이 현명하다.(제6장) [부담한 위험과 잠재 수익 사이의 관계가 중요하다.]

[1931~1933년 철도회사 채권들의 몰락을 돌아볼 때,] 철도산업의 안정성이 과대평가되었던 탓에, 투자자들은 안전마진이 부족하다는 사실을 깨닫지 못하고 있었다. **투자자들이 (공익 산업에서처럼) 과거 안전 기준을 경솔하게 무시해서 문제가 발생한 것이 아니라, 더 엄격한 안전 기준이 필요한 상황인데도 과거 기준에 만족했기 때문에 문제가 발생한 것이다.** 철도회사 채권에 대해서도 제조회사 채권과 똑같은 기준을 적용했다면, 투자 대상을 건실한 철도회사 몇 개로 한정할 수밖에 없었을 것이다. 이렇게 건전한 철도회사 채권들은 1929년 이후 운송량이 엄청나게 감소했을 때에도 잘 버텨 내면서 이자를 빠짐없이 지급하였다(제7장, 굵은 글씨는 필자의 강조). [발행 기업이 안정적이고 불변할 것이라고 가정해서는 안 된다. (확실히 지금은 그 어느 때보다) 가치의 하락이나 붕괴 가능성을 고려해야 한다.]

이 인용문에서 보듯이, 그레이엄과 도드는 형식보다는 내용을, 규칙보다는 논리를 강조한다. 신용평가 기준을 고정하지 말고 세상의 변화에 맞춰 조정해야 한다. 중요한 것은 채권의 겉모습이 아니라 지급 능력이다. 담보채권이 무조건 무담보채권보다 나은 것은 아니다. 선순위 채권이 후순위 채권보다 반드시 유리한 것도 아니다. 수익률이 충분히 높다면 위험이 큰 채권이 표면적으로 안전한 채권보다 더 나을 수도 있다.

비록 80년 전의 격식적인 언어 때문에 잘 드러나진 않지만, 이 책을 정독해 보면 그레이엄과 도드가 진정한 실용주의자임이 분명해진다. 이들은 케인스와 다른 점보다 비슷한 점이 많아서, 철저하게 분석한 다음 (무조건 위험을 회피하지 말고) 현명하게 위험을 떠안으라고 조언한다.

우리의 채권투자 방법론

《증권분석》이 채권투자에 타당한지 조사하려고, 나는 그레이엄과 도드의 채권투자 기법을 내가 근무하는 오크트리 캐피털 매니지먼트Oaktree Capital Management, L.P.의 투자 기법과 비교해 보았다. 결론적으로 말하면, 그레이엄과 도드가 생각을 표현하는 방식은 다를지 몰라도, 대부분이 현재에도 그대로 적용되는 기법이었다. 사실은 내가 동업자 셸던 스톤Sheldon Stone과 지난 45년 동안 하이일드 채권 분야에서 개발하고 적용해 온 다음 기법 및 방법론과 매우 비슷했다.

1. 우리가 사용하는 모든 기법에서(정크 본드가 아닌) 일반 채권은 위험과 수익이 비대칭적이라고 가정한다. 수익은 약속된 만기수익률에 덧붙여 가격이 몇 포인트 상승하는 것으로 한정되지만, 위험은 무제한이라서 신용이 하락하면 원금이 모두 사라질 수도 있다. 따라서 채권투자에서 성공의 열쇠는 상승 종목을 찾는 것이 아니라 실패 종목을 피하는 것이다. 그레이엄과 도드는 다음과 같이 말했다.

> 채권을 안전한 상품이라고 간주하는 대신, 채권은 수익이 한정되어 있다는 사실에서부터 논의를 시작하는 편이 건전하다.
> 채권의 수익이 한정적이라는 개념에서부터 채권투자에 대해 중요한 관점이 도출된다.

채권은 손실 회피가 중요하므로, 채권 선택에는 주로 배제하는 방식을 써야 한다는 점이다. 즉 종목을 탐색하여 편입하는 방식이 아니라, 제외하고 거부하는 방식이 되어야 한다.(제6장)

2. 우리의 하이일드 채권 포트폴리오는 특정 채권에 집중되어 있다. 우리가 '스윗 스폿'sweet spot이라고 간주하는, 부도 위험은 제한적이면서 수익률은 높은 B등급 채권을 주로 다룬다. 이보다 등급이 더 높은 채권은 수익률이 불만족스럽고, 등급이 더 낮은 채권은 지나치게 불확실하기 때문이다. 이 B등급이 고객들이 우리에게 기대하는 영역이다(물론 위험/수익 관계가 변하면 우리가 집중하는 채권도 바꿀 준비가 되어 있다).

모든 채권이 기본적으로 갖춰야 하는 최소 안전 기준에서부터 시작하는 편이 건전하다. … 본질적으로, 채권 선정 과정은 최소 안전 기준에서부터 더 높은 품질로 올라가는 작업이 되어야 하지, 최상급 수준에서부터 닥치는 대로 내려가는 작업이 되어서는 안 된다.(제7장)

3. 발행 회사의 신용 위험은 주로 차입금 규모와 사업의 불안정성에서 비롯되며, 어려운 시기에는 두 요소가 상호작용하여 이자 상환 능력을 상실할 수도 있다. 현금흐름이 매우 안정적인 회사는 차입금 규모가 커도 높은 이자를 지탱할 수 있다. 마찬가지로, 차입금 규모가 작으면 현금흐름이 매우 불안정해도 살아남을 수 있다. 그러나 차입금 규모도 크고 현금흐름도 불안정하면 이자를 상환하지 못할 수 있다. 이를 망각한 투자자들은 때때로 고통스럽게 배운다. 그레이엄과 도드는 같은 의미를 다음과 같이 표현했다.

1931~1933년 실적 분석에 의하면, 제조회사 채권 가격이 폭락한 것은 공익 회사 채

권 사례처럼 재무 구조가 부실해서도 아니었고, 철도회사 채권 사례처럼 투자자들이 안전마진을 잘못 계산해서도 아니었다. 종종 발생하는 사례로서, 기업이 갑자기 수익력을 상실하여 생존 가능성이 의심스러워지는 경우였다.(제7장)

4. 개별 종목은 다면적으로 분석해야 한다. 1985년 이후 우리 분석팀은 셸던 스톤이 개발한 '8요소 신용 분석기법'을 적용하고 있다. 이들 요소는 대부분 그레이엄과 도드의 사상에도 나타난다. 우리가 관심을 기울이는 요소는 산업, 산업 내 기업의 지위, 경영진의 자질, 이자 보상비율, 자본구조, 유동성 조달 대안, 청산가치, 계약 조항이다. 《증권분석》에서도 이런 요소들을 다룬다.

- 기업의 지위: "지난 수십 년의 경험을 돌아보면, 규모가 가장 크거나 매우 큰 기업들은 상대적으로 안정적이었다."(제8장)
- 이자 보상비율: "요즘 투자자들은 흔히 이자 보상비율을 가장 중요한 안전 기준으로 간주한다."(제9장)
- 자본구조: "거대한 기업이라도 부채가 지나치게 많아지면 가장 허약해질 수도 있다."(제7장)

5. 책임감 있는 전문 투자가라면 막연한 '장기 보유'는 걸맞은 투자 방식이 아니다. 보유한 모든 종목의 신용도를 적어도 분기에 한 번은 재검토해야 한다.

1929년 시장이 붕괴하기 전에도, 보유 종목에 대한 관리를 소홀히 하면 위험하므로 정기적으로 모두 점검해야 한다는 생각이 월스트리트의 새로운 규범이었다. 이렇게 기존 영구 투자 개념과 반대되는 원칙을 요약한 격언이 '세상에 영구 투자는 없다'이다.(제21장)

6. 경제와 금리 예측을 바탕으로 시점 선택을 해서는 안 된다. 그 대신 우리는 '알 수 있는 것을 알아내는 일'에만 노력을 기울인다. 이는 산업, 기업, 증권을 이해하려고 남들보다 더 노력할 때에만 가능하다.

> 시장의 등락 흐름을 타는 채권 거래가 과연 가능할지 의심스럽다. 우리는 유료 분석 회사가 주식이나 채권의 가격 흐름을 신뢰도 높게 예측할 수 있다고 믿지 않는다. 더 나아가 우량 등급 채권 종목 선정과 채권 가격 흐름에 대해서 조언하는 행위는 근본적으로 비논리적이며 혼란만 일으킨다고 확신한다. 투자자들은 상승 직전에 사서 하락 직전에 팔고 싶어 하지만, 경험에 비추어 보면 이런 시도는 큰 성공을 거두기 어렵다. 이들은 투자에 트레이딩을 가미함으로써 필연적으로 투기에 관심을 기울이게 된다.(제21장)

7. 우리가 온 힘을 다하더라도, 신용 분석에 실패하거나 불운을 맞아 부도 종목이 발생할 수밖에 없다. 위험 감수로 얻는 추가 수익이 부도 발생에서 오는 손실보다 항상 많게 하려면, 개별 종목은 부도가 발생해도 포트폴리오에 큰 타격을 주지 않을 정도로 보유 규모가 작아야 한다. 우리는 항상 보험회사와 같은 방식으로 위험을 다룬다. 기대수익을 안정적으로 얻으려면 보험회사처럼 위험을 여러 종목에 골고루 분산해야 한다. 따라서 철저하게 분산투자할 수 없다면 하이일드 채권에 투자해서는 안 된다.

> (개인) 투자자는 마치 보험회사가 된 것처럼, 막대한 이자를 받는 대가로 원금 손실 위험을 떠안아서는 안 된다. 보험 사업을 제대로 하려면 위험을 매우 폭넓게 분산함으로써, 운이 개입할 소지를 최소화하고 확률의 법칙을 최대한 활용해야 하기 때문이다. 물론 개인도 보유 채권을 다변화하여 이런 효과를 얻으려고 노력할 수는 있지만, 실제로 보험회사만큼 위험을 분산할 수는 없다.(제7장)

요약하면, 우리는 채권투자에서 신용 위험 분석의 성패는 기업의 장래 부채 상환 능력 평가에 달려 있다고 생각한다. 폭넓게 재무제표를 분석하는 것보다도 회사 전망을 노련하게 판단하는 편이 더 중요하다.

> 수익이 한정된 채권을 선정하는 작업은 비교적 단순해야 한다. 회사의 이익이 이자 비용보다 훨씬 많아서 회사의 현재가치가 부채를 크게 초과하는지 양적 기준을 분석하여 확인해야만 한다. 덧붙여서, 회사가 장래에도 계속 성공적으로 운영될 것이라고 자신 있게 판단할 수 있어야 한다. 더 정확하게 말하자면, 회사가 파산할 가능성이 희박해야 한다.(제12장)

결국, 한 가지 중요한 면에서 우리 방식은 그레이엄과 다르다. 우리는 채권을 선정할 때 발행 회사의 전망을 판단하는데, 여기에는 이유가 있다. 1978년 내가 하이일드 채권 운용을 시작했을 때에는 채권투자와 미래 예측은 본질적으로 양립할 수 없으며, 신중한 채권투자는 미래 사건에 대한 '투기적 추측'이 아니라 과거와 현재 데이터에서 도출된 확실한 추론에 기반해야 한다는 견해가 지배적이었다. 그러나 신용 위험은 미래에 발생하므로, 미래를 노련하게 판단해야만 커다란 신용 위험을 현명하게 떠안을 수 있다.

기존 견해는 편견을 보여 준다. (본질적으로 더 위험한) 주식은 미래를 판단해서 사도 현명한 투자가 되지만, 더 안전한 채권은 미래를 판단해서 사면 옳지 않다는 견해이기 때문이다. 내가 인생 최대의 이익을 올린 것도 이런 편견이 빚어낸 시장 비효율성 덕분이었다. 기관들의 투자 대상에서 제외된 종목을 적정 가치보다 훨씬 싸게 샀기 때문이다. 편견이 주는 좋은 기회였다.

1978년 내가 퍼스트 내셔널 시티 은행First National City Bank에서 하이일드 채권 운용을 시작하게 된 이유 중 하나는, 직전에 그 은행에서 주식 분석 담당 임원으로 근무했기 때문이었다. 내가 한 일이라곤 미래 수익에 초점을 맞춰 주식을 분석하듯이 BBB등급 미만 채권을 분석하는 것이었다. 오늘날에는 제한된 투자 영역이 거의 없으므로, 미래 지향적 분석을 온갖 종류의 상품에 적용할 수 있다. 이 교훈은 1940년에도 여전히 유효한 것이었다.

상식

《증권분석》의 진정한 가치는 책에 담긴 구체적 지침보다 상식에 있다. 상식이 주는 여러 교훈은 오늘날에도 분명히 타당하다. 특히 그레이엄과 도드의 통찰과 사고 과정을 보면 피상적인 관습을 꿰뚫고 본질을 파악하는 법을 배울 수 있다.

"증권의 가격과 수익률은 기대 위험을 수학적으로 정확하게 계산하여 결정되는 것이 아니라, 증권의 인기도에 따라 결정된다."(제7장) [시장은 그다지 효율적이지 않다.]

"게다가 투자 위험을 보험 통계적으로 계산하는 일은 실무적으로는 물론 이론적으로도 불가능하다. 다양한 채권에 적용할 수 있는 사망률 통계표 같은 것은 존재하지 않는다. 과거 실적을 오랜 기간 철저하게 분석해서 사망률 통계표를 작성한다고 해도, 과연 장래에도 실제로 유용할지는 의문이다. 생명보험에서는 연령과 사망률의 관계가 잘 정의되어 있으며, 이 관계는 서서히 변화한다. 다양한 구조물과 그 화재 위험의 관계도 이보다는 못하지만, 마찬가지로 잘 정의되어 있다. 그러나 다양한 투자와 손실 위험 사이의 관계는 상황 변화에 따라 너무도 모호하고 가변적이어서, 수학 공식으로 나타낼 수가 없다. 특히 투자 손실이 시간의 흐름에 따라 골고루 분포하는 것이 아니라, 전반적인 불황기에 집중적으로 분포한다는 점에서 더욱 그렇다. 따라서 투자 위험은 화재보험이나 생명보험에서 계산하지 못하는 예외 요소인 대화재나 전염병과 흡사하다."(제7장) [믿을 만하다고 여겨지는 계량 모델을 이용해 위험과 수익의 적절성을 평가하는 것에 대한 이야기는 이쯤에서 마무리하는 것이 좋겠다.]

"투자자는 이익 실적의 여러 측면에도 관심을 기울여야 한다. 여기에는 이익 추세, 최소 이익, 현재 이익이 포함된다. 각 이익이 모두 중요하지만, 그 자체로 엄격하고 손쉬운 평가 기준이 되는 것은 아니다."(제9장)

"이런 요소들을 분석할 때, 매력적인 조건이 되려면 (a) 이익이 증가하는 추세이고, (b) 최근 이익이 특히 많아야 하며, (c) 조사 기간 모든 해에 이자 보상비율이 만족스러워야 한다. 이 세 가지 조건 가운데 하나가 부족하다고 해서 반드시 포기할 필요는 없지만, 그 대신 이자 보상비율이 최소 기준보다 훨씬 높아야 하고, 회사의 일반 요소나 질적 요소에 깊이 관심을 기울여야 한다."(제9장)

"주식 1달러당 채권 1달러가 제조회사에 요구하는 '정상' 요건이라면, 주가에 거품이 끼었을 때에는 주식 2달러당 채권 1달러를 요구하고, 반대로 주가가 내재가치보다 훨씬 낮을 때에는 주식 50센트당 채권 1달러를 요구하는 편이 건전하지 않겠는가? 그러나 두 가지 이유로 이 방식은 실행하기 어렵다. 첫째, 채권투자자가 주가가 부당하게 높거나 낮은지 판단할 수 있다는 생각은 무리한 가정이다. 둘째, 채권투자자는 호황기에는 극도로 조심하고 불황기에는 과감하게 행동해야 한다. 이는 인간의 본성을 거스르는 실현 불가능한 조언이다. 채권투자자들도 사람이므로, 그들이 강세장에서 냉정함을 유지하고 약세장에서 용기를 발휘할 것으로 기대해서는 안 된다."(제11장)

"투기 분야에서는 돈 내고 자문받을 이유가 없다. 자문가가 진짜 실력자라면 번거롭게 자문하러 다닐 필요가 없기 때문이다."(제21장) [워런 버핏도 비슷한 말을 했다. "롤스로이스 타는 사람이 지하철 타는 사람에게 조언을 듣는 곳은 월스트리트뿐이다."[2]]

---

2   *Los Angeles Times Magazine*, April 7, 1991.

그레이엄과 도드는 기존 투자 원칙을 반박하고 상식으로 다수 대체했다. 이것이 《증권분석》 채권 부분의 최대 강점이라고 생각한다. 두 사람은 "손쉬운 일반화"를 경계하라고 일깨워 준다.(제8장)

세월의 시험

그레이엄과 도드의 여러 아이디어는 세월의 시험을 견뎌 냈고, 많은 사람에게 받아들여지고 전파되었다.

- "채권투자자는 우량채권을 아무리 많이 놓치더라도, 부실채권에 투자하지만 않는다면 사실상 아무 불이익이 없다."(제6장) 이 말은 투자를 야구에 비유한 워런 버핏의 말과 일맥상통한다. 타자는 스트라이크를 세 번 당하면 아웃이지만, 투자자는 투자 기회를 아무리 많이 놓치더라도 불이익이 없다.
- 그레이엄과 도드는 "(부채 대비 자산의 수익성을 비교하는 목적에) 가장 적합한 기준은 총부채 대비 주주 지분의 시장가치 비율이다"라고 말했다.(제11장) 이는 마이클 밀컨Michael Milken이 제시한 시장 조정 부채market-adjusted debt, MAD(기업의 부채를 시가로 평가한 가치—옮긴이) 개념과 비슷하다. 1970년대와 1980년대에 밀컨은 드렉셀 번햄 램버트Drexel Burnham Lambert에서 하이일드 채권 시장을 개척하며 이 개념을 널리 퍼뜨렸다. 시장가치가 완벽한 것은 절대 아니지만, 회계 정보는 기껏해야 낡아빠진 과거 자료이거나 부적합한 자료다.
- 그레이엄과 도드는 역경에서도 부채를 상환하려면 기업의 현금흐름이 안정적이어야 한다고 강조한다. "산업의 실적이 악화할 수 있다는 점을 인정한다면, 투자자는 이익 감소 폭을 예측해서 이자 지급 능력과 비교해 볼 수밖에 없다. 따라서 투자자는 기업의 장래 변화 대응 능력에 노심초사하게 된다."(제7장) 이 아이디어의 영향으로 차입 매수 산업에서는, 초창기였던 1970년대에 경기 둔감 기업들만 매수하고

첨단 기술 기업은 피하도록 제한하였다. 물론 다른 투자 원칙과 마찬가지로, 강세장에서는 이 원칙도 종종 무시된다. 열광과 낙관주의에 휩쓸려 사람들은 현금흐름의 안정성 원칙을 쉽게 망각한다.

덧붙이는 생각

《증권분석》 제2판이 출간되고 83년이 지났으므로, 몇 가지 생각을 덧붙이고자 한다.

첫째, 그레이엄과 도드는 '불황'에 관심을 기울였으며, 불황이 신용도에 미치는 영향에 주목했다. 요즘 사람들은 금세기 불황이 대공황 한 번뿐이었다고 말하지만, 두 사람이 언급한 불황은 1920~1922년, 1930~1933년, 1937~1938년이다. 그레이엄과 도드는 이른바 '침체'도 불황으로 보았던 것이다.

둘째, 두 사람은 금리 예측에 관심이 없었다. 당시에는 금리 변동이 심하지 않았기 때문일 것이다. 가령 제6장의 도표를 보면 두 '불황' 사이에 '호황'까지 들어 있던 1926~1938년의 13년 동안에도 40개 공익기업 채권의 수익률은 3.9~6.3퍼센트 범위에서 움직였다. 《증권분석》 제2판이 출간된 시점에는 금리가 낮았고 매우 안정적이었다.

셋째, 그레이엄과 도드가 던진 투자 위험에 관한 경고는 전문가가 아니라 개인 투자자를 향한 메시지였다는 점에 유의해야 한다.

"실제로 기업회생도 무사히 넘어가는 기초 채권과 엄청난 손실을 피하지 못하는 기초 채권을 미리 구분하기는 쉽지 않다. 따라서 일반투자자는 이런 종목들을 고려 대상에서 제외하고, 건전한 회사의 채권만이 건전하다는 원칙을 고수하는 편이 낫다."(제6장)

"개인은 위험을 인수하기에 적합한 존재가 아니다. 개인은 돈을 받고 위험을 떠안는 역할을 맡아서는 안 된다. 오히려 그 반대로 돈을 내고 보험에 가입하는 편이 유리하다. … (고수익 채권의) 높은 가산이자 덕분에 위험보다 더 많은 보상을 받는다고 가정하더라도, 이런 투자 방식이 평범한 개인 투자자에게는 적합하지 않다."(제7장)

《증권분석》은 일반 투자자의 안전을 걱정한 탓에 매우 엄격한 원칙을 제시한 것으로 보인다. 나도 부실채권이나 하이일드 채권에 대한 투자는 전문가의 영역으로 남아야 한다고 생각한다. 만약 전문 지식을 갖추지 못한 일반인이 이 분야에 투자하고자 한다면 하이일드 채권 ETF 같은 상품에 분산투자하거나 다른 패시브 투자수단을 찾아보는 것이 최선이다.

시장의 진화

당연한 얘기지만 투자 세계는 돈을 중심으로 돌아간다. 기업 운영에는 자금이 필요하고, 기업들은 최소한의 비용으로 좋은 조건의 자본을 구하려 애쓴다. 투자은행은 이런 기업들의 자금 조달을 도와주고 수수료를 받는다. 투자자도 자본을 공급한다. 투자자는 수익을 얻고 다른 투자자보다 좋은 성과를 내려고 애쓴다. 자산운용사는 고객들의 자본을 대신 투자하고 수수료를 받는다. 모든 참가자가 돈으로 동기부여된다.

사람들은 항상 더 많은 수익, 더 빠른 수익, 더 나은 수익을 찾는다. 사람들은 지적 능력을 총동원하여 금융시장에 도전하고, 그 결과 금융 혁신이 일어난다. 월스트리트는 새로운 증권과 기법을 끊임없이 만들어 내는데 그때마다 획기적인 진전이자 확실한 해결책으로 소개된다. 이 중 일부는 어려운 경제 상황에서 검증을 통과하지만, 나머지는 걸러진다.

이런 식으로 진화가 계속되어 지금의 고정 수익 증권시장은 1940년판 《증권분석》이 쓰인 시기와는 몰라볼 정도로 많이 바뀌었다. 심지어 《증권분석》 제6판이 출간된 2009년 이후로도 시장의 진화는 계속되었다. 지적 호기심이 충만하고 새로운 주제에 관심이 많은 사람이라면 투자라는 분야가 매우 흥미로울 것이다.

규칙에 얽매어 오직 품질과 안전만을 추구하는 것에서 융통성 있게 위험 조정 수익을 최대화하는 것으로, 다시 말해 위험 회피에서 현명하게 위험을 수용하는 방향으로 투자의 흐름이 바뀌었다. 이런 발전은 고정 수익 시장에 큰 변화를 가져왔고, 그레이엄과 도드는 이런 변화를 결코 예상하지 못했을 것이다. 이런 변화의 일부를 설명하며 이 장을 마무리하고자 한다.

'고정 가치'fixed-value는 그레이엄과 도드가 채무 증권(채권) 투자를 설명하며 사용한 용어다. 시간이 지나며 '고정 수익'fixed income으로 바뀌었는데, 이 용어도 요즘은 잘 사용하지 않는다. 변동금리 증권이 유행하고 신용도 변화가 중요해지면서 우리 사회가 덜 '고정'되었기 때문일 것이다.

오늘날 더 자주 사용하는 용어는 정부 부채를 제외한 모든 채권을 일컫는 '신용'credit이다. '신용'이라는 용어는 '발행인의 신용도가 중요한 부채'를 짧게 줄인 것으로 볼 수 있다. 정부가 발행한 증권이 아니라면 상환이 100퍼센트 확실하지 않다는 것을 상기시켜 준다.

1969년 내가 퍼스트 내셔널 시티 은행에 들어갔을 때, 채권이 가장 대표적인 고정 수익 증권이었다. 두 명의 채권 베테랑이 담당했는데, 주식시장이 급등하면서 채권 부서는 뒷전으로 밀려났다. 1970년대 들어 관심이 줄어들자 채권 데이터 발표가 중단되었다. 이후 수십 년 동안 투자등급 채권은 거의 관심을 받지 못했다.

그러다 1977~1978년쯤 발행되기 시작한 하이일드 채권, 혹은 하위 투자등급 채권에 시장이 주목했다. 이 증권들은 투자등급 채권보다 훨씬 높은 수익률을 제시했고, 차입매수(지금은 사모펀드로 불린다)라는 새로운 산업에 자본을 공급했다. 위험 대비 수익이 충분히 크다고 판단되면 위험 증권도 얼마든지 매수하는 관행이 형성되었다.

2000년 이전에는 '대출'loan은 주로 '은행 대출'을 의미했다. 주요 은행들이 대출을 시작했고 몇몇 다른 은행과 분담하기도 했다. 2000년대 초부터 '레버리지 론'leveraged loans, '시니어론'senior loans(레버리지 론 중에서 상환 순위가 우선시되는 대출 채권—옮긴이), '변동금리 대출'이 공모 발행되기 시작했다. 이런 채무 증권은 하이일드 채권처럼 투자 부적격 등급 기업들이 발행한다. 후순위가 아니며, 순위가 앞서기 때문에 하이일드 채권보다 금리가 약간 낮고, LIBORLondon Interbank Offered Rate(런던 은행 간 금리)나 SOFRSecured Overnight Financing Rate(미국 국채 담보부 단기 기준금리)에 연동된 변동금리가 특징이다.

글로벌 금융위기 이후 대부분의 은행이 엄격한 규제를 받았고 대출을 꺼리게 되었다. 2011년 즈음 비은행 대출 기관들이 이 공백을 메우기 시작했다. 그 결과 '사모 대출'private debt이나 '직접 대출'direct lending이 주요 자산군이 되었는데, 유동성은 떨어지지만 더 높은 금리를 제공한다.

많은 신용 혁신으로 절대 수익률이나 위험조정 수익률이 증가할 것으로 기대되었다. 하지만 이런 개선은 시장성이나 유동성의 하락을 동반했다. 시장 상황이 악화되면 등급이 낮은 채무 증권을 매각하는 것이 힘들어지고 가격을 크게 할인해야 한다. 사모 대출은 말 그대로 장외 거래를 통해 판매가 되므로 힘든 시기에는 수요자를 찾기 힘들어진다.

과거에는 만기까지 남은 기간이 길수록 채권의 가격 변동이 더 심한 것으로 간주되었다. 최근에는 채권투자자의 관심이 만기에서 '듀레이션'duration으로 바뀌었다. 듀레이션은 투자 자금의 평균 회수 기간을 의미한다. 예를 들어 표면금리 2퍼센트, 10년 만기 채권은 표면금리 10퍼센트, 10년 만기 채권보다 평균 회수 기간이 더 길기 때문에, 2퍼센트 채권의 듀레이션이 더 길고 따라서 만기가 동일하더라도 금리 변화에 따른 변동성이 더 크다.

금리 변화에 따라 채권 가치도 변하므로 20~30년 전까지 많은 채권투자자는 경기 사이클에 따라 금리 움직임을 예측하는 데 초점을 맞췄다. 하지만 지금은 연준의 행동과 기업의 변화에 더 관심을 기울인다. 갈수록 비우량 등급 기업들이 발행하는 채무 증권이 늘어나면서 발행 기업의 신용도 변화가 매우 중요해졌기 때문이다.

과거에는 주로 포트폴리오를 다각화하고 고정 수입을 얻기 위해 채권을 구매했다. 지금은 주식과 마찬가지로 총수익을 중요시하며, 단기 이익을 목적으로 활발하게 거래한다.

투자자들이 투자에서 나오는 총수익을 중요시하면서, 이자 수익과 평가이익의 구분이 덜 중요해졌다. 이자가 없더라도 평가 차익을 실현해 사용할 수 있고, 이자 수익을 재투자해 더 많은 평가 차익을 기대할 수도 있다.

요즘에는 채권을 단순히 매수하는 데 그치지 않고, 가격 하락을 예상해 공매도 하거나 가격 괴리를 이용해 차익거래를 하기도 한다. 특정 채권을 직접 매매하지 않고 미래 금리 방향이나 전체 채권시장 혹은 일부 시장에 베팅할 수도 있다. 투자은행도 대상 자산의 성과를 반영하는 파생 상품이나 바스켓baskets(여러 자산을 묶어 놓은 상품—옮긴이), 합성 상품을 만들어 판다.

최근 수십 년간 '구조화된' 혹은 '만기 구조를 차등화한'tranched 채무 증권이 만들어졌다. 주택이나 상업용 부동산의 모기지를 담보로 하는 부동산담보증권, 신용카드 매출채권 등을 담보로 하는 자산유동화증권Asset-Backed Securities, ABS, 시니어론 포트폴리오를 담보로 하는 대출담보부증권Collateralized Loan Obligations, CLO 같은 상품을 들 수 있다. 이런 상품들은 선순위부터 후순위까지 상환 우선순위가 다른 트랜치로 나뉘어 팔리는데, 이에 따라 위험 수준도 다르다. 후순위 트랜치 매수자는 선순위 트랜치 매수자의 담보력을 보강해 주는 대신, 선순위 트랜치 매수자보다 추가 수익을 가져간다. 이런 구조화 증권의 복잡성 때문에 사람들은 서브프라임 모기지 증권의 위험을 과소평가하게 되었고 글로벌 금융위기를 초래했다.

1970년대 투자 부적격 등급 채권이 공모로 발행되기 시작했을 때는 보통 커버넌트covenant, 즉 채권 발행인이 채권 보유자에게 잠재적으로 해로운 행동을 하지 못하게 하는 채권자 보호 조항이 포함되었다. 하지만 시간이 흐르며 투자자들이 위험한 채권에 익숙해지고 최근 들어 많은 돈이 자본시장에 유입되면서 채권시장은 판매자 우위 시장으로 바뀌었다. 투자자들은 수익률을 낮추거나 더 많은 위험을 떠안으며 투자 기회를 얻기 위해 경쟁하게 되었다. 그 과정에서 커버넌트는 거의 사라졌고, 채권 매수자들은 덜 보호받게 되었다.

지금까지 살펴본 채권시장의 변화에 덧붙여 오랫동안 지속된 금리 하락 추세에 대해 마지막으로 언급하고 싶다. 1970년대에 나는 우대금리보다 0.75퍼센트 높은 조건으로 은행 대출을 받았다. 1980년 이자율이 22.25퍼센트까지 올랐다는 통지서를 받았는데 액자에 넣어 보관해 놓았다. 40년이 지난 2020년 나는 2퍼센트 금리에 돈을 빌릴 수 있었다. 금리가 20퍼센트나 하락한 것인데 해당 기간 인플레이션이 낮게 유지된 결과다. 금리가 낮을수록 미래 현금흐름의 할인 가치가 커지고 자산의 가치가 올라간다. 따라서 금리 하락은 거대한 순풍이 되어 모든 투자자가 높은 수익을 향유할 수 있게 만들었다. 안타깝지만 고정 수익에 의지하는 사람들은 예외였다. 2021~2022년 인플레이션이 돌아왔고 채권을 포함한 대부분의 자산 가격이 하락했다. 이런 추세의 지속성과 그 파급 효과에 대해서는 시간이 지나면 알게 될 것이다.

마지막으로 채권시장의 동향을 빠짐없이 알고 싶다면 새로운 용어를 계속 배워야 한다. 그레이엄과 도드가 요즘 투자자들이 사용하는 용어를 듣는다면 무슨 뜻인지 제대로 알지 못할 것이다.

'롱 듀레이션long duration 포지션'은 포트폴리오의 듀레이션이 평균보다 길다는 것으로, 금리 하락과 채권 가격 상승에 베팅한다는 의미다.

'숏 스프레드short spreads 포지션'은 하이일드 채권의 수익률과 국채 수익률의 차이인 스프레드가 앞으로 더 확대될 것이라는, 다시 말해 하이일드 채권 가격 하락을 전망한다는 뜻이다.

'롱 크레딧long credit 포지션'은 채권 포트폴리오에 국채보다 회사채 비중이 높다는 것으로, 경제 성장과 기업 이익의 증가를 기대한다는 뜻이다.

'금리 트레이딩'rates trading은 미국 국채 및 그와 관련된 모든 것, 예를 들어 물가연동채나 선물, 선도forwards, 옵션, 스왑, 스왑션swaption [무엇인지 묻지 말라.] 같은 것을 매매하는 것을 의미한다.

회고

운 좋게도 지난 45년 동안 신용시장에 참여해 큰 혜택을 누릴 수 있었다. 이전 세대에는 없었던 새로운 시장이 출현했고, 내가 그 시장을 발견하고 입지를 다진 후에 시장이 대중화되었다. 그 결과 회사는 번창할 수 있었고 개인적으로도 이루 말할 수 없는 지적 만족감을 느낄 수 있었다.

새로운 시장의 리스크를 다루며 우리는 위험 통제, 일관성, 장기투자, 운용 자본 제한을 강조하는 회사를 만들기로 결정했고, 기업 문화에도 이를 반영할 수 있도록 노력했다. 우리는 고객들에게 '저위험 옵션'을 제공하려고 노력했다. 오크트리 설립 당시 회사의 모토는 '패자만 피한다면, 승자는 알아서 잘 할 것이다'였는데, 이 모토는 승자를 발굴하기 위한 전략을 다수 추가한 지금도 여전히 회사의 최우선 순위로 남아 있다.

우리는 호황기에 성과 목표를 공격적으로 설정하지 않는다. 호황기에 모두 큰돈을 벌고 있을 때, 우리가 더 많은 돈을 벌어야 한다는 요구에 나는 동의하지 않는다. 그렇게 하려면 평균 이상의 위험을 짊어져야 한다. 그 대신 우리는 혹한기에 시장을 이기려고 노력한다. 이때가 정말로 시장을 이겨야 할 시기다. 고도로 숙련된 신용 조사와 선별력으로 패자를 걸러내 가치를 크게 높일 수 있는 시기가 바로 채무불이행이 이어지는 혹한기이다.

운 좋게도 내가 신용시장에서 투자자로 일하던 지난 40년은 20퍼센트의 금리 하락과 이로 인한 신용 자산의 강세장이 펼쳐지던 시기였다. 내가 강세장을 만든 것도 아니고, 강세장을 예측하지도 않았다. 단지 좋은 시기에 좋은 시장에 있었을 뿐이다. 우리가 좋은 성과를 거둔 데에는 금리 하락의 영향이 컸다.

내가 투자했던 시기를 돌이켜 보면, 좀 더 공격적으로 투자할 수도 있었다. 더 많은 위험을 감수할 수도 있었고, 더 많은 승자를 적극적으로 발굴하고 더 불확실한 신용에 베팅할 수도 있었다. 연준이 경제를 성장시키고 시장을 떠받칠 것이라고, 연준을 더 신뢰할 수도 있었다. 이 기간 동안 전반적으로 우호적인 투자 환경이 이어졌음을 고려할 때, 더 많은 수익을 얻을 수 있었을 것이다. 하지만 오크트리가 생각을 바꿔 이런 방식을 도입할 가능성은 앞으로도 없을 것이다.

이런 조건들이 복합적으로 작용해 지난 45년 동안 신용 시장을 최고의 시기로 만들었다. 투자자들은 경제 성장, 채무불이행률 하락, 낮은 인플레이션, 금리의 하락 추세, 신용 자산의 인기 상승으로 혜택을 보았다. 앞으로도 호시절이 이어질 수 있을까? 알 수 없지만, 역사적으로 낮은 현재의 금리 수준을 감안할 때 금리 하락에 따른 수혜를 크게 기대하기는 힘들 것이다. 게다가 다른 시장과 마찬가지로 신용시장도 이제 훨씬 효율적이 되어서, 과거만큼 할인 기회를 많이 찾기는 쉽지 않을 것이다. 항상 그랬듯이 거시적 미래에 관한 대부분의 질문에 대한 나의 대답은 동일하다. "지켜보는 수밖에."

대부분의 다른 인간 활동 영역과 마찬가지로 채무 증권시장도 계속 진화해 왔고 앞으로도 계속 진화해 갈 것이다. 당면한 문제를 해결하기 위해 쓰인 방법론 중심의 실용 서적은 당장은 도움이 되겠지만 시간이 지나며 타당성을 잃어 갈 것이다. 반면 《증권분석》은 책이 쓰인 당시는 물론 현재와 미래에도 타당한 세대를 초월한 지혜를 담고 있다. 《증권분석》은 독자들에게 투자에 대해 생각하는 법을 알려 준다. 물고기를 주기보다 물고기 잡는 법을 알려 준다. 앞으로도 오랜 세월 투자의 바이블로 계속 남을 것이다.

고정 수익 증권 선정 원칙 1

앞에서 우리는 증권을 명칭이 아니라 속성에 따라 분류하자고 제안하였다. 이제부터는 유형별로 증권을 선택하는 원칙과 기법을 살펴보자. 고정 수익 증권(제2판에서는 '고정 가치 투자'로 표현했으나, 현대 용어에 맞춰 '고정 수익 증권'으로 표현함—옮긴이)은 다음과 같이 분류한다고 설명하였다.

1. 우량 등급 일반 채권과 우선주
2. 우량 등급 특권부 증권(특권의 가치가 거의 모두 사라진 증권)
3. 보통주(보증이나 우선권을 통해서 우량 등급 선순위 증권의 지위를 차지한 보통주)

우량 등급 우선주

우리는 최상급 우선주와 우량 등급 채권을 같은 유형으로 분류했다. 이는 두 증권을 같은 기법으로 분석할 수 있고, 같은 방식으로 다룰 수 있다는 뜻이다. 우선주의 법적 권리가 채권보다 열위인 것은 분명하지만, 여기서는 고려할 사항이 아니다. 투자의 건전성은 법적 권리나 대응이 아니라 기업의 재무 능력에 달렸기 때문이다. 이런 관점은 내셔널 비스킷 우선주National Biscuit Company Preferred가 40년 넘게 우량 등급 채권처럼 취급되었다는 사실로도 뒷받침된다.[1]

우선주와 채권의 차이

그러나 내셔널 비스킷 우선주와 같은 역사와 지위를 유지한 우선주는 극히 일부에 불과하다. 따라서 일반 우선주에 투자하는 것이 채권투자와 같다고 보아서는 절대 안 된다. 나중에 자세히 설명하겠지만, 일반 우선주는 일반 채권보다 열등하다고 보아야 마땅하다. 그런데도 투자 대중은 우선주를 너무 비판 없이 받아들였다. 우선주 대부분은 배당금을 꾸준하게 지급하지 못했다. 따라서 일반 우선주는 '그룹 Ⅱ. 가치가 변동하는 선순위 증권'으로 분류해야 하며, 여기서는 채권과 우선주의 법적 지위 차이가 매우 중요해진다. 그러므로 일반 우선주와 예외적인 우선주는 명확하게 구분해야 한다. 고정 수익 투자 대상으로서 우량채권처럼 취급할 수 있는 것은 예외적인 우선주뿐이다. 이제부터는 고정 수익 증권에 속하는 모든 증권을 '투자 채권'이나 '채권'으로 간단히 표현하기로 한다.

채권은 투자할 가치가 있는가?

이 책의 제1판(1934년판)에서 우리는 금융시장과 산업 환경이 극심한 변화를 겪었는데도 채권투자의 기본 논리가 손상되지 않았는지 진지하게 검토한 바 있다. 막대한 손실 위험이 여전히 남아 있는데도 투기 소득 가능성을 모두 포기하고 한정된 이자 수익만을 추구할 필요가 있느냐는 것이었다. 이에 대해 1927~1933년은 지극히 비정상적인 상황이었으므로, 채권투자 이론과 실제를 판단하는 공정한

---

1   부록의 비고 6 참조.

기준이 될 수 없다고 결론지었다. 이후 우리의 결론이 옳은 것으로 입증된 듯했다. 그러나 채권이 안전하다는 기존 관념을 송두리째 흔들 만한 불확실성이 여전히 여전히 많이 남아 있다. 지난 20년 동안 채권 가격이 신고가를 기록하기도 하고, 두 번이나 폭락하기도 했으며, 현재 제2차 세계대전이 진행 중임을 고려하면, 채권의 미래를 함부로 함부로 확신해서는 안 된다.

원래부터 매력 없는 채권

지금은 투자자, 발행 회사, 투자 교과서 저자 모두 채권 선정에 대해서 더 비판적이고 엄격한 태도를 견지해야 하는 상황이다. 채권은 안전이 보장되어 있다거나 주식보다 안전하다는 식으로 암시하면 위험하다. 채권을 안전한 상품이라고 간주하는 대신, 채권은 수익이 한정되어 있다는 사실에서부터 논의를 시작하는 편이 건전하다. 장래에 발생할 이익에 참가하지 않는 대신, 채권 보유자는 우선 청구권과 명확한 지급 약속을 받고, 우선주 소지자는 우선 청구권만 받는다. 그러나 우선 청구권도, 명확한 약속도, 그 자체가 지급을 보장하는 것은 아니다. 지급 여부는 기업의 채무이행 능력에 달렸으므로, 기업의 재무 상태, 실적, 전망을 확인해야 한다. 따라서 채권 선정의 핵심은 장래 이익에 참여하지 않는 대신, 명확하고 확실하게 안전을 확보하는 것이다.

손실 회피가 중요하다

채권의 수익이 한정적이라는 개념에서부터 채권투자에 대해 중요한 관점이 도출된다. 채권은 손실 회피가 중요하므로, 채권 선택에서는 주로 배제하는 방식을 써야 한다는 점이다. 즉 종목을 탐색하여 편입하는 방식이 아니라, 제외하고 거부하는 방식이 되어야 한다. 이는 주식 종목 선정 방식과 대조를 이룬다. 보통주 종목을 선정하는 투자자는 손실을 회피하려는 욕구 못지않게 이익을 얻으려는 욕구도 강하다. 유망 종목을 놓쳤을 때 입는 불이익은 부실 종목에 잘못 투자했을 때만큼이나 커질 수 있다. 그러나 채권투자자는 우량채권을 아무리 많이 놓치더라도, 부실채권에 투자하지만 않는다면 사실상 아무 불이익이 없다. 따라서 고정 수익 증권을 고를 때에는 아무리 까다로워도 문제가 되지 않는다. 월터 배지엇Walter Bagehot이 상업은행장들에게 한 말은 채권투자에도 그대로 적용된다. "문제가 있거나 의심스러운 증권은 거절해야 한다."[2]

고정 수익 증권 선정의 4대 원칙

지금까지 전반적인 접근 방식을 설명하였으므로, 이제는 개별 종목 선정에 적용할 더 구체적인 4대 원칙을 제시하고자 한다.

I. 안전은 담보나 법적 권리가 아니라 회사의 채무이행 능력에 달렸다.[3]
II. 채무이행 능력은 호황이 아니라 불황 기준으로 평가해야 한다.
III. 안전하지 않은 증권은 아무리 높은 표시 이자율로도 보상되지 않는다.
IV. 투자 대상 채권을 선정할 때에는 (저축은행들의 투자를 규제하는 규정처럼) 배제의 원칙과 구체적인 양적 기준을 적용해야 한다.

이 원칙은 채권을 선정하는 전통적인 태도 및 기법과 크게 다르다. 이는 혁신적인 방식이 아니라, 현명하고 노련한 투자자 사이에서 확산 중인 견해를 인정하고 지지하는 데 불과하다. 이제부터 이들 원칙의 특성과 정당성에 대해 논의하기로 한다.[4]

---

2   *Lombard Street*, p. 245, New York, 1892.
3   이것은 고정 수익 증권 대부분에 적용되는 일반 원칙이지만, 예외도 많이 있다. 예외에 대해서는 나중에 논의한다.
4   이 원칙은 1940년에도 그다지 새롭거나 희귀한 아이디어가 아니다. 그러나 아직 표준으로 자리 잡은 것 같지는 않다.

I. 안전은 담보가 아니라 지급 능력에 달렸다

먼저 기본적인 차이점을 파악할 필요가 있다. 과거에는 채권을 살 때 주로 담보물, 즉 담보권을 설정한 자산의 특성과 가치에 중점을 두었다. 그러나 이것은 그다지 타당한 생각이 아니다. 핵심 요소는 기업의 건전성이 되어야 한다. 여기서 채권을 보는 두 가지 관점을 명확하게 구분할 수 있다. 하나는 채권을 자산에 대한 청구권으로 보는 관점이고, 나머지 하나는 사업에 대한 청구권으로 보는 관점이다.

자산에 대한 청구권으로 보는 관점은 그 유래와 목적이 매우 합리적이었다. 투자자는 사업이 실패했을 때 자금을 회수할 수 있도록 충분한 담보를 확보함으로써, 사업 위험에서 벗어나고 싶었던 것이다. 회사가 돈을 갚지 못하게 되면, 투자자는 담보자산을 인수하여 투자 자금을 회수할 수 있다. 이런 식으로 진행되기만 하면 이것은 탁월한 방법이다. 그러나 실제로 이렇게 진행되는 경우는 드물다. 여기에는 세 가지 이유가 있다.

1. 사업이 실패하면 자산가치가 하락한다.
2. 채권 보유자가 법적 권리를 주장하기가 어렵다.
3. 법정관리나 부도가 발생하면 처리 일정이 지연되고 기타 불이익을 당하게 된다.

담보가 손실을 막아 주지 못한다

사업이 실패해도 담보권으로 투자 손실을 막을 수 있다고 생각한다면, 이는 대개 완전한 착각이다. 일반적으로 담보자산의 가치는 기업의 수익력에 절대적으로 좌우된다. 채권투자자가 담보권을 설정하는 자산은 대개 철도, 공장 건물과 장비, 발전소와 기타 공공 재산, 교량, 호텔 등이다. 이런 담보자산은 처음부터 사용하던 기업에만 가치가 있다. 따라서 그 회사가 사업에 실패하면, 그 고정자산은 대개 가치가 폭락한다. 그러므로 담보자산의 취득원가나 감정가를 제시하면서 채권을 사라고 권유하는 관행은 투자자를 완전히 잘못된 믿음에 빠뜨리는 행위다. 담보자산의 가치는 부도가 발생할 때에만 중요해지며, 이때에는 장부가치가 적합하지도 않고 믿을 수도 없게 된다. 그 사례가 6퍼센트 시보드올 플로리다 철도 1순위 담보채권Seaboard-All Florida Railway First Mortgage인데, 철도가 완공된 직후인 1931년에 가격이 1센트까지 떨어졌다.[5]

담보권 실행의 어려움

담보자산의 실제 가치가 채무와 비슷한 수준일 때, 채권 보유자가 담보권을 실행하여 자금을 회수하도록 허용되는 경우가 드물다. 회사채가 부도났을 때 진행되는 절차는 개인의 담보자산을 처분하는 절차와 본질적으로 다르다. 물론 담보권자의 법적 권리는 두 경우 모두 같다. 그러나 담보자산의 가치가 청구권을 초과할 가능성이 조금이라도 있다면, 법원은 채권 보유자의 담보권 실행을 좀처럼 허용하지 않는다.[6] 그 자산에 대한 주주나 후순위 채권 보유자들의 잠재적 권리를 완전히 배제하는 것은 부당하다고 보기 때문이다. 이런 관행에 의해서 채권 보유자들은 담보자산의 가치가 청구권보다 현저히 낮은 경우에만 대개 담보권을 실행하게 된다. 때로는 이자 지급이 재개되어 채권이 부활하기도 한다.[7] 극히 드물게 부도 채권이 전액 상환될 때도 있지만, 이는 짜증스럽도록 긴 세월을 보낸 다음이다.[8]

골치 아픈 일정 지연

일정 지연이 담보자산을 너무 믿어서는 안 되는 세 번째 이유다. 담보자산의 가치가 높을수록 담보권을 실행하기가 어려워지고, 다양한 채권 보유자와 주주 사이

---

5 부록의 비고 7 참조.
6 7퍼센트 인터버러 래피드 트랜짓 담보채권 보유자들은 부도 7년 뒤에야 담보권을 실행할 수 있었다.
7 부록의 비고 8 참조.
8 부록의 비고 9 참조.

에서 자금을 공정하게 배분하기까지 오랜 시일이 걸린다. 부도가 발생했을 때 채권 보유자에게 가장 유리한 상황을 가정해 보자. 이 회사가 설정해 준 1순위 담보권은 소액에 불과하고, 2순위 담보권이 많다. 이 회사는 2순위 담보권 때문에 지급 불능 상태에 빠진다. 이때 1순위 담보채권 보유자는 지위가 매우 강력해서 실제로 손실 볼 가능성이 거의 없다. 그러나 회사가 재정난에 빠지면, 실제 가치가 떨어지지 않은 증권까지도 모두 가격이 하락한다. 부도 상황이 지루하게 진행되면서 회사의 증권 가격이 모두 폭락한다. 곤경에 빠진 회사의 증권은 누구나 꺼리기 때문이다. 결국, 1순위 담보채권은 기업회생 과정을 무사히 통과한다. 그러나 길고도 지루한 이 기간에 채권 호가는 폭락하며, 1순위 담보채권 보유자는 향후 결과에 대해 의심과 걱정을 떨쳐 버리지 못한다. 전형적인 사례가 4퍼센트 미주리, 캔자스 앤드 텍사스 철도 1순위 담보채권Missouri, Kansas and Texas Railway Company First과 5퍼센트 브루클린 유니언 고가철도 1순위 담보채권이다.[9] 법정관리와 기업회생 절차에 대해서는 나중에 자세히 다루기로 한다.

기본 원칙은 문제를 피하는 것이다

채권투자자의 기본 목표는 문제가 발생했을 때 자신을 보호하는 것이 아니라, 문제 자체를 피하는 것이어야 한다. 특정 담보물이 실제로 유용한 것으로 입증되더라도, 그 혜택은 투자자에게 불리한 상황에서만 실현되기 때문이다. 법정관리나 부도가 발생하면 채권 가격은 필연적으로 폭락하므로, 투자자가 청구권을 행사한다는 것은 그의 투자가 어리석었다는 뜻이다. 담보자산은 기껏해야 투자자의 실수를 완화해 줄 뿐이다.

---

[9] 부록의 비고 10 참조. 미국 철도 노선의 3분의 1이 파산했지만, 기업회생을 촉진하려는 목적으로 1933년 파산법 77조를 개정한 이후, 6년 동안 법정관리에서 벗어난 회사가 단 하나도 없었다.

원칙 I에서 도출되는 추론

1. 담보는 없어도 괜찮다

원칙 I로부터 실전에 적용할 중요한 추론이 여러 개 도출된다. 우량 등급 채권을 선정할 때 담보는 중요하지 않으므로, 담보가 없더라도 대수로운 문제가 아니다. 건전한 기업이 발행하는 무담보사채는 이자를 충분히 지급할 수 있으므로, 거의 담보채권이나 다름없이 취급할 수 있다.[10] 건전한 기업의 무담보사채가 허약한 기업의 담보사채보다 확실히 더 견실하다. 예를 들어 1961년 만기 3퍼센트 스탠더드 오일 오브 뉴저지 무담보사채Standard Oil of New Jersey Debenture는 어떤 1순위 담보채권보다도 투자 등급이 더 높다. 채권 목록을 조사해 보면, 담보채권을 발행하지 않은 회사의 무담보사채는 신용등급이 일반 담보채권 이상으로 높게 나온다. 이는 무담보사채로 자금을 조달하려면 회사의 신용등급이 높아야 하기 때문이다.[11]

2. 건전한 회사의 고수익 채권을 사라

어떤 회사의 채권 하나가 고정 수익 투자에 적격이라면, 이 회사의 채권 모두 투자에 적격이다. 역으로 말해서, 어떤 회사의 후순위 채권이 안전하지 않다면, 이 회사의 선순위 채권도 고정 수익 투자에 적합하지 않다. 후순위 채권이 안전하지

---

10 미국 금융계에서 '무담보사채'debenture는 '무담보 장기채권이나 무담보 중기채권'을 뜻한다. 이 용어는 뚜렷한 의미 없이 다른 유형의 증권에 임의로 사용되기도 한다. '담보부사채'secured debenture에 사용된 경우도 많다. 예를 들면 1950년 만기 6.5퍼센트 시카고 헤럴드 앤드 이그재미너 담보부사채Chicago Herald and Examiner Secured Debenture 61/2s, due 1950, 1953년 만기 3.5퍼센트 론 스타 가스 사채Lone Star Gas Debenture 31/2s, due 1953 등이다. 우선주 중에도 무담보사채를 붙여 부르는 우선주가 많다. 예를 들면 듀폰 무담보사채 주식DuPont Debenture Stock(1939년 임의상환), 제너럴 시가 컴퍼니 무담보사채 우선주General Cigar Company Debenture Preferred(1927년 임의상환) 등이다. 처음에는 무담보로 발행되었다가 나중에 보호 조항을 통해서 담보를 확보하는 사채도 있다. 예를 들면 19장에서 언급되는 뉴욕, 뉴헤이븐 앤드 하트포드 철도New York, New Haven and Hartford Railroad Company이다. 1933년에 구조 조정된 6.5퍼센트 폭스 뉴잉글랜드 시어터 무담보사채61/2s of Fox New England Theaters, Inc., Debenture도 그런 예이다. 이들 무담보사채는 그 회사 1순위 담보채권을 담보로 확보하였다. 장기채권bond과 중기채권note의 차이는 만기뿐이다. 일반적으로 장기채권은 만기가 10년 이상이고, 중기채권은 10년 미만이다.

11 1935~1939년 제조업체 회사채 발행에서 이 사실이 확실하게 입증된다. 이 기간에는 우량 등급 채권만 판매할 수 있었는데, 전체 발행량에서 무담보사채가 차지하는 비중이 압도적이었다.

않다면 회사 자체가 취약하다는 뜻이며, 이렇게 취약한 회사의 채권은 우량 등급이 될 수 없기 때문이다. 따라서 이론적으로 타당한 채권투자 절차는 먼저 건전성 기준을 모두 충족하는 회사를 선택한 다음, 이 회사가 발행한 채권 가운데 수익률이 가장 높은 채권을 사는 것이다. 이는 선순위 채권이 아니라 후순위 채권을 사라는 뜻이다. 회사를 선택하는 과정에서 실수하지 않는다면, 실제로 이 방법이 완벽하게 효과를 발휘할 것이다. 그러나 실수 위험이 커질수록, 수익률을 희생해서라도 손실 위험을 낮춰야 한다. 그런데 수익률 낮은 선순위 담보채권을 선호한다는 것은 건전한 회사를 선택하는 데 자신이 없다는 뜻이다. 만일 그렇게 자신이 없는 사람이라면, 그가 특정 회사의 채권에 투자하는 행위가 바람직한 것인지 의심해 보아야 한다.

사례: 두 채권을 비교해 보자. 1946년 만기 5퍼센트 커더히 패킹 컴퍼니 1순위 담보채권Cudahy Packing Company First Mortgage과 같은 회사가 발행한 1937년 만기 5.5퍼센트 무담보사채다. 1932년 6월에 5퍼센트 1순위 담보채권은 95에 거래되어 만기수익률이 약 5.5퍼센트였고, 5.5퍼센트 무담보사채는 59에 거래되어 만기수익률이 20퍼센트가 넘었다. 액면가를 거의 모두 지불하고 담보채권을 사려면, 이 회사가 부도나지 않고 순조롭게 운영된다고 확신해야만 한다. 만일 문제가 발생한다면 채권 가격이 폭락할 것이기 때문이다. 그러나 회사의 장래를 확신한다면, 왜 수익률이 월등히 높은 무담보사채를 사지 않는가? 자신의 판단이 틀려서 회사가 곤경에 처했을 때 더 보호를 받으려는 목적이다. 회사에 문제가 생기면 무담보사채보다 담보채권의 손실이 적을 것이기 때문이다. 그렇더라도 회사에 부도가 발생할 때 담보채권이 입는 손실은 거의 무담보사채만큼이나 커진다. 1932년 4월 피스크 러버Fisk Rubber Company가 부도났을 때 8퍼센트 담보채권은 17에 거래되었고, 5.5퍼센트 무담보사채는 12에 거래되었다. 따라서 커더히 담보채권을 사는 사람은 손실 중 극히 일부를 보호받으려고 무려 연 15퍼센트에 달하는 수익률을 포기하는 셈이다. 그는 얻는 것에 비해서 포기하는 것이 너무도 많다. 결론적으

로 그는 둘 중 하나를 선택해야 한다. 커더히 채권에 투자하지 말든가, 수익률이 엄청나게 높은 후순위 채권(무담보사채)에 투자해야 한다.[12] 이 원칙이 적용될 수 있는 일반적 사례는 같은 회사의 담보채권이 액면가 수준에서 거래되고 무담보사채가 훨씬 높은 수익률로 거래될 때다.[13]

3. 수익률 차이가 크지 않으면 선순위 채권이 낫다

후순위 채권은 수익률이 훨씬 높을 때에만 선택해야 한다. 선순위 채권의 수익률이 약간 낮은 수준이라면, 뜻밖의 문제에 대비해서 약간의 보험료를 지불하는 편이 현명하다.

사례: 두 채권의 가격을 비교해 보자. 1995년 만기 4퍼센트 애치슨, 토피카 앤드 샌타페이 철도 1순위 담보채권Atchison, Topeka & Santa Fe Railway Company General first과

애치슨 1순위 담보채권과 2순위 조정 채권의 가격 비교

날짜	1순위 가격	2순위 가격	수익률 차이
1913. 1. 2.	97.5	88	9.5
1917. 1. 5.	95.5	86.75	8.75
1920. 5. 21.	70.25	62	8.25
1922. 8. 4.	93.5	84.5	9
1925. 12. 4.	89.25	85.25	4
1930. 1. 3.	93.25	93	0.25
1931. 1. 7.	98.5	97	1.5
1932. 6. 2.	81	66.5	14.5
1933. 6. 19.	93	88	5
1934. 1. 9.	94.25	83	11.25
1936. 3. 6.	114.63	113.5	1.13
1937. 4. 26.	103.5	106.75	3.25
1938. 4. 14.	99.25	75.25	24
1939. 12. 29.	105.75	85.25	20.5

---

12 커더히 채권 두 종목 모두 1935년에 102.5에 상환되었다.

13 선순위 증권이 이례적인 우선적 지위를 누릴 때에는 이 원칙에 예외로 인정된다. 예: 담보가 매우 확실한 철도회사 기초 채권.(제6장)

만기 1995년 4퍼센트 2순위 조정 채권이다.

1924년 이전에는 1순위 담보채권이 가격은 약 7~10포인트 높고 수익률은 약 0.5퍼센트 낮았다. 두 종목 모두 확실히 안전한 종목으로 인정받았으므로, 10퍼센트 낮은 가격에 2순위 채권을 사는 편이 합리적이었다. 1923년 이후에는 이 견해가 힘을 얻으면서 가격 차이가 꾸준히 줄어들었다. 1930년과 1931년 일부 기간에는 2순위 채권이 1순위 채권과 거의 같은 가격으로 거래될 때가 수없이 많았다. 그러나 이 정도로 가격 차이가 줄어드는 것은 가격 차이가 지나치게 벌어지는 것보다도 더 불합리했다. 2순위 채권의 가격과 수익률 이점이 너무 적어서, 차라리 1순위 채권을 택하는 편이 나았기 때문이다.

1932년 6월 채권시장이 얼어붙자 수익률 차이가 14포인트 넘게 벌어졌고, 사람들은 이 명백한 사실을 뼈저리게 실감했다. 가격 흐름에서 보듯이, 두 종목의 합리적인 가격 차이는 약 5포인트였으며, 차이가 이보다 크게 벌어지거나 줄어들면 교체매매할 기회였다. 이런 기회가 1934년과 1936년이었다.

그러나 이 사례에는 이 밖에도 흔히 발생하는 변화 요소가 또 들어 있다. 1937년이 되자 애치슨의 이익은 과거 평균 수준에 크게 못 미쳤으며, 보수적 기준으로 평가했을 때 이자 보상 배수가 실제로 부족했으므로, 2순위 '조정사채'에 따르는 위험을 함부로 무시할 수가 없었다. 따라서 상환 능력에 전혀 문제가 없었던 때와는 상황이 달라진 것이다. 1938년 5월 1일 회사는 이익이 부족해서 2순위 채권에 대한 이자 지급을 연기했고, 그 결과 가격이 75.13까지 떨어져서 수익률 차이가 24포인트나 벌어졌다. 비록 나중에 이자가 전액 지급되었고 1939년에는 가격이 96으로 회복되었지만, 이 채권에 1932년 이전 기준을 적용하는 것은 매우 어리석은 생각이다.

X 회사의 후순위 채권이 Y 회사의 선순위 채권보다 나은 경우는 다음 두 가지다.

    1. X 회사의 이자 보상 배수가 높고 후순위 채권의 수익률도 훨씬 높거나

2. 수익률 차이는 크지 않지만 X 회사의 이자 보상 배수가 Y 회사보다 훨씬 높을 때

2의 예:

종목	1930년 가격	1929년 이자 보상 배수*
1995년 만기 5% 퍼시픽 파워 앤드 라이트 1순위Pacific Power and Light Co. First	101	1.53배
2028년 만기 5% 아메리칸 가스 앤드 일렉트릭 무담보사채American Gas and Electric Co. Debenture	101	2.52배

* 평균 실적은 비슷함.

두 종목의 가격이 비슷하므로, 이자 보상 배수가 훨씬 높은 아메리칸 가스의 후순위 채권이 낫다.[14]

'기초 채권'이 지닌 특별 지위

철도산업에서 이른바 '기초 채권'underlying bonds에는 특별한 투자 지위가 있는 것으로 보인다. 기초 채권은 기업에서 특별히 중요한 자산을 담보로 비교적 소규모로 발행하는 채권이며, 흔히 '공동 담보'를 추가로 제공한다. 기초 채권은 대개 1순위 담보채권이지만, 이보다 선순위인 채권의 규모가 작을 때에는 2순위나 3순위 담보채권이 될 수도 있다.

사례: 1938년 만기 4.50퍼센트인 뉴욕 앤드 이리 철도 3차 담보채권New York and Erie Railroad Third Mortgage은 이리 철도 간선의 주요 노선을 후순위 담보로 제공한 채권이었다. 이 채권에는 공동 담보 4건이 추가로 제공되었으며, 기초 채권의 지위를 인정받았다.

이런 채권은 회사에 어떤 일이 발생하더라도 전적으로 안전한 채권으로 인정받

---

14 1937년 퍼시픽 파워 앤드 라이트는 저가가 51이었고, 아메리칸 가스 앤드 일렉트릭은 저가가 104였다.

는다. 기업회생이 일어나도 대개 피해를 보지 않으며, 이자 규모가 매우 작아서 심지어 부도 중에도 통상적으로 이자가 계속 지급된다. 그러나 회사에 부도가 발생하면 이 채권의 시가도 폭락을 면하지는 못한다.

사례: (만기가 1923년에 이어 1933년에도 자발적으로 연장된) 4.50퍼센트 뉴욕 앤드 이리 3순위 채권의 경우, 회사의 부도 2개월 뒤인 1938년 3월에 원금과 이자가 지급되지 않았다. 이 채권의 매수 호가는 61까지 떨어졌다. 그러나 1939년 말 회사가 제출한 다양한 기업회생 계획에서는 모두 원리금을 전액 상환하게 되어 있다.

1934년 만기 6퍼센트 시카고 앤드 이스턴 일리노이 컨솔리데이티드Chicago and Eastern Illinois Consolidated 채권은 1940년에 마침내 원금을 모두 상환하였고, 추가로 이자 4퍼센트도 지급하였다. 그러나 1933년에는 가격이 32까지 폭락했었다.

미주리 퍼시픽 철도Missouri Pacific Railway의 기초 채권은 세 가지로서, 원래 만기 1938년을 모두 연장한 4퍼센트 미주리 퍼시픽 철도 1순위, 5퍼센트 2순위, 4퍼센트 3순위였다. 이들 채권은 1915년 법정관리가 시작된 다음에도 이자가 지급되었고 피해가 발생하지 않았다. 1933년 2차 부도가 발생한 다음에도 만기까지 계속 이자가 지급되었다. 만기에 원금은 연체되었지만, 이자는 1939년까지 계속 지급되었다. 다양한 기업회생 계획에 의해서 이 채권은 사실상 전액 상환되었다. 새 회사의 선순위 고정금리 채권을 제공한 것이다. 그러나 1931년 이후 세 채권의 가격은 각각 65, 60, 53까지 떨어졌다.

그러나 다른 기초 채권은 부도 발생 이후 실적이 좋지 않았다.

사례: 1947년 만기 4퍼센트 밀워키, 스파르타 앤드 노스웨스턴 1순위 채권Milwaukee, Sparta and Northwestern First은 시카고 앤드 노스웨스턴 철도Chicago and North Western Railway의 기초 채권으로서, 1947년 만기 4퍼센트 유니언 퍼시픽 1순위Union Pacific First 선순위 채권보다 시가가 크게 밀리지 않았다. 그러나 시카고 앤드 노스웨스턴 철도가 법정관리에 들어가자 1935년에 이자 지급이 중단되었고, 1939년 말에는 가격이 8.13까지 붕괴했다.

앞의 설명을 통해서, 일부 기초 채권은 '회사가 건전해야 채권도 건전하다'라는 우리의 원칙에 예외인 것처럼 보인다. 기초 채권은 대부분 기관과 대규모 투자자들이 보유하고 있다. (공익기업 지주회사 자회사의 1순위 담보채권도 마찬가지다.)

철도회사 기초 채권은 철도의 위치와 전략적 가치가 가장 중요하다. 수익성 낮은 비핵심 철도에 대한 1순위 담보채권은 진정한 기초 채권이 아니다. 이런 기초 채권은 기업회생 과정에서 진정한 기초 채권보다 훨씬 불리한 처우를 받게 된다.

사례: 1938년 만기 4퍼센트 센트럴 브랜치 유니언 퍼시픽 철도 1순위 Central Branch Union Pacific Railway First 는 미주리 퍼시픽 1순위 및 차환 담보채권보다 형식상 선순위였다. 그런데도 1939년 말 제출된 기업회생 계획에 의하면, 미주리 퍼시픽이 항상 더 나은 처우를 받게 되어 있었다.

실제로 기업회생도 무사히 넘어가는 기초 채권과 엄청난 손실을 피하지 못하는 기초 채권을 미리 구분하기는 쉽지 않다. 따라서 일반 투자자는 이런 종목들을 고려 대상에서 제외하고, 건전한 회사의 채권만이 건전하다는 원칙을 고수하는 편이 낫다.

고정 수익 증권 선정 원칙 2, 3

II. 채무이행 능력은 불황 기준으로 평가해야 한다

역경을 견뎌 내야 건전한 투자라는 원칙은 진부할 정도로 자명한 말이다. 호황일 때에는 어떤 채권이나 우선주도 아무 문제가 없다. 불황의 엄격한 시험을 거칠 때에만 강한 종목이 지닌 장점이 명확하게 드러나고 결정적으로 중요해진다. 바로 이런 이유 때문에 신중한 투자자들은 역경을 견뎌 낸 유서 깊은 기업들의 채권을 항상 선호했다.

산업의 특성과 안전마진

사람들은 두 가지 이유 중 하나를 들어 어떤 채권이나 우선주가 역경을 견뎌 내리라 믿는다. 어떤 산업은 이익이 갑자기 감소하는 일이 없을 것이라고 믿거나, 어떤 기업은 안전마진이 매우 커서 이익이 감소하더라도 위험에 처하지는 않을 것이라고 믿는다. 사람들이 전력회사 채권을 선호한 것은 주로 첫 번째 이유였고, US 스틸 자회사 채권을 선호한 것은 두 번째 이유였다. 첫 번째 이유는 산업의 특성이고, 두 번째 이유는 풍부한 안전마진이다. 둘 중 불황의 위험을 피하려는 관점이 일반 채권투자자에게 가장 호소력이 있다. 불황에 끄떡없는 산업에 투자하는 편이, 재무 건전성이 탁월한 기업을 고르기보다 훨씬 쉬워 보이기 때문이다.

불황에도 끄떡없는 산업은 없다

그러나 불황에도 끄떡없는 산업은 존재하지 않는다. 다시 말해서, 어느 산업이나 수익력 감소의 위험은 있다. 물론 전력 산업이 예컨대 철강 산업보다 이익 감소 비중이 작았던 것은 사실이다. 그러나 기업이 호황기 이익에 고착되어 있으면, 실적이 조금만 기울어도 위험해질 수 있다. 산업의 실적이 악화할 수 있다는 점을 인정한다면, 투자자는 이익 감소 폭을 예측해서 이자 지급 능력과 비교해 볼 수밖에 없다. 따라서 투자자는 일반 채권을 보유했을 때와 다를 바가 없으며, 기업의 장래 변화 대응 능력에 노심초사하게 된다.[1]

따라서 산업을 불황에 끄떡없느냐 영향받느냐로 구분하는 대신, 영향을 더 받느냐 덜 받느냐로 구분해야 한다. 산업이 안정적일수록 채권 발행에 적합하며, 정상 수익력으로 이자비용을 감당할 능력도 커진다. 그러나 산업의 안정성이 낮을수록, 이자비용을 충분히 감당할 수 있도록 안전마진을 높여야 한다. 다시 말해서, 총자본 가운데 채권 비중을 낮춰야 한다. (중소 제조업체처럼) 불리한 상황이 이어질 때 기업의 생존이 의심스러울 정도로 안정성이 낮은 산업이라면, 아무리 안전마진이 크더라도 그 채권을 고정 수익 투자 대상으로 삼아서는 안 된다. 이런 채권은 양적 기준은 충족하지만, 질적 기준은 충족하지 못한다. 그러나 채권투자에는 두

---

[1] 1931~1932년 동안 수많은 공익 기업 지주회사 채권에서 부도가 발생했지만, US스틸 자회사 채권들은 지극히 나쁜 실적임에도 높은 투자 등급을 유지했다.

기준이 모두 필요하다.[2]

산업의 특성을 반영한 투자 관행

안전마진을 다양하게 적용하는 개념이 오랜 기간 투자 관행으로 확고하게 자리 잡았다. 기업을 철도산업, 공익 산업, 제조업의 세 가지로 분류한 것은 안정성 차이를 반영하려는 의도였으며, 채권 이자에 대한 보상비율도 구분하려는 뜻이었다. 예를 들어 투자자들은 철도회사는 채권 이자의 2배를 벌면 충분하다고 평가했지만, 제조업체가 2배를 벌면 부족하다고 평가했다. 그런데 1920~1930년 동안 공익 산업의 지위에 급격한 변화가 발생했다. 전력 서비스 사업과 시가 전차 사업을 명확하게 구분한 것이다. 금융기관들이 실적이 부진한 시가 전차 기업들을 '공익 산업'에서 조용히 제외하자, 일반 대중도 전력, 가스, 수도, 전화 회사만을 공익 산업으로 생각하게 되었다. (나중에 홍보 전문가들은 대중적 인지도를 이용하려고 천연가스, 얼음, 석탄, 수도, 전화 등 온갖 사업에 공익기업이라는 명칭을 붙였다.)

공익 산업은 1924년과 1927년에 소규모 침체를 겪긴 했지만, 꾸준히 발전하여 투자자들 사이에서 확고한 지위를 확보하게 되었고, 1929년이 되자 철도산업과 맞먹는 신용등급을 얻게 되었다. 이후 불황에서 공익 산업은 철도산업보다 매출과 이익 감소가 훨씬 적었고, 자본이 건실한 전력회사의 채권은 우량 등급 철도회사 채권을 제치고 최고의 회사채로 자리 잡았다. (1933년 이후 요금 인하, 정부가 주도하는 경쟁 촉진, 인플레이션 위험 등으로 공익기업 채권과 주식이 두드러지게 침체했지만, 이 흐름은 유지되는 것으로 보인다.)

---

2 관련 사례에 대해서는 제2장에서 다룬 스튜드베이커 우선주에 대한 논의와 부록 비고 34의 6.50퍼센트 윌리스 오버랜드 1순위Willys-Overland Company First 채권에 관한 논의를 참조하라.

불황기 실적이 투자의 기준이다

이제 철도산업, 공익 산업, 제조업이 1931~1933년(대공황), 1937~1938년의 두 불황기에 기록한 실적을 살펴보자. 물론 대공황은 유례없는 재난이었으므로 이 기간의 실적을 기준으로 삼는 것은 불공정하고 비현실적이라고 생각할 수도 있다. 이런 극단적인 상황이 가까운 장래에 되풀이될 것 같지는 않지만, 그렇더라도 대공황 기간은 유용한 '실험실 기준'으로 볼 수 있다. 당시 다양한 증권의 가격 움직임을 보면 투자에서 발생하는 문제를 이해할 수 있기 때문이다.

철도산업과 공익 산업의 우량 등급 채권 수익률 비교, 1926~1938년 (단위: 백만 달러)

연도	철도산업			공익 산업		
	영업수익[1]	순영업이익[2]	채권수익률, %[3]	영업수익[4]	순영업이익[5]	채권수익률, %[3]
1926	6,383	1,213	5.13	1,520	100.0	5.11
1927	6,136	1,068	4.83	1,661	106.8	4.96
1928	6,112	1,173	4.85	1,784	124.0	4.87
1929	6,280	1,252	5.18	1,939	142.5	5.14
1930	5,281	869	4.96	1,991	127.7	5.05
1931	4,188	526	6.09	1,976	123.5	5.27
1932	3,127	326	7.61	1,814	96.6	6.30
1933	3,095	474	6.09	1,755	98.2	6.25
1934	3,272	463	4.96	1,832	88.1	5.40
1935	3,452	500	4.95	1,912	92.9	4.43
1936	4,053	667	4.24	2,045	120.7	3.88
1937	4,166	590	4.34	2,181	125.8	3.93
1938	3,565	373	5.21	2,195	106.0	3.87

[1] 미국 클래스 I 철도회사 전체의 영업수익ICC.
[2] 같은 철도회사들의 순영업이익.
[3] 무디스에서 집계한 40개 철도회사와 40개 공익 회사 채권의 평균 수익률.
[4] 최종 소비자에게 판매한 전력 매출액으로서, 에디슨 전기 협회Edison Electric Institute가 집계한 자료. 산업의 90퍼센트에서 집계한 자료를 조정하여 전체 매출액을 추정《서베이 오브 커런트 비즈니스》).
[5] 스탠더드 스태티스틱스가 집계한 15개 공익기업 이익 지수. 1926년이 기준 연도이며, 분기 이익을 연평균 값으로 환산함.

채권시장이 붕괴한 원인

1. 공익 산업의 과도한 장기부채

거품 붕괴 기간 이후 폭락한 채권들을 분석해 보면, 세 산업이 곤경에 처한 원인은 다양하게 나타난다. 공익 산업이 경기가 조금 후퇴했을 때에도 버티지 못하고 파산한 것은 수익력을 상실해서가 아니라 과도한 부채 때문이었다. 자본구조가 건전한 공익기업들은 이자 상환에 문제가 거의 없었다. 그러나 피라미드식 자본구조인 공익기업 지주회사들은 그렇지 않았다. 호황기에도 벌어들이는 이익을 모두 털어야 이자를 겨우 상환하는 형편이었으므로, 이익이 감소할 때에는 버틸 여력이 거의 없었다. 공익 산업이 전반적으로 곤경에 처한 원인은 전력 사업의 수익성이 저조해서가 아니라, 무리한 방식으로 과도한 부채를 짊어졌기 때문이다. 채권을 선정할 때 보통 수준으로만 신중을 기했더라도 공익 산업 채권에서 발생한 손실 대부분을 피할 수 있었다. 바꿔 말하면, 무리한 방식으로 자금을 조달한 공익기업들은 경기가 정상적인 순환 과정에 따라 침체할 때에도 무너질 수밖에 없었다. 1931~1933년 경험을 돌아보더라도, 건전한 공익 산업 채권에 투자해야 한다는 이론은 빛을 잃지 않았다.

2. 철도회사 이익의 안정성을 과대평가

철도회사는 상황이 달랐다. 철도산업의 안정성이 과대평가되었던 탓에, 투자자들은 안전마진이 부족하다는 사실을 깨닫지 못하고 있었다. 투자자들이 (공익 산업에서처럼) 과거 안전 기준을 경솔하게 무시해서 문제가 발생한 것이 아니라, 더 엄격한 안전 기준이 필요한 상황인데도 과거 기준에 만족했기 때문에 문제가 발생한 것이다. 돌이켜 보면, 제1차 세계대전 이전부터 미국 경제가 빠르게 성장했는데도, 철도산업은 전반적으로 이익이 증가하지 않았다. 이는 철도산업의 지위가 상대적으로 약해졌다는 신호이므로, 더 조심스럽고 엄격한 태도로 투자해야 한다는 뜻이었다. 철도회사 채권에 대해서도 제조회사 채권과 똑같은 기준을 적용했다면, 투자 대상을 건실한 철도회사 몇 개로 한정할 수밖에 없었을 것이다.[3] 이렇게 건전한 철도회사 채권들은 1929년 이후 운송량이 엄청나게 감소했을 때에도 잘 버텨 내면서 이자를 빠짐없이 지급하였다. 이것이 현명한 사례인지 사후적으로 판단하는 것은 중요하지 않다. 다만, 과거 경험을 교훈 삼아 미래에 대비한다면, 불황기 실적을 기준으로 철도 채권을 선정해야 하며, 경기가 보통인 기간에도 안전마진을 전보다 더 높여야 한다.

1937~1938년 경험

1937~1938년 침체기 철도산업과 공익 산업 채권의 가격 흐름을 분석해도 이 결론이 타당한 것으로 확인된다. 1937년 초에 비교적 엄격한 양적 기준을 충족한 채권들은 거의 모두 가격이 소폭 하락했을 뿐이며, 본래의 지위를 그대로 유지했다. 반면에 1936년 이자 보상 배수가 평균보다 낮았던 채권들은 대부분 가격이 폭락했으며, 이후 발행사가 재정난에 빠지기도 했다.[4]

3. 제조회사 채권들의 침체기 실적

제조회사 채권은 1937~1938년에 나타난 패턴과 1931~1933년에 나타난 패턴이 상당히 다르다. 따라서 제조회사 채권에 투자하는 태도는 심각한 경기침체에 얼마나 대비할 것인가에 따라 달라진다. 1931~1933년 실적 분석에 의하면, 제조회사 채권 가격이 폭락한 것은 공익 회사 채권 사례처럼 재무구조가 부실해서도 아니었고, 철도회사 채권 사례처럼 투자자들이 안전마진을 잘못 계산해서도 아니었다. 종종 발생하는 사례로서, 기업이 갑자기 수익력을 상실하여 생존 가능성이 의심스러워지는 경우였다. 예를 들어 걸프 스테이트 스틸Gulf States Steel 같은 회사

---

3   예를 들어 호황기였던 1928년에도 이자 보상 배수가 2.5배 이상인 철도 채권에만 관심을 기울였다면, 투자 대상 채권은 다음으로 한정되었을 것이다. 애치슨Atchison, 캐나디안 퍼시픽Canadian Pacific, 체서피크 앤드 오하이오Chesapeake & Ohio, 시카고, 벌링턴 앤드 퀸시Chicago, Burlington and Quincy, 노포크 앤드 웨스턴Norfolk and Western, 페어 마켓Pere Marquette, 레딩Reading, 유니언 퍼시픽. 페어 마켓을 제외하면, 이 철도 채권들은 불황기에도 비교적 양호한 실적을 기록했다. 그러나 이 기준은 나중에 설명할 기준(평균 이익=이자비용의 2배)보다 더 엄격하다는 점에 유의하라.

4   1936년 이자 보상 배수를 기준으로 1937~1938년 철도산업과 공익 산업 채권의 실적을 보려면 부록의 비고 11을 참조하라.

는 1922~1929년 동안 이자 보상 배수가 항상 3.5배 이상이었다. 그런데도 1930년과 1931년 영업손실이 막대해지자 부도 위기에 처했다.[5] 쿠바 설탕 제품과 미국 탄광 같은 기초 산업들은 1929년 대공황 이전부터 침체했다. 과거에는 이런 침체가 항상 단기에 그쳤으므로, 투자자들은 곧 경기가 회복될 것으로 기대하면서 이런 산업의 채권들을 계속 보유했다. 그러나 이번에는 불황이 이례적으로 길게 이어졌으므로, 투자자들의 계산이 빗나가 막대한 손실이 발생했다.

이 사례들을 보면, 호황기에 안전마진이 큰 기업이더라도 장기간 불황이 이어져서 영업손실이 계속 발생하면 위험해진다고 판단해야 한다. 따라서 평소에 이자 보상 배수를 더 엄격하게 적용하는 방법만으로는 장차 제조회사 채권에 발생하는 위험을 피할 수 없다.

뉴욕 증권거래소에 상장된 제조회사 채권의 1932~1933년 실적 분석에 의하면, 신뢰감을 줄 정도로 가격을 안정적으로 유지한 채권은 200개 가운데 18개에 불과했다.[6]

이들 대부분은 해당 분야를 대표하는 기업이 발행한 채권이었다. 이는 제조업 환경이 매우 불리하게 전개될 때 회사의 규모가 상당한 이점이 된다는 뜻이며, 제조업에 투자할 때 대상을 주요 기업으로 한정해야 한다는 의미가 된다. 물론 이 주장에 대해 대공황이라는 극단적 환경에서 발생한 예외적인 현상이라고 반박할 수도 있다. 이렇게 극단적이지 않았던 1937~1938년 실적을 분석해 보면, 과거에

---

5 부록의 비고 12 참조.

6 18개 기업은 다음과 같다. 아메리칸 머신 앤드 파운드리American Machine and Foundry, 아메리칸 슈거 리파이닝American Sugar Refining Company, 어소시에이티드 오일Associated Oil Company, 콘 프로덕츠 리파이닝Corn Products Refining Company, 제너럴 베이킹General Baking Company, 제너럴 일렉트릭General Electric Company, 제너럴 모터스 억셉턴스 코퍼레이션General Motors Acceptance Corporation, 험블 오일 앤드 리파이닝Humble Oil and Refining Company, IBMInternational Business Machine Corporation, 리게트 앤드 마이어스 타바코Liggett and Myers Tobacco Company, P 로릴라드P. Lorillard Company, 내셔널 슈거 리파이닝National Sugar Refining Company, 필즈베리 플라워 밀즈Pillsbury Flour Mills Company, 스미스Smith (A.O.) Corporation, 소코니배큐엄Socony-Vacuum Corporation, 스탠더드 오일 오브 인디애나Standard Oil Company of Indiana, 스탠더드 오일 오브 뉴저지, US스틸.

견실하게 이익을 냈던 기업은 통념대로 불황기에도 잘 버티는 것으로 나타났다.[7] 그러나 분석 기간을 늘려 예컨대 1915년부터 살펴보면, 제조업의 수익력이 장기간 불안정했던 것으로 드러난다. 심지어 1922~1929년의 호황기에도 중소기업 채권들은 믿을 만한 투자 대상이 되지 못했다. 유서 깊은 기업들조차 갑자기 수익력을 상실하는 사례가 많았다.[8] 실제로 이런 사례들이 매우 많아서 중소기업은 본질적으로 안정성이 부족하며, 따라서 채권으로 자금을 조달하기에 부적합한 것으로 밝혀졌다. 중소기업들도 자신의 약점을 인식했으므로, 전환사채나 신주인수권부 사채 발행을 늘려 나갔다.[9] 이런 당근이 안전성 부족이라는 약점을 얼마나 보상할 수 있는지는 특권부 선순위 증권을 다룰 때 논의하기로 한다. 아무튼 많은 중소기업이 채권을 발행할 때 이익분배 기법을 사용하는 것을 보아도, 중소기업 채권이 고정 수익 투자에 적합하지 않다는 사실이 확인된다.

건전한 채권이 없더라도 불건전 채권은 사지 마라

우리는 제조회사 채권을 사려면 대기업 채권만 사라고 제안했지만, 대기업은 숫자도 적을뿐더러 채권을 아예 발행하지 않는 회사도 많다. 게다가 투자자들이 대기업 채권만 고집하면 중소기업들은 자금 조달이 어려워지며, 투자은행들도 일손을 놓아야 한다고 반박할 수 있다. 그렇더라도 불건전한 채권을 높은 가격에 사는 것은 어떤 이유에서도 정당한 행위가 아니다. 건전한 채권이 없다는 이유로 불건전한 채권을 발행하거나 인수해도 좋은 것은 아니다. 투자자 역시 억지로 불건전한 채권을 살 이유가 전혀 없다. 투자 기준을 아무리 엄격하게 세우더라도, 수익률을 조금만 양보하면 요건에 맞는 채권을 얼마든지 찾을 수 있다. 나중에 설명하겠지만, 안전성을 낮춰서 수익률을 높이려는 시도는 대개 실패로 돌아간다. 그리

---

7 부록의 비고 13 참조. 1936년 이익을 기준으로 1937~1938년 제조회사 채권의 실적을 요약하였다.
8 부록의 비고 14 참조.
9 제22장 주석 3 참조.

고 발행 기업과 투자은행이 불건전한 채권을 발행할 때에는 이익분배 방식으로 위험을 보상해야 한다.

채권 발행에 대한 견해

다음은 채권 발행에 대해 널리 퍼져 있는 두 가지 견해다. 첫째, 채권을 발행하면 회사의 재무구조가 취약해지므로, 채권은 발행하지 않는 편이 항상 바람직하다. 둘째, 회사가 주식을 발행하여 자금을 조달하지 못할 때에는 채권을 발행해서 조달해야 한다. 저자들이 보기에는 두 견해 모두 완전히 틀렸다. 두 견해가 옳다면 건전한 채권이 발행될 여지가 없다. 두 견해에 의하면 취약한 회사들만 채권을 발행하려 할 것이고, 그렇다면 투자자들은 그런 채권을 사면 안 되기 때문이다.

채권 발행 이론

채권 발행 이론에는 전혀 다른 의미가 있다. 번창하는 회사는 채권을 적정량 발행하는 편이 유리하다. 채권으로 조달한 자금에서 금리를 초과하는 이익이 나오면 주주들의 이익이 되기 때문이다. 다만, 차입금은 어떤 상황에서도 안전하게 갚을 수 있는 규모로 한정해야 회사에나 투자자에게나 바람직하다. 따라서 건전한 회사가 채권을 발행하는 경우에는 회사와 투자 대중 사이에 이해관계가 충돌하지 않는다. 반면에 회사가 마지못해서 채권을 발행하는 경우라면, 이런 채권은 불건전하므로 사지 않는 편이 현명하다.

불건전한 투자 관행

그러나 기업과 투자 대중이 오래전부터 따르는 정책들은 이런 논리적 원칙에 어긋난다. 예를 들어 철도회사들은 채권으로 거액의 자금을 조달해 온 탓에, 주식 자본보다 장기부채가 지나치게 많아졌다. 관계 당국 모두 이런 상황을 거듭 탄식하면서도 허용할 수밖에 없었던 것은 철도회사의 수익성이 나빠서 주식을 발행할 수 없었기 때문이다. 그러나 주식을 발행할 수 없어서 대신 발행하는 채권이라면, 이런 채권은 사면 안 된다. 푸념하면서 자금을 조달하던 철도회사에 투자했던 사람들은 경솔했던 것으로 밝혀졌다.

투자자들은 불합리하게도 부실한 기업에 돈을 빌려주는 동안, 건실한 기업들은 추가로 주식을 발행하여 부채를 상환했다. 그러나 기업이 자금을 조달해야 하는 상황이라면, 주식을 발행하여 부채를 상환하는 것은 어리석은 방법이다. 저금리로 적정 부채를 일으키면 주주에게 유리한데도, 이 유리한 부채를 주식 자본으로 대체하여 없애 버리는 행위이기 때문이다. 부채를 없애 버리면 관리 업무가 단순해지는 이점은 있지만, 주주들에게는 불리해진다. 기업들이 주주들로부터 자금을 끊임없이 조달하면서도 배당금은 전혀 지급하지 않을 것이기 때문이다. 실제로 1927~1929년에 일어난 부채 상환 열풍은 금융시장을 교란했다. 은행들은 우량기업들이 상환한 자금을 비우량기업에 위험천만한 주식을 담보로 대출해 주었기 때문이다.

불황기 기준의 중요성

지난 15년 동안 제조회사들의 채권 발행 과정을 분석해 보면, 불황기 기준이 얼마나 중요한지 드러난다. 그동안 우량기업들이 부채 상환 열풍에 편승한 탓에, 제조회사 채권에 매우 엄격한 기준을 적용하던 투자자들은 채권을 고르기가 더 어려워졌다. 그러나 우량기업 채권이 없다고 해서 비우량기업 채권을 사서는 절대 안 된다. 적당한 채권이 없을 때에는 차라리 투자를 삼가는 편이 낫다. 하지만 격언에도 있듯이 사람들은 투자할 돈이 있으면 기어이 투자하고야 만다. 적정 수익률이 나오는 우량채권을 찾지 못하면, 비우량채권이라도 어김없이 산다. 그러나 신중하고 현명한 투자자가 되려면 표면금리가 높은 비우량채권의 유혹을 뿌리치고, 수익률이 낮더라도 우량채권을 사야 한다.

요약

불황에도 버틸 수 있는 회사의 채권을 사야 한다는 원칙은 오래된 투자 전통이다. 그러나 1929년 이전 호황기에 사람들은 이 전통을 망각했다. 이후 대공황과 1937~1938년 불황을 겪으면서 사람들은 이 전통의 중요성을 뼈저리게 깨달았다. 적정 자본을 유지했던 전력회사와 가스회사의 채권은 이 기간에도 만족스러운 실적을 유지했으며, 이보다는 다소 못하지만 1930년 이전에 안전마진이 컸던 몇몇 철도회사도 양호한 실적을 보였다. 그러나 제조회사들은 과거에 실적이 탁월했던 기업들조차 믿을 수 없었고, 특히 중소기업들은 문제가 더 심각했다. 따라서 제조회사 채권에 투자할 때에는 (1) 회사 규모가 거대하고, (2) 이자 보상 배수가 높은 채권에만 투자해야 상황이 악화하더라도 피해를 줄일 수 있다.

III. 수익률을 높이려고 안전을 희생해서는 안 된다

전통적인 채권투자 이론에서는 이자율과 위험 사이에 수학적 관계가 있는 것처럼 말한다. 이론에 의하면, 이자율은 두 가지 요소로 구성된다. 하나는 '순수이자율' pure interest로서, 원금 손실 위험 없이 얻을 수 있는 이자율이다. 다른 하나는 '가산이자율' premium로서, 위험을 떠안을 때 보상으로 얻게 되는 이자율이다. 예를 들어 순수이자율이 2퍼센트라고 가정하면, 이자율 3퍼센트짜리 투자는 1년 동안 원금을 모두 잃을 확률이 1퍼센트이고, 이자율 7퍼센트짜리 투자는 그 확률이 5배가 높은 5퍼센트가 된다는 말이다. (그러나 이 이자율에는 '보험 이익'이 들어 있으므로, 실제 위험은 이 확률보다 다소 낮을 것이다.)

이 이론에 의하면 채권 이자율은 보험료와 매우 비슷하며, 위험도를 보험통계 기준으로 매우 정확하게 산출하는 것처럼 보인다. 만일 그렇다면 고수익 채권이든 저수익 채권이든 최종 실적은 같아질 것이다. 고수익 채권은 추가로 이익을 얻어도 원금에서 입는 추가 손실로 상쇄될 것이며, 저수익 채권은 이익이 작아도 원금 손실도 작을 것이기 때문이다.

수익률과 위험은 수학적 관계가 아니다

그러나 이런 관점은 채권투자의 현실과 동떨어진 이야기다. 증권의 가격과 수익률은 기대 위험을 수학적으로 계산하여 결정되는 것이 아니라, 증권의 인기도에 따라 결정된다. 이런 인기도에는 투자자들이 보는 위험도 반영되지만, 회사와 채권의 지명도나 채권의 시장성 같은 다른 요소도 반영된다.

게다가 투자 위험을 보험 통계적으로 계산하는 일은 실무적으로는 물론 이론적으로도 불가능하다. 다양한 채권에 적용할 수 있는 사망률 통계표 같은 것은 존재하지 않는다. 과거 실적을 오랜 기간 철저하게 분석해서 사망률 통계표를 작성한다고 해도, 과연 장래에 대해서도 실제로 유용할지는 의문이다. 생명보험에서는 연령과 사망률의 관계가 잘 정의되어 있으며, 이 관계는 점진적으로만 변화한다. 다양한 구조물과 그 화재 위험의 관계도 이보다는 못하지만, 마찬가지로 잘 정의되어 있다. 그러나 다양한 투자와 손실 위험 사이의 관계는 상황 변화에 따라 너무도 모호하고 가변적이어서, 수학 공식으로 나타낼 수가 없다. 특히 투자 손실이 시간의 흐름에 따라 골고루 분포하는 것이 아니라, 전반적인 불황기에 집중적으로 분포한다는 점에서 더욱 그렇다. 따라서 투자 위험은 화재보험이나 생명보험에서 계산하지 못하는 예외 요소인 대화재나 전염병과 흡사하다.

투자에서 자가 보험은 불가능하다

수익률과 위험 사이에 정밀한 수학적 관계가 존재한다고 가정하면, 모든 투자자는 가장 안전해서 가장 수익률이 낮은 채권을 사야 할 것이다. 개인은 위험을 인수하기에 적합한 존재가 아니기 때문이다. 개인은 돈을 받고 위험을 떠안는 역할을 맡아서는 안 된다. 오히려 그 반대로 돈을 내고 보험에 가입하는 편이 유리하다. 채권에 1,000달러를 투자하는 사람이 아무 위험 없이 매년 20달러를 벌거나,

20년에 한 번 원금을 잃는 위험을 떠안고 매년 70달러를 벌 수 있다고 가정하자. 후자에서 추가로 버는 이자 50달러는 투자자가 떠안는 위험에 대한 대가다. 그러나 개인은 원금 손실 위험이 아무리 작아도, 50달러를 더 받는 대신 원금 1,000달러 손실 위험을 떠안을 형편이 되지 못한다. 이는 매년 소액의 보험료를 내고 화재나 도난 피해로부터 재산을 보호받는 보험과 정반대이기 때문이다.

주기적 위험

투자자는 마치 보험회사가 된 것처럼, 막대한 이자를 받는 대가로 원금 손실 위험을 떠안아서는 안 된다. 보험 사업을 제대로 하려면 위험을 매우 폭넓게 분산함으로써, 운이 개입할 소지를 최소화하고 확률의 법칙을 최대한 활용해야 하기 때문이다. 물론 개인도 보유 채권을 다변화하여 이런 효과를 얻으려고 노력할 수는 있지만, 실제로 보험회사만큼 위험을 분산할 수는 없다. 더 중요한 점은 위험한 투자 대부분이 침체 기간에 한꺼번에 붕괴할 수 있다는 사실이다. 따라서 고수익 채권이 한동안은 막대한 수익을 가져다주지만(개인은 십중팔구 모두 소비한다), 이후에는 갑자기 원금 손실이 줄지어 발생하게 된다.

대체로 고수익 채권에는 위험과 비교해서 더 많은 가산이자가 붙는다고 주장할 수도 있다. 다시 말해서, 위험을 감수하는 대가로 장기적으로 원금 손실보다 더 많은 이익을 얻는다는 말이다. 이 주장이 맞는지는 단언하기 어렵다. 그러나 장기적으로는 높은 가산이자 덕분에 위험보다 더 많은 보상을 받는다고 가정하더라도, 이런 투자 방식이 평범한 개인 투자자에게는 적합하지 않다. 개인이 보험회사 방식으로 투자해서 결국 이익이 발생한다고 해도, 우리는 이 방식에 여전히 반대한다. 개인은 재정적으로나 심리적으로나 한계가 있어서, 정기적으로 발생하는 이익을 체계적으로 적립하여 부정기적으로 발생하는 막대한 손실을 흡수할 수가 없기 때문이다.

수익률과 위험은 척도가 다르다

이상의 논의로부터 이자 수익과 원금 위험은 척도가 다르다는 원칙이 도출된다. 현실적으로 말하면, 원금 손실 위험에 대한 보상으로는 단순히 높은 이자율이 아니라, 원금 증가 기회를 얻어야 한다는 뜻이다. 예를 들면, 채권을 액면가보다 훨씬 할인해서 사거나, 매우 매력적인 전환권을 얻어야 한다는 의미다. 원금 손실 위험을 높은 이자로 상쇄하는 방법과 이익 기회로 상쇄하는 방법이 숫자상으로는 차이가 없어 보여도 심리적 차이는 매우 크다. 채권을 사는 사람은 자신이 떠안는 위험을 충분히 의식해야 한다. 채권을 철저하게 분석해서 손실과 이익 확률을 세심하게 평가해야 한다. 가장 중요한 점은 그가 손실에 대해 각오가 되어 있어야 하며, 이런 손실을 벌충할 수 있을 만큼 싼 가격에 사서 이익을 얻으려고 해야 한다는 것이다. 따라서 노련한 투자자라면 예컨대 표시이자율 7퍼센트에 액면가로 판매되는 하위 등급 채권 따위는 사지 않을 것이다.[10]

'사업가에게 적합한 투자'라는 착각

이렇게 상당한 위험을 감수할 여력이 되는 사람에게 적합한 투자를 금융계에서는 흔히 '사업가에게 적합한 투자'라고 부른다. 1923~1929년에 발행된 외국 채권 대부분이 이런 유형에 속한다. 수많은 일반 우선주도 마찬가지다. 그러나 우리가 보기에 이러한 '사업가에게 적합한 투자'는 비합리적이다. 상당한 위험을 감당할 수 있는 투자자는 이에 상응하는 가격 상승 기회를 추구해야 하며, 이자 수익에 주목해서는 안 된다.

---

10 1921년 같은 이례적인 해에는 전반적으로 이자율이 높아서, 건실한 회사의 채권도 표면금리가 7퍼센트에 이르렀다.

관행적 순서를 뒤집어라

시야를 넓혀서, 이자를 보는 관습적 태도를 뒤집는 편이 좋다. 사람들은 채권의 적정 등급을 선정할 때, 대개 가장 안전하고 수익률이 가장 낮은 최상급 채권에서 시작하여, 더 높은 수익률을 얻으려고 안정성을 양보해 나간다. 이런 관점으로 접근하면, 일반 투자자는 최상급 채권보다 어느 정도 아래에 있는 지점에서 적합한 채권을 고르려고 한다. 그러나 이런 사고방식으로는 높은 이자 수익이나 증권사 직원의 감언이설에 현혹되어 절대적으로 불건전한 채권을 사기가 쉽다.

이보다는 모든 채권이 기본적으로 갖춰야 하는 최소 안전 기준에서부터 시작하는 편이 건전하다. 아무리 수익률이 높거나, 전망이 밝거나, 기타 선호할 만한 근거가 있더라도, 이 최소 안전 기준을 충족하지 못하는 종목들은 투자 대상에서 자동으로 제외해야 한다. 이렇게 투자 대상 범위를 정한 다음, 투자자는 종목 선정 절차를 더 진행할 수 있다. 최소 안전 기준보다도 안전성을 훨씬 높이고 싶다면, 그는 수익률을 희생해야 한다. 사업의 속성이나 경영진의 특성에 관심을 기울일 수도 있다. 본질적으로, 채권 선정 과정은 최소 안전 기준에서부터 더 높은 품질로 올라가는 작업이 되어야 하지, 최상급 수준에서부터 닥치는 대로 내려가는 작업이 되어서는 안 된다.

채권투자의 구체적 기준 1

IV. 명확한 안전 기준을 적용해야 한다

앞에서 보았듯이, 우량 등급 채권 선정 작업은 채권을 배제해 나아가는 과정이므로, 투자자는 구체적인 원칙과 기준을 적용해서 부적합한 채권을 걸러 내야 한다. 실제로 많은 주에서 저축은행과 신탁 펀드의 투자를 관리하려고 이렇게 걸러내는 규정들을 법제화하였다. 이런 주에서는 은행감독국이 매년 규정에 부합하는 '적법' 증권 목록을 작성해서 고시한다.

이렇게 구체적인 기준과 최소 요건을 적용하는 방식은 고정 수익 투자 전체 분야로 확대되어야 마땅하다. 이런 법규의 목적은 전반적인 투자의 질을 끌어올려 예금자들을 투자 손실로부터 보호하려는 것이다. 이런 법규가 기관의 고정 수익 투자에 바람직하다면, 개인도 이 법규를 따르는 편이 합리적이라 하겠다. 앞에서 우리가 반박했듯이, 개인투자자는 저축은행보다 더 큰 위험을 떠안을 수 있어서 고정 수익 증권의 건전성을 너무 민감하게 따질 필요 없다는 통념은 잘못된 것이다. 1928년 이후의 경험을 돌아보면 투자 기준을 전반적으로 더 강화할 필요성이 분명해지며, 그 간단한 방법은 고정 수익 증권 선정 기준을 저축은행에 적용되는 투자 기준과 비슷하게 맞추는 것이다. 따라서 고정 수익 투자는 나무랄 데 없이 건전한 종목으로만 한정하고, 등급이 낮은 종목은 투기 목적으로만 매입한다는 원칙을 지켜야 한다.

뉴욕 저축은행법이 출발점이다

현실적인 투자 정책으로 말하자면, 개인은 저축은행의 투자 정책을 관리하는 규제를 준수하면 매우 만족스러운 실적을 올릴 수 있다. 그러나 이런 규제를 전반적인 투자 원칙으로 제시하기는 곤란하다. 이들 법규가 너무도 불완전해서, 최상의 이론적 기준으로 받아들일 수 없기 때문이다. 법규가 주에 따라 천차만별이고, 주요 요소 대부분이 시대에 뒤떨어졌으며, 완전히 논리적이거나 과학적인 법규는 없다시피 하다. 게다가 입법자들도 보편적인 용도로 건전한 투자 기준을 확립하려는 관점에서 법규를 만든 것이 아니었다. 따라서 입법자들은 일반 투자자들에게라면 부과하지 않았을 자의적 규제를 저축은행에 대해 주저 없이 부과했던 것이다. 흔히 가장 좋다고 평가받는 뉴욕법에도 명백한 결함이 많다. 따라서 종합적인 투자 기준을 수립할 때에는 뉴욕법도 최종 기준이라기보다는 지침이나 출발점 정도로 삼는 편이 낫다. 이제부터 법 조항을 중심으로 논의를 진행하기로 한다. 필요하면 법 조항을 비판하거나, 거부하거나, 부연 설명할 것이다. 이 책의 이전 판에서 우리는 저축은행 투자를 관리하는 뉴욕주 법규를 기준으로 고정 수익 증권 선정 기준을 논의하였다. 여기서 법규에 관한 자세한 논의는 생략하고, 핵심이라 할 만한 기준만을 직접적으로 강조하고자 한다. (그러나 뉴욕 법규의 다양한 측면에 관해 각주로 설명할 것이다.) 우리는 채권 선정 기준을 다음과 같이 구분하여 논의하려고 한다.

뉴욕법에 기술된 일반 기준

뉴욕법에서 채권투자에 부과하는 구체적 요건은 다음 일곱 가지로 분류된다.

1. 기업이나 정부(지자체)의 특성과 위치
2. 기업의 규모나 증권의 발행 규모
3. 발행 조건
4. 채무이행 및 배당금 지급 실적
5. 이자 보상 배수
6. 부채 대비 자산 가치 비율
7. 부채 대비 주식 자본 비율

특성과 위치

저축은행의 투자를 제한하는 법규의 유난히 충격적인 특성은 일부 광범위한 유형에 속하는 채권을 모두 배제한다는 사실이다. 뉴욕법에서 허용하는 유형과 금지하는 유형을 요약하면 다음과 같다.

허용	금지
미국 정부, 주, 시 채권 철도, 전력, 가스, 전화, 담보부채권 부동산 1순위 담보채권	외국 정부와 외국 기업 채권 시가 전차, 수도 채권. 공익기업 무담보사채 모든 제조회사 채권 금융회사 채권(투자신탁 등)

포괄적 제한의 오류

의회는 금지 유형에 속하는 채권들이 지나치게 불안정해서 저축은행이 투자하기에 부적합하다고 보았다. 이 관점이 전적으로 옳다면, 금지 유형에 속하는 채권은 모두 보수적 투자에 적합하지 않다는 결론이 나온다. 그리고 이런 결론이 나오면 금융 분야에 혁명적 변화가 일어날 것이다. 지금까지 금융시장에서 주로 투자자들로부터 조달하던 자금을 투기자들로부터 조달해야 하기 때문이다.

이렇게 투자 대상을 대폭 축소하게 된 것은 채권투자자들이 매우 오랜 기간 고통을 겪었기 때문으로 보인다. 그렇더라도 이런 방식의 포괄적 제한에 대해서는 강력한 반론이 제기되고 있다. 투자 이론은 손쉬운 일반화를 삼가야 한다는 것이다. 예를 들어 제조업체 채권이 불안정하다는 사실을 충분히 인식한다고 해도, 제조업체 전체를 투자 대상에서 배제하는 것은 현실적이지도 않고 바람직하지도 않다. 제조업체 채권 상당수는 가장 가혹한 시험을 견뎌 내고 확고한 투자 지위를 유지해 왔으므로, 투자자들이 이토록 극단적인 정책은 받아들이지 못할 것이다. 게다가 몇 가지 채권 유형으로만 수요가 몰리게 되면, 단지 그 유형에 속했다는 이유만으로 부실한 채권도 팔리게 된다. 유감스럽게도 현재의 법적 규제 때문에 바로 이런 현상이 실제로 일어나고 있다.

산업이 취약해도 개별 기업이 건전하면 상관없다

따라서 어떤 산업의 채권은 모두 배제하고 다른 산업의 채권은 모두 인정하는 방식보다 취약한 산업에 속한 개별 채권에 대해서 더 엄격한 기준을 요구하는 편이 더 건전한 원칙일 것이다. 예컨대 제조업체 개별 채권에 대해서 가스회사나 전력회사보다 높은 이자 보상 배수와 낮은 부채 비율을 요구하는 편이 적절하다. 시가 전차회사의 채권도 마찬가지다. 뉴욕법에서는 수도회사 채권을 투자 대상에서 제외하지만, 대부분 다른 주에서는 수도회사 채권이 전력회사, 가스회사, 전화회사 채권과 대등하다고 간주한다. 다만, 수도회사 채권에 대해서 다른 공익기업 채권보다 더 엄격한 기준을 적용하는 것은 타당해 보인다.

1938년 은행법 개정

1938년 뉴욕주 의회는 이러한 포괄적 제한에 문제가 있음을 인지하고, 구체적인 개선 작업을 진행했다. 이제 새 법에 의하면, 은행위원회는 20개 이상의 저축은행이나 투자신탁(20개 이상 저축은행이 주주로 참여하는 신탁회사인 뉴욕 저축은행 투자신탁Savings Bank Trust Company of New York)이 신청하면 투자 대상에 포함되지 않는 채권에 대해서도 투자를 인가할 수 있다.

이 법 개정은 단순히 저축은행의 적격 투자 대상을 확대하는 것보다 훨씬 진전된 조치다. 법에서 규정하는 구체적 요건이 사실상 모두 의미를 상실하였고, 저축은행과 은행위원회가 함께 판단하여 투자 대상을 정하게 되었기 때문이다. 즉 저축은행과 은행위원회가 합의하면 법에서 요구하는 일곱 가지 기준을 모두 무시할 수 있다는 뜻이다. 실제로 이 법의 입법 타당성이 완전히 무시당할 위험은 없다. 사실 1939년 말까지 개정된 법에 따라 인가된 투자에도 아무런 문제가 없다. 이제는 매우 견실한 전화회사와 제조회사 무보증사채에도 투자할 수 있게 되었다. (이상하게도 제조회사의 담보부채권은 아직 승인받지 못했다. 그러나 이는 앞에서도 언급했듯이, 우량 제조회사 채권이 대개 무보증사채였기 때문일 것이다.)

1938년 법 개정에 따라 지금까지 과도했던 규제가 해소된 것은 칭찬할 만하다. 그러나 개정법이 현재 상태로 만족스러운 것은 절대 아니다. 당국이 규정을 길게 열거한 다음 부적합하다고 판단하는 규정을 면제해 주는 방식은 유치해 보인다. 정말로 중요한 필수 규정 몇 개만 제시한 다음, 이 최소 기준을 충족해도 여전히 위험하다고 판단되는 채권을 은행위원회가 금지하는 방식이 낫지 않겠는가?

외국 정부 채권

우리는 어떤 유형 전체를 배제하는 방식에 반대한다. 그러나 외국 정부 채권을 다룰 때에는 상황이 다르다. 이런 채권에 대해서는 재무 분석보다도 예컨대 국가 경제의 신뢰도와 정치 안정성, 정부가 채무를 충실하게 이행한다는 믿음 같은 전반적인 고려 사항이 더 중요하다. 따라서 다른 채권과는 달리, 외국 정부 채권이 고정 수익 투자에 일반적으로 바람직한가에 대한 판단이 훨씬 더 중요하다.

정치적 편의

미국에서 세계대전 이후 중요해진 외국 채권투자의 역사를 돌아보면, 외국 정부 채권(이하 외국 국채)은 부정적 평가를 피하기 어렵다. 결국, 외국 국채는 강제할 수 없는 계약이다. 외국 정부가 원리금을 지급하지 않으면, 투자자는 직접 배상받을 길이 없다. 외국 정부가 수익이나 자산을 담보로 제공했더라도, 약속을 이행하지 않으면 투자자는 사실상 속수무책이다.[1] 따라서 외국 국채가 이론적으로는 국가 자원 전체에 대한 청구권이지만, 이런 자원을 대외 채무 상환에 실제로 얼마나 동원하느냐는 주로 정치적 편의에 좌우된다. 세계대전 이후 세계 경제가 극심한 혼란에 빠지자 일부 국가는 어쩔 수 없이 채무를 불이행했고, 일부 국가는 이를 구실삼아 채무를 이행하지 않았다. 어쨌든 채무불이행 사례가 빈발하자 이에 대한 비난도 수그러들었다. 따라서 상황이 어려울 때에도 외국 정부가 과거처럼 채무를 상환하려고 전력을 기울일 것으로는 기대하지 않는 편이 낫다.

수출 증대론

세계 경제가 균형을 회복하려면 대규모 국제 대출이 재개되어야 한다는 주장이 많다. 더 구체적으로 말하면, 미국 수출의 회복과 발전을 위해서도 국제 대출이 반드시 필요해 보인다. 그렇더라도 미국의 수출 증대 등 이상을 달성하려고 불건전한 채권에 투자할 수는 없는 노릇이다. 1932년에 유행했듯이 투기 관점에서 외국 국채를 헐값에 사들이는 것은 충분히 타당할 수 있다. 이는 새로 발행되는 외국 국채를 거의 액면가에 사서는 안 된다는 강력한 반론이기도 하다.

---

[1] 수많은 채무불이행 사례 중 수익권을 담보로 제공한 일부 채권을 들자면, 1949년 만기 7퍼센트 도스 론Dawes Loan(독일 정부)과 1956년 만기 7퍼센트 상파울루Sao Paulo 담보채권이 있다. 이들은 각각 1934년과 1932년에 이자 지급이 중단된 다음, 담보 수익권에 대해 청구권을 전혀 행사할 수 없었다.

국가별 채무 상환 실적

외국 국채도 다른 채권과 마찬가지로 국가별로 평가해서 판단해야 한다고 주장할 수도 있다. 과거 채무 상환 실적이 우수한 국가는 높은 신용등급을 받아 마땅하며, 실적이 우수한 국내 기업처럼 우선적인 투자 대상이 된다. 여러 주 의회에서는 캐나다의 우수한 실적을 인정하여, 저축은행들이 캐나다 국채에 투자할 수 있도록 허가하였다. 그리고 버몬트주에서는 벨기에, 덴마크, 영국, 네덜란드, 스위스의 달러 표시 국채도 인정하였다.

한편, 외국 국채에 투자해서는 안 된다는 강력한 반론도 있다. 1932년 혹독한 시험기에 여러 외국 국채 가격이 폭락했기 때문이다.

1. 국채가 투자등급으로 인정받는 국가: 캐나다, 프랑스, 영국, 네덜란드, 스위스.
2. 국채가 투기등급으로 분류되는 국가: 아르헨티나, 호주, 오스트리아, 볼리비아, 브라질, 불가리아, 칠레, 중국, 콜롬비아, 코스타리카, 쿠바, 체코슬로바키아, 덴마크, 도미니카 공화국, 에스토니아, 핀란드, 독일, 과테말라, 그리스, 아이티, 헝가리, 일본, 유고슬라비아, 멕시코, 니카라과, 파나마, 페루, 폴란드, 루마니아, 러시아, 엘살바도르, 우루과이.
3. 경계선에 있는 국가: 벨기에, 아일랜드, 이탈리아, 노르웨이, 스웨덴.

1번 그룹의 5개 국가 중에서 프랑스와 영국은 1921~1922년 불황기에 투기등급으로 분류되었다. 따라서 42개 국가 가운데 1932년까지 12년 동안 확실하게 투자등급을 유지한 나라는 셋(캐나다, 네덜란드, 스위스)뿐이다.

외국 국채에 반대하는 두 가지 이유

외국 정부 채권투자는 이중으로 반대에 부딪히게 된다. 이론적으로는, 신용평가 기준이 본질적으로 불명확하다. 현실적으로는, 과거 투자 실적이 매우 불만족스러웠다. 따라서 세계 경제가 상당히 호전되어 장기간 국제 채무가 확실하게 이행된 다음에야 외국 국채에 대한 부정적 인식이 바뀔 수 있을 것이다.

캐나다 국채는 과거 실적 면에서나 미국과의 긴밀한 관계 면에서나 분명히 예외에 속한다. 개인 투자자도 개인적 이유나 통계를 근거로, 다양한 외국 정부의 신용을 마찬가지로 높다고 확신하고 그 채권을 매입할 수 있다. 이런 투자가 실제로 정당한 것으로 밝혀질 수도 있다. 그러나 이런 투자는 외국 국채를 피해야 한다는 일반 원칙에서 예외로 간주하여, 안정성과 안전성이 이례적으로 강력하다는 증거를 요구하는 편이 나을 것이다.[2]

외국 회사 채권

이론적으로 회사채는 그 회사가 아무리 번창하더라도 그 나라 국채보다 신용도가 더 높아질 수 없다. 정부는 조세권으로 채권투자자들보다 무조건 우선해서 회사 자산을 수용하여 국가 채무를 상환할 수 있기 때문이다. 그러나 정치 편의상 정부가 조세나 수용을 통해 국가 채무를 상환하는 데는 실제로 한계가 있다. 따라서 정부는 채무불이행 상태인데도 회사는 달러 채무를 상환한 사례가 많다.[3]

외국 회사채 보유자는 담보권 행사 같은 법적 구제책을 행사할 수도 있으므로, 외국 회사는 외국 정부보다 채무상환 압박을 더 받을 수도 있지만, 외국 정부가 채무불이행 상태가 되면 외국 회사채 보유자는 분명히 불리한 상황에 놓이게 된다. 회사는 확실히 채무이행 능력이 있더라도, 송금 제한 조처가 시행되면 달러 이자 지급이 중단될 수 있다.[4] 게다가 담보자산이 외국에 있어서 그 나라 법의 보호를

---

[2] 외국 국채에 관해서는 이 책의 1934년판 내용을 그대로 다시 실었다. 1940년 전시 상황이 우리 결론에 한층 힘을 실어 준다. 1939년 말에는 아르헨티나, 캐나다, 쿠바의 달러 표시 국채만이 미국 시장에서 수익률 6퍼센트 이하로 거래되었다. (일부 쿠바 국채는 수익률이 6퍼센트를 넘어갔다. 영국, 네덜란드, 스웨덴, 스위스는 달러 표시 국채 발행 물량이 없었다.) 외국 국채 채무불이행 데이터를 보려면 다양한 뉴스와 외국 채권 보유자 보호 협회Foreign Bondholders' Protective Council, Inc. 보고서를 참조하라.

[3] 부록의 비고 15 참조

[4] 부록의 비고 16 참조

받으므로, 담보자산은 실질적으로 가치를 상실하게 된다. 이런 이유 때문에, 외국 정부 채권이 고정 수익 투자에 부적합한 것처럼 외국 회사채 역시 부적합하다는 결론에 도달하게 된다.

규모

유난히 작은 회사의 채권은 보수적 투자 대상으로는 적합하지 않다. 규모가 비교적 작은 회사는 예상 못 한 사건이 벌어졌을 때 더 취약하며, 은행과의 유대 관계도 약하고 기술 자원도 부족해서 불리한 상황에 놓인다. 따라서 소기업들은 절대로 공모 방식으로 자금을 조달할 수가 없어서 사모로 자본을 조달해야 했으며, 이를 위해서 2배의 보상과 경영에 대한 발언권까지 제공해야 했다. 작은 마을이나 초소형 지자체에서 발행하는 채권도 마찬가지로 피해야 한다. 신중한 투자자라면 인구가 일정 수준에 이르지 못하는 지자체의 채권에 대해서는 투자를 삼갈 것이다.

규모에 대해 최소 요건을 설정하려면, 필연적으로 자의적인 기준을 정할 수밖에 없다. 회사나 지자체가 큰지 작은지를 정확하게 구분하는 수학적 기준 같은 것은 없다. 예를 들어 이자 보상 배수나 부채 대비 자산 비율 같은 계량 기준 역시 설정하기가 어렵다. 따라서 이러한 '임계치'는 모두 어림셈이 될 수밖에 없으며, 투자자가 타당하다고 생각할 때에는 다른 계량 기준도 마음대로 사용할 수 있다. 그러나 사용하는 기준이 아무리 자의적이라고 해도, 이런 기준은 위험한 증권으로부터 투자자를 보호하는 데 실제로 커다란 역할을 한다.

다음에 제시한 최소 규모 요건은 비록 자의적이긴 하지만, 건전한 투자에 도움이 될 것이다.

뉴욕법 조항

뉴욕법에서는 저축은행이 투자할 수 있는 최소 규모 기준을 규정하였다. 지자체 채권의 경우, 뉴욕 인근 주는 인구가 1만 명 이상이어야 하며, 다른 주는 인구가 3만 명 이상이어야 한다. 철도회사 채권의 경우, 보유 표준 궤간軌間 노선이 500마일 이상이거나 영업수익이 연 1,000만 달러 이상이어야 한다. 철도회사의 무담보채권이나 수익사채는 배당 가능 이익이 1,000만 달러 이상일 때에만 투자가 허용된다. 가스회사와 전력회사는 직전 5년 동안 총수익이 연평균 100만 달러 이상이어야 한다. 그러나 전화회사는 총수익이 연평균 500만 달러 이상이어야 한다. 덧붙여서 채권 발행 규모가 가스회사와 전력회사는 100만 달러 이상이고, 전화회사는 500만 달러 이상이어야 한다는 규정도 있다.

이 요건에 대한 비판

영업수익 최소 금액 요건은 채권투자 관점에서 잘 선정된 기준이 아닌 듯하다. 인구 기준도 전국 투자자들에게 설득력이 미약해 보인다. 철도회사의 노선 길이나 영업수익 기준도 혼란스럽고 불필요하다. 영업수익 1,000만 달러 기준은 지나치게 높다. 1930~1933년 불황기에도 만족스러운 실적을 올린 뱅고르 앤드 아르스투크 철도Bangor and Aroostook Railroad조차 이 기준에 미달한다. 전화회사에 대한 요건 500만 달러도 마찬가지로 부당하다. 1927년 이래로 확실한 우량채권으로 통하는 트리스테이트 전신전화회사Tri-State Telephone and Telegraph Company 채권조차 이 기준을 충족하지 못한다. 우리는 비록 자의적이긴 해도 다음 기준이 건전한 투자에 들어맞는다고 믿는다.

발행자	최소 규모
지자체	인구 1만 명
공익기업	매출액 200만 달러
철도회사	매출액 300만 달러
제조회사 매출액	500만 달러

제조회사 채권과 회사 규모

뉴욕법에 의하면 저축은행은 제조회사 채권에 투자할 수 없으므로, 최소 규모에 관한 규정도 없다. 그러나 엄격한 안전 기준을 충족하는 우량 등급이라면 제조회사 채권도 투자 대상에 포함되어야 한다. 지난 수십 년의 경험을 돌아보면, 철도산업이나 공익 산업보다 안정성이 떨어지는 제조업에서도, 규모가 가장 크거나 매우 큰 기업들은 상대적으로 안정적이었다. 최근에 얻은 교훈을 이용하려는 신중한 투자자라면, 각 산업 집단을 대표하는 대여섯 개 선도기업만을 고정 수익 증권 투자 대상으로 삼을 것이며, 앞에서 제시한 연 매출액 500만 달러 요건도 추가할 것이다.

이런 최소 요건이 너무 엄격하다고 비판받을 수도 있다. (그럴 리는 없겠지만) 이 요건이 보편적으로 적용된다면, 번창하는 건전한 중소기업들이 채권으로 자금을 조달하는 길이 막히기 때문이다. 미국에서 제조업이 전반적으로 안정되는 새로운 시대가 열렸으므로 극단적인 변동의 시대에 내렸던 판단은 쓸모없다고 생각할 수도 있다. 그러나 우리는 제조업이 안정되는 추세가 실제로 의심의 여지 없이 명확해진 다음에야, 투자등급 제조회사 채권 매입에 적극적으로 관심을 보일 생각이다.

규모만 크다고 안전이 보장되는 것은 아니다

최소 규모 요건을 제시했다고 해서, 회사 규모만 크면 재무 상태가 건실하고 사업이 번창한다고 보장하는 것은 아니다. 거대한 기업이라도 부채가 지나치게 많아지면 가장 허약해질 수도 있다. 게다가 철도, 공익 산업, 지자체 분야에서는 가장 규모가 큰 조직이 중간 규모 조직보다 실질적으로 유리한 점이 없었다. 전력회사의 매출액이 2,000만 달러냐 1억 달러냐는 이들 회사 채권의 안전성에 거의 영향을 미치지 않는다. 마찬가지로, 인구 7만 5,000명인 소도시가 인구 수백만인 대도시보다 신용등급이 더 높을 수도 있다. 오로지 제조업 분야에서만 대기업 채권이 중소기업 채권보다 내재적으로 더 매력적이다. 그러나 아무리 대기업이라고 해도 철저한 통계 수치로 뒷받침되어야만 대기업의 이점이 설득력을 유지하게 된다.

기타 반대하는 조항들

뉴욕법 추가 조항에 의하면, 철도회사 무담보사채는 이자비용 차감 후 순이익이 1,000만 달러 이상이어야 한다. 이 조항은 타당해 보이지 않는다. 우리는 담보가 특별히 중요하다고 생각하지 않기 때문이다. 공익기업의 경우, 채권 발행 규모에 최소 기준을 부과하는 것도 합리적이지 않다. 매출액이 큰 대기업이라면, 채권 발행 규모가 작을수록 원리금을 상환하기가 쉬울 것이기 때문이다. 의회는 십중팔구 발행 규모가 작아서 시장성이 부족해지는 현상을 피하고 싶었을 것이다. 시장성에 대해서는 이미 투자자들이 지나칠 정도로 강조하고 있으므로, 채권투자의 일반 원칙으로 최소 발행 규모까지 제시할 필요는 없다고 생각된다.

제9장 채권투자의 구체적 기준 2
QR 코드 통해 제7판에 생략된 원문 PDF 참조.

채권투자의 구체적 기준 3

부채 대비 자산의 가치

앞에서 채권의 건전성은 담보자산의 가치가 아니라, 발행 기업의 채무상환능력에 주로 좌우된다고 설명하였다.(제6장) 이런 원칙을 세웠으므로, 기업의 성패와 무관한 담보자산의 가치로 채권의 안전성 기준을 논할 필요가 없었다.

다시 말해서, (철도회사, 공익 회사, 제조회사 등) 일반 회사 채권은 담보자산의 가치와 부채 규모를 연계하지 않는 편이 낫다. 따라서 우리는 전통적으로 자산 가치를 강조하는 뉴욕 등 여러 주의 법 조항에 동의하지 않는다. 예를 들어 뉴욕법에서는 담보자산의 가치가 채권 발행액을 66.6퍼센트 초과하지 않으면 가스회사, 전력회사, 전화회사 채권에 대한 투자를 허용하지 않는다. 이 자산 가치는 대개 장부가치로서 취득원가에서 감가상각비를 차감하거나, 양도나 재평가로 산출한 인위적인 가치다.

특별한 유형의 채권: 1. 장비 채권

공익 회사(철도회사와 일반 제조회사 포함) 담보자산의 장부가치는 채권의 안전성을 판단하는 지침이 되지 못한다. 그러나 회사 전체의 계속기업가치가 아니라 담보자산의 가치에 따라 안전성이 좌우되는 특별한 유형의 채권도 있다. 가장 전형적인 예가 기관차, 화차, 객차의 소유권을 담보로 제공하는 철도 장비 신탁증서로서, 철도회사는 이들 장비를 임차하여 사용하게 된다. 이런 장비 채권은 투자 실적이 매우 만족스러웠는데, 특히 발행 철도회사가 가장 심각한 재정난을 겪는 동안에도 이자와 원금 지급을 미룬 경우가 드물었다.[1] 이렇게 실적이 좋은 주된 이유는 담보자산을 다른 철도회사가 가져다 사용할 수 있기 때문이다. 따라서 장비 채권은 자동차, 보석, 기타 동산처럼 쉽게 판매할 수 있다.

철도차량을 다른 철도회사에 적정 가격으로 팔기가 실제로 매우 어렵더라도, 장비 채권은 이동성 덕분에 철도 담보보다 커다란 이점이 있다. 철도 영업에는 철도와 차량이 모두 필요한데, 철도 담보는 회사에 철도 사용을 허락할 수 있을 뿐이지만, 철도차량 담보는 차량을 다른 회사에 넘기겠다고 위협할 수 있기 때문이다. 철도 장비를 처분하면 대개 채무 금액보다 많은 자금을 회수할 수 있으며, 심지어 철도 1순위 담보권자보다 우선해서 청구권을 행사할 수 있으므로, 철도 장비 신탁증서는 그 가치가 입증되었다.

따라서 철도 장비 신탁증서 보유자가 권리를 보호받는 원천은 두 가지다. 하나는 차입 철도회사의 신용이고, 하나는 철도차량의 담보가치다. 철도차량의 담보가치가 채권 금액보다 훨씬 많다면, 철도회사의 신용은 전적으로 무시할 수 있다. 이는 전당포 주인이 담보 물건의 가치가 충분하면 개인의 신용 상태를 무시할 수 있는 것과 마찬가지다.

철도 장비 신탁증서 보유자는 증서 발행 조건에 의해서 상당한 보호를 받는다.

---

1 이런 채권의 투자 실적은 부록의 비고 17을 참조.

장비 채권 보유자들은 철도 회사가 리스 계약에 따라 채무를 이행하지 않으면 철도 장비를 철거할 법적 권한이 있다. 실제로 철도회사는 자금을 차입하면서 최초 보증금으로 대개 철도 장비 취득원가의 20퍼센트 이상을 지급하므로, 회사의 초기 채무는 담보자산 가치의 80퍼센트를 넘지 않는다. 원금은 대개 15년 균등 분할상환이고 증서 발행 1년 뒤에 시작되므로, 부채가 철도차량 감가상각보다 더 빠른 속도로 감소한다.

최근에는 철도 장비 신탁증서의 안전성이 다소 감소했다. 원자재 가격이 하락하면서 철도차량의 대체 가치가 취득원가보다 훨씬 밑으로 내려간 데다, 교통량이 감소하면서 철도 장비에 대한 수요도 감소했기 때문이다. 1930년 이후 법정관리에 들어간 일부 철도회사(시보드 에어라인Seaboard Air Line과 워배시Wabash)는 만기가 다가오는 장비 채권 보유자들에게, 만기를 조금 연장해 주든지 아니면 표시 이자율을 낮춘 신탁증서와 교환하자고 요구하였다. 플로리다 이스트 코스트 철도Florida East Coast Railway 시리즈 D는 독특한 사례로서, 회사는 철도 장비 신탁증서 보유자들에게 담보자산을 처분하라고 허락하였는데, 그 담보자산의 가치가 다른 시리즈 채권보다 낮았던 것으로 보인다. 이때 장비 채권 보유자들은 장비를 처분하여 원금 1달러당 약 43센트밖에 회수하지 못했다. 이렇게 손실이 발생했으므로, 절대적으로 안전하다고 간주했던 장비 채권에 대해 평가를 조정할 필요가 있다. 그렇더라도 이런 투자 방식에 대해 담보자산을 현금화할 수 있다는 커다란 이점을 인정할 수밖에 없다.[2] (이를 뒷받침하는 확고한 사례가 1939년 11월에 거래된 만기 1940~1949년, 표면금리 2.5퍼센트인 시카고 앤드 노스웨스턴 장비 신탁이다. 이 회사의 담보채권은 모두 채무불이행 상태였는데도, 이 채권은 수익률 0.45~2.35퍼센트로 거래되었다.)

---

2 근거 데이터와 논평은 부록의 비고 18 참조.

2. 유가증권 담보사채

유가증권 담보사채는 주식과 채권을 담보로 발행되는 채권이다. 대개 담보는 발행 회사의 채권으로 구성되거나 자회사의 주식 또는 채권으로 구성된다. 따라서 담보자산의 실현 가능 가치는 주로 발행 회사의 성공에 좌우된다. 그러나 최근 등장한 투자회사의 유가증권 담보사채는 담보증권의 시장가치가 주된 관심의 대상이다. 발행 회사가 완전히 망하더라도 담보증권의 시장가치만 유지되면 투자자는 계약서 보호 조항에 의해서 얼마든지 보호받을 수 있기 때문이다. 따라서 유가증권 담보사채는 장비 채권과 마찬가지로, 발행 회사의 성공보다 담보자산의 가치가 더 중요한 예외적인 채권에 해당한다.

형식이 아니라 내용만 따진다면, 투자신탁회사의 무보증사채에도 이런 특성이 있다. 투자신탁회사의 포트폴리오 자산을 수탁자에게 채권의 담보로 제공하느냐, 아니면 회사가 보유하느냐는 실제로 거의 차이가 없기 때문이다. 대개 무담보회사채를 발행할 때에는 부채 증가를 제한하는 조항이 있으며, 회사 자산의 시장가치를 채권 액면 금액보다 일정 비율 높게 유지하도록 요구하는 조항도 있기 때문이다.

사례: 만기 1954년, 표면금리 5퍼센트인 릴라이언스 매니지먼트 무담보 회사채The Reliance Management Corporation Debenture는 이런 보호 조항이 발동된 사례다. 이 회사는 실적이 매우 나빠서, 주가가 1929년 69달러에서 1933년에는 1달러로 떨어졌다. 주가가 이 정도로 떨어졌을 때, 일반 채권이었다면 거의 틀림없이 채무불이행 상태가 되어 막대한 원금 손실을 보았을 것이다. 그러나 이 채권에서는 포트폴리오 자산을 현금화할 수 있다는 보호 조항이 중요한 역할을 했다. 회사는 이 채권을 4분의 3 넘게 사들일 수밖에 없었고, 심지어 주주들은 채권 재매입 자금을 조성하려고 추가로 출자할 수밖에 없었다. 그 결과 1932년에 주가는 2.5달러로 떨어졌는데도 채권은 88까지 거래되었다. 나머지 채권에 대해서는 1937년 2월에 104.25로 임의 상환권이 행사되었다.

보호 조항을 다루는 제18장에서 투자회사 유가증권 담보사채의 역사를 다룰 때 설명하겠지만, 채권 소지자들이 권리행사를 주저하는 바람에 이런 채권이 타고난 강점을 발휘하지 못하는 경우도 종종 있다(따라서 권리행사를 주저해서는 안 된다).

3. 부동산 채권

앞에서 논의한 두 가지 증권보다 훨씬 중요한 증권이 주택저당증권과 부동산담보채권이다. 부동산담보채권은 대규모로 구성된 개별 주택저당증권을 편리한 규모로 나눈 증권이다. 이런 채권에서는 당연히 담보 토지와 건물의 가치가 지극히 중요하다. 일반 부동산담보대출을 실행할 때, 노련한 투자자는 담보로 제공하는 부동산의 공정가치를 주요 기준으로 삼는다. 그러나 넓게 보면 담보 부동산의 가치를 뒷받침하는 것은 계속기업가치, 즉 부동산의 수익력이다. 다시 말하면, 담보 부동산의 가치는 (철도 장비 신탁증서와 마찬가지로) 사업의 성패와 관계없이 그 부동산에 내재하는 가치다.

가장 전형적인 부동산담보대출 형태인 단일 가구 주택 1순위 담보대출 사례를 보면 개념이 분명해질 것이다. 통상 1만 달러짜리 주택을 임대하면 연 수입이 약 1,200달러이며, 세금과 기타 비용 차감 후 순이익이 약 800달러다. 따라서 저축은행에서 금리 5퍼센트로 주택 가격의 60퍼센트인 6,000달러를 1순위 담보로 대출한다면, 이자 보상 배수가 2배가 넘는다. 다시 말하면, 임대료가 3분의 1 정도 감소해도 이자 회수에는 문제가 없다. 따라서 저당권자는 주택 소유자가 원리금 상환 능력이 없더라도 새 세입자나 매수자를 항상 찾을 수 있으므로, 대출금 60퍼센트를 충분히 보호할 수 있다고 생각한다. (반면에 흔히 제조회사의 원가 100만 달러짜리 공장 설비도 담보로 잡고 60만 달러를 대출해 주지만, 회사가 채무불이행 상태가 되면 매각하거나 임대해서 자금을 회수할 수가 없다.)

부동산 가치와 수익력의 밀접한 관계

이 사례에서 보듯이, 정상적인 상황에서 주택, 사무실, 상점 등의 부동산 가치는 임대 가치와 함께 움직인다. 따라서 이런 담보 부동산을 매각 가치로 보느냐, 아니면 수익력 기준으로 보느냐는 중요하지 않다. 공터, 빈집, 상점에 대해서도 이와 똑같이 말할 수 있다. 이들의 매각 가치는 예상 임대료와 밀접하게 관계되어 있기 때문이다. (그러나 공장, 호텔 등과 같이 특수 목적으로 건립된 건물은 전혀 그렇지 않다.)

투자자를 호도하는 감정평가

부동산 채권에 투자하려면 겉모습에 현혹되지 않고 부동산의 가치를 정확하게 바라보는 태도가 필요하다. 1923~1929년에 부동산담보채권 발행이 과도하게 증가하는 동안, 미래 이익 추정치에 덧붙여서 관행적으로 제공되는 유일한 데이터는 부동산 감정평가서였는데, 감정가가 거의 모두 채권 발행액보다 66.6퍼센트나 높았다. 이런 감정가가 시장가치와 일치했다면 건전한 부동산 채권을 고르는 데 실제로 유용했을 것이다. 그러나 유감스럽게도 이런 감정가는 순전히 허위였다. 감정인들이 수수료를 받고 이름을 빌려주었으므로, 투자자를 기만한 것이다.

이들은 부동산에서 예상되는 임대수익을 후하게 자본화하여 평가했다. 그래서 높은 금융 비용이 들어간 원가 100만 달러인 빌딩의 '감정가'가 즉시 150만 달러로 뛰어올랐다. 따라서 채권을 발행하면 원가를 거의 모두 회수할 수 있었고, 건설사나 시행사는 한 푼 투자하지 않고서도 빌딩의 지분을 확보했으며, 덤으로 두둑한 이익까지 현금으로 챙길 수 있었다.[3] 이 부동산금융 사기는 허점투성이였다. 그러나 관련 당사자 모두 원칙도, 통찰력도, 상식도 없었던 탓에 거대한 거품을 형성한 다음 붕괴하였다.[4]

비정상적인 임대료 기준으로 평가

실제로 1928~1929년에는 부동산 원가와 비교해서 대단히 높은 임대 소득을 올릴 수 있었다. 그렇더라도 이런 상황 때문에 새 건물의 가치가 곧바로 실제 원가

---

3 바우커 빌딩Bowker Building(The 419-4th Avenue Corporation)은 1927년 부동산 채권 123만 달러를 발행했는데, 납입자본금이 겨우 7만 5,000달러였다. (토지와 부동산 원가는 약 130만 달러였지만, 감정가는 189만 7,788달러였다.) 1931~1932년에 부도가 발생하여 법정관리에 들어갔다.

4 부록의 비고 19 참조. 미국투자은행협회Investment Bankers Association of America 부동산증권위원회Real Estate Securities Committee가 작성한 부동산 채권 부도에 관한 보고서다.

보다 50퍼센트나 높아질 수는 없는 노릇이다. 이렇게 높은 임대 수익률은 오래 유지될 수가 없었다. 계속 더 많은 빌딩이 지어졌고, 마침내 빌딩이 공급과잉 상태에 도달하여 임대료가 폭락했기 때문이다. 이런 빌딩 공급과잉은 필연적이었는데, 소유주는 자기 돈 한 푼 없이 자금을 모두 차입하여 빌딩을 지을 수 있었기 때문이다.

과도한 건설 원가

건설 경기가 과열되자 건설 원가가 비정상적으로 높아졌다. 따라서 1928년이나 1929년에는 실제 원가의 3분의 2 이내에서 보수적으로 대출했어도 안전하지 않았다. 건설 원가가 급락하여 빌딩의 내재가치가 대출 금액을 밑돌 위험이 있었다.

특수 건물의 약점

세 번째 문제점은 건물의 유형을 전혀 구분하지 않았다는 점이다. 과거 전형적인 부동산 대출은 주택담보대출이었다. 주택은 구매 수요나 임차 수요가 무수히 많아서, 시가보다 조금만 낮춰도 언제든지 처분할 수 있었다. 일반 아파트, 상점, 사무실 빌딩도 주택과 상황이 매우 비슷하다. 그러나 호텔, 차고, 교회, 공장과 같은 특수 건물은 이렇게 빨리 처분할 수 없으며, 그 건물을 원래 소유한 기업의 성패에 따라 가치가 달라진다. 따라서 이런 특수 건물에 대한 담보채권은 실제로 부동산 채권이 아니라, 기업에 대한 대출이다. 그러므로 이 채권의 안전성은 기업을 엄격한 기준으로 평가하여 판단해야 한다.

그러나 부동산금융이 과열 상태에 이를 때 사람들은 이런 관점을 완전히 망각했다. 호텔, 차고, 심지어 병원을 지을 때에도 아파트를 지을 때처럼 채권을 발행했다. 다시 말해서, 감정가가 채권 발행액보다 2분의 1에서 3분의 2를 초과하면 안전하다고 간주했다. 그러나 이런 회사들이 사업에 실패하여 이자를 상환하지 못하게 되자, 이 '부동산 채권' 투자자들은 수익성 없는 철도나 공장을 담보로 잡은 것과 다를 바 없었다.[5]

---

[5] 부록의 비고 20 참조. 허드슨 타워Hudson Towers 사례.

초기 임차료 기준의 문제점

아파트 금융에도 다른 약점이 있다. 아파트 감정가는 초기에 설정하는 임대료 수입을 기준으로 평가한다. 그러나 아파트 입주자들은 흔히 새 아파트에 상당한 프리미엄을 지불하며, 지은 지 몇 년만 지나도 새 아파트로 간주하지 않는다. 따라서 첫해 이후에 들어오는 임대 수입은 첫해 임대 수입보다 훨씬 적다고 보아야 한다.

정보 부족

부동산 채권은 채권 판매 이후에 발행 회사가 투자자에게 운영 정보와 재무 데이터를 제대로 제공하는 경우가 드물다. 특히 비상장기업이 채권을 공모 방식으로 발행할 때 이런 문제가 흔히 발생한다. (비상장기업의 공모 방식 채권 발행은 부동산금융의 특성이기도 하다.) 그 결과 채권투자자들은 부도가 발생한 다음에야 회사 실적이 부진했음을 깨닫게 된다. 더욱 심각한 문제는 발행 회사 소유주들이 부동산에서 현금을 모두 뽑아낸 다음에야 그 부동산에 막대한 세금이 체납되었음을 알게 된다.

제안하는 투자 원칙

이처럼 지난 10년 동안 나타난 부동산 채권의 결함을 분석해 보면, 앞으로 투자 지침이 될 만한 구체적인 원칙들을 도출할 수 있다.

일반적으로 단일 가구 주택은 부동산담보채권을 발행하지 않고 금융회사가 주택 소유자에게 직접 대출을 제공한다. 그러나 (로이어스 모기지Lawyers Mortgage Company, 타이틀 개런티 앤드 트러스트Title Guarantee and Trust Company 등) 주택금융회사들은 단일 가구 주택을 담보로 보증 담보 증서와 저당권 참가 증서 사업도 벌이고 있다.[6]

부동산 채권에 투자할 때에는 두 가지를 확신해야 한다. (a) 실제 최근 원가 기

---

[6] 1933년 이후 단일 가구 주택에 대한 부동산금융 업무는 대부분 연방정부 소속 연방 주택청Federal Housing Administration, F.H.A으로 넘어갔다. 따라서 이런 부동산 채권은 개인에게 판매되지 않았다. 대형 건물에 대한 금융도 대폭 감소했다. 대형 건물에 대한 융자 업무는 거의 모두 보험사 등 금융기관이 담당했으며, 부동산 채권이 대중에게 판매되는 일은 (1939년 말까지) 거의 없었다.

준과 노련한 부동산 전문가가 인정하는 공정 가격 기준으로, 대출 금액이 부동산 가치의 66.6퍼센트를 넘지 않아야 한다. (b) 두 가격 기준은 투기적 인플레이션에 의해 부풀려진 가격이 아니어야 하고, 과거 오랜 기간 유지된 가격 수준을 크게 뛰어넘어서도 안 된다. 그렇지 않다면, 현재 부동산 가치 대비 부채 규모를 고려하여 대출 금액을 적당히 축소해야 한다.

더 흔한 부동산 채권이 신축 아파트나 사무실 빌딩에 대한 1순위 저당권 참가 증서다. 이런 채권을 검토할 때에는 첫째, 전통적인 '감정가'를 무시해야 하며, 공정하게 평가한 실제 원가가 채권 발행액보다 50퍼센트 이상 높은지 확인해야 한다. 둘째, 보수적으로 계산한 추정 손익계산서를 요구해야 하는데, 건물 노후화에 따른 임대 수입 감소와 공실에 의한 손실까지 반영한 것이어야 한다. 이 손익계산서에서 추정이익이 감가상각 충당금을 차감한 다음에도 이자비용보다 100퍼센트 이상 많아야 한다. (감가상각 충당금은 실제로 채권 상환을 위한 채무 상환기금으로 사용된다.) 채권 발행자는 투자자에게 운영 및 재무 보고서를 정기적으로 제공하겠다고 약속해야 한다.

'1순위 임차권 담보채권'은 실제로 2순위 담보다. 이 채권은 임차 토지에 세운 건물을 담보로 발행되며, 토지 임차료가 전체 부동산에 대해 사실상 1순위 담보권을 차지하게 된다. 이런 채권을 분석할 때에는 토지 임차료를 채권 이자에 더해서 부동산의 전체 이자비용을 계산해야 한다. 그리고 부동산 채권 분야에서는 1순위 담보가 2순위 담보보다 확실히 유리하다.[7]

이 양적 기준에 더해서, 건물의 입지와 유형이 입주자들을 끌어들이기에 매력적인지도 따져 보아야 하며, 지역 특성이 바뀌어 막대한 손실을 볼 가능성이 없는지도 생각해 보아야 한다.[8]

---

[7] 사례와 논평은 부록의 비고 21 참조.

[8] 1934년 각주: "1933년에 보수적인 기준에 따라 발행된 부동산 채권 사례 하나가 1939년 만기 5.5퍼센트 뉴욕 트리니티 빌딩 1순위 담보채권Trinity Buildings Corporation of New York First으로서, 뉴욕시 금융가 요지에 자리 잡은

호텔, 차고 등 특수 목적 건물의 담보채권에는 투자하면 안 된다. 차라리 개인 사업자가 되어 그 사업 자체에 투자해야 한다. 앞에서 논의한 우량 등급 회사채 투자 기준을 돌아보면, 신축 호텔 등을 담보로 발행되는 채권은 합리적인 투자 대상으로 보기 어렵다. 이런 사업에는 처음에 사주가 자본을 투입해야 하며, 장기간에 걸쳐 성공적으로 운영된 다음에만 대중을 상대로 주식이나 채권을 발행해야 한다.[9]

제11장 채권투자의 구체적 기준 4
제12장 철도 및 공익기업 채권 분석의 특수 요소
제13장 채권 분석의 기타 특수 요소
제14장 우선주 이론
QR 코드 통해 제7판에 생략된 원문 PDF 참조.

사무실 건물 두 동을 담보로 발행되었다. 채권 발행금액은 430만 달러였으며, 1순위 담보로 제공된 토지와 건물은 과세 기준가가 1,300만 달러였다. 1931년 총수익이 223만 달러였고, 감가상각비 차감 후 순이익이 채권 이자의 약 6배였다. 1932년 임대료 수입이 165만 3,000달러로 감소했지만, 채권에 대한 이자 보상 배수는 그래도 약 3.5배 수준을 유지했다. 1933년 9월에 이 채권은 거의 액면가로 거래되었다." 이 각주와 이후 경과에서 입지 요소의 중요성이 잘 드러난다. 1933년 이후 경기는 전반적으로 개선되었는데도, 금융가 활동이 위축되어 입주자가 감소하면서 임대료가 대폭 하락했다. 1938년이 되자 트리니티 빌딩의 순이익은 감가상각비는커녕 이자비용도 감당하지 못할 정도로 감소했다. 만기인 1939년에는 원금과 이자가 지급되지 않았다. 모회사 US 리얼티 앤드 임프루브먼트United States Realty and Improvement Company의 보증도 손실을 막아 주지 못했다. 투자자들은 원금 상환 연기와 표면금리 인하를 받아들일 수밖에 없었다. 이 사례의 채권은 틀림없이 보수적인 기준으로 발행되었지만(양적 요소), 그 지역 임대료가 하락하자 손실이 발생했다(질적 요소).

9 보증 부동산담보증권은 제17장에서 다룬다.

우선주 선정 기법

앞에서 우선주 이론을 논하면서 실제적인 결론을 내렸는데, 우선주는 건전한 채권이 갖춰야 하는 요건을 모두 충족해야 하며, 계약상의 불리함을 상쇄하기 위해서 추가 안전마진까지 확보해야 한다는 내용이었다. 따라서 우선주를 분석할 때에는 앞에서 채권에 대해 적용했던 기준을 그대로 적용해야 한다.

더 엄격한 요건 적용

양적 기준을 더 엄격하게 적용하려면 최소 이자 보상 배수를 채권보다 더 높여

최소 이자 보상 배수

기업 유형	채권	우선주
공익기업	1.75배	2배 + 우선주 배당금
철도회사	2배	2.5배 + 우선주 배당금
제조회사	3배	4배 + 우선주 배당금

야 한다. 우리가 제시하는 기준은 다음과 같다.

이렇게 이자 보상 배수를 높인 다음에는 주식가치 비율도 이에 맞춰서 조정해야 한다. 주식가치 비율은 부차적인 기준이므로 바꿀 필요가 없다는 주장이 나올 법하다. 그러나 분석에 일관성을 유지하려면 다음과 같이 주식가치 비율도 조정해야 한다.

최소 주식가치 비율

기업 유형	채권	우선주
공익기업	채권 1달러당 주식 0.5달러	채권 및 우선주 1달러당 주식 0.66달러
철도회사	채권 1달러당 주식 0.66달러	채권 및 우선주 1달러당 주식 1달러
제조회사	채권 1달러당 주식 1달러	채권 및 우선주 1달러당 주식 1.5달러

여기에서 제시한 안전마진은 지금까지 일반적으로 인정된 적정 수준보다 훨씬 높다. 따라서 우리가 제시한 요건이 불합리하고 터무니없이 엄격하다는 반론을 제기할 수도 있다. 물론 1931년 이전에 발행된 우선주 대부분은 이 요건을 통과하지 못할 것이다. 그러나 이렇게 엄격한 요건을 적용했다면 투자 대중에게는 이로웠을 것이다. 나중에 경기와 금융 여건이 전반적으로 안정되면 최소 이자 보상 배수(배당금 보상비율)를 완화할 수도 있지만, 실제로 상당 기간 이런 안정세가 확연히 드러나기 전까지는 우선주에 대해서 지극히 비판적이고 엄격한 태도를 유지해야 한다.

온라인 자료 제14장 8쪽의 우선주 목록을 보면, 제조회사 우선주는 모두 채권 및 우선주 1달러당 주식 가치가 1.5달러를 넘었고, 평균 배당금 보상비율은 5.6배를 넘어갔다.[1]

---

1 채권에 대해서는 주식가치 비율을 바꿀 필요가 없다고 본다.

채권을 발행한 회사의 우선주

채권을 발행하지 않은 회사의 우선주만을 투자 대상으로 고려해야 하는지 생각해 보자. 채권을 발행하지 않은 회사의 우선주가 바람직하다는 점은 두말할 필요도 없다. 이는 2순위 담보보다 1순위 담보가 유리한 것과 같은 이치다. 따라서 선순위 채권이 없는 우선주의 실적이 선순위 채권이 있는 우선주보다 좋았던 것은 당연하다. 그렇다고 해서 채권을 발행한 회사의 우선주에 투자하면 무조건 안 된다는 뜻은 아니다. 이는 모든 2순위 담보채권이 모든 1순위 담보채권보다 열등하다는 생각만큼이나 잘못된 착각이다. 이런 식으로 단순화한다면, 채권을 발행하지 않은 제조회사의 우선주보다도 높게 평가받는 공익 회사 우선주마저 모두 거부하게 된다. 게다가 1932년 극심한 시련을 버텨 낸 우선주 가운데 상당수가 채권을 발행한 회사의 우선주였다.[2]

1933년에 극소량의 채권이 있다는 이유로 GE 우선주 같은 건전한 증권을 거부한다면, 이는 지극히 어리석은 짓이라 하겠다. 따라서 엄격한 질적 기준으로 투자 대상을 선정하면 얼마나 어리석은 결정이 되는지 알 수 있다. 우선주에 선순위 채권이 존재한다면, 투자자는 이를 고려해서 더 주의를 기울여야 한다. 그리고 회사의 실적이 매우 좋으면 이런 우선주에도 충분히 투자할 수 있다.

전부 차감 기법으로 계산

선순위 채권이 있는 우선주의 배당금 보상비율을 계산할 때에는 반드시 '채권 이자와 우선주 배당금을 합한 금액'을 기준으로 계산해야 한다. 우선주 배당금에 대해서만 보상비율을 주당 이익 기준으로 계산하는 방식이 거의 통일된 관행처럼 사용되고 있지만, 이는 후순위 채권에 대한 이자 보상 배수를 우선 차감 기법으로

---

[2] 21개 우선주 가운데 11개 우선주에는 선순위 채권이 있었다. 이 가운데 공익 회사 우선주가 5개, 철도회사 우선주가 1개 있었고, 제조회사 우선주는 15개 가운데 5개가 포함되었다. 우선주 목록은 온라인 자료 제14장을 참조하라.

계산하는 것처럼 잘못된 방식이다. 우선주 발행액이 채권 발행액보다 훨씬 적다면, 주당 이익으로 계산할 때 우선주 배당금 보상비율이 채권의 이자 보상 배수보다 훨씬 높게 나타난다. 이는 채권 이자보다 우선주 배당금이 더 안전하다는 뜻이 되므로, 전혀 말이 되지 않는다(다음 사례 참조).[3]

우선주 배당금 보상비율 계산 방법 예시

A. 콜로라도 퓨얼 앤드 컴퍼니 Colorado Fuel and Iron Company, **1929**

항목	금액
비용 공제 전 순이익	$3,978,000
이자비용	1,628,000
우선주 배당금	160,000
보통주 배당 가능액	2,190,000

부정확한 관행적 계산		정확한 계산	
항목	보상비율	항목	보상비율
이자 보상 배수	2.4배	이자 보상 배수	2.4배
우선주 배당금 보상비율	14.7배	이자 및 우선주 배당금 보상비율	2.2배
우선주 주당 이익	$117.50		

비고: 이와 같이 우선주 이익만을 분석한 자료는 가치가 없으며 투자자를 오해하게 한다.

B. 워너브라더스 픽처스 Warner Bros. Pictures, Inc., **1937**

항목	금액
비용 공제 전 순이익	$10,760,000
이자비용	4,574,000
우선주 배당금	397,000
보통주 배당 가능액	5,789,000

부정확한 관행적 계산		정확한 계산	
항목	보상비율	항목	보상비율
이자 보상 배수	2.35배	이자 보상 배수	2.35배
우선주 배당금 보상비율	14.8배	이자 및 우선주 배당금 보상비율	2.1배
우선주 주당 이익	$56.99		

---

3   부록의 비고 28 참조.

C. 웨스트 펜 일렉트릭 West Penn Electric Company, 1937

항목	금액
총매출액	$40,261,000
비용 공제 전 순이익	13,604,000
고정비(자회사 우선주 배당금 포함)	8,113,000
7% 우선주와 6% 우선주 배당금	2,267,000
클래스 A 주식 배당금(6% 및 7% 우선주보다 후순위)	412,000
클래스 B 주식과 보통주 배당 가능액	2,812,000

부정확한 관행적 계산			정확한 계산	
항목	보상비율	주당 이익	항목	보상비율
고정비	1.68배		고정비	1.68배
6% 및 7% 우선주	2.42배	$16.11	고정비와 우선주 배당금	1.31배
클래스 A	7.43배	$54.79	고정비, 우선주 배당금, 클래스 A 배당금	1.26배

웨스트 펜 일렉트릭의 클래스 A 주식은 실제로 2순위 우선주다. 이 부정확한 관행적 계산에 의하면, 우선주 배당금이 채권 이자보다 더 안전한 것처럼 나타난다. 그리고 클래스 A 주식은 발행 규모가 작아서, 2순위 우선주인데도 채권이나 1순위 우선주보다도 안전한 것처럼 보인다. 정확한 계산에 의하면, 클래스 A 주식의 배당금 보상비율은 7.43배가 아니라 1.26배에 불과하다. 실로 엄청난 차이라 하겠다. 아마도 이런 부정확한 보상비율 계산법 때문에 1937년에 클래스 A 주식이 108까지 상승한 듯하다. 클래스 A 주식은 1932년 25까지 떨어졌지만, 이후에도 거듭해서 7퍼센트 우선주보다 높은 가격에 거래되었다는 사실이 흥미롭다.

명백한 모순

우리가 세운 우선주 배당금 보상비율 원칙은 명백한 모순을 불러온다. 성격상 우선주 배당금 보상비율은 채권 이자 보상 배수보다 낮을 수밖에 없는데도, 더 높은 비율을 요구해야 하기 때문이다. 어느 회사든지 '채권 이자와 우선주 배당금 합계액'의 보상비율이 채권의 이자 보상 배수보다 낮게 나온다. 그래서 투자자들은 건전한 우선주에 대해서는 건전한 채권보다 완화된 기준을 적용해야 한다고 생각하게 되었다.[4] 그러나 이 생각은 전혀 옳지 않다. 어떤 회사가 채권과 우선주를 모두 발행했다면, 채권이 매우 안전해야만 우선주도 안전해질 수 있기 때문이다. 뒤집어 말하면, 채권만 간신히 안전한 수준이라면 우선주는 안전할 수가 없다. 다음 사례를 보면 이해될 것이다.

연도	리깃 앤드 마이어스 타바코 Liggett & Myers Tobacco Co.		커먼웰스 앤드 서던 Commonwealth & Southern Corp.	
	이자 보상 배수	이자 및 배당금 보상비율	이자 보상 배수	이자 및 배당금 보상비율
1930	15.2	7.87	1.84	1.48
1929	13.9	7.23	1.84	1.55
1928	12.3	6.42	1.71	1.44
1927	11.9	6.20	1.62	1.37
1926	11.2	5.85	1.52	1.31
1925	9.8	5.14	1.42	1.28

리깃 앤드 마이어스 우선주 배당금 보상비율(채권 이자 포함)은 우리가 제시한 최소 기준 4배보다 훨씬 높다. 따라서 채권의 이자 보상 배수는 최소 기준 3배를 훨씬 초과한다. 반면에 커먼웰스 앤드 서던의 1930년 고정비 보상비율은 최소 기준 1.75배와 비슷한 수준이었다. 이는 채권은 투자에 적합하지만 6퍼센트 우선주는 적합하지 않다는 뜻이다. 따라서 1930년에 이 우선주를 액면가 이상으로 산다면 명백한 실수였다.

---

[4] 예를 들어 다음 인용문을 참고하라. R. E. Badger and H. G. Guthmann, *Investment Principles and Practices*, New York, 1941: "마찬가지로, 제조회사 채권은 일반적으로 이자 보상 배수가 3배 이상 되어야 안전하다고 볼 수 있다." (p. 316) "저자가 보기에, 제조회사 우선주는 고정비와 배당금 합계액보다 이익이 2배 이상 많지 않으면 투기 종목으로 간주해야 한다." (p. 319) "지주회사 채권 이자를 포함한 비용보다 이익이 2배 이상 많다면, 그 지주회사 채권은 건전하다고 말할 수 있다. 마찬가지로, 선순위 채권 이자와 우선주 배당금 합계액보다 이익이 1.5배 이상 많다면, 그 지주회사 우선주는 건전하다고 볼 수 있다." (p. 421) 다음도 참조하라. F. F. Burtchett, *Investments and Investment Policy*, p. 325. New York, 1938. 이 책에서 저자는 소매 회사의 우선주보다 채권에 대해 더 높은 고정비 보상 비율을 요구했다.

'주당 이익' 공식은 투자자를 혼동시킨다

선순위 채권이 없는 우선주의 경우, 우선주의 안전성을 주당 이익으로 나타낼 수도 있고, 배당금 보상비율로 나타낼 수도 있다. 그러나 두 가지 이유로 배당금 보상비율이 분명히 나은 방법이다. 첫째, '주당 이익' 방식은 채권이 없는 경우에만 사용해야 하는데도, 채권이 발행된 경우에도 사용하려는 경향이 있다. 분석가와 현명한 투자자들은 이런 식으로 우선주 배당금 보상비율을 왜곡하려는 시도를 단호하게 막아야 하는데, 가장 좋은 방법은 계산 양식에서 '주당 이익'을 완전히 없애 버리는 것이다. 둘째, 주당 이익의 중요성은 우선주의 시장가격에 따라 달라진다. 주당 이익이 똑같이 20달러라도, 우선주 가격이 125달러일 때보다 80달러일 때 훨씬 더 유리하다. 80달러일 때에는 시장가격 대비 이익이 25퍼센트이지만, 125달러일 때에는 16퍼센트에 불과하기 때문이다. 100달러 미만인 액면가 기준으로 배당률을 표시하면, 주당 이익 실적을 비교해도 아무런 의미가 없다. 크레스S. H. Kress and Company는 6퍼센트 우선주를 액면가 10달러에 발행한 적이 있다. 액면가 100달러짜리 7퍼센트 우선주의 주당 이익이 20달러가 나올 때보다, 이런 우선주의 주당 이익 18.60달러가 나올 때 지표가 당연히 훨씬 유리해진다.

주식가치 비율 계산

이 기준을 우선주에 적용하는 기법은 배당금 보상비율을 계산하는 방법과 모든 면에서 비슷하다. 채권이 있으면 채권 액면 금액과 우선주 시가총액을 더한 다음, 이 금액으로 보통주 시가총액을 나눠야 한다. 채권의 안전성을 계산하려고 하면, 우선주를 보통주에 더한다. 그러나 우선주의 안전성을 계산할 때에는 당연히 보통주만이 후순위 증권이 된다. 1순위 우선주와 2순위 우선주를 발행한 회사에서 1순위 우선주의 안전성을 계산할 때에는 2순위 우선주를 보통주에 더한다. 다음은 계산 사례다.

우선주 주식가치 비율 계산: 프록터 앤드 갬블 Procter and Gamble Company

자본 조달	액면 금액	1932년 저가	저가 기준 가치
채권	$10,500,000		
8% 1순위 우선주	2,250,000	140	$3,150,000
5% 2순위 우선주	17,156,000	81	13,900,000
보통주	6,140,000*	20	128,200,000

*주식 수

1. 채권의 주식가치 비율: $\dfrac{3{,}150{,}000 + 13{,}900{,}000 + 128{,}200{,}000}{10{,}500{,}000} = 13.8:1$

2. 1순위 우선주의 주식가치 비율: $\dfrac{13{,}900{,}000 + 128{,}200{,}000}{10{,}500{,}000 + 3{,}150{,}000} = 10.4:1$

3. 2순위 우선주의 주식가치 비율: $\dfrac{128{,}200{,}000}{10{,}500{,}000 + 3{,}150{,}000 + 13{,}900{,}000} = 4.6:1$

보통주의 시가총액과 비교할 때, 우선주의 액면가를 써야 하는가, 시장가치를 써야 하는가? 대개는 어느 숫자를 써도 큰 차이가 나지 않을 것이다. 그러나 무액면 우선주가 증가하고 있으며, 액면가와 시가가 완전히 달라지는 우선주도 증가하고 있다.[5] 이런 때에는 배당률로부터 적정 가치를 산출해야 한다. 따라서 주식 가치 비율을 계산할 때에는 우선주의 시가를 사용하는 편이 나을 것이다. 반면에 채권에 대해서는 시가보다 액면가를 사용하는 편이 낫다. 이것이 훨씬 편리하며, 방금 설명한 우선주와 같은 문제도 발생하지 않기 때문이다.

---

[5] 아일랜드 크리크 석탄회사Island Creek Coal Company 우선주는 액면가가 1달러고, 레밍턴 랜드Remington Rand, Inc. 2순위 우선주는 액면가가 25달러이며, 배당금은 둘 다 6달러다. 그러나 청산 시에는 각각 주당 120달러와 100달러를 받게 된다. 이들의 진정한 액면가는 분명히 100달러다. 아메리칸 징크 레드 앤드 스멜팅American Zinc Lead and Smelting의 액면가 5달러 1순위 우선주와 액면가 6달러 2순위 우선주도 진정한 액면가는 모두 25달러다.

비누적적 우선주

비누적적 우선주가 누적적 우선주보다 불리한 논리는 우선주가 채권보다 불리한 점과 매우 비슷하다. 우선주가 배당금을 강제로 받아 낼 수 없는 것처럼, 비누적적 우선주는 과거에 지급하지 않은 배당금을 장래에도 받아 낼 수 없기 때문이다. 이런 조항이 너무도 불공정하여 한없이 너그러운 투자자들조차 비누적적 우선주를 거부하였으므로, 오랜 기간 우선주는 거의 모두 누적적 우선주 형태로만 발행되었다.[6]

비누적적 우선주는 기업이 회생을 거치면서, 기존 투자자들이 어떤 유형의 증권도 거절하기 어려운 상황에서 발행되었다. 그러나 최근 몇 년 동안에는 기업회생 과정에서 발행되는 우선주일지라도, 일정 기간 유예 조건이 부과되기는 하지만 누적적 우선주가 압도적으로 많았다. 예를 들어 오스틴 니컬러스Austin Nicholas and Company 5달러 우선주는 1930년 기업회생 과정에서 발행되었으며, 1934년에 누적적 우선주가 되었다. 1935년에 발행된 내셔널 디파트먼트 스토어National Department Store 우선주는 1938년에 완전한 누적적 우선주가 되었다.

비누적 조항에 반대하는 이유

비누적 조항에 반대하는 주된 이유는 실적이 좋은 해에도 경영진이 배당금을 보류하여 보통주 주주들만 이득을 얻을 수 있기 때문이다. 경험에 비추어 보면, 경영진은 보통주에 배당하고 싶을 때에만 비누적적 우선주에 배당금을 지급하였다. 게다가 나중에 보통주에 대한 배당이 중단되면, 우선주에 대한 배당도 곧바로 중단되기 일쑤였다.[7]

---

[6] 제1차 세계대전 이후 공모한 주요 '일반' 비누적적 우선주는 세인트루이스-샌프란시스코 철도 우선주 하나뿐이다. 일리노이 센트럴 철도Illinois Central Railroad Company 비누적적 우선주는 발행 시점에 전환권이 중요한 유인이었다.

[7] 캔자스시티 서던 철도Kansas City Southern Railway Company 4퍼센트 비누적적 우선주는 1907~1929년 동안 보통주가 배당금을 못 받는 기간에도 배당금을 받았는데, 이는 두드러진 예외에 속한다. 세인트루이스 서던 철도St. Louis Southwestern Railway Company 5퍼센트 비누적적 우선주도 보통주가 배당금을 못 받던 1923~1929년 동안에

사례: 세인트루이스–샌프란시스코 철도회사가 전형적인 사례다. 1916~1924년 동안 대부분 이익이 충분히 발생했는데도, 회사는 우선주에 배당금을 지급하지 않았다. 그러다가 보통주 배당금을 지급하기 직전부터 우선주에 배당금을 지급하기 시작했다. 그러나 1931년 보통주 배당을 중단하고 1년도 채 지나기 전에 우선주 배당도 중단했다.

이런 명백한 불공정 행위에 대해 뉴저지 법원은 US캐스트 아이언 파이프the United States Cast Iron Pipe(주철관) 소송에서, 수익이 충분히 발생하면 보통주에 배당하기 전에 비누적적 우선주에 밀린 배당금을 지급해야 한다고 판결하였다.[8] 이는 뉴저지에서는 비누적적 우선주라고 해도 회사에 수익이 충분히 발생하면 배당금에 대해 누적 청구권이 부여된다는 뜻이다. 그러나 대법원은 워배시 철도 소송에서 판결을 뒤집었는데, 비누적 조항이 투자자들에게 큰 고통을 주기는 하지만 증권을 매입할 때 그 조건에 이미 동의하였다고 판시하였다.[9] 물론 이는 합리적인 판결이지만, 비누적 조항에 대한 반대가 극심하므로 각 주의 입법 위원은 뉴저지의 판결을 고려하여, 수익이 충분히 발생하면 배당금을 누적적으로 지급하는 법안을 제정함으로써, 완전히 비누적적인 우선주는 발행을 금지해야 한다고 제안하는 바이다. 계약서에 이런 조항을 삽입하여 이와 같은 효과를 거둔 개별 사례는 많다.[10]

는 배당금을 전액 받았다. 그러나 회사의 수익성이 좋았는데도 훨씬 오랜 기간 우선주 배당금을 전부나 일부 받지 못했다.

8 *Day v. United States Cast Iron Pipe and Foundry Company*, 94 N.J. Eq. 389, 123 Atl. 546 (1924), aff'd, 96 N.J. Eq. 738, 126 Atl. 302 (1925); *Moran v. United States Cast Iron Pipe and Foundry Company*, 95 N.J. Eq. 389, 123 Atl. 546 (1924), aff'd, 96 N.J. Eq. 698, 125 Atl. 329 (1925).

9 *Wabash Railway Company et al. v. Barclay et al.*, 280 U.S. 197 (1930), *Barclay v. Wabash Railway*, 30 Fed. (2n) 260 (1929) 판결 번복. 다음을 참조하라. A. A. Berle, Jr., and G. C. Means, *The Modern Corporation and Private Property*, pp. 190-192, New York, 1932.

10 다음 우선주의 계약서 조항을 참조하라. George A. Fuller Company $3 Convertible Stock, Aeolian Company 6% Class A Preferred, United States Lines Company Convertible Second Preferred. 최근 회생한 철도회사들이 발행하는 우선주의 유형은 분명히 이런 추세를 따라가고 있다. 예를 들어 다음 우선주를 참조하라. 시카고 앤드 이스턴 일리노이 철도Chicago & Eastern Illinois Railroad, 미주리 퍼시픽 철도, 이리 철도Erie Railroad, 세인트루이스-샌프란시스코 철도. 이런 우선주 유형의 초창기 사례는 피츠버그, 영스타운 앤드 애슈터뷸라 철도Pittsburgh,

투자등급 우선주 21종목의 특성

1932년 현재 뉴욕 증권거래소에 상장된 약 440개 우선주 가운데 9퍼센트인 40종목만이 비누적적 우선주였다. 이 중 29개가 철도회사나 시가전차회사였고, 11개만 제조회사였다. 1932년에 계속해서 투자등급을 유지한 우선주는 겨우 21개였는데, 이 가운데 무려 4개가 비누적적 우선주였다. 이 21개 우량 우선주에는 다른 특성도 있으며, 요약하면 다음과 같다(온라인 자료 제14장 참조).

1. 이 21개 우량 우선주 중 '비누적적 우선주와 채권을 발행한 회사의 우선주' 비중은 시장 평균보다 높았다.
2. 가장 대표적인 업종이 코담배 사업으로서, 3개 회사나 있다.
3. 기타 특성
    a. 채무 상환기금 조항이 있는 회사는 하나뿐이다.
    b. 1종목은 2순위 우선주다(프록터 앤드 갬블).
    c. 1종목은 액면가가 겨우 1달러다(아일랜드 크리크 석탄회사).
    d. 1종목은 거의 1932~1933년 저가에 임의 상환이 가능했다(GE).

형식, 명칭, 법적 권리는 중요하지 않다

이 특성으로부터 다음과 같은 과도한 추론은 삼가기 바란다. (1) 비누적적 우선주가 누적적 우선주보다 낫다. (2) 채권을 발행한 회사의 우선주가 발행하지 않은 회사의 우선주보다 낫다. (3) 코담배회사가 가장 안전한 투자 대상이다. 이 뜻밖의 분석 결과는 형식, 명칭, 법적 권리가 그다지 중요하지 않으며, 개별 회사의 실적이 지극히 중요하다는 우리 주장을 뒷받침한다. 우선주라고 해도 항상 배당금을

---

* Youngstown and Ashtabula Railway다. 그러나 이 우선주는 이익이 7달러 이상일 때에만 누적적이 되며, 배당금은 이보다 적게 지급되었다.

지급한다면 누적적인지 비누적적인지는 중요하지 않은데, 이는 우선주가 채권보다 법적 지위가 불리하다는 사실이 실제로 전혀 중요하지 않은 것과 마찬가지다. US타바코United States Tobacco Company 우선주는 불황기인 1931년에도 배당금 보상비율이 16배가 넘었으므로(게다가 우선주를 주당 125달러 수준에 대량으로 사들였다), 투자자들은 비누적적 우선주라는 사실을 전혀 걱정하지 않았다. 물론 이 사례는 예외적이다. 실용적인 투자 정책이 되려면, 지금까지 비누적적 우선주의 실적이 아무리 인상적이었다고 해도, 뜻밖의 반전에 대비해서 누적적 우선주를 선택하는 편이 낫다.[11]

선순위 채권은 규모가 중요하다

이 우량 우선주 중에는 채권을 발행한 회사가 많다. 이는 선순위 채권 발행 여부가 아니라, 선순위 채권 발행 규모가 중요하다는 뜻이다. 3개 우선주는 남아 있는 채권 금액이 미미했는데, 이는 발행 회사의 역사가 유구해서 오래전에 발행한 채권이 소량 남아 있었던 것이다.[12]

우연히도 비누적적 우선주를 발행한 세 제조회사 모두 코담배회사다. 이는 코담배 사업이 최고의 투자 대상이라는 뜻이 아니라, 투자자가 사업 유형에 대한 개인적 태도에 따라 증권의 장단점을 함부로 판단해서는 안 된다는 뜻이다. 아마도 채권을 선정하는 유일하게 건전한 토대는 과거 장기간에 걸친 탁월한 실적과 확고

---

11 예를 들어 아메리칸 카 앤드 파운드리American Car and Foundry Company 7퍼센트 비누적적 우선주를 살펴보자. 1928년 이전에는 여러 해 동안 이 종목이 US타바코 7퍼센트 비누적적 우선주보다 높은 가격에 거래되었다. 1929년까지 이 회사는 30년 동안 배당금을 빠짐없이 지급하였고, 마지막 20년 동안은 시장가격이 100 밑으로 떨어진 적이 없었다. 그런데도 1932년에는 배당금이 누락되었고, 호가가 16 밑으로 떨어졌다. 마찬가지로, 애치슨, 토페카 앤드 산타페 철도 5퍼센트 비누적적 우선주도 1901~1932년 동안 배당금을 전액 지급하였고, 오랜 기간 우량 종목으로 인정받았다. 1931년이 되자, 이 회사는 역사상 최고가보다 0.5 낮은 108.25에 도달했고, 수익률도 겨우 4.6퍼센트였다. 그러나 바로 이듬해 주가가 35로 떨어졌고, 그다음 해에는 배당금이 3달러대로 내려갔다. 나중에 5퍼센트 수준을 회복했지만, 1938년에는 배당금이 전혀 지급되지 않았다. 1939년에 노포크 앤드 웨스턴Norfolk and Western 4퍼센트 비누적적 우선주를 112에 사려는 사람들은 이 역사에 대해 숙고하기 바란다.

12 3개 회사는 GE, 아메리칸 타바코American Tobacco, 콘 프로덕츠 리파이닝Corn Products Refining이었다. 미시간 대학교 로드키Rodkey 박사도 이 관점을 인정한다. 그는 자본금 및 잉여금의 10퍼센트보다 적은 채권은 무시한다.

한 내재적 안정성과 장래에 영업환경이 급격하게 악화하지 않는다는 전망일 것이다. 앞서 나온 "3. 기타 특성"도 형식이나 사소한 결함은 투자에 그다지 중요한 문제가 아니라는 점을 시사한다.

수익사채와 보증사채

I. 수익사채

'조정사채'로도 부르는 수익사채는 계약상 성격이 일반 채권과 우선주의 중간이다. 실제로 수익사채는 모두 만기가 있어서 원금을 무조건 돌려받게 되어 있다. 이런 면에서 수익사채는 일반 채권과 성격이 똑같다. 그러나 수익사채는 거의 모두 만기가 길어서, 우리 분석에서 원금 상환은 사실 그다지 중요하지 않다. 실제로 수익사채에 만기가 도래해서 원금이 전액 상환된 사례는 우리가 알기에 단 한 건뿐이다.[1]

---

[1] 1881년 밀워키 레이크 쇼어 앤드 웨스턴Milwaukee Lake Shore and Western 6퍼센트 수익사채 50만 달러가 발행되었고, 1891년에 시카고 앤드 노스웨스턴이 채무를 승계하였으며, 1911년에 만기 상환되었다. 세인트루이스-샌프란시스코 철도 6퍼센트 수익사채와 6퍼센트 조정사채는 둘 다 만기 전인 1928년에 액면가로 상환되었는데, 각각 발행 32년과 27년 만이었다. 이 회사는 1932년에 법정관리에 들어갔으므로, 이 중도 상환은 투자자에게 다행스러운 일이었다. 1916년 법정관리에서 벗어났다가 1932년 다시 법정관리로 들어간 세인트루이스-샌프란시스코 철도회사는 투자자와 투기자의 경솔한 행태를 보여 주는 사례다. 이들은 다소 개선된 실적에 현혹되어, 자본

이자 지급은 경영진 재량

일부 수익사채는 이자를 거의 우선주처럼 지급한다. 경영진이 사실상 전적인 재량권을 발휘하여 채권 보유자들에게 지급할 이자 금액을 결정하기 때문이다. 이익이 있으면 이자를 지급하는 것이 관행이지만, 일부 채권 약정서에서는 경영진이 원하는 만큼 자본 지출이나 다른 목적으로 이익을 적립한 다음 '남은 금액'으로 이자를 지급하도록 허용한다. 그린 베이 앤드 웨스턴 철도Green Bay and Western Railroad Company 수익사채 '시리즈 B'의 경우, 1922~1931년 동안 벌어들인 이익이 22퍼센트에 육박했는데도 지급된 이자는 모두 6퍼센트에 불과했다. 최근 발행되는 수익사채 약정서(예: 1970년 만기 5퍼센트 콜로라도 퓨얼 앤드 아이언Colorado Fuel and Iron Company)는 이런 식으로 유보할 수 있는 이익의 비율을 명확하게 제한한다. 그래도 경영진에게 상당한 재량권이 남아 있다. 수익사채는 각 종목에 따라 일반 우선주와 일반 채권 사이에서 온갖 형태로 나타났다.

수익사채는 투자 등급이 낮다

수익사채는 우선주보다 계약상 지위가 다소 높으므로, 사람들은 수익사채의 투자 등급이 대개 우선주보다 높을 것으로 생각한다. 그러나 사실은 그렇지 않다. 실제로 장기간 투자등급을 유지한 종목은 만기 1995년 4퍼센트 애치슨, 토피카 앤드 샌타페이 철도 수익사채 하나뿐이다.[2] 여기서 이론과 실제의 괴리 현상이 나타

구조가 불안정한 철도회사 채권에 높은 점수를 주었던 것이다.

[2] 이 종목은 40년 넘게 이자를 지급하다가, 1938년에 일시적으로 이자 지급을 중단하였다. 5월 1일 이자가 연체되었지만, 6개월 뒤 지급되었다. 1938년에 가격이 103.25에서 75.13으로 떨어졌다가 96.25까지 회복되었다. 이렇게 가격이 회복되는 모습은 이른바 '최고급 채권'을 추구하는 투자자들의 열정을 생생하게 보여 준다. 리스 계약을 맺은 일부 철도회사의 보증 수익사채도 보증주처럼 높은 투자 등급을 유지했다. 사례: 펜실베이니아 철도Pennsylvania Railroad와 그 중요한 자회사가 보증하는 만기 2862년 5퍼센트 엘마이라 앤드 윌리엄스포트 철도Elmira & Williamsport Railroad 수익사채가 그러했다. (만기가 1,000년이나 된다.) 시스템 기업회생 과정에서 한때 시카고, 밀워키, 세인트 폴 앤드 퍼시픽 철도Chicago, Milwaukee, St. Paul and Pacific Railroad의 보증을 받았던 5퍼센트 시카고 테러호트 앤드 사우스이스턴Chicago Terre Haute and Southeastern 수익사채도 높은 투자 등급을 받았다. 새로 발행된 수익사채 가운데 거의 처음부터 투자등급을 인정받은 증권도 있는데, 사실상 로스Loews가 보증하는 4~5

나는데, 이는 수익사채가 거의 모두 신용도가 떨어지는 회사들이 회생을 진행하는 과정에서 발행되었기 때문이다. 수익사채의 이자 지급은 기업의 이익에 좌우되는데, 이들은 대개 이익이 충분치 않다는 뜻이다. 우선주 배당금도 마찬가지로 기업의 이익에 좌우되지만, 우선주 대부분이 부실한 기업의 회생 과정에서 발행되는 것은 아니다. 따라서 수익사채의 전반적인 투자 등급을 볼 때에는, 수익사채의 법적 권리가 아니라 부실기업의 회생 과정에서 발행되었다는 사실을 더 고려해야 한다. 다음과 같이 비유를 들 수 있다. 영국에서 그렇듯이, 기업들이 관행적으로 담보사채 발행을 꺼려서 신용등급이 낮아 어쩔 수 없는 경우에만 발행한다면, 담보사채의 전반적인 투자 등급은 무담보사채보다 분명히 낮을 것이다.[3]

수익사채 발행량 증가

앞으로는 투자등급 증권 가운데 수익사채의 비중이 우선주의 비중보다 더 증가할지도 모른다. 1930~1933년 침체 기간에 수많은 철도회사가 기업회생을 진행하였고, 철도회사들은 계속 실적이 저조하였으므로, 수익사채가 대량으로 신규 발행되었다. 일부 회사는 나중에 실적이 크게 개선되어 채권이 투자등급으로 격상되었는데, 1895년 기업회생을 마친 애치슨, 토피카 앤드 샌타페이 철도가 그 사례다. 지금까지 거의 무시되었지만, 수익사채는 우선주보다 법인세 비용은 대폭 절감되면서도 중요한 불이익이 없다는 장점도 있다. 일부 회사에서 우선주에 부과되는 양도세를 낮추려고 액면가를 인위적으로 낮추는 것처럼, 앞으로 건전한 회사들은 기존 우선주를 수익사채로 대체하여 세금을 절감할 수도 있다. 장래에 이런 방

퍼센트 얼라이드 오너스Allied Owners Corporation 수익사채였다. 우리가 보기에는 1936년 기업회생 과정에서 굳이 수익사채 형식을 선택할 이유가 없었다.

[3] 1937~1939년 제조회사의 채권 발행 시장이 실제로 이러했다. 실제로 거의 모든 채권이 무보증사채로 발행되었으며, 매우 낮은 발행 이자율로 판매되었다. 이제 제조회사 무담보사채는 담보사채보다 신용등급이 높다고 말할 수 있다.

시으로 수익사채가 발행되면, 상당수가 투자등급을 받을 것으로 보인다.[4]

수익사채의 안전마진 계산

수익사채의 안전마진을 계산하는 기법은 우선주의 안전마진을 계산하는 기법과 똑같다. 신용평가 회사들이 수익사채 이자 보상 배수 계산에 우선 차감 기법을 사용하고 있지만, 그렇더라도 이런 기법은 절대로 피해야 한다.

우리는 앞에서 우선주에 적용하라고 추천했던 최소 배당금 보상비율을 수익사채에도 적용하라고 제안한다.

사례: 다음은 1930년 미주리-캔자스-텍사스(이하 M-K-T) 철도 손익계산서 분석으로서, 수익사채를 발행한 회사의 선순위 증권 처리 방법을 보여 준다. 또한 철도회사 고정비 계산기법 두 가지(온라인 자료 제12장 4쪽 참조)를 수익사채와 우선주에 적용하는 방법도 보여 준다.

일반 채권의 이자 보상 배수를 계산할 때, 수익사채 이자는 고정비에 포함되지 않는다. 이런 면에서 수익사채는 우선주와 성격이 똑같다. 신용평가 회사에서 5퍼센트 M-K-T 수익사채의 이자 보상 배수가 11배가 넘는다고 말해도, 이는 투자자를 오도하는 쓸모없는 자료다.

1931년 초 당시 이 안전마진의 중요성

1930년 M-K-T의 이익은 10년 평균보다 다소 낮았는데, 이는 M-K-T의 정상적인 수익력을 공정하게 나타냈다고 볼 수 있다. 우선주 배당금 보상비율 기준으로 볼 때, 우선주는 투자 대상으로 분명히 부적합했다. 더 보수적인 기준(순차감법)으로 평가했을 때, 수익사채 이자 보상 배수가 최소 요건인 2.5배에 못 미쳤으

---

[4] 어소시에이티드 가스 앤드 일렉트릭은 세금 부담을 덜어 내려고 회사의 선택에 따라 우선주로 전환되는 채권을 발행하였다. 이런 이례적인 방식 대신 수익사채 형식을 이용했다면 일반 투자자들이 훨씬 쉽게 이해할 수 있었을 것이다. 보험회사와 저축은행은 규정에 따라 우선주를 보유할 수 없었으므로, 철도회사들은 기업회생 과정에서 우선주보다 수익사채를 선호하였다. 아마도 세금 절감과 더불어 이런 요소 때문에 기업들이 우선주 대신 수익사채로 신규 자금을 조달하게 되었다.

미주리-캔자스-텍사스M-K-T 철도, 1930년 (단위: 1,000)

철도 영업수익	$45,949
철도 영업이익(세후)	13,353
총이익(임차료 차감, 기타 이익 가산)	12,009
고정비(고정 이자와 기타 차감)	4,230
조건부 이자 분배 가능액	7,779
조건부 이자(이익이 있으면 지급 가능)	696
배당금 분배 가능액(순이익)	7,083
우선주 배당금	4,645
보통주 분배 가능액	2,438

철도 영업이익(세후)이 총이익보다 많다. 따라서 순차감 기준을 사용하라.

순차감 = 철도 영업이익(세후) − 조건부 이자 분배 가능액
    = $13,353 − $7,779

		보상비율	
순차감	= $5,574	$\dfrac{\$13{,}353}{\$5{,}574}$	= 2.40
순차감과 조건부 이자	= 6,270	$\dfrac{\$13{,}353}{\$6{,}270}$	= 2.14
순차감, 조건부 이자, 우선주	= $10,915	$\dfrac{\$13{,}353}{\$10{,}915}$	= 1.22

므로, 수익사채 역시 투자 대상으로 부적합했다. 채권 이자 보상 배수는 최소 기준보다 상당히 높으므로 채권은 충분히 안전하다고 나온다.

아무도 1931~1933년의 엄청난 이익 감소를 예상하거나 이에 대비할 수는 없었다. 1932년 M−K−T 증권들은 가격이 폭락했다. 그러나 회사의 부채 구조가 비교적 안정적이었으므로, 대부분 철도회사처럼 부도가 날 정도로 위태롭지는 않았다. 실제로는 1932~1934년에 의무 사항이 아니었는데도 회사는 수익사채에 이자를 지급했다.

이후 진행 사항도 실제로 채권투자와 관계가 있으므로 설명하겠다. 다음 도표가 도움 될 것이다.

연도	이자 지급 가능액	순차감 이자 보상비율	가격 범위	
			1978년 만기 4.5% 채권	5% 수익사채
1930	$11,999,000	2.40	92.5~101	86~108.5
1931	5,579,000	1.22	43.5~98	34~95
1932	4,268,000	1.01	36~70.75	13~60
1933	3,378,000	0.86	55~77.5	32.75~65
1934	2,093,000	0.65	63.13~83.75	29~62.5
1935	2,457,000	0.71	28.5~64	1, 1.25~36.5
1936	4,773,000	1.09	52.5~83	30.75~74.75
1937	3,274,000	0.86	38~79.75	18.5~80
1938	1,120,000	0.49	25~45.75	10~24

도표에서 보듯이, 1930년 이익은 이후 M-K-T의 수익력을 알려 주는 지표가 아니었다. 그렇더라도 1931년에 이 회사 채권을 산 사람들이 모두 큰 손해를 본 것은 아니다. 회사 이익도 감소하고 투자 등급도 하락했지만, 이후 6년 동안 유리한 가격에 팔 기회가 많이 있었다. 나중에 설명하겠지만, 이후 투자 지표가 바뀌었으므로 적절한 투자 기법을 따랐다면 유리한 가격에 팔았을 것이다.

1934년 이후에는 수익사채 이자가 1937년에만 지급되었다. 흥미롭게도, 가격 범위가 채권투자자들의 경솔한 행태를 보여 준다. 1937년에는 수익사채의 고가가 채권의 고가와 거의 같았다. 이자 보상 배수가 형편없었던 데다가, 1932년, 1934년, 1935년에는 채권 가격이 수익사채보다 2배나 높았는데도 말이다.

선순위 수익사채

다른 채권보다 담보권이 우선인 수익사채도 있다. 4퍼센트 애치슨 수익사채가 대표적인 사례다. 이보다 후순위인 4퍼센트 무담보사채는 1938년 짧은 기간을 제외하면 늘 수익사채보다 가격이 낮았다.

4퍼센트 세인트루이스 사우스웨스턴 철도St. Louis Southwestern Railway Company 수

익사채도 마찬가지다.[5] 수익사채는 그 이론적 지위가 혼란스럽지만, 실제로 회사 전반적인 관점에서는 수익사채 이자를 고정비로 취급해야 한다.

II. 보증증권

보증증권이라고 해서 투자 등급이 특별히 높은 것은 아니다. 미숙한 투자자들은 '보증'이라는 단어 때문에 안전을 보증하는 증권으로 생각할 수도 있다. 그러나 보증의 가치는 당연히 보증 회사의 재무 건전성에 절대적으로 좌우된다. 보증 회사가 무일푼이라면 그 보증은 아무 소용이 없다. 미숙한 투자자들과는 달리, 월스트리트는 보증의 가치를 늘 낮게 평가했다. 그래서 보증증권 가격은 보증 회사가 발행한 무보증사채나 심지어 우선주보다도 낮은 경우가 많았다. 월스트리트에서 이렇게 보증증권을 불신하게 된 계기는 1915년 캐너와 앤드 호킹 콜 앤드 코크 Kanawha and Hocking Coal and Coke Company 사례로 거슬러 올라간다. 당시 보증했던 철도회사는 채무이행 능력이 없다는 이유를 내세워 1901년 보증계약은 무효라고 주장하였다. 이 회사는 오하이오와 연방법원의 독점금지 소송 판결에 고무되어 이렇게 책임을 회피하려 했지만, 결국 완전히 실패하고 말았다. 그러나 이 회사의 행위는 보증의 가치를 크게 훼손하였으며, 25년이 지났는데도 그 영향이 아직도 남아 있다.[6] 지불 능력이 있는데도 법의 맹점을 이용해서 보증 책임을 벗어난 중요

---

[5] 1936~1939년의 다양한 기업회생 계획에서, 이 수익사채는 다른 후순위 채권보다 항상 훨씬 좋은 대우를 받았다. 1939년 만기 6퍼센트 워배시 철도 비누적적 무담보 수익사채도 이례적인 사례로서, '순이익'에서 이자를 지급했다. 명칭은 무담보사채였지만, 실제로는 직접 담보권을 설정하였고, 워배시 철도 차환 담보 사채보다 선순위였다. 발행 조건은 비누적적 이자만 이익에 따라 지급하게 되어 있었지만, 1931년에 회사가 법정관리에 들어가고 1932년에는 후순위 담보채권에 이자를 지급하지 않았는데도, 이 수익사채에 대해서는 1916~1938년 동안 이자를 계속 지급하였다. 1939년 말 회사가 법정관리를 신청하고 나서 다양한 기업회생 계획에서도 이 수익사채는 우대받았다.

[6] 이 유명한 사례를 요약한 내용은 부록의 비고 29를 참조하라.

한 사례는 하나도 없었다.[7]

보증증권의 지위

어떤 회사가 이자, 배당금, 원금 지급을 보증할 경우, 이 채무를 이행하지 못하면 채무불이행이 된다. 보증 회사에 대한 청구권은 무담보채권과 동등한 지위를 갖게 되므로, 보증증권의 등급은 보증 회사의 무담보 회사채와 같고 우선주보다 높다. 보증증권은 보증 회사와는 관계없이 자신의 수익력만으로 투자등급을 받을 수도 있다. 이런 때 보증은 증권의 안전성을 높여 줄 수는 있지만, 보증 회사가 곤경에 빠지더라도 증권의 안전성이 감소하지는 않는다.

사례: 만기 1950년 5퍼센트 브루클린 유니언 고가철도 1순위를 브루클린 하이츠 철도Brooklyn Heights Railroad Company가 보증했지만, 이 보증 회사는 1919년에 법정관리에 들어갔다. 그러나 이 채권은 발행 회사가 브루클린 고속철도 시스템Brooklyn Rapid Transit System에서 유리한 위치를 차지했던 덕분에 아무 손실 없이 기업회생을 통과했다. 마찬가지로, US인더스트리얼 알코올U.S. Industrial Alcohol Company 우선주의 배당금을 디스틸링 컴퍼니 오브 아메리카Distilling Company of America가 보증해 주었다. 보증 회사는 지급불능이 되었지만, US인더스트리얼 알코올은 자체 이익으로 배당금을 계속 지급할 수 있었고, 나중에 우선주를 125에 상환하였다.

다른 회사로부터 전액 보증받은 보통주나 우선주는 보증 회사에 대해서 채권과

---

7   그러나 보증 회사가 연방파산법 제11장을 악용한 사례도 있다. 보증 회사는 자신은 양보하지 않은 채 보증증권 보유자들을 압박하여 수정된 조건을 받아들이게 하였다. 사례: 1939년 3월 US 리얼티 앤드 임프루브먼트는 5.5 퍼센트 트리니티 빌딩의 보증 조건을 변경하였다. 반면에, 이 US 리얼티 앤드 임프루브먼트는 자신이 보증했던 5.5퍼센트 사보이 플라자Savoy Plaza Corporation 무보증사채 미매각분에 대해서는 1932년 10월 전액을 지급했다. 당시 사보이 플라자의 무보증 1순위 담보채권은 5까지 폭락한 상태였다. 또한 1939년에 5퍼센트 유티카, 클린턴 앤드 빙엄턴 철도Utica, Clinton and Binghamton Railroad 1순위에 대해, 장기간 영업을 중단한 보증사 델라웨어 앤드 허드슨Delaware and Hudson Railroad이 전액을 지급하였다.

같은 지위를 확보한다. 보증 회사가 지불 능력을 상실하면, 이들은 당연히 일반 보통주나 우선주로 돌아온다. 그러나 자체 이익이 있으면 US인더스트리얼 알코올처럼 건전한 종목이 될 수도 있다. 한 회사의 수익사채를 다른 회사가 보증한 예도 있다(예: 시카고, 밀워키, 세인트 폴 앤드 퍼시픽 철도가 5퍼센트 시카고 테러호트 앤드 사우스이스턴Chicago Terre Haute and Southeastern 수익사채를 보증하였다[8]).

발행 증권 가운데 일부만 보증받을 때, 보증의 가치가 명확하게 드러나기도 한다.

사례: 1949년 만기 5퍼센트 애너코스티아 앤드 포토맥리버 철도Anacostia and Potomac River Railroad 1순위

$500,000 워싱턴 레일웨이 앤드 일렉트릭 컴퍼니Washington Ry. & Elec. Co.보증	1939년 가격 110
$2,100,000 무보증	1939년 가격 80

이 사례에서 애너코스티아는 이자 보상 배수가 부족했지만, 보증 회사는 이자 보상 배수가 높았다(보증 이자까지 포함해서, 1938년 연결 기준으로 4가 넘었고, 모회사 기준으로는 11이 넘었다).

보증 조건이 중요하다

세부적인 보증 조건에 따라 보증의 가치가 크게 달라진다. 이자만 보증할 때보다 원금까지 보증할 때 보증의 가치가 훨씬 높아진다.

사례: 1937년 만기 4퍼센트 필리핀 철도Philippine Railway Company 1순위 채권은 이자에 대해서만 필리핀 정부의 지급보증을 받았다. 이 회사는 이익이 부족했다. 이자는 만기까지 제때에 지급됐지만, 원금은 지급되지 않았다. 채권 가격에 이런

---

[8] 보증 회사는 1935년부터 지급불능 상태가 되어 자신의 채무도 전혀 이행하지 못했지만, 이 수익사채는 이자가 계속 지급되었다. 이는 보증 덕분이 아니라, 테러호트 사업부가 전략적으로 중요해서 상당한 이익을 올리고 있었기 때문이다. 이 사업부의 '2순위 담보수익사채'가 간선 시스템의 1순위 담보채권보다도 이자를 정기적으로 잘 지급했다. **조건이 아니라 현실이 투자 실적을 좌우한다.**

상황이 반영되어, 1929년 이후 39를 넘어서지 못했다.[9]

1938년 만기 4퍼센트 및 5퍼센트 미니애폴리스, 세인트폴 앤드 수세인트마리 철도Minneapolis, St. Paul and Saulte Saint Marie Railroad 1순위 채권: 4퍼센트 채권 전부와 5퍼센트 채권 절반의 이자를 캐나디안 퍼시픽 철도Canadian Pacific Railway가 지급보증했다. 만기에 원금이 지급되지 않았고, 캐나디안 퍼시픽은 이자 지급도 중단했다. 채권 가격은 6으로 떨어졌다.[10]

반면에 후순위인 만기 1978년 5.5퍼센트 1순위 채권과 시리즈 B 차환 채권도 이자에 대해 캐나디안 퍼시픽의 지급보증을 받았는데, 선순위 채권이 부도난 다음에도 이자가 지급되었다. 1939년에 선순위 채권은 6에 거래되었지만, 이 두 채권은 64에 거래되었다. 1931년에는 이 두 채권이 35였고, 1938년 만기 5퍼센트 채권은 45였으며, 캐나디안 퍼시픽 무담보사채는 56.88이었다. 1931년에는 캐나디안 퍼시픽 장기 보증의 가치가 제대로 반영되지 않았음이 분명하다.

배당금 지급보증도 기간이 한정된 경우에는 마찬가지로 불리하다.

사례: 아메리칸 텔레그래프 앤드 케이블American Telegraph and Cable Company 보통주 사례가 여기에 해당한다. 웨스턴 유니언 텔레그래프Western Union Telegraph Company는 이 회사와 맺은 1882~1932년(50년) 리스 계약에 따라 50년 동안 보통주 배당금 5퍼센트의 지급을 보증하였다. 아메리칸 텔레그래프의 장기 배당 실적이 안정적이었으므로, 투자자들은 배당금이 확실하다고 믿었고, 1922년까지도 주식이 70에 거래되었다. 그러나 그사이에 리스 케이블 자산의 실질 가치가 빠르게 감소하였으므로, 리스 만료일에는 주식 가치가 거의 없어질 상황이었다. 1930년 두 회사는 보통주 주주들에게 원금 조로 약 20달러를 지급하기로 했다.[11]

---

9 채권자 보호위원회는 필리핀 정부에 채권을 사주거나 원금 채무를 떠안아 달라고 요청했는데, 부정행위로 몰려 1939년 위원회 회장이 실형을 선고받았다.
10 1939년 채권 보유자들은 원금이 상환될 때까지 캐나디안 퍼시픽이 이자를 계속 지급하라고 소송을 제기했다.
11 주의 깊은 투자자라면 1913년부터 웨스턴 유니언 연차 보고서에 실린 내용에서 이런 위험을 감지할 수 있었다. 이 회사는 보유 중인 아메리칸 텔레그래프 주식을 1932년 추정 가치 10달러에 맞춰 매년 상각해 나가고 있었다.

프랫 앤드 휘트니Pratt and Whitney 우선주(1928년 상환)도 세부적인 보증 조건의 중요성을 보여 주는 예외적인 사례다. 증권 편람에는 이 우선주의 배당금을 모회사인 나일스-베먼트-폰드Niles-Bement-Pond가 '보증'하는 것으로 나온다. 그러나 실제로는 나일스가 자사 우선주 배당금을 지급하고서 남은 이익 한도에서만 프랫 앤드 휘트니의 미지급 배당금을 메워 주기로 합의했다. 따라서 1924년 11월부터 1926년 6월까지 프랫 앤드 휘트니 우선주 보유자들은 배당금을 전혀 받지 못했지만, 나일스에 아무런 권리도 주장할 수 없었다. 계약서에 이런 특별 조항이 들어 있을지 모르므로, 증권에 투자하기 전에 보증 조건에 관해서 완벽한 정보를 파악하도록 노력해야 한다.

공동보증과 복수보증

공동보증과 복수보증은 한 종목을 두 회사 이상이 보증하는 행위로서, 각 보증 회사는 책임을 비례해서 부담할 뿐만 아니라, 다른 보증 회사가 지급불능이 되면 그 몫까지 떠안게 된다. 다시 말해서, 각 보증 회사는 증권 전액에 대해 책임을 지게 된다. 보증 회사는 하나보다 둘 이상일 때 더 유리하므로, 공동보증이 붙은 채권에는 특별한 이점이 있다.

사례: 공동보증으로 가장 유명한 증권은 유니언 철도역union railroad stations 채권이다. 가장 두드러진 사례는 만기 1960년 4퍼센트 캔자스 시티 터미널 철도Kansas City Terminal Railway Company 1순위로서, 이 회사 시설을 이용하는 철도회사 12개가 공동보증을 제공했다. 12개 보증 회사는 다음과 같다. 애치슨, 올튼Alton, 벌링턴Burlington, 세인트폴, 그레이트 웨스턴Great Western, 록아일랜드Rock Island, 캔자스 시티 서던Kansas City Southern, M-K-T, 미주리 퍼시픽, 프리스코, 유니언 퍼시픽, 워배시.

각 회사가 제공한 보증의 가치는 회사와 시점에 따라 크게 오르내렸지만, 적어도 세 회사는 매우 건전한 재무 상태를 유지했으므로, 채권 보유자들이 안심할 수 있었다. 그러나 투자자들은 한 회사의 보증보다 12개 회사의 공동보증이 훨씬 강력하다는 사실을 제대로 깨닫지 못했다. 공동보증이 붙은 터미널 채권이, 신용도가 의심스러운 회사 하나가 보증한 채권보다도 종종 낮은 가격에 거래되었기 때문이다.[12] 따라서 투자자들은 한 회사가 보증한 채권보다 여러 회사가 공동보증하는 채권에 투자하는 전략이 유리하다.

연방 토지은행 채권

공동보증과 복수보증의 다소 특이한 형태로, 농장 저당 계약금을 담보로 발행된 연방 토지은행 채권이 있다. 12개 연방 토지은행이 각자 발행하는 채권을 나머지 11개 은행이 보증하는 방식이므로, 각 채권은 실제로 연방 토지은행 시스템 전체의 채무가 된다. 연방 토지은행이 구성되던 시점에 토지은행 합자회사(Joint Stock Land Bank)들도 설립되어 역시 채권을 발행했다. 그러나 한 토지은행 합자회사가 발행하는 채권을 나머지 합자회사가 보증하는 방식은 아니었다.[13] 연방 토지은행과 토지은행 합자회사 둘 다 미국 정부의 감독을 받았으며, 둘 다 연방 법인세를 면제받았다. 연방 토지은행은 원래 거의 모든 주식을 미국 정부가 보유했다(그렇다고 해서 연방 토지은행 채권을 책임지지는 않았다). 토지은행 합자회사는 주식을 개인들이 보유했다.

이 두 가지 은행 시스템이 도입되었을 때, 투자자들은 토지은행 합자회사도 연방정부로부터 감독받고 연방 법인세를 면제받으므로, 토지은행 합자회사 채권도 사실상 연방정부가 보증한다고 생각했다. 그래서 이 채권은 연방 토지은행 채권보다 겨우 0.5퍼센트 높은 수익률에 거래되었다. 보증이 없는 토지은행 합자회사 채

---

12 근거 데이터로 부록의 비고 30 참조.
13 은행 명칭에서 '합자회사'란 다양한 이해관계자들이 주식을 소유한다는 뜻이지만, 투자자들은 각 은행이 발행한 채권을 공동으로 책임진다는 뜻으로 착각하기도 했다. 토지은행 합자회사에 대한 종합적 설명과 비판은 다음을 참조하라. Carl H. Schwartz, "Financial Study of the Joint Stock Land Banks," Washington, D. C., 1938.

권과 상호 보증이 붙어 있는 연방 토지은행 채권을 비교하면 다음과 같은 분석이 도출된다.

1. 두 은행 시스템 모두 완벽하게 성공한다면 보증은 필요 없다. 개별 은행이 발행한 채권 모두 매우 안전하기 때문이다.
2. 두 시스템 모두 완벽하게 실패해도 보증은 필요 없다. 모든 은행이 똑같이 파산할 것이기 때문이다.
3. 완벽한 성공도 아니고 실패도 아니라면, 공동보증과 복수보증이 지극히 가치 있다. 극도로 상황이 어려운 지역의 농지 대출 채권이 특히 그러할 것이다.

농지 대출 시스템이 새로 도입된 제도라는 사실을 고려하면, 투자자들은 최대한 보호책을 마련했어야 마땅하다. 수익률 0.5퍼센트를 더 얻으려고 공동보증을 포기한 사람들은 분명히 판단을 잘못한 것이다.[14]

14　1930~1932년 동안 여러 합자회사 채권에 부도가 발생했고, 이들은 대부분 부도 채권 가격에 거래되었으며, 가격이 모두 투기 채권 수준으로 떨어졌다. 반면에 연방 토지은행 채권은 부도가 전혀 없었을 뿐 아니라, 가격도 크게 내리지 않았고, 계속해서 투자등급 채권 수준을 유지했다. 이렇게 연방 토지은행 채권이 훨씬 만족스러운 실적을 올린 주요인은 미국 정부가 자본금을 추가로 출자하고 감독을 강화했기 때문이지만, 공동보증도 틀림없이 커다란 이점으로 작용했다. 또한 연방 토지은행 채권은 여러 주에서 신탁 기금의 적격 투자 종목으로 인정받았으며, 안전성이 확실히 부족해진 1932년 이후에도 여전히 적격 투자 종목으로 유지되었다. 1933년 5월 이후 토지은행 합자회사는 신규 사업이 금지되었으며, 체계적인 청산 절차에 들어갔다.

보증사채 2

보증 부동산담보채권과 담보부사채

증권 보증 관행은 부동산담보 분야에서 가장 폭넓게 발달하였다. 이러한 보증은 두 가지 유형이다. 하나는 담보나 담보 참가권을 판매하는 회사가 제공하는 보증이다. 다른 하나는 더 최근에 등장한 방식으로서, 독립 보증 회사가 수수료를 받고 우발채무를 떠안는 보증이다.

    부동산담보 보증의 개념은 분명히 보험의 개념이다. 담보 보유자는 어느 정도 비용을 부담하더라도, 상권의 특성 변화 등 부동산에 발생할지 모르는 위험에 대비하는 편이 유리하다. 적정 보험료를 받고 이런 위험으로부터 보호해 주는 일도 건전한 보험 사업 영역에 포함된다. 물론 사업의 모든 단계를 신중하게 처리한다는 전제가 붙는다. 이런 보험 사업이 성공적으로 이루어지는 조건은 다음과 같다.

1. 먼저 담보대출이 보수적으로 이루어져야 한다.
2. 보증 회사는 규모가 크고, 관리가 잘되어야 하며, 담보 판매회사와 관계없는 회사여야 하고, 부동산 이외 분야로도 사업이 다각화되어 있어야 한다.
3. 경제 상황이 비정상적으로 급변하지 말아야 한다.

1929년 이후에는 부동산 가치가 극단적으로 붕괴했으므로, 3번 조건이 충족되지 않았다. 따라서 1929년 이후 부동산담보의 실제 동향은 그 미래 가치를 예측하는 공정한 지표로 보기가 어렵다. 그렇더라도 당시에 드러난 일부 특성에 대해서는 설명할 필요가 있다.

한때 보수적으로 관리되었다

우선, 담보 보증 사업은 보수적으로 운영되었던 1924년 이전과 방만하게 운영되었던 1924년 이후가 극명한 대조를 이룬다. 1924년 이후에는 부동산금융이 가장 중요한 분야로 떠올랐다.

시장을 선도하던 뉴욕시 부동산담보 보증 회사(본드 앤드 모기지 개런티 Bond and Mortgage Guarantee Company, 로이어스 모기지 등)를 보면, 이 사업은 장기간 보수적으로 운영되었다고 말할 수 있다. 각 담보 금액은 세심하게 평가한 가치의 60퍼센트를 넘기지 않았고, 대규모 단일 담보는 피했으며, 지리적 위치 기준으로도 위험을 합리적으로 분산했다.

물론 보증 회사가 다른 유형의 보증 사업을 한 것도 아니고, 판매회사와 독립된 회사도 아니었다. 또한 3~5년 만기 보증 업무가 일반 관행이었으므로, 가장 난처한 시기에 보증 만기가 한꺼번에 몰릴 위험도 있었다. 그렇더라도 이들은 사업을 신중하게 운영한 덕분에, 1908년과 1921년 같은 심각한 부동산 침체기에도 잘 버텨 낼 수 있었다.

공격적인 새로운 관행

'새 시대' 기간에 건설 붐이 일어나면서, 부동산담보 사업과 부동산 채무보증 관행이 엄청나게 증가했다. 이 분야에 새로운 사람, 새로운 자본, 새로운 기법이 도입되었다. 이 분야에서 장기간 활동해 온 소규모 지역 회사들은 이제 전국을 대상으로 매우 공격적인 사업을 펼치는 거대 조직으로 변신했다. 이들은 장기간 이룬 성공 실적을 크게 강조하였고, 대중은 그 실적에 고무되었다. 그러나 이들은 규모, 기법, 사람이 크게 바뀌었으므로, 사실은 전혀 다른 회사였다. 앞에서도 지적했지만, 이 기간 부동산금융 기법은 무모할 정도로 불건전했다. 담보 자체도 부실했지만, 담보에 대한 보증 역시 대부분 부실했다. 보증 회사들은 채권 판매회사의 자회사들이었다. 따라서 시장이 붕괴하자 부동산 가치, 부동산 채권 회사, 그 자회사인 보증 회사가 모두 함께 무너졌다.

경쟁이 미친 악영향

더 공격적인 부동산 채권 회사들이 새로 등장하면서 오래된 부동산 채권 회사들의 정책에 심각한 악영향을 미쳤다. 경쟁 심화로 기존 회사들도 대출 기준을 완화하게 된 것이다. 이들은 신규 담보대출 기준을 갈수록 완화하였고, 기존 담보대출의 만기를 갱신할 때에는 흔히 대출금을 증액해 주었다. 게다가 담보 보증 액면 금액이 보증 회사 자본금보다도 여러 곱절 많아졌으므로, 담보물의 가치가 전반적으로 하락할 때에는 보증 효과가 취약해질 수밖에 없었.

그 결과, 1931년 부동산시장이 붕괴했을 때 신설 부동산 채권 회사와 그 자회사인 보증 회사도 거의 모두 완전히 무너지고 말았다. 그리고 불황이 이어지자 기존 회사도 무너졌다. 담보나 담보 참가권에 붙은 보증은 명색뿐이었고, 보증의 가치는 거의 전적으로 자산의 가치에 좌우되었다(뉴욕 보증 회사에서 보증한 금액만 해도 30억 달러 수준). 대부분 자산에 대한 담보대출 비율이 합리적인 수준을 훨씬 넘어갔다. 1932년 현재 담보대출 잔액 중 예컨대 8년 전처럼 보수적인 조건과 원칙에 따라 실행된 금액은 극히 일부에 불과했다.

독립 보증 회사가 제공한 보증

1924~1930년에 여러 독립 보증 회사가 사업 영역을 확장하여, 부동산담보에 대해서도 수수료를 받고 보증을 해 주었다. 이론적으로는 이런 독립 보증 회사들은 가장 건전한 보증 업무 기법을 보여 줄 수 있었다. 보증 회사로서 전반적인 경험과 강점을 갖춘 데다가, 완전한 독립성을 확보했으므로 요청받는 보증에 대해 매우 비판적인 태도를 유지할 수 있었기 때문이다. 그러나 이들이 부동산담보채권 보증 업무를 시작하고 얼마 안 지나 시장이 붕괴했으며, 이들 역시 과도한 낙관주의 풍조에 휩쓸려 심각한 실수를 저질렀으므로, 이러한 이론상의 이점도 사라져 버렸다. 대부분 보증 회사가 입은 손실은 감당하기 어려운 수준이었다. 여러 보증 회사가 법정관리에 들어갈 수밖에 없었고, 이런 회사가 보증한 채권은 제대로 보호받을 수 없었다.[1]

리스 채권도 일종의 보증

기업은 보유 부동산을 다른 기업에 임대해 주고 매년 고정 임대료를 받아, 발행 채권의 이자와 배당금을 지급하기도 한다. 흔히 임대계약에는 이러한 이자와 배당금에 대한 지급보증이 추가되며, 실제로 대부분 보증 회사채가 이런 방식으로 발행된다.[2] 이렇게 고정 임차료를 지급하는 임대계약은 보증이라고 명시되지 않았어

---

[1] 독립 보증 회사의 보증은 부분적으로나마 가치가 있었다. 내셔널 슈어티 National Surety Company의 파산 부동산에서는 이 회사가 보증한 채권 보유자들에게 거액의 현금을 지급하였다. 일부 독립 보증 회사는 저금리 보증채권을 새로 발행해 주기로 채권 보유자들과 타협하여 간신히 파산을 면하기도 했다(예: 메트로폴리탄 캐주얼티 Metropolitan Casualty Company, 메릴랜드 캐주얼티 Maryland Casualty Company, US피델리티 앤드 개런티 United States Fidelity and Guaranty Company).

[2] 예를 들어 피츠버그, 포트 웨인 앤드 시카고 철도 Pittsburgh, Fort Wayne and Chicago Railway Company 우선주와 보통

도 임차 기업의 보증과 같은 효과를 낸다.

사례: 이런 임대계약의 가치를 보여 주는 대표적인 사례가 1927년에 발행된 1937년 만기 5.5퍼센트 웨스트배코 클로린 프로덕츠Westvaco Chlorine Products Corporation 채권이다. 웨스트배코는 생산량 일부를 자회사인 유니언 카바이드 앤드 카본Union Carbide and Carbon Corporation에 판매하기로 합의했고, 유니언 카바이드는 5.5퍼센트 채권의 이자와 원금 상환액을 매월 수탁회사에 지급하기로 보증했다. 이 임대계약을 통해서 웨스트배코가 발행한 채권의 이자와 원금을 매우 건실한 회사인 유니언 카바이드가 지급보증한 셈이다. 이렇게 건실한 회사가 보증하고 이후에 계속해서 채권을 매입소각하였으므로, 이 채권 가격은 1932~1933년 내내 99 이상으로 유지되었다. 이와는 대조적으로 웨스트배코의 보통주는 가격이 1929년 116.5에서 1932년에는 3으로 폭락했다. (채권은 1935년 9월 100.5에 모두 임의 상환되었다.)

2022년 만기 6.5퍼센트 타바코 프로덕츠 코퍼레이션 오브 뉴저지Tobacco Products Corporation of New Jersey도 흥미로운 사례다. 이 회사는 2022년까지 99년 임대계약을 맺고 자산을 아메리칸 타바코American Tobacco Company에 임대했으며, 매년 250만 달러를 받기로 했다(임차 기업은 연 7퍼센트로 할인한 현재가치로 임대료를 한꺼번에 상환할 수도 있었다). 임차 기업은 이자 지급에 더해서, 만기 전에 채권을 전액 상환하는 규모로 채무 상환기금을 설정하였다. 6.5퍼센트 타바코 프로덕츠 채권은 아메리칸 타바코의 고정 채무나 다름없었다. 따라서 이 채권은 아메리칸 타바코 우선주보다 선순위였다. 1931년 이 채권이 발행되었을 때, 투자자들은 임대계약의 타당성을 의심했거나 이 상황을 제대로 이해하지 못했다. 아메리칸 타바코 우선주가 타바코 프로덕츠 채권보다 훨씬 높은 가격에 거래되었기 때문이다. 채권은 1932년 저가가 수익률 8.9퍼센트에 해당하는 73이었지만, 우선주는 수익률 6.32퍼센트에

주는 펜실베이니아 철도와의 999년 리스 계약에 따라 7퍼센트 배당금을 받는다. 이 배당금은 펜실베이니아 철도도 지급보증하였다.

해당하는 95였다. 1935년 1월 임차 기업이 임차료를 일시금으로 상환하였으므로, 6.5퍼센트 채권은 액면가로 상환되었다.

임대계약도 세부 조건이 중요하다

보증증권과 마찬가지로, 임대계약도 계약서 세부 조건에 따라 증권의 지위가 크게 달라진다. 다음이 그런 사례다.

사례: 만기 1946년 3퍼센트 조지아 미들랜드 철도Georgia Midland Railway 1순위 채권은 무보증사채다. 그러나 자산을 1995년까지 서던 철도Southern Railway에 임대해 주었고, 채권 이자와 같은 금액을 임대료로 받기로 했다(1939년 1월 가격 35).

이 임대계약은 채권 만기가 훨씬 지나서도 이자를 지급보증한 것과 똑같다. 이 보증의 가치는 서던 철도의 지불능력에 좌우된다. 그러나 만기인 1946년이 되면 채권의 지위는 다음 요소에 따라서도 달라질 수 있다.

1. 서던 철도 장기 리스 채무의 시장가치. 금리가 매우 낮고 서던 철도의 신용이 매우 높으면, 이 채권은 똑같은 3퍼센트 장기채권으로 차환 발행될 수 있다. (1939년 시점에서 볼 때 가능성이 희박하다.)
2. 조지아 미들랜드 노선의 가치. 이 노선에서 임차료보다 많은 수익이 발생한다면, 서던 철도는 이 노선을 빼앗기지 않으려고 만기에 채권 원금을 상환할 것이다. 그리고 차환 발행하는 채권 금리가 인상된다면, 임차료도 그만큼 높여 지불할 것이다. (그러나 1939년 개인이 보유한 교통 밀도 데이터에 의하면, 이 노선은 수익성이 높지 않았다.)
3. 편의상 상환. 1946년에 서던 철도의 영업이 호조를 보인다면, 일부 노선의 부도를 막기 위해서라도 원금을 상환할 것이다. 계약서의 '공동' 개발 및 총괄 담보 조항에 따라, 서던 철도에 원금 상환 의무가 있다고 볼 수도 있다. (이때 채권자의 지위가 약해질 수도 있다.)

이 논의로부터 1939년 초에 3퍼센트 조지아 미들랜드 채권 가격이 내려간 이유를 이해할 수 있을 것이다. 이 사례에서 핵심 요소는 노선의 수익성이 나쁘다는 사실인데, 이는 공식 자료가 아니라 개인 자료이므로, 공신력 있는 정보를 추가로 입수해야 한다.

흔히 저평가되는 보증증권

타바코 프로덕츠 사례는 같은 회사의 보증사채가 무보증사채보다도 저평가되는 모습을 보여 준다. 이러한 유명한 사례가 1943년 만기 4퍼센트 샌안토니오 앤드 어랜서스 패스 철도San Antonio and Aransas Pass Railway Company 1순위 담보채권으로서, 서던 퍼시픽Southern Pacific Company이 원리금을 지급보증했다. 이 채권은 지급보증에 더해서 담보까지 갖췄는데도, 서던 퍼시픽 무보증사채보다도 늘 높은 수익률에 거래되었다.[3]

사례: 반하트 브라더스 앤드 스핀들러Barnhart Bros. and Spindler Company 1순위 우선주 및 2순위 우선주(둘 다 원리금을 아메리칸 타이프 파운더스American Type Founders Company에서 지급보증) 가격과 보증 회사 아메리칸 타이프 우선주 가격은 더 극적인 대조를 이룬다. 추가 사례는 다음과 같다. 하일러스 오브 델라웨어Huyler's of Delaware, Inc. 우선주(셜트 리테일 스토어스Schulte Retail Stores Corporation에서 보증)와 보증 회사 우선주의 가격 비교, 아머 앤드 컴퍼니 오브 델라웨어Armour and Company of Delaware

---

[3] 듀잉Arthur Stone Dewing은 저서 *A Study of Corporation Securities*, pp. 293-197, New York에서 보증사채에 관해서 다음과 같이 말했다. "그러나 전략적 이유 때문에 지주회사나 모회사가 적자 자회사 채권 이자나 임대료를 메워 주기도 한다. (이하 1943년 만기 4퍼센트 샌안토니오 앤드 어랜서스 패스 철도 1순위 담보채권 및 최근 이자비용도 벌지 못한 다른 채권 사례를 열거) 그래도 샌안토니오 노선이 서던 퍼시픽에 매우 중요했으므로, 서던 퍼시픽이 채권 이자 부족액을 메워 주었다. 이런 사례도 있긴 하지만, 거의 모든 경우 보증사채의 안전성은 발행 회사와 담보 자산의 수익력보다 높을 수가 없다." 그러나 위와 같이 말하면 보증 책임의 핵심 특성을 오해하게 된다. 서던 퍼시픽이 자회사의 채권 이자 부족액을 메워 준 것은 자발적으로 선택한 것이 아니라 필수적 책임이었기 때문이다. 보증사채는 그 발행 회사보다 신용도가 훨씬 높을 수 있다. 투자자는 발행 회사와 보증 회사 양쪽에 청구권을 행사할 수 있기 때문이다.

우선주(아머 앤드 컴퍼니 오브 일리노이Armour and Company of Illinois가 보증)와 보증 회사 우선주의 가격 비교.

보증증권과 보증 회사 증권 가격 비교*

종목	기준일	가격	수익률 (%)
1943년 만기 4% 샌안토니오 앤드 어랜서스 패스 1순위(보증)	1920. 1. 2	56.25	8.30
1929년 만기 4% 서던 퍼시픽 무보증사채	1920. 1. 2	81	6.86
7% 반하트 브라더스 앤드 스핀들러 1순위 우선주(보증)	1923년 저가	90	7.78
7% 반하트 브라더스 앤드 스핀들러 2순위 우선주(보증)	1923년 저가	80	8.75
7% 아메리칸 타이프 파운더스 우선주	1923년 저가	95	7.37
7% 하일러스 오브 델라웨어 우선주(보증)	1928. 4. 11	102.5	6.83
8% 셜트 리테일 스토어스 우선주	1928. 4. 11	129	6.20
7% 아머 오브 델라웨어 우선주(보증)	1925. 2. 13	95.13	7.36
7% 아머 오브 일리노이 우선주	1925. 2. 13	92.88	7.54

* 이 표에 실린 종목들은 이후 다양한 과정을 거쳤다. 샌안토니오 앤드 어랜서스 패스는 합병했고, 반하트 브라더스 앤드 스핀들러는 상환했으며, 아머 오브 델라웨어는 파산했다. 그러나 이후 실적을 보면 보증증권이 상대적으로 저평가되었음이 밝혀졌다.

이런 저평가 현상을 이용해서 교체매매를 하면 안전성을 떨어뜨리지 않으면서 수익률을 높일 수 있다. 아니면 수익률을 거의 낮추지 않으면서 안전성을 훨씬 높일 수도 있다.[4]

고정비 계산에 보증과 임차료도 포함하라

채권의 이자 보상 배수를 계산할 때에는 채권 이자에 해당하는 채무를 모두 이자 비용에 포함해야 한다. 이에 대해서는 철도회사의 고정비를 논할 때 자세히 설명하였다. 철도회사에 대해서는 이런 계산이 그다지 어렵지 않다. 그러나 일부 제조회사는 임차료와 보증을 처리하기가 매우 복잡하다. 특히 소매 기업이나 극장처럼

---

4 부록의 비고 31 참조. 보증과 임차료의 흥미로운 측면을 간결하게 논의한다.

사용하는 건물의 임차료나 관련 채무의 비중이 큰 회사들은 이 문제가 매우 중요하다. 회사가 채권을 발행하여 이 건물을 매입한 경우에는 채무가 재무상태표와 손익계산서에 모두 공개된다. 그러나 장기 임차계약을 맺어 비슷한 건물을 사용하는 회사라면, 임차료 채무가 손익계산서에 별도로 표시되지 않으며, 재무상태표에도 단서가 드러나지 않는다. 그래서 임차계약한 회사가 건물을 매입한 회사보다 건전한 것처럼 보일 수 있지만, 이는 단지 임차계약한 회사의 채무가 공개되지 않았기 때문이며, 본질적으로 두 회사의 부담은 비슷하다고 보아야 한다.

반면에 자체 자금으로 건물을 소유한 회사라면, 자본 구성에 이 사실이 드러나지는 않지만, 임차계약한 회사보다 영업 면에서 매우 유리하다.

사례: 1929년 인터스테이트 백화점Interstate Department Stores 우선주를 아웃렛 컴퍼니The Outlet Company 우선주와 비교해 보면, 두 종목은 실적이 매우 비슷해 보일 것이다. 두 회사 모두 이자 보상 배수도 비슷하고, 채권이나 부동산담보 부채도 없기 때문이다. 그러나 아웃렛은 토지와 건물을 소유했지만 인터스테이트는 모두 임차해서 사용하므로, 실제로는 아웃렛이 훨씬 건전하다. 그래서 인터스테이트는 사실 고정비에 해당하는 채무가 많다. 체인점 분야에서 1932년 J. C. 페니J. C. Penney 우선주와 크레스 우선주를 비교해도 비슷한 결과가 나온다. 크레스는 매장을 절반 넘게 보유했으나, 페니는 매장을 거의 모두 임차하였다.

대개 간과되는 리스 부채

그동안 금융계에서는 장기 임대계약에 의한 부채에 관심을 전혀 기울이지 않았으나, 호황이 이어진 탓에 임차료가 감당하기 어려운 수준으로 치솟자, 1931년과 1932년에 그 중요성을 갑자기 깨닫게 되었다.

사례: 이런 임차료 상승은 특히 유나이티드 시가 스토어United Cigar Stores 우선주에 충격적인 영향을 미쳤다. 이 종목은 장기간 어느 모로 보나 안정된 모습이었으므로, 계속 높은 가격을 유지했다. 1928년만 해도 회사는 '장기 이자부 채무'(이하

장기부채)가 없다고 발표했고, 우선주의 배당금 보상비율이 약 7배에 이르렀다. 그러나 장기 임대계약에 의한 부채 부담이 걷잡을 수 없이 커지자, 1932년에 회사는 지급불능을 선언했고 우선주는 휴지가 될 위험에 처했다.

복잡한 임차 채무 분석

임차료 비중이 큰 회사는 채권이나 우선주 분석이 매우 복잡해진다. 다행히 이제는 투자자들이 임차 채무 데이터 일부를 쉽게 구하게 되었다. 기업들이 등록 서류에 내용을 요약해서 증권거래위원회에 제출해야 하며, 매년 실제 지급 임차료를 10-K 양식에 기재해야 하기 때문이다.[5] 그러나 이런 임차료를 고정비로 취급해야 하느냐라는 문제가 남는다. 임차료는 어느 정도 고정 '간접비'(예: 감가상각비, 법인세, 일반관리비) 성격이어서, 안전마진을 계산할 때 채권 이자에 가산하기에 부적합하다. 한 가지 분명한 해결책이 있다. 채권 이자에 임차료를 더한 다음에도 수익 기준을 충족한다면, 임차료에 대해서 걱정할 필요가 없다.

사례:

1950년 만기 3.75퍼센트 스위프트 앤드 컴퍼니 Swift and Company

	1934~1938년 평균 실적
배당금 지급 가능액	$8,630,000
지급 이자	2,107,000
지급 임차료	996,000
이자 보상 배수	5.1배
이자 및 임차료 보상비율	3.8배

그러나 이렇게 엄격한 기준을 모든 기업에 요구하는 것은 공정하지도 않고 현실적이지도 않다. 실제 숫자를 분석해서 만든 타협안을 과감하게 제시해 보겠다.

---

5 증권거래위원회 양식에는 '임차료와 로열티'로 통합되어 있지만, 대개 전액이 임차료이므로 임차료로 취급할 수 있다.

(1) 연간 임차료의 3분의 1을 고정비에 포함하여 이자 보상 배수를 계산하고, (2) 연쇄점, 백화점 같은 소매 회사는 이렇게 계산한 이자 보상 배수 최소 기준을 3분의 2로 낮춘다. 이렇게 하면 임차료 부담을 감안하면서도 소매 사업의 안정성을 인정하는 셈이다. 이제 소매 회사 우선주의 기준 이자 보상 배수는 4에서 2.5로 낮아진다.

사례:

(A) 1946년 만기 3.5퍼센트 로스 Loew's, Inc. **채권 (소매 기업 아님)**

	1934년 8월~1938년 8월 평균 실적
배당금 지급 가능액	$10,097,000
지급 이자 및 우선주 배당금	2,614,000
지급 임차료의 3분의 1	1,107,000
이자 보상 배수	4.86배
이자 및 임차료 3분의 1 보상비율	3.71배

(B) 소매 기업 우선주

	1934~1938년 평균 실적	
	매크로리 스토어McCrory Stores Corp. 6% 우선주	맥렐런 스토어McLellan Stores Co. 6% 우선주
보통주 배당금 지급 가능액	$1,682,000	$1,148,000
채권 이자	약 200,000	
지급 임차료의 3분의 1	770,000*	434,000
우선주 배당금	300,000	180,000
배당금 및 이자 보상비율	4.36배	7.38배
배당금, 이자, 임차료 3분의 1 보상비율	2.33배	2.87배

* 1935~1938년 평균.

결론: 3.5퍼센트 로스 채권은 우리가 제시한 비소매 회사 채권 계량 기준을 통과한다. 맥렐런 우선주도 우리가 제시한 소매 회사 우선주 기준을 통과하지만, 매크로리는 통과하지 못한다.

앞의 네 사례를 통해서 이자 보상 배수 약식 계산법을 보았다. 우리는 고정비 지급 가능액을 먼저 계산하는 대신, 비용 공제 후 남은 잔액을 비용으로 나눈 몫에 1을 더했다.

우리는 이 기준과 계산법을 제시하기 전에 몹시 망설였다. 기존 분석기법에서 벗어나는 새 방식이고, 지급 임차료 데이터를 구하기가 번거로우며, 특히 우리가 제시한 숫자가 자의적이어서 아마도 개선의 여지가 있기 때문이다. 게다가 이 새 기준을 적용하면 뜻밖의 결과가 나올 수도 있다. 실제로 맥렐런 우선주는 1939년에 매크로리 우선주보다 낮은 가격에 거래되었다. 아마도 다른 요소 때문일 것이다. 또한 이 계산법을 5퍼센트 그랜트W. T. Grant 우선주(1934~1938년 배당금 보상비율이 거의 10배였던 고가 종목)에 적용하면, 우리 기준 2.5배를 충족하지 못한다.[6]

보증 채무의 지위

보증 채무의 이자 보상 배수 계산에 대해서도 추가로 검토할 사항이 있다. 대개 보증받는 회사는 그 자체가 수익 창출의 원천이 되기도 한다. 따라서 이 회사에서 나오는 이익과 보증 회사의 신용도를 동시에 고려할 필요가 있다.

사례: 1948년 만기 6퍼센트 니스너 리얼티Neisner Realty Corporation 채권은 니스너 브라더스Neisner Brothers, Inc.가 보증하였다. 니스너 리얼티의 영업 실적과 이자비용은 모회사 연결재무제표에 포함되어 있다.

독립적으로 영업하는 회사가 발행한 보증증권이라면, 이 증권의 신용도는 자체 실적에 좌우될 수도 있고 보증 회사의 지불능력에 좌우될 수도 있다. 따라서 이 증권은 다음 세 가지 기준 가운데 한 가지만 통과하면 된다. a. 발행 회사의 이익, b. 발행 회사와 보증 회사의 이익과 비용을 결합한 기준, c. 보증 회사의 '비용과 보증 금액 합계액' 대비 이익.

사례: a. 1957년 만기 4퍼센트 인디애나 하버 벨트 철도Indiana Harbor Belt Railway 채권. 뉴욕 센트럴 철도New York Central Railroad와 주요 자회사가 원리금 지급보증. 스탠더드 스태티스틱스 채권 가이드에는 모회사인 뉴욕 센

---

6 액면가 20인 이 주식은 임의 상환 가격이 22였는데도 1939년에 25에 거래되었다.

트럴의 이자 보상 배수가 나와 있다. 그러나 발행 회사 자체의 실적이 훨씬 좋다.

	이자 보상 배수	
연도	뉴욕 센트럴	인디애나 하버 벨트
1938	0.59배	2.98배
1937	1.12배	3.81배

b. 전형적인 방법으로서, 모회사(보증 회사)와 자회사의 영업 실적이 모두 포함된 연결손익계산서로 이자 보상 배수를 계산한다.

c. 1978년 만기 5.5퍼센트 미니애폴리스, 세인트폴 앤드 수세인트마리 철도 채권으로서, 이자를 캐나디안 퍼시픽 철도가 지급보증했다. 발행 회사의 이익으로는 이자 일부밖에 상환하지 못한다. 따라서 이자 보상 배수 계산은 캐나디안 퍼시픽의 '이자비용+이 채권 보증 이자+기타 채권 보증 이자' 합계액 기준으로 해야 한다.

자회사 채권

사람들은 건전한 회사는 그 자회사의 채권도 안전하다고 생각하는데, 이는 모회사가 자회사의 채무도 관리해 줄 것으로 믿기 때문이다. 사람들의 이런 관점은 연결손익계산서를 보면서 강화되었는데, 여기에는 자회사 채권 이자가 모든 결합 이익에 대해 비용으로 표시되고, 모회사 우선주와 보통주보다도 선순위로 나타나기 때문이다. 그러나 모회사가 보증이나 리스 방식으로 자회사 채권에 대해 책임을 지는 것이 아니라면, 이런 손익계산서 양식이 투자자를 잘못 판단하게 만든다. 자회사가 실적이 나쁠 때, 모회사는 자회사를 포기할 수도 있기 때문이다. 이런 사례가 흔하지는 않지만, 1932~1933년에 1953년 만기 5퍼센트 유나이티드 드러그United

Drug Company 채권에서 분명하게 드러났다.

사례: 유나이티드 드러그는 드러그Drug, Inc.의 주요 자회사로서, 늘 수익성이 좋아서 높은 배당금을 지급했다. 주로 특허 의약품을 제조하여 많은 돈을 벌었다. 1932년 상반기 연결손익계산서에 나온 이익은 5퍼센트 유나이티드 드러그 채권 이자의 10배였고, 그 이전에는 이보다도 실적이 더 좋았다. 이 채권은 모회사의 보증을 받지 않았지만, 투자자들은 뛰어난 연결 실적을 보고 안심하여 이 채권의 안전성을 전혀 의심하지 않았다. 그러나 유나이티드 드러그가 영업 관계상 주식을 보유한 루이스 리깃Louis K. Liggett Company이 문제였다. 이 회사는 수많은 약국을 운영했는데, 유나이티드 시가 스토어처럼 막대한 임차료 부담을 안고 있었다. 1932년 9월 리깃은 임대료를 낮춰 주지 않으면 파산이 불가피하다고 임대 회사에 통지했다.

이 발표를 보고 투자자들은 갑자기 사태의 심각성을 깨달았다. 모회사 드러그는 여전히 순조롭게 돌아가지만, 간접 자회사 리깃의 부채도 보증하지 않았고, 5퍼센트 유나이티드 드러그 채권의 이자에 대해서도 지급보증하지 않았던 것이다. 불안감에 쏟아진 이 채권 매물 때문에 연초에 93이었던 가격이 42까지 폭락했다. 모회사 주식의 시가총액은 1억 달러가 넘었는데도, 5퍼센트 유나이티드 드러그 채권은 시가총액이 4,000만 달러에서 1,700만 달러로 쪼그라들었다. 이듬해 '드러그 그룹'이 자발적으로 해체되었고, 유나이티드 드러그는 완전한 독립 법인이 되어 새로 출발하였다. (이후 5퍼센트 채권의 이자 보상 배수가 계속 부족한 상태다.)

5퍼센트 컨솔리데이티드 트랙션 오브 뉴저지Consolidated Traction Company of New Jersey 1순위 채권은 퍼블릭 서비스 코퍼레이션 오브 뉴저지Public Service Corporation of New Jersey의 수익성 낮은 대규모 자회사가 발행한 채권이다. 이 채권은 모회사의 보증을 받지 않았다. 만기 1933년이 되자 모회사는 채권 상환액으로 65를 제안했고, 투자자들은 대부분 이 제안을 받아들였다.

1954년 만기 6퍼센트 솔텍스 룸스Saltex Looms, Inc. 1순위 채권도 시드니 블루먼

솔 앤드 코Sidney Blumenthal & Co., Inc.의 자회사가 발행하였으며 모회사의 보증을 받지 않았다. 모회사인 블루먼솔의 연결손익계산서에서는 항상 솔텍스 채권의 이자를 차감한 다음 우선주 배당금 지급 가능 금액을 표시했다. 그러나 1939년에 채권 이자가 지급되지 않았고, 1940년 블루먼솔 우선주는 가격이 70을 넘어갔는데도 채권은 7로 폭락했다.

자회사 이자 보상 배수를 별도로 분석

지금까지 사례에서 보았듯이, 투자자들은 건전한 회사가 제공하는 보증의 가치를 과소평가하기도 하지만, 반대로 모회사 때문에 그 자회사를 과대평가하기도 한다. 그러나 고정 수익 증권에 투자할 때에는 중요한 사항을 비판 없이 받아들여서는 안 된다. 따라서 모회사가 자회사 채권을 직접 보증하지 않았다면, 단지 모회사의 실적이 좋다는 이유로 자회사 채권에 투자해서는 안 된다. 모회사가 보증하지 않았다면, 자회사의 실적만으로 채권투자를 결정해야 한다.[7]

온라인 자료 제13장의 논의에서 모회사 채권에 투자할 때에는 자회사 채권 이자가 선순위 비용으로 표시되는 연결손익계산서를 요구해야 한다고 설명한 바 있다. 그러나 자회사의 무보증 채권에 투자할 때에는 이런 연결 보고서만으로 안전성을 평가할 수 없으므로, 자회사만 별도로 나타내는 재무제표를 요구해야 한다. 5퍼센트 유나이티드 드러그 채권의 경우처럼 이런 재무제표를 입수하기는 쉽지 않겠지만, 그렇더라도 반드시 요구해야 한다.

---

7   실제로 모회사는 자회사에 대한 지분과 기타 사업상의 이유로, 의무 사항이 아니더라도 자회사의 채권을 보호해주기도 한다. 투기 목적으로 채권을 매입할 때에는 이런 사항도 고려할 수 있지만, 이런 채권을 투자 목적으로 제 값을 치르고 매입해서는 안 된다. 구체적으로 말해서, 5퍼센트 유나이티드 드러그 채권을 45에 산다면 탁월한 투기가 되겠지만, 93에 산다면 부실한 투자라 하겠다.

보호 조항과 선순위 증권 보유자 구제

이제부터 세 장에 걸쳐서 채권과 우선주 투자자 보호 규정을 살펴보고, 기업이 채무를 이행하지 않았을 때 취할 수 있는 다양한 조처를 논의하기로 한다. 여기서도 우리의 목적은 쉽게 구할 수 있는 정보를 열거하는 것이 아니라, 현재 관행을 비판적으로 분석하고 투자자에게 이로운 실현 가능한 개선책을 제시하는 것이다. 이런 맥락에서 기업회생 절차의 최근 개선 상황을 살펴보는 것도 가치 있을 것이다.

선순위 증권 투자자를 보호하는 채권 약정서나 정관 조항

기업과 채권투자자가 맺은 계약 내용은 '채권 약정서'나 '신탁증서'라는 서류에 들어 있다. 그리고 우선주 주주들의 권리에 관한 합의 내용은 '정관'에 설명되어 있다. 이런 서류에는 기업이 투자자들에게 해로운 행위를 하지 못하도록 방지하는 조항과 해로운 행위를 했을 때 구제하는 조항도 들어 있다. 이런 조항에서 늘 다루는 주요 사건을 열거하면 다음과 같다.

1. 채권:

    a. 이자나 원금 미지급, 채무 상환기금 미적립

    b. 기타 채무불이행이나 법정관리

    c. 담보채권 신규 발행

    d. 전환권 희석

2. 우선주:

    a. 일정 기간 우선주 배당금 미지급

    b. 채권이나 선순위 우선주 발행

    c. 전환권 희석

그다음으로 흔히 다루는 조항은 제조회사 운전자본을 장기 부채의 일정 비율로 유지하라는 요구다. (투자신탁회사나 지주회사 채권의 경우, 보유 자산의 시장가치를 조항에서 규제한다.)

앞의 1. a와 2. a에 대한 투자자 구제 방법은 잘 표준화되어 있다. 이 중 하나만 발생해도 '채무불이행 사건'으로 규정되며, 수탁자는 만기가 오지 않았어도 채권 원금을 상환하라고 요구할 수 있다. 그래서 이 조항을 '가속 조항'이라고 부른다. 이 조항에 의해서 채권 보유자는 다른 채권자들과 경쟁하면서 채권액 전부를 요구할 수 있다.

채권 보유자 법적 권리의 모순점

이런 조항들을 비판적 관점에서 바라보면, 채권 보유자의 법적 권리에서 모순이 드러난다. 법정관리[1]는 월스트리트에서 두려워하는 단어다. 법정관리에 들어가

---

1 '법정관리'가 전에는 소송과 관련된 온갖 재정난을 가리키는 편리한 용어였다. 챈들러법 Chandler Act(1938년 파산법)이 제정되자, 파산관재인이 대부분 수탁자로 대체되었다. 그래도 '법정관리'라는 용어가 적어도 당분간 계속 사용될 것이다. '신탁관리'는 다소 모호하고, '파산'은 지나치게 과격한 표현이기 때문이다. '지급불능'이 적합한 용

면 해당 채권을 포함해서 그 회사 증권 모두 가격이 폭락하기 때문이다. 앞에서 지적했지만, 부도가 발생한 채권의 시장가치는 배당금을 지급하지 않는 일반기업 우선주보다도 대개 낮다.

따라서 '회사가 당분간 원리금 지급이 불가능한 상황에 부닥쳤을 때', 원리금에 대한 강제 청구권을 행사하는 편이 채권 보유자들에게 과연 유리한지 의문이 제기된다. 이런 상황에서는 채권 보유자들이 법적 권리를 행사하면 회사만 망할 뿐, 채권 보유자들에게는 이득이 없기 때문이다. 어차피 원리금을 당분간 받지 못할 바에는 회사를 망하게 하는 것보다 지급일을 연기해 주는 편이 채권 보유자들에게도 유리하지 않겠는가?

지급불능과 기업회생

이 질문에 답하려면 지급불능과 기업회생이라는 광범위한 분야로 넘어가야 한다. 먼저 다음 세 가지 사항을 최대한 간결하게 살펴보자. 첫째, 1933년부터 법률 개정안이 어떤 과정을 거쳐서 나오게 되었는지 설명하고, 둘째, 최근 법에서 변경된 사항을 요약하며, 셋째, 현재 채권 보유자의 지위를 평가해 보겠다. (새 법은 나온 지 얼마 안 되어 실무에서 장단점이 충분히 밝혀지지 않았으므로, 채권자의 지위를 평가하기가 매우 어렵다.)

기존의 기업회생 절차는 대개 다음과 같이 진행되었다. 기업은 원리금을 지급할 수 없으면 스스로 법정관리를 신청했다.[2] 이때 관행적으로 '우호적인' 법원을 선택했다. 파산관재인으로는 대개 그 회사 사장이 임명되었다. 채권 보유자들의 이익은 보호위원회가 대변했는데, 흔히 그 증권 발행을 맡았던 증권회사가 구성하

어이지만, 가끔 어색할 때가 있다. 주주 소송, 자발적 청산, 기타 특별한 문제가 발생하면 앞으로도 이른바 지분관재인equity receiver이 계속 임명될 것이다.

[2] 다른 '채무불이행 사건'(채무 상환기금 적립이나 운전자본 요건 등의 위반)이 발생했을 때에는 법정관리로 가는 경우가 드물었다. 이런 문제라면 채권 보유자들은 회사를 법정관리로 몰고 가서 자신도 피해를 보는 대신 묵인하거나 타협하는 편을 선택했다.

였다. 회생 계획에 보호위원회가 동의하면 법원이 이를 승인했다. 회생 계획은 다양한 증권 보유자들의 이해관계를 타협하는 방식으로 구성되었다. 일반적으로 모두가 일부 손실을 부담하고 새 회사의 일부 지분을 보유하는 방식이었다. (안전장치가 확고한 소규모 선순위 증권은 전액 상환받는 경우도 수없이 많았다. 그러나 절망적인 상황에 빠진 주식은 완전히 휴지가 되기도 했다.) 기업회생이 진행되는 방식은 압류나 파산 세일이었다. 회생 계획에 찬성하는 사람들은 새 회사 지분을 받았고, 반대하는 사람들은 세일 가격에 따라 자기 몫을 현금으로 받았다. 그러나 세일 가격이 매우 낮아서, 계획에 반대하여 현금으로 받는 것보다는 계획에 참여하여 새 증권을 받는 편이 모두에게 유리했다.

1933~1939년에 이어진 개정법에 따라 이 절차가 완전히 바뀌었다. 가장 중요한 개정법이 챈들러법Chandler Act이었다. 개정법이 개선하려던 결함은 두 가지였다. 우선 반대하는 채권 보유자들에게 현금을 지급하는 일이 딜레마였다. 지나치게 낮은 파산 세일 가격을 적용하면 법원이 난색을 표명했고, 공정가격을 적용하면 현금을 확보할 길이 없었다. 더 심각한 문제는 기업회생 과정을 완벽하게 장악한 사람들이 기존 경영진이라는 사실이다. 이들은 아마도 비효율적이거나 부정직한 사람들이었고, 분명히 특별한 이해관계가 얽힌 사람들이었다.

1933년 개정법에서부터 새로운 기업회생 기법이 구성되었다. 채권자의 3분의 2와 주주의 과반수(지분이 남아 있다면)가 동의하고 법원이 승인하면, 회생 계획이 증권 보유자 모두에게 적용되었다. 이제 번거롭고 이론의 여지가 많은 파산 세일 절차가 사라졌다. 챈들러법과 1939년 신탁증서법Trust Indenture Act에 의해 완성된 새 절차가 철도회사를 제외한 모든 기업에 적용되며, 요지를 추가로 열거하면 다음과 같다.[3]

---

3   챈들러법 10장 조항 1~4는 유명한 77B조의 산물이며, 1933년에 기존 파산법에 추가되었다. 철도회사 기업회생에 적용되는 조항은 77조인데, 챈들러법으로 고스란히 이전되었고, 1939년 15장에 추가되었다(각주 12 참조). 챈들러법 11장은 무담보 채무의 '조정'만을 다룬다. 이에 대해서는 1938년 헤이티안Haytian Corporation 소송과 1939

1. 이해관계 없는 파산관재인 1인 이상이 기업을 맡아야 한다. 이 파산관재인은 기존 경영진에 손해배상을 요구할 것인지 결정해야 하며, 회사에 존속할 만한 가치가 있는지 판단해야 한다.
2. 회생 계획 수립은 이해관계 없는 다음 세 기관이 담당한다. (1) 파산관재인이 먼저 회생 계획을 제출해야 하고, (2) 부채가 300만 달러를 초과하면 증권거래위원회가 자문 의견을 제출하며, (3) 법원이 공식적으로 승인해야 한다. 증권 보유자와 보호위원회도 의견을 제시할 수 있지만, 이는 참고 사항에 불과하다. 이제는 회생 계획에 반대하는 소수 증권 보유자들에게 회생 계획을 받아들이도록 강제하는 권한이 법원에 부여되었다. 그러나 이 권한의 범위는 아직 불명확하다.
3. 회생 계획은 투표권, 보고서 공개 등 법에서 정한 공정성 기준을 충족해야 한다. 법원은 새 경영진을 명확하게 승인해야 한다.
4. 보호위원회 활동은 엄밀한 감시와 감독을 받는다. 온갖 보상을 포함해서 모든 기업회생 비용에 대해 법원의 허가를 받아야 한다.
5. 기업회생 절차와는 별도로, 신탁증서법은 수탁자가 채권 약정서에 따라 행동하도록 요건을 명시하였다. 이는 자주 불만이 제기되었던 이해 충돌을 방지하고, 채권 수탁자가 더 적극적으로 고객을 보호하게 하려는 목적이다.

우리는 개정법이 대체로 매우 유용할 것으로 믿는다.[4] 과거 법정관리와 기업회

년 US리얼티 앤드 임프루브먼트 사례를 참조하라. US리얼티 사례가 영향받은 부분은 5.5퍼센트 트리니티 빌딩 채권에 대한 보증뿐이었는데, 회사는 원래 구조를 그대로 유지하려고 했다. 그러나 문제가 발생하여 소송을 대체하였다.

[4] 77B조 및 챈들러법과 구조가 비슷한 개정법이 1933년 뉴욕 주의회에서 통과된 셰크노 앤드 버칠법Schackno and Burchill Acts 부동산 구획 정리에 적용되었다. 같은 해 캐나다에서 채택한 회사 채권자 조정법The Companies' Creditors Arrangement Act에서는 지급불능인 캐나다 회사들이 파산법에 따라 소송을 피할 수 있으며, 워크아웃 회사들은 법원의 허가를 받으면 소송을 피할 수 있다고 규정하였다. 정당하게 허가를 받으면 이런 조정안은 소수 그룹에 대해서도 구속력을 발휘한다. 다음을 참조하라. W. S. Lighthall, *The Dominion Companies* Act 1934,

생 과정에서 발생했던 여러 권한 남용 사례가 사라질 것이다. 재조정 기간도 훨씬 단축될 것이다. 특히 기업회생 계획에 공정한 기준이 명확하게 확립된다면, 지금까지 증권 보유자들 사이에서 장기간 이어졌던 분쟁이 대폭 감소할 것이다.[5]

구제책 대안 제시

기업회생 기법이 개선된 것은 분명하지만, 우리는 채권자들을 이상적으로 보호하는 더 단순한 방법이 있다고 감히 주장하는 바이다. 부채 구조가 매우 단순하다면, 채권 보유자들의 손실을 줄이는 가장 좋은 방법은 회사의 의결권을 즉시 이들에게 넘겨주는 것이다. 물론 의결권을 현명하게 행사하도록 적절한 장치도 갖춰야 한다. 이렇게 하면 채권자들은 장기간에 걸쳐 큰 비용이 드는 법적 절차를 피하고, 회사의 자원과 이익을 이용하여 투자 손실을 줄일 수 있을 것이다.

우리가 제시하는 대안은 두 가지다. 첫째, 원리금 미지급 등 '채무불이행 사건'이 발생하면 채권 약정서에 따라 채권 보유자들이 즉시 회사의 의결권을 확보한다. 이 기간에는 원리금 지급이 유예된다. 그러나 이렇게 지급유예와 의결권 제공이 무한정 이어지는 것보다 종합적인 기업회생이 낫다고 판단된다면, 챈들러법에 따라 채권 보유자들을 대표하는 이사도 파산관재인에 선임될 수 있어야 한다. 둘째, 이러한 의결권 관리 업무를 수행하기에 가장 적합한 주체는 채권 수탁회사다. 수탁회사는 금융 업무 경험이 풍부한 대형 기관이므로, 채권 보유자들의 이익을 대변할 능력이 있으며, 적합한 이사 후보를 추천할 수도 있다. 주주들의 이익도 이사회에서 소수 이사가 계속 대변해야 한다.

---

annotated(주석본), pp. 289, 345 ff., Montreal, 1935.

5 주간통상위원회ICC 답신은 물론 증권거래위원회SEC 자문 의견에서도, 회사 이익으로 이자비용을 감당할 가망이 없을 때에는 주주들을 배제하는 경향이 뚜렷했다. 이에 대한 논의는 다음 자료를 참조하라. Benjamin Graham, "Fair Reorganization Plans under Chapter X of the Chandler Act," *Brooklyn Law Review*, December 1938. 법이 개선되었는데도 철도 분야 기업회생은 1933년 이후 이례적으로 지연되었다. 이는 법에 단점이 여전히 많아서가 아니라, 공정한 회생 계획을 세우기 어려웠던 까닭으로 보인다. 기업 구조가 지극히 복잡했고, 미래 수익력 평가가 대단히 중요하면서도 논쟁의 소지가 컸기 때문이다.

이렇게 채권 보유자들이 의결권을 확보하게 되면, 이 기간에 채권은 수익사채로 바뀌는 효과가 있다. 그리고 채권 만기가 도래하면 채권 만기를 연장하거나 차환 발행할 수 있다. 지금은 주식에 대해서만 자발적 자본 변경 기법과 원칙이 법적으로 허용되지만, 채권자 대표들이 계획을 세울 때에는 채권에도 허용되어야 한다.

그러나 채권자들이 서로 이해가 충돌하는 여러 유형으로 구성되었을 때에는 이런 식으로 의결권을 관리하기가 어렵다. 이런 때에는 챈들러법 절차에 따라 난제를 해결해야 할 것이다. 다만, 채권자들이 단순히 선순위 담보권자와 후순위 담보권자로 구성된 경우라면, 이론적으로나마 의결권 관리가 가능하다. 즉 후순위 담보권에 대해서만 채무불이행 사건이 발생한다면, 후순위 담보권자에 의결권이 넘어간다. 선순위 담보에 부도가 발생하면, 선순위 담보권자에게 의결권이 넘어간다.

우리 제안이 생소해서 의심스러울 수도 있다. 그러나 채권 보유자들에게 의결권을 넘겨준다는 생각은 오래전에 나온 것이며, 계속 확산하는 추세다. 과거에는 이런 조정 방식이 이례적이었지만, 요즘 수익사채 발행을 허용하는 기업회생 계획에서는 채권 대부분이 상환될 때까지 이사회에 대한 통제권을 요구하는 사례가 많다.[6] 게다가 요즘 채권 약정서에는 약정서를 변경하여 채권 보유자들에게 의결권을 부여하는 조항도 들어 있다.[7] 캐나다 신탁증서에 의하면, 채권 보유자 회의를

---

[6] 사례: 1939년 2월에 수립된 뉴욕주 철도New York State Railways(Syracuse System) 기업회생 계획에서는 수익사채의 적어도 80퍼센트가 상환될 때까지 새 수익사채 보유자들에게 이사의 3분의 2 선출권을 부여했다. 1967년 만기 커머셜 매케이Commercial Mackay Corporation 수익사채 보유자은 이 채권이 모두 상환될 때까지 이사의 3분의 1을 선출한다. 1959년 만기 내셔널 호텔 오브 쿠바National Hotel of Cuba 수익사채(1929년 발행)는 이자가 1년 미지급되면 의결권을 받는 조건이었다. 채권 보유자들에게 의결권을 부여한 과거 사례에는 다음이 포함된다. 4퍼센트 이리 철도 선순위 담보채권, 4퍼센트 모빌 앤드 오하이오 철도Mobile and Ohio Railroad, 5퍼센트 서드 애비뉴 철도Third Avenue Railway 수익사채. 1934년 메이플 리프 밀링Maple Leaf Milling Company, Ltd.(캐나다) 기업회생에서는 1949년 만기 5.5퍼센트 채권(나중에 1958년까지 만기 연장) 수탁자에게 경영진이나 의결권의 3분의 2 결정권을 제공하여 기업을 실질적으로 통제하게 하였다.

[7] 일반적으로 원리금 만기, 이자율, 상환 가격과 전환율의 변경은 이 조항에 포함되지 않는다. 사례: 1952년 만기 4퍼센트 리치필드 오일Richfield Oil Corporation 무담보사채. 1948년 만기 4.5퍼센트 인더스트리얼 레이온The

통해서 원리금 지급연기나 변경까지도 포함해서 신탁증서 조건을 변경할 수 있다.[8] 이런 회의는 명시된 채권 보유자 비율에 따라 수탁회사가 소집할 수도 있고, 특정 상황에서는 회사가 소집할 수도 있다.

우리가 제안한 방식을 따르면 채권 보유자의 법적 권리가 우선주 주주와 같아진다고 반대할 수도 있다. 채권 보유자들은 이자 수령권도 제한되면서 강제 청구권까지 상실하기 때문이다. 그러나 적절한 통제장치를 개발하면, 채권 보유자와 우선주 주주들의 손실을 배상할 수 있다. 이 경우 채권이 우선주보다 유리한 계약상의 이점은 (확정일자에 원리금을 상환받는 권리를 제외하고) 모두 사라진다. 우선주 이론에서도 지적했지만, 우선주가 계약상 불리한 점은 법적 권리보다는 기업의 실제 조치와 투자자 자신의 결함에서 비롯된다.

공정가치보다도 저평가되는 부도 증권

기업회생의 다른 측면도 주목할 만한 가치가 있다. 첫째는 부도 기업 증권의 가격 흐름이다. 과거에는 법정관리가 발생하면 불확실성이 엄청나게 증가했다. 주식은 완전히 휴지가 될 위험에 처했고, 채권은 명확한 기약이 전혀 없었다. 그 결과 법정관리에 들어간 기업의 증권은 대개 공정가치보다도 낮은 가격에 거래되었다. 또한 채권 가격과 우선주 가격의 관계도 비합리적으로 형성되기 일쑤였다.

사례: 피스크 러버 사례는 공정가치보다 낮게 거래된 대표적 사례이고, 1933년 9월 스튜드베이커가 맞은 상황은 후자의 대표적 사례다.

Industrial Rayon 1순위 담보채권은 이례적이어서, 채권 보유자 3분의 2가 투표하면 이자 지급을 연기할 수 있다. 그러나 뉴욕 증권거래소는 이 증권의 상장 조건으로 이 조항을 삭제하라고 요구했다.

8 다음 증권거래위원회 자료를 참조하라. *Report on the Study and Investigation of the Work, Activities, Personnel and Functions of Protective and Reorganization Committees*, Pt. IV, pp. 135-177, especially pp. 138-143, 164-177, Washington, 1936.

피스크 러버 증권의 시장가치(1932년 4월)

$7,600,000 8% 1순위 담보채권 @16	$1,200,000
8,200,000 5.5% 무담보사채 @11	900,000
주식	무시
회사 전체의 시장가치	$2,100,000

재무상태표(1932년 6월 30일)

현금	$7,687,000
매출채권(적립금에서 1,425,000달러 차감)	4,838,000
재고자산(원가와 시가 중 저가)	3,216,000
	$15,741,000
미지급금	363,000
순유동자산	$15,378,000
고정자산(감가상각비 8,400,000달러 차감)	23,350,000

이 회사 증권의 거래 가격은 보유 현금의 3분의 1에도 못 미쳤고, 순유동자산의 7분의 1에 불과했다. 고정자산을 완전히 무시하고서도 말이다.[9]

스튜드베이커(1933년 9월)

종목	액면 금액	시장가격	시장가치
채권 등	$22,000,000	40	$8,800,000
우선주	$5,800,000	27	$1,500,000
보통주 (2,464,000주)		6	$14,700,000
주식 가치 합계			$16,200,000

주식에 한 푼이라도 돌아가려면 먼저 채권이 전액 상환되어야 한다. 그런데도 주식의 시장가치가 채권의 시장가치보다 훨씬 높다.

---

9 제50장에서도 지적했지만, 나중에 밝혀진 8퍼센트 피스크 러버 채권의 가치는 거의 100이었고, 5.5퍼센트 채권의 가치는 70이 넘었다.

자발적 구조조정안

법정관리는 명백히 불리했으므로, 채권 보유자들은 채무를 자발적으로 덜어달라는 경영진의 요청을 종종 수락했다. 구식 '화의'和議(채권자들은 만기를 연장해 주거나 채무를 감축해 주고, 주주들은 지분을 그대로 유지)에서부터 채권 보유자들이 상당한 지분을 받는 방식에 이르기까지 다양한 조정이 이루어졌다.

사례: 1931년 말 라디오키스오퓸Radio-Keith-Orpheum Corporation은 급히 채무를 상환해야 하지만, 정상적인 방법으로는 자금 조달이 불가능했다. 주주들은 사실상 지분 75퍼센트를 양보했고, 회사는 이 지분을 무보증사채 1,160만 달러 투자자들에게 보너스로 제공하였다. (그러나 대규모 손실이 계속되어 이 회사는 1년 뒤 결국 법정관리에 들어갔다.)

1933년 폭스 필름Fox Film Corporation도 같은 방식으로 자본을 재구성했다. 주주들이 80퍼센트가 넘는 지분을 포기했고, 회사는 이 주식을 거의 4,000만 달러에 이르는 5년 만기 채권 및 은행 부채와 교환하였다.

역시 1933년 실행된 캔자스시티 퍼블릭 서비스The Kansas City Public Service Company의 구조조정안은 수익성이 저조했던 기간에 일시적으로 이자비용을 줄이려는 목적이었다. 1933~1936년에는 표면금리를 6퍼센트에서 3퍼센트로 낮추고, 1937~1938년에는 다시 6퍼센트로 돌려놓으며, 1939~1951년에는 7퍼센트로 높여 이전에 양보했던 12퍼센트를 보상하는 계획이었다. 또한 이익 규모에 따라 상당 규모의 채무 상환기금을 적립하여 채권을 계속 상환함으로써 시장 지위를 개선한다는 계획이었다.

채권 보유자들로서는 이자 6퍼센트를 고집하여 법정관리 위험을 떠안는 것보다, 일시적으로 이자를 3퍼센트로 낮춰 주는 편이 분명히 나았다. (이 회사는 과거에도 6년 동안 법정관리를 거쳐 1926년에 벗어난 바 있다.) 이 사례에서 주주들은 채권 보유자들에게 지분을 양보할 필요가 없었다. 이론적으로는 주주들도 양보해야 공정하지만, 당시 주식의 시장가치가 미미했으므로 실제로는 큰 의미가 없었다.[10] 그러나 채권 보유자들이 중요한 권리를 포기하면, 원칙적으로 주주들도 그에 상응하는 양보를 해야 한다. 예컨대 회사에 현금을 납입하거나, 미래 이익에 대한 청구권 일부를 채권 보유자들에게 넘겨주어야 한다.[11] 1939년에 추가된 임시 법안은 이른바 철도회사의 '자발적 구조조정'을 촉진하려는 목적으로서, 모든 증권 보유자에게 구속력이 미치는 법이었다.[12] 구체적으로는 자발적 구조조정안을 제출한 볼티모어 앤드 오하이오Baltimore and Ohio와 리하이 밸리Lehigh Valley를 지원하려는 의도로서, 고정금리 비용을 낮추고 만기를 연장하고자 했다. 두 경우 모두 주주들의 지분은 그대로 유지되었다.

앞에서도 말했지만, 자발적 구조조정안 자체는 바람직해 보인다. 그러나 의결권이 채권 보유자들에게 넘어간 다음에 이런 제안을 해야 하며, 채권 보유자들은 여러 대안 중 하나를 선택할 수 있다.

채권 수탁자의 지위 변화

1933년 이후 제정된 구제법 중 적잖이 중요한 법이 '1939년 신탁증서법'이다. 이 법의 목적은 채권 수탁회사의 여러 권한 남용과 잘못을 바로잡는 것이다. 과거 채권 수탁회사들이 받았던 주요 비판은 수탁자 역할은 전혀 하지 않고 단지 채권

---

10 1936년 이 회사는 두 번째 자발적 구조조정을 실행했다. 금리는 4퍼센트로 고정되었고, 채권 보유자들은 거의 값어치 없는 보통주를 받았다. 1939년에는 세 번째 자발적 구조조정을 실행했다. 채권 보유자들은 채권에 대해서 현금 30퍼센트와 우선주 70퍼센트를 받았다. 현금은 정리금융공사Resolution Finance Corporation, RFC로부터 대출받은 자금이었다.
11 1923~1933년 인더스트리얼 오피스 빌딩 컴퍼니Industrial Office Building Company 구조조정은 주주들의 양보 없이 고정금리 채권을 수익사채로 전환한 대표적인 사례이다. 이 사례에 대한 자세한 논의는 부록의 비고 32를 참조하라.
12 이는 1939년 챈들러 철도 구조조정법으로서, 파산법에 15장으로 새로 추가되었다. 1940년 7월 31일 이전에 시작된 사례에만 적용되며, 개시 후 1년 이내에 실질적으로 마무리되어야 한다. 기법 면에서는 파산법 77조에 의한 기업회생 기법과 크게 다르지 않다. 둘 다 주간통상위원회, 법원, 채권 보유자 일정 비율로부터 승인받아야 한다. 중요한 차이는 새 15장에 의하면 법적 의미에서 파산이 없다는 점이다. 회사는 사업을 계속 운영하며, 구조조정안에 명시된 내용을 제외하고 다른 계약이나 채무는 영향받지 않는다.

보유자들의 대리인 역할만 했다는 점이다. 즉 자발적으로는 전혀 움직이지 않고 지시를 받을 때에만 행동했으며, 완벽하게 책임을 면했다.[13] 지금까지 신탁증서에 수탁자의 의무에 대해서는 언급이 거의 없고, 면제와 면책 조항만 잔뜩 있었다.

1939년 신탁증서법은 다음 조항을 포함하여 이런 상황을 개선하고자 했다(315조).

> 부도 발생 시 수탁자의 의무
> (c) 적격 신탁증서가 되려면 부도가 발생했을 때 수탁회사가 신중한 관리자로서 자신의 업무를 수행하는 정도의 주의와 능력을 발휘하여 권리와 권한을 행사하는 책임을 진다는 조항이 신탁증서에 포함되어 있어야 한다.

이른바 면책조항 사용을 제한하는 조항도 들어갔다. 과거에는 이런 면책조항 때문에 명백한 사기나 태만이 아니면 수탁회사에 책임을 물을 수가 없었다.

불만이 제기되는 또 다른 원인은 수탁회사가 자신이 발행한 채무 증서에 투자하거나 고객과 이익을 다투게 되는 경우였다. 이런 상황에서는 이해관계가 충돌하였으며, 수탁회사는 적극적이고도 공정한 태도로 업무에 임하지 않았으므로 채권 보유자들이 크게 불리해졌다. 1939년 신탁증서법에는 이런 권한 남용을 없애려는 엄격한 조항이 들어 있다.[14]

보호위원회 문제

신탁증서 수탁회사의 역할을 혁신하면 보호위원회에 얽힌 난처한 문제도 해결할 수 있다. 1929년 이후 보호위원회는 지위도 모호해졌고 역할도 부실해졌다. 지

---

13 《증권분석》 제1판에 실린 내용에 대해 추가 논의나 사례를 보려면 부록의 비고 33을 참조하라.
14 이 구제법은 증권거래위원회가 신탁증서법을 연구한 결과물이었으며, 로젠먼Rosenman 판사의 판결로부터 크게 자극받았다. 판사는 1936년 수탁회사에 막대한 손실 배상을 요구하는 내셔널 일렉트릭 파워National Electric Power 담보채권 보유자들의 청구를 기각했다. 판사는 이번 사례에서는 면책조항이 수탁회사를 살렸지만, 신탁증서 수탁 업무 시스템 전체를 근본적으로 개혁할 필요가 있다고 평했다.

금까지는 부도가 발생하면, 그 증권을 발행한 증권회사가 보호위원회를 구성하는 것이 당연시되었다. 그러나 근래에 와서는 이런 방식이 바람직한가에 대해 의심하는 사람들이 증가하고 있다. 사람들은 증권사의 판단을 믿기도 어렵고, 증권사가 채권 보유자들을 공정하게 대변하기 어렵다고 보는 듯하다. 증권회사는 발행 회사와 다른 이해관계가 걸려 있으며, 심지어 손실 발생에 대해 법적 책임까지도 있다고 보기 때문이다. 따라서 증권회사가 아닌 다른 유능한 대표자가 필요하다는 주장에는 상당한 설득력이 있다. 그러나 문제는 그런 유능한 대표자를 구하기가 어렵다는 점이다. 발행 증권사를 제외해 버리면, 누구든 보호위원회 회장을 자처하면서 공탁금을 모을 수 있다. 이런 과정은 중구난방이 되었으며, 심각한 권한 남용의 소지가 있다. 종종 보호위원회가 복수로 등장하여 공탁금을 차지하려고 꼴사나운 경쟁을 벌이기도 한다. 평판도 나쁘고 동기도 의심스러운 사람들이 이런 상황에 쉽게 개입할 수 있다.

1938년 개정 파산법은 이런 상황에 대한 개선책을 도입했다. 보호위원회의 활동과 보상을 법원이 감시하게 한 것이다. (철도산업에서는 주간통상위원회의 사전 승인을 받지 못하면 보호위원회가 개입할 수 없다.) 보호위원회 활동은 물론 다른 절차도 더 세부적으로 규제하는 법이 추가로 제정될 것이다.

추천하는 혁신안

이제 모든 절차가 곧 명확해지고 표준화될 것이므로, 신탁증서법에 의한 수탁회사는 채권 보유자들을 적극적으로 보호하는 책임을 지게 될 것이다. 대형 수탁회사는 이런 기능을 수행할 수단과 경험과 지위를 보유하고 있다. 수탁회사가 보호 위원회를 구성하지 못할 이유가 없어 보인다. 수탁회사 경영진 한 사람이 회장이 되고, 대규모 채권 보유자들이나 그 추천자 중에서 임원을 뽑으면 된다. 물론 채권 보유자들을 대표하는 수탁자로서의 역할과 공탁금 보유자들을 대표하는 보호 위원회로서의 역할이 충돌을 일으킬 수도 있으나, 대부분 사소한 문제에 그친다. 설사 이런 충돌이 일어나더라도 법원에 질의하여 해결할 수 있다. 수탁회사와 고문 변호사의 노고와 성과에 대해 충분히 보상하는 일도 어렵지 않다.

이런 식으로 보호위원회가 운영되려면 수탁회사와 채권 보유자 대표가 효과적으로 협력해야 한다. 가장 좋은 방법은 (부도가 발생하는 시점까지 기다리지 말고) 채권 발행 시점에 채권 보유자 대표단을 구성하는 것이다. 이렇게 아예 처음부터 책임 있는 이익집단을 구성하면 채권 보유자의 관점에서 회사 운영을 감시할 수 있고, 채권에 위협이 될 만한 회사 정책에 반대할 수 있다. 이런 서비스에 대해서는 회사가 합리적인 보상을 제공해야 한다. 이는 이사회에 채권 보유자 대표를 세우는 효과가 있다. 나중에 채권 보유자 대표단이 보호위원회로 활동하는 시점이 온다면, 회사 운영 상황에 친숙하다는 사실이 유리하게 작용할 것이다.

보호 조항 2

우선 담보권 금지

이제부터는 부도 이외의 상황에 적용되는 보호 조항을 간략하게 논의하고자 한다. (전환권 등의 희석 방지 조항에 대해서는 특권부 선순위 증권을 다룰 때 설명하기로 한다.)

무담보사채가 발행되면, 거의 예외 없이 회사 자산에 대한 우선 담보권 설정이 금지된다.

예외는 기업회생 계획에 따라 채권을 발행할 때 가끔 발생한다. 신규 자본을 조달하려면 선순위 담보가 필요하다고 보기 때문이다.

사례: 1926년 시카고, 밀워키, 세인트폴 앤드 퍼시픽 철도Chicago, Milwaukee, St. Paul, and Pacific Railroad Company는 부도 증권과 교환하여 5퍼센트 담보채권 시리즈 A 1억 700만 달러와 이보다 후순위인 5퍼센트 전환 수익사채 1억 8,500만 달러를 발행했다. 나중에 5퍼센트 담보채권 시리즈 A보다 선순위가 되는 1순위 담보채권

과 차환 담보채권의 무제한 발행을 허용하는 조건이었다.[1]

평등 비례 담보 조항

무담보채권을 발행할 때, 이후 회사 자산에 설정되는 담보권을 평등하게 비례해서 제공하기로 하는 조항이다.

사례: 뉴욕, 뉴헤이븐 앤드 하트포드 철도는 1897~1908년에 무담보사채를 여러 번 발행하였다. 이들 채권은 원래 무담보였으나, 채권 약정서에 의하면 이후 회사 자산에 설정되는 담보권을 평등하게 비례해서 제공하기로 되어 있었다. 1920년 주주들이 1순위 차환 담보채권 발행을 승인하였다. 그 결과 이전에 발행된 무담보채권들도 새 담보채권과 똑같은 담보채권이 되었다. 명칭은 여전히 '무담보사채'이지만, 이제는 정확한 표현이 아니다. 그러나 1957년 만기 4퍼센트 무담보사채에는 이런 조항이 없어서 여전히 무담보 상태다. 나중에 담보채권이 된 채권은 1939년 가격이 16이었지만, 이 1957년 만기 4퍼센트 무담보사채는 3분의 1에도 못 미치는 5였다.[2]

판매자 금융

판매자 금융(판매자가 융자를 제공하고 판매 자산에 담보를 설정하는 거래—옮긴이)은 무제한 허용하는 것이 관례다. 이런 담보는 채권 발행 이후 취득한 자산에만 설정되는데, 채권 보유자들에게 불리한 영향을 미치지 않는다고 가정한다. 물론 이런 가정이 항상 맞는 것은 아니다. 주주 지분 대비 부채 비율을 높여서 기존 채권 보

---

1 1933년 세인트폴은 승인을 얻어 신규 1순위 차환 채권을 발행한 다음, 미국 정부로부터 받은 단기대출에 담보로 제공하였다.
2 회사가 추가로 담보를 제공할 때, 무담보사채가 선순위 담보채권이 되는 이례적인 경우도 있다. 사례: 1947년 만기 6.5퍼센트 내셔널 라디에이터National Radiator Corporation 무담보사채와 그 종속 법인의 1946년 만기 5퍼센트 수익사채. 이후 1939년 시행된 2차 기업회생에서 이들은 주식으로 대체되었다. 이는 보호 조항보다 회사의 수익성이 더 중요하다는 사실을 보여 주는 탁월한 사례다.

유자들에게 불리하게 작용할 수도 있기 때문이다.

기업회생 기간에는 채권이 은행 대출보다 후순위이다

기업회생 기간에 발행되는 채권은 종종 은행 대출보다 후순위가 된다. 이는 은행 대출을 촉진하려는 의도다. 매출채권이나 재고자산을 담보로 은행에서 대출받기는 어렵기 때문이다.

사례: 1937년 만기 6퍼센트 에올리언Aeolian Company 담보채권. 자본 변경 계획에 따라 발행하여 7퍼센트 보증 우선주 일부와 교환해 주었다. 은행 대출 40만 달러보다 후순위였다.

동일 종목 추가 발행 제한

거의 모든 채권과 우선주에는 동일 종목 추가 발행을 제한하는 보호 조항이 붙어 있다. 이런 종목을 추가로 발행하려면 회사 이익률이 일정 수준을 넘어야 한다. 예를 들어 뉴욕 에디슨New York Edison Company 1순위 담보채권과 차환 담보채권은 다음 조건을 충족하지 못하면 차환 발행만 허용된다. 즉 최근 12개월 연결 이익이 새로 발행할 채권을 포함해서 전체 채권 연간 이자비용의 1.75배 이상이어야 한다. 휠링 스틸Wheeling Steel Corporation 1순위 담보채권은 이 비율이 2배다.[3]

그러나 이런 이익률 조항이 철도산업에는 사실상 존재하지 않는다. 그 대신 공동 담보를 제공하는 철도 채권은 대개 장기 부채가 자본금의 일정 비율을 초과하지 못한다는 조항으로 추가 발행을 제한하며, 신규 취득 자산 공정가치의 일정 비율까지만 채권 발행을 허용하는 방법으로 동일 종목 추가 발행을 제한한다(예: 볼티모어 앤드 오하이오 철도 차환 담보채권, 노던 퍼시픽 철도 차환 채권). 과거 채권 발행

---

[3] 우선주에 적용되는 비슷한 조항은 다음을 참조하라. 컨솔리데이티드 에디슨 오브 뉴욕 5달러 우선주, 제너럴 푸드General Foods Coprporation 4.5달러 우선주, 고섬 실크 호저리Gotham Silk Hosiery Company 7퍼센트 우선주.

관행에 의하면, 발행사는 담보채권 일부 금액을 상환하고 후순위 증권을 발행하여 추가 자금을 조달하였다. 이렇게 하면 1순위 채권의 지위가 강화되었다.

일반적으로 부채보다 담보자산이 훨씬 많이 증가할 때에만 담보채권을 추가로 발행할 수 있다.

사례:

- 영스타운 시트 앤드 튜브Youngstown Sheet and Tube Company 1순위 담보채권: 이후 추가되거나 개선되는 담보자산의 75퍼센트까지만 신규 채권을 발행할 수 있다.
- 뉴욕 에디슨 1순위 담보채권 및 차환 담보채권: 추가 및 개선에 실제로 지출된 비용의 75퍼센트까지만 채권을 발행할 수 있다.
- 페어 마켓 철도Pere Marquette Railway Company 1순위 담보채권: 새로 건설하거나 취득하는 자산의 원가와 공정가치 중 낮은 금액의 80퍼센트까지 채권을 발행할 수 있다.

이러한 보호 조항은 합리적이며 거의 언제나 잘 지켜지지만, 실질적으로 크게 중요하지는 않다. 채권을 추가로 발행하려면 어쨌든 이런 조항들을 명시해야 하기 때문이다.

운전자본 요건

운전자본을 부채의 일정 비율 이상으로 유지하거나 유동자산을 유동부채의 일정 비율 이상으로 유지하는 조항은 전혀 표준화되지 않았으며, 제조회사 채권에 대해서만 적용되고 있다.[4]

---

[4] 1961년 만기 4.5퍼센트 애슐랜드 홈 텔레폰Ashland Home Telephone은 공익기업 채권인데, 순유동자산 관련 조항이 취약한 종목이다.

채권마다 요구 비율이 다양하고, 위반 시에 부과하는 불이익 역시 다양하다. 가장 흔한 불이익은 운전자본 비율이 회복될 때까지 배당금 지급을 금지하는 것이다. 때로는 원금 중도 상환을 요구할 수도 있다.

사례 1: 배당금 지급 금지가 유일한 불이익

1956년 만기 4.25퍼센트 BF굿리치B. F. Goodrich 1순위 담보채권과 1955년 만기 4퍼센트 윌슨 앤드 컴퍼니Wilson and Company 1순위 담보채권은 유동자산이 부채 총액과 같아야 한다. 다시 말해서 당좌자산이 장기부채와 같아야 한다. 1952년 만기 4.5퍼센트 웨스트버지니아 펄프 앤드 페이퍼West Virginia Pulp and Paper 1순위 담보채권의 경우, 자회사 우선주가 장기부채에 포함된다.

1956년 만기 4퍼센트 페어뱅크스, 모스 앤드 컴퍼니Fairbanks, Morse and Company 무보증사채는 유동자산이 (a) 부채 총액의 110퍼센트이고, (b) 유동부채의 200퍼센트가 되어야 한다. 1966년 만기 4.5퍼센트 휠링 스틸 1순위 담보채권과 1956년 만기 4.5퍼센트 리퍼블릭 스틸Republic Steel 채권은 유동자산이 유동부채의 300퍼센트이고, 순유동자산이 장기부채의 50퍼센트가 되어야 한다.

사례 2: 요건을 위반하면 채무불이행

1951년 만기 4퍼센트 스켈리 오일Skelly Oil 무담보사채와 1937~1941년 만기 연속 채권. 회사는 유동자산을 유동부채의 200퍼센트 이상으로 유지하겠다고 합의하였다.

1946년 만기 4.5퍼센트 콘티넨털 스틸Continental Steel은 요구 비율이 115퍼센트였다.

1939년 만기 6퍼센트 아메리칸 머신 앤드 파운드리American Machine and Foundry는 두 가지 조항이었다. 첫째, 순유동자산이 채권 발행액의 150퍼센트에 못 미치면 배당금 지급이 금지되고, 둘째, 순유동자산은 발행 채권 액면가의 100퍼센트 이상으로 무조건 유지해야 한다. 1938년 만기 5퍼센트 US라디에이터United States Radiator Corporation의 경우, 회사는 순운전자본을 발행 채권의 150퍼센트 이상으로 항상 유지하겠다고 합의했다. 제조회사 채권에 대해서는 정기적으로 운전자본을 평가하는 조항을 넣는 것도 바람직하다. 앞에서도 제안했지만, 제조회사 채권을 선정할 때에는 부채 대비 운전자본(=순유동자산) 비율이 구체적인 기준이 될 수 있다. 기준은 채권 약정서에 명시되어야 한다. 그렇게 해야 만기에 이르는 날까지 비율을 유지하도록 계속 요구할 수 있으며, 비율이 기준 밑으로 내려갔을 때 대응할 수 있기 때문이다.

이렇게 배당금 지급을 금지하는 조건은 건전하면서도 현실적이다. 그러나 더 엄격하게 불이익을 부과하여 운전자본 비율 부족을 '채무불이행 사건'으로 간주한다면, 이는 채권 보유자에게도 이롭지 않다. 법정관리나 부도가 발생하면 채권 보유자에게 득보다 실이 많기 때문이다. 앞에서 예로 든 5퍼센트 US라디에이터의 경우, 1933년 1월 31일 재무상태표에 의하면 순운전자본 요건 150퍼센트가 충족되지 않았으므로 채무불이행이 되었다. (순유동자산이 273만 5,000달러여서, 채권 발행액 251만 8,000달러의 109퍼센트에 그쳤다.) 그런데도 수탁회사는 원금 상환을 요구하지 않았고, 채권 보유자들도 수탁회사에 그런 조처를 요구하지 않았다. 원금 상환을 요구해서 회사가 법정관리에 들어가면 채권 보유자들에게 매우 불리해진다고 생각했기 때문일 것이다. 그러나 이런 생각이라면 이 조항을 채권 약정서에 아예 넣지 말았어야 했다.[5]

의결권 양수

앞에서도 논의했지만, 채무불이행 사건이 발생했을 때 채권 보유자들은 파산관재인을 선임하는 대신 회사의 의결권을 넘겨받는 편이 낫다. 원리금 미지급의 경

---

[5] 비슷한 사례가 1933년과 1936년에도 있었다. 1936년 만기 7.5퍼센트 G. R. 키니G. R. Kinney Company(신발회사)와 1935년 만기 6퍼센트 버드 매뉴팩처링Budd Manufacturing Company 1순위 담보채권이다. 1934년 초 5퍼센트 US라디에이터는 채권 보유자들에게 운전자본 요건과 채무 상환기금 요건을 완화해 달라고 요청했다. 그러나 이에 대해서는 보상해 주겠다고 제안하지 않았다. 회사는 이렇게 요청한 이유가 채권 보유자들의 대응 행동 때문이 아니라, '채권 약정서에 의한 기술적 채무불이행'이 발생하면 은행 대출 받기가 어려워지기 때문이라고 설명했다.

우라면 이 방법에 대해 사람마다 의견이 달라질 수 있지만, 예컨대 운전자본 비율을 어기거나 채무 상환기금을 적립하지 못하는 등 '부차적' 채무불이행이 발생한 경우라면, 의결권 양수가 유리하다는 점에 대부분 동의할 것이다. 파산을 재촉하는 방법이나 속수무책으로 지켜보는 것이나 전혀 만족스러운 방법이 아니기 때문이다.

투자회사 채권의 보호 조항

투자회사 채권은 엄격한 대응책을 적용할 수 있으므로 특별한 유형에 속한다. 이는 은행이 유가증권을 담보로 제공하는 대출과 비슷하다. 은행 대출금을 보호하려면 담보로 잡은 유가증권의 시장가치가 대출 금액보다 항상 높아야 한다. 마찬가지로, 투자회사 채권 보유자들은 포트폴리오 가치를 항상 채권 금액보다 예컨대 25퍼센트 높게 유지하라고 회사에 요구할 수 있다. 포트폴리오 가치가 이 기준 밑으로 떨어지면, 투자회사는 유가증권 담보로 은행에서 대출받은 회사처럼 대응해야 한다. 예컨대 주주로부터 자본을 조달하여 자금을 더 투입하든지, 일부 증권을 팔아 부채를 상환하는 방법으로 비율을 맞춰야 한다.

채권투자에는 본래 불이익이 따르므로, 채권투자자들은 가능한 모든 보호 조항을 마땅히 요구해야 한다. 투자회사 채권에 대해서는 포트폴리오의 시장가치를 부채의 일정 비율 이상으로 유지하는 조항을 넣으면 매우 효과적으로 안전을 확보할 수 있다.

따라서 투자회사 채권투자자들은 이런 보호 조항을 요구해야 하며, 반드시 엄격하게 시행하도록 요구해야 한다. 주가가 내려가면 이런 조항 때문에 투자회사 주주들이 피해를 보겠지만, 이는 투자회사 주주들이 초과 이익을 얻으려고 대부분 위험을 떠안기로 했던 계약 사항이다.[6]

---

[6] 자산의 시장가치가 부채의 100퍼센트 밑으로 떨어지면 채무불이행 요건이 성립하므로, 채권 보유자들은 즉각

투자회사들의 채권 약정서를 조사해 보면, 이런 보호 조항의 통일성이 부족한 것으로 드러난다. 대부분 약정서에 의하면 자산가치가 부채를 일정 수준 웃돌아야 추가로 채권을 발행할 수 있다. 요구하는 부채 대비 순자산 비율은 120퍼센트(제너럴 아메리칸 인베스터General American Investors)에서 250퍼센트(나이아가라 셰어스Niagara Shares Corporation)까지 다양하게 나타난다. 더 통상적인 기준은 125퍼센트나 150퍼센트다. 현금 배당금 지급도 비슷한 방식으로 제한받는다. 이때 적용되는 기준은 125퍼센트(도메스틱 앤드 포린 인베스터Domestic and Foreign Investors)에서 175퍼센트(센트럴 스테이트 일렉트릭Central States Electric Corporation)이다. 통상적인 기준은 140퍼센트나 150퍼센트일 것이다.

그러나 이런 비율을 전혀 요구하지 않거나 일정 조건에서만 요구하는 증권이 대부분이다. 다음은 이런 조항이 적용되는 증권의 예로서, 모두 부채 대비 순자산 비율 125퍼센트를 요구한다. 1953년 만기 5퍼센트 제너럴 퍼블릭 서비스General Public Service Corporation 전환사채, 1958년 만기 5퍼센트 아메리칸 유러피안 시큐리티American European Securities Company 담보채권, 1949년 만기 4퍼센트 및 4.5퍼센트 어필리에이티드 펀드Affiliated Fund, Inc. 담보 전환사채. 어필리에이티드 펀드는 요구 비율이 기준을 밑돌면 비율이 회복될 때까지 즉시 담보자산을 매각하여 채권을 상환하게 되어 있다. 다른 채권들은 더 정교한 장치가 발동되어 모두 만기가 도래하며, 회사가 즉시 상환하게 되어 있다. 이런 식의 조항(이왕이면 적용하기 가장 쉬운 조항)이 투자회사 채권에 요구하는 기준이 되어야 한다.[7]

적인 대응 조치를 요구할 수 있다. 이런 상황에서도 수수방관한다면, 주주들이 채권 보유자들의 자금으로 투기를 벌이도록 허용하는 셈이기 때문이다. 그러나 이렇게 명확한 원칙조차 지켜지지 않을 때가 있다. 1938년 5퍼센트 레이놀즈 투자회사Reynolds Investing Company 채권 보유자들은 채무불이행을 근거로 파산관재인을 선임하려고 했으나, 주주들은 주요 유가증권 일부가 실제 가치보다 저평가되었다고 주장했다. 상당한 기간이 흐른 다음에야 이해관계자들의 합의에 따라 파산관재인이 선임되었다. 1948년 만기 5퍼센트 가디언 투자회사Guardian Investors Corporation는 1932년 이후 늘 '헐값'에 거래되어 24까지 폭락했는데도, 아무런 대응 조치가 없었다.

[7] 레이놀즈 투자회사 5퍼센트 채권은 언제든 순자산 가치가 채권 발행액의 110퍼센트에 못 미치면 다음 이자 지급일에 채권 만기가 도래하게 되어 있다. 그러나 이 조항을 적용하려면 앞에서 논의했듯이, 부도가 발생할 때 채권

채무 상환기금

채무 상환기금이 설정되면 회사는 선순위 채권 일부를 주기적으로 상환한다. 수탁 회사나 발행 회사는 경쟁입찰이나 공개시장 매입 방식으로 채권을 사들인다. 공개시장 매입 방식으로 사들일 경우에는 현금 대신 이 채권을 채무 상환기금에 납입한다. 채무 상환기금은 보통 1년에 한두 번 적립하지만, 분기나 월 단위로 적립하는 예도 드물지 않다. 채무 상환기금으로 사들인 채권은 실제로는 소각하지 않고 그대로 살려 두는 경우가 많다. 다시 말해서 채권을 그대로 보유하면서 이 채권에서 나온 이자도 채무 상환기금에 적립하여 채권 매입에 사용한다. 따라서 채권 매입 금액도 복리로 증가한다.

사례: 5퍼센트 US스틸 채권 채무 상환기금은 원래 규모가 5억 400만 달러였다. 뉴욕 증권거래소에 상장된 이 후순위 채권은 애칭이 스틸 싱커스Steel Sinkers였다. 회사는 이 채권을 채무 상환기금에 적립하였고, 이 채권에서 매년 나오는 이자가 1902년 304만 달러에서 1928년에는 1,161만 6,000달러로 증가하였다. (이듬해에 이 채권 전액이 상환되었다.)

채무 상환기금의 이점

채무 상환기금이 주는 이점은 두 가지다. 채권 규모가 계속해서 감소하므로 채권의 안전성이 높아지며, 따라서 만기에 남은 채권을 상환하기가 쉬워진다. 또한 시장에서 채권 상당량을 거듭 매수하게 되므로, 채권의 시가를 부양하는 효과도 있다. 제조회사 채권에는 거의 모두 채무 상환기금이 설정된다. 공익 회사들은 약

보유자들이 손실을 본다는 문제가 똑같이 발생한다. 1949년 만기 5퍼센트 앨러게이니Alleghany Corporation 담보 채권도 참조하라. 유가증권 신고서에는 이자 보상 배수 150퍼센트가 의무 사항으로 나와 있다. 그러나 채권 약정서에 의하면 이 비율을 유지하지 못해도 채권불이행이 아니며, 그 대신 배당금 지급이 금지되고 수탁회사가 담보자산에서 발생하는 소득을 압류하게 되어 있다.

절반이 채무 상환기금을 설정한다. 그러나 철도회사는 채무 상환기금을 설정하는 경우가 드물다. 하지만 최근에는 채무 상환기금의 필요성이 갈수록 강조되고 있으며, 장기 선순위 채권을 발행할 때는 거의 모두 채무 상환기금을 설정하고 있다.[8]

채무 상환기금이 필수적인 사례

상황에 따라서는 채무 상환기금이 채권 보호에 절대로 필요할 때도 있다. 채권을 뒷받침하는 주요 자산이 소모성일 때에 특히 그렇다. 광산회사 채권에는 항상 채무 상환기금이 설정되며, 채광 규모를 기준으로 대개 상당한 규모에 이른다. 부동산담보채권에도 규모는 작지만 어김없이 채무 상환기금이 설정된다. 이렇게 하는 이유는 매년 발생하는 감모상각이나 감가상각에 비례해서 부채도 줄여야 한다고 보기 때문이다.

사례 1: 중요한 특이 사례가 1966년 만기 5퍼센트 인터버러 래피드 트랜짓 1순위 차환사채다. 이 채권의 주요 담보는 뉴욕시 소유 자산에 대한 임차권이었다. 임차권 만기인 1967년이 되면 회사는 자산과 수익력 대부분을 상실하게 되므로, 채무 상환기금 설정이 필수적이었다. 2022년 만기 6.5퍼센트 타바코 프로덕츠도 비슷한 사례다. 이 회사의 수입은 2022년 만료되는 임차 계약에 따라 아메리칸 타바코로부터 받는 연 250만 달러가 전부였기 때문이다.

이런 상황에서는 채무 상환기금이 없으면 반드시 문제가 발생한다.

사례 2: 페더럴 마이닝 앤드 스멜팅Federal Mining and Smelting Company은 채광회사인데도 무려 1,200만 달러나 되는 우선주를 발행했다. 게다가 이 우선주에 대해서 채무 상환기금도 설정하지 않았다. 이 회사는 1926년 보통주에 배당금 10달러를 지급한다고 발표했다가 소송당했다. 우선주 주주들이 광산이 고갈되고 있는데 보

---

[8] 1933년 주간통상위원회는 채무 상환기금을 도입하여 기존 부채를 상환하라고 철도업계에 강력하게 권고했다. 이에 대해 시카고 앤드 노스웨스턴 철도가 채무 상환기금 계획을 발표했으나, 세부 내용은 그다지 인상적이지 않다.

통주에 배당금까지 지급하면 우선주의 지위가 무너질 것으로 우려했던 것이다. 이 소송 탓에 회사는 1937년까지 보통주에 대한 배당을 자제하였고, 그 대신 이익잉여금으로 우선주를 1939년까지 전액 상환하였다.

1932년 만기 4퍼센트 아이언 스팀보트Iron Steamboat Company 담보채권도 채무 상환기금을 설정하지 않았다. 담보로 제공한 보트는 계속해서 가치가 감소하고 있었다. 1순위 담보채권은 10만 달러였고, 1902년에는 나머지 회사 자산(뉴욕시와 코니아일랜드 사이를 운항하는 소형 증기선 7척)을 전부 2순위 담보로 제공하고 50만 달러를 발행했다. 1909~1925년에 회사가 보통주에 지급한 배당금이 모두 70만 달러를 넘어섰으며, 1922년에는 채무 상환기금을 운용하여 1순위 채권을 모두 상환하였다. 이에 따라 1932년 만기 채권이 전체 자산에 대한 1순위 담보채권이 되었다. 그러나 1932년 회사에 부도가 발생했을 때, 이 채권은 전부 남아 있었다. 1933년 2월 담보자산이 경매에서 1만 5,050달러에 팔렸는데, 채권 보유자들에게 돌아간 몫은 채권 1달러당 1센트에도 미치지 못했다. 채무 상환기금을 설정했다면 주주들에게 지급할 배당금으로 채권을 전부 상환할 수 있었다.

기업이 영원히 지속한다면, 채무 상환기금이 없어도 채권에는 문제가 되지 않는다. 이는 대부분 우량 등급 철도회사 채권과 공익 회사 채권은 물론, 예컨대 내셔널 비스킷 우선주 같은 일부 유서 깊은 제조회사의 투자등급 우선주에도 해당하는 말이다. 따라서 넓은 관점에서 볼 때, 채무 상환기금이 매우 바람직하긴 하지만, 항상 필수적인 것은 아니다.

연속 만기 채권

만기가 일정 간격이 되도록 채권을 발행하는 방법으로도 채무 상환기금을 설정하는 효과를 얻을 수 있다. 매년 만기가 돌아와서 발행 채권의 일부를 상환하게 되면, 이는 채무 상환기금을 이용해서 상환하는 것과 같은 효과가 발생한다. 연속 만기 채권은 발행이 상대적으로 드문데, 주된 이유는 아마도 만기가 다양해서 호가 형성에 문제가 있기 때문일 것이다. 그러나 장비 채권은 연속 만기 발행이 보편적이다. 이는 주로 보험회사와 기타 금융회사들이 장비 채권을 사들이며, 이들에게는 만기가 다양하면 편리하기 때문이다. 주나 시에서 채권을 발행할 때에도 연속 만기 방식을 자주 사용한다.

채무 상환기금 의무화

채무 상환기금을 설정하도록 강제할 때에는 운전자본 비율을 유지하게 할 때와 똑같은 문제가 발생한다. 대개 채권 약정서에는 채무 상환기금을 적립하지 못하면 이를 채무불이행 사건으로 간주한다고 명시하며, 수탁자는 원금 상환을 요구할 수 있고, 그러면 법정관리가 시작된다. 그러나 이런 '조처'는 분명히 극단적이다. 이자를 계속 지급하는데도 단지 채무 상환기금 적립을 누락했다는 이유로 채무불이행 조항을 적용한 사례를 우리는 본 적이 없다. 발행 기업이 이자는 계속 지급하면서 채무 상환기금을 적립할 수 없다고 호소하면, 수탁자와 채권 보유자들은 대개 조처를 보류하고 채무 상환기금 적립을 유예해 준다. 이보다는 회사가 채권 보유자들에게 채무 상환기금 적립을 연기해 달라고 정식으로 요청할 때가 더 많다. 이런 요청을 거부하면 결국 대안은 채무불이행이 되므로, 채권자 대다수가 늘 요청을 수락한다. 채무 상환기금이 핵심 보호 요소였던 5퍼센트 인터버러 래피드 트랜짓 1순위 채권의 경우에도 그러했다.[9]

앞에서 운전자본 비율을 지키지 못했을 때 의결권을 채권 보유자들에게 양도하는 방안을 제시했었는데, 채무 상환기금 조항에 대해서도 이 방법을 그대로 적용할 수 있다. 극단적으로 법정관리나 파산 절차를 밟는 방법이나, 속수무책으로 지

---

9 1922년 자발적 구조조정안에서는 이 채권의 채무 상환기금 적립을 5년 연기하자고 제안하였다. 채권 약 75퍼센트가 이 제안에 동의하였다. 부동산담보채권의 경우, 여러 주의 모기지 모라토리엄법에 따라 아무런 불이익 없이 채무 상환기금 적립을 연기하는 경우가 많았다. 사례: 1951년 만기 6퍼센트 해리먼 빌딩Harriman Building 1순위 담보채권. 뉴욕 모라토리엄법 덕택에 1934~1939년 채무 상환기금을 적립하지 않았다.

켜보는 것보다는, 의결권을 양도받는 방법이 훨씬 나을 것이다.

우리는 제조업체 채권에 적절한 보호 조항이 필요하다고 강조했으나, 그렇다고 해서 이런 보호 조항이 안전을 보장한다고 믿어서는 안 된다. 이는 현실과 전혀 동떨어진 생각이다. 채권투자가 성공하려면 주로 발행 기업이 성공해야 하며, 채권 약정서 조항은 부차적으로만 중요할 뿐이다. 불황기에도 가장 좋은 실적을 기록한 대부분 선순위 증권은 오히려 채권 약정서 조항이 매우 불만스러웠다. 이는 가장 좋은 증권이 대부분 가장 오래된 증권이었으며, 이런 증권이 발행되던 시절에는 사람들이 보호 조항에 현재만큼 관심이 없었기 때문이다.

부록의 비고 34에 이와 정반대 사례 두 가지가 실려 있다(1933년 만기 6.5퍼센트 윌리스오버랜드Willys-Overland Company 1순위 담보채권과 1941년 만기 6퍼센트 버키 앤드 게이 퍼니처Berkey and Gay Furniture Company 1순위 담보채권). 이들은 계량 지표도 건전했고 표준 보호 조항도 모두 갖췄는데도, 채권 보유자들이 막대한 손실을 피할 수 없었다. 이렇게 보호 조항이 안전을 보장하지는 못하지만, 그래도 안전을 높여 주므로 강조할 필요가 있다.

제20장 우선주 보호 조항. 후순위 자본 유지
QR 코드 통해 제7판에 생략된 원문 PDF 참조.

보유 종목 점검

'영구 투자'의 전통적 개념

한 세대 전에는 '영구 투자'도 금융 분야에서 사용되는 주식 용어였다. 이는 보수적인 투자자가 다음 세 가지 생각으로 투자할 때 적용되는 용어였다. (1) 무한정 계속 보유하려는 의도로, (2) 원금 가치의 등락에는 상관없이 연간 소득에만 관심을 두고, (3) 회사의 미래 상황 변화를 걱정하지 않는 투자. 건전한 투자도 당연히 이와 같아서, 사서 묻어 두고 잊어버린 다음, 이자나 배당금만 챙기면 되는 투자였다.

그러나 1920~1922년 불황을 겪으면서 사람들은 우량증권을 보는 이런 전통적 견해에 처음으로 심각한 의문을 표시했다. 틀림없이 안전하다고 믿었던 증권에서도 막대한 손실이 발생했다. 이후 7년 동안 경제는 전반적으로 번창했지만, 증권은 유형별로 다양한 가격 흐름을 보였다. 이에 따라 이른바 '우량증권'으로 통하는 완벽한 증권에 대한 개념도 갈수록 크게 손상되었다. 1929년 시장이 붕괴하기 전에도, 보유 종목에 대한 관리를 소홀히 하면 위험하므로 정기적으로 모두 점검해야 한다는 생각이 월스트리트의 새로운 규범이었다. 이렇게 기존 영구 투자 개념과 반대되는 원칙을 요약한 격언이 '세상에 영구 투자는 없다'이다.

보유 종목에 대한 정기 점검

채권투자 현실을 돌아보면 새 견해는 틀림없이 정당하다. 그러나 보유 종목을 모두 점검해야 한다는 견해는 채권투자 개념 자체에 대한 중대한 도전이 된다. 처음에 공들여 종목을 선정한 다음에도 끊임없이 점검해야만 손실 위험을 낮출 수 있다면, 이렇게 번거로운 투자를 할 만한 가치가 있을까? 평범한 투자자가 이 책에서 제시하는 보수적인 기준에 따라 회사채 포트폴리오를 구성하면 수익률 3.5퍼센트가 나온다고 가정하자. 이 3.5퍼센트는 장기 국채 수익률 2.5퍼센트나 저축은행 예금 금리 2~2.5퍼센트보다 훨씬 높아 보인다. 그러나 적절한 종목을 선정하는 데 노력이 들어가고, 이후에는 정기적으로 점검하느라 더 큰 노력이 들어가며, 그래도 여전히 손실 위험을 피할 수가 없다. 그렇다면 이런 상황에서도 채권투자를 해야 하느냐는 반론이 충분히 제기될 만하다. 그리고 보면 과거 영구 투자 개념에도 합리적인 근거가 있었다. 즉 수익이 한정된 채권투자가 번거롭기까지 하다면 전혀 가치가 없다는 생각이었다.

미국 저축채권의 우수성

지난 10년의 투자 실적을 객관적으로 돌아보면, 채권투자보다는 다음 세 대안이 더 유리했다. (1) 미국 저축채권이나 저축은행 예금, (2) 능숙한 솜씨로 위험을 줄이면서 이익을 높이는 투기 거래, (3) 원금을 안전하게 유지하면서 상당한 이익을 얻을 절묘한 투자 기회 탐색. 미국 저축채권은 재산이 적당히 있는 모든 사람에게 가장 적합한 투자 상품이다. 사실 1940년 금리를 근거로 말하자면, 미국 저축채권이 다른 어떤 증권보다도 유리하므로 유일하게 합리적인 투자 대상이라고 단언할 수 있다. 이보다 훨씬 높은 수익률을 얻으려 한다면 상당한 원금 손실 위험을 피할 수 없기 때문이다. 게다가 만기 이전에도 상환받을 수 있다는 커다란 장점도 있다. 마치 4~6퍼센트 수익률이 확실한 것처럼 선전하는 다양한 저축 상품을 단호히 거절하고 수익률 2.9퍼센트인 미국 저축채권에 투자한다면, 소액 투자자들은 막대한 손실 위험과 수고와 상심을 덜어 낼 수 있다고 확신한다.

평범한 사람들은 미국 저축채권으로 투자의 고민 대부분이 해결되지만, 다른 채권을 고려해야 하는 투자자들도 많다. (1) 모든 기관투자가(예: 저축은행과 상업은행, 보험회사, 교육기관과 자선단체), (2) 대규모 투자자(예: 기업과 부유한 개인), (3) 이자 소득이 많은 사람(미국 저축채권 이자 소득 상한선은 연 2,500달러).[1] 또한 소액 투자자들도 이런저런 이유로 일부 자금은 다른 채권에 투자하고 싶어 한다.

두 번째 대안인 투기 거래는 저축이나 사업 소득으로 재산을 모으는 보통 사람에게는 지나치게 위험하다. 순수 투기 이론에서는 위험을 떠안는 만큼 이익 확률이 증가한다고 하지만, 무지, 탐욕, 군중심리, 거래 비용, 내부자들의 조작[2] 때문에 이런 이론은 여지없이 무너지고 만다. 우리는 합당한 이익 기회가 없으면 원금 손실 위험을 떠안아서는 안 된다고 거듭 주장했다. 그러나 이는 투자 대신 투기를 하라는 뜻이 아니라, 불건전하고 무분별한 투자보다는 차라리 현명한 투기가 낫다는 뜻이었다. 대중은 투기할 때보다, 매우 조심스럽게 종목을 선정해서 채권에 투자할 때 훨씬 좋은 실적이 나온다고 우리는 확신한다. 이때 상당한 금융 교육도 받아야 한다. 물론 이렇게 투자해도 실적이 저조할 수 있다. 그렇다면 투기 실적은 훨씬 더 저조할 것이다.

세 번째 대안, 즉 원금을 안전하게 유지하면서 이익 기회를 탐색하는 방법은 증권분석에 재능이 있는 사람들에게 적합하다. 미숙한 투자자에게는 위험한 방법이다. 미숙한 사람은 단지 유망하다는 이유로 무턱대고 사거나, 실적이 좋다는 이유

---

1   1인당 허용되는 최대 투자 금액은 연 7,500달러다. 매년 최대 금액을 투자하고 10년이 지나 만기가 오면, 매년 이자 2,500달러를 포함해서 1만 달러를 상환받게 된다.
2   내부자들의 조작은 1934년 증권거래법이 시행되면서 대폭 감소했다.

로 안전하다고 착각하기 쉽기 때문이다.

지금까지 세 가지 대안을 검토해 보았는데, 우량 등급 채권과 우선주에 대한 투자가 개인과 기업에 여전히 가장 바람직한 방법이라고 생각된다. 아울러 손실 위험을 줄이려면 보유 종목을 정기적으로 점검하는 일도 분명히 필요하다. 그러면 점검할 때에는 어떤 원칙과 기법을 따라야 하는가?

점검의 원칙과 기법: 교체매매

투자자는 보유 종목이 모두 안전한지 정기적으로 확인해야 하며, 안전성이 의심스러워진 종목은 더 안전한 종목으로 교체해야 한다. 이 '교체매매' 과정에서 보유 종목을 팔 때 어느 정도 손실을 감수해야 한다. 이 손실은 전체 투자 실적에 반영하게 된다.

보유 종목 점검이 체계적으로 시행된 초기에는 이 원칙이 매우 효과적이었다. 유서 깊은 우량 등급 증권들은 기존 가격대를 벗어나 떨어지는 일이 좀처럼 없었으며, 내재가치가 손상되더라도 대개 분석가들이 발견하고 시일이 조금 흐른 뒤에야 가격에 반영되었다. 따라서 민첩한 투자자는 가격을 조금만 낮추면 내재가치가 손상된 증권을 부주의한 투자자에게 팔아넘길 수 있었다. 증권시장은 익명성이 유지되므로 이 과정에서 윤리적 문제가 발생하지도 않았다. 오히려 이는 신중한 투자자가 누리는 프리미엄이자, 부주의한 투자자가 받는 벌칙으로 간주되었다.

가격 민감도 증가

그러나 최근에 와서 우량 종목들이 이른바 '가격 안정성'을 상실하여, 회사에 불리한 상황이 발생하면 가격에 곧바로 반영되었다. 이 때문에 효과적인 교체매매가 상당히 어려워졌다. 어떤 증권의 내재가치 손상이 명확히 드러나면, 그 증권 가격은 단순히 하락하는 정도가 아니라 정당한 내재가치보다도 밑으로 내려갔다.[3] (이

---

[3] 철도회사 채권들은 1933년 이후 예외였다. 예를 들어 1948년 만기 4퍼센트 볼티모어 앤드 오하이오 철도 1순위

렇게 과도하게 하락한 이유 하나는 회사의 실적보다도 가격 하락 추세가 더 큰 영향을 미쳤기 때문이다.) 이제 부당하게 낮은 가격이 되었으므로, 투자자는 막대한 손실까지 보면서 팔 마음이 없어졌고, 어쩔 수 없이 투기 종목을 보유하는 신세가 되었다.

의심스러울 때는 충분한 안전마진이 해법이다

이런 곤경을 피하는 유일한 방법은 처음 투자할 때 완벽을 기하는 것이다. 안전마진이 최소 기준보다 훨씬 높은 증권을 선정함으로써, 안전마진이 상당 폭 감소하더라도 여전히 안전성이 유지되는 증권에 투자해야 한다. 이 방법을 쓰면 나중에 안전성이 의심스러워지는 종목이 대폭 감소할 것이다. 또한 회사 실적이 나빠지더라도 상대적으로 여전히 건전한 편이므로, 큰 손실을 보지 않고서도 교체매매가 가능할 것이다.

사례와 결론

1951년 만기 5퍼센트 리깃 앤드 마이어스 타바코 무담보사채를 샀다고 가정하자. 이 증권은 1934~1938년 평균 이자 보상 배수가 거의 12배로서, 최소 기준의 3배나 된다. 회사 이익이 감소하여 이자 보상 배수가 4배로 하락한다면, 이자 보상 배수가 8~10배인 종목으로 교체하려고 한다. 이런 식으로 교체매매를 한다면, 이 증권을 팔 때 제값을 다 받을 확률이 높다. 이익이 감소하더라도 여전히 양호한 실적이기 때문이다. 그러나 이익 감소 추세의 영향으로 가격이 대폭 하락한다면, 헐값에 파는 대신 계속 보유할 수도 있다. 계속 보유하더라도 안전성이 위태로운 수준은 아니기 때문이다.

이렇게 매우 높은 안전마진을 확보하는 기법을 쓰면, 시장이 심각한 침체를 겪거나 흔들릴 때 특히 유리해질 것이다. 그러나 이 기법을 모든 투자자에게 추천하

담보채권은 장기간 이자 보상 배수가 지나치게 낮았는데도 1936년에 109.5에 거래되었다. 이 채권이 1938년에는 34.25에 거래되었다.

는 것은 비현실적이다. 안전마진이 매우 높은 종목은 많지 않으며, 시장이 한창 낙관적일 때 장래의 붕괴에 대비해서 극도로 조심한다는 것도 인간의 본성에도 어긋나기 때문이다.[4]

침체기에 적합한 기법

투자자가 단지 보통 수준으로 조심해서 채권을 선택했다면, 침체기 실적은 어떠할까? 그리고 침체기에는 어떤 기법을 사용해야 할까? 보통 수준의 침체기라면 보유 종목의 가격은 보통 수준으로만 영향을 받을 것이며, 내재가치가 받는 영향은 더 적을 것이다. 그러나 1930~1933년과 같은 극심한 침체기라면, 가격 폭락을 피할 수 없으며 증권의 안전성도 매우 위태로워질 것이다. 하지만 합리적인 채권투자 원칙에서는 1930~1933년과 같은 극심한 침체기가 자주 반복되지 않으므로 장래를 이 정도로 대비할 필요가 없다고 가정한다. 그 대신 1921~1922년과 1937~1938년 침체기가 전형적으로 '반복되는 심각한 침체기'라고 본다면, 신중하게 선정한 종목으로 이런 기간을 충분히 버텨 낼 수 있을 것이다. 투자자는 최근 이익이 감소했다고 해서 과거 실적이 건실했던 종목을 투매해서는 안 된다. 그러나 보유 종목의 질을 높이는 일에는 더 관심을 기울여야 한다. 이때 신중하게 교체매매를 하면 대개 이득을 얻을 수 있다.

1937~1938년 침체기는 앞의 분석을 확고하게 뒷받침한다. 1936년 말에 우리의 엄격한 기준을 충족했던 거의 모든 선순위 증권이 실적은 나빠졌어도 가격은 크게 하락하지 않았다. 그러나 이자 보상 배수가 빈약한데도 높은 가격에 거래되던 채권(특히 철도채권)은 폭락했다. (제7장의 논의, 부록의 비고 11, 비고 13 참조.)

---

4 그러나 이자 보상 배수가 매우 높다고 해서 안전이 완벽하게 보장되는 것은 아니다. 이자 보상 배수가 아무리 높아도, 영업손실이 발생하면 안전마진이 사라질 수 있다. 따라서 제2장 스튜드베이커 사례에서 강조했듯이, 내재적 안정성이 필수 요건이다.

자문 기관 선택

보유 종목 점검은 누가 해야 하는가? 투자자는 다음 다양한 기관 중에서 선택할 수 있다.

1. 투자자 자신
2. 거래하는 상업은행
3. 증권회사
4. 뉴욕 증권거래소
5. 대형 신탁회사 자문 부서
6. 투자자문회사

2~4는 자문과 정보를 무료로 제공하지만 4~5는 서비스 수수료를 받는다.[5]

상업은행의 자문

다른 사람들에게 전문가로서 자문할 수준이 아니라면, 투자자는 홀로 보유 종목을 점검해서는 안 된다. 그는 자신의 판단에 대해 다른 사람과 협의라도 해야 한다. 지금은 보유 종목에 대해서 거래 은행의 자문을 받는 관행이 폭넓게 자리 잡았으며, 특히 소규모 투자자들에게 이 방법이 매우 유리하다. 계속해서 은행의 자문을 받으면, 증권회사 영업직원이 집요하게 팔아넘기려는 '거품 낀 증권'의 유혹에서 벗어날 수 있다.[6] 그러나 상업은행의 자문이 가장 적합한지는 의문이다. 상업은행이 판단은 대체로 건전하지만, 증권에 대한 지식이 부족하고, 시간을 할애해 가면서 고객의 보유 종목을 철저하게 분석해 주기가 쉽지 않다.

---

5 지금은 자문 수수료를 받는 증권거래소가 증가하고 있다.
6 증권거래위원회의 감독에 의해서 구태의연한 증권사들이 발행하는 '거품 낀 증권'이 대부분 사라졌지만, 합법적인 소규모 회사들이 지금도 대중에게 터무니없이 높은 가격에 팔고 있다. 아직도 수없이 다양한 사기 행위가 기승을 부리고 있는데, 뉴욕 거래개선협회Better Business Bureau of New York City 1938년 보고서에 나와 있다.

증권회사의 자문

증권회사의 자문에는 다른 문제가 있다. 증권을 파는 회사에 전적으로 공정한 자문을 기대할 수는 없다. 증권회사는 아무리 윤리성을 강조하려고 해도, 커다란 이해관계가 판단에 영향을 미칠 수밖에 없다. 특히 고객에게 채권을 팔아야 생계가 유지되는 채권 영업직원의 자문이라면 더욱 그럴 수밖에 없다. 물론 평판 좋은 증권회사들은 고객에 대해서 어느 정도 수탁 책임을 진다. 고객에게 건전한 자문을 제공하고 적합한 증권을 팔려는 노력은 훌륭한 영업 관행뿐 아니라, 오히려 전문가 윤리 강령에서 비롯된다.

그렇더라도 증권 판매는 전문직이 아니라 영업이며, 영업이 주도할 수밖에 없다. 대개는 영업직원이 고객에게 충분한 가치와 만족을 제공해야 유리하지만, 직원의 이익과 고객의 이익이 심각하게 충돌할 때도 있다. 따라서 증권회사에 공정한 자문을 요구하는 것은 현실적이지도 않고 공정하지도 않다. 그리고 투자자가 주로 증권 영업직원의 자문에 의존하는 것도 현명하지 못한 처사다.

뉴욕 증권거래소의 자문

대형 증권거래소 투자 부서는 다소 다른 양상을 띤다. 증권거래소도 고객의 거래에 이해관계가 걸려 있지만, 이들의 자문은 대개 훨씬 더 세심하고 매우 공정하다. 증권거래소는 일반적으로 증권을 판매하지 않는다. 일반 시장 수수료보다 높은 수수료를 받고 증권 판매에 참여할 때도 있지만, 인수증권회사가 증권을 팔 때처럼 첨예한 이해관계가 걸리지는 않는다. 증권거래소 투자 부서나 채권 부서는 대개 이익보다 명예를 더 중시하기 때문이다.

증권거래소가 투기를 한다는 비난도 있지만, 보수적인 투자자들에게 제공하는 서비스를 보면 그렇지 않은 듯하다. 따라서 소규모 채권투자에 대해서 증권거래소의 자문을 받는다면 지급하는 수수료보다 훨씬 많은 서비스를 받게 될 것이다. 물론 장기적으로는 증권거래소에도 이득이 된다. 이런 고객 중 일부는 나중에 적극적인 트레이더가 될 것이기 때문이다. 증권거래소는 채권 고객에게 주식에 투기하리고 권유하지 않지만, 증권회사는 아마도 투기하라고 은근히 유혹할 것이다.

투자자문사의 자문

수수료를 받고 투자자문을 제공한다는 개념이 새로운 것은 아니지만, 중요한 금융 업무로 발전한 것은 최근의 일이다. 현재 이 업무를 하는 곳은 대형 신탁회사의 전문 부서, 통계 서비스 회사의 사업부, 투자자문을 제공하는 민간 회사 등이다. 이런 회사들의 장점은 이들이 전적으로 공정하고, 증권 판매에 이해관계가 없으며, 고객의 거래에서 수수료를 얻지 않는다는 점이다.

주요 단점은 서비스 비용인데, 평균적으로 투자 원금에 대해 연 0.5퍼센트를 받는다. 이 비율을 투자 펀드에 적용하면 연간 소득의 약 7분의 1~8분의 1이므로 상당한 금액이라고 보아야 한다.

이런 수수료의 부담감을 덜어 주려고 일부 투자자문사는 채권시장의 전반적인 흐름을 예측해서 고객에게 사거나 파는 시점을 자문해 준다. 시장의 등락 흐름을 타는 채권 거래가 과연 가능할지 의심스럽다. 채권시장의 흐름을 예측할 수 있다면, 주식시장의 흐름 역시 예측할 수 있어야 한다. 그렇다면 채권보다는 주식을 거래하는 편이 틀림없이 유리할 것이다.

우리는 유료 분석회사가 주식이나 채권의 가격 흐름을 신뢰도 높게 예측할 수 있다고 믿지 않는다. 더 나아가 우량 등급 채권 종목 선정과 채권 가격 흐름에 대해서 조언하는 행위는 근본적으로 비논리적이며 혼란만 일으킨다고 확신한다. 투자자들은 상승 직전에 사서 하락 직전에 팔고 싶어 하지만, 경험에 비추어 보면 이런 시도는 큰 성공을 거두기 어렵다. 이들은 투자에 트레이딩을 가미함으로써 필연적으로 투기에 관심을 기울이게 된다.

우량 등급 채권에 대해서 수수료를 내고 자문을 받는 방식이 효과가 있는지는 불분명하다. 우량 등급 채권은 수익률이 낮기 때문이다. 투기 분야에서는 돈 내고 자문받을 이유가 없다. 자문가가 진짜 실력자라면 번거롭게 자문하러 다닐 필요가 없기 때문이다. 자문가가 가장 현실적으로 활동할 만한 영역은 그 중간 지대로서,

투자 손실 문제를 처리하거나, 유리한 교체매매를 제안하거나, 내재가치보다 훨씬 낮게 거래되는 염가 종목을 추천하는 일이 될 것이다.

제 3 부

투기적 선순위 증권

제3부 개론

부실채권 투자

도미니크 미엘

중력처럼 그레이엄과 도드에게로 이끄는 힘이 있다. 들고 있는 책이 두껍고 무겁게 느껴질 것이다. 저자들의 이름은 《위대한 개츠비》의 하객 명단에 들어 있을 것 같은 상류층 느낌이 난다. 비유적 수식으로 가득한 글은 무척이나 흥미를 자아낸다. 나는 한 번도 내 일이 "부주의한 사람에게 값비싼 올가미가 된다"(제22장)라고는 생각하지 못했다. 당신은 그레이엄이 만든 '미스터 마켓' 우화에 움찔할 것이다. 업계 사람들을 너무도 적절하게 묘사했다.

〈월스트리트 저널〉에 따르면 《증권분석》은 "현대 가치투자의 원전"이다.[1] 맞다. 나도 이 '원전'이란 단어를 사전에서 찾아봐야 했다.

---

1 "데이비드 도드와 공저한 그레이엄의 1934년 《증권분석》은 현대 가치투자의 원전urtext으로 널리 알려졌다." Ari Weinburg, "Can an Index Fund Deliver the 'Value'?" *Wall Street Journal*, September 8, 2015, https://www.wsj.com/amp/articles/can-an-index-fund-deliver-the-value-1441764704.

이러니 디지털 세대가 《증권분석》을 줌Zoom 통화를 위한 노트북 받침대로 쓰면 딱 맞겠다고 결론을 내리더라도 터무니없진 않을 것이다. 이 훌륭한 책이 가장 매력적인 각도로 카메라를 눈높이에 정확히 맞춰 줄 것이라고 생각한다면 그 말이 맞다.

가치투자의 창시자를 21세기로 모셔 와 여전히 타당한지 따져 보기 전에, 먼저 그레이엄에 대한 오해를 바로잡아 보자. 잘 알려지지 않은 것이 많다. 첫째, 그레이엄은 가난한 유대인 이민자 그로스바움Grossbaum 집안에서 태어났다. 반유대주의를 피하고 미국 사회에 동화되기 위해 성을 바꾸었다. 둘째, 그는 분명히 '매일 뭔가 바보 같은 일, 창조적인 일, 관대한 일'을 하고 싶다는 말을 좋아했던 것 같다. 표지에 이 문구를 부제로 집어넣으면 독자층이 많이 달라질 것이다. 사랑스럽고 공감 가는 좌우명인데, 눈부시게 성공한 투자자에게 잘 어울린다. 듣고 있나요, 워런 버핏. 91세의 나이에도 골프 카트를 타고 쌩쌩 돌아다니며, 재산의 99퍼센트를 기부하겠다 약속하고, 여전히 지구상에서 가장 가치 있는 기업을 이끌고 있는 당신에게 하는 말입니다. 보스턴의 현인 세스 클라먼도 빼놓을 수 없다. 나에게 이 해설을 써 달라고 요청하다니, 관대하지만 어리숙하다는 것을 단박에 눈치챌 수 있었다. 셋째, 그레이엄은 키르케고르(나의 동료 헤지펀드 매니저들에게 이것은 장인이 만든 맥주 이름이 아니라고 알려 줘야 한다)를 인용할 수 있는 사람이다. 여기 그레이엄과 도드로부터 배운 첫 번째 교훈이 있다. 겉모습에 연연하지 말 것. 첫인상을 믿지 말 것. 섣불리 결론 내리지 말 것.

잠시 주제에서 벗어났다. 《증권분석》에 '부실채권 투자'를 주제로 해설을 써 달라고 요청받았을 때 나의 반응을 상상해 보라. '내가 낄 자리가 아닌데.' 내가 프랑스인이고 여성이고 재미있는 사람이라서 맡겼을 리는 없다. 지적인 맥락을 고려해 보자. 지난 80여 년간 투자 이론의 주도권을 잡기 위해 두 부족이 싸웠다. 가치투자 신조의 수호자 그레이엄 도드 무리는 뉴욕 컬럼비아 경영대학원에 근거지를 마련했다. 그들은 금융상품, 특히 주식은 거래가치와는 완전히 다른 내재가치가 있다고 믿는다. 투자는 내재가치가 커서 상당한 '안전마진'이 확보된 주식(즉 저평가된 주식)을 사고, 내재가치가 거래가치에 근접하면 현금화하는 것이다. 이들의 라이벌은 마코위츠Markowitz와 샤프Sharpe가 이끄는 시카고 슬럼가의 현대 포트폴리오 부족이다. 이들은 주가에는 이용 가능한 모든 정보가 반영되어 있다는 효율적 시장 이론을 숭배한다. 거래가치 이외에 다른 가치는 존재하지 않는다. 다시 말해 거래가치가 내재가치다. 따라서 투자는 저평가된 주식을 고르는 것이 아니라, 주어진 위험 수준에서 기대수익을 최적화하는 포트폴리오를 구축하는 것이다. 시카고 학파는 변동성을 위험과 동일시하는 데 비해 가치투자자는 변동성을 기회로 본다.

당신이 무슨 생각을 하는지 안다. 스티븐 스필버그가 자신의 영화 〈웨스트사이드 스토리〉를 완벽히 리부트할 수 있는 이 좋은 이야기를 놓치다니. 파타고니아 조끼를 입고 춤추는 펀드매니저와 코듀로이 바지를 입고 노래하는 노벨상 수상자들이 효율적 투자선Efficient Frontier의 모양을 두고 겨루고 있는데.

나는 그레이엄 도드 부족의 반대편에서 자랐다. 컬럼비아 경영대학원이 아니라 스탠퍼드에서 빌 샤프Bill Sharpe로부터 가르침을 받았다. 이 글을 쓰며 지난 25년간 한 번도 생각해 본 적이 없었던 첫 강의에 대한 기억이 떠올랐다. 샤프 교수는 한 반에서 두 명의 학생이 생일이 같은 확률이 얼마나 될지 생각해 보라고 했다. 학생들이 교수의 의도를 간파하고 다소 높은 확률을 제시했음에도 세 명만이 정답에 근접했다(반 학생이 23명을 넘으면 확률은 50퍼센트가 넘고, 57명 이상이면 99퍼센트가 넘는다—옮긴이). 보통 한 반에 두세 명 정도가 정답을 맞히는데 이 비율은 투자자가 15년 연속 시장을 이길 확률과 비슷하다. 한 명의 투자자 입장에서 보면 이 확률은 매우 낮다. 하지만 수많은 투자자가 있다면 그중 누군가는 15년 연속 시장을 이길 것이다. 레그 메이슨Legg Mason에서 가치투자를 열렬히 옹호하고 실천했던 펀드매니저 빌 밀러Bill Miller가 바로 그런 사례에 해당한다고 샤프 교수는 말했다. 오랫동안 시장을 이긴 빌 밀러의 성과는 가치투자 방식의 성공을 증명하는 것이 아니라, 정규 분포 곡선 끝자락의 한 점일 뿐이다. 그런 성과를 내는 사람이 누군가는 나올 수밖에 없다. 그것은 나에게 흥미로운 통계 그 이상이었다. 샤프 교수의 수업은 나의 생각에 지울 수 없는 영향을 주었다.

나는 줄곧 '진정한 가치'라는 발상이 모호하고 수수께끼 같다고 생각했다. 그레이엄과 도드 역시 이 문제에 대해 다소 혼란스러운 태도를 보인다. 그들은 《증권분석》 제1장에서 내재가치는 "예컨대 자산, 이익, 배당금, 확실한 전망처럼 사실로 뒷받침되는 가치로서, 인위적 조작이나 극단적 심리로 왜곡되는 시장 호가와는 다른 개념"이라고 설명한다. 하지만 제31장에서는 "분석가가 발견하는 진실이 전부가 아니며, 불변의 진실도 아니라는 점을 항상 명심해야 한다"라고 경고했다. 아울러 "내재가치는 이해하기 어려운 개념"이지만, 마치 "어떤 여자의 정확한 나이를 모르더라도 대충 훑어보면 그 여자가 유권자 연령층인지 충분히 판단할 수 있고, 어떤 남자의 정확한 체중을 모르더라도 대충 훑어보면 그 남자가 비만인지 알 수 있는" 것처럼 대략적으로 생각해 볼 수 있다고 했다. 당신은 어떨지 모르지만, 나는 비벌리힐스 치과의사가 보톡스 시술로 사업을 다각화할 때부터 여성의 나이를 추정하는 데 어려움을 겪었고, 대놓고 남성의 몸무게를 판단하지는 않을 것이다. 나는 "증권분석에서 주식의 '적정 가치'를 구하는 일반 공식을 기대해서는 안 되며, 실제로 그런 공식 같은 것은 없다"(제39장)고 믿는다.

내가 20년 동안 포트폴리오 매니저로 일했던 전 직장은 가치지향 이벤트드리븐 event-driven 헤지펀드로 다양한 자산군에 투자했다. 하지만 나의 포트폴리오는 다른 매니저와 달리 상장주식 비중이 매우 낮았다. 솔직히 나는 좋은 주식을 잘 선별하지 못한다. 그렇게 교육받아 온 탓이기도 하다. 나를 채권쟁이라고 불러도 그리 틀린 말은 아닐 것이다.

하지만 다행스럽게도 나는 회사채 시장의 한 구석, 부실채권 투자에서 두 부족의 생각을 타협해 활용할 수 있는 특별한 기회를 발견했고 경력을 쌓을 수 있었다. 부실채권 투자는 파산 상태이거나 파산 신청 직전의 심각한 재정적 압박을 받고 있는 기업의 채권이나 대출을 매입하는 것을 의미한다. 채권에는 계약된 가치가 있는데, 이는 액면가 대비 크게 할인되어 거래되는 부실채권도 마찬가지다. 따라서 채권에서는 '진정한 가치'가 더 이상 모호한 개념이 아니다. 자산이나 기업의 가치가 내가 가진 청구권을 부담할 수 있다면 내가 회수할 수 있는 금액도 알 수 있다. 한편 효율적 시장 가설은 완벽한 유동성, 다시 말해 시장에서 원하는 자산을 언제든지 사고팔 수 있다는 중요한 가정에서 출발한다. 부실자산은 시가총액이 큰 대형주만큼 유동성이 좋진 않지만 강제 매도자가 많다. 따라서 효율적 시장 가설을 신경 쓰지 않을 수 있다. 이제 부실채권 투자자는 회수할 수 있는 금액을 평가하고 어떻게 회수할 것인지 방안을 찾아야 한다. 여기에 그레이엄과 도드의 《증권분석》이 큰 도움이 된다.

부실채권 투자자가 명심해야 할 가장 중요한 사항은 손실 위험에 초점을 맞추는 것이다. 이것이 바로 그레이엄과 도드의 '안전마진' 개념이다. 상황이 잘못될 경우 채권 가격이 얼마나 더 하락할 수 있을지 헤아려 보아야 한다. 부실기업은 상황이 잘못될 가능성이 높다. 그레이엄은 《증권분석》 제6장에서 "채권투자자의 기본 목표는 문제가 발생했을 때 자신을 보호하는 것이 아니라, 문제 자체를 피하는 것이어야 한다"라고 했다. 이미 문제가 발생한 부실기업에 투자하는데 문제를 피하라는 조언이 헛소리처럼 들릴 수 있다. 하지만 대체로 상황은 더 나빠질 수 있다. 다음 문장을 외울 때까지 100회 반복해서 읽으라. "채권을 사는 사람은 자신이 떠안는 위험을 충분히 의식해야 한다. 채권을 철저하게 분석해서 손실과 이익 확률을 세심하게 평가해야 한다. 가장 중요한 점은 그가 손실에 대해 각오가 되어 있어야 하며, 이런 손실을 벌충할 수 있을 만큼 싼 가격에 사서 이익을 얻으려고 해야 한다는 것이다."(제7장)

도대체 철저한 조사를 어떻게 해야 할까? 손익계산서와 함께 재무상태표를 살펴보아야 한다. 그레이엄과 도드는 제42장에서 "재무상태표에는 월스트리트가 지금까지 기울인 것보다 더 많은 관심을 기울여야 마땅하다"라고 했다. 지난 20년 동안 나 역시 그러했고, 양적 정확성보다는 숨어 있는 질적 부분에 더 관심을 기울였다. "탐정처럼 기민하게 탐색하고, 비판적으로 비교 분석하고, 공표된 주당순이익과 크게 다른 실상을 발견하고 지적할 기회가 무수히 많다."(제31장) 긴장된 조사, 흥미로운 발견, 특별한 통찰로 이어지는 창의적이고 전략적인 사고, 이런 것들이 바로 내가 발견한 부실채권 투자의 즐거움이다. 기업 채무는 사적 계약이므로 정해진 형식이 없다. 레버리지 론leveraged loan이나 정크 본드처럼 잘 정립된 증권들도 개별 특약covenant이나 우선순위, 담보, 중도 상환 가능성 등에 차이가 있다. 때때로 매우 미묘하고 논란이 되기도 하는데, 이런 차이로 인해 투자의 성공과 실패가 갈리기도 한다. 회사가 어려워지면 담보의 유무, 채권 등급, 우선순위가 다른 채권자들 사이에 갈등이 생기고 다툼이 벌어진다. 훌륭한 부실채권 투자자는 기민한 탐정이자 체스 고수, 외교관이자 지휘관이 되어 시나리오를 연구하고 포지션을 정하고 이해관계자들의 다음 행동을 예상해야 한다. 부실채권 투자에는 텔레비전 드라마처럼 다채로운 주연과 조연, 어두운 밤과 희망찬 새벽, 행운과 불행의 주문, 좋은 결말과 나쁜 결말 등 많은 우여곡절이 있다. 그것은 《왕좌의 게임》이며, 당신은 용들의 어머니 대너리스다.

그레이엄과 도드는 재무상태표나 손익계산서는 불완전하고 조작될 수 있기 때문에 따로따로 분석하지 말고 기업을 구성하는 퍼즐 조각처럼 관계에 초점을 맞추라고 조언했다. 시대를 50년이나 앞서 현금흐름표의 필요성을 예견한 것이다. 또한 사기와 회계 조작에 대해서도 서술했는데, 이는 2001년경 사상 최대 규모의 기업 파산을 초래한 원인이었다. 2000년대 초반 통신 및 닷컴 버블의 붕괴가 더해지며 부실채권 투자는 헤지펀드 업계에서 수익성 높은 분야로 부상했다.

그레이엄과 도드는 재무제표들을 연계해서 분석할 때 더 많은 정보를 얻을 수 있다고 강조하며 다음과 같이 말했다. "손익계산서를 분석할 때에는 재무상태표도 연계해서 조사할 필요가 있다."(제33장) "손익계산서를 제대로 이해하려면 기초와 기말 재무상태표를 반드시 참조해야 한다."(제31장) 재무상태표는 스냅샷처럼 특정 시점의 재무 상태를 보여 준다. 반면 손익계산서는 동영상처럼 일정 기간 동안의 손익을 보여 주지만 조작이 가능하다. 현금흐름표는 재무상태표와 손익계산서를 깔끔하게 연결해 준다. 1987년 미국 재무회계기준위원회Financial Accounting Standard Board, FASB가 현금흐름표 제공을 의무화하였고, 현재 부실채권 투자자들이 폭넓게 사용하고 있다.

제5부 '손익계산서 분석'에서 그레이엄과 도드는 약간 기만적인 것부터 노골적인 사기까지 손익계산서상의 회계적 속임수와 분식에 대해 설명한다. "과거를 기억하지 못하는 사람들은 과거의 실수를 되풀이할 수밖에 없다."[2] 그러므로 오늘날의 투자자들도 그레이엄의 사례를 공부해야 한다. 초창기 부실채권 투자의 역사가 책에 담겨 있다. 감가상각 충당금 조작? 월드컴WorldCom이 대표적이다. "존재하지 않는 수익 항목을 포함시켜 이익을 만들어 내기?"(제33장) 글로벌 크로싱Global Crossing이 한 짓이다. "감가상각비의 차이가 합병의 공정성에 문제가 되는가?"(제34장) 타이코Tyco를 보라. "수익이 자의적으로 결정되거나 조작될 여지가 매우 많은가?"(제31장) 엔론Enron이 있다.

나는 부실채권 투자가 부실기업의 채권을 매입하는 것이라고 설명했다. 하지만 매입은 단지 시작일 뿐이다. 좋은 결과를 얻으려면 엄청난 추가 작업이 필요하다. 자본구조 조정이나 사업 정상화 작업을 해내지 못하면 채권은 가치가 없다. 목표는 지속가능한 자금 조달 계획을 통해 수익을 창출하는 회사로 변모시켜 채권의 가치를 높이는 것이다. 요컨대 부실채권 투자는 행동주의 투자이다. 행동주의 투자자는 행동하는 주주들을 지칭하는 경우가 일반적이지만, 파산 시에는 새로 주인이 될 채권자들에게도 적용될 수 있다. 《증권분석》은 제44장 전체를 할애하여 주주와 경영진의 관계를 고찰하며, "미국 주주들은 포로처럼 매우 유순하고 무기력하다"라고 비판한다. 그레이엄과 도드는 사업 확장, 경영진 보상, 배당 정책, 경영 정보, 심지어 사업의 지속 여부까지 포함하여 주주와 경영진 간의 잠재적인 이해

---

[2] Benjamin Graham, *The Intelligent Investor*, 1949, Harper Brothers. 한국어판 《현명한 투자자》.

관계 충돌 문제를 살펴본다. 그들은 행동을 촉구한다. "깨어 있는 주주는 기업이 주주들의 이익을 위해 운영되어야 한다는 권리를 포기하지 않을 것이다!" 실패를 초래한 문제를 바로잡고 수익을 거둘 수 있는 구조조정 계획을 설계하고 실행하는 것이 바로 투자자의 의무다. 과도한 차입금, 성급한 확장, 무익한 인수, 과도한 배당, 무능한 경영진과 같은 모든 문제가 파산법원 판사와 채권자들이 최종적으로 승인한 계획하에 창의적이고 엄격하게 다루어져야 한다.

저자들은 제50장에서 '유동자산 가치보다도 낮은 터무니없는 가격에 거래되는 채권' 사례를 통해 법정관리에서 비롯되는 가격과 가치의 괴리 상황에 내재된 막대한 수익 잠재력을 설명했다. 그리고 두 가지 원칙을 제시했다. "첫째, 재정난에 빠질 가능성이 있는 회사라면, 그 회사 증권은 무엇이든 사지 말아야 한다. 둘째, 재정난에 빠진 회사를 분석하면 매력적인 기회를 발견할 수 있다."(제50장) 왜냐하면 "곤경에 빠진 회사의 증권은 누구나 꺼리기 때문"(제6장)이다. 제도적으로 보유가 불가능한 경우도 많다. 회사 규정 때문에 낮은 가격에도 처분해야 하는 상대로부터 증권을 매입하여 보유할 수 있는 부실채권 투자자는 강력한 우위를 가진다.

《증권분석》에서 나의 눈길을 끌었던 부분은 제50장 '부도 증권의 가격 패턴'에 나오는 다음 문장이다. "이런 상황에 부닥친 증권을 분석하면 풍성한 결실을 거둘 수 있다. 내재가치보다 훨씬 낮은 가격에 거래되는 증권을 찾아내어 가장 적합한 시점에 사면 된다."

하지만 안타깝게도 이 유망한 주제에 대한 자세한 설명이 없다. 매도 관점에서만 법정관리를 논했을 뿐 매수 관점에서 법정관리를 들여다본 사례는 찾을 수 없다. 놀랍게도 800여 페이지에 달하는 《증권분석》에는 부실채권을 분석하는 내용이 없다. 당황스러웠지만 이 책이 출간된 시기를 떠올리자 납득이 되었다. 그레이엄과 도드가 활동했던 시기에는 파산에서 돈을 벌 수 있는 적절한 방법이 없었던 것이다. 1930년대까지만 해도 파산은 일반적으로 청산을 의미했고, 파산법원은 주로 회사 자산의 압류를 다루었다. "담보자산의 가치가 청구권을 초과할 가능성이 조금이라도 있다면, 법원은 채권 보유자가 담보권을 실행하여 자산을 확보하는 것을 좀처럼 허용하지 않는다."(제6장) 이런 상황에서 채권 보유자가 이익을 얻을 수 있는 방법은 거의 없다.

그러던 중 1939년 챈들러법과 신탁증서에 이어 제정된 기업 구조조정법 Corporate Reorganization Act은 기업을 해체하는 대신 기업을 살리고 재기할 기회를 줄 목적으로 기업 구조조정 규정을 도입했다. 1929년의 시장 붕괴와 1930년대의 심각한 경제 상황에 대한 대응책이었는데, 법안의 취지는 "파산법원의 감독과 보호 아래 채무자와 채권자가 원만히 조정하고, 가능한 운영을 방해받지 않고 채무자의 재산이 온전히 유지될 수 있는 기회"를 제공함으로써 "부실기업에 영구적인 도움을 주기 위한 것"이었다.[3]

오늘날 우리가 알고 있는 파산, 특히 미국 파산법 챕터11 Chapter 11 of the bankruptcy code은 1978년 개혁을 통해 등장한 것으로, 상황이 정리될 때까지 파산 신청 이전의 채권 추심을 동결하는 한편, 기업을 계속 운영하고 일자리를 지키고, 신규 자금을 유치하는 것을 목표로 한다. 저명한 파산 학자 찰스 태브 Charles Tabb 교수는 설명한다. "많은 사람들이 챕터11이 필요한 이유로 채무자 회사의 가치 극대화를 꼽습니다. 기본 가정은 구조조정을 통해 계속기업이 되면 청산가치 이상의 잉여가 생긴다는 것입니다. 요컨대 챕터11과 같은 기업 구제 절차가 필요한 근본적인 이유는 가치를 극대화하여 기업의 모든 이해관계자들에게 혜택을 주려는 것입니다. 돈이 많은 것이 적은 것보다 낫습니다."[4] 이렇게 해서 부실채권 투자가 본격적으로 시작될 수 있었다. 그레이엄과 도드는 챕터11이 유익할 것으로 예상했지만, "새 법은 나온 지 얼마 안 되어 실무에서 장단점이 충분히 밝혀지지 않았다"(제18장)

---

3 U.S. Congress, House of Representatives, Committee on the Judiciary, *Bankruptcy Act Revision: Hearings Before the Subcommittee on Civil and Constitutional Rights*, 94th Congress, 2nd session, 1976, p. 374, https://books.google.fr/books/about/Bankruptcy_Act_Revision.html?id=7IG3cVV9aY8C&redir_esc=y.

4 Charles Jordan Tabb, "What's Wrong with Chapter 11?," University of Illinois College of Law Legal Studies Research Paper No. 1915, March 13, 2019, https://ssrn.com/abstract=3352137 or http://dx.doi.org/10.2139/ssrn.3352137.

라고 덧붙였다. 그레이엄이 부실채권 투자를 하기에는 아직 시기가 일렀던 것이다.

그럼에도 《증권분석》은 나의 일에 도움이 되었다. 《증권분석》 제10장 '특별한 유형의 채권' 부분은 기관차, 화차, 객차의 소유권을 담보로 제공하는 철도 장비 신탁증서(철도회사는 이들 장비를 임차하여 사용한다)에 대해 설명한다. 독자들의 관심을 끌 만한 내용은 아니지만 나에게는 가장 흥미로운 대목이었다. 저자들은 설명한다. "이런 장비 채권은 투자 실적이 매우 만족스러웠는데, 특히 발행 철도회사가 가장 심각한 재정난을 겪는 동안에도 이자와 원금 지급을 미룬 경우가 드물었다. 철도 담보는 회사에 철도 사용을 허락할 수 있을 뿐이지만, 철도차량 담보는 차량을 다른 회사에 넘기겠다고 위협할 수 있기 때문이다. 실제로 이 대안을 가지고 있는 것이 장비 채권 소유자에게 중요한 가치가 있다." 그레이엄과 도드는 수십 년 후 금융기관들이 이 기본 구조를 상업용 항공기 금융에 기발하게 활용할 줄은 몰랐을 것이다. 금융기관은 강화된 장비 신탁증서Enhanced Equipment Trust Certificate, EETC 채권을 자산 보유자의 신용과 구분해 파산 위험을 분리bankruptcy-remote하고, 선순위와 후순위로 분할한 다음, 항공사가 파산하더라도 이자를 지급할 수 있도록 유동성 공급 장치를 보강하였다. 이에 따라 EETC 채권은 일반 항공사 회사채보다 안전했고, 신용평가사에서 높은 등급을 받아 투자 적격 등급Investment Grade에 거래되었다. 1994년 노스웨스트 항공이 처음 EETC를 발행한 후, 큰 호응을 얻으면서 2001년 발행 규모가 150억 달러로 급증했고 기하급수적인 성장을 지속했다. EETC는 "예외적이거나 극히 드문 상황에서만 부도가 나는"(제4장) 방탄 채권이었다. 불행하게도 예외적이고 극히 드문 비극적인 일이 벌어졌다. 2001년 9월 11일 테러 공격으로 EETC 채권 가격은 폭락했다. 다음 날 나는 항공 부문을 담당하게 되었다.

미국 항공업계 전체가 파산 위기에 처했다. 항공사들의 신용등급은 즉각 강등되었고, 한 곳을 제외하고 모든 항공사가 5년이 안 되어 파산 신청을 했다. 항공기 가격도 폭락했다. 우리는 미지의 영역에 들어섰다. 새로운 금융상품은 이런 하락

시나리오를 가정해 보지 않았고, 안전성과 투자 적격 등급만을 보고 투자한 채권 보유자들은 부실채권 투자에 대한 전문성이 부족했다. 그들은 빠져나가려고 발버둥 쳤고 마구잡이로 채권을 팔아 치웠다. 갑자기 담보로 제공된 항공기 가치보다 낮은 가격에 채권이 거래되었다. 심지어는 고철 가치보다 낮은 경우도 있었다. 하지만 파산법에 따르면 채권 보유자는 과거 철도 장비 채권과 마찬가지로 항공기를 압류하거나 압류하겠다고 협박하여 위협할 수 있었다. 이를 통해 다른 재산권이나 채권 소유자들에 비해 보다 우월한 영향력을 확보하고 채권의 내재가치 실현 가능성을 높일 수 있었다.

바로 그레이엄과 도드의 조언 그대로였다. 최대 규모의 EETC 발행사였던 유나이티드 항공은 3년 넘게 파산 상태에 있었고, 그동안 나는 동분서주하며 항공사와 항공기에 대한 전문가가 되었다. 그 전까지 항공업계에 대한 나의 지식은 항공권 구매 시 비즈니스 클래스를 선호하는 것이 전부였다. 유나이티드가 파산에서 벗어날 때쯤, 노스웨스트와 델타항공이 파산 신청을 하며 새로운 투자 기회를 제공했다. 항공기와 항공사 채권은 우리 펀드의 주력 상품이 되었고 나는 포트폴리오 매니저가 되었다.

이제 나의 충격적이고 형편없는 투자를 고백할 차례가 되었다. 《증권분석》을 주의 깊게 읽었더라면 많은 문제를 피할 수 있었다. 특히 기억에 남는 투자가 있다. 항공사 투자 이후 몇 년이 지나고 나는 항공사에서 성공한 경험을 해운업으로 확장하려 했다. 둘 다 고정비가 높고, 원재료(연료)의 변동성이 큰 운송업이고, 주요 자산(항공기와 선박)의 수명이 매우 길고 전세계적으로 거래되며, 선순위 담보채권을 가끔 할인된 가격에 매입할 수 있었다. 전혀 달라 보이지 않았다. 하지만 그것은 나의 착각이었고 나의 수익은 플러스가 아니라 마이너스로 달라졌다. 선박금융업에서는 채무불이행이나 파산 시 담보물을 압류할 수 있다는 점이 별 도움이 되지 않는다. 우선 선박 압류가 극도로 어렵다. 둘째, 선순위 채권조차도 선원 임금이나 미지급 운임, 연료비, 항만 사용료와 같은 선박 우선 특권maritime lien에 우선순위가 뒤진다. 다시 말해 "담보자산을 현금화할 수 있다는 커다란 이점"(제10장)이 없다. 마지막으로, 해운업은 고객 충성도나 브랜드 가치가 거의 없고, 차별화가 어렵고, 요금 변동이 극심하며 지역별 차익거래 기회도 많지 않다. 항공업은 경영난을 겪고 있는 미국 항공사의 비행기를 압류해 번창하는 브라질의 로컬 항공사에 매각할 수 있지만 해운업에서는 그럴 수 없다. 2013년 이글 벌크 시핑Eagle Bulk Shipping에 투자했을 때 "사업이 실패해도 담보권으로 투자 손실을 막을 수 있다고 생각한다면, 이는 대개 완전한 착각"(제6장)이라는 것을 알았더라면 좋았을 것이다. 초기에 이글 벌크는 성공적인 구조조정과 대출기관의 지원을 받아 파산 절차를 순조롭게 헤쳐 나갔다. 사업은 중단없이 계속되었고, 새로운 자금 조달이 이루어졌고, 고객과 직원에 대한 의무도 이행되었다. 6개월 만에 완전히 새로운 자본 구조와 밝은 사업 전망으로 재기할 수 있었다. 하지만 몇 개월이 지나지 않아 운임이 급락했고, 재구조화된 선순위 채권마저 폭락했다. 유동성 부족으로 가격 하락이 가중되었다. 담보자산은 바닥을 받쳐 주지 않았다. "안전은 담보가 아니라 지급 능력에 달렸다"(제6장)라는 교훈을 얻었다. 우리의 독수리(이글)는 제대로 내려앉지 못했다.

 수년 전부터 부실채권 투자 분야에 많은 변화가 생겼다. 시간순으로 세 가지 주요 변화를 언급하고 싶다. 첫 번째는 2001년 기술주와 통신주 거품이 붕괴된 이후 부실채권 투자가 주류에 진입하고 제도화되었다는 것이다. 캘런 수익률 주기표Callan Periodic Tables에 따르면 당시 부실채권 헤지펀드의 운용 자산은 240억 달러, 멀티전략 헤지펀드는 660억 달러로 추산된다. 대부분의 펀드가 여러 전략을 함께 구사하기 때문에 전체 숫자를 정확히 파악하기는 힘들지만, 2022년 상위 25개의 부실채권 펀드 운용 규모만 약 6,000억 달러에 달한다. 대형 펀드의 자금 회수를 극대화하기 위해 점점 더 많은 구조조정이 이루어지고 있다. 그 외의 모든 사람(벤더, 후순위 채권자, 노동자)은 미국 가수 이기 팝의 노래처럼 "차를 타고 또 타는 승객"일 뿐이다. 채권자 간의 다툼이 격렬해지면서 어떤 변호사는 이를 "한 무리의 채권자가 다른 채권자 무리에게 가하는 식인적 공격"이라고 표현했다. 모든 채권자를 위해 채무자의 가치를 극대화하고 이를 공정하고 공평하게 분배하고자 한 챕터11의 훌륭한 목표는 이제 지난 일이 된 걸까? 그렇지 않기를 바란다.

부실채권 투자는 빚잔치가 아니라 모든 이해관계자에게 이득이 되는 재건이라는 점을 언급하는 게 좋겠다. 자본구조 조정이나 사업 정상화를 통해 기업은 다시 생존하고, 직원과 벤더에게 제때 비용을 지급하고, 지속가능한 자금 조달을 통해 성장을 도모할 수 있다.

두 번째 쓰나미는 기업 부채를 비롯한 자본 시장에 대한 연준의 개입이다. 이는 가치투자 진영이나 시카고학파 학자들 모두 상상하지 못했던 새로운 현상이다. 양적완화Quantitative Easing, QE는 2008년 처음으로 미국에 도입되었다. 당시는 유동성과 채무 상환에 심각한 문제가 생긴 금융위기 상황이었으니 필요한 조치였다. 연준은 유동성 공급으로 대응했다. 하지만 후속 위기는 유동성 위기도 지급불능 위기도 아니었다. 그럼에도 연준은 매트릭스 속편보다 많은 QE 버전(2008년과 2014년 사이 QE 1, 2, 3, 4 오퍼레이션 트위스트Operation Twist)을 실행했다. 코로나19 위기가 발생하자 연준은 고수익 채권 매입에 나서며 더욱 광범위한 프로그램을 전개했다. 그 결과 채무불이행 기간이 크게 단축되고, 부실채권 공급은 실망스러울 정도로 줄어들었다. 글로벌 금융위기와 닷컴 버블 붕괴 시기에는 고점에서 저점까지 1년 이상 고통스러운 기간이 지속되었지만, 2013년의 긴축 발작taper tantrum, 2016년의 에너지 위기, 2020년의 팬데믹 재앙을 거치며 겨우 3개월로 단축되었다. 간단히 말해, 연준은 신속하고 광범위하고 단호하게 행동하는 법을 배웠다.

세 번째 혁명은 개인의 대규모 온라인 투자에서 비롯되었는데, 가치투자 관점에서도 효율적 시장 이론 관점에서도 흥미로운 현상이다. 전통적인 투자자들은 로빈후드Robinhood나 레딧Reddit, 월스트리트베츠WallStreetBets 사용자들의 행동을 투자로 분류하지 않을 것이다. 그레이엄이 트윗 읽기를 '철저한 분석'이라고 정의할 것 같지는 않다. 하지만 그것을 투기로 부르든, 주식의 게임화나 거래의 민주화로 부르든 이들은 대형 기관 펀드를 무너뜨리고, 대규모 파산 과정에도 영향을 미칠 수 있는 중요한 시장 세력이 되었다. 이로 인해 일반적인 밈 주식이나 '스통크'Stonk(의도적으로 Stock을 오기한 은어―옮긴이)의 일시적 변동성을 초월하는 일이 벌어지기도 한다. 게임스톱이 대표적인 사례다. 125억 달러 규모의 헤지펀드인 멜빈 캐피털Melvin Capital은 게임스톱에서 개인투자자들과 공매도 전쟁을 벌이다 막대한 손실을 입은 후 자본을 수혈받았지만 결국 펀드를 폐쇄하게 되었다. 원조 밈 주식이라 부를 만한 렌터카 회사 허츠Hertz 사례도 있다. 코로나19 팬데믹으로 렌터카 사업에 심각한 타격을 입은 허츠는 챕터11 파산 신청을 했고 주가는 폭락하였다. 하지만 휴지 조각이나 다름없던 주식에 갑작스럽게 개인투자자들의 매수세가 몰리며 주가가 폭등했다. 동전주에 대한 도박성 매수로밖에 설명할 수 없는 주가 폭등이었다. 경영진은 이런 주가 상승을 이용해 대규모 유상증자를 추진했지만 금융당국의 제지로 결국 실패하였다.

이런 현상은 단지 군중심리에 의한 무분별한 투기일 수 있다. 어쩌면 경제적 효용을 넘어선 내재가치가 있을지도 모른다. 오락적 가치일 수도 있고 커뮤니티에 대한 소속감일 수도 있다. 혹은 이 커뮤니티가 집단으로 행동하는 능력을 가지고 있다고 상정해 볼 수도 있다. 물론 이 능력은 소셜미디어 시대 이전에는 드러나지 않았고, 효율적 시장 가설과도 배치되며, 기관투자자들에게는 불법이다.

지금까지 논의한 내용을 바탕으로 결론을 내리자면 부실채권 투자에 성공하기 위해서는 코끼리처럼 크고, 토끼처럼 빠르고, 유튜버 '포효하는 냥이'Roaring Kitty[5]처럼 영리해야 한다. 다시 말해 쉽지 않은 일이다. 그럼에도 젊고 혈기 왕성한 미래의 부실채권 투자자들에게 나는 두려워하지 말라고 조언하고 싶다. 그레이엄과 도드의 현명한 조언 두 가지로 글을 마무리하고 싶다. 첫째, "최소한 자신이 무슨

---

[5] '포효하는 냥이'는 미국의 애널리스트이자 투자자인 키스 패트릭 길Keith Patrick Gill의 유튜브와 엑스(옛 트위터)의 활동명이다. 그가 소셜미디어에 올린 게시물이 2021년 1월 게임스톱 공매도 사태의 원인으로 지목되었다.

말을 하는지는 알아야 한다."(제4장) 다른 동료 투자자들은 별 관심이 없었지만, 나에게는 최고의 조언이었다. 둘째, "덴마크 철학자 쇠렌 키르케고르가 언급했듯이, 인생은 뒤돌아볼 때 비로소 이해되지만, 앞을 보며 살아가야 한다."[6] 한 치 앞도 보이지 않을 때 이 말을 기억하라.

---

[6] Benjamin Graham, 《현명한 투자자》.

특권부 증권

이제부터는 우리가 새로 분류한 두 번째 유형인 Ⅱ. 가치가 변동하는 선순위 증권(투기용 채권과 우선주)을 살펴보자. 제5장에서는 이를 두 가지로 구분했는데, 하나는 안전성이 부족해서 투기적인 증권이고, 하나는 전환권 등이 있어서 시장가격이 가파르게 오르내리는 탓에 투기적인 증권이다.[1]

투기 특권이 붙은 선순위 증권

특권이 붙은 채권이나 우선주는 확정 원금과 이자에 대해 우선 청구권을 보유하는 동시에, 보통주 몫으로 돌아가는 혜택도 나눠 받을 수 있다. 이러한 특권은 세 가

1　《증권분석》 제1판(1934년)에서는 여기에 헐값에 거래되는 투자등급 선순위 증권 섹션을 두었다. 1931~1933년에는 이런 증권이 많았지만, 이후 매우 드물어졌으며, 1937~1938년 폭락 기간에도 많지 않았다. 따라서 이번 판에는 이 부분을 생략하였다.

지다.

1. 전환권: 정해진 조건에 따라 선순위 증권을 보통주로 전환하는 권리
2. 이익참가권: 주로 보통주 배당금 규모에 따라 선순위 증권 보유자가 추가로 수익을 얻는 권리
3. 신주인수권: 선순위 증권 보유자가 정해진 가격, 금액, 기간에 따라 보통주를 매입하는 권리[2]

세 가지 특권 가운데 전환권이 가장 흔하므로, 우리는 특권부 증권을 전반적으로 가리켜 '전환증권'이라고도 부를 것이다.

매력적인 전환증권의 형식

이 세 가지 특권 가운데 하나만 첨가되면, 선순위 증권도 보통주가 누리는 이익을 사실상 모두 얻을 수 있다. 그러면 최대한 안전성을 보장받는 동시에 무한한 가치 상승 가능성까지 얻게 되므로, 이런 증권은 가장 매력적인 형식을 갖추는 셈이다. 건전한 투자의 요건을 모두 충족하는 데다가 매력적인 전환 특권까지 겸비하는 채권이라면, 두말할 필요 없이 매우 바람직한 투자 대상이 된다.

---

[2] 앞의 세 가지 방식만큼 중요하지는 않지만 네 번째 이익 배분 방식도 있는데, 1928~1929년 강세장 기간에 처음 등장했다. 이른바 '옵션부' 채권이나 우선주다. 투자자는 이자를 선택할 수도 있고, 그 대신 보통주 일정 수량을 선택할 수도 있다.
예를 들어 커머셜 인베스트먼트 트러스트 Commercial Investment Trust 6달러 전환 우선주 1929년 옵션 시리즈 투자자는 현금 6달러 대신 매년 보통주 1/13주를 배당금으로 받을 수도 있었다. 이 옵션은 보통주 주가가 78달러를 넘어갈 때 가치가 있었다. 마찬가지로, 1929년에 발행된 1939년 만기 6퍼센트 워너브라더스 픽처스 옵션부 전환 사채도 매년 현금 60달러 대신 보통주 1주를 선택해서 받을 수 있었다.
이는 전환권을 변형한 옵션으로서, 이자나 배당금 부분만 보통주로 전환할 수 있는 형식이었다. 이런 증권들은 대개 원금도 보통주로 전환할 수 있었다. 이자 부분만 분리해서 전환할 수 있다는 점이 투자 매력을 다소간 높여준다.

투자 실적이 신통치 않은 이유

이렇게 전환증권이 유리하다는 주장은 설득력이 있지만, 실제로 나타난 실적은 전반적으로 만족스럽지 않았다. 이렇게 실적이 기대에 못 미치는 데에는 두 가지 이유가 있다.

첫째, 엄격한 투자 요건을 실제로 충족하는 전환증권은 극소수에 불과했다. 전환권은 흔히 안전성 부족을 보상하는 용도로 제공되었다.[3] 이는 1926~1929년에 전환증권이 가장 유행한 사실에서 명확하게 드러난다.[4] 이 기간에 기반이 확고한 제조업체들은 주로 주식을 발행해서 자금을 조달했고, 기반이 약한 제조업체들은 특권부 선순위 증권을 발행했다.

실적이 신통치 않은 두 번째 이유는 전환권을 행사하는 조건 때문이다. 전환증권은 형식상 가격 상승에 한계가 없지만, 실제로 투자자가 안전성을 유지하면서 얻을 수 있는 이익에는 현실적으로 한계가 있다. 보통주 주가 상승에 따라 전환증권도 가격이 상승한 다음에는, 보통주 주가 변화에 따라 전환증권의 가격도 큰 폭으로 오르내린다. 따라서 전환증권을 보유하는 행위 자체가 투기가 된다. 다음 사례를 보면 명확하게 이해가 될 것이다.

100달러당 보통주 2주로 전환할 수 있는 3.5퍼센트 우량 등급 채권을 액면가에 샀다고 가정하자. 보통주는 현재 45달러에 거래되고 있다.

---

[3] 1927년도 《미국 투자은행 협회 산업증권위원회 보고서》Report of the Industrial Securities Committee of the Investment Bankers Association of America에서 인용한 자료에 의하면, 중소 제조업체 선순위 증권 일부는 "5~10년 동안 상당한 손실이 발생할 수 있으므로", 이 위험에 대한 보상으로 투자자들에게 전환권 등을 제공하여 미래 이익을 나눠주어야 한다고 제안했다. 다음 자료를 참조하라. *Proceedings of the Sixteenth Annual Convention of the Investment Bankers Association of America*, pp. 144-145, 1927.

[4] 1939년 2월 16일 발간된 증권거래위원회 《공보》 208호Release No.208(통계 시리즈) 이전에는 특권부 증권 발행액을 종합적으로 집계하여 정기적으로 발표한 자료가 없었다. 이 공보에서는 1937년 4월 1일~1938년 12월 31일 동안 분기 단위로 데이터를 발표했으며, 그 이후에는 증권거래위원회가 분기마다 추가 데이터를 발표했다. 더 장기간에 걸쳐 특권부 증권 발행액 자료를 보려면 부록의 비고 35를 참조하라.

1단계

(1) 주가가 35달러로 떨어져도, 채권은 액면가 수준을 유지할 것이다. 바로 이런 특성 때문에 전환증권이 보통주보다 유리하다. (2) 주가가 55달러로 상승하면, 채권 가격은 십중팔구 115달러 이상이 될 것이다. (전환가치는 110이지만, 주식보다 유리하므로 프리미엄이 붙어야 마땅하다.) 그래서 이런 전환증권은 투기 대상이 될 수 있다.

2단계

주가가 더 상승해서 65가 된다. 이제 전환가치가 130이고, 전환증권은 130이나 이보다 약간 높은 가격에 거래될 것이다. 이 단계가 되면 전환증권 보유자는 문제에 직면한다. 이제부터는 전환증권의 가격이 전적으로 주가에 따라 큰 폭으로 오르내리기 때문이다. 더 큰 이익을 얻으려면 이미 확보한 이익까지 놓칠 위험을 감수해야 하는데, 그 규모가 상당한 수준이다. (보통주 주가가 하락하면, 전환증권 가격도 곧바로 130에서 110으로 떨어질 수 있다.) 계속 보유한다면 투자자는 보통주 주주와 비슷한 처지가 되며, 주가가 상승할수록 보통주 주주에 더 가까워진다.

예를 들어 주가가 90까지 상승하여 전환증권 가격이 180일 때에도 계속 보유한다면, 투자자는 사실상 주주와 똑같은 위험을 지는 셈이다.

이익 기회가 무한하다는 착각

따라서 전환증권의 이익 기회가 무한하다는 생각은 중대한 착각이다. 이제는 채권이나 우선주가 아니라 보통주를 보유한 상태로 보아야 하기 때문이다. 다시 말해서, 채권을 주식으로 바꿨다고 생각해야 한다. 현실적으로 말하자면, 여전히 안전성을 확보하면서 전환으로 이익을 얻을 수 있는 범위는 전환증권 액면가의 25~35퍼센트에 불과한 것이다. 바로 이런 이유 때문에 전환증권을 발행가에 산 사람들은 대개 가격이 어느 정도만 올라도 계속 보유하기 어려워지며, 따라서 그 전환증권이 실제로 기록하는 최대 이익 가운데 일부만 얻는 데 그친다. 그래서 전체적으로 보면 전환증권은 이렇게 얻는 이익보다 미숙한 투자로 입는 손실이 더 크다.

매력적인 종목의 예

이 두 가지 반론 때문에 전환증권에 대한 열기가 다소 식었을 것이다. 그러나 그렇다고 해서 전환증권이 지닌 내재적 장점이 모두 사라지는 것도 아니고, 이익 기회가 없어지는 것도 아니다. 새로 발행되는 전환증권 대부분은 안전성이 낮겠지만,[5] 그렇지 않은 전환증권도 상당수 있다. 안전성까지 갖춘 전환증권이야말로 조심스러운 투자자들의 주된 관심 종목이 되어야 한다. 이렇게 매력적인 종목의 사례 세 가지를 공익 산업, 철도, 제조업 분야에서 제시하겠다.

1. 1958년 만기 3.5퍼센트 커먼웰스 에디슨Commonwealth Edison Company(미국 최대 전력 회사의 자회사) 전환사채

회사는 이 채권을 1938년 6월과 9월에 주주들에게 액면가로 공모하였다. 회사의 실적을 보면, 이 가격에서 이 채권은 어느 모로 보나 건전한 투자 대상이었다. 이 전환사채는 만기 이전에 보통주 40주로 전환할 수 있었다.

1938년 9월 이 주식이 뉴욕 증권거래소에서 24.5달러에 거래되고 있을 때, 이 채권을 액면가에 살 수 있었다. 이 가격이면 채권과 주식이 거의 평형 가격parity이므로, 주가가 조금만 상승해도 채권에서 이익이 발생한다. 1년도 안 지난 1939년 7월에 주가는 31.38로 상승하였고, 채권은 124.75가 되었다.

2. 1946년 만기 5퍼센트 체서피크 앤드 오하이오 철도Chesapeake and Ohio Railway Company 전환사채

이 채권은 원래 1916년 6월 주주에게 판매되었다. 이 채권이 보통주로 전환되는 기준가격이 1920년 4월 1일까지는 75, 1923년 4월 1일까지는 80, 1926년 4월 1일까지는 90, 1936년 4월 1일까지는 100이었다.

1924년 말경에는 액면가 근처에서 평형 가격에 살 수 있었다(즉 전환권에 프리미엄이 붙지 않았다). 구체적으로 말하면, 1924년 11월 28일 주가가 91이었을 때, 이

---

5 1933년 이후 최근까지 발행된 전환사채들은 대부분 우리 투자 기준을 충족한다.

채권은 101에 거래되었다. 당시 회사 이익은 계속해서 증가하고 있었고, 안전성도 충분했다. (이자 보상 배수가 1924년에는 2배가 되었다.) 이듬해 주가는 131로 상승했고, 채권 가격은 145로 뛰었다.

3. 1931년 만기 5.5퍼센트 랜드 카덱스 뷰로Rand Kardex Bureau, Inc.

이 채권은 원래 1925년 99.5에 발행되었다. 이 채권에는 1927년 1월 1일 이후 행사할 수 있는 신주인수권이 붙어 있었다. 클래스 A 보통주 22.5주를 인수하는 가격이 1926년에는 주당 40달러, 1927년에는 42.50달러, 1928년에는 45달러, 1929년에는 47.50달러, 1930년에는 50달러였다. (클래스 A 주식은 실제로 참가적 우선주였다.) 신주인수권을 행사할 때 이 채권을 납입하면 액면 금액을 인정받았으므로, 실제로는 이 채권을 주식으로 전환할 수 있었다.

이 채권은 안전성도 양호해 보였다. 이 회사의 과거 이자 보상 배수는 다음과 같다.

연도	이자 보상 배수(배)
1921(불황기)	1.7
1922(불황기)	2.3
1923	6.7
1924	7.2
1925(9개월)	12.2

순유동자산이 채권 액면가의 2배가 넘는다. 채권을 공모하던 시점에 클래스 A 주가가 약 42였으므로, 신주인수권을 행사할 수 있었다. 이듬해 주가는 53달러로 상승했고, 채권은 130.5가 되었다. 이 회사가 래밍턴 타이프라이터Remington Typewriter와 합병하던 1927년에는 주가가 76으로 상승했고, 채권은 190이 되었다.

매력 없는 종목의 예

이 사례와 대조적으로, 겉보기에는 매력적이지만 본질적으로는 불건전한 전환증권이 예를 제시하겠다. 주로 1928~1929년에 발행되었다.

1938년 만기 6퍼센트 내셔널 트레이드 저널 National Trade Journals, Inc. **전환사채**

이 회사는 10여 개 업계지業界誌를 인수하려는 목적으로 1928년 2월 설립되었다. 회사는 1928년 11월 이 채권 280만 달러를 97.5에 발행했다. 이 채권을 보통주로 전환하는 기준가는 1930년 11월 1일까지 주당 37.03달러, 1932년 11월 1일까지 40달러였으며, 기간이 지날수록 계속 상승하여 채권 만기일까지 마지막 2년에는 주당 52.63달러였다.

이 채권은 발행 시점과 이후 몇 개월 동안 평형 가격보다 약간 높은 가격에 살 수 있었다. 구체적으로 말하면, 11월 30일 주가가 34.13일 때 97.5에 살 수 있었는데, 여기서 주가가 2포인트만 상승하면 전환해서 이익을 남길 수 있었다.

그러나 투자 설명서에서 제시한 전망은 화려했어도, 이 채권은 안전성이 충분해 보이지 않았다. 투자 설명서에서 3.5년 실적을 바탕으로 제시한 추정이익에 의하면, 이자 보상 배수가 평균 4.16배였다. 그러나 추정이익의 거의 절반은 합병을 통해서 임금 등을 삭감했을 때 예상되는 실적이었다. 보수적인 투자자라면 이런 추정을 당연한 것으로 받아들여서는 안 된다. 게다가 이런 사업은 경쟁이 치열한 모험사업이며, 유형자산도 많이 보유하지 않는다.

앞에서 언급한 추정이익을 빼 버리면, 발행 시점과 이후의 실적은 다음과 같다.

연도	채권 가격	주식 가격	전환가	이자 보상	배수 주당 이익
1925				1.73*	$0.78*
1926				2.52*	1.84*
1927				2.80*	2.20*
1928	100~97.5	35.88~30	$37.03	1.69**	1.95
1929	99~50	34.63~5	37.03	1.86**	1.04
1930	42~10	6.38~0.5	37.03~40	0.09**	(1.68)
1931	10.5~5	1	40.00	법정관리	

* 피합병회사. 주당 이익은 연방 법인세 추정 후 실적임.
** 실제 이익은 1928년 마지막 10개월과 이후 기간 실적임.

1931년 6월 파산관재인이 선임되었다. 그해 8월 자산이 매각되었고, 이후 채권 보유자들은 액면가 1달러당 8.5센트를 받았다.

특권부 증권 투자 원칙

이런 대조적인 사례로부터 특권부 증권 선택에 지침이 될 만한 투자 원칙을 도출할 수 있다.

액면가 근처나 그 이상의 가격으로 특권부 증권을 사려고 한다면, 그 증권은 고정 수익 투자의 요건을 충족하거나 보통주로서 투자 매력이 있어야 하며, 이 가운데 한 가지 특성을 명확하게 겨냥해서 투자해야 한다.

겨냥하는 특성에 따라 투자하는 방식이 달라진다. 고정 수익에 중점을 두면서 우발적인 자본이득 기회를 기대할 수도 있고, 주로 보통주 자체를 매력적이라고 평가하여 투자할 수도 있다. 여기서 중간적인 태도를 보여서는 안 된다. 원금을 안전하게 지키려는 투자자라면, 전환권을 얻으려고 안전성 요건을 낮춰서는 안 된다. 투기자라면, 단지 채권 형식에서 오는 사이비 안전성에 현혹되어 전망이 신통치 않은 회사에 투자해서는 안 된다.

우리는 순수한 고정 수익 투자와 과감한 투기적 태도 사이에서 어중간하게 타협해서는 안 된다고 주장했는데, 이는 우리의 주관적 판단이다. 어중간한 태도를 보이게 되면, 그 결과 대개 혼란에 빠지고, 생각이 모호해지며, 자기기만으로 이어지기 때문이다. 추가로 이익 기회를 얻으려고 안전 기준을 낮추는 투자자는 금전적으로나 정신적으로나 대비가 안 된 상태에서 불운을 맞는 경우가 많다. 위험을 낮추려고 전환증권을 사는 투기자는 기업 자체와 전환 조건 사이에서 관심이 분산되면서, 자신이 주식에 투자한 것인지 채권에 투자한 것인지조차 구분하지 못하게 될 것이다. (액면가보다 훨씬 낮은 가격으로 거래되는 특권부 증권은 이런 투자 원칙에 해당하지 않는다. 이런 증권은 특권부 증권의 두 번째 유형에 속하므로, 나중에 다룬다.)

앞의 3.5퍼센트 컴에드 사례로 다시 돌아가 보자. 이 종목은 전환 조건을 무시한 채 고정 수익 목적으로 투자하기에도 적합한 증권이었다. 게다가 전환권에서 이익이 나올 가능성이 컸으므로, 이 증권은 발생 시점부터 매우 매력적이었다. 체서피크 앤드 오하이오와 랜드 카덱스 뷰로 채권에 대해서도 마찬가지로 말할 수 있다. 이 세 종목은 세 회사의 주가 상승을 낙관하는 투기자에게도 매력적으로 보였을 것이다.

반면에 내셔널 트레이드 저널 전환사채는 엄격한 양적, 질적 안전성 기준을 통과할 수 없었다. 따라서 이 종목은 보통주 주가 상승을 확신하는 사람에게만 적합한 투자 대상이었다. 그러나 이 우선주를 산 사람 대부분은 내셔널 트레이드 저널에 투자하려는 목적이 아니라, 전환 조건이 유리한 데다 선순위 증권이라서 매우 안전하다고 생각했을 것이다. 이렇게 진정한 투자와 진정한 투기 사이에서 타협하는 행위를 우리는 인정하지 않는다. 투자 목적도 모호할뿐더러 위험도 명확하게 이해하지 못하기 때문이다.

보유냐 처분이냐

지금까지 특권부 증권 선정 원칙을 설명했으므로, 이제는 보유할 것인지 처분할 것인지 결정하는 원칙을 논의해 보자. 보통주에 투자한다는 태도로 전환증권을 샀다면, 고정 수익 목적의 경우보다 더 높은 이익을 기대하면서 보유할 수 있다. 전환증권의 가격이 100에서 150으로 상승하더라도, 단지 프리미엄이 높다는 이유로 처분할 필요는 없다. 보통주 주가가 충분히 상승해서 이익을 실현해야 한다고 판단할 때 처분하면 된다. 그러나 주로 안전한 채권으로 생각하고 투자했다면, 기대이익 수준을 보수적으로 낮춰잡아야 한다. 앞에서 이유를 자세히 설명했듯이, 보수적인 투자자는 이익이 25~35퍼센트를 넘어서면 처분해야 한다. 이는 보수적인 투자자는 전환사채 투자에 성공하면 장기간 보유하지 않는다는 뜻이다. 따라서 보수적인 투자자는 장기간 보유할 가능성을 염두에 두되, 단기간에 이익이 실현되기를 기대하면서 이런 증권을 사야 한다.

지금까지 논의로부터 다음 투자 원칙이 도출된다.

전환증권은 전환해서는 안 된다. 계속 보유하든가 처분해야 한다.

물론 전환권을 확보하는 목적은 유리한 상황에서 전환권을 행사하려는 것이다. 전환증권 가격이 대폭 상승하면, 현행 수익률(증권의 시가 대비 수익률)이 낮아져서 매력이 감소하며, 대개 주식으로 전환하면 큰 이익을 실현할 수 있다. 그렇더라도 주식으로 전환하면, 투자자는 원금과 이자에 대한 선순위 청구권을 포기하게 된다. 주식으로 전환한 다음 상황이 악화하여 주가가 취득원가 밑으로 폭락하면, 투자자는 이익뿐 아니라 원금까지도 잃게 된다.

게다가 그는 채권투자자에서 주식 투기자로 변신하는 셈이 된다. 우량 전환사채나 우선주조차 투자자를 배신할 때가 있어서, 부주의한 사람에게 값비싼 올가미가 된다. 이런 위험을 피하려면 투자자는 보수적 관점을 단호하게 견지해야 한다. 전환증권의 가격이 투자 범위를 벗어나면 반드시 처분해야 한다. 무엇보다도 중요한 점은, 처분한 다음 증권 가격이 훨씬 더 올라가더라도 자신의 판단을 후회해서는 안 된다. 전환증권이 일단 투기 영역으로 진입하면, 이 증권의 가격 움직임은 자신이 전혀 모르는 투기 종목과 마찬가지로 이제는 관여할 대상이 아니다.

사람들이 우리가 제시한 원칙을 따른다면, 원래 이 주식을 보유하려는 목적으로 전환사채를 샀던 사람들만 전환권을 행사하게 될 것이다.[6] 이는 채권이나 우선주에 첨부된 신주인수권에 대해서도 마찬가지다.

투자한 전환증권 가격이 상승한다면, 투자자는 증권을 처분하여 이익을 실현하고 프리미엄이 높지 않은 새 전환증권으로 갈아타야 한다. 더 구체적으로 말하면,

---

[6] 실제로는 차익거래 목적으로 전환권이 행사되기도 한다. 주가가 '전환 평형 가격'보다 상승하면, 주식을 파는 동시에 전환사채를 사는 거래가 발생하기 때문이다.

100에 산 전환증권을 예컨대 125에 판 다음, 액면가 수준으로 거래되는 우량 전환증권으로 교체해야 한다. 그러나 이렇게 만족스러운 기회가 계속 발생하기도 어렵고, 투자자가 그런 기회를 찾아내기도 쉽지는 않을 것이다. 하지만 최근 몇 년의 발행시장 추세를 보면 매우 매력적인 전환증권들이 다시 많이 등장할 전망이다. 1926~1929년에 질 낮은 전환증권이 쏟아진 다음, 1930~1934년에는 안전성이 강조되면서 채권 신규 발행에서 전환증권이 사실상 사라지다시피 했다. 이제는 추세가 중간 지점으로 분명히 회귀하는 모습을 보이면서, 건전한 증권의 판매를 촉진하려는 목적으로 전환권이 가끔 활용되고 있다.[7] 1934~1939년에 발행된 전환증권 대부분은 표면금리가 매우 낮았거나 프리미엄이 즉시 터무니없이 높아졌다. 그러나 분별력 있고 조심스러운 투자자라면 이 분야에서 매력적인 기회를 상당수 찾아낼 것이다.

---

7 1925~1938년 특권부 증권 발행 빈도에 관한 데이터는 부록의 비고 35와 1939년 2월 16일 발간된 증권거래위원회 《공보》 208호(통계 시리즈)를 참조하라.

특권부 선순위 증권의 기술적 특성

앞에서는 특권부 선순위 증권들을 투자 원칙과 투기 원칙 관점에서 분석해 보았다. 이제부터는 이들의 특성을 더 집중적으로 논의하면서 실제적인 측면에서 파악하고자 한다. 다음 세 가지 관점으로 차례대로 분석하기로 한다. (1) 전환권, 이익 참가권, 신주인수권 모두에 공통되는 특성, (2) 각 증권이 지닌 상대적 강점, (3) 각 증권의 기술적 특성.[1]

특권부 증권에 관한 일반 논점

특권부 증권의 매력도를 좌우하는 두 요소는 (1) 전환 조건과 (2) 조건 달성 전망이

---

[1] 이 주제를 너무 자세히 다루는 것처럼 보일 수도 있지만, 이는 특권부 증권이 갈수록 중요해지는데도 일반 교과서에서는 철저하게 분석하지 않기 때문이다.

다. 간단한 예를 들어 보겠다.

회사 A	회사 B
100에 거래되는 4% 채권 주식 전환 가격 50(채권 100달러당 2주) 주식시장 가격 30	100에 거래되는 4% 채권 주식 전환 가격 33.33(채권 100달러당 3주) 주식시장 가격 30

전환 조건과 회사의 전망

전환 조건은 분명히 회사 B의 채권이 더 매력적이다. B 채권은 3포인트만 조금 넘겨 상승하면 전환이익이 발생하지만, A 채권은 20포인트 넘게 상승해야 전환이익이 발생하기 때문이다. 그러나 전환 조건이 이렇더라도, A 채권이 더 좋은 실적을 올릴 가능성은 얼마든지 있다. 회사 B의 주식은 전혀 상승하지 못하는 동안, 회사 A의 주식은 2배나 3배 상승할 수도 있기 때문이다. 두 요소를 놓고 비교한다면, 전환 조건이 좋은 종목보다는 주가가 오를 종목을 고르는 편이 분명히 더 유리하다. 그러나 기업의 매력도와 전환 조건의 매력도를 비교하여 가늠하는 계량 기준 같은 것은 없다. 우량 등급 특권부 증권을 분석할 때에는 전환 조건에 더 관심을 기울여야 하는데, 이는 더 중요해서가 아니라 더 명확하기 때문이다. 어느 회사가 더 유망한지 판단하는 일이 쉬워 보일지도 모른다. 그러나 현재 주가에서 어떤 종목이 다른 종목보다 확실히 유리하다고 입증하기는 절대 쉽지 않다.

앞의 예로 돌아가 보자. A 주식이 50으로 상승할 가능성이, B 주식이 33으로 상승할 가능성보다 확실히 크다면, 두 종목이 똑같이 30에 거래되지는 않을 것이다. 당연히 A 주식이 더 높은 가격에 거래될 것이다. 다시 말해서, 어떤 회사가 다른 회사보다 우월하다면, 그 사실이 이미 시장가격에 반영되어 있다는 뜻이다. A 주식이 더 많이 상승할 것으로 기대해서 A 채권을 사는 투자자가 있다면, 그는 불확실한 상황에서 독자적인 판단을 내리는 셈이므로 필연적으로 많은 실수를 저지르게 된다. 따라서 고정 수익 목적으로 특권부 증권을 사는 사람이라면, 그 회사의 장래 실적을 전망하려 해서는 안 된다. (이는 앞에서 고정 수익 증권을 다룰 때에도 강조하였던 투자 원칙이다.) 그러나 투기 관점에서 이 종목을 사는 것이라면, 이 회사에 대한 전망이 당연히 중요하다.

3대 요소

특권부 증권을 분석할 때에는 다음 세 가지 요소가 중요하다.

1. 투자액 1달러당 투기 금액
2. 전환 이익 근접도
3. 전환권 행사 기간

1. 투자액 1달러당 투기 금액

전환증권에 첨부된 투기 금액이란 전환권으로 확보할 수 있는 주식의 시장가치를 말한다. 다른 조건이 같다면, 투자액 1달러당 투기 금액이 많을수록 더 매력적이다.

사례: 앞에서 설명한 5.5퍼센트 랜드 카덱스 채권은 첨부된 신주인수권으로 초기에 40달러를 내고 클래스 A 주식 22.5주를 살 수 있었다. 클래스 A 주식 가격은 당시 42달러였다. '투기 금액'은 22.5×42=945, 즉 채권 1,000달러당 945달러였다.

1927년에 발행된 6퍼센트 릴라이어블 스토어Reliable Stores Corporation 채권에 첨부된 신주인수권으로는 처음에 10달러를 내고 보통주 5주만 살 수 있었다. 당시 보통주 주가가 12달러였다. 따라서 '투기 금액'은 1,000달러 채권당 5×12=60달러(6퍼센트)에 불과하다.

7퍼센트 인터내셔널 러버 프로덕츠International Rubber Products Company는 채권에 첨부된 투기 금액이 유난히 많은 사례다. 1922년 발행된 이 채권은 독특한 조항 덕분에 1,000달러짜리 채권을 100주로 전환할 수 있었고, 10달러에 추가로 400주까지 살 권리까지 있었다. 1925년 주가가 10달러였을 때, 채권 1,000달러당 투기

금액은 500×10=5,000달러에 이르렀다. 만일 이 채권이 120에 거래된다면, 투기 금액은 채권투자 금액의 417퍼센트가 된다. 이는 릴라이어블 스토어보다 70배나 많은 금액이다.

이 세 사례를 비교한 다음 도표를 보면 투기 금액이 실제로 중요한 이유를 이해할 수 있다.

항목	6% 릴라이어블 스토어	5.5% 랜드 카덱스	7% 인터내셔널 러버
1,000달러당 주식 수	5	22.5	500
기준 주가	$10.00	$40.00	$10.00
주가 상승 시 채권 가치 증가액:			
25% 상승	12.50	225.00	1,250.00
50% 상승	25.00	450.00	2,500.00
100% 상승	50.00	900.00	5,000.00

전환사채의 경우, 주가가 전환 기준가격과 일치할 때에는 투기 금액이 항상 액면가가 된다. 그러나 주가가 기준가격보다 상승하면 전환사채의 투기 금액도 증가하고, 주가가 하락하면 투기 금액도 감소한다. 예를 들어 시장에서 액면가로 거래되는 전환사채의 기준가격이 50달러인데, 해당 주식의 시장가격이 30달러라면, 이 채권의 투기 금액은 액면 금액의 60퍼센트가 된다. 바꿔 말하면, 현재 주가는 사채를 전환해서 이익이 나오는 주가의 60퍼센트에 불과하다. 그러나 신주인수권은 투기 금액과 주가가 따로 놀기도 한다. 6퍼센트 릴라이어블 스토어는 투기 금액은 매우 적었지만 발행 시점부터 이익이 나왔다. 주가가 인수 기준가격보다 높았기 때문이다.

다수의 저가주가 유리

투기 금액이 같은 규모라면, 소수의 고가주보다 다수의 저가주로 전환하는 채권이 더 매력적이다. 대개 고가주보다는 저가주가 주가 변동 비율이 높기 때문이다. 따라서 안전성 높은 전환사채에 투자한다면, 다수의 저가주로 전환하는 채권을 선택할 때 주가 하락에 의한 손실을 피하면서도 높은 이익을 얻을 가능성이 크다.

예를 들어 1931년 만기 7퍼센트 오하이오 코퍼Ohio Copper Company 채권은 1달러짜리 주식 1,000주로 전환되었고, 1948년 만기 4.5퍼센트 애치슨, 토피카 앤드 샌타페이 철도 전환사채는 166.66달러 주식 6주로 전환되었다. 둘 다 투기 금액은 1,000달러로 똑같지만, 오하이오 코퍼가 더 유망하다. 실제로 오하이오 코퍼는 1928년에 1달러에도 못 미치던 주가가 1929년 4.88달러로 상승하였고, 채권 가격도 액면가의 500퍼센트에 근접했다. 애치슨 전환사채에서도 이만큼 이익이 나오려면 주가가 166달러에서 800달러로 상승해야 하지만, 1929년 고가는 300달러에도 미치지 못했다.

이익참가부 증권의 투기 금액은 배당금을 추가로 분배받는 조건에 따라 결정된다. 추가로 받는 배당금에 제한이 있는 증권보다는 제한이 없는 증권이 당연히 더 매력적이다. (예를 들어 7퍼센트 베이억 시가Bayuk Cigars, Inc. 우선주는 추가 배당금 상한선이 1퍼센트였고, 5퍼센트 화이트 록 미네랄 스프링White Rock Mineral Springs Company 2순위 우선주는 1930년에 받은 배당금이 모두 26.25퍼센트였다.

2. 전환 이익 근접도와 3. 전환권 행사 기간

전환권을 평가할 때 두 번째 요소와 세 번째 요소가 주는 영향이 명확하게 드러난다. 전환권 행사 기간은 짧은 것보다 긴 것이 더 바람직하다. 그리고 현재 주가가 전환가격에 접근할수록 전환권의 가치가 더 올라간다. 이익참가부 증권이라면, 보통주에 대한 현재 배당금이나 이익이 추가 배당금 기준에 접근할수록 유리하다.

'전환가격'은 전환증권을 주식으로 전환할 때 주식 수를 산출하는 기준 주가다. 우선주 1주가 보통주 1.66주로 전환된다면, 보통주 전환가격은 60이 된다. 전환 패리티parity 가격은 전환권을 행사해서 취득하는 주식의 원가를 뜻한다. 전환증권 가격에 전환가격을 곱해서 계산한다. 이 우선주의 시장가격이 90이라면, 전환 패리티 가격은 90%×60=54가 된다. 이는 앞의 우선주를 90에 사면 보통주 시장가격이 54를 넘어갈 때 이익을 얻는다는 뜻이다. 그러나 보통주 시장가격이 66이라면, 우선주의 전환 패리티 가격은 110이 된다.

전환이익 근접도는 보통주 시장가격을 전환 패리티 가격으로 나눈 비율로 나타낼 수 있다. 앞의 예에서 보통주 시장가격이 54이고 우선주 시장가격이 110(보통주로는 66)이라면, 근접도는 54/66=0.82가 된다.

각 전환증권의 상대적 장점

이론적으로 보면, 기간과 금액에 제한이 없는 이익참가부 증권이 가장 바람직하다. 원래의 선순위 증권 지위를 그대로 유지하면서 이익참가 혜택을 받을 수 있기 때문이다. 게다가 이런 혜택을 장기간에 걸쳐 받을 수 있다. 반면에 전환사채는 선순위 지위를 포기하고 실제로 주식으로 전환해야만 높은 이익을 실현할 수 있다. 따라서 전환사채의 실질적인 장점은 적절한 시점에 처분하면 이익을 얻을 기회가 있다는 정도다. 마찬가지로 신주인수권의 장점도 적절한 시점에 매각하면 이익을 얻을 수 있다는 것이다. (신주를 인수해서 즉시 매각하는 방법도 있다.) 신주를 인수해서 계속 보유한다면, 처음 투자했을 때와 전혀 다른 목적으로 추가 자금이 들어가므로 위험을 떠안게 된다.

이익참가 혜택의 예

웨스팅하우스 일렉트릭 우선주는 기반이 확고한 이익참가부 증권의 장점을 보여 주는 탁월한 사례다. 이 우선주는 연 3.5달러(액면가 50달러에 대해 7퍼센트)의 누적적 우선 배당금 수령권에 더해서, 보통주 배당금이 3.50달러를 초과하면 보통주와 똑같이 이익을 분배받는 조건이었다. 1917년으로 거슬러 올라가면, 웨스팅하우스 우선주는 일반 채권으로도 매력적일 뿐 아니라 이익참가권까지 첨부되었는데도 52.5에 살 수 있었다. 이후 1932년까지 15년 동안 이 우선주에 기본 배당금 7퍼센트에 더해서 주당 약 7달러씩 추가 배당금이 지급되었다. 이 기간에 1929년에는 고가 284를 기록하기도 했으므로, 막대한 이익을 남기고 처분할 기회도 있었다. 이는 전환사채나 신주인수권에 해당하는 장점도 있었다는 뜻이다. 이때 처분하지 않았다면 이후 하락장에서 당연히 이익이 사라졌다. 그러나 투자 원금까지 손해 볼 정도는 아니었다.

1932년 저점에 이르렀을 때, 보통주는 배당금을 누락하여 15.63까지 주가가 내려갔지만, 이 우선주는 여전히 7퍼센트 배당금을 지급하였고 52.50에 거래되었다.

이 사례에서 투자자는 좋은 시절에 선순위 증권의 지위를 유지하면서도 보통주의 잉여 이익을 분배받을 수 있었다. 그리고 어려운 시절이 닥쳤을 때에는 단지 가공이익만을 잃었을 뿐이다. 만일 이익참가부 증권이 아니라 전환증권이었다면, 투자자는 보통주로 전환해야만 더 높은 배당금을 받을 수 있었으며, 나중에는 배당금도 받지 못한 채 원금 손실까지 보았을 것이다.

이익참가부 증권의 단점

장기 보유 관점으로는 이익참가부 증권이 이론적으로 가장 유리하지만, 시장이 강하게 상승할 때에는 전환증권이나 신주인수권보다 불리해지기도 한다. 이런 기간에는 이익참가부 증권이 상대적으로 낮은 가격에 거래될 수도 있다. 예를 들어 1929년에 웨스팅하우스 우선주는 내재가치가 보통주보다 높았는데도, 보통주보다 5~10포인트 낮은 가격에 거래되었다.[2]

이런 현상이 일어난 이유는 다음과 같다. 보통주 가격은 주로 단기 이익을 얻으려는 투기자들이 좌우하는데, 이들에게는 거래량이 절대적으로 중요하다. 그러나 우선주는 주주 수가 많지 않아서 거래도 활발하지 않다. 따라서 투기자들은 기꺼

---

[2] 1929~1930년에 화이트 록 미네랄 스프링 이익참가부 우선주와 보통주는 가격 차이가 훨씬 크게 벌어졌다. 상황이 이렇게 되자 이익참가부 우선주 주주들은 거의 모두 회사의 제안을 받아들여 보통주로 교환했는데, 그 결과 추가 배당금도 잃고 선순위 채권자 지위도 상실하게 되었다.

이 몇 포인트를 더 주고라도 보통주를 사게 된다. 거래하기도 편한 데다가, 다른 투기자들도 기꺼이 몇 포인트 더 높은 가격에 살 것이기 때문이다.

같은 회사의 의결권 주식보다 무의결권 주식의 거래량이 더 많을 때에도 이런 현상이 벌어진다. 아메리칸 타바코 B 주식과 리깃 앤드 마이어스 타바코 B 주식도 둘 다 무의결권 주식이었지만, 의결권 주식보다 장기간 높은 가격에 거래되었다. 베들레헴 스틸Bethlehem Steel, 팬 아메리칸 퍼트롤리엄Pan American Petroleum 등도 무의결권 주식이 의결권 주식보다 높은 가격에 거래된 적이 있다.[3] 이렇게 내재가치가 더 높아도 거래량이 적은 주식은 특별한 수요가 존재하지 않으면 주가가 더 낮아지는 역설적 현상이 흔히 나타난다.

웨스팅하우스와 아메리칸 타바코 같은 상황이 벌어질 때 적절한 정책으로는 의결권 주주들에게 (거래는 더 활발하지만 내재가치는 더 낮은) 무의결권 주식 전환권을 부여하는 방법이 있다. 화이트 록이 실제로 이 방법을 실행했다. 이익참가부 우선주 주주들이 이런 제안을 받아들인다면 손해가 되겠지만, 회사의 전환권 부여 자체에 반대할 수는 없으며, 보통주 주주들이 받아들인다면 이익이 될지언정 손해가 될 수는 없다.

전환증권과 신주인수권부 증권의 가격 흐름 비교

강세장에서는 분리 가능한 신주인수권부 증권이 가장 유리하다.

이제부터 특권부 증권 네 종목과 해당 보통주의 1929년 가격 흐름을 비교해 보자. 네 종목은 다음과 같다.

---

[3] R. J. 레이놀즈 타바코R. J. Reynolds Tobacco Company 보통주와 클래스 B 주식의 시장가격 차이가 계속 크게 벌어지는 데에는 특별한 이유가 있다. 보통주를 보유한 회사 임직원들은 클래스 B 주주들과는 달리 이익 배분 혜택을 받기 때문이다. 이제는 뉴욕 증권거래소에서 무의결권 주식을 상장해 주지 않는다. 또한 1938년 파산법 10장에 의한 기업회생에서도 무의결권 주식 발행이 허용되지 않는다.

1. 7퍼센트 모호크 허드슨 파워Mohawk Hudson Power 2순위 우선주: 보통주 2주를 50에 사는 신주인수권이 붙어 있음.

2. 1936년 만기 6퍼센트 화이트 소잉 머신White Sewing Machine Corporation 무담보사채: 채권 액면가 100달러당 보통주 2.5주를 사는 신주인수권이 붙어 있음.

3. 6퍼센트 센트럴 스테이트 일렉트릭 우선주: 주당 118달러에 보통주로 전환 가능.

4. 1939년 만기 6퍼센트 인디펜던트 오일 앤드 가스Independent Oil and Gas Company 무담보사채: 주당 32달러에 보통주로 전환 가능.

다음 표에서 보듯이, 투기성 높은 신주인수권부 증권에 보통주 주가 대비 높은 프리미엄이 붙으며, 이는 비슷한 조건의 전환증권에 붙는 프리미엄보다 훨씬 높다.

항목	보통주 주가	전환/인수 기준가	증권 가격	전환/인수권 행사 시 실현 가능한 가치	프리미엄
1. 모호크 허드슨	52.5	50	163*	105	58
2. 화이트 소잉 머신	39	40	123.5**	97.5	26
3. 센트럴 스테이트	116	118	97	98	−1
4. 인디펜던트 오일	31	32	105	97	8

* 우선주 가격은 107, 신주인수권 가격은 56
** 채권 가격은 98.5, 신주인수권 가격은 25

분리 가능한 신주인수권

이렇게 신주인수권부 증권에 프리미엄이 많이 붙는 주된 이유는 신주인수권을 떼어 내서 따로 거래할 수 있기 때문이다. 투기자들은 항상 적은 돈을 들여서 많은 이익을 얻고자 한다. 신주인수권이 바로 이런 특성을 갖췄다. 이에 대해서는 나중에 자세히 다루기로 한다. 따라서 강세장이 펼쳐지면 투기자들은 분리된 신주인수권을 사며, 그래서 신주인수권은 인수권 행사 가치보다 훨씬 높은 가격에 거래된다. 투기자들이 전환사채보다 신주인수권을 훨씬 선호하는 것은 주식 1주당 들어가는 돈이 훨씬 적기 때문이다.[4] 따라서 채권 가격과 신주인수권 가격을 더하면 비슷한 전환사채 가격보다 훨씬 높아질 수 있다.

신주인수권부 증권의 두 번째 장점

신주인수권부 증권은 회사의 임의 상환권에 대해서도 전환증권보다 강점이 있다. 회사가 만기 이전에 상환하는 임의 상환권은 대개 투자자에게 불리하게 작용한다. 회사는 자신에게 유리할 때에만 임의 상환권을 행사하게 되며, 이때는 대개 증권 가격이 임의 상환 가격보다 높아지기 때문이다.[5] 임의 상환권은 행사 가격이 아주 높게 설정된 경우가 아니라면 이익참가 특권의 가치를 모두 없애 버릴 수도 있다. 회사가 성장세로 접어들자마자 같은 증권을 더 발행하려고 임의 상환권을 행사할 위험이 있기 때문이다.[6] 때로는 이익참가부 증권에 전환권을 부여하기도 한다. 보통주 주가가 대폭 상승했을 때 이익 실현 기회를 주려는 뜻이다(예: 내셔널 디스틸러스 프로덕츠National Distillers Products Corporation 2.50달러 누적적 이익참가 전환우선주[7], 켈시-헤이스 휠Kelsey-Hayes Wheel Company 1.50달러 클래스 A 이익참가 전환주식). 이익참가부 채권들은 흔히 이익참가권에 제한이 있으며 임의 상환권도 걸려

---

[4] 보통주 1주에 대해서 인디펜던트 오일 앤드 가스 채권에는 33.60달러가 들어가지만, 화이트 소잉 머신 신주인수권에는 10달러만 들어간다. 그러나 이 채권을 사면 채권으로 보유할 수도 있고 주식으로 전환할 수도 있지만, 신주인수권을 사면 특정 가격에 '주식을 살 권리'를 보유할 뿐이다.

[5] 임의 상환권은 일반 채권에서도 투자자에게 불리하게 작용하는 매우 중요한 요소다. 드물게는 임의 상환권이 투자자에게 유리하게 작용할 때도 있다. 새로 채권을 발행하려고 회사가 기존 채권을 당시 발행가격보다 높은 가격에 임의 상환하는 경우다. 그러나 임의 상환권이 없으면 회사는 기존 채권을 시장에서 사들이면 된다. 1951년 만기 5퍼센트 US스틸 채권에서 이런 사례가 발생했는데, 회사에 임의 상환권이 없어서 시장에서 110에 사들였다.

[6] 듀잉은 1903년에 발행된 4퍼센트 유니언 퍼시픽 철도 오리건 단선Oregon Short Line 이익참가부 채권 사례를 인용했다. (이 채권의 담보는 노던 시큐리티 주식이었다.) 채권 보유자들은 담보 주식의 배당금이 4퍼센트를 넘어가면 이익에 참가할 권리가 있었다. 그런데 이익참가권이 발생할 듯한 시점이 되자 이 채권은 102.5에 임의 상환되었다. 다음을 참조하라. Arthur S. Dewing, *A Study of Corporation Securities*, p. 328, New York, 1934.

[7] 때마침 보통주 주가가 16.88에서 124.88로 상승하던 1933년에, 내셔널 디스틸러스 우선주 모두 전환되었다. 1933년 이후에는 전환 비율이 바뀌기 때문에 거의 모든 주주가 전환을 서둘렀다. 회사가 40에 임의 상환권을 행사한 데다가 8월 배당금이 있었으므로, 나머지 얼마 안 되는 우선주도 전환되었다.

있다. (다음을 참조하라. 1940년 만기 6퍼센트 화이트 소잉 머신 이익참가부 채권, 1947년 만기 6.5퍼센트 유나이티드 스틸 웍스United Steel Works Corporation 이익참가부 채권 시리즈 A. 둘 다 전환권이 없다.) 때로는 임의 상관 가격을 매우 높게 설정해서 이익참가권을 보호하기도 한다. 1942년 만기 7퍼센트 샌프란시스코 톨브리지San Francisco Toll-Bridge Company 이익참가채권이 그런 예인데, 1933년 11월 1일까지는 임의 상환 가격이 120이었고, 그 이후에는 더 낮아졌다. 셀룰로이드Celluloid Corporation 2순위 이익참가 우선주는 임의 상환 가격이 150이고, 셀러니즈 1순위 이익참가 우선주는 임의 상환 조항이 없다.

이익참가권을 보호하는 또 다른 기법으로는 임의 상환 가격을 이익참가권 가치에 따라 결정하는 방법이 있다. 예를 들어 2930년 만기 지멘스 앤드 할스케Siemens and Halske 이익참가부 채권은 1942년 4월 1일 이후 임의 상환이 가능한데, 가격은 임의 상환을 발표한 날 이전 6개월의 평균 시장가격으로서, 최초 발행가격 이상이어야 한다(액면가의 230퍼센트가 넘었다). 5퍼센트 크루거 앤드 톨 이익참가채권에도 비슷한 조항이 있었다.

임의 상환 조항은 전환사채에도 심각한 결함이 된다. 전환권이 유지되는 기간이 단축될 수 있기 때문이다. 하필이면 전환권에 가치가 생길 무렵 회사가 임의 상환권을 행사할 수도 있다.[8]

그러나 신주인수권부 증권은 회사가 임의 상환권을 행사하더라도 신주인수권 기간이 종료되지 않는다. 분리되는 신주인수권은 분리된 채 만기까지 효력을 그대

---

[8] 1948년 만기 4.5퍼센트 애치슨, 토피카 앤드 샌타페이 철도 전환사채는 1938년 전환권이 만료되는 시점 이후에만 임의 상환이 가능하므로, 이런 위험이 없다. (반면에 어필리에이티드 펀드 담보 전환사채는 통지 30일 후 언제나 임의 상환이 가능하므로, 실제로 전환 이익 기회가 모두 사라질 수 있다.) 최근 사용되는 보호 기법 또 하나는 임의 상환 시점에 전환사채 보유자에게 그 전환권과 똑같은 신주인수권을 제공하는 방법이다. 다음을 참조하라. 1933년 1월에 발행된 6퍼센트 프리포트 텍사스Freeport Texas Company 누적적 전환 우선주. 보통주 2.5주로 전환되는 7퍼센트 유나이티드 비스킷United Biscuit 우선주는 임의 상환 가격이 1100이었다. 그러나 1935년 12월 31일 이전에 임의 상환될 경우, 채권 보유자는 현금 100달러+신주인수권(1936년 1월 1일까지 40달러에 보통주 2.5주 인수)을 선택할 수도 있었다.

로 유지한다. 분리되지 않는 신주인수권도 많다. 다시 말해서 선순위 증권을 함께 제출해야 행사할 수 있는 신주인수권도 많다. 그러나 이런 증권도 신주인수권 기간 만료 시점 이전에 임의 상환될 때에는 관례로 나머지 기간에 행사할 수 있는 신주인수권을 제공하였다.

사례: 1934년 1월 1일 이전에는 유나이티드 에어크래프트 앤드 트랜스포트United Aircraft and Transport Corporation 6퍼센트 누적적 우선주가 15만 주 있었다. 이 우선주에는 분리되지 않는 신주인수권이 붙어 있었는데, 우선주 2주당 30달러에 보통주 1주를 인수할 수 있었다. 신주인수권 만기일은 1938년 11월 1일이었으며, 만기일 이전에 이 우선주가 임의 상환될 때에는 똑같은 권리를 부여하는 신주인수권을 발행해 주는 보호 조항이 있었다. 1933년 1월 1일 일부 우선주가 임의 상환되자, 보호 조항에 따라 신주인수권이 발행되어 지급되었다. (1년 뒤 나머지 우선주도 임의 상환되었고, 신주인수권이 추가로 발행되었다.)

신주인수권부 증권의 세 번째 장점

신주인수권부 증권에는 세 번째 장점도 있는데, 실제로는 이것이 아마도 가장 중요한 장점이다. 회사가 번창해서 보통주에 높은 배당금이 지급되고 주가도 높은 상황이 전개될 때, 각 투자자 선택할 수 있는 대안을 생각해 보자.

1. 이익참가부 증권 보유자:
    a. 팔아서 이익을 실현한다.
    b. 계속 보유하면서 추가 이익을 받는다.
2. 전환증권 보유자:
    a. 팔아서 이익을 실현한다.
    b. 계속 보유하지만, 보통주 배당금이 증가해도 아무 혜택이 없다.
    c. 보통주로 전환하면 높은 배당금을 받지만, 선순위 지위를 상실한다.

3. 신주인수권부 증권 보유자:

    a. 팔아서 이익을 실현한다.

    b. 계속 보유하지만, 보통주 배당금이 증가해도 아무 혜택이 없다.

    c. 보통주를 인수하여 높은 배당금을 받는다. 인수 대금으로 신규 자금을 투입할 수도 있고, 엑스 워런트ex-warrants(신주인수권을 뗀 나머지 증권)를 팔거나 제출할 수도 있다. 어떤 경우든 높은 배당금을 받으려면 보통주 주주로서 위험을 떠안아야 한다.

    d. 신주인수권은 팔아서 이익을 실현하고, 엑스 워런트는 계속 보유할 수 있다. (신주인수권을 직접 팔 수도 있고, 주식을 인수하여 즉시 팔 수도 있다.)

대안 d.는 신주인수권에만 있다. 신주인수권부 증권을 보유하면, 신주인수권은 팔아서 이익을 실현하고, 기존 선순위 증권은 그대로 보유할 수도 있다. 특권부 증권을 사는 주된 목적은 건전한 투자가 되어야 하므로(특권에서 얻는 이익은 부차적임), 네 번째 대안이 매우 편리하다. 전환증권을 보유하는 사람은 모두 팔아야 하므로 다시 투자할 대상을 찾아야 하지만, 신주인수권부 증권을 보유하면 모두 팔 필요가 없다. 전형적인 투자자는 교체매매를 꺼리므로, 전환증권을 보유하면 가격이 크게 상승했을 때 파는 대신 전환하기 쉽다. 이익참가부 증권을 보유할 때에도 증권을 모두 팔아야 이익을 확보할 수 있는데, 그러면 재투자 문제가 발생한다.

사례: 신주인수권부 증권의 이론적 실제적 이점을 보여 주는 사례가 커머셜 인베스트먼트 트러스트Commercial Investment Trust Corporation 6.5퍼센트 우선주다. 1925년에 발행된 이 우선주에는 80달러에 보통주 1주를 사는 신주인수권이 붙어 있었다. 1929년에는 이 신주인수권 가격이 69.50달러까지 상승했다. 따라서 투자자는 신주인수권만 높은 가격에 팔고 우선주는 계속 보유할 수도 있었다. 이 우선주는 불황 기간에도 내내 투자등급을 유지했으며, 1933년 4월 1일 110에 임의 상환되었다. 임의 상환 시점 당시 보통주 가격은 약 50달러에 불과했다. 이 우선

주가 신주인수권부 증권이 아니라 전환증권이었다면, 보통주로 전환하는 사람이 틀림없이 많았을 것이다. 그랬다면 커다란 이익을 남기는 대신 상당한 손실을 보았을 것이다.

요약

장기간 보유한다면 건전한 이익참가부 증권이 가장 유리하다고 볼 수 있다. 강세장에서 최대 이익을 올리고자 한다면, 분리형 신주인수권부 증권이 가장 높은 실적을 올릴 것이다. 게다가 회사가 임의 상환권을 행사하더라도 신주인수권은 제약을 받지 않으며, 투기 이익을 실현하더라도 기존 선순위 증권을 그대로 유지할 수도 있다.

전환증권의 기술적 특성

이번에는 특권부 증권의 세 번째 주제로 기술적 측면을 다루기로 한다. 먼저 전환증권을 살펴보자.

전환증권은 잔존 기간에 전환 조건이 변경되기 쉽다. 변경은 두 가지로 발생한다. (1) 가치 '희석'을 막아 투자자를 보호하기 위해서 전환가격이 낮아질 수도 있고, (2) 회사에 유리하도록 전환가격이 순차적으로 상승할 수도 있다.

희석 방지 조항

자산과 수익력은 증가하지 않으면서 주식 수만 증가하면, 그 주식은 가치가 희석된다. 가치가 희석되는 경우는 주식분할, 주식배당, 저가에 신주인수권 제공, 가치보다 낮은 가격으로 주식을 발행할 때 등이다. 희석 방지 조항을 두는 이유는 주당 가치 감소에 비례하여 전환가격을 낮추려는 것이다.

계산 방법은 다음 공식으로 나타낼 수 있다. C는 전환가격, O는 현재 발행주식 수, N은 발행 예정 주식 수, P는 발행가격이다.

$$C'(새\ 전환가격) = \frac{CO + NP}{O + N}$$

이 공식을 1947년 만기 5퍼센트 체서피크 담보 전환사채에 적용한 사례가 부록의 비고 36에 실려 있다. 이보다 더 단순한 사례는 앞에서 언급했던 6퍼센트 센트럴 스테이트 일렉트릭 전환 우선주다. 1928년 이 전환 우선주가 발행된 다음, 보통주 주주들은 주식배당 100퍼센트와 200퍼센트를 잇달아 받았다. 이에 따라 전환가격이 처음에는 (주당 118달러에서 59달러로) 절반으로 내려갔고, 이어서 3분의 1(주당 19.66달러)로 내려갔다.

매우 드물긴 하지만, (전환가격을 높이는 조항은 없고) 신주를 발행할 때 전환가격을 낮추는 조항만 명시하는 사례도 있다. 이렇게 하면 당연히 전환증권 보유자에게 유리하다.[1]

희석이 완벽하게 방지되는 것은 아니다

요즘은 거의 모든 전환증권에 희석 방지 조항이 들어 있지만, 예외도 있다.[2] 실제로 투자자는 관심 종목에 이러한 보호 조항이 있는지 먼저 확인해야 한다.

이러한 희석 방지 조항은 원금이나 액면가치에 대해서만 희석을 막아 준다는 점을 명심해야 한다. 전환증권이 액면가보다 훨씬 높은 가격에 거래되고 있다면, 주식이 추가 발행되거나 특별 배당으로 지급될 때 이 프리미엄이 손상될 수 있다. 간단한 예를 들어 설명하겠다.

액면가 기준으로 전환되는 채권이 있다고 가정하자. 여기에 일반적인 희석 방지 조항이 적용된다. 채권과 주식 모두 200에 거래되고 있다.

---

1 부록의 비고 37 참조(1923년 만기 7퍼센트 컨솔리데이티드 텍스타일Consolidated Textile Corporation 전환사채 사례).
2 부록의 비고 38 참조(1933년 만기 4.5퍼센트 AT&T 전환사채 사례).

이때 주주들에게 신주를 액면가인 100달러에 인수할 권리가 부여된다. 이 권리는 주당 50달러의 가치가 있으며, 신주(또는 '권리락' 구주)는 150달러가 될 것이다. 신주는 전환가격보다 낮게 발행된 것이 아니므로, 전환가격은 조정되지 않는다. 그러나 주주들에게 이런 권리가 부여되면, 채권 보유자들은 즉시 주식으로 전환할 수밖에 없다. 가만있으면 25퍼센트 손실을 보기 때문이다. 주식은 '권리락' 후 200달러가 아니라 150달러가 될 것이므로, 전환하지 않은 채권은 이에 비례해서 가치가 떨어질 것이다.

이는 전환증권의 프리미엄이 크면, 상황이 순식간에 불리해지기 쉽다는 뜻이다. 이러한 변화에 신속하게 대응하면 손실은 피할 수 있지만, 전환권은 유효 수명을 상실하게 된다.[3] 회사가 전환증권을 전환가치보다 낮은 가격으로 중도 상환할 때에도 똑같은 결과가 발생한다.

자본 변경으로 주식 수가 감소할 때에는 전환가격도 이에 비례해서 높이는 것이 관행이다. 이렇게 자본 변경으로 주식 수가 감소하면 액면가가 높아지고, '주식병합'이 시행되며, 구주를 더 적은 수의 신주로 교환해 준다.[4]

전환을 촉진하는 순차적 전환가격 인상

지금까지 논의한 조항은 자본이 변경될 때 기존 전환 기준을 공정하게 유지하려는 목적이었다. 그러나 전환가격 '순차적 인상'은 시간이 지남에 따라 전환권의 가치를 낮추려는 목적이다. 근본적인 의도는 전환을 촉진하여 전환권의 유효 수명을 줄이려는 것이다. 이렇게 전환권의 가치가 감소하면, 보통주 주주들에게는 이득이 된다.

---

[3] 이런 형태의 희석을 방지하기 위해서, 전환증권 보유자들에게도 보통주 주주들과 똑같은 조건으로 신주인수권을 부여하기도 한다. 다음 두 사례를 참조하라. 1948년 만기 6퍼센트 뉴욕, 뉴헤이븐 앤드 하트포드 철도 전환사채, 1949년 만기 5.5퍼센트 커머셜 인베스트먼트 트러스트 전환사채.

[4] 부록의 비고 39 참조(1940년 만기 6퍼센트 도지 브라더스Dodge Brothers, Inc. 전환사채 사례).

전한가격 순차적 인상은 대개 기간을 몇 단계로 나누어 연속해서 진행된다. 최근에는 전환 수량이 일정 수준에 도달하는 즉시 전환가격이 인상되는 방법도 도입되었다.

사례: 1929년에 발행된 1939년 만기 4.5퍼센트 AT&T 전환사채가 보통주로 전환되는 조건은 다음과 같다. 1930년에는 주당 180달러, 1931~1932년에는 190달러, 1933~1937년에는 200달러. 전환사채 발행 이후 주당 100달러에 주식이 추가로 발행되었으므로, 희석 방지 조항에 따라 이 전환가격도 내려갔다.

1938년 만기 7퍼센트 애너콘다 코퍼 마이닝Anaconda Copper Mining Company 전환사채는 5,000만 달러 발행되었다. 처음 1,000만 달러까지는 보통주 전환가격이 주당 53달러였고, 두 번째 1,000만 달러는 주당 56달러였으며, 세 번째 1,000만 달러는 59달러, 네 번째는 62달러, 다섯 번째는 65달러였다. 800만 달러가 발행된 1945년 만기 4.25퍼센트 하이럼 워커-구더햄 앤드 워츠Hiram Walker-Gooderham and Worts 전환사채는 전환 조건이 다음과 같았다. 첫 번째 전환 물량 200만 달러는 주당 40달러, 두 번째 200만 달러는 45달러, 세 번째는 55달러, 네 번째는 60달러.

기간별 순차적 전환가격 인상

먼저 설명한 기간별 순차적 전환가격 인상 방식은 전환권을 제한하는 기법이다. 이 기법이 미치는 영향은 1942년 만기 6퍼센트 푸에르토리코-아메리칸 타바코Porto Rican-American Tobacoo Company 사례에서 잘 드러난다. 이 증권을 콩그레스 시가Congress Cigar Company, Inc. 주식으로 전환하는 조건은 다음과 같았다. 1929년 1월 2일 이전에는 주당 80달러, 이후 3년 동안은 주당 85달러, 그 이후에는 90달러. 1928년 콩그레스 시가의 고가는 87.25달러였는데, 전환가격에 프리미엄이 약간 붙은 정도였다. 그런데도 전환가격 인상을 두려워한 많은 투자자가 연말이 지나기 전에 주식으로 전환하였다. 그러나 이는 매우 경솔한 판단이었다. 1929년에 보통주는 43까지 떨어졌지만, 전환사채는 89달러가 저가였기 때문이다. 이렇게 전환가격이 불리하게 바뀌는 조건 때문에 투자자들은 약간의 이익 기회를 놓쳤을 뿐 아니라, 상당한 손실까지도 떠안게 되었다.

전환 물량별 순차적 전환가격 인상

그러나 전환 물량에 따라 조정하는 방법은 더 복잡한 영향을 미친다. 전환가격은 먼저 전환권을 행사하는 물량에 유리하도록 설계되었다. 따라서 이 방법은 투자자들 사이에서 경쟁을 자극하여 조기 전환을 촉진한다. 이제 투자자들은 선순위 지위를 유지하려는 욕망과 먼저 전환권을 행사하는 다른 투자자들에게 유리한 조건을 빼앗기는 두려움 사이에서 갈등을 느끼게 되었다. 따라서 주가가 상승하여 채권 가격이 취득원가보다 조금만 높아지면, 사람들은 이러한 두려움 때문에 즉시 대규모로 전환권을 행사할 것이다. 이제 주가가 상승하면 전환사채가 대량으로 전환될 것이므로, 전환사채 가격은 좁은 범위에서 등락을 거듭하게 될 것이다.

사례: 이런 현상이 위에서 설명한 4.25퍼센트 하이럼 워커-구더햄 앤드 워츠 전환사채에서 명확하게 나타났다. 이 채권은 1936년에 액면가로 발행되어 1936~1939년 동안 100~111.25 사이에서 움직였다. 같은 기간에 주가는 26.13~54 사이에서 움직였다. 처음 전환 조건이었던 주당 40달러가 계속 유지되었다면, 주가가 54달러였을 때 채권 가격은 135달러 이상이 되었을 것이다. 그러나 주가가 상승하면 전환 물량이 대규모로 쏟아졌으므로, 1937년에 이미 전환가격이 55달러 구간에 도달했다. 그 결과 채권은 주가가 상승한 만큼 상승하지 못했다.[5]

전환가격이 가장 불리한 마지막 구간에 도달하게 되면, 경쟁 요소가 사라지면서 일반 전환증권과 같아지므로, 주가가 오르면 증권 가격도 아무 제한 없이 상승하게 된다.

물론 이렇게 순차적으로 전환가격이 인상되는 증권이 모두 똑같은 가격 흐름을 보이는 것은 아니다. 예컨대 7퍼센트 애너콘다 코퍼 마이닝 전환사채는 첫 번째

---

[5] 《증권분석》 1934년판 pp. 266-267 참조. 엔지니어즈 퍼블릭 서비스Engineers Public Service Company 5달러 전환우선주도 1928~1929년에 비슷한 실적을 보였다.

전환 물량이 소진되기 전이 1928년에도 높은 프리미엄(30퍼센트)에 거래되었다. 그러나 이는 당시 투기 열풍이 불면서 나타난 이상 사례로 보인다.[6] 비판적 관점에서 분석하자면, 이런 전환증권은 보통주 가격이 마지막 전환가격에 접근하지 않는 한 상승 가능성이 희박하다고 보아야 한다.[7]

전환 물량에 따라 전환가격이 인상되는 증권은 그 특성과 가치를 오도하기 쉬우므로, 투자하기에 바람직한 증권 유형이 아니다. 한정된 전환권을 놓고 경쟁이 벌어지면 부적절한 시점에 억지로 전환하게 될 수도 있기 때문이다. 증권회사들이 전환권에 이렇게 혼란스럽고 모순된 조건을 굳이 넣을 이유는 없어 보인다. 건전한 관행이 되려면 이런 조건을 완전히 포기해야 하며, 현명한 투자자라면 이런 증권에는 절대로 손대지 말아야 한다.

우선주로 전환되는 증권

과거에는 우선주로 전환되는 증권이 많았다. 이런 증권은 전환 매력도를 높이려고 흔히 우선주 표면금리를 높여 주었다(예: 1967년 만기 5퍼센트 미주리-캔자스-텍사스 철도 조정사채는 1932년 1월 1일 이전까지 7달러 우선주로 전환 가능했고, 1948년 만기 5퍼센트 센트럴 스테이트 일렉트릭 전환사채는 6달러 우선주로, 1936년 만기 7.5퍼센트 G. R. 키니G. R. Kinney Company 담보채권은 8달러 우선주로, 1957년 만기 6퍼센트 아메리칸 일렉트릭 파워American Electric Power Corporation 전환사채는 7달러 우선주로 전환 가능했다).

이런 전환권을 행사하여 상당한 이익을 얻은 사례도 있지만, 대개 우선주의 상승 폭은 제한적이어서 전환권 행사에서 나오는 이익도 크지 않았다. 게다가 최근

---

[6] 프리미엄이 높았던 원인 하나는 높은 표면금리였다. 그러나 이 채권이 110에 임의 상환될 수 있다는 사실을 시장에서는 간과했다.

[7] 일정 물량이 전환되면 전환권이 완전히 사라지는 사례도 있다(예: 앞에서 언급한 1942년 만기 6퍼센트 푸에르토리코-아메리칸 타바코, 인터내셔널 페이퍼 앤드 파워International Paper and Power Company 1순위 우선주). 이런 증권은 전환권을 놓고 만기가 끝날 때까지 경쟁이 벌어지므로, 이론적으로 가치가 높아질 수 없다.

시장 상황이 과거보다 우선주에 훨씬 불리해졌으므로, 4퍼센트 채권을 5퍼센트 우선주로 경솔하게 전환하면 오히려 손실 볼 위험이 커졌다. 따라서 전환사채를 고르려면 시장을 철저하게 조사하여 보통주로 전환되는 안전성 높은 채권을 찾아내야 한다. 채권이 우선주로 전환되고, 이 우선주가 보통주로 전환되는 전환증권도 몇 종목 있다. 이런 증권은 보통주로 전환되는 전환사채와 같다. 예를 들어 1944년 만기 6퍼센트 인터내셔널 하이드로일렉트릭 시스템International Hydro-Electric System은 클래스 A 주식으로 전환되는데, 이 주식은 실제로 이익참가 2순위 우선주다.

우선주나 보통주, 또는 둘의 조합으로 전환되는 채권도 있다.[8] 이런 증권 중 일부는 좋은 실적을 낼 수도 있지만, 이렇게 조건이 복잡하면 혼선이 빚어지기 쉬우므로 피하는 편이 낫다.

회사가 전환권을 행사하는 채권

1920년대에는 전환 조건이 온갖 방식으로 변형된 증권이 홍수처럼 쏟아졌으므로, 미숙한 투자자는 매력적인 증권, 매력 없는 증권, 해로운 증권을 구분하기가 어려웠다. 이전 같으면 불건전한 발행 조건이 드러났을 증권도 이제는 온갖 변형된 전환 조건으로 위장하였으므로, 미숙한 투자자가 속기 쉬워졌다. 이런 증권의 예가 어소시에이티드 가스 앤드 일렉트릭에서 발행한 다양한 '전환채권'convertible obligation인데, 회사의 선택에 따라 우선주나 클래스 A 주식으로 전환할 수 있는 증권이었다. 이 절묘한 상품은 사실 채권을 가장한 우선주에 불과했다. 이런 사실을 제대로 알고 투자한 사람이라면 불평할 이유가 없을 것이다. 그러나 이런 교묘한 상품은 단점을 능숙하게 숨겨서 투자자가 잘못된 판단을 내리도록 만든다.[9]

---

8 예를 들어 2000년 1월 1일 만기 5퍼센트 시카고, 밀워키, 세인트 폴 앤드 퍼시픽 철도 담보 조정 전환사채는 우선주 5주와 보통주 5주로 전환된다. 다른 예에 대해서는 《증권분석》 1934년판 부록 p. 623을 참조하라.

9 이런 변칙 증권들은 명칭도 다양해서, '투자 증서', '전환사채 증서', '이자부 배당 증서', '전환채권' 등으로 불렸다. 1932년 이 회사는 증권 대부분을 전환해야만 했는데, 투자자들에게 선택권을 제공했으나 이 증권 역시 회사가 전환권을 행사하는 변칙 채권(2022년 만기 시리즈 A, B 전환채권)이었다. 회사는 1933년 11월 15일 이후 약 1,700만

다른 채권으로 전환되는 채권

다른 채권으로 전환되는 채권도 있다. 대개 단기채권 보유자에게 같은 회사의 장기채권으로 교환하는 권리를 부여한다. 이런 단기채권에는 흔히 장기채권이 담보로 제공된다. (예컨대 1932년 만기 7퍼센트 인터버러 래피드 트랜짓 채권 1,000달러에 대한 담보로, 1966년 만기 5퍼센트 인터버러 래피드 트랜짓 1순위 차환사채 1,736달러가 제공되었다. 이 7퍼센트 단기채권을 담보로 제공된 5퍼센트 장기채권과 교환할 수 있었는데, 7퍼센트 단기채권 900달러를 5퍼센트 장기채권 1,000달러로 교환해 주었다.) 따라서 투자자는 만기에 상환을 요구하거나 같은 회사 장기채권으로 교환할 수 있다. 실제로 이 전환권은 회사가 번창하거나 금리가 하락할 때 다소간의 이익 기회를 주는 정도였다.

채권을 우선주로 전환할 때에는 대개 표면금리가 상승하지만, 단기채권을 장기채권으로 전환할 때에는 대개 표면금리가 하락한다. 이는 금리가 비정상적으로 높을 때에는 장기간의 부담을 피하려고 회사가 단기채권을 발행하고, 금리가 낮을 때에는 장기채권을 발행하기 때문이다. 따라서 표면금리가 낮아지더라도 이 전환권을 이용하면 이익을 얻을 수도 있다.[10]

달러에 이르는 '5.5퍼센트 투자 증서'에 대해 전환권을 행사하지 못했다. 채권 약정서에 의하면 5.5달러 배당금 시리즈 우선주Dividend Series Preferred의 배당금을 지급하지 못하면 전환권 행사가 금지되기 때문이었다(1932년 6월 15일 이후 배당금이 지급되지 않았다). 흥미롭게도 1932년 12월 펜실베이니아 증권위원회Pennsylvania Securities Commission는 채권 약정서 조항이 부당하다는 이유로 이 '전환채권' 발행을 금지했다. 회사는 위원회의 명령에 불복하여 필라델피아 연방 지방법원에 제소했으나, 나중에 철회하였다(135 *Chronicle* 4383, 4559; 136 *Chronicle* 326, 1011 참조).

10 1920~1921년에 발행된 다음 증권들을 참조하라. 1920년 발행된 1926년 만기 7.5퍼센트 셔위니건 전력 Shawinigan Water and Power Company Gold Notes 담보로 제공된 1950년 만기 6퍼센트 1순위 차환사채 시리즈 B로 전환 가능. 1920년 발행된 1935년 만기 8퍼센트 샌와킨 전력San Joaquin Light and Power Corporation 전환 담보신탁, 담보로 제공된 1950년 만기 6퍼센트 1순위 차환사채 시리즈 C로 전환 가능. 1920년에 발행된 1930년 만기 8퍼센트 캘리포니아 그레이트 웨스턴 전력Great Western Power Company of California 전환사채, 담보로 제공된 1950년 만기 7퍼센트 1순위 차환사채 시리즈 B로 전환 가능. 다른 채권으로 전환되는 기타 유형의 채권으로 1951년 만기 5퍼센트 도슨 레일웨이 앤드 콜Dawson Railway and Coal이 있는데, 1965년 만기 5퍼센트 엘파소 앤드 사우스웨스턴 철도El Paso and Southwestern Railroad Company(도슨의 모회사이며, 서던 퍼시픽의 자회사) 1순위 담보채권으로 전환 가능하다. 이런 사례는 드물어서 일반화하기에 적합하지 않다.

처음부터 시장가치가 액면가를 초과하는 전환사채

1928~1929년 금융시장에 등장한 이례적인 현상 하나는 처음부터 시장가치가 액면가를 훨씬 웃도는 전환사채의 발행이었다. 이런 사례가 1948년 만기 4.5퍼센트 애치슨, 토피카 앤드 샌타페이 철도 전환사채, 1939년 만기 4.5퍼센트 AT&T 전환사채다. 1928년 11월 뉴욕 장외 증권시장에서 애치슨 전환사채가 처음 거래된 가격(발행일 결제거래 기준)은 약 125였고, 1929년 5월 1일 뉴욕 증권거래소에서 AT&T 채권이 처음 거래된 가격(발행일 결제거래 기준)은 약 142였다. 이렇게 높은 가격에 채권을 사는 것은 주식을 사는 것과 다를 바 없었다. 주가가 하락하면 채권 원금에서도 즉시 상당한 손실이 발생할 수 있었기 때문이다. 게다가 이자 수익률도 너무 낮아서 채권으로 보기 어려울 정도였다. 물론 주식투자자가 전환권을 행사하여 주식을 취득하는 수단으로 생각할 수도 있지만, 이런 증권의 본질적 특성은 발행 시점에 형성되는 시장가치로 결정된다. 그런 면에서 이는 매력적인 조건을 내세워 투기적 증권을 만들어 낸 행위이므로, 비난받아 마땅하다.

일부 전환사채의 기술적 특성

AT&T 전환사채의 기술적 특성에 대해서도 언급할 필요가 있다. 이 채권은 180달러에 주식으로 전환할 수 있지만, 채권으로 대금을 전부 내는 대신 채권 100달러와 현금 80달러를 낼 수도 있다. 주가가 180달러를 넘어서면 (다시 말해서 채권의 전환가치가 100을 넘어가면) 이렇게 대금 일부를 현금으로 내는 편이 유리하다. 그 원리는 다음과 같다.

주가가 360이라면, 전환가격 180달러를 적용했을 때 채권의 가치는 200이 된다. 그러나 주당 80달러는 현금으로 낼 수 있으므로, 채권의 가치는 360-80=280달러가 된다. 이는 180에 전환권을 행사하는 조건과 주식을 100에 사는 조건이 결합한 전환사채라 하겠다.

전환권 행사 연기

채권이 발행된 직후에는 전환권을 행사하지 못하는 사례도 있다.

사례: 부록의 비고 38에서 논의한 5.5퍼센트 브루클린 유니언 가스Brooklyn Union Gas Company 전환사채가 여기에 해당한다. 이 채권은 1925년 12월에 발행되었지만, 1929년 1월 1일이 되어서야 전환권이 발생했다. 마찬가지로 1907년에 발행된 1948년 만기 6퍼센트 뉴욕, 뉴헤이븐 앤드 하트포드 철도 전환사채도 1923년 1월 15일이 되어서야 전환권이 발생했다. 1927년에 발행된 1947년 만기 5퍼센트 체서피크 전환사채도 1932년 5월 15일에야 전환권이 발생했다.

이렇게 전환권 행사가 장기간 연기되는 사례는 흔치 않다. 그러나 어떤 식으로든 전환권 행사가 지연되면 불확실성이 증대되므로, 전환권 가치가 감소하게 된다. 바로 이런 특성 때문에 1926~1928년 초 5.5퍼센트 브루클린 유니언 가스 전환사채와 그 보통주 가격이 벌어졌다고 볼 수 있다(부록의 비고 38 참조).

제25장 신주인수권부 선순위 증권. 이익참가부 증권. 전환과 헤징
QR 코드 통해 제7판에 생략된 원문 PDF 참조.

안전성이 낮은 선순위 증권

1932년 증권시장이 저점에 도달했을 때, 회사채와 우선주의 적어도 80퍼센트는 안전성이 매우 의심스러웠다.[1] 심지어 1929년 시장 붕괴 직전에도 투기적 선순위 증권이 매우 많았으며, 이후 몇 년 동안은 더 많아질 수밖에 없었다. 미국 증권의 상당수가 이른바 부적격 증권이 되고 말았다. 비우량 등급 채권이나 우선주는 상대적으로 인기가 없다. 보수적인 투자자는 이런 증권을 사서는 안 되며, 투기자들은 대개 보통주에 더 관심을 기울인다. 투기를 하기로 작정했으면 가격 상승 폭이 제한된 종목보다는 철저하게 투기적인 종목을 선택해야 하며, 가격이 적당히 낮은 채권이나 우선주에 어중간하게 손을 대면 투자와 투기 사이에서 혼동만 일어난다는 주장이 있다. 이는 충분히 일리가 있는 관점이다.

---

1 부록의 비고 42 참조(1931~1934년, 1939년 채권 가격 데이터).

저가 채권의 이익 기회

이런 비우량증권에 투자하면 안 된다는 주장이 아무리 설득력 있다고 해도, 이런 증권이 실제로 대규모로 존재하며, 수많은 사람이 이런 증권을 보유하고 있다. 따라서 증권을 분석하거나 조사할 때에는 이런 증권도 심각하게 고려해야 한다. 이런 증권은 대량으로 공급되지만 수요가 부족하므로, 가격 수준이 내재가치보다 낮다고 보아야 한다. 이런 증권이 형태 면에서는 매력이 없다고 하더라도, 낮은 가격에 산다면 충분히 보상받을 수도 있다. 저가 채권으로는 주식만큼 자본이득을 얻기 어렵다는 주장도 있지만, 이는 실제로 중요한 문제가 아니다. 보통주에 투자하더라도 대개 투기적 선순위 증권보다 실제로 높은 이익이 나오지 않기 때문이다. 예를 들어 35에 거래되는 4퍼센트 채권을 산다고 가정하자. 이 채권은 최대 200퍼센트에 해당하는 70포인트까지 가격이 상승할 수 있다. 강세장 광풍에 휩쓸리지 않고서는 일반 보통주를 35에 사서 이보다 더 높은 수익을 올리기가 어렵다.

투기적 증권에 대한 두 관점

투기적 증권을 바라보는 두 가지 상반된 관점이 있다. 하나는 투자 기준과 수익률 관점에서 평가하는 것이다. 이때 제기되는 질문은 저가와 높은 수익률로 낮은 안전성을 보상받을 수 있느냐는 것이다. 다른 하나는 보통주에 투자하는 관점인데, 정반대 질문이 제기된다. '저가 채권이 주식보다 손실 위험은 낮겠지만, 수익성도 낮지 않겠는가?' 채권이 투자 기준에 접근해서 더 높은 가격에 거래될수록, 사람들은 이 채권을 투자 관점에서 바라본다. 그 반대 경우는 지급불능 상태거나 지극히 낮은 가격에 거래되는 채권을 바라보는 관점이다. 여기서도 둘을 명확하게 구분하는 기준은 없다. 그러나 항상 일부 채권은 양극단 사이에 존재하는 법이다.

보통주 투자 방식

그러나 투기적 선순위 증권에 대해서는 주식투자 방식이 더 건전하고 유용한 것으로 보인다. 수반되는 위험을 더 철저하게 분석하게 되고, 따라서 안전성이나 수익성을 더 강조할 것이기 때문이다. 그리고 현명한 투자자라면 회사에 대해 더 집중적으로 조사하게 될 것이다.

그러나 투자 기준에 조금 못 미쳐서 액면가보다 약간 낮게 거래되는 채권이라면, 이 방식이 전혀 적합하지 않다. 제7장에서 논의했던 "사업가에게 적합한" 고수익 이류 채권도 마찬가지다. 사람들이 이런 태도를 보이면 수많은 채권의 가격이 갑자기 크게 변동할 것이라고 반박할 수도 있다. 엄격한 투자 기준을 충족하는 동안은 이자율 4퍼센트 채권이 액면가 수준에서 거래되겠지만, 이 기준에 조금이라도 못 미치는 순간 가격이 급락하여 예컨대 70 밑으로 내려갈 것이라는 말이다. 거꾸로, 실적이 약간 개선되어 투자 기준을 충족하면 갑자기 액면가를 회복할 것이다. 따라서 70과 100 사이에서는 가격이 형성될 수 없다는 말이다.

그러나 현실은 이렇게 단순하지가 않다. 채권에 대한 평가 기준은 양적이고 객관적인 면도 있지만 질적이고 주관적인 면도 있어서, 어떤 채권의 안전성에 대한 견해는 투자자마다 달라질 수 있기 때문이다. 따라서 70~100 사이에서 거래되는 채권은 안전성에 대해 다소 이견이 존재한다는 뜻이다. 이는 다른 투자자들은 그 채권을 매우 나쁘게 평가하더라도, 자신이 건전하다고 판단하면 85에 사도 정당하다는 말이다. 이 견해에 의하면, 70~100 구간은 채권에 대한 '주관적 평가 차이'가 나타나는 부분이라고 볼 수 있다.

투기적 채권은 가격 70 수준(표면금리 4퍼센트 이상인 채권)에서 시작하며, 투자 원금의 최대 50퍼센트까지 상승 가능성이 있다. 이런 채권을 살 때에는 보통주를 살 때와 같은 태도를 유지하기 바란다. 다시 말해서, 주식에 투자하듯이 재무상태표와 손익계산서도 집중적으로 분석하고, 기업의 장래성도 평가해야 한다.

보통주와 투기적 채권의 차이

따라서 우리는 투기적 채권을 선정하는 양적 기준 같은 것은 수립하지 않을 생각이다. 그러나 보통주 투자 기법으로 접근할 것이므로, 보통주와 투기적 채권의 중요한 차이점은 파악할 필요가 있다.

회사 실적이 부실한 저가 채권

선순위 증권으로는 큰 이익을 내기 어렵다고 앞에서 언급한 바 있다. 이 사실은 개별 종목에 따라 그 중요성이 다르지만, 큰 이익을 내지 못해도 중대한 결함이 되지는 않는다. 그러나 저가 채권과 우선주는 회사가 취약하거나, 쇠퇴하고 있거나, 침체 상태라는 이유로 더 강한 반론에 부딪힌다. 이런 채권을 발행한 회사는 당연히 실적이 좋지 않으며, 쇠락의 길을 걷고 있음이 분명하다. 이런 채권도 발행 시점에는 훨씬 높은 가격에 거래되었을 것이기 때문이다. 1928년과 1929년에는 이런 증권들이 모두 일반 대중으로부터 절대적으로 비난받았다. 기업은 두 그룹으로 구분되었다. 훌륭한 실적을 올리며 발전하는 기업 그룹과 쇠퇴하거나 제자리걸음 하는 기업 그룹이었다. 첫 번째 그룹의 증권은 가격이 아무리 높아도 인기가 있었다. 그러나 두 번째 그룹에 속하는 증권은 가격이 아무리 낮아도 인기가 없었다.

이렇게 건실한 기업은 영원히 건실하고 취약한 기업은 영원히 취약하다는 개념은 대공황 이후 상황이 다양하게 전개되면서 거의 사라졌다. 사람들은 시간이 흐르면 기업의 운명에 예측할 수 없는 변화가 발생한다는 사실을 다시 실감하게 되었다.[2] 채권이나 우선주 가격이 낮다고 해서 그 회사가 가망이 없으며 앞으로도 실적이 부진할 것으로 보아서는 안 된다. 1931~1933년에 실적이 매우 부진했던 회사 다수가 수익력을 대부분 회복했으며, 지극히 낮았던 선순위 증권 가격도 투자등급 수준을 회복하였다. 따라서 일반 주식과 마찬가지로 침체한 선순위 증권에 대해서도 가격 회복을 충분히 기대할 수 있었다.

법적 지위에 의한 저평가

앞에서도 언급했지만, 투기적 선순위 증권은 인기가 없어서 내재가치보다도 낮

---

[2] 그러나 그 반대를 강력하게 주장하는 다음 자료를 참조하라. Edward S. Mead and J. Grodinsky, *The Ebb and Flow of Investment Value*, New York, 1939(부록의 비고 71 참조).

은 가격에 거래되는 경향이 있다. 현명한 투자자라면 이런 사실을 잘 이용해야 한다. 내재가치 면에서 보면, 투기적 선순위 증권은 법적 지위에 중요한 이점이 있다. 채권 이자는 확정 채무이므로, 회사는 할 수만 있으면 이자를 계속 지급한다. 저가 채권을 신중하게 선정하여 대규모 포트폴리오를 구성했을 때 이들 대부분이 지급불능 상태에서 벗어난다고 가정하면, 이들로부터 받는 이자가 비슷한 가격대의 보통주로부터 받는 배당금보다 훨씬 많을 것이다.

우선주는 채권보다 법적 지위가 훨씬 약하지만, 그래도 '배당금 누락 시 의결권 양수 조항'을 이용해서 배당금을 지급하도록 압박할 수도 있다. 현금이 풍부한 기업이라면 배당금 지급 실적을 유지하고 싶을 것이므로, 이익이 부족해서 주가가 내려가는 상황에서도 우선주에 대한 배당금은 지급할 것이다.

사례: 센추리 리본 밀스Century Ribbon Mills, Inc.는 1926~1938년의 13년 중 8년은 7퍼센트 우선주 배당금만큼도 이익을 내지 못했고, 주가가 하락을 거듭해서 50달러까지 내려갔다. 이 13년 동안 보통주는 배당금으로 겨우 50센트를 받았지만, 우선주는 한 번도 빠짐없이 배당금을 받았다. 마찬가지로, 유니버설 픽처스Universal Pictures Company를 1929년 약 30에 샀다면, 대공황 3년 동안에도 배당금 8퍼센트를 받았을 것이다(이후에는 배당금 지급 중단).

법적 지위의 차이

배당금 측면에서 우선주의 법적 지위는 채권보다는 약하고 보통주보다는 강하다. 우선주는 배당금 지급을 강제할 청구권이 없으므로 채권보다 불리하다. 그러나 우선주는 배당금 지급에 대해 경영진을 간접적으로 압박할 수 있으므로, 상황이 어렵더라도 보통주보다 우선해서 배당금을 지급받게 된다.

운전자본과 채무 상환기금

기업에 운전자본이 풍부하면 보통주보다는 선순위 증권이 훨씬 유리해진다. 운전자본이 풍부하면 이자나 우선주 배당금을 계속 지급할 수 있을뿐더러, 원금도 순조롭게 상환할 수 있다. 회사는 원금을 만기에 상환할 수도 있고, 채무 상환기금을 설정할 수도 있으며, 자발적으로 시장에서 채권을 매입할 수도 있다. 채무 상환기금을 운용하면 선순위 증권의 시장가격도 상승하고, 본질적 지위도 개선된다. 그러나 보통주에는 혜택이 돌아가지 않는다.

사례: 식품 제조 및 도매회사인 프랜시스 리깃Francis H. Leggett Company은 7퍼센트 우선주 200만 달러를 발행하였다. 이 우선주에는 매년 3퍼센트씩 채권을 회수하는 채무 상환기금 조항이 들어 있었다. 1932년 6월 30일에는 우선주 잔액이 60만 8,500달러로 감소했는데, 금액이 많지 않으므로 침체의 골이 깊은 시점이었는데도 110에 상환되었다. 마찬가지로, 센추리 리본 밀스 우선주도 1922~1938년 동안 잔액이 200만 달러에서 54만 4,000달러로 감소하였다. 5.5퍼센트 로런스 포틀랜드 시멘트Lawrence Portland Cement Company 회사채도 1938년 12월 31일에는 잔액이 200만 달러에서 65만 달러로 감소했으며, 1939년 4월 1일에 모두 임의 상환되었다.

순유동자산 비율의 중요성

저가 채권이더라도 순유동자산 비율이 몇 배 수준이라면 특별한 투자 기회가 된다. 경험을 돌아보면, 실적이 부실한 회사인 경우에도 상환 가능성이 크기 때문이다.

사례: 1936년 만기 6퍼센트 일렉트릭 리프리저레이션Electric Refrigeration Corporation(케비네이터Kelvinator)은 1929년 11월 66에 거래되었다. 당시 재무제표에 의하면 채권 발행액은 252만 8,500달러였고, 순유동자산은 무려 600만 8,900달러였다. 1927년과 1928년에 적자가 발생하긴 했지만, 1929년 9월 30일로 끝나는 회계연도에는 이자 보상 배수가 거의 9배였고, 순유동자산은 채권 시장가치의 거의 4배였다. 이 채권은 1930년에 거의 액면가를 회복했고, 1931년 105에 상환되었다. 마찬가지로, 리스 계약에 의해서 사실상 케비네이터가 보증하는 1936년 만기 6퍼센트 일렉트릭 리프리저레이션 빌딩Electric Refrigeration Building Corporation 1순위 담보채권도 1932년 7월 70에 거래되었다. 당시 모회사 순유동자산은 채권 발행액

107만 3,000달러의 약 6배나 되었으며, 채권의 시가총액 기준으로는 8배가 넘었다. 이 채권은 1933년 101.50에 임의 상환되었다.

이와 비슷한 사례로 1934년 만기 6.5퍼센트 머리Murray Corporation 1순위 담보채권이 있다. 이 회사는 순유동자산이 채권 액면가의 2.5배가 넘고, 채권 시가총액의 거의 4배인데도, 경상 영업 손실 때문에 1932년 68에 거래되었다. 1936년 만기 7퍼센트 시드니 블루먼솔은 1926년 70에 거래되었다. 당시 회사의 순유동자산은 채권 액면가의 2배였고, 채권 시장가치의 약 3배였다. 1930년 103에 임의 상환되었다. 1936년 만기 6퍼센트 벨딩, 헤밍웨이Belding, Hemingway Company는 1930년 67에 거래되었다. 당시 회사의 순유동자산은 채권 액면가의 거의 3배였고, 시장가치의 4배가 넘었다. 1930년과 1931년 재고자산이 빠르게 현금화되자, 그 대금으로 시장에서 채권 약 80퍼센트를 매입소각하였다. 나머지 채권은 1934년 초 101에 임의 상환하였다.

이런 채권들은 대개 이익 가능성이 손실 가능성보다 크며, 이익 금액도 손실 금액보다 많을 것이다. 그러나 개별 종목 단위로 보면 위험이 크므로 '투자'라고 부르기는 곤란하다. 하지만 동시에 여러 종목을 보유하여 위험을 분산한다면 그 실적을 충분히 신뢰할 수 있으므로 '투자'로 불러도 무방하다.

순유동자산의 한계

순유동자산에 상당한 비중을 두는 것은 좋지만, 순유동자산이 많다고 해서 안전이 보장된다고 생각해서는 안 된다. 영업손실이 이어지면 유동자산이 대폭 감소할 수 있고, 지급불능 상태에 빠지면 순유동자산도 믿을 수 없다.[3]

이런 사례는 많지만, 여기서는 7퍼센트 R. 호R. Hoe and Company 채권과 8퍼센트 에이잭스 러버Ajax Rubber Company 1순위 담보채권을 제시한다. 두 회사 모두 1929년

---

3 (현금 자산, 매출채권, 재고자산 등) 유동자산 요소들의 신뢰성에 대해서는 제6부 '재무상태표 분석'에서 자세히 논의하기로 한다.

저가 제조회사 채권과 순유동자산, 1932*

종목	만기	1932년 저가	재무상태표 날짜	순유동 자산**	채권 발행액	평균 이자 보상 배수	
						기간	배수***
6% 아메리칸 시팅	1936	17	1932. 9.	$3,826	$3,056	1924~1930	5.2
5% 크루서블 스틸	1940	39	1932. 6.	16,163	13,250	1924~1930	9.4
5.5% 매케슨	1950	25	1932. 6.	42,885	20,848	1925~1930	4.1
6% 매리언 스팀	1947	21	1932. 6.	4,598	2,417	1922~1930	3.9
6% 내셔널 애크미	1942	54	1931. 12.	4,327	1,963	1922~1930	5.5

* 이 사례의 이후 실적을 《증권분석》 1934년판에서 간략하게 논의하였음(부록의 비고 43 참조).
** 단위 1,000
*** 일부 조정한 1931년 이자 보상 배수.

운전자본이 채권 발행액보다 많았지만, 두 채권 가격은 1달러당 2센트까지 내려갔다.(부록의 비고 34에서 1933년 만기 6.5퍼센트 윌리스오버랜드 1순위 담보채권과 1941년 만기 6퍼센트 버키 앤드 게이 퍼니처 Berkey and Gay Furniture Company 1순위 담보채권을 참조하라.[4])

따라서 운전자본이 단지 채권 발행액보다 많은 종목과 채권 발행액의 몇 배나 되는 종목은 분명히 구분해야 한다. 운전자본이 채권 발행액보다 많은 종목도 흥미롭기는 하지만, 절대 확실한 종목은 아니다. 그러나 예컨대 평년에도 이자 보상 배수가 높고 질적 요소도 전반적으로 만족스럽다면, 매우 매력적인 종목이 된다. 그렇더라도 여러 종목에 분산투자하는 편이 낫다.

투기적 우선주

단계별 가격 움직임

투기적 우선주는 투기적 채권보다 더 비합리적으로 움직이기 쉽다. 따라서 보

---

[4] 이 문단에서 언급한 채권 4종목 중 3종목이 불황기에 저가로 떨어졌다가 놀라운 회복세를 보였다(예컨대 새로 교환 지급된 7퍼센트 R 호 채권은 1937년 100에 거래되었다).

통주처럼 시장에서 때때로 과대평가되기도 한다. 투기적 우선주 가격이 정상적인 가치에서 벗어나는 과정을 다음과 같이 세 단계로 나누어 볼 수 있다.

1. 첫째 단계는 최초 발행 시점이다. 투자자들은 선전에 설득당하여 내재가치보다 높은 가격에 산다.
2. 둘째 단계는 결함이 명백하게 드러나는 시점이다. 우선주 가격은 투기적 수준까지 내려간다. 이 기간에는 가격이 과도하게 하락하기 쉽다.
3. 셋째 단계는 보통주처럼 투기적으로 상승하는 시점이다. 이때에는 누적 배당금처럼 중요하지 않은 요소가 지나치게 강조된다(셋째 단계의 사례는 잠시 후 제시하겠다).

'선순위 증권의 최대 가치' 원칙

투기적 선순위 증권에 관한 선전에 현혹되는 일이 없도록, 이른바 '선순위 증권의 최대 가치 원칙'을 다음과 같이 제시한다.

선순위 증권의 가치는 이 증권이 보통주의 지위를 차지했을 때보다 높아질 수 없다.

다음 사례를 보면 이 원칙이 쉽게 이해될 것이다.

회사 X와 회사 Y는 가치가 똑같다. 회사 X는 우선주가 8만 주이고 보통주가 20만 주다. 회사 Y는 보통주만 8만 주 있고 우선주는 없다. 우리 원칙에 의하면, 회사 X 우선주의 가치는 회사 Y 보통주보다 높을 수 없다. 이 말은 옳다. 회사 Y 보통주의 가치는, 회사 X 우선주와 보통주를 합한 가치와 같기 때문이다.

회사 X와 회사 Y를 비교하는 대신, 회사 X의 자본을 변경하여 기존 보통주를 모두 없애고, 우선주를 보통주로 바꾼다고 가정하자. 이때에도 회사 Y 보통주의 가치는 회사 X 우선주(새 보통주)보다 낮지 않다. 원래부터 회사 X 우선주와 보통주를 합한 가치와 같았기 때문이다. 이 개념을 투기적 채권에도 그대로 적용할 수 있다. 기존 보통주를 모두 없애고 이 채권을 보통주로 전환한다면, 이 새 보통주의 가치는 기존 채권의 가치보다 낮을 수 없다.

이러한 관계는 채권의 조건과 관계없이 그대로 유지되어야 한다. 표시 이자율이나 배당률이 아무리 높아도, 액면가치나 상환 가격이 아무리 높아도, 미지급 이자나 누적 배당금이 아무리 많아도, 그대로 유지되어야 한다. 누적 배당금이 주당 1,000달러인 우선주라고 해도, 회사 전체의 소유권을 나타내는 보통주보다 가치가 높아질 수 없다. 미지급 배당금이 아무리 많아도 회사의 가치가 높아지는 것은 아니다. 단지 우선주와 보통주가 전체 가치에서 차지할 몫이 달라질 뿐이다.

누적 배당금에 대한 과장 선전

조금만 분석해도 이 원칙이 자명한 사실로 드러나지만, 대중은 일단 도박 분위기에 휩쓸리면 이렇게 단순한 논리도 이해하지 못한다. 이에 따라 누적 배당금이 많은 우선주가 즉시 시장 조작의 표적이 되었고, 우선주는 물론 보통주 주가도 함께 폭등했다. 그 두드러진 예가 1928년 아메리칸 징크 레드 앤드 스멜팅American Zinc, Lead, and Smelting Company 이었다.

아메리칸 징크 우선주는 1916년에 주식배당을 지급하면서 처음 발행되었다. 따라서 기존 보통주를 분할하여 우선주와 새 보통주를 발행한 셈이다. 우선주는 액면가 25달러였지만, 속성은 어느 모로 보나 100달러였다(누적 배당금이 6달러였고, 상환 가치와 청산가치가 100달러였다). 이렇게 액면가를 낮춘 것은 재무상태표에 나타나는 부채를 실제보다 줄이려는 의도였다. 1920~1927년 동안 회사는 계속 적자를 기록했다. 우선주 배당금은 1921년에 연기되었고, 1928년에는 누적 배당금이 약 40달러가 되었다.

1928년에 회사는 호황 덕분에 우선주 배당금에 해당하는 주당 6달러의 이익을 간신히 올렸다. 그러나 주가 조작의 대상이 되면서 우선주는 1927년 35에서 1928년에는 118로 폭등하였고, 보통주는 이보다도 더 심하여 6에서 57로 폭등하였다. 주가에 불을 붙인 것은 회사가 누적 배당금을 지급할 계획이라는 소문이었다. 그러나 구체적인 지급 방식에 대해서는 언급이 없었다. 당연한 일이지만, 누적 배당금은 지급되지 않았다.[5]

사람들이 어리석게도 우선주의 미지급 배당금이 우선주와 보통주의 가치를 높여 준다고 믿었다는 사실에서 무모한 도박 심리가 잘 드러난다. 보통주 주가를 끌어올린 논리는 이러했다. '우선주 누적 배당금이 지급될 예정이다. 이는 보통주에 좋은 일이다. 그러니 보통주를 사자.' 이 뒤죽박죽 추론에 의하면, 우선주에 대해 누적 배당금이 지급되고 나면 우선주는 기대할 만한 호재가 없어서 매력이 떨어지고, 보통주가 더 유망해진다는 말이었다.

이제 아메리칸 징크에 '선순위 증권의 최대 가치 원칙'을 실제로 적용해 보자. 1928년의 우선주 가격 118은 과연 지나치게 높은 수준이었는가? 우선주 주주들이 회사를 완전히 소유했다고 가정하면, 8년 적자 끝에 1928년에 주당 6달러를 번 보통주의 가격이 118이라는 뜻이었다. 1928년 같은 호황기에도 투기자들은 이 가격에는 전혀 매력을 느끼지 못했을 것이다. 따라서 우리 원칙을 적용했다면 그렇게 부푼 가격에 우선주를 사지 않았을 것이다.

아메리칸 징크의 보통주 가격 57도 분명히 터무니없는 수준이었다. 회사의 가치는 다음과 같이 나오기 때문이다.

우선주, 8만 주 @ 118	$9,440,000
보통주, 20만 주 @ 57	11,400,000
전체 가치	$20,840,000
이익, 1928	481,000
평균 이익, 1920~1927	(188,000)

---

[5] 그러나 회사는 1936년에 자본을 변경하면서 우선주 주주들에게 누적 배당금 대신 보통주를 대량으로 지급하였다.

이 주가가 정당화되려면 가상의 보통주(8만 주 기준) 가격은 주당 260달러가 되어야 한다. 이익이 겨우 주당 6달러여서 배당금도 지급하지 못하는데도 말이다. 이 숫자를 보면 경솔한 대중이 미지급 배당금에 완전히 속아 넘어갔음을 알 수 있다.

정도는 덜하지만 아메리칸 하이드 앤드 레더American Hide and Leather Company도 이와 비슷한 사례다. 이 회사는 1922~1928년 동안 우선주 주당 이익이 4.41달러를 넘어간 적이 없으며, 평균 이익도 미미한 수준이었다. 그런데도 매년 우선주는 고가가 66 이상으로 올라갔다. 이렇게 주가가 강세를 보인 것은 이 기간에 우선주 미지급 배당금이 주당 약 125달러에서 175달러로 엄청나게 증가했다는 투기적 소문 때문이었다.

우리가 세운 원칙을 적용해서, 아메리칸 하이드 앤드 레더 우선주가 회사 전체를 소유한다고 가정해 보자. 그러면 이 우선주는 보통주가 되며, 장기간 배당금이 지급되지 않았고, 평균 이익도 기껏해야 주당 2달러를 간신히 넘는 수준이다. 이런 보통주 주가가 65달러를 넘어간다면 분명히 지나치게 높은 가격이다. 따라서 이 가격은 우선주에도 지나치게 높은 가격이며, 누적 배당금이 아무리 많아도 이 결론은 전혀 달라지지 않는다.

자본구조에 따라 회사의 시장가치가 달라진다

앞의 논의로부터, 자본금이 보통주만으로 구성되든, 보통주와 우선주로 구성되든, 합계 가치는 똑같다고 추론할지 모르겠다. 이론적으로는 이런 생각이 전적으로 옳겠지만, 실제로는 완전히 틀릴 수도 있다. 자본금을 선순위 증권과 보통주로 구성하는 편이, 보통주로만 구성하는 것보다 유리하기 때문이다. 이에 대해서는 제40장 '자본구조'에서 자세히 다루기로 한다.

방금 제시한 아이디어와 '선순위 증권의 최대 가치 원칙'은 다음과 같이 구분할 수 있다.

1. 회사 X = 회사 Y라고 가정

2. 회사 X는 우선주(P)와 보통주(C) 발행; 회사 Y는 보통주(C')만 발행

3. 그러면, P의 가치 + C의 가치 = C'의 가치

(방정식의 양변은 각 회사의 전체 가치를 나타내므로)

그러나 이런 관계가 실제로는 나타나지 않을 수 있다. 우선주와 보통주로 구성된 자본구조가 보통주로만 구성된 자본구조보다 실제로 유리하기 때문이다.

그러나 '선순위 증권의 최대 가치 원칙'은 P의 가치만으로는 C'의 가치를 넘어설 수 없다고 말할 뿐이다. 주가 조작이나 경솔한 투기 열풍에 휩쓸려 이성을 상실한 경우가 아니라면, 이 말은 실제로나 이론으로나 옳은 말이다.

우리의 원칙은 부정적 형식으로 표현되었으므로, 적용도 부정적으로 해야 한다. 이 원칙은 우선주나 채권의 가치가 시장가치에 못 미치는 사례를 찾아내는 데 유용하다. 이 원칙을 긍정적으로 적용하려면, 먼저 우선주가 보통주로 바뀌었을 때의 가치를 평가한 다음, 이 가치에서 기존 보통주 몫의 가치를 차감해야 한다. 어떤 선순위 증권의 가치가 시장가치보다 높다는 사실을 확인할 때 이 방법이 유용할 때도 종종 있다. 그러나 이 절차는 수학 공식으로는 도저히 표현할 수 없으며, 까다롭고 한계도 없는 보통주 평가 분야와 연결된다.

제 4 부

보통주 투자 이론, 배당금 요소

제4부 개론

가치투자를 위한 조사와 분석

토드 콤스

《증권분석》 초판이 나오고 90여 년의 세월이 흘렀지만 그레이엄과 도드가 제시한 대부분의 원칙은 여전히 유효하다. 투자 대상을 철저히 분석하고 손실에 대비하는 것이 중요하다는 가르침은 오래전 이 책을 처음 읽었을 때만큼이나 지금도 여전히 많은 공감을 불러일으킨다. 1929년 주식시장이 붕괴되고 대공황이 한창이던 시기에 《증권분석》이 쓰였다는 사실을 상기한다면 투자에 대한 저자들의 접근 방식을 충분히 이해할 수 있다. 그레이엄과 도드에게 투자란 상방을 추구하기보다 하방을 제한하는 데 더 중점을 두는 '부정의 미학'negative art으로 여겨졌을 것이다.

성공한 투자자가 되려면 확률이 나에게 유리한지 판단하기 위해 주어진 정보를 잘 활용하는 것이 중요하다. 그럴듯한 스토리가 아니라 사실에 근거하여 베팅해야 한다. 투자에서(그리고 인생에서도) 우리는 결과를 선택할 수는 없지만, 원하는 결과를 얻기 위한 최선의 의사결정을 할 수는 있다. 《증권분석》에 담긴 지혜는 시대를 초월하여 여전히 타당하며 나의 투자 경력 전반에 소중한 정신적 지주가 되었다.

《증권분석》이 출간된 시기는 산업혁명 후반기로 당시 시대를 주도하던 기업들은 매우 자본 집약적이었다. 공장과 생산 설비를 유지하는 데도 상당한 자본적 지출이 필요했고, 성장하기 위해서는 더 많은 자본이 필요했다. 그 결과 오늘날의 대기업에 비해 투하자본수익률이 낮았다.

지난 100년간 사업과 투자 환경은 크게 바뀌었다. 오늘날 많은 대기업이 제한적인 유형자산 투자에도 불구하고 탁월한 현금 창출 능력을 갖고 있다. 이들 기업에게는 공장의 생산 라인, 용광로, 기관차, 증기 굴착기가 아니라 사람과 지적 재산, 브랜드가 핵심 자산이다. 유형자산 투자가 많았던 수 세대 전의 기업들에 비해 월등히 많은 수익을 창출한다. 현대 기업의 가치는 회사가 보유한 물리적 자산의 가치에 덜 얽매이게 되었다. 이러한 이유로 오늘날의 현실에 맞춰 기업 분석의 초점을 바꿀 필요는 있지만, 그럼에도 그레이엄과 도드가 제시한 투자 원칙은 여전히 유효하다. (1) 기업의 수익력을 신중히 평가하고 분석함으로써 비교적 합리적인 기업의 내재가치를 구할 수 있다. (2) 이렇게 구한 내재가치보다 낮은 가격에 기업의 지분을 살 수 있는 투자 기회가 존재한다. 이제 기업의 내재가치를 구하기 위해 무엇이 필요한지 알아보도록 하자.

내가 배운 교훈

주식투자는 단순하지만 쉽지 않다. '비싸게 사지 마라', '훌륭한 경영진에 투자하라', '투기가 아니라 투자를 하라', '인내하라', '재무제표의 정확성을 검증하라', '시장은 저울이 아니라 투표소다', '정량적 분석과 정성적 분석이 모두 중요하다'와 같은 조언들이 널리 알려져 있지만, 모두 말하기는 쉬워도 실천으로 옮기기는 쉽지 않다.

오랫동안 여러 기업을 분석하며 나는 가장 중요한 몇 개의 핵심 요소에 집중하고 분석을 간결하게 유지하는 능력이 괜찮은 기업 분석가와 훌륭한 기업 분석가의 차이를 만든다고 생각하게 되었다. 그렇다고 수박 겉핥기식 분석을 하라는 것은 아니다. 역설적으로, 간결해지기 위해서는 깊은 고찰이 필요하다. 투자 대상을 속속들이 파헤쳐 필수 요소를 파악하는 것이 분석가의 임무라고 할 수 있다. 훌륭한 분석가라면 기업을 낱낱이 분해하여 각 부분을 이해한 다음 다시 조립할 수 있어야 한다. 끝없는 정보의 홍수 속에 분명 상대적으로 더 중요한 조각이 있다. 간결해진다는 것은 바로 그 한 조각을 찾아내는 것이다.

신참 애널리스트로 결제 서비스 콘퍼런스에 참석했던 2002년이 가장 기억에 남는다. 마스터카드Mastercard를 처음 분석하게 되었는데, 당시 비상장사였음에도 불구하고 기업 설명회를 한다는 사실부터 흥미로웠다. 하지만 투자할 방법도 마땅치 않았던 비상장회사라 분석을 해도 얻을 게 없다고 생각했는지 참석자가 많지 않았다. 그럼에도 나는 계속해서 마스터카드를 면밀히 분석하였고, 마침내 2006년 봄 회사가 상장하게 되었을 때 회사에 대해 충분히 알게 되었다. 회사는 반독점 소송에 따른 거액의 법적 합의금을 마련하기 위해 상장을 추진하던 중이었다. 당시 증권가에서는 마스터카드가 가격 결정력이 없다고 생각했다. 나아가 은행 간 합병이 계속되면서 마스터카드의 이익률이 줄어들 것으로 전망했다. 난 이 견해에 동의하지 않았다.

마스터카드에 대해 나는 다음과 같이 분석했다. 고객이 카드를 사용할수록 카드를 발행한 은행의 정산 수수료 수익도 함께 늘어나기 때문에 은행들은 마스터카드와 경제적 유인이 일치했다. 따라서 마스터카드의 가격 결정력이 오랫동안 유지될 것으로 판단했다. 또한 장기간 신용카드가 현금을 계속 대체해 나가며 성장이 이어질 것이라 믿었다. 그리고 은행 소유에서 벗어나 독립된 상장기업이 되면(과거 보험회사 및 여러 고객 소유 기업의 주식회사 전환 사례에서 그랬듯이) 경영진이 긴축 경영을 할 수 있도록 인센티브 체계를 설계할 수 있을 것으로 판단했다. 겉으로 드러난 여러 위험이 과장되어 보였고, 시장이 우려하는 만큼 은행 간 합병이 계속될 것인지도 확실하지 않았다. 소송 리스크도 큰 문제 없이 해결될 수 있을 것 같았다.

아무리 훌륭한 스프레드시트 모델도 기업 현실과는 괴리가 있다는 걸 잊어서는 안 된다. 엑셀 속 숫자들은 정교해 보이지만 항상 올바른 것은 아니다. 숫자에 너무 매몰되면 정성적 요소들을 간과하게 되고 반대도 마찬가지다. 두 가지 모두 중요하다. 훌륭한 분석가의 '간결함'을 위해 나는 분석 과정에서 다음 세 가지를 고려한다. 좋은 경영진이 있는, 좋은 기업을, 좋은 가격에 사는 것. 모든 투자 기회가 이 세 조건을 동일한 수준으로 충족해야 하는 것은 아니지만 세 조건 중 하나라도 빠져서는 안 된다. 하나라도 영(0)이 되면 나머지 조건이 아무리 좋더라도 전체가 영(0)이 되는 곱하기와 같다.

조건 1: 좋은 기업인가?

그렇다면 좋은 기업이란 무엇인가? 우선 워런 버핏이 '해자'moat라고 부르는 경쟁 우위가 있어야 한다. 해자는 넓을수록 좋다. 덧붙여 설비투자가 적고, 가격 결정력이 있으며, 반복적인 매출이 발생하고, 지속력과 장기 성장 가능성이 있다면 훌륭한 기업이라고 할 수 있다. 훌륭한 기업인지 판단하기 위해 나는 우선 정량 평가에서 시작한다. 재무상태표와 기업의 회계처리 관행, 단위 경제unit economics와 현금 흐름을 살펴본다. 그다음 경영진의 자질을 파악하기 위해 평판 조회를 하고, 관계자들을 만나 기업의 제품이 실제로 어떻게 팔리는지 살펴보는 정성 평가를 수행한다.

재무상태표와 회계 처리

많은 투자자가 손익계산서 분석에 초점을 맞춘다. 하지만 재무상태표와 회계 처리 방식을 철저히 살펴보는 것은 건물을 올릴 때 기초를 튼튼히 다지는 것과 같다. 대부분은 이런 과정을 간과하거나 쉽게 넘어간다. 문제가 생기는 경우도 드물다. 하지만 문제가 생기면 정말 큰 문제가 된다. 이는 산소의 존재를 잊고 사는 것과 비슷하다.

기업가치를 구할 때 나는 아웃사이드 인outside in보다는 인사이드 아웃inside out 방식의 작업을 선호한다. 시장의 의견이 아닌 사실관계 파악부터 시작하는 것이다. 시장의 의견부터 듣게 되면 나중에 상반된 사실을 접하더라도 처음 받아들인 의견에 얽매이기 쉽다. 해당 기업의 경영진이나 동료 투자자의 의견, 애널리스트 리포트가 아니라 기업의 공시자료와 사업 보고서, 업계의 정기간행물을 찾아서 읽는 것이 먼저다. 투자자가 분석 초기 단계에 저지를 수 있는 가장 큰 실수는 기업의 손익을 먼저 살펴보는 것이다(경영진이 제시한 '조정 이익'에서 시작한다면 더 나쁘다). 공시된 숫자를 볼 때면 그것이 완벽하게 객관적인 사실이 아니라 경영진의 견해가 반영되어 있다는 것을 잊어서는 안 된다. 손익계산서는 단순히 최근 기업 활동의 스냅숏snapshot일 뿐이며, 포토샵 처리되었을 가능성이 높다. 나는 결과가 아니라 과정에 초점을 맞추기를 원하는데, 손익계산서를 먼저 보는 것은 마치 말 앞에 마차를 놓는 것과 같다.

현금흐름표와 재무상태표에서 분석을 시작하면 사업 운영에 필요한 자원의 흐름을 이해하고 과정에 초점을 맞출 수 있다. 나는 사업을 큰 틀에서도 보지만, 단위 경제로 생각해 보는 것도 좋아한다. 1달러의 매출이 회사에 유입되어 현금흐름표를 거쳐 재무상태표를 통과하고 손익계산서로 흘러간다고 생각해 보는 것이다. 이렇게 함으로써 회사의 투하자본수익률을 구할 수 있다. 투하자본수익률은 사업의 품질을 나타내는 믿을 만한 지표다. 다양한 시점의 스냅숏을 살펴보는 것이 필요하다. 나는 최소한 지난 10년간의 이익잉여금과 부채, 자본적 지출의 변화를 매출액 성장과 비교해 살펴본다. 그리고 이런 수치들을 듀폰 분석DuPont analysis을 통해 정리해 보며, 자기자본이익률Return on Equity, ROE을 높이는 데 순이익률과 자산회전율, 재무 레버리지가 어떤 역할을 했는지 살펴본다.

이런 분석을 통해 기업의 수익력이 그동안 어떻게 변해 왔는지 파악할 수 있다. 기업이나 산업이 초과 수익을 올리면 필연적으로 많은 경쟁자를 끌어들인다. 기업의 재무상태표를 들여다봐야 심화된 경쟁에 기업이 어떻게 대응했는지 알 수 있다. 가령 회사가 지난 10년간 100억 달러의 이익을 창출했지만 유보이익은 그대로이고 부채가 크게 증가했다면 이는 레버리지를 키워 이익을 만들어 낸 것인데 이것은 회사가 제자리를 지키려고만 해도 더 열심히 뛰어야 한다는 것을 의미한다.

재무상태표는 재원과 이익의 질을 파악하는 데에도 매우 유용하다. 예를 들어 기업이 장기 고정금리 부채가 아니라 단기 변동금리 차입금을 보유하고 있다는 사실을 발견할 수 있다. 이 경우 손익계산서에 보고된 이익은 위험한 자본 조달을 통해 인위적으로 부풀려진 것이며 금리 인상에 매우 취약할 것이다. 위험한 재무상태표에 공격적 회계 처리가 더해진다면 그야말로 재앙이 된다. 나는 유사한 두 개의 기업을 골라 회계 처리 방식을 비교해 보는 것을 좋아한다. 회사는 지출을 곧바로 비용으로 인식하는가, 아니면 자본화하는가? 모기지 채권을 매도 가능 증권으로 처리하는가, 아니면 만기 보유 증권으로 처리하는가? 그 밖에 인수합병에 대한 회계 처리나 재무상태표의 여러 차이점을 비교해 보면 기업마다 얼마나 각양각색인지 깜짝 놀랄 때가 많다. 손익계산서상에 보고된 이익은 경영진의 선택과 가정에 따라 얼마든지 달라질 수 있다. 충당금 설정, 할인율 선택, 퇴직연금 회계 처리, 자본 조달 방식에 따라 손익은 크게 부풀려지거나 축소될 수 있다.

숫자 놀음 방식은 무궁무진하다. 이런 공격적인 회계 처리 방식이 미국 기업의 이익의 질을 계속 저하시키고 있는데, 똑똑한 투자자들조차 이를 감지하지 못하는 경우가 많다. 아무것도 그대로 믿어서는 안 된다. 무언가 믿기 힘들 정도로 좋다면, 사실이 아닐 가능성이 높다. 공격적인 회계 처리는 대체로 미래 이익을 미리 끌어오는 것인데, 보수적이고 장기적인 경영진이라면 이런 회계 처리를 하지 않을 것이다. 이런 부분들을 꼼꼼히 점검하는 것이 정성적 분석의 토대가 된다.

단위 경제학

재무상태표의 구조와 작동 방식을 충분히 이해했다면, 이제 재무상태표의 핵심 항목을 찾아내고 깊숙이 파헤쳐 사업의 단위 경제학을 분석할 수 있다. 1달러의 매출이나 비용이 현금흐름표나 재무상태표를 어떻게 거쳐 가는지 살펴보았듯이, 사업의 단위 경제학에도 동일한 작업을 수행할 수 있다. 예를 들어, 코스트코Costco의 손익과 재무상태표를 분석할 수도 있지만 더 깊이 들어가 개별 매장의 단위 경제를 파악할 수 있다면 훨씬 더 강력한 분석이 될 것이다. 코스트코가 개별 매장의 단위 경제를 공개하고 있진 않지만, 회사 공시 내용을 통해 매장 하나를 출점하고 운영하는 데 필요한 평균 비용을 구해 볼 수 있다. 그런 다음 신규 매장이 경상적인 매출과 이익을 달성할 때까지 걸리는 예상 기간을 추정하여 개별 매장의 ROI를 추정해 볼 수 있다.

이와 같은 계산을 통해 기업의 전체적인 사업성을 파악해 볼 수 있는데, 두 가지 사항을 추가로 염두에 둘 필요가 있다. 하나는 경영진이 변동비만 드러내 보여 주고, 유지보수에 필요한 자본지출은 과소평가해 가능한 최고의 모습을 보여 주는 경우가 많다는 것이다. 중요한 고정비를 누락하고 자본지출을 통한 성장을 부풀려 사업이 실제보다 더 좋아 보이게 만들면 단위 경제의 내부수익률Internal Rate of Return, IRR은 과장된다. 이는 그레이엄이 강조하는 '주주 이익'owner earnings이 아니라 EBITDA와 같은 느슨한 잣대에 의존하는 것과 유사하다.

다른 하나는 재무제표가 선집행된 비용만을 보여 주고, 기업이 성장하며 변하게 될 비용 구조를 제대로 보여 주지 못한다는 것이다. 무선통신 기지국 사업이나 '면도기-면도날' 방식의 사업(면도기를 저가에 판매하는 대신 소모품인 면도날에서 이익을 취하는 방식—옮긴이), 몇몇 유통업이나 소프트웨어 산업에서 이런 경우를 자주 볼 수 있다. 예를 들어, 글로벌 통신 인프라 기업인 아메리칸 타워American Tower는 기지국당 평균 2개의 입주사를 확보하면 손익분기점에 도달한다. 여기에 세 번째 입주사를 추가하면 기지국의 단위 경제가 급격히 개선되고 ROI도 크게 향상된다. 월마트Walmart 역시 성장하던 초기에는 10년 넘게 이익이나 현금흐름을 창출하지 못했다. 하지만 당시 개별 매장의 단위 경제를 충분히 이해했다면 월마트의 성공적인 미래를 예견할 수 있었을 것이다.

좋은 기업인지를 확인하는 분석 과정의 핵심은 경영진의 말이나 애널리스트 보고서를 뛰어넘어 자신이 회사의 오너인 것처럼 사업을 자세히 파악하는 것이다. 그래야만 전체적인 그림을 이해할 수 있다.

조건 2: 좋은 경영진인가?

좋은 경영진은 기업의 내재가치를 결정하는 핵심 요소임에도, 그 중요성이 과소평가되는 경우가 많다. 그레이엄과 도드의 말처럼 "경영진이 부도덕하면 안전마진이 아무리 커도 소용이 없다. 이런 상황에 대처하는 길은 피하는 방법뿐이다."(제33장) 사람들이 모여서 기업을 구성하고, 그 사람들의 결정과 판단이 기업을 움직인다는 사실을 잊어서는 안 된다. 대부분의 투자자는 대체로 통속적 평판에 의존해 경영진의 자질을 평가하곤 하는데, 이는 결코 충분치 않다.

경영자를 평가하려면 회사의 투자 설명회에 참석하거나 경영진 면담을 하는 대신 경영진의 인센티브를 조사하고, 그들이 시간을 어떻게 보내는지 알아보고, 수소문을 통한 사실 수집scuttlebutt 작업을 해야 한다. 경영진에 대한 분석은 총체적이면서도 구체적이고 섬세하게 접근해야 한다. 사업이 호전되거나 쇠퇴하는 데는 오랜 시간이 걸린다. 3년 전이나 5년 전, 어쩌면 10년 전에 내려진 의사결정이 현재 기업이 거두고 있는 수익에 영향을 미치고 있을 가능성이 높다. 지금 잘하고 있는 것처럼 보이는 경영자가 사실은 전임자들이 수년 전에 내린 현명한 결정의 운 좋은 수혜자일 수도 있다. 경제 환경은 종종 급변하기 일쑤다. 상승장에서 모든 투자자가 똑똑해 보이듯이 산업이 전체적으로 성장하면 경영자의 실력이 과대평가될 수 있다. 산업 내 경쟁 구도가 바뀌거나 성공이 품고 있는 몰락의 씨앗으로 인해 오늘의 강점이 내일은 치명적인 약점이 되기도 한다. 예컨대, 아웃소싱을 통해 기업은 이익을 키워 갈 수 있다. 하지만 어느 순간 지나친 아웃소싱으로 기업의 핵심 역량마저 빠져나갈 수 있다. 훌륭한 자본 배치 능력도 필수적이다. 아무리 사업성이 좋고 경영자의 능력이 뛰어나도 자본 배치를 잘못한다면 아무 소용 없다. 너무 많은 기업이 내재가치보다 높은 가격에 자사주를 매입하거나, 가치 파괴적인 인수합병을 추진하고, 환경 변화나 새로운 기회에 대응하여 적절한 자본 배분을 하지 못한다. 경영진을 평가할 때에는 반드시 그들의 자본 배치 능력을 살펴보아야 한다.

인센티브 파악

인센티브를 보면 결과가 이해된다는 말이 있다. 경영진은 장기적 안목으로 경영에 임해야 한다. 하지만 유감스럽게도 지나치게 단기적인 성과를 추구하도록 인센티브가 짜인 경우가 많다. 훌륭한 사업체를 소유한 오너라면 분기 실적에 연연하거나, 증권가 기대치를 맞추는 데 신경 쓰지 않을 것이다. 밀어내기 매출이나 공격적인 회계 처리도 하지 않을 것이고, 단기 실적을 좋아 보이게 하려고 장기투자를 유보하지도 않을 것이다. 경영진의 인센티브를 이해하기 위해 나는 우선 주주총회 안내 자료proxy statement에 담긴 경영진의 보수 체계가 매년 어떻게 변해 왔는지 살펴본다. 경영진 보수와 스톡옵션의 근거는 타당한가? 장기적으로 기업가치를 키우는 것에 연동되는가 아니면 순전히 운이나 심지어 조작의 결과일지도 모를 단기적인 주가 변동에 연동되어 있는가? 투하자본에 대한 실제 수익을 포상하는가 아니면 이익 없는 성장을 부추기는가? 막대한 위험을 감수한 CEO에게 큰 보상이 돌아가는 것은 아닌가? 경영진이 '개인적 사유'로 지분을 계속 매도하고 있는가, 아니면 진정한 소유주나 수탁자처럼 행동하는가? 비상장회사라면 지금의 성과보수 체계와 어떻게 달라질 것인가?

한편, 경영진 보상에 대한 논의가 보수의 절대 금액에만 지나치게 초점을 맞추는데, 경영진이 힘든 목표를 달성하고 탁월한 성과를 거둔 것에 대한 보상이라면 절대 금액이 크더라도 합리적인 보수 체계일 수 있다.

경영진의 시간 배분

경영자가 시간을 어떻게 활용하는지도 중요하다. 나는 지금껏 투자자 미팅과 본인 홍보, 주가 부양에 많은 시간을 사용하는 경영자 중에 회사의 세부 사항을 제대로 파악하고 있는 경영자를 만나 본 적이 없다. 생각해 보라. 이 사람이 당신 가족기업의 경영자라면 오로지 사업 운영에만 집중해 주기를 바라지 않겠는가? 나는 외형이 아니라 실질에 충실한 경영자에 투자하고 싶다.

수소문 기법

마지막으로, 나는 조사하고자 하는 경영자와 함께 일했던 전현직 임원들을 찾아 이야기를 나눈다. 다른 경로로 조사했던 내용들을 검증하는 데 많은 도움이 된다. 또 경영자의 성격을 깊이 파고들어 회사에 미칠 영향을 생각해 보기도 한다. 예를 들어, 극단적인 효율성을 추구하는 경영자는 어느 순간 조직 문화에 악영향을 끼칠 수 있다. 직원들은 두려워하게 되고, 솔직한 의견 제기가 줄어들고, 회사는 취약해지고 변화에 대응할 수 없게 된다. 지적 정직성 역시 경영진의 중요한 덕목이다. 미국의 저명한 이론물리학자 리처드 파인먼은 이렇게 말했다. "스스로를 속이는 것을 항상 경계하라. 가장 속이기 쉬운 사람은 바로 자기 자신이다."[1]

조건 3: 좋은 가격인가?

전설적인 투자자이자 저자인 필립 피셔Philip A. Fisher는 주가에 대해 다음과 같이 말했다. "어떤 주식이 싼지 비싼지를 판단할 수 있는 유일한 기준은 시장 평가에 비해 기업의 펀더멘털이 훨씬 더 좋은가 그렇지 못한가를 따져 보는 것이다. 현재

---

[1] Richard P. Feynman, "Cargo Cult Science," *Caltech Magazine*, California Institute of Technology, June 1, 1974, http://calteches.library.caltech.edu/3043/. 한국어판 《발견하는 즐거움》.

주가가 예전 주가보다 낮거나 높다는 것만으로 싸거나 비싸다고 말해서는 안 된다."[2] 투자자들은 주가가 아니라 기업을 깊이 이해해야 한다.

기업 리서치 과정

앞서 언급한 수소문 기법은 필립 피셔가 사용한 용어로, 투자자는 사실관계에 최대한 근접하려는 탐사보도 기자처럼 행동해야 한다고 말한다. 많은 투자자이가 어떤 기업에 대한 그럴듯한 이야기를 듣고, 몇몇 지인들에게 연락해 검증해 보거나, 컨콘퍼런스 콜을 듣거나, 애널리스트 리포트를 읽어 본 다음 해당 주식에 대해 평가하고 매수를 결정한다. 이렇게 하면 본인이 아니라 남들의 생각과 분석을 바탕으로 만들어진 견해를 갖게 된다.

그 대신 나는 지난 10년간 발표된 기업의 사업 보고서와 분기 보고서 및 기타 공시 자료를 비롯해 업계의 정기간행물이나 신문 기사들을 먼저 찾아본다. 회사가 공수표를 남발하는가, 아니면 지킬 약속만 하는가? 그런 다음 회사의 실적 발표 내용을 들어 보며 회사가 말한 대로 행동하는지 계속 검증해 나간다. 탐사보도 기자처럼 그럴듯한 이야기가 아닌 사실에 근거하여 기업에 대한 퍼즐을 완성해 나간다. 하지만 조사가 여기서 끝나는 것은 아니다. 관계자 조사로 이어져야 한다.

경제적 해자

기업이 가진 경제적 해자를 어떻게 평가할 수 있을까? 기업의 경쟁우위는 구체적으로 무엇이고 얼마나 견고한가? 투하자본수익률을 오랫동안 높게 유지한 기업이라면 강력한 경제적 해자를 가졌다고 볼 수도 있다. 하지만 자본주의 역사를 돌아보면 오랜 기간 높은 투하자본수익률을 향유하다가도 더 기민한 경쟁자가 출현

---

[2] Philip A. Fisher, *Common Stocks and Uncommon Profits and Other Writings*, Wiley, 1957. 한국어판 《위대한 기업에 투자하라》.

하거나 경제 환경이 바뀌면서 도태되거나 사라진 기업이 수두룩하다. 투자자는 기업의 경제적 해자가 여전히 견고한지, 혹시 틈새는 없는지 면밀히 살펴보아야 한다.

관계자 조사

관계자 조사는 기업의 고객이나 공급업체, 과거 임직원들을 만나 보고 탐정처럼 조사하는 활동이다. 나는 다음과 같은 질문들을 생각해 본다. 만약 이 회사에 내 전 재산을 투자한다면 내가 꼭 알아야 할 것은 무엇인가? 경영진은 미래를 위해 투자하고 있는가 아니면 미래 수익을 미리 당겨쓰고 있는가? 회사는 가격 결정력이 있는가? 가격을 최대한 높여 이익을 뽑아내고 있는가 아니면 가격 상승의 여지를 남겨 두고 있는가? 경제적 해자는 고정되어 변함없는 것이 아니다. 해자는 브랜드, 저비용 구조, 편리성, 네트워크 효과와 같은 여러 요소로 구성되며 다양한 형태로 존재한다.

이렇게 심층적이고 상세한 조사를 하는 데는 다양한 목적이 있다. 첫째, 기업이 실제로 어떻게 돌아가는지, 경제적 해자는 얼마나 견고한지 깊이 이해하는 데 도움이 된다. 둘째, 회사가 속한 산업의 흐름을 살펴봄으로써 경제적 해자가 넓어지고 있는지 줄어들고 있는지 파악해 볼 수 있다. 셋째, 의견이 아닌 사실에 기반한 냉철한 분석을 수행할 수 있다. 합리적 의사결정을 방해하는 감정 개입을 막는 데 도움을 준다. 이렇게 철저한 분석을 하는 경우에만, 매수 후 주가가 하락할 때 편안한 마음으로 추가 매수를 단행할 수 있을 것이다. 넷째, 깊이 있는 분석은 기업이 '안티프래질'anti-fragile한지 아닌지를 파악하는 데 도움이 된다. 나심 탈레브Nassim Nicholas Taleb는 어떤 것들은 충격에 깨지지 않고 오히려 더 강해진다고 했는데, 최고의 기업들은 안티프래질하다. 경쟁자들이 곤경에 처하는 역경과 변화의 시기에, 경쟁사에서 이탈한 양질의 고객과 인적자원을 확보하며 더욱 번창하고 더 강건한 해자를 구축해 나간다. 다섯째, 깊이 있는 분석은 다양한 산업과 사업에 대한 지식을 쌓음으로써 여러 기업을 비교하고 사업의 진행 상태를 파악하는 데 도움이 된다. 마지막으로, 포괄적 접근 방식으로 강력한 관점을 개발할 수 있다. 독자적인 조사를 통해 얻은 업계 지식과 외부 관점을 결합할 때 분석의 깊이는 더욱 깊어질 것이다.

관련 자료와 관계자 조사를 통해 심도 깊은 분석을 해야 기업에 대한 이해가 높아지고 다음과 같은 핵심 질문에 자신 있게 답할 수 있다. 기업은 지속가능하고 확장 가능한 해자를 가지고 있는가? 향후 5년 가장 큰 취약점은 무엇인가? 잘 드러나지 않은 경로 의존적 상황들은 없는가? 기업은 가격 결정력이 있는가? 가격 결정력을 어떻게 행사해 왔는가? 사업은 안티프래질하고, 다음 불황에 더 강해질 수 있는가? 사업을 똑같이 복제하려면 무엇이 필요한가? 5년 후 경제적 해자는 더 커져 있을까?

이런 질문에 자신 있게 답할 수 있어야 핵심을 명확하게 파악하고 있다고 할 수 있고, 내재가치를 구할 준비가 된 것이다. 아울러 단순할수록 좋다. 난이도 높은 투자에 보상이 더 주어지는 것은 아니다. "훌륭한 경영진과 나쁜 사업 모델이 만나면 나쁜 사업 모델이 이긴다"라는 말을 기억하고, 강력하고 지속가능한 해자와 프랜차이즈를 갖춘 단순한 사업을 영위하는 기업을 찾도록 노력하라. 지금까지 설명한 모든 것이 좋은 성과를 보장하진 않겠지만 확실히 도움은 될 것이다.

내재가치 구하기

워런 버핏은 1989년 버크셔해서웨이 주주 서한에서 "적당한fair 기업을 탁월한wonderful 가격에 사는 것보다 탁월한 기업을 적당한 가격에 사는 편이 훨씬 낫다"라고 했다.

기업의 내재가치는 기업에서 나오는 모든 미래 현금흐름을 현재가치로 할인한 값이다. 비교적 단순한 개념이지만, 이 계산에는 미래 현금흐름에 대한 추정치와 할인율이라는 중요한 두 가지 변수가 포함되어 있다. 미래 현금흐름을 추정하려면 기업의 자본적 지출과 현금흐름의 성장률, 경영진의 자본 배분 방침을 알아야 한다. 몇 가지 예를 통해 이에 대해 좀 더 살펴보자.

우선 할인율로 10퍼센트 고정금리를 가정하자. 추가적인 자본 투자 없이 연간 15퍼센트씩 성장하는 사업이라면 대략 현재 이익의 28배 가치를 줄 수 있다. 반면 성장률이 같아도 성장을 위해 이익의 대부분을 재투자해야 한다면 그 가치는 현재 이익의 16배 정도가 된다. 마찬가지로 추가적인 자본 투자 없이 연간 5퍼센트씩 성장하는 사업에는 대략 현재 이익의 14배 가치를 부여할 수 있다. 하지만 성장을 위해 이익을 모두 재투자해야 한다면 그 가치는 6배 정도가 될 것이다(10년간 성장하고 이후 성장이 멈춘다고 가정한 2단계 DCF 모형을 사용—옮긴이). 15퍼센트 수익률이 30년간 복리로 누적되면 초기 금액의 66배가 넘지만, 5퍼센트 수익률이라면 4.5배가 안 된다. 성장률은 5퍼센트에서 15퍼센트로 3배 증가했지만, 최종 수익은 4.5배에서 66배로 거의 15배가 증가한다.

이 예시는 자본적 지출이 적고 오랫동안 성장할 수 있는 기업의 탁월함을 보여준다. 반면 성장을 위해 더 많은 자본적 지출이 필요하지만, 자본비용 이상의 수익을 만들어 내지 못하는 사업은 끔찍하다. 물론 철도회사나 금융기관, 월마트나 아마존Amazon처럼 성장을 위해 자본투자가 필요한 경우도 있다. 하지만 이들 기업은 추가적으로 투자된 자본이 자본비용 이상의 수익을 창출하기 때문에 성장을 위한 자본투자가 충분한 경제적 가치를 지닌다. 투자수익률은 매수 가격에 크게 좌우된다. 이것이 바로 그레이엄과 도드의 위대한 통찰이다. 훌륭한 기업도 비싼 가격에 사면 최악의 투자가 될 수 있고, 평범한 기업도 싸게 사면 훌륭한 투자가 될 수 있다. 고성장 기업이 매력적인 투자 대상이 되려면 합리적인 가격에 매수할 수 있어야 한다. 오랜 기간 저금리가 지속되자 많은 투자자가 가격을 무시한 채 성장하는 기업에 몰려들었다. 이들은 단순히 이익수익률earnings yield(PER의 역수—옮긴이)에 성장률을 더해 투자 대상을 평가했는데 근본적으로 문제가 많은 평가 방식이다. 가격이 핵심이므로 기업의 내재가치와 가격을 비교하여 성장률을 추가적으로 조정해야 한다. 성장에 이미 높은 가격을 지불했기 때문에 성장의 가치를 줄여야 한다.

역사적으로 주식시장은 대략 이익의 15배에 거래되었고, 이는 6.7퍼센트의 이익수익률이다. 만약 평균 이상의 경영자가 경영하는 평균 이상의 기업을 15배 이하에 매수할 수 있다면 괜찮다고 할 수 있다. 이것이 그레이엄과 도드의 '안전마진'이다.

추가로 두 가지 조언을 덧붙이고 싶다. 첫째, EBITDA나 조정 EBITDA(EBITDA보다 더 해롭다)가 아니라 반드시 주주 이익을 고려해야 한다. 주주 이익은 조정 전보고 이익에 감가상각과 기타 비현금성 비용을 더하고 현재의 경쟁우위를 지키는 데 필요한 연평균 유지보수 자본지출을 차감한 값이다. 둘째, 기업의 전체적인 자본구조를 살펴보아야 한다. 차입금이 과도한 기업은 주주 이익이 조금만 변해도 지분 가치가 크게 바뀔 수 있다. 부채는 고정적이지만 지분 가치는 가변적이므로 전체 자본구조를 고려하지 않으면 낭패를 볼 수 있다.

결론: 결국 무엇이 중요한가?

인간은 끊임없이 세상에 대한 복잡한 정보를 처리한 다음 단순화시켜 이해하고 맥락에 대입한다. 이렇게 우리는 의사결정을 한다. 매일 아침 출근할 때 수많은 복잡한 금속 부품과 기능이 결합된 자동차를 보지만, 그냥 '자동차'를 타고 출근한다. 하지만 투자자들은 개념을 복잡하게 만드는 경향이 있다. 투자에서는 내재가치와 안전마진이 가장 중요하고, 지금까지 설명한 조사 과정을 따르면 이를 잘 파악할 수 있다고 믿는다. 내가 알고 싶은 것은 단순하다. 기업이 실제로 하고 있는 사업은 무엇인가? 사업의 성공을 결정하는 핵심 요소는 무엇인가?

나는 현재 보험회사 가이코GEICO의 최고경영자이면서 버크셔해서웨이의 투자 포트폴리오 운용을 책임지고 있다. 두 가지 역할을 수행하는 독특한 위치에 있는데, 두 역할은 서로 도움이 된다. 최고경영자 역할을 수행하며 장기 목표와 단기적인 긴급 현안들 사이에서 끊임없이 균형을 유지해야 하는 경영자의 고충을 제대로 알게 되었다. 기업을 스프레드시트로 단순화할 수 없음을 절감하게 되었다. 한편 포트폴리오 매니저로서 나는 위험과 수익에 함께 신경을 쓴다. 최고경영자 역할만 했다면 일상의 업무에 매몰될 수 있었겠지만, 투자자 역할을 수행하며 기업의 수익성에 일관되게 초점을 맞출 수 있었다.

워런 버핏은 "나는 사업가라서 더 나은 투자자가 되었고, 나는 투자자라서 더 나은 사업가가 되었다"라는 유명한 말을 했다. 많은 투자자가 기업의 세부 사항을 깊숙이 들여다보려고 노력하지만 한계가 있다는 것을 깨닫는다. 아무리 광범위한 조사를 하더라도 기업에 대해 알 수 있는 것은 극히 일부에 불과하다는 것을 인정할 필요가 있다. 투자자는 불확실성과 무작위성을 헤쳐 나가야 한다. 기업이 내리는 매일매일의 의사결정이, 때로는 몇십 년 전에 내려진 의사결정이 현재의 사업과 산업에 영향을 미친다. 난해한 경로 의존적 상황들이 복잡하게 뒤엉켜 있어 아무리 명석한 경영진이라도 전체를 완벽하게 파악하기는 쉽지 않다. 완벽한 정보란 없다. 오직 확률적 신뢰 구간만 존재한다. 그래서 투자에 안전마진이 그토록 중요한 것이다. 우리의 지식에 한계가 있다는 것을 인정한다면 실수의 여지를 남겨 두어야 한다. 아는 것이 적을수록 더 큰 안전마진이 필요하다.

보통주 투자 이론

도입부에서 투기적 상황에서는 분석기법을 적용하기 어렵다고 설명하였다. 그런데 주식에는 투기적 요소가 매우 많으므로, 분석을 해도 결론에 이르지 못하거나 결론이 불만족스럽기 쉽다. 그리고 설사 결론이 나오더라도, 이 결론이 틀렸을지도 모른다. 그렇다면 주식 분석의 기능이 무엇인지 자세히 고찰해 볼 필요가 있다. 먼저 세 가지 현실적인 전제에서 출발하자. 첫째, 주식은 재무 계획에 중요하며, 사람들이 큰 관심을 기울이는 상품이다. 둘째, 주식을 사는 사람들은 주식의 가치를 정확하게 알고 싶어 한다. 셋째, 주식을 사는 이유가 단순히 탐욕 때문일지라도, 사람들은 이런 추악한 충동은 숨기고 그럴듯한 논리와 양식을 내세우고 싶어 한다. 볼테르의 잠언을 흉내 내자면, 우리는 주식 분석을 전혀 하지 않더라도, 분석을 하는 것처럼 위장할 필요가 있다.

주식 분석의 장점

여기서 다음 질문이 도출된다. '주식 분석은 어느 정도나 타당하고 가치가 있는가? 그리고 기업과 주식시장의 미래를 놓고 벌이는 도박에 어느 정도나 필요한 의식인가?' 이에 대한 답은 대강 이런 식이 될 것이다. '주식 일반에 대해서 말하자면, 아무리 정교하게 분석해도 주식의 매력도나 실제 가치에 대해서 믿을 만한 결론이 나오지 않을 것이다. 그러나 일부 개별 종목에 대해서는 실적 분석을 통해서 상당히 자신 있는 결론에 도달할 수 있다.' 따라서 이례적인 주식의 경우에만 분석이 가치가 있다고 보아야 한다. 일반 주식은 분석하더라도 투기에 도움이 될지 불확실하며, 무리해서 억지로 분석하면 사람들을 현혹하는 기법이 될 뿐이다.

아마도 주식 분석의 기능을 확인하는 가장 효과적인 방법은 역사를 돌아보는 것이다. 과거를 돌아보면 주식 분석의 기능이 어떻게 바뀌었는지 밝혀낼 수 있을 뿐 아니라, 주식투자 이론이라는 중요한 주제도 살펴볼 수 있다. 우리는 먼저 합리적인 듯 보이는 전통적 주식투자 원칙들을 만나게 된다. 그러나 새로운 환경이 전개되면서 이런 원칙들은 타당성을 상실하였다. 이어서 전혀 다른 주식 선택 개념인 이른바 '새 시대 이론'이 등장하였다. 하지만 이 이론도 겉모습은 그럴듯해 보였지만, 속에는 커다란 해악이 숨어 있었다. 전통적 이론은 무용지물이 되었고 새 시대 이론은 무너져 버렸으므로, 이제 우리는 논리가 건전하고 믿을 만한 주식투자 이론을 정립해야 한다.

주식 분석의 역사

먼저 주식 분석의 역사를 돌아보면, 지난 30년 동안 상충하는 두 요소가 작용한 것으로 드러난다. 한편에서는 보통주의 지위가 전반적으로 높아졌는데, 이는 이익이 많고, 배당금을 꾸준히 지급하며, 재무 상태가 건전한 주식이 증가했기 때문이다. 이와 더불어 기업이 발표하는 보고서의 질과 빈도도 상당히 높아졌으므로, 대중과 증권분석가에게 제공되는 통계 데이터도 풍부해졌다. 끝으로, 장기투자에는 주식이 탁월하다고 주장하는 인상적인 이론도 등장하였다. 그러나 주식에 대한 관심이 정점에 도달하던 1927~1929년, 대중이 주식을 평가하는 기준은 갈수록 증권 분석 방법론에서 이탈하여 가능성과 예언 쪽으로 접근했다. 게다가 제조업을 포함한 여러 산업의 실적이 불안정해지면서 채권의 안전성이 전반적으로 하락했고, 주식의 안전성은 당연히 훨씬 더 위태로워졌다.

분석을 방해한 두 가지 불안 요소

주식 분석에 걸림돌이 된 두 요소는 (1) 유형자산의 안정성 상실과 (2) 무형자산의 중요성 증대. 이는 일부 주식의 1920년대 이전 실적과 최근 연도 실적을 비교해보면 실감할 수 있다. 이제부터 다음 네 회사의 실적을 살펴보자. 펜실베이니아 철도와 애치슨, 토피카 앤드 샌타페이 철도, 내셔널 비스킷, 그리고 아메리칸 캔이다.

펜실베이니아 철도

연도	주가 변동 범위	주당 이익	주당 배당금
1904	56~70	$4.63	$3.00
1905	66~74	4.98	3.00
1906	61~74	5.83	3.25
1907	52~71	5.32	3.50
1908	52~68	4.46	3.00
1909	63~76	4.37	3.00
1910	61~69	4.60	3.00
1911	59~65	4.14	3.00
1912	60~63	4.64	3.00
1913	53~62	4.20	3.00
1923	41~48	5.16	3.00
1924	42~50	3.82	3.00
1925	43~55	6.23	3.00
1926	49~57	6.77	3.125
1927	57~68	6.83	3.50
1928	62~77	7.34	3.50
1929	73~110	8.82	3.875

1930	53~87	5.28	4.00
1931	16~64	1.48	3.25
1932	7~23	1.03	0.50
1933	14~42	1.46	0.50
1934	20~38	1.43	1.00
1935	27~33	1.81	0.50
1936	28~45	2.94	2.00
1937	20~50	2.07	1.25
1938	14~25	0.84	0.50

애치슨, 토피카 앤드 샌타페이 철도

연도	주가 변동 범위	주당 이익	주당 배당금
1904	64~89	$9.47*	$4.00
1905	78~93	5.92*	4.00
1906	85~111	12.31*	4.50
1907	66~108	15.02*	6.00
1908	66~101	7.74*	5.00
1909	98~125	12.10*	5.50
1910	91~124	8.89*	6.00
1911	100~117	9.30*	6.00
1912	103~112	8.19*	6.00
1913	90~106	8.62*	6.00
1923	94~105	15.48	6.00
1924	97~121	15.47	6.00
1925	116~141	17.19	7.00
1926	122~172	23.42	7.00
1927	162~200	18.74	10.00
1928	183~204	18.09	10.00
1929	195~299	22.69	10.00
1930	168~243	12.86	10.00
1931	79~203	6.96	10.00
1932	18~94	0.55	2.50
1933	35~80	(1.03)	—
1934	45~74	0.33	2.00
1935	36~60	1.38	2.00
1936	59~89	1.56	2.00
1937	33~95	0.60	2.00
1938	22~45	0.83	—

* 회계연도 마감일은 6월 30일.

내셔널 비스킷

연도	주가 변동 범위	주당 이익	주당 배당금
1909	97~120	$7.67*	$5.75
1910	100~120	9.86*	6.00
1911	117~144	10.05*	8.75
1912	114~161	9.59*	7.00
1913	104~130	11.73*	7.00
1914	120~139	9.52*	7.00
1915	116~132	8.20*	7.00
1916	118~131	9.72*	7.00
1917	80~123	9.87**	7.00
1918	90~111	11.63	7.00

연도	(과거 기준)***	(과거 기준)***	(과거 기준)***
1923	266~370	$35.42	$21.00
1924	352~541	38.15	28.00
1925	455~553	40.53	28.00
1926	518~714	44.24	35.00
1927	663~1,309	49.77	42.00
1928	1,117~1,367	51.17	49.00
1929	980~1,657	57.40	52.50
1930	1,148~1,628	59.68	56.00
1931	637~1,466	50.05	49.00
1932	354~820	42.70	49.00
1933	569~1,061	36.93	49.00
1934	453~866	27.48	42.00
1935	389~637	22.93	31.50
1936	503~678	30.28	35.00
1937	298~584	28.35	28.00
1938	271~490	30.80	28.00

* 이익은 이듬해 1월 31일 기준 실적.
** 1917년 12월 31일까지 11개월 실적.
*** 1922년 4대 1 주식분할 뒤 75퍼센트 주식배당 시행. 1930년 2.5대 1 주식분할 시행. 1923~1929년 신주에 대해 실제로 발표한 실적은 이 숫자의 7분의 1임. 마찬가지로, 1930~1938년 실제로 발표한 실적은 이 숫자의 17.5분의 1임.

아메리칸 캔

연도	주가 변동 범위	주당 이익	주당 배당금
1904	—	$0.51*1	—
1905	—	(1.39)*2	—
1906	—	(1.30)*3	—
1907	3~8	(0.57)	—
1908	4~10	(0.44)	—
1909	8~15	(0.32)	—
1910	7~14	(0.15)	—
1911	9~13	0.07	—
1912	11~47	8.86	—
1913	21~47	5.21	—
1923	74~108	19.64	$5.00
1924	96~164	20.51	6.00
1925	158~297	32.75	7.00

연도	(과거 기준)*4	(과거 기준)*4	(과거 기준)*4
1926	233~379	26.34	13.25
1927	262~466	24.66	12.00
1928	423~705	41.16	12.00
1929	516~1,107	48.12	30.00
1930	628~940	48.48	30.00
1931	349~779	30.66	30.00
1932	178~443	19.56	24.00
1933	297~603	30.24	24.00
1934	542~689	50.32	24.00
1935	660~898	34.98	30.00
1936	660~825	34.80	36.00
1937	414~726	36.48	24.00
1938	425~631	26.10	24.00

*1 회계연도 마감일은 1905년 3월 31일.
*2 1905년 12월 31일까지 9개월 실적.
*3 화재 손실 주당 58센트 제외.
*4 1926년 6대 1 주식분할 시행. 1926~1938년 신주에 대해 실제로 발표한 실적은 이 숫자의 6분의 1임.

아메리칸 캔은 제1차 세계대전 이전 기간의 전형적인 투기 주식이었다. 투기 주식이 된 이유는 다음 세 가지로 충분했다. (1) 배당금을 지급하지 않고, (2) 이익이 적고 불규칙하며, (3) 주식이 희석되었다. 다시 말해서 실제로 사업에 투자된 자본보다 주식 발행량이 지나치게 많았다. 반면에 펜실베이니아 철도나 애치슨, 토피카 앤드 샌타페이 철도, 내셔널 비스킷은 우량주식으로 대우받았다. 이유는 역시 다음 세 가지로 충분했다. (1) 계속해서 배당금을 지급하며, (2) 이익이 상당히 안정적이었고 평균적으로 배당금보다 훨씬 많은 데다, (3) 실제로 사업에 투자된 자본이 주식의 시장가치보다 많았다.

제1차 세계대전 이전 10년(내셔널 비스킷은 1909~1918년) 동안 주가 변동 범위를 보면, 아메리칸 캔은 투기 종목들이 그러듯이 매년 큰 폭으로 움직였다. 그러나 펜실베이니아, 애치슨, 내셔널 비스킷은 훨씬 좁은 범위에서 움직였으며, 내재가치라고 할만한 기본 가격(펜실베이니아 64, 애치슨 97, 내셔널 비스킷 120)을 중심으로 오르내렸다.

제1차 세계대전 이전의 주식투자 개념

따라서 제1차 세계대전 이전에 분석과 투자 사이의 관계, 그리고 가격 변동과 투기 사이의 관계는 다음과 같이 설명된다. 사람들은 배당금을 안정적으로 지급하고 이익도 매우 안정적인 주식에만 투자했다. 그리고 이런 주식들은 주가도 매우 안정적일 것으로 기대했다. 분석의 기능은 이런 요건에 걸림돌이 되는 약점을 찾아내는 일이었다. 이익을 적절한 방식으로 산출했는가? 재무상태표에 현금이 부족한 것으로 드러났는가? 부채가 너무 빠르게 증가하는가? 공장 설비가 적절하게 유지관리되는가? 경쟁이 격화되어 수익성을 위협하는가? 산업 내에서 기반을 상실하고 있는가? 경영진이 상황을 악화시키는가? 산업의 미래를 걱정할 이유가 있는가? 이러한 약점은 신중한 투자자들이 그 주식을 꺼리는 충분한 이유가 되었다.

적극적인 측면에서 보면, 분석의 기능은 이 요건을 모두 충족하는 동시에 미래에 이런 요건이 더 강화될 만한 종목을 찾아내는 일이었다. 그 방법은 예컨대 '배당금을 지급하는 북서부 철도회사들'처럼 같은 비슷한 우량주를 비교하는 것이었다. 과거 실적, 그중에서도 특히 주가 대비 평균 이익, 이익의 추세와 안정성을 주로 강조하였다. 이보다 비중은 작지만, 분석가는 장래를 전망하여 성장이 가장 빠를 듯한 산업이나 개별 기업을 선정하고자 했다.

미래 전망을 강조한 투기

제1차 세계대전 이전에는 과거 실적보다 미래 전망에 더 비중을 두면 투기적 태도로 간주하였다. 투기의 어원은 앞을 내다본다는 뜻이다. 반면에 투자는 '기득권'과 연결되며, 과거에 뿌리를 둔 재산권 및 가치와 관계있다. 미래는 불확실하므로 투기이고, 과거는 알려졌으므로 확실하다. 1910년 아메리칸 캔 주식을 산 사람을 예로 들어 보자. 그가 주식을 산 이유는 아마도 주가가 상승할 것으로 믿었거나, 이익이 증가할 것으로 믿었거나, 배당을 곧 지급할 것으로 믿었거나, 미국에서 가장 건실한 회사로 성장한다고 믿었기 때문이다. 제2차 세계대전 이전의 관점에서 보면, 이런 이유는 모두 투기적 동기에 해당한다.

주식투자 기법은 채권투자 기법과 비슷

당시 주식투자 기법은 채권투자 기법과 매우 비슷했다. 주식을 살 때에도 사업이 안정적이면서 배당 요건을 충족할 만큼 이익이 많은 회사를 원했다. 당연히 채권보다는 안전마진이 작아도 만족했다. 그 대신 배당수익률이 높았고(우량주의 표준 배당수익률은 6퍼센트였고, 우량 등급 채권의 수익률은 4.5퍼센트였음), 사업이 번창하면 배당금이 증가할 가능성도 있었으며, (중요도는 가장 낮지만) 매매 차익의 기회도 있었다. 주식투자자는 자신이 높은 이자 소득을 얻으려고 안전성을 희생한 이류 채권을 산 사람과 크게 다를 바 없다고 생각했다. 1904~1913년 펜실베이니아와 애치슨 사례가 이를 뒷받침한다.

주식을 사는 것은 회사 일부를 사는 것

비상장회사의 지분을 인수하는 관점에도 당시 사람들이 주식을 대하는 태도가 드러난다. 당시 전형적인 주식투자자는 사업가였으므로, 그는 다른 기업에 대해서도 자신의 기업을 평가할 때와 같은 방식으로 평가했다. 그는 이익 실적 못지않게 자산가치에도 관심을 기울였다. 비상장회사는 주로 장부상에 나타나는 '순자산'을 기준으로 평가한다는 사실을 명심하기 바란다. 비상장회사 지분을 인수하려는 사람은 항상 재무상태표에 나타난 지분의 가치부터 분석하며, 이어서 회사의 실적과 전망을 고려하여 투자 매력도를 판단한다. 물론 비상장회사 지분은 자산가치보다 높게 거래될 수도 있고 낮게 거래될 수도 있다. 그러나 어떤 경우에도 장부가치가 분석의 출발점이 되며, 이 장부가치에 프리미엄이 붙거나 할인이 되는 방식으로 거래가 마무리된다.

증권시장에서 주식을 살 때에도 대체로 이와 같은 태도가 유지되었다. 가장 먼저 분석한 것은 액면가치로서, 처음 회사에 출자한 현금이나 자산을 나타내는 금액이었다. 두 번째 분석 대상이 장부가치였는데, 액면가치에 이익잉여금을 더한 숫자였다. 따라서 주식을 분석할 때 투자자는 스스로 이런 질문을 던졌다. '이 주식은 장부가치에 프리미엄을 얹어서 사야 하는가? 아니면 장부가치보다 할인해서 사야 하는가?' '주식 물타기'는 자산가치를 부풀려 투자 대중을 오도하는 사기 수법이었으므로, 거듭 비난의 대상이 되었다. 따라서 증권 분석이 맡은 보호 기능 하나는 재무상태표에 표시된 고정자산 가치가 실제 원가나 합리적인 가치를 공정하게 나타내는지 확인하는 일이었다.

주식투자의 세 가지 기본 개념

따라서 과거에 주식투자의 바탕이 된 세 가지 개념은 (1) 적절하고 안정적인 배당수익률, (2) 적절하고 안정적인 이익 실적, (3) 충분한 유형자산이었다. 이 세 요소를 중심으로 해당 주식을 분석하기도 했고, 다른 주식과 비교하기도 했다. 이와 다른 관점으로 주식을 사는 것은 투기로 보았으며, 아무리 진지하게 분석해도 타당성을 인정하지 않았다.

새 시대 투자 이론

세계대전 후, 특히 강세장이 절정이 이르던 1929년, 대중은 주식투자에 대해 전혀 다른 태도를 보이게 되었다. 앞에서 설명한 세 가지 요소 중 두 가지는 의미를 거의 모두 상실해 버렸고, 세 번째 요소인 이익 실적은 전혀 새로운 의미로 바뀌었다. 새 이론은 다음 한 문장으로 요약할 수 있다. '주식의 가치는 기업이 미래에 벌어들일 이익에 전적으로 좌우된다.' 이 격언으로부터 다음과 같이 추론할 수 있다.

1. 배당률은 주식의 가치와 관계가 거의 없다.
2. 자산과 수익력은 아무 관계가 없으므로, 자산가치는 전혀 중요하지 않다.
3. 과거 이익은 미래 이익의 변화를 가리키는 지침으로서만 의미가 있다.

이것은 주식투자 철학의 대변혁이었는데도, 투자 대중은 이 사실을 거의 깨닫지 못했고, 투자 전문가들도 피상적으로만 인식할 뿐이었다. 이러한 관점 변화가 실제로 시사하는 바를 우리는 철저히 이해할 필요가 있다. 이제 관점 변화를 그 원인, 결과, 논리적 타당성이라는 세 각도에서 살펴보자.

관점 변화의 원인

그러면 투자 대중의 관심이 배당금, 자산가치, 평균 이익으로부터 이익 추세 단 하나로 옮겨 간 이유는 무엇인가? 그 이유는 첫째, 과거 실적이 믿을 만한 투자 지침이 못 되는 것으로 밝혀졌고, 둘째, 미래 이익이 제시하는 보상이 지극히 매혹적이었기 때문이다.

새 시대 투자 이론이 등장한 첫 번째 계기는 전통적 투자 이론이 타당성을 상실했다는 사실이다. 지난 30년 동안 경제의 변화 속도가 갈수록 빨라진 탓에, 유서 깊은 기업조차 안정성이 보장되지 못했다. 10년 동안 번영을 누리던 기업들이 단

몇 년 사이에 지급불능 상태로 몰렸다. 실적도 신통치 않고 평판도 높지 않았던 중소기업들이 갑자기 거대 기업으로 성장하여 막대한 이익을 내면서 최고 등급을 받기도 했다. 철도회사들처럼 투자 대중의 관심이 집중되었던 기업군이 미국 경제의 성장 추세에 편승하지 못하였고, 뚜렷한 쇠퇴 신호만 거듭 보냈다. 1914년 이전에 주요 투자 대상이었던 시가 전차회사들도 새로운 운송회사들이 등장하면서 회사 가치 대부분을 상실했다. 전력 및 가스 회사들도 이 기간에 실적이 고르지 않았다. 이들은 전후 인플레이션으로 피해를 보았으며, 비교적 최근에 와서야 인상적인 성장세를 보였기 때문이다. 제조회사들의 기업사도 거친 변화로 뒤죽박죽이었다. 번영의 혜택이 심하게 치우쳐서 일시적으로 분배된 탓에, 눈부시게 성공하는 기업이 있는가 하면 전혀 뜻밖에 실패하는 기업도 있었다.

이런 불안정한 환경에서는 주식투자의 세 가지 기본 개념이 타당성을 상실할 수밖에 없었다. 과거 이익과 배당금은 이제 미래 이익과 배당금을 알려 주는 지표가 될 수 없었다. 게다가 기업의 실제 투자 금액(자산가치)도 미래 이익과 아무 상관이 없었다. 기업이 산업에서 차지하는 위치와 경영진의 능력이나 정책이 미래 이익을 좌우했다. 수많은 법정관리 사례에서 유동자산은 감소했고, 고정자산은 거의 모두 쓸모없었다. 이렇듯 자산과 이익 사이에도 관계가 없고, 부도가 발생했을 때 자산과 실현 가능 가치 사이에도 관계가 없는 것으로 드러나자, 투자 전문가와 투자 대중 모두 '순자산'이나 '장부가치'에 갈수록 관심을 두지 않게 되었다. 1929년이 되자 장부가치는 증권의 매력도를 평가하는 요소에서 사실상 사라지게 되었다. 한때 뜨거운 쟁점이었던 '주식 물타기'가 더는 언급되지 않는 데서도 이런 변화를 확인할 수 있다.

이익 추세로 초점 변경

따라서 과거 실적과 유형자산에 바탕을 두는 전통적 투자 기법은 낡은 방식으로 취급받아 버려졌다. 그러면 무엇이 그 빈자리를 채울 것인가? 이제 '이익 추세'라는 새 개념이 주목받게 되었다. 과거는 미래 진행 방향을 알려 줄 때에만 의미가 있게 된다. 지속적인 이익 증가는 그 회사가 장래에 더 많은 이익을 낸다는 증거가 되었다. 반대로, 이익이 감소했거나 번영기에도 제자리걸음을 했다면, 이 회사는 장래가 어둡다고 판단되어 기피 대상이 되었다.

주식이 장기투자에 유리하다는 이론

이와 더불어 주식이 가장 수익성이 높으므로 장기투자 대상으로도 가장 바람직하다는 이론이 등장했다. 이 복음의 근거는, 주식에 분산투자했다면 과거 장기간에 걸쳐 가치가 꾸준히 증가했다는 분석 결과였다. 이 분석 자료에 의하면, 이렇게 주식에 분산투자했을 때 얻는 배당소득이 일반 채권을 샀을 때 얻는 이자보다 많았으며, 자본이득도 더 많았다.

이 두 가지 생각이 결합하여 1927~1929년 강세장 기간에 '투자 이론'이 되었다. 앞에서 설명한 이 이론을 강조하면 다음과 같다.

1. "주식의 가치는 미래에 벌어들이는 이익에 좌우된다."
2. "이익이 증가 추세를 보이는 주식이 좋은 주식이다."
3. "좋은 주식은 건전한 투자 대상이며, 장차 이익도 가져다준다."

이 설명은 그럴듯하게 들린다. 그러나 여기에는 두 가지 결함이 숨어 있었다. 첫째는 투자와 투기의 차이를 근본적으로 무시했다는 점이다. 둘째는 주식을 살 때 그 가격이 적절한지를 전혀 고려하지 않았다는 점이다.

과거 투기를 닮은 새 시대 투자

조금만 생각해 보아도 대중과 투자신탁이 따르는 '새 시대 투자'가 이전 강세장에 유행하던 투기와 거의 같다는 사실을 알 수 있다. 이들의 '투자'는 이자 소득 대신 주로 자본이득을 얻으려고 채권 대신 주식을 사는 행위로서, 과거 사실 대신 미래의 변화를 강조하였다. 즉 새 시대 투자는 이익 추세가 좋은 주식만을 산다는 특징이 있을 뿐, 과거 방식의 투기와 다를 바 없었다. 역사상 최대 강세장에 등장한 이 새 시대 투자 개념은 '투자는 성공한 투기다'라는 냉소적인 오랜 경구를 얄팍하게 위장한 말에 불과했다.

주식의 매력은 가격 불문?

주식의 매력도가 가격과 전혀 상관없다는 생각은 정말이지 터무니없다. 그런데 새 시대 이론의 주장이 바로 이런 내용이었다. 강세장 이전에 평균 이익의 10배에 거래되던 공익기업 주식이 이익의 35배에 거래된다면, 주가가 지나치게 높다고 판단하는 대신 평가 기준을 끌어올렸다. 새 시대 이론은 확립된 평가 기준에 따라 주가를 판단하는 대신, 평가 기준을 주가에 맞췄다. 따라서 주가에 상한선이 모두 사라졌다. 주식 거래 가격에 대한 상한선뿐 아니라, 주식을 팔아야 마땅한 가격 상한선마저 사라졌다. 이 환상적인 이론 덕분에 실제로 사람들은 주당 이익이 2.50달러에 불과한 주식을 100달러에 사게 되었다. 이 이론을 따른다면 이 주식을 200달러나 1,000달러, 아니면 어떤 가격으로도 살 수 있다.

이 원칙으로부터 '주식시장에서 돈 벌기가 세상에서 가장 쉽다'라는 추론이 도출된다. 가격 불문하고 '좋은' 주식을 사 두기만 하면, 주가가 저절로 상승할 것이기 때문이다. 이런 원칙은 비극을 불러올 수밖에 없다. 수많은 사람이 자신에게 물었다. '월스트리트에서 손쉽게 거금을 벌 수 있는데, 왜 일을 하는가?' 실물 부문의 자금이 잇달아 월스트리트로 몰리는 모습은 골드러시를 연상케 한다. 차이점이라면 금이 월스트리트에서 나오는 것이 아니라, 월스트리트로 몰려 들어간다는 정도다.

새 시대 이론을 받아들인 투자신탁

투자신탁마저도 이 새 시대 이론을 따랐다. 투자신탁의 설립 목적은 미숙한 대중을 대신해서 전문가가 자금을 운용해 준다는 것이었다. 이는 타당한 생각이었으며, 영국에서는 상당한 효과를 거두었다. 초창기 미국 투자신탁도 실전에서 성과가 입증된 성공 투자 원칙을 강조했는데, 일반 개인이 따르는 원칙보다 훨씬 건전한 원칙이었다. 가장 중요한 세 가지 원칙은 다음과 같았다.

1. 불황기에 저가로 사서 호황기에 고가로 판다.
2. 여러 분야와 여러 국가에 걸쳐 분산투자한다.
3. 종합적이고 전문적인 통계조사를 바탕으로 저평가된 개별 종목을 발굴하여 사들인다.

이 전통적 투자 원칙들이 당시 투자신탁 기법에서 그토록 빠르게 자취를 감춘 것은 경이로운 일이다. 물론 불황기에 저가로 사들인다는 원칙은 실행이 불가능했다. 투자신탁은 호황기에만 설정된다는 치명적 약점이 있었으므로, 강세장일 때 초기 투자를 할 수밖에 없었다. 여러 국가에 분산투자한다는 생각도 사고방식이 편협한 미국인들에게는 전혀 먹혀들지 않았다. 게다가 미국의 경제 여건이 외국보다 훨씬 나았으므로, 이 원칙은 만장일치로 배제되었다.

분석을 포기한 투자신탁

가장 역설적인 현상은 투자신탁이 조사와 분석을 일찌감치 포기했다는 사실이다. 그러나 투자신탁회사들은 존립 근거가 새 시대 투자 철학에 있었으므로, 이들이 새 시대 투자 철학을 고수하는 것은 자연스럽고도 타당한 행태였다. 새 시대 투자 철학에 의하면, 이제는 투자가 아름다울 정도로 단순해졌으므로 분석이 불필요했고, 정교한 통계 데이터도 거추장스러울 뿐이었다. 투자 절차는 이익이 상승추세를 그리는 탁월한 회사를 발굴하여 가격 불문하고 사들이는 것으로 끝이었다. 따라서 건전한 정책이란 모든 사람이 사들이는 종목만 사들이는 것이었다. 즉 이른바 '블루칩'으로 통하는 매우 인기 높고 지극히 비싼 종목이 매수 대상이었다.

소외된 저평가 종목을 발굴한다는 원래의 생각은 완전히 자취를 감췄다. 투자신탁 회사들은 활발하게 거래되는 블루칩으로만 포트폴리오를 구성했다고 자랑했다. 과장을 조금 보태자면, 이렇게 편리한 투자 기법을 따른다면 주급 30달러짜리 저임금 직원 한 사람으로도 1,000만 달러짜리 투자신탁을 운용할 수 있었다.

사람들은 광고와 홍보에 설득당하여 상당한 보수를 내면서 투자 전문가들에게 돈을 맡겼지만, 투자신탁이 한 일이라고는 일반 대중이 사는 종목을 똑같이 산 일뿐이었다.

정당화 논리

투기 광풍은 불합리하고 비현실적인 분위기 속에서만 일어난다. 그러나 자신을 기만하는 투기 광풍에도 정당화 요소가 들어 있다. 이는 일정 분야에서는 매우 건전한 듯 보이면서 투기 광풍에 맞춰 왜곡된 일반적 논리다. 부동산 투기 광풍에서는 대개 부동산 가치가 영원히 상승한다는 논리였다. 새 시대 강세장에서는 분산된 주식 포트폴리오가 장기간 기록한 투자 실적이었다.

건전한 전제로 불건전한 결론을 뒷받침하다

그러나 이런 투자 실적을 내세운 새 시대 논리에는 치명적 결함이 있었다. 그 논리를 뒷받침하는 많지 않은 데이터를 대충 훑어보기만 해도 결함이 드러난다. 그 책이 1924년 출간된 에드거 로런스 스미스의 저서 《보통주 장기투자》Common Stocks as Long-Term Investments였다.[1] 주식은 시간이 흐름에 따라 가치가 높아지는데, 이는 이익에서 배당금을 지급하고 남은 부분이 회사에 재투자되기 때문이다. 예를 들어 어떤 회사의 이익이 평균 9퍼센트이고 6퍼센트를 배당금으로 지급한다면, 나머지 3퍼센트가 이익잉여금으로 회사에 쌓이게 된다. 회사가 순조롭게 운영되

---

1   다음 책을 참조하라. Chelcie C. Bosland, *The Common Stock Theory of Investment, Its Development and Significance*, New York, 1937; Alfred Cowles 3d and associates, *Common Stock Indexes*, Bloomington, Ind., 1939.

고 특별한 불운을 맞지 않는다면, 주식의 장부가치가 연 3퍼센트 복리로 증가하면서 주식의 공정가치도 증가할 것이다. 물론 이는 이론적인 패턴이 그렇다는 뜻이고, 성장률이 평균보다 낮은 회사도 많겠지만, 성장률이 평균을 뛰어넘는 회사도 등장할 것이다.

장기적으로 주식이 채권보다 매력적이라는 주장의 근거는 주식에서 나오는 이익이 채권의 이자 소득보다 높다는 사실이다. 주당 이익이 10달러인 주식을 100달러에 산다면 이 주장이 옳다. 그러나 주가가 이보다 훨씬 높아진다면 이러한 이점은 사라지며, 주식을 사야 하는 이론적 토대로 모두 사라진다. 사람들이 1929년에 주당 이익이 8달러인 주식을 200달러에 샀을 때, 이 주식에서 나오는 이익은 채권의 이자 소득에도 미치지 못했으며, 주식이었으므로 채권만큼 보호받지도 못했다. 따라서 과거 실적을 바탕으로 이익의 20~40배나 되는 가격을 치르고 주식을 사는 과정에서, 새 시대 이론은 건전한 전제를 왜곡하여 매우 불건전한 결론을 도출했다.

이들은 주가가 이익의 10배 수준일 때 나타나는 주식의 매력을 너무 성급하게 이용하려다가, 주가를 무시하여 이 전제를 완전히 무너뜨리고 말았다. 앞에서 보았듯이, 회사는 이익잉여금을 재투자하여 자산가치를 증대시키므로 주식의 가치도 증가한다는 에드거 로런스 스미스의 설명은 그럴듯하다. 그러나 새 시대 이론은 스미스의 발견을 이용하면서도 자산가치에 전혀 의미를 부여하지 않았다. 게다가 스미스가 내린 결론이 타당해지려면 미래 주가 흐름도 과거 주가 흐름과 같아야만 했다. 그러나 새 시대 이론에서는 과거 이익을 미래 이익 추세를 예측하는 용도로만 사용했다.

이익 추세를 강조하는 사례

1929년 세 회사의 고가를 보면, 새 시대 투자자들은 기업 A에 열광했고, 기업 B에 대해서는 무덤덤했으며, 기업 C에 대해서는 분노했다. 1929년에 기업 C가 기업 A보다 이익이 50퍼센트나 많았고, 5년 평균 이익은 150퍼센트나 되었는데도,

주당 이익

연도	기업 A (일렉트릭 파워 앤드 라이트 Electric Power & Light)	기업 B (뱅거 앤드 아루스톡 Bangor & Aroostook R. R.)	기업 C (시카고 옐로 캡 Chicago Yellow Cab)
1925	$1.01	$6.22	$5.52
1926	1.45	$8.69	5.60
1927	2.09	8.41	4.54
1928	2.37	6.94	4.58
1929	2.98	8.30	4.47
5년 평균	$1.98	$7.71	$4.94
고가 (1929)	86.625	90.375	35

시장에서는 기업 A 주식이 기업 C 주식보다 2배나 높게 평가받았다.[2]

평균 이익과 이익 추세

1929년에 나타난 주가와 이익의 관계를 보면, 과거 이익은 기업의 정상 수익력을 보여 주는 척도가 아니라, 단지 이익의 방향을 알려 주는 풍향계에 불과했다. 평균 이익이 이제는 기업의 미래 이익을 알려 주는 척도가 아닌 점은 인정해야 한다. 앞에서 언급했듯이 기업들의 불안정성이 매우 높아졌기 때문이다. 그러나 그렇다고 해서 이익 추세가 평균 이익보다 더 믿을 만한 지침이 되는 것은 절대 아니다. 설사 이익 추세가 더 믿을 만한 지침이라고 해도, 그 자체로 투자에 안전한 토대가 되는 것은 아니다.

이익이 과거 몇 년 동안 일정한 방향으로 움직였으므로 그 방향으로 계속 움직인다고 가정하는 것은, 평균 이익이 과거에 어느 수준이었으므로 미래에도 어느 수준이 될 것이라고 가정하는 것과 본질적으로 다르지 않다. 아마도 이익 추세가 평균 이익보다는 미래에 대해 더 믿을 만한 단서가 될 것이다. 그렇더라도 그 단서

---

2 부록의 비고 44 참조(세 회사의 이후 실적 분석).

가 절대 확실한 것은 아니며, 특히 이익 추세와 가격 사이의 논리적 관계를 밝혀주는 기법도 없다.[3] 이는 만족스러운 추세에 부여하는 가치가 자의적일 수밖에 없다는 뜻이며, 따라서 투기적이고 필연적으로 과장되며 나중에 붕괴한다는 의미다.

추세 추정은 위험하다

과거 이익 추세가 미래에도 이어진다고 확신하지 못하는 데에는 여러 이유가 있다. 경제를 거시적으로 보면, 수확체감법칙과 경쟁 심화에 의해서 가파른 성장세는 꺾이게 되어 있다. 또한 경기순환의 흐름도 있어서, 심각한 침체기 직전에 이익 곡선이 유난히 매력적으로 보일 위험도 있다. 1927~1929년에 이런 모습이 나타났다. 이익 추세 이론은 실제로 '투자'를 가장한 투기의 구실이 되었고, 이익에 미친 대중은 박약한 근거만 보고서도 유리한 추세가 존재한다고 믿었다. 5년, 4년, 심지어 3년 동안 이익이 증가한 추세만 보고서도 미래 무한성장이 보장된다고 간주했으며, 이를 근거로 이익 곡선이 무한히 상승한다고 추정했다.

사례: 이 기간에 이루어진 수많은 주식 발행에서 이런 경박한 태도가 드러난다. 이익 추세에 대한 열풍이 불어닥치자, 일시적으로 운이 좋아서 번영기를 구가하던 제조회사들이 줄줄이 주식 발행에 나섰다. 그 전형적인 예가 양말류 제조업체 슐레터 앤드 잰더Schletter and Zander, Inc.(이후 사명을 시그너처 호저리Signature Hosiery Company로 변경)의 우선주 및 보통주 공모였다. 이 회사는 1929년에 설립되어 1922년에 설립된 법인을 승계하였으며, 주당 50달러에 전환되는 전환우선주 4만 4,810주를 3.50달러에 발행했고, 보통주 의결권 신탁증서 26만 1,349주를 26달러에 발행했

---

[3] 새 시대 투자 이론에는 수학적인 설명이 좀처럼 등장하지 않는다. 가격과 이익의 관계나, 가격과 이익 추세의 관계도 명확하게 나타나지 않는다(앞의 표에서 기업 A-일렉트릭 파워의 가격과 이익 실적을 비교해 보라). 평가 아이디어를 수학적으로 표현한다면, 이익을 시간에 대해서 미분한 값이라 하겠다. 근래에는 이익이나 배당금의 미래 기댓값을 할인하는 수학적 기초를 확립하려고 진지한 노력이 진행되고 있다. 다음을 참조하라. Gabriel Preinreich, *The Theory of Dividends*, New York, 1935; J. B. Williams, *The Theory of Investment Value*, Cambridge, Mass., 1938. 뒤 책의 기본 전제는 주식의 가치가 미래 모든 배당금의 현재가치와 같다는 것이다. 이 원칙으로부터 주식의 가치를 정확하게 계산하는 여러 정교한 수학 등식이 도출되었는데, 미래 이익, 분배 정책, 금리 등 핵심 요소에 대해서 가정을 세운다.

다. 투자 설명서에 실린 이익 실적은 다음과 같았다.

연도	세후 순이익	우선주 주당 이익	보통주 주당 이익
1925	$172,058	$3.84	$0.06
1926	339,920	7.58	0.70
1927	563,856	12.58	1.56
1928	1,021,308	22.79	3.31

이후 실적은 다음과 같다.

1929	812,316	18.13	2.51
1930	(179,875)	(4.01)	(1.81)

1931년 회사 자산에 대한 청산이 시작되었고, 1933년 말 우선주에 대한 청산 배당금이 주당 17달러 지급되었다. (당시 청산할 자산은 거의 남지 않았다.) 보통주는 완전히 휴지가 되었다.

이는 금융사의 역설을 보여 주는 사례다. 개별 기업의 실적이 갈수록 불안해지던 시기였는데도, 주식이 안전하고 수익성도 높다는 선전에 넘어가, 미국 대중이 전보다도 훨씬 더 경솔하게 주식을 산 사례다.

보통주 투자의 새로운 원칙

지금까지 주식투자 이론을 길게 논의했지만, 모두 부정적인 결론만 도출되었다. 안정적인 평균 수익력에 초점을 두는 전통적 이론은 기업들의 불안정성이 높아지면서 가치를 상실했다. 이익 추세만을 무조건 유일한 가치 기준으로 삼은 새 시대 이론은 무서운 증시 폭락과 함께 무너질 것이다. 그러면 살아남은 건전한 주식투자 이론이 하나라도 있을까?

그러나 앞의 비판을 찬찬히 돌아보면, 주식투자 개념에 대해 처음에 받은 인상처럼 부정적으로 볼 필요는 없는 듯하다. 개별 기업의 불안정성은 철저한 분산투자를 통해서 극복할 수 있다. 이익 추세도, 유일한 종목 선정 기준으로 삼을 때에는 매우 위험하지만, 보완적으로 사용할 때에는 유용한 지침이 될 수 있다. 만일 이런 방식이 건전하다면, 다음 요소들이 주식투자 원칙에 포함될 수 있을 것이다.

1. 분산투자를 통해서 위험을 낮추면 안정적인 평균 수익률을 기대할 수 있다.

2. 주식 개별 종목을 선정할 때에도 채권을 선정할 때와 마찬가지로 양적, 질적 기준을 사용한다.
3. 채권을 선정할 때 발행사의 미래 전망 평가에 더 많은 노력을 기울인다.

이러한 원칙에 따라 주식을 선정할 때 '투자'라고 불러도 좋은가? 이 질문에는 논쟁의 여지가 있다. 이 질문이 매우 중요하고, 이에 대해 권위 있는 견해가 많지 않으므로, 지금부터 찬반양론을 저울질해 보고자 한다.

세 가지 기본 기법

장기적 경제 성장

종목을 세심하게 선정하여 합리적인 가격에 사서 잘 분산된 포트폴리오를 구성한다면, 이것은 건전한 투자 기법인가? 미국 경제의 미래에 관한 다음 세 가지 가정 중 하나라도 들어맞는다면, 건전한 투자 기법이라고 대답할 수 있다. 첫째는 미국 경제가 지금까지 지탱해 온 장기 기본 요소를 여전히 믿을 수 있다는 가정이다. 이는 다음 세 가지로 구성된다. (1) 미국의 국부國富와 수익력이 높아질 것이고, (2) 이에 따라 주요 기업의 자원과 이익이 증가할 것이며, (3) 이는 신규 자본투자와 이익잉여금 재투자라는 과정을 통해서 나타날 것이다. 가정 (3)은 이익잉여금 축적과 미래 수익력 사이에 일반적인 인과관계가 있음을 시사한다. 따라서 종목을 선정할 때에는 순전히 운이나 추측에 의존할 것이 아니라, 과거 실적과 현재 시장가격을 연계하여 분석해야 한다.

이런 기본 가정이 여전히 타당하다면, 실적이 양호한 주식이 과거와 마찬가지로 미래에도 유리한 기회를 가져다줄 것이다. 따라서 불안정성이라는 결함이 주식 전반의 장기적인 성장을 위협한다고 볼 필요는 없을 것이다. 실제로 불안정성이 경기순환 과정에서 모든 기업에 일시적으로 강력한 영향을 미치고, 개별 기업과 일부 산업에는 항구적으로 부정적인 영향을 미치기도 한다. 그러나 개별 기업과 일부 산업에 미치는 영향은 종목을 신중하게 선정하여 폭넓게 분산하면 대부분 피할 수 있다. 그리고 모든 기업에 미치는 영향은 항상 합리적인 가격으로만 주식을 사면 피할 수 있다.

미국 경제가 과거와 마찬가지로 미래에도 발전한다는 기본 가정에 명확하게 찬성하거나 반대한다면, 이는 경솔한 짓이다. 도입부에서도 지적했듯이, 지난 15년의 경험은 그 이전과 사뭇 달랐다. 굳이 미래를 예측할 필요 없이, 투자자는 기업의 이익이 일반적으로 증가하므로 장기적으로는 안정성과 수익성을 모두 확보할 수 있다고 안이하게 믿어서는 안 된다. 이런 측면에서 우리는 1913년 투자자의 태도로 돌아온 듯하다. 다만, 차이라면 당시 투자자는 미국 경제의 장기 성장을 맹목적으로 믿었다는 사실이다. 오늘날 우리는 쓰라린 경험을 안고 있으며, 경제 전반에 드리운 어두운 새 요소들을 인식하고 있다.

성장주 발굴 기업

미국 경제가 장기적으로 성장한다는 가정만으로는 주식투자에 반대하는 사람이라면, 두 번째 가정에 매력을 느낄지도 모른다. 이는 종목 선정을 강조하는 기법으로서, 일부 유망 기업은 꾸준히 성장한다고 가정한다. 따라서 이런 종목을 발굴하면 장기투자 목적으로 자신 있게 살 수 있다. 이러한 성장주 투자 철학이 내셔널 인베스터스 코퍼레이션National Investors Corporation이라는 '투자신탁'의 1938년 보고서에 실렸는데, 그 내용을 인용하면 다음과 같다.

> 종목 선정 기법 개선에 중점을 둔 우리 회사 연구에 의하면, 성장 기업(주기적인 경기 침체기에만 일시적으로 정체할 뿐, 경기순환기마다 이익이 증가하는 회사)의 보통주가 배당수익 면에서나 장기 자본이득 면에서나 가장 효과적인 투자 대상인 것으로 밝혀졌다. 우리는 이 일반적인 결론이 통계적으로도 입증될 수 있고, 경제 분석이나 현실적

추론으로도 뒷받침된다고 믿는다.

이 주장을 비판적으로 검토해 보자. 먼저, 주가가 비싸지 않을 때 이런 '성장 기업'을 발굴할 수 있다면 최고의 수익이 나온다는 주장부터 살펴보자. 이런 성장주를 매우 정확하게 발굴하여 그 통찰력과 판단력에 대해 막대한 보상을 받은 투자자는 분명히 존재한다. 그러나 진정한 문제는 현명하고 조심스러운 투자자라면 이런 정책으로 모두 성공할 수 있느냐이다.

세 가지 문제

실제로 이 문제는 세 가지로 구분할 수 있다. 첫째, '성장 기업'의 의미가 무엇인가? 둘째, 투자자가 성장 기업을 정확하게 식별할 수 있는가? 셋째, 성장 기업에 대해서 주가를 얼마까지 지불할 수 있는가?

1. 성장 기업이란?

내셔널 인베스터스 코퍼레이션의 정의를 따르면, 성장 기업은 경기순환기마다 이익이 증가하는 회사다. 이 요건을 충족하려면 경기순환기를 몇 번이나 거쳐야 하는가? 실제로 1930년 이전에는 미국 상장기업 대부분이 경기순환기마다 성장했다. 이제는 성장 기업의 특징이 1929년 실적과 1936~1937년 실적 비교에서 드러난다. 이 경기순환기에서는 대부분 기업이 침체기에 입은 손실을 만회하지 못했다. 군계일학으로 손실을 만회한 소수 기업은 이제 '성장 기업'이라는 화려한 명칭을 얻게 되었다. 그러나 이 구분은 단 한 번의 경기순환기에서 나온 실적 기준인데, 앞으로도 장기적으로 이런 실적이 유지된다고 어떻게 확신할 수 있는가?

앞에서도 언급했듯이, 1929~1937년 동안 성장한 기업들은 대부분 1929년 이전에도 전반적인 상승세에 동참했으므로, 장기간의 성장 기록을 보유한 동시에 지난 10년 동안에도 이례적인 성장력을 과시했다. 다음은 잘 알려진 대규모 성장 기업의 예다.

에어 리덕션 Air Reduction	몬산토 케미컬 Monsanto Chemical
앨리스 차머스 Allis Chalmers	오언스-일리노이 글라스
코카콜라 Coca-Cola	J. C. 페니
커머셜 크레딧 Commerical Credit	프록터 앤드 갬블
다우 케미칼 Dow Chemical	셔윈윌리엄스 Sherwin-Williams Paint
듀폰	스탠더드 오일 오브 뉴저지 Standard Oil of New Jersey
IBM	스콧 페이퍼 Scott Paper
인터내셔널 니켈 International Nickel	유니언 카바이드 앤드 카본 Union Carbide and Carbon
리비오언스포드 Libbey-Owens-Ford	

2. 투자자가 성장주를 식별할 수 있는가?

우리는 탁월한 과거 실적에 열광하지만, 진지하게 생각해 보면 곧 냉정함을 되찾게 된다. 역사를 돌아보면, 대부분 성공기업은 수명주기를 충실하게 따랐다. 첫째, 분투와 좌절을 잇달아 경험한 다음, 둘째, 지속적으로 성장하는 평온한 번영기를 누렸으며, 셋째, 마지막 단계인 성숙기로 접어들면서 성장이 둔화하고 손실까지 보면서, 주도권을 상실했다.[1] 따라서 장기간 이익이 증가한 기업은 사실상 '포화기' 근처에 도달했는지도 모른다. 그래서 성장주 투자자들은 딜레마에 직면한다. 성장 기간이 짧은 신생 기업을 선택하면, 일시적 번영에 속을 위험이 있다. 반면에 여러 경기순환기에 걸쳐 성장한 기업을 선택하면, 이 기업은 포화기로 접어들지도 모른다.

따라서 성장 기업을 식별하기가 얼핏 생각하는 것처럼 단순하지가 않다. 통계나 실적만 조사해서는 알 수 없고, 특별 조사와 사업적 판단까지 곁들여야 한다. 성장주 투자를 옹호하는 사람들은 산업 분석에 큰 비중을 두지 않는다. 산업이 전반적으로 성장하지 않더라도, 신제품이나 신공정을 개발하는 회사들은 탁월한 이익을 올릴 수 있기 때문이다. 이런 신제품이나 신공정은 대개 연구소에서 개발된다. 셀로판, 에틸 가스, 다양한 플라스틱 제품에서 탁월한 이익이 나왔고, 라디오,

---

1 성공 기업의 패턴 특성은 내셔널 인베스터스 코퍼레이션 1938년 보고서 pp. 4-6에 자세히 실려 있다.

사진, 냉동, 항공학 등 기술 발전에서도 큰 이익이 발생했으므로, 사람들은 연구개발이 중요한 기업 자산이라고 강조하였고, 연구시설이 산업 발전에 필수적이라고 생각하게 되었다.

그러나 이런 생각에 대해서도 경계해야 한다. 단지 연구소만 보유한다고 해서 성공이 보장된다면, 전국의 회사가 모두 연구소를 보유할 것이다. 따라서 보유한 설비가 어떤 종류인지, 연구원들의 능력은 어떠하며 그 분야의 잠재력은 높은지, 주의를 기울여야 한다. 이런 사항들은 조사하기가 불가능하지는 않지만 쉽지도 않으며, 실수를 저지를 확률이 높다.

3. 성장잠재력이 주가에 반영되었는가?

이 세 번째 문제가 가장 어렵다. 이 회사가 장차 성장한다고 확신한다면, 이 성장 요소에 과연 얼마를 지불해야 정당한가? 예컨대 주가에 과거 실적만 반영되어 있어서 이런 성장잠재력을 공짜로 얻을 수 있다면, 이는 분명히 건전한 투자가 된다. 그러나 주가에 미래 성장이 반영되어 있다면 이야기가 달라진다. 전망이 좋은 주식은 높은 가격에 거래되는 법이다. 주가가 너무 높은지를 어떻게 알 수 있는가? 여기에는 모범답안이 없다. 어떤 회사가 장기간 벌어들이는 이익을 정확하게 안다고 해도, 오늘 지불할 공정한 가격이 얼마인지는 여전히 알 수 없다. 따라서 성장 요소에 대해 높은 가격을 치르면, 그는 필연적으로 여러 가지 위험을 떠안게 된다. 성장률이 예상보다 낮아질 수도 있고, 장기간 시장에서 실제보다 비관적으로 평가받을 수도 있으며, 결국은 치른 값만큼 받지 못할 수도 있다.

반면에 값비싼 성장 프리미엄을 지불하지 않으려고, 시장에서는 인기가 없으나 개인적으로 낙관하는 기업을 선택한다고 가정하자. 물론 이 판단이 옳으면 막대한 보상을 받게 된다. 그러나 이런 투자는 속성상 규정과 기준을 준수하면서 투자하는 사람보다는 결단력이 강하고 대담한 사람에게 적합한 방식이다.[2]

---

[2] '성장산업' 기준을 힘차게 옹호한 흥미로운 책으로 다음을 참조하라. Edward S. Mead and J. Grodinsky, *The Ebb*

성장주 투자로 성공할 수 있을까?

여기서 길게 논의한 것은 이 주제가 중요한데도 월스트리트에서는 제대로 이해하지 못하고 있기 때문이다. 지금까지는 성장주 투자의 장점보다는 위험에 대해 집중적으로 논의했다. 그러나 부지런히 연구하면서 노련하고도 현명하게 성장주 투자를 추구한다면, 전반적으로 만족스러운 실적을 거둘 것이다. 따라서 두 가지 요건을 준수한다면, 성장주 투자도 성공적인 투자 기법이 될 수 있다. 첫째, 앞에서도 언급했듯이, 성장 요소들을 손쉽게 일반화하여 받아들이지 말고, 매우 조심스럽고도 회의적인 시각으로 철저히 조사해야 한다. 둘째, 성장주에 치르는 가격은 신중한 사업가가 유사한 비상장기업의 경영권을 확보하려고 기꺼이 지불하는 가격과 비슷한 수준이어야 한다.

둘째 기준은 투자자가 성장주에 사려 깊고 합리적인 생각으로 투자하는지, 아니면 '투자'를 가장해서 인기주에 내기를 걸거나 자기 과신에 빠져 판단력을 상실했는지를 평가하는 유용한 기준이 될 것이다.

그러나 지금까지 논의한 성장주가 비상장회사보다 가격이 훨씬 높아야 한다는 주장도 나올 법하다. 첫째, 상장주식에는 시장성이라는 커다란 이점이 있고, 둘째, 상장기업은 규모가 크고 재무구조도 튼튼하므로 비상장기업보다 훨씬 매력적이라고 주장할 수도 있다. 물론 가격에는 규모와 재무 건전성에서 오는 이점이 반영되어야 하지만, 상장기업이냐 비상장기업이냐가 평가의 기준이 되는 것은 아니다. 첫째 주장의 경우, 비상장기업에 대한 경영권의 가치가 상장기업이 보유한 시장성의 가치와 맞먹느냐에 대해서는 논란의 여지가 있다. 시장성이 경영권보다 가치가 높다고 보더라도, 우리는 이런 시장성에 대해 지불하는 프리미엄이 예컨대 20퍼센트를 넘어간다면, 시장성에 대해 투기적 요소까지 개입될 위험이 있다고 본다.

---

and Flow of Investment Values, New York, 1939. 이들의 견해에 대한 논평은 부록의 비고 7을 참조하라.

안전마진 원칙에 의한 종목 선정

세 번째 기법은 안전마진 원칙에 바탕을 둔 종목 선정 기법이다. 어떤 주식이 가격보다 가치가 더 높다고 확신하고, 그 회사의 장래를 상당히 낙관한다면, 투자자는 그 주식을 보통주 포트폴리오에 편입할 수 있다. 이 기법을 실행하는 방법은 두 가지다. 하나는 계량적 가치 기준으로 측정하여 시장이 전반적으로 낮은 수준일 때 사는 방법이다. 아마도 시장을 대표하면서 비교적 활발하게 거래되는 종목만 사게 될 것이다. 다른 하나는 저평가된 개별 종목을 발굴하는 기법인데, 시장이 전반적으로 낮은 수준이 아니더라도 사용할 수 있다. 어떤 경우든지, 주식을 내재가치보다 낮은 가격에 매입하여 '안전마진'을 확보해야 한다. 그러나 위험과 심리 요소 면에서 두 기법은 매우 다르다. 차례로 논의해 보자.

전반적인 시장 등락을 이용하는 기법

앞서 제2판 개론의 도표 A를 보면, 1900년 이후 주가가 너무 높거나 낮은 모습이 거듭 나타나므로, 가치보다 낮은 가격에 사서 나중에 가치보다 높은 가격에 팔 기회가 되풀이되는 셈이다. 가장 간단한 투자 방법은 과거 시장 등락의 대략 중간 지점을 잇는 직선을 그은 다음, 이 직선 아래에서 매입하여 직선 위 어느 지점에서 매도하는 것이다.

아마 이 '시스템'도 다른 기법만큼 현실적이지만, 더 과학적인 기법을 원하는 사람도 있을 것이다. 이 시스템은 다음과 같이 다듬을 수 있다.

1. 선도 업종 주식으로 잘 분산된 포트폴리오를 구성한다.
2. 현행 장기 금리를 바탕으로 평균 이익을 자본화하여 '정상' 가치를 산출한다.
3. 이 정상 가치의 일정 비율 밑에 매수 지점을 설정하고, 일정 비율 위에 매도 지점을 설정한다. (매수와 매도 규모를 점진적으로 축소하거나 확대할 수도 있다.)

이런 기법에는 타당한 논리가 들어 있다. 오랜 역사를 돌아보아도, 시장이 침체했을 때 사서 대중이 낙관할 때 팔아야 성공할 수 있다. 그러나 이 기법 어딘가에 문제가 있음을 곧 눈치챘을 것이다. 결함이 무엇일까?

이 기법에는 세 가지 문제가 있다. 첫째, 시장 흐름의 일반 패턴은 예상할 수 있지만, 매수 지점과 매도 지점 설정은 틀릴 수 있으며, 시장이 극단으로 치우칠 때 거래 기회를 놓칠 수 있다. 둘째, 시장 흐름은 언제든 크게 바뀔 수 있으므로, 과거에 효과를 발휘했던 기법이 가치를 상실할 수 있다. 셋째, 이 기법을 실행하려면 불굴의 용기가 필요하다. 대개 심리적으로 사고 싶을 때 팔아야 하고, 팔고 싶을 때 사야 하며, 산 다음 주가가 떨어지는 모습이나, 판 다음 주가가 더 오르는 모습을 장기간 지켜보아야 할 수도 있다. 이런 단점을 무시할 수는 없지만, 불굴의 용기를 갖춘 사람에게는 추천할 만한 기법이다.

저평가 증권 발굴 기법

거래 가격보다 가치가 훨씬 높은 것으로 분석되는 종목을 사는 방법도 있다. 질적인 요소가 모두 만족스러운 동시에 이익, 배당금, 자산 등 양적 요소에 비해서도 낮은 가격에 거래되는 주식은 드물다. 이는 우리가 제4장에서 제시한 투자의 추가 기준("투자 운용은 양과 질 두 측면에서 모두 근거가 있어야 한다.")도 충족하는 증권이라 하겠다.

현실적으로 더 중요한 질문은 양적 기준으로 싸면서도 미래 전망이 평균 수준에 이르는 주식에 투자할 수 있느냐이다. 이런 주식은 비교적 쉽게 발견할 수 있는데, 이는 사람들이 성장 전망이 이례적으로 좋은 기업에 집착하기 때문이다. 주식시장이 이렇게 성장 요소를 강조하는 탓에, 역사도 유구하고, 재정도 건전하며, 산업의 선도기업이고, 미래에도 계속 존속하면서 끝없이 이익을 벌어들일 기업인데도, 투기적 매력이나 성장 매력이 부족하다는 이유로 시장에서 차별받아, 사업가가 비상장기업을 살 때 치를 가격보다도 낮게 거래되는 주식이 매우 많다.[3]

---

[3] 우리는 '사업가가 비상장기업을 살 때 치를 가격'을 기준으로 제시했는데, 이는 다음 두 가지 투자가 정당하다는

우리는 이 마지막 기준, 즉 '이와 비슷한 비상장회사의 지분보다 훨씬 싸게 사는 투자'가 진정한 투자 기회를 찾아내는 건전한 기준이 될 것으로 굳게 믿는다. 이 관점은 거의 모든 투자신탁을 포함해서 대부분 주식투자자의 신념 및 관행에 거스른다. 사람들은 주로 장기 성장이나, 이듬해 전망이나, 주식시장의 추세를 강조한다. 물론 타고난 능력이 뛰어나고 경험이 풍부한 사람이라면 세 가지 관점 중 어느 것을 쓰더라도 성공할 수 있다. 그러나 이런 관점이, 현명한 사람이라면 누구나 열심히 연구해서 따라갈 수 있는 시스템이나 기법으로 개발될 수 있을지는 의문이다. 따라서 매우 노련한 사람이 아무리 높은 실적을 올리더라도, 이런 관점을 이용하는 방법은 건전한 투자로 보기 어렵다. 단기매매, 다양한 기업의 1년 뒤 실적 예측, 장기 성장 유망주 선정 등이 월스트리트에서는 유용할 것이다. 그러나 이런 활동은 투자로 부르지 않는 편이 투자자에게나 월스트리트 금융회사에나 유리할 것이다.

우리가 제시한 주식투자 개념이 타당한지는 주식의 주요 요소에 대한 통계분석을 폭넓게 다룬 다음에 검토하기로 한다. 이런 분석은 우리 투자 철학과는 전혀 상관없이 꼭 필요하다. 주식은 분명히 존재하고, 활발하게 거래되고 있다. 주식을 사고파는 사람들은 금융 관행에 대한 지식과 기업보고서를 분석하는 도구 및 기법으로 스스로 무장해야 한다.

다음 장에서는 주식투자에 필요한 정보와 기술을 살펴보기로 한다.

뜻이다. (1) 전망이 뛰어난 기업의 주식을, 이와 비슷한 비상장회사의 지분보다 비싸지 않은 가격에 사는 투자, (2) 실적은 좋아도 전망이 평균 수준인 기업의 주식을, 이와 비슷한 비상장회사의 지분보다 훨씬 싸게 사는 투자. 자세한 내용은 부록의 비고 45를 참조하라(Swift and Company).

보통주 분석의 배당금 요소

주식 평가에 들어가는 요소는 다음과 같이 세 가지로 분류된다.

1. 배당률과 배당 실적
2. 손익계산서 요소(수익력)
3. 재무상태표 요소(자산가치)

배당률은 단순한 사실이므로 분석이 필요 없지만, 그 중요성을 정확하게 평가하기란 지극히 어렵다. 한 관점에서 보면 배당률이 극히 중요하지만, 다른 관점에서 보면 사소한 우연 요소에 불과하다. 무엇이 적절한 배당 정책이냐에 대해서는 경영진과 주주 모두 혼란을 겪고 있다. 그 결과 주식 보유의 두 측면이 갈등을 일으키게 되었다. 하나는 유가증권으로서 보유하는 측면이고, 다른 하나는 동업자로서 보유하는 지분이라는 가정이다. 이 두 가지 측면에서 이 문제를 자세히 검토해 보자.

배당률 요소

최근까지도 배당률은 주식투자에서 압도적으로 중요한 요소다. 그 근거는 단순하다. 기업이 존재하는 가장 중요한 목적은 주주에게 배당금을 지급하는 것이기 때문이다. 성공적인 기업이란 꾸준히 배당금을 지급하되, 시간이 흐를수록 배당률을 높일 수 있는 기업이다. 투자 개념은 믿을 만한 소득과 밀접하게 연결되어 있으므로, 주식에 투자한다면 배당 실적이 확고한 주식만을 사야 할 것이다. 따라서 그런 주식의 가격은 주로 배당금 규모에 따라 결정될 것이다.

앞에서 보았듯이, 전통적 주식투자자는 최대한 채권(또는 우선주) 투자자에 가까운 태도를 유지하려고 노력했다. 전통적 주식투자자는 주로 안정적인 소득을 목표로 삼았는데, 그 소득은 선순위 증권보다 다소 높았으나 확실성은 선순위 증권보다 낮았다. 이런 태도가 주가에 미친 영향을 탁월하게 보여 주는 사례가 두 회사의 배당금과 주가 변동 범위다. 하나는 아메리칸 슈거 리파이닝American Sugar Refining의 1907~1913년 실적이고, 다른 하나는 애치슨, 토피카 앤드 샌타페이 철도의 1916~1925년 실적이다.

이 기간에 주식시장이 계속해서 가파르게 오르내린 사실을 고려하면, 두 주식의 가격 변동 범위는 놀라울 정도로 좁다. 특히 아메리칸 슈거는 이익이 매우 불규칙적이었고 애치슨은 이익이 매우 규칙적이었는데도 주가가 거의 영향을 받지 않

아메리칸 슈거 리파이닝

연도	주가 변동 범위	주당 이익	주당 배당금
1907	93~138	$10.22	$7.00
1908	99~138	7.45	7.00
1909	115~136	14.20	7.00
1910	112~128	5.38	7.00
1911	113~123	8.92	7.00
1912	114~134	5.34	7.00
1913	100~118	(0.02)	7.00

애치슨, 토피카 앤드 샌타페이 철도

연도	주가 변동 범위	주당 이익	주당 배당금
1916	100~109	$14.74	$6.00
1917	75~108	14.50	6.00
1918	81~100	10.59*	6.00
1919	81~104	15.41*	6.00
1920	76~90	12.54*	6.00
1921	76~94	14.69**	6.00
1922	92~109	12.41	6.00
1923	94~105	15.48	6.00
1924	97~121	15.47	6.00
1925	116~141	17.19	7.00

* 실제 영업 실적 기준. 연방 영업 실적은 1918년 9.98달러, 1919년 16.55달러, 1920년 13.98달러.
** 일회성 이익 포함. 일회성 이익을 제외하면 1921년 실적은 11.29달러.

앉다는 점이 눈에 띈다. 따라서 이익 실적에 상관없이, 아메리칸 슈거는 배당금 7달러의 영향을 절대적으로 받았고, 애치슨은 배당금 6달러의 영향을 절대적으로 받았음이 분명하다.

배당금 유보의 확고한 원칙

따라서 투자자들은 현재 및 과거 배당금에 대해서 전통적으로 강력하고도 뿌리 깊은 관심을 보인다. 반면에 경영진의 권위적이고도 확고한 원칙은 현재 배당금보다 회사와 주주의 미래 복지를 앞세운다는 것이다. 다음 세 가지 목적 중 하나에 해당한다면, 사람들은 배당금을 유보하는 경영 정책도 적절하다고 간주한다.

1. 재무구조(운전자본) 건전화
2. 생산능력 증대
3. 과잉자본 해소

경영진이 이익을 재투자하여 잉여금 누계액을 늘릴 때에는, 이것이 주주들을 위한 행위라고 자신 있게 주장한다. 이런 정책을 통해서 기존 배당률이 더 확실하게 유지되며, 나아가 점진적으로 배당률을 높이는 것도 가능해지기 때문이다. 일반 주주들은 이런 정책을 지지하는데, 이런 절차가 자신에게 유리하다고 믿거나, 경영진의 권위를 생각 없이 인정하기 때문이다.

그러나 주주들이 이른바 '보수적인 배당 정책'에 동의하는 데에는 내키지 않는 데도 마지못해서 동의하는 측면도 있다. 전형적인 투자자라면 내일은 어찌 되든 오늘 배당받는 편을 확실히 선호할 것이다. 내일 이익을 높이려고 오늘 배당금을 유보하는 정책에 대해, 사람들이 주가가 상승할 때만큼 열렬히 환호한 사례는 일찍이 없었다. 그러나 그 반대는 항상 성립한다. **수익력과 전반적인 위상이 같은 두 회사가 있을 때, 배당금이 더 많은 회사의 주가가 항상 더 높다.**

의심스러운 배당금 유보 정책

이 흥미로운 사실이, 배당 성향이 낮을수록 기업과 주주들에게 유리하다는 전통적 기업금융 이론에 의문을 제기하게 될 것이다. 투자자들은 이 이론에 말로는 동의하지만, 본능적으로는 반발한다. 이 주제를 비판적 관점에서 새롭게 바라본다면, 사람들은 미국 기업들의 기존 배당 정책에 강력하게 반대하게 될 것이다.

배당 정책을 자세히 들여다보면, 두 가지 전혀 다른 가정이 드러난다. 첫째는 매년 이익 대부분을 기업에 남겨 두는 편이 주주에게 유리하다는 가정이고, 둘째는 이익이 크게 변동하더라도 배당률을 일정하게 유지하는 편이 바람직하다는 가정이다. 배당금을 지나치게 줄이지 않고서도 배당률을 안정적으로 유지할 수 있다면, 두 번째 가정이 옳다는 점에는 의심할 여지가 없다. 연간 이익이 장기간 주당 5~15달러였으며 평균 10달러라고 가정하자. 이 회사가 배당률을 8달러로 꾸준하게 유지한다면 주주에게 틀림없이 유리할 것이다. 때로는 잉여금을 끌어다가 배당금을 지급해야 하지만, 평균적으로 매년 잉여금이 2달러씩 증가할 것이다.

이 정도가 이상적인 배당 정책이 될 것이다. 그러나 실제로 이런 배당 정책을 펴는 경우는 드물다. 대개는 평균 이익에서 극히 일부만 지급하는 방식으로 배당의 안정성을 확보한다. 예컨대 평균 이익이 주당 10달러인 회사가 배당금으로 1달러를 지급한다면, 얼마든지 배당의 안정성을 확보할 수 있다. 그렇다면 주주들은 배당금이 안정적이지 않더라도 배당금 총액이 증가하는 편을 선호하지 않겠는가? 애치슨 사례에 이런 문제가 잘 드러난다.

애치슨 사례

애치슨은 1910~1924년의 15년 동안 배당률 연 6달러를 유지했다. 이 기간 이익이 주당 12달러가 넘었으므로, 이익을 절반 넘게 유보하여 배당의 안정성을 확보했다. 이 배당 정책이 마침내 결실을 보아 1927~1931년에는 배당률이 10달러로 증가하였고, 주가도 1929년에는 거의 300달러까지 상승했다. 그러나 1931년 12월에는 배당금 지급이 전면 중단되었다. 비판적으로 돌아보면, 1910~1924년 동안 안정적으로 유지된 배당금이 주주들에게 유리했는지 의심스럽다. 이 기간 주주들이 받은 배당금은 이익에 비해 지나치게 적었다. 마침내 배당금이 인상되었을 때에는 이를 계기로 과도한 투기 바람이 불었다. 끝으로, 그동안 이익 중 막대한 금액을 재투자했는데도 주주들은 1932년에 배당금을 한 푼도 받지 못했다. 물론 1932년 불황이 이례적이었다는 사실은 고려해야 한다. 그렇더라도 그동안 이익을 유보해서 쌓은 막대한 잉여금에 비하면, 영업 손실액 규모는 대단한 수준이 아니었다.

US스틸 사례

애치슨 사례는 이른바 '보수적 배당 정책'에 대해 두 가지 반론을 제기한다. 첫째는 주주들이 받는 배당금이 **현재로나 궁극적으로나** 이익과 비교해서 너무 적다는 반론이다. 둘째는 '만일에 대비해서 이익을 저축해도' 실제로 일이 벌어지면, 흔히 얼마 안 되는 배당금조차 보호받지 못한다는 반론이다. 마찬가지로 막대한 누적 잉여금이 효과를 내지 못한 충격적 사례가 선도적 제조업체 US스틸에서 발생했다. 다음 숫자가 놀라운 이야기를 해 준다.

보통주 분배 가능 이익, 1901~1930	$2,344,000,000
지급 배당금:	
현금	891,000,000
주식	203,000,000
유보이익	1,250,000,000
우선주 배당금 지급 후 손실, 1931. 1. 1. ~ 1932. 6. 30.	59,000,000
보통주 배당금 누락, 1932. 6. 30.	

겨우 1년 반 사업이 침체했는데도 30년에 걸쳐 재투자한 이익이 무용지물이 되었다.

이익 '재투자'의 장점

두 사례를 보면, 연간 이익 대부분을 회사에 유보하는 편이 주주들에게도 유리하다는 미국 배당 정책을 비판적으로 바라보게 된다. 이 주장이 옳을지도 모르지만, 흔히 고려 대상에서 빠졌던 몇 가지 요소부터 되돌아보자. 이 주장은 다음과 같이 3단 논법으로 표현할 수 있다.

1. 대전제: 무엇이든 회사에 이로우면 주주에게도 이롭다.
2. 소전제: 이익을 배당금으로 지급하는 것보다 유보하는 편이 회사에 이롭다.
3. 결론: 이익을 회사에 유보하면 주주에게도 이롭다.

물론 이 주장의 대전제에 약점이 있다. **주주들이 손해 보지 않는 한**, 무엇이든 회사에 이로우면 주주에게도 이롭다. 주주들의 돈을 빼앗아 회사에 준다면 회사에는 분명히 이롭지만, 주주들은 손해를 보게 된다. 관행적으로 경영진은 '이익을 자산에 재투자했다고' 찬양받는다. 그러나 이런 재투자 정책을 평가할 때, 흔히 시간 요소는 평가에서 누락된다. 회사가 이익의 극히 일부만을 배당금으로 지급한다면, 주식의 가치는 시간이 갈수록 증가해야 한다. 그러나 유보된 배당금은 물론 그 배당금에 대한 복리이자까지 더한 만큼 증가하는지는 지극히 의심스럽다.

거납적으로 연구해 보면, 회사의 수익력이 누적된 잉여금에 비례해서 증가하지는 않을 것이다. 보고 이익이 실제로 모두 분배 가능한 이익이라면, 주주들은 이익을 모두 배당금으로 받는 편이 훨씬 낫다. 수익력이 같다면 배당금을 더 많이 주는 주식이 더 높은 가격에 거래된다는 점을 보면 이 사실을 실감할 수 있다.

자의적이고 이기적인 배당 정책

주주들이 배당 정책의 문제점을 제대로 깨닫지 못하는 이유 하나는 배당 정책이 회사를 경영하는 일처럼 전적으로 경영진이 맡은 기능이라고 생각하기 때문이다. 이는 법적으로 옳은 말이며, 불공정 행위가 명확하게 드러나지 않는 한, 법원도 경영진의 배당 정책에 간섭하지 않을 것이다. 그러나 주주들의 의견이 제대로 전달된다면, 법원도 경영진이 배당 정책에 대해 행사하는 전제적 권력을 축소하라고 요구할 것이다. 경험에 비추어 보면, 이런 무제한적 권한은 다양한 이유로 남용되기 쉽다. 이사회는 주로 임원과 그의 친구들로 구성된다. 임원들은 재정 문제를 단순화하려고 이익을 최대한 유보하고 싶어 한다. 또한 권력을 강화하고 보수를 높이려고 사업을 계속 확장하려는 경향도 있다. 그 결과 제조설비가 지나치게 증가하여 우리 경제가 거듭 혼란을 겪고 있다.

배당 정책에 대한 재량권은 더 사악한 방식으로 남용되기도 한다. 때로는 주식을 부당하게 낮은 가격으로 취득하도록 허용하기도 하고, 때로는 비싼 가격에 매물을 쏟아 내도록 조장하기도 한다. 고소득에는 높은 부가세가 부과되므로, 대주주들은 배당금이 반갑지 않다. 그래서 경영진을 좌우하는 대주주의 과세 지위에 맞춰 배당 정책이 결정되기도 한다. 특히 대주주가 경영진이 되어 상당한 보수를 받을 때에는 더욱 그렇다. 이런 상황이라면 이들은 자기 주식 몫의 이익을 최대한 회사에 유보하고 싶어 한다. 그렇게 하면 자기 몫의 이익은 물론 다른 주주들 몫의 이익까지도 자신이 통제하기 때문이다.

분석을 가로막는 자의적 배당 정책

미국 주주들은 배당 정책에 대해서 경영진에게 거의 무제한적인 권한을 주었지만, 이것이 주주들에게도 이익이 되었다고는 말하기 어렵다. 경영진이 배당금 지급 권한을 어리석고 불공정하게 행사하는 사례가 너무도 많다. 배당 정책이 너무 자의적이어서 주식 분석에 불확실성이 가중되기도 한다. 회사의 수익력을 평가하기도 어려운데, 경영진이 이익 중 얼마를 배당금으로 지급할지도 예측해야 하기 때문이다.

이는 미국 기업에서만 나타나는 특이한 현상으로서, 다른 주요 국가에는 이와 유사한 현상조차 없다. 전형적인 영국, 프랑스, 독일 기업들은 매년 적립금을 제외한 이익을 거의 모두 배당금으로 지급한다.[1] 따라서 미국 기업들은 흔히 막대한 이익잉여금을 쌓아 두지만, 이들은 그럴 일이 없다. 사업 확장에 필요한 자본은 유보이익을 통해서가 아니라 주식을 추가로 발행하여 조달한다. 아마도 외국 기업의 재무상태표 적립금 계정이 미국 기업의 잉여금 계정에 해당하겠지만, 이 적립금 계정에는 미국 기업처럼 거액이 들어 있지 않다.

재투자의 원인은 '주식 물타기'

미국의 이익 '재투자' 이론은 제1차 세계대전 이전에 유행했던 주식 물타기 관행에서 비롯된 듯하다. 당시 처음 등장한 미국의 대형 제조회사들은 보통주를 뒷받침하는 유형자산도 없었고, 우선주에 대한 담보도 부족했다. 따라서 경영진은 이후 벌어들이는 이익으로 이 부족분을 메워야 했다. 액면가에 추가로 주식을 팔 수도 없었고, 따라서 사업 확장에 필요한 신규 자본을 조달하기 어려웠으므로, 유보이익에 의존할 수밖에 없었다.[2]

---

1 부록의 비고 46 참조(논의와 예).
2 무액면 주식은 주로 1918년 이후에 등장했다.

사례: 과잉자본과 배당 정책의 관계를 보여 주는 두드러진 사례가 울워스와 US스틸이다. 1911년 울워스가 처음으로 주식을 공모할 때, 회사는 모든 유형자산을 담보로 우선주를 발행했고, 영업권을 나타내는 보통주를 발행했다. 따라서 재무상태표에는 자산계정에 영업권 5,000만 달러가 표시되었고, 이에 상응하는 부채로 액면가 100달러인 보통주 50만 달러가 표시되었다.[3] 울워스가 번창하면서 이익에서 막대한 잉여금을 적립하였고, 이 잉여금을 차감하여 영업권을 마침내 1달러까지 상각하였다.[4]

US스틸은 초기 자본이 유형자산을 무려 7억 6,800만 달러나 초과했는데, 이는 보통주 전부와 우선주 절반에 해당하는 금액이었다. 회사는 이 '물'을 울워스처럼 재무상태표에 영업권으로 표시하는 대신, 고정자산('자산 투자 계정')을 과대평가하여 숨겼다. 그러나 경영진은 다양한 회계기법을 적용하여 영업이익으로 이 가공자산을 상각했다. 1929년이 되자 초기 보통주 금액에 해당하는 5억 800만 달러를 자산계정에서 상각하였다. 회사는 나머지 2억 6,000만 달러를 1937년 보고서에 무형자산으로 별도 표시하였고, 1938년에는 보통주 표시가액을 낮추는 방법으로 전액 상각하였다.

앞에서 언급한 회계 정책은 손익계정 및 재무상태표 분석 장에서 다시 다룰 예정이다. 배당금 관점에서 보면, 이 두 사례에서 대규모 이익을 주주들에게 지급하는 대신 유보한 것은 무형자산을 상각하려는 목적이었다.

결론

이 논의로부터 결론을 도출할 수 있는데, 다음 두 가지 질문과 관계가 있다. 첫

---

[3] 이것이 장기간 제조회사들이 자금을 조달하는 표준 방식이 되었다. 시어스 로벅Sears Roebuck, 클루에트 피보디Cluett Peabody, 내셔널 클로크 앤드 슈트National Cloak and Suit 등이 이 방식을 따랐다.

[4] 울워스의 영업권이 처음 재무상태표에 5,000만 달러로 표시되었을 때, (주식의 시장가격으로 평가한) 영업권의 실제 가치는 약 2,000만 달러였다. 그러나 1925년 영업권이 1달러로 상각되었을 때에는 영업권의 실제 가치가 분명히 5,000만 달러의 몇 곱절이나 되었다.

째는 보고 이익과 비교할 때 배당률을 얼마나 중시할 것인가 하는 현실적인 질문이다. 둘째는 더 이론적이지만 지극히 중요한 질문인데, 주주 이익의 관점에서 어떤 배당 정책이 가장 바람직한가 하는 것이다.

경험에 비춰 보면, 주식시장은 회사에 유보되는 이익 1달러보다 주주에게 배당금으로 지급되는 1달러가 더 가치 있다고 명확하게 판단하였다. 주식투자자는 적정 수익력과 적정 배당금을 둘 다 요구해야 한다. 배당금이 지나치게 적다면 이익이 이례적으로 많을 때에만 정당한 투자가 된다. 물론 배당금이 매우 많아도 이익이 부족하면 곤란하다. 그 배당률이 안정적으로 유지된다고 믿을 수 없기 때문이다.

이런 아이디어를 계량적으로 전개할 수 있도록, 다음과 같이 정의를 제시한다.

1. 배당률: 주당 연간 배당금 규모로서, 달러로 표시하거나 액면가 100달러 기준 퍼센트로 표시한다(액면가가 100달러 미만일 때 퍼센트로 표시하면 혼동을 일으킬 수 있다).
2. 이익률: 주당 연간 이익 규모로서, 달러로 표시하거나 액면가 100달러 기준 퍼센트로 표시한다.
3. 배당수익률: 연간 배당금을 주가로 나눈 값(연간 배당금이 6달러이고 주가가 120달러라면 배당수익률은 5퍼센트).
4. 이익수익률: 연간 이익을 주가로 나눈 값(연간 이익이 6달러이고 주가가 50달러라면 이익수익률은 12퍼센트).[5]

전망이 보통 수준이고, 이익이 7달러이며, 배당금이 5달러인 보통주 A가 100달러에 거래된다고 가정하자. 이 주식의 이익수익률은 7퍼센트이고, 배당수익률은 5퍼센트다. 그러면 이익이 7달러이지만 배당금은 4달러에 불과한 비슷한 보통주

---

5 'earnings basis'는 이익수익률과 같은 의미이다. 그러나 'dividend basis'는 의미가 모호하다. 배당률을 의미할 때도 있고, 배당수익률을 의미할 때도 있기 때문이다.

B는 100달러 밑에서 거래되어야 한다. B의 주가는 80(배당수익률 5퍼센트)과 100(이익수익률 7퍼센트) 사이가 되어야 한다. 대개 주가는 상한선보다 하한선 가까이 형성된다. 적정 상대가격의 공정한 근사치라면 약 90인데, 이 가격에서는 배당수익률이 4.44퍼센트, 이익수익률이 7.78퍼센트로 나온다. 투자자는 배당수익률을 조금만 양보해도 이익수익률을 훨씬 많이 얻을 수 있다.

그 반대 사례로 이익이 7달러이지만 배당금이 6달러인 보통주 C를 생각해 보자. 이 주식은 배당금이 더 많으므로 100달러에 프리미엄을 덧붙여 지불해도 정당한 투자가 된다. 가격 상한선은 배당수익률이 5퍼센트가 되는 120달러가 될 것이다. 그러나 이 가격에서 이익수익률은 5.83퍼센트에 불과하다. 이번에도 적정 가격은 하한선에 더 가까운 108 정도가 될 것이며, 이때 배당수익률은 5.56퍼센트, 이익수익률은 6.48퍼센트가 나온다.

배당 원칙 제시

이 숫자들은 임의로 정한 것이지만, 지금처럼 주식시장이 정상일 때에는 실제 가치와 매우 잘 들어맞는다. 이익은 물론 배당률도 중요한데, 이는 투자자가 현금 소득을 원해서일 뿐 아니라, 배당금으로 받지 못한 이익은 실제로 가치가 감소하기 때문이다. 따라서 미국 주주들은 기업의 배당 정책에 대해 지금까지와는 다른 태도를 보여야 한다. 우리는 전통적 관점을 다음과 같이 수정하라고 제시한다.

원칙

주주들은 재투자를 원치 않으면 주식에서 발생한 이익을 모두 배당금으로 받을 자격이 있다. 경영진은 주주들로부터 명확하게 승인받았을 때에만 이익을 유보할 수 있다. 회사를 유지하기 위해서 꼭 '이익'을 유보해야 한다면, 그것은 진정한 이익이 아니다. 그런 이익이라면 손익계산서에 이익으로 표시하는 대신, 적립금으로 표시하고 적절한 설명을 덧붙여야 한다. 강제 잉여금은 진정한 잉여금이 아니다.[6]

이 원칙을 받아들인다면, 경영진이 결정한 배당 정책을 당연한 일로 받아들이는 대신, 자본 변경이나 주식 추가 발행의 경우처럼 정당한 근거를 요구해야 한다. 그러면 배당 정책이 전보다 더 철저하게 검토되고 더 날카롭게 비판받을 것이며, 나아가 경영진이 사업을 무리하게 확장하여 운전자본을 과다하게 늘리는 일도 방지할 수 있을 것이다.[7]

미국에서도 외국과 마찬가지로 매년 이익 대부분을 배당금으로 지급하는 관행이 자리 잡게 된다면, 배당률이 사업 상황에 따라 변동할 것이다. 그러면 주식 가치의 변동성도 높아질 것이다. 그러나 우리가 기존 배당 관행을 반대하는 이유는 배당률을 안정적으로 유지하겠다는 명분으로 이익 일부만 배당금으로 지급하면서도, 실제로는 배당률을 안정적으로 유지하지 못하기 때문이다. 게다가 자의적이고 신뢰하기 어려운 배당 정책 때문에 주식을 분석하기도 어려워진다. 이 문제를 해결하는 합리적인 방법은 주주가 자신의 연간 배당금 소득을 평균 개념으로 받아들이는 것이다. 주식투자자는 (해마다 들쭉날쭉한 수익력이 아닌) 평균 수익력에 만족할 때 그 주식을 사므로, 평균 배당소득이라는 비슷한 개념에도 얼마든지 적응할 것이다. 사실은 평균 수익력과 평균 배당소득 두 개념은 매우 비슷하므로, 배당금이 변동한다고 해서 주식투자자가 더 곤경에 처하지는 않을 것이다. 결국, 배당률을 안정시키겠다고 이익 대부분을 유보하는 현행 배당 정책보다는 배당금이 변동하는 방식이 투자자에게 유리할 것이다.[8] 주주가 받는 평균 배당소득이 훨씬 높아질 것이기 때문이다.

---

6   여기서 가리키는 잉여금은 회사가 현재 상태를 유지하려면 적립해야 하는 잉여금을 말한다. 경영을 잘한 덕분에 생기는 누적 잉여금을 가리키는 것이 아니다.
7   1929년 영국회사법에서 제시하는 절차에 의하면, 배당금 지급은 연차총회에서 주주들의 승인을 받아야 하며, 경영진이 추천하는 금액보다 증가할 수 없다. 이는 배당 정책을 주주들에게 제출하여 승인받도록 함으로써, 경영진은 자신의 책임을 돌아보고, 주주들은 자신의 권리를 깨우치게 해 주는 지극히 소중한 절차라 하겠다. 회사법에서 모든 사례에 대해 이런 절차를 요구하는 것은 아니지만, 영국에서는 전반적으로 잘 준수되고 있다. 다음을 참조하라. Companies Act of 1929, Section 6~10; Table A to the Companies Act of 1929, pars. 89~93; *Palmer's Company Law*, pp. 222-224, 13th ed., 1929.
8   이익 유보가 배당금 지급의 안정성에 미치는 효과를 종합적으로 연구한 자료로는 다음을 참조하라. O. J. Curry, *Utilization of Corporate Profits in Prosperity and Depression*, Ann Arbor, 1941.

역설

우리는 이익에서 배당금을 지급하는 몫이 많아지면 주식의 매력이 커진다고 결론지었지만, 이 결론에는 묘한 역설이 들어 있다. 주식에서 가치를 빼 갈 때, 주식의 가치가 증가하기 때문이다. 주주는 회사의 자본금과 잉여금에서 배당금을 많이 받아갈수록, 그 주식을 높이 평가한다는 말이다. 이는 그 유명한 《시빌의 서》Sibylline Books(고대 로마의 예언 신탁집)의 전설(책 일부를 누군가 가져갈수록 나머지 책의 가격이 상승했다)과 비슷하다.

평판이 비슷한 두 철도회사 애치슨과 유니언 퍼시픽의 10년간 실적을 비교해 보면 이 쟁점이 잘 드러난다.

항목	보통 1주당 실적	
	유니언 퍼시픽	애치슨
1915~1924년의 10년 이익	$142.00	$137
잉여금 계정 조정	(차) 1.50*	(대) 13
분배 가능 총액	$140.50	$150
지급 배당금	$97.50	$60
주가 상승	33.00	25
주주의 실현 가능 이익	$130.50	$85
1914~1924년 이익 증가	9%**	109%**
1914~1924년 장부가치 증가	25%	70%
1914~1924년 배당률 증가	25%	–
1914~1924년 주가 상승	28%	27%
1914. 12. 31. 주가	116	93
1924. 12. 31. 주가	149	118
1914. 6. 30. 이익	$13.10	$7.40
1924. 12. 31. 이익	14.30	15.45

* 적립금에서 잉여금으로 이체된 주당 약 7달러 제외.
** 1924년 역년曆年(1월 1일~12월 31일) 이익과 1914년 1월 1일~6월 30일 이익을 비교함.

애치슨은 배당금을 높이지 않은 탓에, 수익력과 장부가치가 대폭 증가했는데도 주가는 그만큼 상승하지 않았다. 반면에 유니언 퍼시픽은 배당금을 높인 덕에 그 반대 결과가 나왔다.

이렇게 이례적인 현상이 나타난 것은 앞에서 논의한 배당에 관한 두 가지 개념으로 설명할 수 있다. 다음 요약에서 배당의 이론적 측면과 실제적 측면의 관계를 짚어 보기로 한다.

요약

1. 지극히 보수적인 배당 정책이 결국 이익과 배당금을 대폭 증가시켜 주주들에게 이득을 가져다줄 때도 있다. 이런 경우라면, 배당금이 적다고 주식을 낮게 평가한 시장의 판단이 틀린 셈이다. 이런 주식은 이익을 유보했다는 이유로 주가가 내릴 것이 아니라, 오히려 올라야 한다.

2. 그러나 이익을 유보할 때보다 배당금으로 지급받을 때 주주에게 유리해지는 경우가 훨씬 많다. 그 이유는 (1) 재투자 이익 규모만큼 회사의 수익력이 증가하지 않거나, (2) 공표 이익이 진정한 이익이 아니라, 회사의 현상 유지에 필요한 적립금에 불과하기 때문이다. 따라서 이런 때에는 이익 유보보다 배당금을 강조하는 시장의 판단이 건전한 셈이다.

3. 이렇게 혼선이 빚어지는 이유는 주주들이 의결권을 행사할 때에는 전제 1을 따르고, 투자할 때에는 전제 2를 따르기 때문이다. 주주들이 의결권을 현명하게 행사한다면, 이런 역설은 사라질 것이다. 그러면 이익 대부분을 유보하는 행위가 이례적인 관행이 될 것이고, 주주들이 이를 더 철저하게 검토할 것이며, 주주들에게 유리하다고 확신할 때에만 승인할 것이기 때문이다. 이렇게 저배당 정책에 주주들의 승인을 받아야 한다면, 저배당에 대한 시장의 회의적 태도도 사라질 것이고, 유보되는 이익도 시장에서 제대로 평가받게 될 것이다.

이 논의가 앞 장에서 제시한 주장, 즉 유보이익 재투자 덕분에 주식의 가치가 장기적으로 증가한다는 주장과 충돌하는 것처럼 보일 것이다. 여기서 두 주장의 논점을 구분해야 한다. 앞에서 설명했던 주당 10달러 이익 중 배당금으로 7달러를 지급하는 회사의 예로 돌아가 보자. 매년 주당 이익 3달러가 잉여금에 추가되므로 장기적으로 주식의 가치가 상승한다고 우리는 지적한 바 있다. 이는 분명한 사실이지만, 가치가 증가하는 속도는 연 3달러가 복리로 증가하는 속도에 훨씬 못 미칠 것이다.

이번에는 주당 이익 10달러 중 배당금으로 3달러를 지급하고, 잉여금에 7달러를 추가하는 회사를 가정해 보자. 많은 이익이 잉여금에 추가되므로, 이 주식의 가치도 당연히 증가할 것이다. 그러나 이 주식 역시 가치가 증가하는 속도는 연 7달러가 복리로 증가하는 속도에 훨씬 못 미칠 것이다. 따라서 매년 이익 대부분을 재투자하는 정책이 주주에게 불리하다는 논리는 여전히 타당하다. 우리는 이익 70퍼센트를 재투자하는 정책에 반대하는 것이지, 이익 30퍼센트를 재투자하는 정상적인 정책에 반대하는 것이 아니다.

1934년 이후 배당 정책

1934~1939년 실적만을 바탕으로 미국 기업들의 배당 정책을 평가한다면, 이 장에서 우리가 비판했던 목소리를 상당히 낮춰야 할 것이다. 근래에 와서 기업들이 지급하는 배당금은 확실히 두둑해졌으며, 특히 수익성을 유지하면서 사업을 확장할 기회가 마땅치 않은 회사들의 배당금이 대폭 증가했다. 항공기 제조회사 같은 고속성장 기업의 이익 유보에 대해서는 반대할 이유가 거의 없다. 반면에 GM은 1932~1939년 동안 이익의 약 80퍼센트를 보통주 주주들에게 분배했다. 1939년 미국 재무부는 잉여금을 과도하게 축적하는 기업에 추징세를 부과하는 잠정 기준으로 70퍼센트를 적용한다고 발표한 바 있다.

최근 주가 역시 자의적인 배당 정책으로부터 부당한 영향을 받았다고 말하기 어렵다. 배당 정책의 자의성이 과거보다 대폭 감소한 데다가, 주식시장도 배당보다 보고 이익과 추정이익을 더 중시했기 때문이다.

유보이익세

최근 배당금이 증가한 이유 하나는 논란이 많은 유보이익세 때문이다. 1936년 미국 의회는 7~27퍼센트까지 유보이익세를 부과하였다. 그러나 거센 비판이 일자 1938년 2.5퍼센트로 낮춰 흔적만 남겼으며, 이듬해 완전히 폐지하였다. 유보이익세의 주된 목적은 기업에 이익을 분배하도록 강제하여, 주주들에게 개인소득세를 부과하려는 것이었다. 두 번째 목적은 기업의 잉여금 축적을 제한하는 것이었는데, 잉여금 축적이 개인의 구매력을 억제하고 무리한 기업 확장을 조장한다고 보았기 때문이다.

그러나 이 세법은 널리 거센 비난을 받았는데, 주된 근거는 장래의 손실, 비상, 확장에 필수적인 잉여금이나 적립금 조성마저 가로막는다는 논리였다. 절약하는 기업과 신중한 기업에 과중한 불이익이 되며, 특히 주로 유보이익에 의존해야 하는 중소기업과 신생 기업에 가혹한 세법이라는 말이 나왔다.

부당한 법이지만 비난의 근거도 잘못되었다

우리는 이 법이 매우 잘못되었다고 보지만, 비난의 근거도 대부분 잘못되었다고 본다.

처음 발표한 이 법의 목적은 법인에 대해서도 동업 기업과 똑같이 과세함으로써, 법인과 동업 기업의 과세 기준을 균등화한다는 취지였다. 이런 목적이라면 오히려 찬성 쪽으로 할 말이 많다. 그러나 법안이 통과되는 마지막 단계에서 법인 과세에 동업 기업 과세까지 가중되었으므로, 법인이 불리해졌고 특히 소액 주주들이 불이익을 당하게 되었다. 대주주에 대해서도 현실적인 법이 아니었는데, 법인소득세율에 지극히 높은 개인소득세율까지 더해졌으므로 개인에게도 큰 부담이 되었기 때문이다.

세법 세부 조항에도 마찬가지로 문제가 많았는데, 매우 현실적인 자본손실을 무시했고 재고자산 평가에도 융통성을 허용하지 않았으므로, 회사는 실제 회계상 이익을 초과해서 이익을 분배할 수밖에 없었다.

거의 만장일치로 비난받은 유보이익세법이 이익 재투자를 실제로 막은 것으로 보이지도 않는다. 개인소득세 정도나 이익 재투자가 감소했을 것이다.

기업은 추징세를 물지 않으면서 이익을 유보하는 방법이 여러 가지 있었다. 예를 들면 (1) 과세 대상 주식배당(예: 우선주), (2) 주주들이 현금 대신 주식을 받도록 유도하는 '선택형' 배당금 지급, (3) 현금 배당금을 지급할 때, 매력적인 조건으로 추가 주식 제공 등이다. 세법을 비난하는 사람들은 이런 기법이 불편하고 비현실적이라고 주장했다.

그러나 이는 우리가 조사한 바로는 매우 현실적이었으며, 1936~1937년에 이 기법을 사용한 회사가 상당히 많았다.[9] 하지만 대부분 기업은 이런 기법을 회피했는데, 이 기법을 잘 몰랐거나 세법에 대해 최대한 적대감을 드러내고 싶었기 때문이다.

적절한 배당 정책

우리가 이익 유보 정책에 회의적이었으므로, 유보이익세 취지에 공감할 것으로 생각하는 사람도 있을 것이다. 그러나 사실은 전혀 그렇지 않다. 배당 정책은 법이 아니라 주주들의 현명한 판단에 따라 결정되어야 한다. 개별 사례 중에는 이익 유보가 훨씬 바람직한 경우도 얼마든지 있을 수 있다. 관행은 상황에 따라 달라져야 한다. 배당정책은 우선 경영진이 결정해서 제안해야 한다. 그러나 주주들이 회사

---

9 다음을 참조하라. Rolbein, David L., "Noncash Dividends and Stock Rights as Methods for Avoidance of the Undistributed Profits Tax," XII *The Journal of Business of the University of Chicago*, pp. 221-264, July, 1939. 이 세금을 더 종합적으로 조사한 자료로는 다음을 참조하라. Alfred G. Buehler, *The Undistributed Profits Tax*, New York, 1937 (ad adverse appraisal), and Graham, Benjamin, "The Undistributed Profits Tax and the Investor," LXVI *Yale Law Journal* 1~18, November, 1936.

나 경영진과는 별도로, 자신의 이익을 기준으로 배당정책을 독자적으로 검토하고 평가해야 한다.

제30장 주식배당
QR 코드 통해 제7판에 생략된 원문 PDF 참조.

제5부

손익계산서 분석.
보통주 평가에서 이익 요소

제5부 개론 1

가치투자의 진화

스티븐 로믹

    노스웨스턴 대학교에서 교육학 학사를 취득하고 금융권에서 일자리를 구하기는 쉽지 않은 일이다. 그럼에도 어느 명망 있는 운용사의 매니저가 1985년 대학을 갓 졸업했던 나를 시험 삼아 고용해 주었다. 경영대학원에서 잘못된 투자 이론을 배운 MBA들을 교정하는 데 지쳤다고 했다. 그분이 아버지의 친구였던 것도 한몫했을 것이다.

  입사 제안을 받았을 때 나는 이미 명문 로스쿨에 합격한 상태였고 법학과 경영학을 공부할 예정이었지만, 투자 분야에도 흥미가 있어 일단 일해 보기로 했다. 하지만 무엇이 좋은 투자이고 좋은 기업인지 알지 못했고, 심지어 재무제표조차 읽을 줄 몰랐기 때문에 일단 출근 첫날 수십 개의 사업 보고서를 들고 퇴근했다. 제대로 해내지 못하더라도 로스쿨에 다시 들어갈 수 있으리라는 희망을 품은 채, 우선은 최선을 다해 투자를 배워 볼 작정이었다. 그때 누군가 벤저민 그레이엄의 《현명한 투자자》를 소개해 주었고 이어서 《증권분석》이라는 책도 읽게 되었다. 그리고 UCLA에서 회계학 야간 수업을 들었다. 이를 통해 투자자로서의 기초를 다질 수 있었다.

그레이엄과 도드를 통해 나는 가치투자를 알게 되었다. 충분한 안전마진을 확보하고 기업의 지분을 매수하면 손해 보기 어렵다는 것을 배웠다. 지불한 가격과 내재가치 사이의 괴리가 좁혀지면 돈을 벌 수 있고, 혹시라도 기업이 기대 이상으로 성장한다면 더 많은 돈을 벌 수 있다는 것을 배웠다.

그레이엄과 도드에게 배운 것들이 많은 도움이 되었지만, 한편으로 그들이 강조한 재무상태표, 장부가치, 현재의 현금흐름이나 이익의 중요성에 지나치게 오래 집착했다는 것을 점차 깨닫게 되었다. 그레이엄과 도드의 가르침을 받아들여 가치투자를 시작했지만, 현실에서 경험을 쌓으며 '가치'라는 것을 좀 더 유연한 각도에서 바라보게 되었다. 예를 들어, 나는 전 세계 우량기업 대부분이 순운전자본은 고사하고 장부가치 대비 할인되어 거래되는 경우도 드물다는 것을 알게 되었다. 현금흐름 대비 낮은 배수로 거래되는 경우도 거의 없었다. 그레이엄과 도드는 하방위험을 방어하기 위해 재무상태표의 항목들과 비교해 얼마를 지불할지에 초점을 맞추었는데, 그보다는 경쟁우위나 이익률, 성장률과 같은 사업의 실체가 훨씬 더 중요하다는 것을 깨닫게 되었다.

나는 두 가지 사실을 추가로 깨달았다. 첫째, 기업의 현재와 미래의 수익 창출 능력에서도 안전마진을 찾을 수 있다. 둘째, 현재의 장부가치나 수익가치 대비 염가에 거래되는 기업이라도 사업 모델 자체가 훼손된다면 실망스러운 투자가 될 수 있다.

흔히들 가치투자라고 하면 성장이 정체된 따분한 경기 민감주에 투자하는 것이라고 생각하는 경향이 있다. 반대로 성장주는 경기순환에 큰 영향을 받지 않고 수년간 빠른 속도로 성장할 수 있는 기업이라고 생각한다. 하지만 나는 가치와 성장이 그렇게 이분법적으로 명확히 구분되지 않는다는 것을 알게 되었다. 고성장 기업도 가치주가 될 수 있고, 전형적인 가치투자에서도 성장 기회를 찾을 수 있다.

철학

투자자는 다른 사람들이 붙인 꼬리표에 의존하지 않고 자신만의 철학으로 기회를 포착하고 일상적인 업무의 생산성을 높일 수 있어야 한다. 그렇지 않으면 루이스 캐럴의 《이상한 나라의 앨리스》에 나오는 체셔 고양이의 말처럼 "가고 싶은 곳을 모르면, 아무 데나 흘러가게 된다". 나는 스스로를 가치투자자라 칭하지만 이를 명확하게 정의하기는 쉽지 않다. 성장주 투자자도 가치투자자와 마찬가지로 자신이 소유한 기업이 가치가 있다고 생각할 것이다. 나의 투자 방식은 손실 위험은 제한적이면서 기대수익이 큰 비대칭적 기회에 투자하는 것이다. 이는 돈을 잃지 않으려는 유전적 성향을 가진 투자자들의 투자 철학이다. 안전마진을 확보한다는 것은 모든 것이 계획대로 되지 않더라도 큰 손해를 보지 않겠다는 것이다.

나는 합리적인 가격에 살 수 있는 좋은 품질의 기업을 찾는다. 좋은 기업을 찾기 위해 기업의 투하자본수익률, 시장 지위 방어력, 가격 결정력, 경영진의 역량, 성장잠재력과 같은 특성들을 살펴본다. 겉보기에는 저렴하지만 열등한 기업의 주식을 자주 사고파는 것보다 몇몇 우량한 성장 기업에 포트폴리오를 집중하고 장기간 보유하는 것이 더 낫다고 생각한다. 실제로 성장 전망이 좋은 고품질 기업을 소유하면 해당 기업이 투자자의 자본을 복리로 키워 주는 것을 지켜보며 오랫동안 주식을 보유할 수 있다. 이는 세금 측면에서도 매우 효율적이다.

투자자는 장기적 관점을 취할 때 가장 유리하다. 나는 일반적인 마켓 사이클을 5년에서 7년으로 본다. 이 정도의 기간을 염두에 두고 투자한다면 변동성이 큰 시기에 투자자들이 흔히 저지르는 잘못된 매매 결정을 피할 수 있다. 마켓 타이밍을 맞출 수 있다는 헛된 믿음에 근거한 단기 지향성은 투자자의 사고를 왜곡시키고 장기적인 투자 목표에서 멀어지게 만든다.

장기적인 성공을 위해서는 성과가 저조한 기간을 받아들여야 한다. 시장의 유행과 거품을 단호함과 끈기로 버텨 내야 한다. 최근의 사례만 찾아보아도

1997~2000년의 기술주와 인터넷 버블, 2005~2007년 정점에 달했던 부동산 거품과 서브프라임 모기지 사태, 2020년 코로나19에 대한 과잉 반응과 같은 해 많은 신기술 기업의 주가를 터무니없이 높은 수준으로 끌어올린 광기처럼 유행과 거품의 사례는 무수히 많다.

투자자에게 인내심은 필수 요소이며, 인내는 혹독한 시험의 기간을 거칠 수 있다. 기업의 변화는 효과가 나타나기까지 예상보다 시간이 오래 걸릴 수 있다. 경기침체기에는 아무리 훌륭한 기업 전략도 예상치 못한 어려움을 겪을 수 있다. 전반적인 시장 불안과 변동성, 혼란스러운 뉴스들이 투자자를 괴롭힌다. 합리적인 가격에 고품질의 성장 기업을 매수하고 기다리면 좋은 성과를 거둘 수 있다는 것이 보유하는 내내 좋은 성과를 낸다는 의미는 아니다.

성공에의 길은 일직선이 아니다. 많은 좌절의 시간을 거치고 난 후 폭발하듯 성과가 나온다. 투자자들은 목적지에 집중하고 험난한 여정에 대비해야 한다. 가장 성공적인 장기투자도 오랜 기간 이어진 저조한 성과를 견뎌 낸 결과다.

사례 연구: 마이크로소프트

수년간 투자자의 자본을 복리로 잘 키운 탁월한 기업들을 꾸준히 지켜보면 적절한 매수 시점을 포착할 수 있다. 마이크로소프트가 그런 경우였다.

마이크로소프트를 분석하기 시작한 2010년은 회사의 고속 성장기가 이미 지난 후였다. 하지만 나는 마이크로소프트가 여전히 훌륭한 프랜차이즈 기업이며 합리적인 성장을 다시 이어 갈 것이라고 믿었다. 당시 시장은 마이크로소프트의 미래에 대해 우려했는데 여기에는 타당한 이유가 있었다. 데스크톱 PC에서 태블릿으로 수요가 바뀌고 있었고, 애플의 iOS가 윈도우Windows의 운영체제 패권에 도전했다. 오피스Office가 장악한 워드프로세서 시장을 구글 크롬이 대체해 나갈 기미까지 보였다.

주식시장은 마이크로소프트 주식에 비관적인 가격을 부여했다. 하지만 우리는 시장이 마이크로소프트를 과소평가하고 있다고 판단했다. 당시 20억 달러의 매출을 올리며 클라우드 시장을 선도하던 세일즈포스닷컴Salesforce.com의 주가는 향후 12개월 추정이익의 100배에 거래되고 있었는데, 마이크로소프트 역시 클라우드 사업을 하고 있었고 매출이나 사용자 수에 있어 결코 뒤지지 않았다. 그럼에도 시장에서는 세일즈포스닷컴의 12분의 1에 불과한 8배의 PER을 부여했다. 더구나 마이크로소프트는 클라우드에서 입지를 강화하기 위해 2010년 연간 96억 달러에 달하는 연구개발비 예산 중 90퍼센트를 클라우드에 투자하겠다고 밝혔다. 이 금액은 세일즈포스닷컴 총매출액의 4배가 넘는 금액이었다. 4만 명의 R&D 직원과 거의 모든 기업이 사용하는 다양한 제품군을 보유한 마이크로소프트가 급성장하고 있는 기업용 클라우드 시장에서도 상당한 지위를 확보할 수 있을 것이라고 확신했다.

1999년부터 2009년까지 마이크로소프트의 이익은 연평균 17.4퍼센트 성장한 반면, 주가는 연평균 5.3퍼센트 하락했다. 우리는 회사의 내재가치가 시장가치를 훨씬 상회하며 성장 전망도 좋다고 판단했다. 2010년 우리는 현금을 제외하고 최근 12개월 이익의 12배(보고 이익의 13.4배)에 주식을 매입했는데, 당시 약 15배에 거래되던 S&P500 지수 대비 20퍼센트 할인된 가격이었다.

이후 2010년부터 2020년까지 회사의 주당 이익은 매년 10.8퍼센트 성장했는데, 유통 주식의 13퍼센트에 달하는 자사주 매입도 도움이 되었다. P/E 배수는 최근 12개월 이익의 38.3배로 확대되었고, 10년간 배당 포함 연평균 25.9퍼센트의 수익을 거둘 수 있었다.

마이크로소프트는 성장주였을까, 아니면 가치주였을까? 둘 다였다! 회사의 이익도 꾸준히 성장했고, 매수 가격도 괜찮았다. 시장보다 빠르게 성장하고 있지만 할인된 가격에 거래되는 튼튼하고 우량한 기업의 지분을 사는 것이 결국 돈을 버는 비결이다.

위험 대비 보상이 비대칭적으로 크고 유리한 결과가 나올 확률이 50퍼센트 이상인 투자 기회를 발견할 때 큰 수익을 거둘 수 있다. 마이크로소프트가 그런 경우였는데, 우리는 시장이 회사의 성공 가능성을 과소평가하고 있다고 판단했다. 만약 우리 예상보다 이익이 덜 나오더라도 안전마진을 확보한 덕분에 하락 폭은 제한적이었고, 예상이 맞으면 큰 폭의 주가 상승을 기대할 수 있었다. 아울러 2014년에 경영진이 바뀌면 기업의 성공 가능성이 더 높아질 것이라고 믿었다.

물론 이렇게 투자한다고 항상 성공하는 것은 아니다. 유대인 속담에 "인간은 계획하고 신은 비웃는다"라는 말이 있다. 새로운 경쟁자가 등장해 시장 구도를 흔들어 놓거나, 기존 경쟁자들이 분발할 수 있다. 경영진이 실수를 저지르고, 거시경제 환경이 급변할 수도 있다. 세상은 끊임없이 변화하기 때문에 투자 아이디어를 지속적으로 검토하고 다시 확인해야 한다.

나 역시 많은 실수를 저질렀다. 전자제품 유통업체인 서킷시티Circuit City, 세미테크 글로벌Semi-Tech Global, 보험사 콘세코Conseco 투자는 모두 손실로 끝났다. 경쟁 구도의 변화, 무능한 경영자, 부실한 보험 인수와 같이 중요한 요소들을 제대로 검토하지 못했다.

훌륭한 투자자라도 모두 성공할 수는 없다. 메이저리그 올스타 선수들의 출루율도 30퍼센트에 불과하다. 예전 동료였던 밥 로드리게스Bob Rodriguez는 1984년부터 2010년까지 25년 동안 FPA 캐피털펀드를 운용하며 분산형 뮤추얼펀드 중 최고의 성과를 냈지만, 두 건의 투자에서 전액 손실을 보기도 했다. 큰 실수를 할 수 있다는 것을 받아들이는 것도 투자의 일부다.

나는 마켓 타이밍이 불가능하다고 믿기에 현금은 투자 과정의 결과라고 생각한다. 시장에 매력적인 기회가 보이지 않으면 현금을 들고 기다려야 한다. 현금을 든 채로 가만히 앉아 다른 사람들이 돈을 버는 것을 지켜보는 것은 쉽지 않다. 하지만 내키지 않는 포지션을 보유하는 것보다는 낫다. 루카디아 내셔널Leucadia National Corporation의 전 회장 이언 커밍Ian Cumming과 전 사장 조지프 스타인버그Joseph Steinberg는 2000년 주주 서한에서 자신들을 땅다람쥐에 비유하며 다음과 같이 말했다.

"매일 아침 우리는 구멍에서 나와 시장을 둘러보며 투자 기회를 찾습니다.[1] 가장 먼저 던지는 질문은 '무위험 수익률보다 더 나은 투자처가 보이는가?'입니다. 지난 몇 년처럼 시장이 과열된 시기에는 흥미로운 투자처를 찾지 못했고 다시 구멍으로 들어갔습니다. … 이렇게 하려면 인내심이 필요하지만 복잡하지는 않습니다." 안타깝게도 대부분의 투자자는 주가가 상승하는 걸 보고 투자를 시작하고, 계좌에 큰 손실을 입고 나서 겁을 먹고 매도한다. 시장의 큰 상승은 다 놓치고 하락을 겪으며 결과적으로 시장 지수를 하회하는 성과를 얻고 자신의 투자 목표도 달성하지 못한다.

비교적 자유로운 운용 방침을 가진 우리 펀드는 광범위한 시장과 다양한 상품에 투자하며 고객들에게 가치를 제공한다. 우리는 기업들의 자본구조 전반에 걸쳐 투자한다. 상장 및 비상장 채권은 물론 시가총액이나 산업, 지역, 자산군을 가리지 않고 투자하며, 때로는 공매도를 하기도 한다. 펀드매니저의 투자 대상 자산을 지나치게 제한하는 건 어리석은 일이다. 펀드 마케팅이 용이할 수는 있겠지만 투자성과는 뒤처질 것이다. 나는 우리의 자유로운 운용 방침이 고객들에게 확실히 이익이 된다고 확신한다. 부동산시장에 비유해 보자. 소형주, 중형주, 대형주는 10층, 30층, 70층 빌딩과 비슷하다. 빌딩이 몇 층이건 상업용 건물의 가치를 결정하는 요소는 동일하다. 유사한 타 빌딩의 가격, 자본환원율capitalization rate, 신축 비용, 해당 지역 공실률과 같은 요소들을 그것이다. 가치투자자라면 건물의 크기와 상관없이 가치 대비 가격이 가장 매력적인 건물에 투자할 것이다. 매력적인 건물이 없다면 투자해선 안 된다.

그런데 만약 70층짜리 빌딩의 시세가 내가 사고자 하는 가격보다 비싸거나, 소유자가 팔 생각이 없는 경우라면? 겉으로 투자 기회가 없어 보이는 곳에서도 투자

---

1   루카디아 내셔널은 제프리스 파이낸셜 그룹Jefferies Financial Group과 합병한 이후 제프리스의 사업 부문이 되었다.

기회를 발견할 수 있다. 예를 들어 이 건물의 1순위 모기지 채권을, 건물주가 채무 불이행을 하더라도 손해 보기 힘든 가격에 건물을 압류하고 통제할 수 있을 만큼 할인해서 매수할 수 있다면 어떨까? 이것이 바로 1995년 록펠러 센터의 대주주였던 미쓰비시 에스테이트Mitsubishi Estate Company가 파산 보호 신청을 하면서 벌어졌던 상황이었다. 당시 록펠러 센터의 모기지 채권을 보유하고 있던 부동산 투자신탁회사 록펠러 센터 프로퍼티즈Rockefeller Center Properties Inc.의 채권은 액면가보다 할인된 가격에 거래되었는데 최악의 경우를 상정해 보아도 두 자릿수 수익률이 가능해 보였다. 채권을 변제받지 못해 건물을 압류해야 하는 경우에도 신축 비용보다 낮은 가격에 록펠러 센터를 인수하는 것이어서 손실 위험이 매우 제한적이었다.

기회 포착

투자자는 열린 마음으로 다양한 기회를 검토해야 하지만, 한계도 명확히 알아야 한다. 앞서 언급했듯이 우리는 광범위한 국가와 시장, 증권, 전략을 넘나들며 기회를 찾는다. 하지만 폭넓게 투자할 수 있다고 해서 항상 투자해야 하는 것은 아니다. 충분한 수익과 안전마진이 동시에 확보되었을 경우에만 투자를 집행한다. 어떤 자산군이건 마찬가지다.

주식

주식에 투자할 때 우리는 단순히 재무상태표를 분석해 안전마진을 찾는 것을 넘어, 방어 가능한 틈새시장을 확보하고 자본수익률이 높고 합리적인 가격에 거래되는 성장 기업을 찾는다. 또한 강력한 법치가 확립된 국가의 부흥하는 산업에 속한 기업들이어야 한다. 우리가 얻을 수 있는 결과가 너무 다양한 산업이나 기업은 가급적 피하고, 우리 능력으로 평가하거나 가능성을 따져 보기 어려운 곳은 아예 제쳐 둔다. 오랜 기간 투자하며 우리는 성공에 이르는 시나리오가 다양하고 상승 잠재력이 커서, 투자 아이디어가 맞으면 큰돈을 벌 수 있는 사업에 투자해야 좋은 성과가 나온다는 것을 알게 되었다.

미국의 대형 약국 소매업체인 CVS 헬스는 우리가 선호하는 특징을 많이 가지고 있었는데, 업계가 성장하고 경영진이 뛰어났으며 현금흐름이나 이익 대비 낮은 배수에 거래되고 있었다. 미국 전역에 매장이 있었고 보험 약제 관리Pharmacy Benefit Management, PBM(보험사를 대신해 제약사와 약가 협상을 진행하고 보험 적용 대상 의약품 목록 관리 등을 수행한다—옮긴이) 사업을 하는 케어마크Caremark를 소유하고 있었다. 우리는 사업을 두 부분으로 분리하여 가치평가를 진행했다. 2010년 회사는 1년 선행 추정이익의 11.5배에 거래되고 있었다. 하지만 회사의 PBM 사업에 동종 업계가 적용받고 있는 밸류에이션을 적용하면, 나머지 사업의 가치는 1년 선행 이익의 9.4배에 불과해 저렴하고 안전마진이 충분했다.

약국 부문은 제약 산업의 거시적 추세 변화의 수혜를 받을 것으로 기대되었다. 인구 고령화에 따른 처방약 수요 증가, 연방 정부의 의료 개혁에 따른 보험 가입자 증가와 이로 인한 처방약 이용자 증가, 제네릭의약품으로의 지속적인 전환에 따른 수익성 개선이 기대되었다. 한편 CVS 자체 브랜드 비중이 전체 매출의 17퍼센트에 불과했는데, 약국과 슈퍼마켓을 겸업하는 크로거Kroger의 자체 브랜드 비중은 28퍼센트에 달했고, 영국에 본사를 둔 테스코Tesco는 무려 50퍼센트에 달했다. CVS의 수익성 개선 여지가 컸다. 우리는 자체 브랜드 비중을 늘려 나가면 매출총이익이 10퍼센트포인트가량 증가할 수 있다고 생각했다.

한편 CVS는 인수합병을 통해 성장해 왔는데, 당시 경영진은 새로운 인수합병보다는 운영 효율성 개선에 주목하기 시작했다. 한때 약국 사업은 서로 다른 7개의 재고관리 시스템을 가지고 있었고, 케어마크는 5개의 의약품 청구 플랫폼을 사용했다. 회사는 2013년까지 각각을 하나의 플랫폼으로 통합할 계획을 세웠는데, 이를 통해 20억 달러의 소매점 재고 절감이 기대되었다. 이는 CVS 주식 한 주당 약 1.5달러(당시 주가 대비 4.2퍼센트)에 해당하는 금액이었다. 그리고 케어마크의

PBM 사업 역시 EPS 개선을 통해 3년 동안 주당 3~4달러의 가치를 추가로 창출할 수 있다고 판단했다.

우리는 CVS 경영진이 소유-경영자 사고방식으로 행동한다는 것도 마음에 들었다. 상당한 회사 지분을 소유하고 있었기 때문에 주주들과 이해관계가 일치할 가능성이 높았다. 또한 CVS의 약국 소매 사업이 PBM 사업보다 해자가 더 크고 매출 성장과 경영 개선 가능성이 명확하다고 보았다. 그래서 우리는 당시 상장되어 비싼 가격에 거래되고 있던 PBM 기업인 메드코 컨테인먼트Medco Containment와 익스프레스 스크립트Express Scripts 주식을 우리가 보수적으로 계산한 CVS의 PBM 사업가치 비중만큼 공매도하고 CVS 헬스 주식을 매수함으로써 전체적으로 더 저평가된 포트폴리오를 구성할 수 있다고 생각했다.

회사	주가	EV / EBITDA		PER 배수	
	2010	2011(E)	2012(E)	2011(E)	2012(E)
CVS	$31.83	6.6x	6.1x	11.5x	10.1x
CVS (헤지 후)		5.2x	4.8x	9.4x	8.6x
메드코 컨테인먼트	$62.60	9.4x	8.0x	15.4x	12.3x
익스프레스 스크립트	$57.42	11.1x	9.6x	17.8x	14.7x

우리는 CVS가 직면할 예상치 못한 위험을 낮은 밸류에이션으로 상쇄할 수 있다고 생각했다. 낮은 밸류에이션은 안전마진을 제공하고 투자의 성공 가능성을 높여준다. 하지만 성공 투자를 위해서는 적절한 시기에 매수하는 것 못지않게 적절한 시기에 매도하는 것도 필요하다. 우리는 2010년에 CVS를 계속 매수했고, 5년이 지난 후 회사가 실행한 사업 계획과 우호적인 환경 변화의 결실을 충분히 거두었다고 결론지었다. 아울러 경쟁 환경이 변화하고 있었는데, 이로 인해 CVS는 더 낮은 가격에 더 많은 편의성을 제공하는 온라인 업체들과 힘든 경쟁을 하게 될 것으로 예상되었다.

더 이상 매력적인 가격이 아니라고 판단하여 2015년 CVS 주식을 모두 매도하기로 결정했다. 그동안 이익 성장과 P/E 배수 확장으로 CVS의 주가는 3배 가까이 상승했다. 한편 공매도는 손실 보지 않는 수준에서 마무리되었다.[2]

채권

채권투자에도 동일한 원칙이 적용된다. 우리 회사는 일반채권과 부실채권, 사모사채에 주로 투자한다. 일반채권에 투자할 때 우리는 상환에 문제가 없으면서 주식투자와 비슷한 9~11퍼센트 수준의 만기 수익을 얻을 수 있는 채권을 선별하기 위해 노력한다. 부실채권은 위험이 더 큰 만큼 10퍼센트 중반 이상의 만기수익률을 목표로 한다. 우리 경험에 따르면 사모사채 시장은 특히 비효율적인 경우가 있어서 감수한 위험 대비 상당한 수익을 얻기도 한다.

자본시장의 심리는 희열과 공포를 오가는 시계추와 같다. 금융주는 2008년 글로벌 금융위기 이전에는 낙관적 분위기 속에 크게 고평가되었다가 이후에는 지나친 저평가 상태로 바뀌었다. 덕분에 금융채와 부실 모기지 채권에서 좋은 투자 기회를 발견할 수 있었다. 서브프라임 모기지가 특별히 기피되었는데, 우리는 투자자들의 우려가 과장된 것은 아닌지 조사해 보았다.

2009년 한 해 동안 미국 20대 대도시 주택 가격은 29.5퍼센트 하락했다. 우리는 최초 주택 감정가 대비 66퍼센트 할인되고, 2009년 말 침체된 주택 가격 대비로도 37퍼센트 할인된 가격에 거래되는 알트에이_Alt-A_ 등급(서브프라임의 한 단계 위 등급—옮긴이)의 부실 모기지 채권을 찾아낼 수 있었다. 담보 대상 주택 가격이 추가로 30퍼센트 더 하락해야 손실을 볼 수 있었다. 이 정도 안전마진이면 손실 가능성은 거의 없고, 매력적인 수익을 거둘 수 있다고 판단했다.

---

[2] CVS 매도 이후: CVS는 2018년 건강보험회사인 애트나_Aetna_를 인수했다. 회사는 본 인수합병으로 고객에게 훨씬 통합된 서비스를 제공할 수 있을 것이라고 주장했는데, 우리의 생각은 달랐다. 인수 성공 가능성을 확신할 수 없었기에 CVS 주식을 잘 청산했다고 결론지었다.

부실 모기지 묶음 pool #1	
대출 건수	246
최초 감정가	$7,140만
연체된 원금	$5,880만
2009년 추정 주택 가격	$3,860만
취득가	$2,430만
최초 감정가 대비 할인율	66.0%
2009년 주택 가격 대비 할인율	37.0%

우리는 주택 한 채당 대략 99,000달러를 지불한 셈이었다. 당시 이 가격에 얼마든지 아파트를 임대할 수 있다는 사실을 고려하면 추가적인 안전마진이 있었다.

우리는 2010년 중반에 이자수익 포함 30퍼센트 이상의 수익을 실현할 수 있었다. 상환된 대출만으로도 24퍼센트 이상의 투자 수익을 거두었고, 남아 있는 미상환 담보대출에서도 8퍼센트의 수익을 올릴 수 있었다.

투자 아이디어가 옳다는 것이 검증되자 우리는 계속 부실대출을 매입해 수천 건에 달하는 모기지를 모을 수 있었다. 초반부 결과는 기대보다 좋았지만 유지보수, 건물 손상, 소송과 같은 문제들이 후반부에 남아 있었다. 다행히 이런 문제들도 우리의 예상 범위 내에서 마무리할 수 있었고 12.5퍼센트의 가중평균수익률을 거둘 수 있었다.

찰리 멍거는 언젠가 이런 말을 했다. "우리가 좋은 성과를 거둘 수 있었던 것은 우리가 쉬운 걸 찾아다녔기 때문이다. 사람들은 자신이 똑똑해서 어려운 것도 얼마든지 처리할 수 있다고 생각한다. 하지만 이런 태도는 매우 위험하다. 분별력과 인내심을 잊어서는 안 된다."[3] 그는 또 이렇게 덧붙였다. "보통 사람이라면 5년 동안 아무것도 하지 않고 가만히 있기 어려울 것이다. 인간의 본성에 반하기 때문이다. 활동적인 느낌도 들지 않고 자신이 쓸모없다고 생각되어, 결국 어리석은 일을

---

[3] Charlie Munger, Daily Journal Corporation Annual Meeting, September 10, 2014.

저지르게 된다." 투자의 핵심은 한가운데로 치기 좋은 공이 들어오기를 인내하며 기다렸다가 원하는 공이 왔을 때 힘껏 휘두르는 것이다.

기업 조사 과정

가치투자자로서 우리는 남들이 기피하거나 오해하고 있는 상황에 관심을 갖는다. 시장보다 낮은 위험으로 우리의 장기 목표 수익률을 달성할 수 있는 자산군이나 산업, 국가가 어딘지 찾아내고 최상의 기회에 시간과 노력을 집중한다. 가능한 미래를 전망해 보고 어떤 문제가 있을지 생각해 보는 데 많은 시간을 쏟는다. 투자 성과를 좌우할 핵심 요소는 무엇일까? 잠재적 위험은 무엇일까? 만약에 이런저런 일이 벌어지면 어떻게 될까? 집단사고의 위험을 피하기 위해 우리의 견해와 반대되는 관점을 찾고, 비관적인 상황에서 투자 대상을 재평가해 보기도 한다. 이런 노력 덕분에 2000년대 초중반 서브프라임 모기지와 주택 버블 위험을 피할 수 있었고, 2009년 초 부실채권에서 기회를 발견할 수 있었다.

우리는 외부 '투자 전문가'와는 거의 교류하지 않는다. 월스트리트 전문가들과 만나는 시간을 줄이고, 고객과 경쟁사, 기업 경영진, 업계 전문가와 더 많은 시간을 보낸다. 이런 만남을 통해 기업과 산업에 대한 이해를 높일 수 있다고 믿는다. SEC 공시자료부터 콘퍼런스 콜, 관련된 정기간행물, 업계 연구 보고서에 이르기까지 많은 자료를 찾아 읽는다. 다른 투자자들보다 기업과 산업에 대한 이해 수준을 높이기 위해, 다시 말해 지식 우위를 갖기 위해 노력한다. 물론 많은 투자자들이 이미 깊숙이 들여다보는 기업들은 이런 방식으로 지식 우위를 갖기가 쉽지 않다.

가끔은 재무제표만으로도 기업의 실체를 파악할 수 있는데, 이런 경우에는 보고된 재무 수치를 바탕으로 '염가' 주식을 발굴한다. 하지만 대체로 재무제표 정보만으로는 충분하지 않다. 업계와 기업의 비용곡선, 전체 시장total addressable market의 특성, 고객획득비용과 생애가치, 자산의 시장가치와 같은 정보들을 상세히 살펴보면, 재무 실적만으로는 비싸 보였던 기업들이 실제로는 저평가된 것을 발견할 수도 있다.

우리의 지식은 불완전하므로 우리는 얻을 수 있는 결과를 한 점이 아닌 범위로 생각한다. 좋은 경우와 보통인 경우, 나쁜 경우를 가정해 향후 수년간의 미래를 모델링한다. 훌륭한 투자는 보통인 경우에도 만족스러운 수익을 거두면서, 좋은 경우가 발생할 확률이 나쁜 경우보다 더 높아야 한다. 좋은 기업을 찾을 때 우리는 순이익보다 자본적 지출과 운전자본을 고려한 잉여현금흐름에 집중한다.

합리적인 펀더멘털에 기반한 투자는 모두 가치투자이며, 이는 합리적 시나리오를 가정해 구한 가치보다 낮은 가격에 기업이나 자산을 매수하는 것을 의미한다. 예를 들어 성장 기업도 적절한 안전마진을 확보하고 매수한다면, 금융회사를 유형의 장부가치보다 할인된 가격에 매수하거나 지주회사를 순자산가치보다 할인된 가격에 매수하는 것 못지않게 훌륭한 가치투자가 될 수 있다.

성장주는 대체로 밸류에이션이 높은데, 배수가 높다고 무조건 비싼 것은 아니다. 향후 5년간 매년 30퍼센트의 이익 성장이 기대되는 기업이 이익의 50배에 거래된다면 5년 후 P/E 배수가 30배로 하락하더라도 연평균 17.4퍼센트의 수익을 거둘 수 있다. 하지만 이렇게 높은 밸류에이션은 미래 상황 변화에 매우 취약하다. 만약 해당 기업이 15퍼센트 정도의 꽤 괜찮은 이익 성장을 하더라도 P/E 배수가 20배로 하락한다면 주가는 20퍼센트 하락하고 연평균 −4.3퍼센트의 손실을 보게 된다. 미래 이익 전망이 어긋나면 큰 대가를 치르게 된다.

심리와 위험

투자자는 사업 모델과 산업의 경쟁 구도를 철저히 이해해야 한다. 회사의 재무제표와 주석을 철저히 검토하고 사업과 연결 지어 생각할 수 있다면 상당한 도움이 될 것이다. 하지만 그것만으로는 충분하지 않다.

투자에 성공하려면 자신과 타인의 심리를 이해하는 것 역시 매우 중요하다. 그럴듯한 이야기를 듣고 충분한 조사와 숙고 없이 행동으로 옮기고 보는 편인가, 아니면 손실이 두려워 아무것도 못하는 편인가? 실수를 깨닫고 즉시 주식을 매도할 수 있는가, 아니면 팔지 않으면 손해도 없다고 합리화하며, 주가 상승을 바라고 계속 붙들고 있는가? 지난 수십 년간 투자자의 심리를 연구하는 '행동재무학'에 대한 관심이 크게 증가했다. 인간이 가진 본능적인 감정을 없앨 수는 없지만, 공포와 탐욕, 관성, 과도한 매매와 같은 심리적 요인이 투자자 행동에 어떤 영향을 미치는지 반드시 알아야 한다. 이들 심리적 요인은 조사 과정과 합리적 의사결정에도 영향을 미친다. 투자자는 자신의 행동에 내포된 경향성과 편견을 인식하고 보완할 수 있도록 노력해야 한다.

위험에 대한 태도가 매우 중요하다. 투자에서 위험을 완전히 제거할 수는 없지만 잠재된 위험을 파악하고, 이해하고, 최소화하고, 상응하는 적절한 수익을 거둘 수 있도록 노력해야 한다. 주가가 내재가치를 제대로 반영하지 못할$_{mispricing}$ 위험은 매수 기회일 수 있다. 그 밖에도 우리는 채무불이행, 환율 변동, 사업 모델의 쇠퇴, 사기, 국가부도, 금리 변동, 인플레이션, 소송, 재산 몰수, 매출처 집중, 공급망 혼란, 경쟁, 경제 위기, 유동성, 정치적 위험 등을 염두에 둔다. 영구적 자본 손실이 궁극적인 투자 위험이다.

많은 이가 위험과 변동성을 혼동한다. 하지만 단기적인 시장 변동성은 무시해야 한다. 당신의 투자 자산이 오늘 1,000달러였다가 이듬해 750달러로 하락하더라도, 5년 후 2,000달러에 매도할 수 있다면 연평균 15퍼센트의 수익을 거두게 될 것이다. 하지만 가치가 아니라 가격에 휘둘린다면 25퍼센트 하락한 750달러에 매도하게 될 것이다. 이럴 경우 변동성은 당신의 적이 된다. 투자 아이디어가 여전히 옳다고 확신한다면 변동성을 친구 삼아 750달러에 추가 매수할 수도 있다. 추가 매수 금액은 4년 후 연평균 28퍼센트의 수익을 가져다줄 것이다.

그레이엄과 도드의 말처럼 주식시장은 단기적으로는 투표소지만 장기적으로는 저울처럼 작동한다. 온도계를 보고 현재 기온을 알 수는 있어도 내일의 기온을 알 수는 없는 것처럼, 단기간의 주가 움직임은 기업의 미래가치에 대해 아무것도 알려주지 않는다. 다른 투자자들의 비이성적 행동 덕분에 우리는 할인된 가격에 주식을 사고, 프리미엄을 받고 팔 수 있는 것이다.

어리석은 투자 행동은 다양하게 나타난다. 예를 들어 사람들은 최근에 큰 수익을 올린 펀드에 몰려들고 해당 펀드매니저를 신격화하는 경향이 있는데, 이때가 최악의 시기이다. 투자 리서치 기업인 모닝스타Morningstar 보고서에 담긴 사례는 이런 현상을 적나라하게 보여 준다.[4] "원자재 가격 폭등에 힘입어 펀드가 80퍼센트의 수익을 거둔 2007년 투자금이 물밀듯이 밀려들어 정점을 찍었고, 이듬해인 2008년 펀드는 곧바로 자산의 절반을 잃었다. 펀드는 지난 10년간 연평균 18퍼센트의 수익률을 기록했지만, 대부분의 펀드 투자자는 수익은커녕 연평균 14퍼센트의 손실을 보았다. 펀드와 펀드 고객 간 수익률 격차가 무려 32퍼센트에 달했다." 펀드 고객들은 놀랍도록 정확히 최악의 시기에 들어왔다 나간 것이다.

지나치게 분주한 것도 문제지만, 과거에 안주하는 것도 경계해야 한다. 개별 종목 선정은 물론 전체적인 투자 과정에서도 그렇다. 관성에 젖어 재무상태표 중심의 가치투자라는 틀에 갇혀 있을 수도 있었지만 나는 변화가 필요하다고 판단했다. 기업 환경은 역사상 그 어느 때보다 빠른 속도로 변하고 있는데, 함께 변화하지 않으면 장기적으로 성과가 저하되고 도태될 것 같았다. 변화의 중심에는 과학기술의 발전이 있다. 수많은 사회적, 정치적, 경제적 요인들이 시장을 뒤흔들고 있는 가운데, 나날이 발전하는 기술혁신은 많은 사업의 경제성을 약화시키고 무너뜨리고 있다. 최근 기술혁신의 속도가 가속화되며 수많은 신생 기업이 생겨나고, 전통 기업들의 경쟁력은 급속히 약화되고 있다. 이런 역사적인 기술 발전이 전통적

---

[4] 부적절한 펀드 매수와 매도 타이밍은 펀드매니저가 아니라 펀드 투자자의 잘못이기 때문에 펀드명을 밝히지는 않겠다.

인 가치투자에 부정적인 영향을 미치고 있다는 것을 좀 더 빨리 깨달았다면 좋았을 것이다. 내가 지난 시대의 가치투자 철학에 갇혀 있을 때, 좀 더 유연하게 사고하던 나의 동료는 주주 중심적이고 확실한 경쟁력과 탄탄한 재무구조를 갖춘 적당한 가격의 고품질 성장 기업으로 회사 포트폴리오를 바꿔 나갔다. 뛰어난 사람들과 어울리고, 다양한 관점을 고려하며, 틀렸을 때 기꺼이 인정하는 자세가 투자자에게 중요하다.

도태되지 않기 위해 기업들이 끊임없이 혁신해야 하듯이, 투자자 역시 현 상황에 의문을 제기하고 언제든 발생할 수 있는 예상치 못한 상황에 대비해야 한다. 2000년 전 로마의 철학자 플리니우스는 "아무것도 확실하지 않다는 것만이 확실하다"라고 말했다. 우리 시대의 철학자 마이크 타이슨도 말했다. "누구나 그럴싸한 계획은 있다. 얻어맞기 전까지는."[5] 예상치 못한 일이 언제든 일어날 수 있다는 것을 안다면, 정말 그 일이 발생했을 때 충격을 덜 받을 수 있고 보다 냉철하게 대응할 수 있다. 겁을 먹고 투자를 철회하거나 뒤처질까 두려워 허겁지겁 뛰어들지 않게 해 준다. 때때로 소외당하는 시기가 있다는 것을 안다면 그런 시기에 좀 더 합리적으로 행동할 수 있을 것이다. 시장의 변덕은 어찌할 수 없지만, 자신의 행동은 통제할 수 있다.

마무리

내가 가치투자자가 된 것은 가치투자가 이치에 맞고 나의 위험 회피 성향과도 잘 맞았기 때문이다. 《증권분석》이 출간되고 많은 것이 변했지만, 지금도 여전히 안전마진을 확보한 가격에 투자함으로써 만족스러운 성과를 거둘 수 있다. 가치투

---

5 Mike Tyson, "Everyone Has a Plan till They Get Punched in the Mouth. #Miketyson #Vintagetyson Pic.twitter.com/Yjghgqxrkk," Twitter, October 17, 2018, https://twitter.com/MikeTyson/status/1052665864401633299.

야말로 원금을 안전하게 지키면서 매력적인 장기 수익을 얻을 수 있는 최고의 수단이라고 믿는다. 중요한 재무 변수와 지표는 바뀔 수 있어도, 원칙은 여전히 유효하다.

제5부 개론 2

소유-경영자와 동업하라

벤저민 스타인, 재커리 스턴버그

벤저민 그레이엄과 데이비드 도드가 《증권분석》을 통해 현명한 조언을 아낌없이 나눠 준 이래로, 가치투자자들 사이에 이러한 전통은 꾸준히 이어져 왔고 덕분에 우리 두 저자 역시 큰 수혜를 받았다. 저자 중 한 명이 17살이던 2004년 여름 어느 해변에서 1940년판 《증권분석》의 다음 부분에 밑줄을 치며 읽고 있었다.

> 그러나 내재가치는 이해하기 어려운 개념이다. … 여기서 핵심은 해당 증권의 내재가치를 명확하게 산정할 필요가 없다는 점이다. 분석가는 단지 증권의 가치가 매수하기에 적정한지, 아니면 시장가격보다 매우 높거나 낮은지만 밝히면 된다.
> 이른바 분석 요소들이 시장가격에 미치는 영향은 부분적인 동시에 간접적이다. 영향이 부분적이라 함은 주가를 반대 방향으로 이끄는 순전히 투기적인 요소들과 경합하기 때문이다. 그리고 영향이 간접적이라 함은 사람들의 감정과 판단을 거치기 때문이다. 다시 말해서, 시장은 각 종목의 가치를 그 구체적 특성에 따라 정확하고도 객관적

으로 기록하는 것이 아니므로, 저울과 같은 존재가 아니다. 시장은 차라리 투표소라고 보아야 한다. 수많은 사람이 이성과 감정을 뒤섞어 선택하는 장소이기 때문이다.
(1940년판, 조사와 분석기법)

이 글은 지금도 여전히 타당하다. 그레이엄은 증권분석의 목표를 명확히 제시하고 있는데 다음과 같은 단순한 문장으로 표현해 볼 수 있다. 가치보다 싸게 기업을 사라. 하지만 그런 작업은 과학보다는 예술에 가깝다는 것을 알아야 한다. 그레이엄과 도드는 '내재가치 요소들'로 이익, 배당금, 자산, 자본구조, 발행 조건을 제시한다. 그리고 '미래가치 요소'로 경영진과 평판, 경쟁 여건과 전망, 규모·가격원가의 변화를 제시한다. 미래가치 요소는 '투기'와 '투자' 두 가지 측면을 함께 가진다. 모든 자산의 가치는 미래 현금흐름의 현재가치이므로 미래 현금흐름에 영향을 미칠 것으로 판단되는 양적, 질적 요소를 파악하는 데 노력을 집중해야 한다.

우리는 그레이엄의 가장 유명한 제자인 워런 버핏의 버크셔 해서웨이 주주 서한을 읽고 가치투자의 길에 들어섰다. 장기간 성장하며 가치를 증가시키는 기업의 지분을 소유한다는 기본 전제는 곧바로 이해가 되었다. 성장하는 사업에 투자할 때 시간은 친구이지만, 정체된 사업에서는 그렇지 않다. 워런 버핏이 버크셔 해서웨이에서 보여 준 것처럼 훌륭한 경영자와 장기적인 파트너십을 맺는다는 발상에 크게 공감했고 우리의 성향과도 일치했다. 반면 주가의 움직임에 베팅하는 것은 단기 지향적이고 불필요한 거래를 유발한다고 느꼈다.

우리는 2004년 펜실베이니아 대학교 1학년 때 처음 만났고, 스프루스 하우스 기숙사에서 함께 생활하며 친구가 되었다. 20살에 계산해 보니 1달러가 매년 20퍼센트씩 복리로 가치가 증가하면 우리가 70살이 되는 해에는 9,100달러가 된다는 사실을 깨달았다. 15퍼센트로 복리가 낮아져도 1달러는 1,084달러가 될 것이었다. 우리는 당장 시작해야 한다는 결론에 도달했다. 우리가 규율을 지키고 집중한다면 시간이 우리 편이므로 우리는 목표를 달성할 수 있을 것이었다.

우리는 날마다 상장된 기업을 공부했고 운이 좋으면 소유할 가치가 있는 기업을 발견할 수도 있었다. 기업의 재무제표와 사업 보고서를 조회하는 것도 어렵지 않았다. 매일매일 전 세계 거의 모든 산업과 기업을 대상으로 그 일부를 소유할 것인지 아닌지 결정할 수 있다는 아이디어는 너무도 매혹적이었다. 우리는 자본을 모으고 증권 계좌를 개설했다. 1년 후에는 친구와 가족들을 설득하여 투자자로 끌어들였고, 기숙사 이름을 딴 스프루스 하우스Spruce House라는 투자조합을 만들었다.

우리는 기숙사 방에서 즐겁게 투자했고 지금도 그 시절이 그립다. 이런 초창기 문화와 사고방식은 지금도 우리 회사의 가치체계에 남아 있다. 스프루스 하우스는 가족과 친구로 구성된 파트너십 형태로 그 밖에 소수의 몇몇 대형 기관이 파트너로 참여하고 있으며, 오직 창업자가 운영하는 상장기업과 비상장기업에 집중투자한다. 우리는 자본 조달이나 투자자 관리에 힘을 쏟지 않으며, 현재의 파트너들과 앞으로도 오랫동안 함께하기를 희망한다. 처음부터 우리는 신뢰할 수 있고 장기적 관점을 지닌 소수의 파트너만을 모아 오랜 기간 실질적이고 유익한 관계를 이어가는 것을 목표로 삼았다.

함께 투자를 시작한 지 17년이 지난 지금도 우리는 고객을 평생의 파트너로 생각하며 고객들이 위탁한 자본을 우리의 것처럼 소중하게 운영한다. 우리의 유일한 목표이자 사명은 회사를 키우는 것이 아니라, 자본을 복리로 최대한 키울 수 있는 환경을 만드는 것이었다.

지난 몇 년간 다양한 사업에 투자해 왔고, 항상 가격에 예민한 입장을 견지해 왔지만, 가장 성공적인 투자는 두 가지 필수 요소를 올바르게 판단한 결과였다. 하나는 어떤 사업에 투자하고 싶은가였고, 더 중요한 다른 하나는 누구와 함께하고 싶은가였다. 우리는 이것을 '올바른 카드를 올바른 손에 쥐는 것'이라고 부른다.

1987년 버크셔 해서웨이 주주 서한에서 워런 버핏은 "CEO들이 자본 배분에 서툴다는 사실은 사소한 문제가 아닙니다. 10년 동안 회사 순이익의 10퍼센트가 유보된다면 CEO는 전체 자본의 60퍼센트 이상에 대해 배분 책임을 지게 됩니다"라고 지적했다. 이 단순한 사실은 장기 주주에게 중대한 영향을 미친다. 시간이 흐를수록 전체 사업의 자본수익률은 이렇게 추가된 자본이 창출한 수익률에 수렴하게 될 것이다. 경영진은 사업에 재투자하거나, 다른 사업을 인수하거나, 자사주를 매입하거나 배당을 지급할 수 있다. 이 네 가지 선택 사항 중 만족스러운 수익이 기대되는 곳에 합리적으로 자본을 재투자하는 경영진도 있고 그렇지 못한 경영진도 있다.

그레이엄은 기업들의 이익 유보를 신용하지 않았다. 그레이엄은 《증권분석》 제4부 '보통주 투자 이론'에서 '이익 재투자의 장점'을 다루며 경영진의 이익 유보에 대해 사람들이 자주 간과하는 부분을 지적한다. '회사에 이로우면 주주들에게도 이롭다. 단, 주주들의 돈을 빼앗아 회사에 주는 것이 아닌 경우에만.' 이 예외적인 경우는 결코 사소한 문제가 아니다. 사업이든 주식이든 자본을 투자하는 데 있어 이해관계 일치가 중요하다. 장기적으로 회사 이익을 소유하는 것은 매일매일 내려지는 모든 기업 의사결정의 총합을 소유하는 것과 같다. 따라서 경영진과 경영진의 사고방식을 이해하는 것은 매우 중요하다.

우리는 온종일 사업에 매진하는 창업자들이 최고의 파트너라는 결론에 도달하게 되었다. 그들은 기업이 목표로 삼는 진북true-north이 어디인지 명확히 인식하고 있기 때문에 그 목표를 염두에 두고 의사결정을 내릴 가능성이 높다. 반면 고용된 CEO는 보다 단기 지향적일 뿐 아니라 여러 목표를 함께 추구할 수 있다. 장기적이고 목표가 분명한 창업자가 회사 주식을 거의 보유하지 않은 이사회 구성원보다 자본을 훨씬 잘 배분할 것이다. (주주총회 안내 자료에 1퍼센트 미만의 이사 지분을 *로 명기하고 있어서 우리는 이사회를 '별다방 모임'이라고 농담 삼아 부른다.)

우리는 상장기업의 창업자에게 만약 100퍼센트 지분을 모두 가진 비상장 개인 회사라면 의사결정이 어떻게 달라질 것인지를 항상 묻는다. 이상적인 회사라면 달라질 것이 거의 없다고 대답할 것이다. 상장기업의 많은 CEO와 이사회를 압박하는 단기 지향성을 피하는 것이 중요하다. 창업자들은 일시적인 주가가 아니라 보다 장기적인 현금흐름 창출 능력에 회사의 가치가 달려 있다는 것을 잘 안다.

몇 년 전 우리는 브래드 제이콥스Brad Jacobs가 운용하는 미국 최대 물류회사 중 하나인 XPO 로지스틱스XPO Logistics에 투자하고 있었다. 2018년 12월 제이콥스는 XPO 역사상 가장 큰 인수 건의 마무리를 앞두고 있었는데, 며칠 사이에 XPO 주가가 42퍼센트 하락했다. 그러자 제이콥스는 인수를 마무리 짓는 대신 10억 달러 상당의 XPO 주식을 매수하는 것으로 신속하게 방향을 틀었다. 최종적으로 발행 주식의 24퍼센트를 사들였다. 제이콥스는 투자 기간 대비 수익률과 자본수익률이라는 두 가지 관점에서 자사주 매입과 기업 인수를 비교했는데, 두 경우 모두 자사주 매입이 훨씬 유리했다. 단지 중개인에게 전화를 걸어 자신이 이미 잘 아는 기업을 할인된 가격에 왕창 사들이면 끝이었다. 이에 비해 기업 인수는 인수 대상 기업을 본인 회사보다 잘 알지도 못할뿐더러 인수 협상과 자금 조달, 통합에 많은 시간과 노력이 필요했다. 이처럼 기민하고 명확하게 대응할 수 있는 경영자는 흔치 않다. 특히 이사회라는 집단 의사결정 체제에서는 기대하기 어렵다. 2011년 9월 제이콥스가 XPO를 인수한 이후 2021년 연말까지 36퍼센트의 연 복리 수익률을 달성할 수 있었던 것은 결코 우연이 아니다.

우리가 창업자들에게서 찾는 핵심 자질은 합리적 사고와 지적 정직성이다. 우리는 명확한 사고를 하고 리더십과 경영 능력을 갖춘 창업자에 관심이 있다. 자본 배분에 대한 명확한 체계를 갖고 주당 현금흐름으로 측정되는 사업가치를 만들어내는 창업자에 관심이 있다.

대학생 시절 여름이면 우리는 유명한 가치투자자 밥 로보티Bob Robotti 밑에서 일했는데, 그는 나중에 우리의 멘토이자 친구가 되었다. 우리는 밥이 베풀어 준 은혜에 항상 감사한 마음을 갖고 있다. 그는 우리에게 사무실을 제공했고 많은 시간을 내어 가르침을 주었고 성실함이 무엇인지 모범을 보여 주었다. 그와 함께 세계 곳곳의 여러 회사를 방문하며 즐거운 시간을 보냈다. 그는 수년간 사무실에서 투자 모임을 주최했는데, 참석자들의 전략은 조금씩 달랐지만 모두 《증권분석》에 담긴 지적 가르침에 큰 영향을 받은 투자자들이었다. 자연스럽게 우리들은 밥이 수년간 소유한 많은 기업을 살펴볼 수 있었다. 밥은 각 사업의 운영 방식과 사업이 속한 생태계에 대해 깊숙이 꿰고 있었고, 한 산업의 경쟁 역학이 어떻게 진화하고 미래 수익에 영향을 미치게 될 것인지 세심하게 이해하고 있었다.

로보티 밑에서 배우며 우리는 여러 다양한 기업을 연구하고 투자하게 되었다. 그레이엄과 도드의 영향을 받은 다른 투자자들처럼 재무상태표 분석을 통해 보유 유형자산 가치가 커 하락 위험이 제한적인 염가 기업을 발굴하는 데 집중했다. 해상 석유 시추, 석유 및 가스 서비스, 보험, 해운 분야의 기업에 투자했고, 2008년 금융위기 이후 구조조정을 마친 주택 분양 기업에도 투자했다. 이들 사업은 대체로 대규모 자본을 필요로 했고, 고객들의 협상력이 강했으며 경기변동의 영향을 받았다. 하락 위험이 제한적이라는 것은 계산을 통해 알 수 있었다. 하지만 오랜 기간 보유했을 때 얻을 수 있는 수익은 경영진의 재투자 의사결정에 크게 의존했다. 이들 기업은 자본집약적이고 경기순환적인 자산에 재투자하는 경우가 많았는데, 결과를 전망하기가 어려웠다. 비록 우리가 그런 투자에서 어느 정도 성공을 거두기는 했지만, 단지 잘 사고판 결과에 가까웠다. 우리는 미래에도 계속 잘 사고팔 수 있을 것이라고 생각하지 않았다. 그보다는 훌륭한 소유-경영자가 운영하는 기업을 찾아 10년 이상 장기 보유하는 것이 훨씬 더 편하다고 생각했다.

2011년 투자를 시작한 퍼스트서비스FirstService Corporation가 그런 기업이었다. 시가총액이 10억 달러가 넘었고 세계적인 상업용 부동산 서비스 기업인 컬리어스 인터내셔널Colliers International과 미국 최대의 부동산관리 기업인 퍼스트서비스 레지덴셜FirstService Residential을 비롯해 캘리포니아 클로젯California Closets과 같은 여러 주택 관련 프랜차이즈 사업체를 소유하고 있었다. 무엇보다 중요한 것은 퍼스트서비스에 제이 헤닉Jay Hennick이 있었다는 것이다. 헤닉 덕분에 퍼스트서비스는 1995년 상장 이후 연 20퍼센트의 복리로 주가 상승이 이루어졌다. 헤닉은 타고난 기업가였다. 고등학교에서 안전요원으로 일하며 수영장 청소 사업 아이디어를 떠올렸고, 이를 계기로 다양한 부동산 서비스 판매 가능성에 눈뜨게 되었다. 헤닉은

'천천히 점진적으로 가치를 창출하겠다'라는 자세로 접근했다. 2015년 컬리어스가 상장되었고 퍼스트서비스와 함께 합산 시가총액 100억 달러를 넘어섰다. 이후로 컬리어스는 880억 달러의 자산을 관리하는 부동산 펀드 운용 사업을 전개했다. 우리가 처음 투자하던 시기에는 존재하지 않았던 또 다른 부동산 서비스 사업을 만들어 낸 것이다. 좋은 사람에게 투자할 때 좋은 일이 생긴다. (그 반대도 사실이다. 안타깝게도 우리는 힘들게 이 교훈을 얻었다.)

우리는 안전마진이 확보되고 다양한 수익 실현 방안을 가진 투자처에 매력을 느낀다. 제이 헤닉은 매력적인 가격의 인수 기회에 신중하게 자본을 투입하고, 하방을 제한할 수 있는 계약 조건을 덧붙여 낮은 위험으로 폭넓은 성장을 이루어 냈다. 컬리어스는 해외 현지 협력사가 많았는데, 풍부한 유동성을 바탕으로 협력사를 인수하기도 하였다. 우리는 과거의 성공적인 협력사 인수 사례를 평가해 회사의 미래를 전망해 볼 수 있었다. 가끔은 우리가 보수적으로 추정한 컬리어스의 미래 현금흐름보다 상당히 할인된 가격에 컬리어스 주식을 추가 매수할 수 있었다. 최초에 투자했던 가격보다 몇 배 더 오른 가격에 주식을 사기도 했는데, 헤닉의 새로운 성장 전략으로 컬리어스의 성장이 훨씬 더 오랫동안 이어질 것으로 보았기 때문이다. 현재 우리 중 한 명은 컬리어스 이사회에서 활동하고 있으며, 10년 전과 마찬가지로 지금도 컬리어스의 미래에 대해 큰 기대를 갖고 있다.

우리가 투자한 기업 중 상당수는 유기적 성장과 인수합병을 병행하며 성장했다. 매력적인 산업은 아니지만 부동산 서비스나 바닥재, 단열재, 물류 등의 분야에서 선두를 달리는 기업들이다. 모두 시장 규모가 크고, 기초 제품과 필수 제품을 공급하며, 매우 파편화되어 있고, 규모의 경제를 만들어 낼 수 있는 산업에 속해 있다. 하지만 자본을 복리로 성장시키겠다는 사명을 가진 소유-경영자가 없다면 이런 기업에 투자하는 것은 특별한 매력이 없다. 창업자들은 우연히 이런 사업을 하게 된 것이 아니다. 창업자들은 이런 속성을 가진 산업을 특별히 선택해 경쟁자보다 더 높은 고객 가치를 제공하기 위해 끊임없이 노력했고, 인수합병을 통해 대규모 부를 창출한 것이다.

창업자 CEO들과 점점 더 많은 시간을 보내고 투자 자산을 조정해 나가며 우리는 더 깊이 미래에 대해 생각하고 여러 가능성을 따져 보기 시작했다. 예를 들어 우리는 가구 및 가정용품 전자상거래 기업인 웨이페어Wayfair와 온라인 중고차 플랫폼 기업인 카바나Carvana에 장기투자하고 있는데, 두 회사의 핵심 경쟁력인 물류 네트워크를 구축하기는 매우 어렵다. 두 기업은 경쟁자가 제공할 수 없는 소비자 가치를 제공하고 있고 규모가 커질수록 서비스는 더욱 개선될 것이다. 두 회사 모두 창업자가 직접 경영하고 있는데 소비자들이 최대한 다양한 품목의 제품을 선택하고 최대한 빨리 배송받을 수 있도록 막대한 투자를 하고 있다. 제3자에게 핵심 기능을 아웃소싱하는 경쟁자들이 복제하기 어렵다. 우리는 성장을 계량화하기 위해 손익계산서를 해체하고 재작성하는 법을 배웠다. 목표는 해당 사업의 단위 경제학을 이해하고, 우리가 투자하기에 적절한 주가와 성장률을 구해 내는 것이다. 아울러 장기적인 손실 가능성과 이를 방어할 방안을 파악하는 것이다. 성장 전망이 현금흐름으로 아직 전환되지 않았기 때문에 그레이엄은 이를 투기라고 부를 것이다. 하지만 우리는 파편화된 대규모 오프라인 시장이 온라인 시장으로 재편되고, 승자 독식 경제 역학이 큰 수익을 가져다줄 것이라고 믿는다. 수익성 중심의 사업 운영 능력이 입증되고, 고객 요구를 충족시키기 위해 현재 현금흐름을 재투자하기로 분명히 선택한 기업일 경우 그럴 가능성이 더 높을 것이다.

그레이엄은 "가장 사업처럼 하는 투자가 가장 현명한 투자"라고 말했는데, 어떤 면에서 우리의 투자 방식은 그레이엄을 우리 식으로 해석하고 발전시킨 결과라고 할 수 있다. 우리가 존경하는 여러 사람도 사업가가 됨으로써 더 나은 투자자가 되었고, 투자자가 됨으로써 더 나은 사업가가 되었다고 말한다. 우리는 이 말을 마음에 새기고 그레이엄의 가르침과 조화시키려 노력했다.

최근 몇 년 동안 코로나19 팬데믹과 이에 대응한 정부의 통화 및 재정 정책, 우크라이나 전쟁, 인플레이션과 중앙은행의 긴축 등 예측할 수 없었던 많은 사건이 투자를 한층 어렵게 만들었다. CEO들이 사업을 예측하고 운영하는 것이 더 힘들어졌다. 알 수 없는 또 다른 문제들이 분명히 우리 앞에 있을 것이다. 2022년 우리가 투자한 많은 기업의 주가가 헐값 수준으로 하락했고, 예상 수익 감소에 대응하여 경영진은 운영 비용을 통제하고 있다. 또한 이자비용이 현저하게 상승하여 주가를 더욱 끌어내렸다. 우리가 투자한 기업에 공매도가 들어오면 우리는 겸허한 자세로 우리가 틀릴 수 있는 부분을 찾아보려고 노력한다. 하지만 한편으로 미스터 마켓은 스승이 아니라 하인이라는 그레이엄과 도드의 현명한 조언을 되새겨 보기도 한다.

그레이엄은 31살에 파트너십을 시작했는데, 3년 후인 1929년 주식시장이 붕괴되었고 이어서 대공황과 제2차 세계대전이 발생했다. 이런 시기를 헤쳐 나가며 투자한다는 것이 얼마나 힘든 일이었을지 상상하는 것조차 쉽지 않다. 그레이엄과 도드는 1934년 5월 《증권분석》 제1판 서문에서 "우리는 이 책을 쓰면서, 금융시장 폭락 상태가 영원히 이어진다는 대중의 확신에 맞서야 했다"라고 썼다. 우리는 거시경제 환경에 대한 두려움이 언론과 일상 대화를 장악할 때면 언제나 1994년 버크셔 해서웨이 주주 서한에서 워런 버핏이 했던 말을 떠올린다.[1]

> 우리는 정치와 경제에 대한 예측을 계속 무시할 것입니다. 이들은 투자자와 사업가의 마음을 흐트러뜨리는 값비싼 요물이기 때문입니다. 베트남전 확대, 임금 및 가격 통제, 두 번의 석유파동, 대통령 사임, 소련 해체, 다우지수의 하루 508포인트(22.6퍼센트) 폭락, 단기국채 수익률의 2.8~17.4퍼센트 변동을 30년 전에 예측한 사람은 아무도 없습니다. 그러나 놀랍게도 이렇게 거대한 사건들조차 벤저민 그레이엄의 투자 원칙에는 전혀 영향을 미치지 못했습니다. 합리적인 가격에 인수한 좋은 기업은 이런 사건들 속에서도 여전히 건전한 투자였습니다. 만일 우리가 알지 못하는 두려움 때문

1　Warren Buffett, "Chairman's Letter." Berkshire Hathaway Inc., March 7, 1995. https://www.berkshirehathaway.com/letters/1994.html.

에 투자를 연기하거나 취소했다면 대가가 얼마나 컸을까요? 실제로 우리는 거시적 사건에 대한 두려움이 절정에 이르렀을 때 가장 좋은 조건으로 기업을 인수했습니다. 두려움은 변덕쟁이에게는 적이지만, 원칙주의자에게는 친구입니다.

이런 거시적 충격은 고성장 기업에 특히 고통스러울 수 있다. 규모가 작았던 수년 전에 비해 갑작스럽고 급격한 수요 감소가 재무상태표에 미치는 영향이 훨씬 크기 때문이다. 기업 규모가 커지면서 훨씬 큰 금액의 돈이 수익과 비용 항목으로 들어오고 나간다. 따라서 우리는 고성장 기업에 재무상태표에 충분한 안전마진을 확보하도록 독려한다. 자본 조달이 용이하고 당장 필요할 것 같지 않은 시기에도 특별히 그렇게 하도록 요구한다. 재무상태표를 튼튼하게 만들기 위해 필요한 자본 조달과 이로 인한 주식 가치 희석을 잘 알고 있지만, 경영진은 기술, 시스템, 인재에 대한 투자를 우선시해야 한다고 믿는다. 그렇지 않으면 기업의 경쟁력이 약화될 수 있다. 부채로 자금을 조달한다면 높은 잠재 수익이 기대되는 새로운 아이디어에 유연하게 투자하기 힘들다. 가까운 장래에 잉여현금흐름이 증가할 가능성이 높은 고성장 기업에는 튼튼한 재무 상태와 충분한 인재를 확보하는 것이 무엇보다 중요하다. 이를 통해 우리가 투자한 여러 기업은 경제적으로 힘든 시기에도 기업을 인수하고, 매력적인 가격에 자사주를 매입하고, 미래 수익 창출 능력을 지속적으로 강화해 나갈 수 있었다.

투자는 힘들고 우리를 겸손하게 한다. 우리는 열린 자세를 유지하고 끊임없이 학습하며 수많은 잠재 기회를 평가하는 데 집중하려고 노력한다. 우리는 고객 기반을 천천히 늘려 왔고, 새로운 고객이 힘든 시기에 어떻게 행동할 것인지 생각한다. 우리는 진정으로 수십 년을 내다보는 고객만을 파트너로 맞이한다. 우리처럼 매우 집중된 포트폴리오를 구축하고 공매도나 헤지를 하지 않는다면 수익률의 높은 변동성을 피할 수 없다. 변동성은 필연적이다. 워런 버핏은 투자하는 동안 세 번이나 순자산이 반토막 났고, 벤저민 그레이엄은 두 번이나 파산할 뻔했다. 이 글을 쓰고 있는 2022년 가을, 우리 역시 매우 고통스러운 시기를 겪고 있다. 진정으로 장기적 관점을 갖는 것만이 단기적인 사업 성과나 주가 변동을 무시하고 5년 후의 가치를 추정하고 행동에 옮길 수 있는 유일한 방법이다. 사업을 근본까지 철저히 이해하고, 투자관이 일치하는 고객들을 확보하고, 레버리지를 사용하지 않는 것이 힘든 시기를 헤쳐 나가는 데 필요한 핵심 요인이다. 일직선으로 성장하는 기업은 없다는 것을 알아야 한다. 성공한 기업의 투자자가 얻은 보상이 지금은 확실해 보이지만, 그 보상은 여러 차례 불안과 불확실성, 스트레스의 기간들을 이겨 낸 결실이다. 우리가 존경하는 투자자들은 좋을 때 너무 흥분하지 않고, 어려울 때 너무 위축되거나 감정적이 되지 않는 차분한 성품을 가졌다. 인내심과 규율을 갖고 원하는 공이 들어올 때만 배트를 휘둘렀고, 자신의 견해가 대중과 다른 시기를 잘 이겨 냈다. 그리고 무엇보다 중요한 것은, 그들은 매일 또 다른 멋진 투자 기회를 찾아 나서는 뿌리 깊은 낙관주의자였다.

손익계산서 분석

주식투자 이론의 역사를 논의할 때 보았듯이, 그동안 관심의 초점이 자산가치에서 기업의 수익력으로 이동하였다. 이렇게 이동한 데에는 충분한 이유가 있지만, 그렇다고 해서 투자 분석의 바탕이 되는 확고한 토대마저 사라진 것은 아니다. 일부 투자자는 자신의 기업을 평가할 때와 같은 태도로 주식을 평가하면서, 개인의 경험과 성숙한 판단력을 활용하고 있었다. 이런 투자자는 정보를 충분히 입수하면, (미래 수익력 예측을 제외하고) 엉뚱한 길로 빠져들 위험도 크지 않았다. 재무상태표와 손익계산서를 연계해서 분석하면 기업의 내재가치를 이중으로 확인할 수 있었는데, 이는 은행이나 신용평가기관에서 기업의 신용도를 평가하는 공식에 해당하였다.

수익력만 분석하면 불리하다

이제 사람들이 이익에만 의지해서 주식의 가치를 평가하므로, 비상장회사 개념과 투자 원칙 사이에 커다란 틈이 벌어졌다. 사업가가 자신이 작성한 재무 보고서와 대기업이 발표한 재무 보고서를 비교해 본다면, 가치평가 방식이 전혀 다르다고 실감할 것이다. 사업가는 회사가 보유한 자산을 무시한 채, 최근 실적만을 토대로 회사를 평가하지 않는다. 사업가가 투자 관점에서 재무상태표를 완전히 무시한다면, 그는 여러 측면에서 매우 불리한 처지에 놓이게 된다. 첫째, 그는 자신의 일상적인 사업 경험과 전혀 다른 개념들을 받아들여야 한다. 둘째, 이익과 자산이라는 두 가지 가치평가 기준 대신 한 가지 기준에만 의존하므로, 평가의 신뢰도가 감소한다. 셋째, 이렇게 그가 전적으로 의존하는 손익계산서는 재무상태표보다 변화가 더 빠르고 극단적이기 쉽다. 따라서 그는 주식의 가치가 매우 크게 변동한다고 생각한다. 넷째, 손익계산서는 재무상태표보다 투자자의 판단을 그르치기가 훨씬 쉽다.

이익에만 의존하면 위험하다

따라서 손익계산서를 분석하여 주식을 평가할 때, 이익에만 의존하면 위험하다는 사실을 명심해야 한다. 회사의 자산은 과거보다 중요성이 많이 감소했지만, 그래도 어느 정도는 중요하므로 주목할 필요가 있다. 특히 손익계산서를 제대로 이해하려면 기초와 기말 재무상태표를 반드시 참조해야 한다.

월스트리트가 주식을 평가하는 기법

월스트리트가 주식을 평가하는 기본 공식은 다음과 같이 요약할 수 있다.

1. 회사의 이익을 찾아낸다. (최근 보고서에서 주당순이익을 보면 된다.)
2. 주당순이익에 다음을 반영하여 적정 '질적 계수'를 곱한다.
   a. 배당률과 배당 실적
   b. 회사의 상태: 규모, 평판, 재무 상태, 전망
   c. 사업 유형(예컨대 담배 제조회사가 시가 제조회사보다 PER이 높다.)

d. 시장의 전반적인 추세(약세장보다는 강세장일 때 PER이 높다.)

이 내용은 다음 공식으로 요약할 수 있다.

$$가격 = 당기\ 주당순이익 \times 질적\ 계수^1$$

이렇게 계산하면 대개 '주당순이익'의 비중이 나머지 모든 요소를 합한 비중만큼 커진다. 게다가 '질적 계수' 자체가 대부분 이익 추세에 따라 결정되는데, 이익 추세는 일정 기간의 이익에서 도출된다.

자의적으로 결정되는 이익

그러나 이렇게 평가의 유일한 토대가 되는 주당순이익은 큰 폭으로 변동할 뿐 아니라, 자의적으로 결정되거나 조작될 여지가 매우 많다. 경영진이 주당순이익을 과장하거나 축소하는 데 사용하는 기법들을 요약하면 다음과 같다.

1. 일부 항목을 손익계산서 대신 잉여금 계정에 (또는 그 반대로) 할당한다.
2. 상각비나 기타 적립금을 과장하거나 축소한다.
3. 자본구조를 변경하여 선순위 증권과 주식의 비중을 조절한다. (이런 조치는 경영진이 결정하고 주주들의 승인을 받는다.)
4. 거액의 자본금을 사업 이외의 용도로 사용한다.

---

[1] 기업의 이익이 없거나 '정상' 수준에 훨씬 못 미치면, 월스트리트는 어쩔 수 없이 더 합리적인 평가 기법을 적용하는데, 예컨대 평균 수익력, 운전자본 등의 비중을 높인다. 그러나 이것은 예외적인 절차다.

분석가에게 주는 의미

이렇게 복잡한 기업회계와 재무 정책 덕분에 증권분석가의 활동 영역이 넓어진다. 탐정처럼 기민하게 탐색하고, 비판적으로 비교 분석하고, 공표된 주당순이익과 크게 다른 실상을 발견하고 지적할 기회가 무수히 많다.

이런 작업은 틀림없이 매우 가치가 있다. 시장가격이 내재가치나 상대가치에서 크게 벗어나는 사례를 많이 발견할 수 있으며, 이를 토대로 이익을 얻을 수 있을 것이다. 그러나 이렇게 발견한 사실이 실제로 유용하다고 과신해서는 안 된다. 진실을 아는 것은 항상 좋은 일이지만, 이를 토대로 행동에 나서는 것이 항상 현명한 처사는 아니다. 특히 월스트리트에서는 그러하다. 그리고 분석가가 발견하는 진실이 **전부**가 아니며, **불변**의 진실도 아니라는 점을 항상 명심해야 한다. 그가 연구한 결과물은 과거 실적을 좀 더 정확하게 해석한 것에 불과하다. 게다가 분석이 완료된 시점이나 시장에 적용하려는 시점에는 타당성이 사라질 수도 있다.

이런 위험을 모두 고려하더라도, 분석가가 손익계산서를 철저하게 분석해야 한다는 점은 두말할 필요도 없다. 손익계산서 분석은 다음 세 가지로 분류할 수 있다.

1. 회계적 측면. 주요 질문: 분석 기간의 진정한 이익이 얼마인가?
2. 사업적 측면. 주요 질문: 과거 이익 실적으로부터 추정되는 미래 수익력은?
3. 투자 측면. 주요 질문: 주식을 합리적으로 평가하려면 이익에서 어떤 요소를 고려해야 하고, 어떤 기준을 따라야 하는가?

손익계산서에 대한 비판과 대안

손익계산서가 실제로 유용한 정보가 되려면, 일단 분석 연도 영업실적이 공정하고 충실하게 표시되어야 한다. 상장회사가 이익을 대놓고 허위로 진술하는 경우는 드물다. 1932년에 드러난 이바르 크뤼게르Ivar Kreuger의 사기가 이런 성격이었지만,

이는 대담성과 사기성 측면에서 매우 희귀한 사례였다.

주요 회사들의 손익계산서는 공인회계사의 감사를 받으므로, 회계 측면에서는 어느 정도 신뢰할 수 있다.[2] 그러나 주식 분석 측면에서는 감사받은 손익계산서라고 해도 비판적으로 해석하고 조정해야 하며, 특히 다음 세 요소가 중요하다.

1. 일회성 손익
2. 자회사나 관계 회사 영업
3. 적립금

손익계산서 개관

회계 원칙에 의하면, 경영진은 일회성 항목 처리에 상당한 재량권을 행사할 수 있다. 과거 연도에 귀속시킬 수 있는 거래는 당기 이익에 넣지 않고 잉여금 계정에서 차감하거나 가산하는 것이 표준 원칙이다. 그러나 엄밀하게 따지면 당기 실적으로 잡아야 하는데도, 성격이 특수하거나 일회성인 거래도 많다. 회계 원칙에서는 경영진이 이런 거래를 이익에 반영할 것인지 잉여금에 반영할 것인지 결정하도록 허용하고 있다. 성격이 이러한 항목의 예를 들면 다음과 같다.

1. 고정자산 매각 손익
2. 유가증권 매각 손익
3. 사채할인 상환 차금이나 사채할증 상환 차금
4. 생명보험 피보험이익

---

2 최근 감사받은 손익계산서에서 이익과 유동자산이 과도하게 부풀려진 사례가 여러 건 드러났다. 1938년 매케슨 앤드 로빈스McKesson and Robbins Company가 대표적인 사례다. (역시 1938년에 드러난 인터스테이트 호저리 밀스Interstate Hosiery Mills와 일리노이 징크Illinois Zinc Corporation 사건도 그런 예다.) 매케슨 앤드 로빈스 사건이 세상을 떠들썩하게 했지만, 장기적으로 보면 이런 사기를 저지른 상장회사는 극소수에 불과했다.

5. 국세환급금 및 그 이자
6. 소송 결과에 따른 손익
7. 재고자산 특별상각
8. 매출채권 특별상각
9. 비업무용 자산 유지비용

이와 같은 항목에 대해서는 회사마다 처리 관행이 매우 다양하다. 각 항목에 대해서 손익계산서에 포함하거나 제외할 수 있는 사례들을 제시하겠다. 이런 사례 중 일부는 어떤 회계 처리가 더 나은지 논란의 여지가 있지만, 주식을 평가하려는 목적이라면 이 모든 항목을 당기 경상 실적에서 제외해야 한다. 이는 투자자가 손익계산서에서 주로 알고자 하는 내용이 일정 조건에서 드러나는 기업의 수익력(즉 사업 여건이 분석 기간과 동일하게 유지될 때 기업이 계속해서 올릴 실적 추정치)이기 때문이다. 뒤에 설명하겠지만, 이 모든 특별 항목을 과거 해당 기간에 귀속시켜야 당시 수익력을 정확하게 평가할 수 있다.

두 번째로, 분석가는 자회사나 관계 회사 실적이 보유 지분만큼 최대한 정확하게 반영되도록 모회사 보고 이익도 조정해야 한다. 대부분 연결재무제표는 그런 방식으로 작성되므로 조정할 필요가 없다. 그러나 연결재무제표가 불완전하거나 투자자를 호도하는 사례도 많은데, 그 이유는 (1) 주요 자회사의 손익 일부를 반영하지 않거나, (2) 자회사로부터 받는 배당금이 자회사 당기 이익보다 훨씬 많거나 적기 때문이다.

세 번째로, 분석가는 적립금에 대해서도 비상한 관심을 기울여야 한다. 감가상각 및 기타 상각 충당금, 그리고 미래 손실 및 비상 손실 적립금이 그런 예다. 이런 적립금은 경영진이 자의적으로 결정하기 쉽다. 따라서 언제든지 과대평가되거나 과소평가될 수 있으며, 이에 따라 최종 보고 이익이 왜곡될 수 있다. 예컨대 경영진이 상각비를 장부상 원가 기준으로 계산하여 이익에서 차감한다면, 이는 투자자 관점에서 볼 때 상각을 공정하게 반영한다고 보기 어렵다.

일회성 항목: 고정자산 매각 손익

이제부터 이 세 가지 조정에 대해서 자세히 논의해 보자. 먼저 일회성 항목이다.[3] 고정자산 매각 손익이 바로 이런 일회성 항목이므로, 일정 조건에서 기업의 수익력을 제대로 파악하려면 이를 당기 실적에서 제외해야 한다. 일반적으로 인정된 회계 관행에서는 고정자산 매각 손익을 잉여금 계정에만 반영하라고 권고한다. 그러나 이런 일회성 손익을 당기순이익에 반영하여 당기 이익을 왜곡하는 사례가 무수히 많다.

사례: 이런 관행을 보여 주는 두드러진 사례가 1926년 맨해튼 일렉트리컬 서플라이Manhattan Electrical Supply Company의 보고서다. 이 회사는 이익이 주당 10.25달러에 해당하는 88만 2,000달러라고 발표했는데, 이는 매우 우수한 실적으로 평가되었다. 그러나 이후 주식을 추가로 뉴욕 증권거래소에 상장하려고 제출한 신청서에 의하면, 보고 이익 88만 2,000달러 중 무려 58만 6,700달러가 건전지 사업부를 매각해서 얻은 이익이었다. 따라서 경상 영업에서 나온 이익은 주당 3.40달러에 해당하는 29만 5,300달러에 불과했다. 이렇게 특별이익을 손익에 반영한 행위가 특별히 문제가 되는 이유는 같은 해에 무려 54만 4,000달러에 이르는 특별손실을 잉여금 계정에서 차감했기 때문이다. 이 특별손실도 분명히 특별이익과 같은 유형이었으므로, 두 항목은 똑같은 계정에 반영되었어야 했다. 그러나 하나는 이익에 가산하고 하나는 잉여금에서 차감하였으므로, 회사는 가장 심하게 투자자들을 호도했다. 게다가 건전지 사업부 매각 이익을 손익계산서와 연차 보고서의 당

---

[3] 1933년 증권법과 1934년 증권거래법에 의하면, 증권거래위원회는 등록 회사가 위원회와 증권거래소에 의무적으로 제출하는 보고서에서 일회성 항목과 경상적 항목을 구분하는 방식을 규정할 수 있다. [1933년 증권법 Sec. 19(a)와 1934년 증권거래법 Sec. 13(b)] 초기 등록 양식(A-1, A-2, A-10)과 연차 보고서 양식(10-K)은 손익계정 안에서 일회성 손익 항목을 구분하게 되어 있다.

기 실적 설명 어디에서도 명확하게 언급하지 않았다.[4]

1931년 12월 US스틸은 약 1,930만 달러의 '특별이익' 가운데 대부분이 '고정자산 매각 이익'이라고 보고했다. 이 고정자산은 인디애나주 게리Gary에 있는 공익기업 지주회사로 생각된다. 이 항목이 당기이익에 포함된 덕분에 최종 순이익이 1,300만 달러가 되었다. 그러나 이것은 분명히 일회성 항목이므로, 분석가는 1931년 영업실적에서 제외해야 한다. 그러면 우선주 배당금 지급 전에 손실 630만 달러가 된다. US스틸이 1931년 적용한 회계기법은 이전 3년 동안 받은 거액의 법인세 환급금을 처리한 방식과도 다르다. 당시에는 환급금을 당기 이익이 아니라 잉여금에 직접 가산했다.

유가증권 매각 손익

기업이 유가증권을 매각하여 실현한 이익도 성격이 독특하므로, 경상 실적과 구분해야 한다.

사례: 스탠더드 오일의 자회사였던 내셔널 트랜짓National Transit Company의 1928년 보고서는 유가증권 매각 이익을 손익계정에 포함하여 실적을 왜곡한 사례다.

항목	1927	1928
영업수익	$3,432,000	$3,419,000
배당금, 이자, 기타 소득	463,000	370,000
총수익	$3,895,000	$3,789,000
'감가상각비 및 직접 손익 항목 포함'		
영업비용(1928년 유가증권 매각 이익 포함)	3,264,000	2,599,000
순이익	$631,000	$1,190,000
주당순이익 (EPS)	($1.24)	($2.34)

---

4 연차 보고서에서 이 거래에 대해 대표이사가 설명한 내용은 다음 언급이 전부였다. "경영진은 여러 해 실적이 부진했던 건전지 사업부를 만족스러운 조건으로 매각하였습니다." 1930년에는 대표이사가 뉴욕 증권거래소에서 자사 주식을 조작하는 부정 사건이 발생했다.

이 내용을 주주들에게 보고한 방식도 심각하게 비판받을 소지가 있다. 1927년과 1928년 연결손익계산서를 요약하면 대략 다음과 같다.

주당순이익 증가가 매우 인상적이다. 그러나 주간통상위원회에 제출한 모회사 실적을 자세히 분석해 보면, 1928년 이익 중 56만 달러가 유가증권 매각 이익으로 드러난다. 이는 주당순이익 증가 폭과 거의 정확하게 일치한다. 이 특별이익에서 법인세 등을 차감하면, 1928년 이익 증가분은 거의 모두 자회사의 유가증권 매각 이익이라는 일회성 항목에서 온 것이다. 이런 이익은 회사의 수익력을 계산할 때 분명히 제외해야 한다. 내셔널 트랜짓이 특별이익으로 영업비용을 줄인 보고서 양식도 참으로 기묘하다. 1929년 뉴욕, 시카고 앤드 세인트루이스 철도회사가 자회사를 통해서 페어 마켓 주식을 매각한 방식은 더 기묘한 회계 조작으로 이어졌다. 이에 대해서는 비연결 대상 자회사를 다룰 때 논의하기로 한다. 1931년 울워스는 영국 자회사 지분 일부를 매각하여 얻는 거의 1,000만 달러의 이익을 손익계정에 넣었다. 그 결과 주당순이익이 과거 어느 때보다도 커 보였지만, 실제로 이 회사는 영업이 침체한 상태였다. 놀랍게도, 같은 해에 이 회사는 특별이익 관련 미지급 법인세 200만 달러를 잉여금에서 차감하였다.

보유 유가증권의 시장가치가 감소했을 때에도 유가증권 매각 손실이 발생한 경우처럼 일회성 항목으로 취급해야 한다. 보유 외환의 가치가 하락했을 때에도 마찬가지다. 대부분 기업은 이런 손실을 잉여금으로 생각한다. 1931년 GM 보고서에서는 모두 2,057만 5,000달러에 이르는 손실을 이익에서 차감하고, '특별 일회성 손실'이라고 표시하였다.

투자신탁의 유가증권 매각 손익

투자신탁이 유가증권 매각 손실이나 보유 유가증권의 가치변동을 취급하는 방식에는 다소 특별한 면이 있다. 1930년 이전에는 대개 유가증권 매각 이익은 경상이익으로 보고하고, 보유 유가증권의 가치 상승은 재무상태표에 비고나 주석으로 표시했다. 그러나 1930년과 이후에 거액의 손실이 발생하자 흔히 손익계정 대신 자본금, 잉여금, 적립금에서 차감했다. 아직도 대부분 투자신탁은 미실현 손실을 재무상태표에 주석 사항으로 설명하고, 보유 유가증권을 계속 취득원가로 표시한다. 일부 투자신탁은 보유 유가증권의 가치가 하락하면 시장가격에 맞춰 장부가치를 낮추고, 자본금과 잉여금에서 차감하였다.

유가증권 매매는 투자신탁회사의 핵심 업무이므로, 유가증권 매매 손익은 물론 보유 유가증권의 가치변동도 특별 요소가 아니라 경상 요소로 보아야 한다는 주장이 충분히 나옴 직하다. 실제로 투자신탁의 이자 및 배당금 수입에서 비용을 차감하면, 그 금액은 미미할 것이다. 투자신탁의 실적을 분석하여 유용한 결과를 얻으려면 이자 및 배당금 등 투자 소득, 유가증권 매매 손익, 보유 유가증권의 가치변동 세 가지를 모두 분석해야 한다. 그리고 이렇게 산출한 한 해 손익은 회사의 수익력을 나타내는 지표가 절대 아니다. 여러 해 걸쳐 산출한 평균 손익도 지표로서 의미가 있으려면, 먼저 전체 시장지수와 비교해 보아야 한다. 이 평균 손익이 시장지수보다 훨씬 높다면, 일단은 경영진이 유능하다고 볼 수 있다. 그렇더라도 이 실적이 실력인지 운인지를 자신 있게 구분하기는 어렵다.

이렇게 비판하는 요지는 두 가지다. (1) 투자신탁의 실적을 평가하는 척도가 원본 가치의 변동률뿐이다. (2) 이 변동률은 기반이 확고한 제조회사의 이익 실적에 드러나는 '정상적인 수익력' 지표처럼 신뢰도 높은 지표가 아니다.[5]

은행과 보험회사의 비슷한 문제

보험회사와 은행의 실적을 분석할 때에도 비슷한 문제가 발생한다. 대중은 보험회사 주식 중에서도 주로 화재보험사 주식에 관심을 집중한다. 화재보험사의 사업은 주로 보험업과 투자신탁업으로 구성된다. 이들은 미리 받은 거액의 보험료와 자본금으로 투자한다. 대개 법적 제약을 받는 금액은 투자자금의 극히 일부에 불

---

5 부록의 비고 47을 참조하라. 증권거래위원회가 분석한 투자신탁회사들의 실적을 요약하였고, 투자신탁회사들의 실적과 관행에 대해 두 사람의 논평을 덧붙였다.

과하므로, 대부분 자금은 투자신탁과 거의 같은 방식으로 운용된다. 인수 사업에서 큰 이익이 나는 경우는 드물다. 오히려 인수 사업에서 자주 발생하는 손실을 이자와 배당금 소득으로 메우기 일쑤다. 보유 유가증권 가치변동을 포함해서 증권 매매 손익이 손해보험사 주식에 투자하는 대중의 심리에 절대적인 영향을 미친다. 정도는 덜하지만, 은행주도 마찬가지다. 1920년대 말 은행주에 엄청난 투기 열풍이 불었던 것은 은행들이 당시 강세장에 직간접적으로 투자하여 막대한 이익을 올렸기 때문이다.

1933년 이후 은행들은 법에 따라 관계 회사들과 분리되었고, 정부 채권을 제외한 증권 운용에 대해서도 더 면밀한 감독과 규제를 받았다. 그러나 은행들은 여전히 막대한 자금을 채권에 투자했으므로, 채권 가격이 큰 폭으로 변동하면 보고 이익이 큰 영향을 받았다.

투자신탁, 은행, 보험사 등 금융회사들은 증권의 가치변동을 반드시 실적에 반영해야 하므로, 이런 주식은 일반 대중이 투자하기에는 위험하다. 이런 금융회사들은 보유 증권의 가치가 상승하면 당기 실적에 반영하므로, 사람들은 강세장에서 금융회사들이 얻은 이익이 '수익력'이라고 간주하여 그 주식의 가치도 높게 평가한다. 그 결과 주식이 터무니없이 과대평가되며, 이후 시장이 무너지면 주가도 폭락한다. 이런 거친 등락은 금융회사에도 해가 되는데, 이는 대중의 신뢰에 악영향을 미치기 때문이다. 또한 은행과 보험사 주식에 투기 열풍이 불면, 이런 금융기관들은 무분별하게 신규 사업을 벌이고, 기존 사업을 확대하며, 보수적으로 수립했던 대출 기준을 전반적으로 완화하기도 한다.

증권분석가는 투자 조언을 할 때 일반 소액 투자자가 은행주와 보험주를 사지 않도록 온 힘을 다해 설득해야 한다. 1920년대에 붐이 일어나기 전에는 풍부한 경험을 갖추고 성숙한 판단을 내리는 사람들만 이런 주식을 보유했다. 이런 자질을 갖춰야만 증권 가격 등락에 따라 보고 이익이 변동할 때 흔히 저지르는 평가 오류를 피할 수 있기 때문이다.

또한 투자신탁은 주가 흐름이 역설적이다. 운용 능력을 갖춘 투자신탁은 소액 투자자들의 자금을 합리적으로 운용해 줄 수 있다. 그러나 투자신탁 주식을 거래하는 사람들은 소액투자자들이므로, 투자신탁 주식 자체는 변동성이 매우 높다. 이런 문제를 해결하는 방법은 대중이 투자신탁 보고서를 제대로 이해하도록 교육하거나 경고하는 방법뿐이다. 안타깝게도, 이 문제가 해결될 전망은 그다지 밝지 않다.

선순위 증권 할인 매입에서 발생하는 이익

기업이 자사 선순위 증권을 액면가보다 할인된 가격으로 사들여 상당한 이익을 실현하는 예도 간혹 있다. 이렇게 발생한 이익을 당기 이익에 포함하는 것은 분명히 잘못된 관행이다. 첫째, 이는 분명히 일회성 항목이며, 둘째, 채권 보유자들이 보는 손실 덕분에 얻는 이익이므로, 바람직한 이익이 아니다.

사례: 이런 특이한 회계 관행을 보여 주는 예가 1915년 유타 파워 앤드 라이트Utah Power and Light Company의 모회사 유타 시큐리티Utah Securities Corporation이다. 다음은 그 손익계산서다.

손익계산서(1915년 3월 31일 결산)

유타 시큐리티즈의 이익	
자회사에서 발생한 이익 포함	$771,299
비용 및 법인세	30,288
순이익	$741,011
6% 사채 상환 이익	1,309,657
유타 시큐리티에 발생한 총이익	$2,050,668
6% 사채 이자비용 차감	1,063,009
당기 연결 순이익	$987,659

이 손익계산서에 의하면, 유타 시큐리티의 주된 '이익'은 자사 사채의 할인 매입에서 나왔다. 이 특별 항목이 없었다면, 회사는 이자비용도 감당하지 못했을 것이다. 1931~1933년 불황기에는 자사 선순위 증권을 대폭 할인해서 매입하는 관행이

널리 퍼졌다. 이는 기업의 이익은 적은데도 보유 현금이 많아서 가능한 일이었다. 이익이 저조했던 탓에 선순위 증권 가격이 내려갔고, 보유 현금이 많았던 덕분에 회사는 선순위 증권을 대량으로 되사들일 수 있었다. 특히 투자신탁회사들 사이에서 이런 관행이 두드러지게 나타났다.

사례: 인터내셔널 시큐리티The International Securities Corporation도 두드러진 사례다. 이 회사는 1932년 11월 30일로 마감되는 회계연도에 자사의 5퍼센트 사채를 무려 1,268만 4,000달러나 사들였는데, 이는 발행액의 거의 절반이었다. 평균 매입 단가가 약 55에 실현이익이 약 600만 달러였는데, 이 금액으로 보유 유가증권의 가치 하락분을 메웠다.

제조회사 중에는 1932년 아머 앤드 컴퍼니Armour and Company가 그런 사례다. 이 회사는 사채를 대폭 할인 매입하여 얻는 이익 552만 달러를 이익에 포함하고서도 순이익이 163만 3,000달러에 불과했다. 이렇게 1933년 순이익보다도 일회성 이익이 많았던 회사로는 굿리치 러버Goodrich Rubber, 유나이티드 드러그, 부시 터미널 빌딩Bush Terminal Building Company 등이 있다. 유나이티드 시가웰런 스토어United Cigar-Whelan Stores의 1938년 상반기 보고서에도 이런 실태가 드러난다.[6] (1933년 걸프 스테이트 스틸Gulf States Steel Corporation 등 일부 회사는 이익을 직접 잉여금에 가산하는 바람직한 관행을 따랐다.)

선순위 증권을 액면가보다 높은 가격에 상환하면 그 반대 결과가 나온다. 그러나 그 차액이 많으면 회사들은 항상 당기 이익이 아니라 잉여금에서 차감하였다.

사례: 그 대표적인 사례가 1929년 4,060만 달러를 잉여금에서 차감한 US 스틸이다. 이 회사는 자회사 사채 3억 700만 달러를 110에 상환하였다. 1927년 굿이어 타이어 앤드 러버는 다양한 채권과 우선주를 할증 가격으로 상환하고 금리와 배당률이 낮은 새 증권을 대체 발행하면서, 960만 달러를 잉여금에서 차감하였다. 분

---

6 1938년 연차 보고서에서는 이렇게 발생한 이익을 잉여금에 가산하였다.

석가의 관점에서 보면, 이렇게 특수한 자사주 거래에서 발생하는 손익은 일회성이 므로, 당기 영업실적 분석에서 제외해야 한다.

종합 사례: 아메리칸 머신 앤드 메탈American Machine and Metals, Inc.(앞에서 언급한 맨 해튼 일렉트리컬 서플라이Manhattan Electrical Supply Company의 후계 회사)은 1932년 이익 에 자사 채권 할인 매입에서 발생한 이익을 포함하였다. 이 회사의 1931년과 1932년 보고서는 회계 처리 방식이 매우 자의적이므로, 여기서 손익계산서와 자 본금 및 잉여금 조정을 모두 살펴보기로 한다.

아메리칸 머신 앤드 메탈 보고서(1931년과 1932년)

항목		1932		1931
손익계정:				
감가상각 및 이자 차감 전 이익		($136,885)		$101,534
채권 재매입 이익 가산		174,278		270,701
이익 합계		37,393		370,236
감가상각비		87,918		184,562
채권 이자		119,273		140,658
최종 손익		(169,798)		47,015
자본, 자본잉여금, 이익잉여금에서 차감:				
이연 이전비 및 광산 개발비		111,014		
손실 적립금:				
투자 채권 원금 및 이자		600,000		
재고자산		385,000		
투자		54,999		
자회사 청산		39,298		
매장량 감모상각		28,406		32,515
고정자산 상각		557,578		
매장량 및 채굴권 감소		681,742		
연방 법인세 환급 등	(대)	7,198	(대)	12,269
손익계정에 누락된 총비용		$2,450,839		$20,246
손익계정에 표시된 실적	(차)	169,798	(대)	47,015
주식 추가판매 대금	(대)	44,000		
자본금 및 잉여금 변동 합계	(차)	$2,576,637	(대)	$26,769

1926년에서와 마찬가지로, 1932년에도 특별손실은 잉여금에서 차감하고 특별 이익은 이익에 가산하는 매우 잘못된 관행이 나타났다. 나중에 특별이익의 속성 (자사 채권 할인 매입에 의한 이익)을 보고서에 공개한다고 해도, 크게 달라지는 것은 없다. 주주와 잠재 투자자들은 대개 회사가 발표한 최종 주당순이익에만 관심을 집중할 뿐, 이익이 산출된 과정은 세심하게 조사하지 않기 때문이다. 이 회사가 1932년 잉여금에서 차감한 일부 비용의 중요성에 대해서는 나중에 설명하기로 한다.

기타 일회성 항목들

나머지 일회성 항목들은 중요하지 않으므로 자세히 논의하지 않는다. 이런 항목들은 당기 이익으로 표시하든, 잉여금에 가산하든, 대개 큰 차이가 없기 때문이다.

사례: 김벨 브라더스Gimbel Brothers 생명보험 이익 16만 7,660달러를 1938년 이익에 가산하고, '비거래 항목'으로 표시했다. 반면에 유나이티드 머천트 앤드 매뉴팩처러United Merchants and Manufacturers는 계속해서 영업손실을 기록했는데도, 1938년 생명보험 이익 157만 9,000달러를 잉여금에 가산하였다.

벤딕스 애비에이션Bendix Aviation Corporation은 특허소송 판결에 따라 받은 90만 1,282달러를 1929년 이익에 포함하였고, 1931년에도 소송을 통해서 회수한 로열티 24만 2,656달러를 당기 이익에 포함하였다. 1932년 걸프 오일Gulf Oil Corporation은 지나간 소송을 통해서 받은 551만 2,000달러를 이익에 포함하였다. 이 방법으로 손실 276만 8,000달러를 이익 274만 3,000달러로 전환할 수 있었다. 법인세 환급금은 항상 잉여금에만 가산하지만, 법인세 환급금에 대한 누적 이자는 손익계정에 표시할 때도 있다. 1926년 듀폰은 법인세 환급금에 대한 누적이자 200만 달러를 이익으로 보고하였고, 1930년 US스틸은 밝히지는 않았지만 이보다 훨씬 큰 금액을 이익에 포함하였다.

손익계산서의 특별손실과 기타 특별 항목

손익계산서 분석은 일회성 손실 때문에 매우 어려워지기도 한다. 재고자산 상각과 매출채권 상각은 어느 선까지 특별손실로 인정하여 당기 영업실적에서 제외해야 하는가? 파국적이었던 1932년에는 거의 모든 기업이 재고자산과 매출채권을 상각했다. 기업들이 적용한 회계기법은 매우 다양했지만, 대부분은 이런 손실을 잉여금에서 차감하는 방법으로 손익계산서를 최대한 보호했다. 반면에 1937~1938년 침체기에 발생한 완만한 재고자산 손실은 거의 모두 이익에서 차감했다.

재고자산 손실은 기업의 영업활동과 직접 연결되어 있으므로, 그 일반 속성이 절대로 특별하지 않다. 다만, 1931~1932년에 전반적으로 기업들의 실적이 이례적으로 나빴던 것처럼, 재고자산의 가치하락 폭이 이례적으로 컸다고 볼 따름이다. 따라서 장기 평균 실적을 분석할 때에는 1931~1932년에 발생한 손실도 (실제로는 잉여금에서 차감했더라도) 당기 실적으로 간주해야 한다. 제37장에서 평균 수익력을 평가할 때 이례적인 연도의 실적 처리 방법을 살펴볼 예정이다.

이익 조작

앞의 1932년 아메리칸 머신 앤드 메탈 보고서를 보면, 회사는 대규모 비용을 잉여금에서 차감했는데, 이는 장래 손익계산서를 보기 좋게 꾸미려고 당시에 손실적립금을 과도하게 적립한 행위로 볼 수도 있다. 1932년 12월 31일 매출채권과 재고자산을 과도하게 상각했다면, 이렇게 인위적으로 낮춘 원가 때문에 이후 연도의 이익이 그만큼 부풀려질 것이다. 다음과 같이 가상의 거래를 생각해 보면 쉽게 이해된다.

1932년 12월 31일 재고자산과 매출채권의 공정가치	$2,000,000
공정가치 적용 시 1933년 이익	200,000
잉여금으로 과도하게 상각한 재고자산과 매출채권 가치	1,600,000
과도한 상각에 의한 1933년 이익	600,000

* 과도한 상각에 의한 이익이 적정 이익 20만 달러보다 3배나 많다.

이는 아마도 가장 악의적인 회계 조작의 예가 될 것이다. 이는 간단히 말해서 잉여금(또는 자본금)을 빼서 이익으로 표시하는 행위가 된다. 잉여금이 감소한 것은 잘 드러나지 않지만, 이익이 증가하면 주가에 결정적인 영향을 미친다.[1] 나중에 자세히 설명하겠지만, 자산을 '보수적'으로 상각하면 이렇게 이후 이익이 증가한다. 감가상각비가 감소하기 때문이다. 이런 회계기법이 위험한 것은 대중이 이런 조작을 거의 인식하지 못하는 데다가, 전문가조차 감지하기 어려워서 입법 당국이나 증권거래소의 제재도 피해 가기 때문이다.

회사가 발표한 주당순이익을 기준으로 주식의 가치가 결정되므로, 경영진이 자의적이고 불건전한 방법으로 주가를 통제하기가 훨씬 쉬워졌다. 경영진 절대다수

---

1 US인더스트리얼 알코올의 1932년 보고서와 이후 실적이 이 가상 사례와 비슷하다. 1932년 이 회사는 통상적 관행을 벗어나 당밀 재고자산을 당시 추정 시장가치로 낮추려고 잉여금을 차감하여 적립금 150만 달러를 설정했다. (그 이전에는 당밀 재고자산을 계속 원가로 표시했다.) 이후 보고서에서 밝힌 내용에 의하면, 이 적립금의 영향으로 1933, 1934, 1935년 이익이 각각 77만 2,000달러, 67만 7,000달러, 5만 1,000달러 증가했다. 그러나 회사는 1934년 법인세를 보고 이익보다 67만 7,000달러 적은 금액을 기준으로 계산하여 납부했다.

는 정직하겠지만, 무책임하거나 '의도적인' 회계 처리는 악성 전염병임을 명심해야 한다.

재고자산 손실 적립금

재고자산 손실 회계는 미리 설정해 둔 적립금 때문에 복잡해지는 경우가 많다. 이런 적립금은 잉여금을 차감하여 설정되는데, 이는 미래의 이례적인 손실 흡수가 잉여금의 역할이라고 가정한 것이다. 나중에 실제로 재고자산 가치가 하락하면, 미리 설정해 둔 적립금에서 차감하게 된다. 그러나 이렇게 하면 상품 판매가격 하락은 영업에 중요한 위험 요소인데도, 어떤 해에도 재고자산 손실이 손익계산서에 반영되지 않는다. 기업이 재고자산 손실을 잉여금에서 차감하면(직접 차감하든, 우회해서 적립금에서 차감하든), 분석가는 이를 세심하게 고려해야 하며, 특히 다른 기업들이 발표한 실적과 비교할 때 주의해야 한다. 이 원칙을 적용하는 사례로 US러버United States Rubber Company와 굿이어 타이어 앤드 러버가 제출한 1925~1927년 실적을 비교하였다. 이 기간에는 고무 가격이 큰 폭으로 오르내렸다.

이 3년 동안 굿이어는 '이익'에서 모두 1,150만 달러를 차감하여 원자재 가격 하락에 대비하는 적립금을 설정하였다. 이 금액의 절반으로는 실제로 발생한 손실을 흡수하였고, 나머지 절반은 1928년으로 이월하였다(적립금은 1930년에 소진됨).

US러버는 이 기간에 총 2,044만 6,000달러를 재고자산 적립금으로 설정하였고, 실제로 발생한 손실을 흡수하는 데 모두 사용하였다. 그러나 주주들에게 제출한 연차 보고서에서는 적립금을 이익에서 차감하지 않고 잉여금 특별 조정으로 표시하였다. (게다가 1927년에는 재고자산 손실 891만 달러를 생고무 생산 자회사의 과거 이익 800만 달러로 상계하였다.)

이렇게 손익계산서 작성 기준이 다른 탓에, 통계 편람에 집계된 두 회사의 주당순이익은 비교가 전혀 불가능했으며, 투자자들을 오도했다. 다음은 1928년 《푸어스 매뉴얼》Poor's Manual에 실린 두 회사의 주당순이익이다.

연도	US러버	굿이어
1925	$14.92	$9.45
1926	10.54	3.79
1927	1.26	9.02
3년 평균	$8.91	$7.42

실적 비교가 가능하려면 손익계산서 작성 기준이 똑같거나 최대한 비슷해야 한다. 이렇게 비교하는 데에는 세 가지 방법이 있다.

1. US러버의 보고 기준으로 통일: 재고자산 적립금과 손실을 당기 손익계산서에서 제외한다.
2. 굿이어 보고 기준으로 통일: 이익을 차감하여 미래 손실에 대비하는 적립금을 설정하고, 이 적립금으로 이후 발생하는 손실을 흡수한다.
3. 이런 적립금을 모두 없앤다. 적립금은 이익을 고르게 다듬으려는 경영진의 자의적 행태로 본다. 재고자산 손실은 실제로 발생한 기간의 실적에서 차감한다. (스탠더드 스태티스틱스의 굿이어 분석에서는 보고 이익을 이 방식으로 수정하였다.)

비교 목적으로 다시 산출한 세 가지 주당순이익은 다음과 같다.

연도	1. 재고자산 조정 않음		2. 재고자산 조정 허용		3. 준비금을 없앰	
	US러버	굿이어	US러버	굿이어	US러버	굿이어
1925	$14.92	$18.48	$11.21	$9.45	$14.92	$18.48
1926	10.45	3.79	—	3.79	(14.71)	(2.53)
1927	1.26*	13.24	(9.73)*	9.02	1.26*	13.24
3년 평균	$8.91	$12.17	$0.49	$7.42	$0.49	$9.73

* 1926년 이전 US러버 플랜테이션United States Rubber Plantations, Inc.에서 발생한 이익을 제외함.

이 기간 두 회사 주식의 고가와 저가를 분석해 보면, US러버가 사용한 회계기법

연도	US러버 보통주		굿이어 보통주	
	고가	저가	고가	저가
1925	97	33	50	25
1926	88	50	40	27
1927	67	37	69	29
평균	62		40	

은 부실한 실적을 숨기는 데 효과가 있었다.

더 최근에 US러버는 굿이어의 관행을 따라, 이익을 차감하여 미래 재고자산 손실에 대비하는 적립금을 설정하였다. 그 결과 1935년과 1936년 실적이 다소 과소평가되었지만, 1937년 실적은 과대평가되었다.

최근 관행 비교

통조림 산업에 속한 두 기업이 미래 재고자산 손실에 대비한 방법은 더 극명한 대조를 이룬다. 윌슨 앤드 컴퍼니는 1934년 회계연도 개시 전에 '재고자산 가치변동'에 대비하여 적립금 75만 달러를 설정하였다. 이 적립금은 잉여금 일부와 이익 일부를 차감하여 설정되었다. 1934년 회사는 이 적립금으로 기초 재고자산 가치를 낮추었고, 그 결과 당기 보고 이익이 75만 달러 증가하였다. 그러나 증권거래위원회는 신고 서류에서 이 금액을 잉여금에 가산하라고 요구했다.

한편, 스위프트 앤드 컴퍼니는 1933~1935년 보고 이익에서 1,676만 7,000달러를 차감하여 미래 재고자산 손실 적립금을 설정하였다. 1938년에 예상대로 재고자산 가치가 하락했으나, 회사는 이 적립금을 사용하지 않고 손실을 모두 당기 이익에서 차감하였으며, 적립금 1,100만 달러를 잉여금에 가산했다. 이 사례에서는 1933~1938년 이익이 과소평가되었다. 실제로는 이익을 차감하여 잉여금에 가산했기 때문이다.[2]

---

[2] 스탠더드 스태티스틱스는 스위프트 연차 보고서의 1933~1935년 재고자산 손실을 잉여금에서 차감하여 실적을

재고자산 회계의 기타 요소

재무제표를 공부하는 사람은 재고자산 회계 관행에서 허용하는 두 가지 처리방식에 익숙해져야 한다. 표준 절차는 연말에 재고자산의 가치를 취득원가와 시장가격 중 낮은 가격으로 평가하는 것이다. 그러면 기초 재고에 추가 매입 금액을 더한 다음 기말 재고를 차감하면 '매출원가'가 산출된다.

후입선출법

첫 번째 변형 기법은 최근 취득한 제품에 실제로 지불한 금액을 매출원가로 잡는 방법이다. 이 기법에서는 상품 매출 가격이 주로 현재 대체가격이나 최근 취득원가와 관계가 있다고 가정한다. 그러나 이런 주장은 제품 가격이 해마다 큰 폭으로 변동할 때에만 의미가 있다. 장기간에 걸쳐 보고한 이익 합계액은 이 기법을 써도 달라지지 않으며, 이익을 연도별로 구분할 때에만 차이가 발생한다. 재고자산의 가치변동에 따라 손실과 이익이 교차하는 현상을 피할 수 있으므로, 법인소득세를 축소하는 용도로는 유용할 수 있다.[3]

정상재고법 normal-stock method

몇 년 전까지만 해도 상당히 많은 기업이 재고자산의 가치변동을 최소화하는 더 급진적인 기법을 사용했다. 이 기법을 뒷받침하는 이론에 의하면, 기업은 일정량의 재고를 반드시 보유해야 하며, 물가가 오르내린다고 제조공장의 가치를 변경할 필요가 없듯이, 이런 '정상재고'의 가치도 시장이 바뀐다고 해마다 바꿀 필요가 없다. 그래서 정상재고의 가격이 바뀌지 않도록 하려고, 재고의 가격을 매우 낮은 수준까지 낮추는 관행이 들어섰다. 가격이 아주 낮으면 시가가 아무리 내려가도 더 낮출 필요가 없기 때문이다.

1913년에 내셔널 레드 National Lead Company는 이 기법을 회사의 3대 재고인 납,

수정하였다.

3 처음에는 1938년과 1939년 세입법稅入法 조건에 따라 1939년과 이후에 '후입선출법'을 사용하도록 허용되었다. 두 가지 기법의 차이를 설명하는 가상 사례는 부록 비고 48을 참조하라.

주석, 안티몬에 적용하였다. 이어서 아메리칸 스멜팅 앤드 리파이닝과 아메리칸 메탈스American Metals Company도 이 기법을 채택하였다. 일부 뉴잉글랜드 방적 공장도 1930년 면화 시장이 붕괴하기 전에 이 기법을 채택하여, 원면과 재공품의 가격을 아주 낮은 수준으로 유지했다. 플리머스 코디지Plymouth Cordage Company는 1933~1935년에 비슷한 기법을 따른 다음, 1936년에 정상재고법을 채택했다. 더 구체적으로 설명하려고 이 회사의 1930~1939년 자료를 정리하였다. 부록의 비고 49를 참조하기 바란다.

유휴 공장 설비 비용

비업무용 자산 보유비용은 거의 예외 없이 이익에서 차감된다. 1932년에는 이런 항목으로 거액을 차감한 보고서가 많았다.

사례: 영스타운 시트 앤드 튜브는 '유휴 공장 설비, 광산, 기타 자산에 대한 유지비용, 보험, 법인세'로 275만 9,000달러를 차감했다고 보고했다. 1932년 스튜어트 워너Stewart Warner Corporation는 '당기에 가동하지 않은 공장 설비 감가상각비' 30만 9,000달러를 이익이 아니라 잉여금에서 차감하였다. 1938년 보터니 우스티드 밀스Botany Worsted Mills는 '유휴비용'이라는 생생한 용어로 16만 6,732달러를 이익에서 차감하였다.

분석가는 유휴 공장 설비 비용을 다른 비용과 구분해서 생각하는 편이 좋다. 이론상 이런 비용은 일시적이므로, 일회성 비용으로 보아야 하기 때문이다. 경영진은 언제든 이런 자산을 처분하거나 포기하여 비용 발생을 중단시킬 수 있다. 기업이 이런 자산의 가치가 장래에 상승할 것으로 기대하여 일시적으로 비용을 지출한다면, 이런 자산을 영구 채무(기업의 수익력을 영구적으로 갉아먹는 자산)로 간주하는 행위는 합리적이지 않다.

사례: 석유 파이프라인 운영회사 뉴욕 트랜짓New York Transit Company 사례가 이런 관점에 시사하는 바를 살펴보자. 1926년 새로 경쟁이 벌어진 탓에, 이 회사는

주요 파이프라인으로 운영하던 사업을 모두 상실했고, 이에 따라 그 파이프라인은 '유휴 공장 설비'가 되었다. 이 자산의 감가상각비, 법인세, 기타 비용이 매우 많아서, 기타 수익성 자산(소형 파이프라인과 보유 우량 등급 채권)에서 나오는 이익으로는 흡수할 수가 없었다. 회사에 손실이 발생했고, 배당금 지급도 중단되었다. 그러자 주가는 회사가 보유한 현금과 유가증권 합계액보다도 훨씬 낮은 수준으로 떨어졌다. 주식시장에서는 유휴자산을 심각한 영구 채무로 간주한 것이다.

그러나 1928년 경영진은 이 유휴 파이프라인을 상당한 금액에 매각하였다. 이후 주주들이 받은 특별 배당금이 모두 주당 72달러(1926~1927년 평균 주가의 거의 2배)였고, 여전히 보유 중인 자산에서 나오는 수익으로 계속 배당금도 받았다. 유휴 자산에서 당장 이익이 나오지 않더라도, 유휴자산을 처분하면 주가가 대폭 상승할 수 있다.

이는 다소 극단적이긴 하지만 내재가치와 시장가격의 괴리를 찾아내는 데 증권 분석이 실제로 효용이 있음을 보여 주는 인상적인 사례다. 사람들은 '피도 눈물도 없는 시장의 평결'이 마치 기민하고 박식하며 빈틈없는 수많은 사람의 종합적 판단인 것처럼 떠받들어 언급한다. 그러나 시장의 평가는 군중심리, 잘못된 추론, 매우 피상적인 조사, 부족한 정보를 바탕으로 나오는 경우가 매우 많다. 하지만 분석 기법을 적용하여 이런 대중의 오류를 이용하기도 어려운데, 이는 분석기법으로 이익을 얻기 전에 환경이 매우 빠르게 변화하기 때문이다. 그러나 방금 설명한 사례처럼 사실과 논리를 매우 명확하게 정의할 수 있는 사례라면, 증권 분석이 실제로 가치를 발휘할 수도 있다.

이연비용

일부 사업에서 발생하는 비용은 그 비용이 발생한 한 해보다는 이후 여러 해에 걸쳐서 인식해야 공정하다. 이런 비용의 예를 들면 다음과 같다.

1. 창업비(변호사 비용 등)

2. 이전비

3. 개발비(신제품이나 공정 개발, 광산 개발 등)

4. 사채발행차금

인정된 회계기법에 의하면, 이런 비용은 여러 해에 걸쳐 배분된다. 이 금액은 재무상태표에 이연비용으로 표시되며, 매년 이익에서 상각된다. 채권을 할인발행한 경우, 비용 배분 기간은 채권 만기로 고정된다. 광산 개발비는 채굴량 기준으로 비례 배분한다. 다른 항목들은 배분 기간을 자의적으로 정해야 하는데, 5년이 관행이다.

이런 비용이 매년 보고 이익에서 차감되는 부담을 줄이려고, 잉여금에서 한 번 차감하여 미래 여러 해에 비용을 배분하는 관행이 자리 잡았다. 그러나 이런 관행은 이론상 불합리하다. 이후 연도의 영업비용이 과소계상되므로 순이익이 과대평가되기 때문이다. 간단히 예를 들면, 사장의 10년 치 급여를 잉여금에서 '특별비용'으로 차감하여 미리 지급한다면, 이후 연도의 이익이 과대평가된다.[4] 광고비나 신차 개발비처럼 자주 발생하는 비용을 이연비용으로 지정하여 잉여금에서 상각하면, 이런 비용이 손익계산서에서 누락될 위험도 있다.[5]

이렇게 회계 처리하는 금액은 대개 크지 않으므로, 분석가가 문제 삼을 필요는 없다. 증권분석은 매우 실제적인 업무이므로, 최종 판단에 영향이 없는 사소한 문제에 시간을 낭비해서는 안 된다. 그러나 간혹 이런 항목이 중요해질 때도 있다.

사례: 크래프트 치즈The Kraft Cheese Company는 1927년 이전 몇 년 동안 광고비 중

---

[4] 부록의 비고 50을 참조하라. 1934~1936년 인터스테이트 백화점이 적용한 회계기법을 자세히 설명하였다. 앞의 가상 사례와 비슷하다.

[5] 체인점 폐쇄 손실을 잉여금에서 차감하는 관행에도 비슷한 결함이 있다. 사례: 1935년 F. G. 섀턱F. G. Shattuck Company은 이런 목적으로 32만 6,000달러를 잉여금에서 차감하였다. 이는 얼핏 일회성 비용으로 보이지만, 체인점은 자주 추가되거나 폐쇄된다.

상당액을 이연비용으로 처리하여 이후 연도에 배분하였다. 1926년에는 광고비 100만 달러 중 절반만 당기 이익에서 차감하였다. 그러나 나머지 광고비는 같은 해에 잉여금에서 차감하였고, 게다가 48만 달러를 잉여금에서 차감하여 이전 연도에서 이월된 이연비용을 상쇄했다. 이렇게 해서 회사는 1926년 이익이 107만 1,000달러라고 주주들에게 보고할 수 있었다. 그러나 이듬해 주식 추가 상장을 신청할 때, 뉴욕 증권거래소에 더 공정한 기준으로 이익을 보고해야 했으므로, 1926년 이익을 107만 1,000달러에서 46만 1,296달러로 수정하였다.

1932년 ITT International Telephone and Telegraph Company는 3,581만 7,000달러에 이르는 다양한 비용을 잉여금에서 상각했는데, 이 중에는 다음과 같은 비용도 있었다. '원래 일반적으로 인정된 회계원칙에 따라 장기간 상각할 계획이었으나, 지금은 유형 가치가 사라져서 상각한 이연비용 465만 5,696달러.'

1930~1931년 동안 허드슨 자동차 Hudson Motor Car Company는 다음 항목을 이익 대신 잉여금에서 차감하였다.

1930	신차 개발 공구 및 재료 특별 조정	$2,266,000
1931	특별 공구 적립금	2,000,000
	공장 설비 재배치	633,000
	특별 광고	1,400,000

1933년 헤커 프로덕트 Hecker Products(당시 명칭은 골드 더스트 Gold Dust Corporation)는 잉여금에서 200만 달러를 전용하여 '신제품 개발 및 도입비' 적립금을 설정하였다. 이 금액의 약 4분의 3은 1933~1936년에 지출하였고, 나머지는 '일반 및 비상 적립금'으로 이체하였다.

이런 관행을 따르면 보고 이익에서 차감할 비용이 감소하게 된다. 그러나 이런 비용은 반드시 장기간에 걸쳐 이익에서 차감해야 한다.

사채할인발행차금 상각

채권은 대개 액면가보다 낮은 가격에 발행된다. 이 할인액은 자금 조달에 들어가는 비용 일부다. 다시 말해서 이자 일부로서, 채권 만기에 걸쳐 매년 이익에서 상각해야 하며, 손익계산서에 지급이자와 함께 표시해야 한다. 전에는 재무상태표에 이런 무형자산이 나타나지 않도록 할인액을 한 번에 상각하는 방식이 '보수적'이라고 간주하였다. 그러나 최근에는 잉여금에서 상각하는 방식이 인기를 끌게 되었는데, 장래에 이익에서 차감되는 비용을 제거하여 주식의 매력도를 높이려는 목적이다.

사례: 1932년 어소시에이티드 가스 앤드 일렉트릭은 '사채할인 및 비용' 589만 2,000달러를 잉여금에서 차감하였다.

최근에는 뉴욕 증권거래소와 증권거래위원회 둘 다 이런 관행을 강하게 비판하고 있다. 그 결과 지금은 많은 기업이 관행을 바꾸어 사채할인발행차금을 매년 이익에서 상각하고 있다.[6]

---

[6] 이 논점에 대해서는 1984년 채권 등록과 관련된 노던 스테이트 파워Northern States Power Company(미네소타)의 회계 관행 변경을 참조하라. (당시 해당 금액은 800만 달러가 넘었다.) 또한 임의 상환한 채권에 대해서도 미상각 사채발행차금을 이월하여 차환 발행 채권의 만기에 걸쳐 매년 이익에서 상각해야만 했다. (1936년 컬럼비아 가스 앤드 일렉트릭Columbia Gas and Electric Company 보고서 p. 17 참조) 최근 일부 채권은 차환 발행을 해도, 기존 채권을 상환하면서 지급한 프리미엄을 고려하면 이자 절감액이 매우 적은 것으로 보인다. 그런데도 차환 발행을 하는 이유는 다음 두 가지로 보인다. (1) 미래 이익에서 부담을 줄이려고 지급 프리미엄과 나머지 채권의 할인발행차금을 잉여금에서 차감하였다. (2) 두 항목 모두 과세 대상 이익에서 공제되었으므로, 법인세를 대폭 축소하여 당기 이익을 늘리고자 했다.

손익계산서를 속이는 교묘한 술책. 자회사 이익

명백한 손익계산서 분식 사례

비교적 드문 일이지만, 경영진은 실체가 없는 항목을 이용해서 손익계산서를 분식하기도 한다. 아마도 가장 명백한 사례는 뉴욕 증권거래소 상장회사 파크 앤드 틸퍼드Park and Tilford, Inc.의 1929~1930년 보고서다. 이 기간에 회사가 발표한 이익은 다음과 같다.

1929년	$1,001,130	= 주당 4.72달러
1930년	124,563	= 주당 0.57달러

재무상태표를 조사해 보니 이 기간에 영업권 및 상표권을 100만 달러에서 160만 달러로, 이어서 200만 달러로 평가증*하였고, 그 증가액을 비용에서 차감하였다. 세 시점의 재무상태표를 요약해서 보면, 회계 처리 방식이 특이한 것으로 드러난다.

항목	1929. 9. 30.	1929. 12. 31.	1930. 12. 31.
자산:			
고정자산	$1,250,000	$1,250,000	$1,250,000
이연비용	132,000	163,000	32,000
영업권 및 상표권	1,000,000	1,600,000	2,000,000
순유동자산	4,797,000	4,080,000	3,154,000
부채:			
채권 및 담보대출	2,195,000	2,195,000	2,095,000
자본 및 잉여금	4,984,000	4,898,000	4,341,000
자산 및 부채 총계	$7,179,000	$7,093,000	$6,436,000

조정 이익	1929년 초기 9개월	1929년 마지막 3개월	1929년	1930년
보고 이익	$929,000	$72,000	$1,001,000	$125,000
현금 배당금	463,000	158,000	621,000	453,000
잉여금 차감				229,000
자본 및 잉여금에 가산	466,000	감소 8,600	380,000	감소 557,000
수정 보고 이익 (무형자산 평가증 제외)	929,000	(528,000)	401,000	(504,000)

15개월 동안 순유동자산이 160만 달러 감소했는데, 이는 현금배당금보다 100만 달러나 많은 금액이다. 회사는 영업권 및 상표권을 100만 달러 평가증 하는 방법으로 순유동자산 감소를 숨겼다. 회사는 이런 놀라운 회계 처리 방식에 대해 연차보고서에서도 설명하지 않았고, 이후 뉴욕 증권거래소에 상장 신청할 때에도 설명하지 않았다. 그러나 개인적으로 질문하자, 회사는 자회사 틴텍스Tintex Company, Inc.에 지출한 광고 및 기타 판매비를 영업권 및 상표권 평가증으로 반영했다고 대답했다.[1]

광고비를 영업권으로 계상하는 방식은 회계원칙으로 절대 인정할 수 없다. 주

---

1   1930년 보고서의 재무상태표에서는 용어를 '영업권 및 상표권'에서 '틴텍스 영업권 및 상표권'으로 변경하였다. 1939년에는 영업권 및 상표권을 상각하였고, 1929~1930년 평가증 했던 100만 달러를 이익잉여금에서 차감하였다.

주들에게 아무 설명도 없이 그렇게 한다면 더욱 수치스러운 일이다. 게다가 1929년 9월 30일에서 12월 31일까지 3개월 동안 자회사 광고비로 60만 달러나 지출했다는 주장도 믿기 어렵다. 따라서 이는 전기에 지출한 비용을 당기 이익에 반영한 것으로 보이며, 그런 면에서 1929년 4분기 실적은 명백하게 왜곡되었다고 보아야 한다. 당연한 이야기지만, 이 회사 재무제표에는 공인회계사의 감사 의견이 첨부되지 않았다.

재무상태표와 법인세를 이용한 보고 이익 확인

파크 앤드 틸퍼드 사례에서 보듯이, 손익계산서를 분석할 때에는 재무상태표도 연계해서 조사할 필요가 있다. 월스트리트가 회사가 발표하는 이익과 주당순이익을 순진하게 받아들이는 행태를 보면, 이런 연계분석의 필요성은 아무리 강조해도 지나치지 않다. 또한 미지급 법인세 금액을 이용해서 보고 이익의 신뢰도를 추가로 확인할 필요도 있다. 과세 이익은 미지급 법인세로부터 아주 간단하게 계산할 수 있으므로, 이 과세 이익을 보고 이익과 비교하면 된다. 그러나 복잡한 세법 때문에 두 숫자에 차이가 발생할 수 있으므로, 완벽하게 일치할 필요는 없다.[2] 하지만 그 차이가 매우 크다면 추가 조사가 필요하다.

파크 앤드 틸퍼드의 이익을 이런 관점에서 분석한 자료가 다음 표다.

초기에는 미지급 법인세로 계산한 이익과 보고 이익이 매우 비슷했으므로, 이후에 나타난 차이가 더 두드러져 보인다. 이런 숫자를 보면 1927~1929년에 보고 이익이 상당 폭 조작되었음을 충분히 알 수 있다.

이런 사례를 보면 재무제표에는 공인회계사의 감사가 반드시 필요하다는 사실을 알 수 있다. 또한 연차 보고서에 보고 이익과 '미지급 법인세로 역산한 이익'을 함께 실어 대조할 필요성도 있다. 등록 서류와 투자 설명서에 기재되는 중요하지

---

2   부록의 비고 51에 이런 차이를 요약하였다.

기간	미지급 법인세	세율(%)	세전이익 A. 미지급 법인세 역산 이익	세전이익 B. 보고 이익 기간 보고 이익
1925년(5개월)	$36,881	13	$283,000	$297,000
1926	66,624	13.5	493,000	533,000
1927	51,319	13.5	380,000	792,000
1928	79,582	12	665,000	1,315,000
1929	81,623*	11	744,000	1,076,000

* 1931년에 추가로 납부한 6,623달러 포함.

않은 수많은 정보는 대조하지 않아도 상관없을 것이다. 그러나 증권거래위원회가 그 차이를 밝히라고 회사에 요구한다면, 그런 증권은 분석할 필요가 있다.

회계 조작의 기타 사례

1924~1927년 동안 유나이티드 시가 스토어도 파크 앤드 틸퍼드와 마찬가지로 매우 변칙적인 회계기법을 적용했다. 회사는 이렇게 변칙적으로 처리한 이유를 1927년 5월 상장 신청서를 제출할 때 처음으로 설명했는데, 내용은 다음과 같다.[3]

> 당사는 미국 주요 도시 사무실 건물에 장기 임차권 수백 건을 보유하고 있지만, 1924년 5월까지 장부에 올리지 않았습니다. 당시 뉴욕시 회계법인 메서즈 F. W. 라프렌츠 앤드 컴퍼니Messrs. F. W. Lafrentz and Company에 의뢰하여 평가한 결과 임차권의 가치는 2,000만 달러가 넘었습니다.
>
> 이후 이사회는 3개월마다 이 금액 일부를 자본금에 가산하고, 발행된 보통주에 대해서 분기마다 액면가 기준 1.25퍼센트의 배당금을 보통주로 지급하도록 인가했습니다.
>
> 이렇게 창출된 자본잉여금에 대해서는 모두 보통주를 액면가로 발행했으므로, 기존 잉여금은 증가하지 않았습니다. 이렇게 창출된 자본잉여금으로 현금배당금을 지급한

---

[3] 1927년 5월 18일 뉴욕 증권거래소에 제출된 6퍼센트 유나이티드 시가 스토어 누적적 우선주 상장 신청서를 참조하라(신청 번호: A-7552).

적도 없습니다.

1924년과 똑같은 기준으로 평가했을 때, 이 임차권의 현재 추정 가치는 장부에 표시된 가치의 2배가 넘습니다.

'임차권 평가증'을 이익에 포함한 결과는 다음과 같다.

연도	보고 이익	주당순이익 ($25 액면가 기준)	주가 범위 ($25 액면가 기준)	임차권 평가증 가산 금액	평가증 제외 시 주당순이익
1924	$6,697,000	$4.69	43~64	$1,248,000	$3.77
1925	8,813,000	5.95	60~116	1,295,000*	5.05
1926	9,855,000	5.02	83~110	2,302,000	3.81
1927	9,952,000**	4.63	81~100	2,437,000	3.43

* 1925년에 지급한 주식배당금이 무려 173만 7,770달러였다. 다른 해와는 달리 평가증 가산금액과 주식배당금이 일치하지 않는데도 설명이 없다.

** 이전 연도에 귀속되는 연방 법인세 환급금 22만 9,017달러 제외.

임차권 평가증을 당기이익에 포함한 행위를 판단할 때, 다음 몇 가지 사항에 유념해야 한다.

1. 임차권에는 자산의 성격도 있지만 그만큼 부채의 성격도 있다. 점유 부지에 대해서 임차료를 지급할 의무가 있기 때문이다. 아이러니하게도, 회사는 이 임차권에 대해 결국 임차료 지급채무를 이행하지 못했다.
2. 임차권에 자본가치가 있다고 하더라도 임차권은 무형자산이며, 이런 무형자산을 재무상태표에 실제 원가보다 높게 표시하는 것은 회계원칙에 어긋난다.
3. 자본자산의 가치를 평가증 할 때에는 그 차액을 자본잉여금에 가산해야 한다. 아무리 상상력을 동원하더라도, 이를 이익으로 간주할 수는 없다.
4. 임차권 평가증 2,000만 달러는 1924년 5월 이전에 발생했으나, 이후 연도의 이익으로 처리되었다. 따라서 1927년 이익에 가산된 평가증 243만 7,000달

러는 그해 영업과 아무런 관계가 없다.

5. 임차권 가치가 실제로 증가했다면, 그 결과가 매장의 이익 증가로 나타나야 한다. 따라서 임차권의 가치 증가를 별도로 인식한다면 이중 계산이 된다. 그러나 자본을 추가하여 사업을 확장했는데도 회사의 주당순이익은 증가하지 않았다.

6. 임차권의 가치를 인식하면, 그 가치를 임차권 기간에 걸쳐 상각해야 한다. 이렇게 가치 있는 자산 덕분에 이익이 증가하여 주가가 오를 정도라면, 이런 자본가치는 임차권 기간에 걸쳐 상각하고 이익에서 차감해야 한다.[4] 그러나 회사는 임차권을 계속 취득원가 기준으로 상각했는데, 이는 실제로 아무 의미가 없다. 따라서 임차권 가치를 평가증 하면 상각비가 증가하므로, 이후 영업이익이 그만큼 감소한다.

7. 회사는 1924~1927년 이익 분식을 연차 보고서에 명확하게 밝히지 않았으므로 더 비난받아야 한다.[5] 회사는 이런 관행을 시작하고 거의 3년이 지난 다음에야 뉴욕 증권거래소에 핵심 사실을 공개했다. 당시 우선주를 새로 발행해야 하는 상황이라서, 거래소 규정에 따라 어쩔 수 없이 공개했을 것이다. 이듬해 회사는 임차권 평가증을 이익에 포함하던 관행을 중단했다.

따라서 유나이티드 시가 스토어의 회계 조작은 가공의 무형자산을 평가증 하여 아무런 설명 없이 당기이익에 포함한 행위라고 말할 수 있다. 그러나 이 자산이 실제로는 부채였고, 평가증은 이전 기간과 관계가 있었으며, 적절한 방법으로 회계처리 했다면 상각비가 증가하여 이후 연도의 이익이 감소했을 것이다. 파크 앤드 틸퍼드 사례처럼 유나이티드 시가 스토어에도 미지급 법인세 확인 기법을 적용하

---

[4] 다음 장에서 이 주제를 자세히 다룬다.
[5] 연차 보고서에는 "임차권 평가증을 포함한 당기순이익"이라고 표기되었지만, 평가증이 자의적으로 계산되었고 과거에 발생했음을 시사하는 내용은 없었다.

면, 다음과 같이 흥미로운 결과가 나온다.

연도	법인세 적립금	세전이익		
		A. 법인세 적립금을 역산한 이익	B. 보고 이익	C. 보고 이익 임차권 평가증
1924	$700,000	$5,600,000	$7,397,000	$6,149,000
1925	825,000	6,346,000	9,638,000	8,343,000
1926	900,000	6,667,000	10,755,000	8,453,000
1927	900,000	6,667,000	10,852,000*	8,415,000*
1928	700,000	5,833,000	9,053,000	9,053,000
1929	13,000	118,000	3,132,000**	3,132,000
1930	—	—	1,522,000	1,522,000

* 이전 연도에 귀속되는 법인세 환급금 $229,000 제외.
** 조정 후 $2,947,000으로도 보고되었음.

이 사례가 주는 교훈

유나이티드 시가 스토어 사례에서 실제로 매우 유용한 교훈을 얻을 수 있다. 기업의 회계 정책이 의심스러울 때에는 일부 증권이 아무리 안전하거나 매력적인 것처럼 보여도 그 회사 증권을 모두 피해야 한다. 유나이티드 시가 스토어 우선주가 그런 예다. 이 증권은 여러 해 연속해서 실적이 매우 인상적이었지만, 나중에 완전히 휴지가 될 뻔했다. 일부 투자자는 앞에서 설명한 이상한 회계 처리를 보고서도 이 우선주가 여전히 절대적으로 안전하다고 생각했을 것이다. 과대평가된 이익을 수정한 다음에도 안전마진이 여전히 매우 충분했기 때문이다. 그러나 이런 추론은 잘못되었다. 경영진이 부도덕하면 안전마진이 아무리 커도 소용이 없다. 이런 상황에 대처하는 길은 피하는 방법뿐이다.

주식배당금에 대한 허위 평가

1922년부터 유나이티드 시가 스토어 보통주 대부분을 보유한 기업이 타바코 프로덕츠였다. (두 회사 지배주주가 동일인이었다.) 이 회사는 1926년과 1927년 평균 시가총액이 1억 달러가 넘는 주요 기업이었다. 이 회사 역시 손익계산서를 조작했는데, 주식배당금 수령액을 허위로 평가했다.

이 회사의 1926년 손익계산서는 다음과 같다.

순이익	$10,790,000
법인세	400,000
클래스 A 배당금	3,136,000
보통주 배당금 지급 가능액	7,254,000
주당 이익	11
보통주 주가 변동 범위	95~117

이 기간 회사 영업에 관해서는 자세한 정보가 전혀 공개되지 않았다(뉴욕 증권거래소가 무책임하게도 매우 부실한 자료만 받고서 신주를 상장해 주었기 때문이다). 그러나 충분한 정보를 바탕으로 분석해 보면, 다음과 같이 순이익이 크게 부풀려진 것으로 나타난다.

아메리칸 타바코로부터 받은 자산 임차료	$2,500,000
유나이티드 시가 스토어 보통주 배당금(전체 지급액의 80%)	2,950,000
유나이티드 시가 스토어 보통주 주식배당 (액면가 $1,840,000), 비용 차감 후	5,340,000
	$10,790,000

타바코 프로덕츠는 유나이티드 시가 스토어로부터 받은 주식배당을 액면가의 약 3배로 평가했음이 틀림없다. 즉 유나이티드 시가 스토어가 잉여금에서 차감한 금액의 3배로 평가했다는 말이다. 이는 타바코 프로덕츠가 유나이티드 시가 스토어 주식을 시장가격 기준으로 평가했다는 뜻인데, 이 시장가격은 소량의 주식만으로도 쉽게 조작할 수 있었다.

모회사가 주식배당을 평가한 금액이 자회사가 잉여금에서 차감한 금액보다 커지면, 이는 매우 위험한 피라미드식 이익 조작이 된다. 1929년 뉴욕 증권거래소는 이런 관행을 엄격하게 금지하는 규정을 만들었다.(부록의 제30장 참조) 타바코 프로덕츠의 이런 관행에는 더욱 심각한 문제가 있었는데, 애초에 그 주식배당이 임차권 평가증이라는 가공이익으로 지급한 것이기 때문이다. 부도덕한 모회사는 이 가공이익을 다시 3배로 불려 놓았다.

연결 이익 기준으로 본 1926년 타바코 프로덕츠의 보고서는 다음과 같다.

아메리칸 타바코 임대료 수익, 법인세 등 차감	$2,100,000
유나이티드 시가 스토어 보통주 이익의 80%	6,828,000*
	$8,928,000
클래스 A 배당금	3,136,000
보통주 분배 가능액	$5,792,000
주당 이익	$7.27

*임차권 평가증 제외.

타바코 프로덕츠가 보고했던 보통주 주당 이익 11달러는 약 50퍼센트 부풀려진 금액이었다.

이런 상황은 '회계 조작에는 주가 조작이 따르는 법'이라는 월스트리트 격언으로 설명할 수 있다. 변칙적인 회계기법들을 잘 알아 두면, 분석가는 물론 대중도 이런 관행을 찾아내는 데 도움이 될 것이다.[6]

자회사와 연결재무제표

이번에는 보고 이익 조정의 두 번째 유형을 다룬다. 주요 자회사가 있는 기업의 영업실적을 정확하게 파악하려면 연결손익계산서를 보아야 한다. 모회사 실적 하나만으로는 불완전하며, 오해하기 쉽기 때문이다. 앞에서도 언급했듯이, 모회사는

---

[6] 앞에서 2022년 만기 6.5퍼센트 타바코 프로덕츠 코퍼레이션 오브 뉴저지 채권에 대해서는 우리가 호의적으로 설명했는데, 1930년에 경영진이 완전히 교체되었음을 밝혀 둔다. 유나이티드 시가 스토어와 그 후속 기업에서도 경영진이 두 번 완전히 교체되었다.

자회사 당기 이익을 일부 숨기는 방법으로 이익을 과소평가할 수도 있고, 자회사 손실을 반영하지 않거나 자회사의 실제 이익 이상으로 배당금을 받아 이익을 과대평가할 수도 있다.

과거 관행과 현재 관행

과거에는 자회사 실적 공개가 경영진 재량이었으며, 이런 주요 정보를 비밀로 유지하는 경우가 많았다.[7] 1933년 어느 시점부터 뉴욕 증권거래소는 신규 상장을 신청하는 기업에 자회사 실적을 별도로 제출하거나 연결재무제표를 작성해서 제출하라고 요구하였다. 그러나 1934년 법이 통과된 이후에는 모든 등록 기업이 자회사 실적 정보를 연차 보고서에 담아 증권거래위원회에 의무적으로 제출하게 되었다. 따라서 주주들에게 보고할 때에도 사실상 모든 기업이 똑같은 절차를 따르게 되었다.

연결 범위

이른바 '연결재무제표'라고 해도, 연결 범위는 회사마다 큰 차이가 난다. 울워스는 미국과 캐나다 자회사는 연결재무제표에 포함하지만, 기타 외국 자회사는 포함하지 않는다. 아메리칸 타바코는 국내 완전소유자회사만 포함한다. 요즘 대부분 공익기업은 보유 지분이 과반수인 자회사를 모두 연결재무제표에 포함하고, 나머지 관계 회사에서 나오는 이익은 '소액주주 지분'으로 표시하고 이익에서 제외한다.[8] 철도산업에서는 지분이 100퍼센트이면서 철도 시스템에 핵심적인 자회사가

---

[7] 과거 관행이 미친 악영향에 대해서는 《증권분석》 초판 pp. 380-381에 실린 레딩Reading Company, 컨솔리데이티드 가스(지금은 컨솔리데이티드 에디슨), 워런 브라더스Warren Brothers Company를 참조하라. 증권거래위원회가 법을 제정하기 전에는 대부분 철도회사가 비운송업 자회사 실적 정보를 제공하지 않았는데, 이 정보 중 일부는 매우 중요했다. 사례: 노던 퍼시픽, 애치슨.

[8] 노스 아메리칸 컴퍼니의 연결재무제표는 다소 이례적이어서 지분이 75퍼센트 이상인 자회사만 포함하므로, 1939년 지분이 각각 73.5퍼센트와 51퍼센트인 주요 자회사 두 개가 포함되지 않았다.

아니면 실적에 포함하는 경우가 드물다. 따라서 애틀랜틱 코스트 라인Atlantic Coast Line은 보유 지분이 51퍼센트이고 별도로 운영되는 루이빌 앤드 내슈빌Louisville and Nashville의 실적을 연결재무제표에 포함하지 않는다. 뉴욕, 시카고 앤드 세인트루이스 철도회사가 지분 53퍼센트를 보유한 휠링 앤드 레이크 이리Wheeling and Lake Erie도 마찬가지다.

비연결 대상 자회사의 손익

지금 제조회사들이 흔히 따르는 절차는 배당금을 감안한 비연결 대상 자회사 손익에 대해 자사 지분을 손익계산서에 표시하거나 주석을 다는 것이다.

사례: 아메리칸 타바코는 1938년 보고서 주석에서, 비연결 대상 자회사로부터 받은 배당금이 자사 이익보다 42만 7,000달러 많았다고 밝혔다. 같은 해 허큘리스 파워Hercules Power도 마찬가지 금액 25만 7,514달러를 주석으로 밝혔는데, 1937년 이전에는 자회사 미분배 이익에 대한 지분을 '기타 소득'으로 표시했었다. 그러나 철도회사에서 처리하는 방식은 다르다. 예를 들어 애치슨은 자회사 재무상태표와 손익계산서 데이터를 모두 첨부 자료로 제공하고, 자사 손익계산서에는 자회사로부터 받은 배당금만 표시한다.

보고 이익에 비연결 대상 자회사 실적이 반영되지 않았고 그 금액이 많다면, 분석가는 보고 이익을 조정해야 한다. 이때 적용하는 기준은 지분 비율이 아니라 지분의 중요도이다.

사례: 유니언 퍼시픽이 보유한 일리노이 센트럴 및 기타 철도회사 지분에 대해서는 관행적으로 이런 계산을 하지 않으며, 할 필요도 없어 보인다. 지분 비율은 높아도 유니언 퍼시픽 보통주에 큰 영향을 미치지 않기 때문이다. 반면에 노턴 퍼시픽과 그레이트 노턴이 보유한 시카고, 벌링턴 앤드 퀸시 지분은 각각 과반수에 못 미치지만(48.6퍼센트), 분명히 조정이 필요하다.

마찬가지로, 듀폰이 보유한 GM 지분 비율은 약 23퍼센트에 불과하지만, 실적에 미치는 영향이 크므로 GM의 실적을 듀폰 이익에 반영해야 한다. 실제로 듀폰은 전년도 GM 지분의 장부가치 변동을 반영하여 매년 잉여금을 조정하고 있다. 그러나 같은 기간 듀폰의 이익에 이 조정 금액을 반영하면 더 좋을 것이다. 다음은 1929~1938년 동안 이런 조정이 듀폰의 이익에 미친 영향이다.

연도	듀폰 주당 이익	GM 실적 조정 후 반영분	조정 후 주당 이익
1929	$6.99	+$2.07	$9.06
1930	4.52	+0.04	4.56
1931	4.30	−0.51	3.79
1932	1.81	−1.35	0.46
1933	2.93	+0.43	3.36
1934	3.63	+0.44	4.07
1935	5.02	+1.30	6.32
1936	7.53	+0.77	8.30
1937	7.25	+0.57	7.82
1938	3.74	+0.61	4.35

1931년 GM 보고서는 특히 주목할 필요가 있는데, 여기서 제시한 보완 계산이 포함되었기 때문이다. 다시 말해서 특별손익과 일회성 손익은 제외하고, 비연결 대상 자회사 실적에 대한 지분은 포함했다. 이 보고서에 실린 1931년과 1930년 주당 이익은 다음과 같다.

주당 이익(비연결 대상 자회사 실적에 대한 지분 포함)

연도	일회성 항목 포함	일회성 항목 제외
1931	$2.01	$2.43
1930	3.25	3.04

신용평가회사에 제안하는 절차

이런 절차는 복잡해 보일 수도 있지만, 주당 이익 하나에만 집착하여 분석을 지나치게 단순화할 때 발생하는 부작용을 막아 준다. 신용평가회사와 통계회사가 기업분석에서 주당 이익에 주목하는 것은 당연하다. 그러나 다음과 같은 이유로 연차 보고서가 복잡하거나 변칙적이어서 수정하기 어렵다면, 그런 회사의 주당 이익은 계산에서 제외하는 편이 투자자에게 더 유용한 서비스가 될 것이다.

1. 일회성 항목을 손익에 포함했거나, 이익에서 차감할 금액을 잉여금에서 차감.
2. 자회사 당기 실적이 모회사 손익계산서에 정확하게 반영되지 않음.
3. 감가상각비 및 기타 상각비 계산에 일관성이 없음.[9]

자회사가 지급하는 특별배당

비연결 대상 자회사의 이익이 잉여금으로 쌓이면, 나중에 모회사는 이 잉여금으로 특별배당을 받아 부진한 실적을 만회하기도 한다.

사례: 1922년 이리 철도는 펜실베이니아 콜과 힐사이드 콜 앤드 아이언으로부터 이런 특별배당금을 1,100만 달러나 받았다. 노던 퍼시픽 철도도 마찬가지로 자회사들로부터 거액의 특별배당금을 받아 1930년과 1931년 부진했던 실적을 메웠다. 자회사는 시카고, 벌링턴 앤드 퀸시, 노던 익스프레스, 노스웨스턴 임프루브먼트(부동산, 석탄, 철광 자회사)였다. 1931년 뉴욕, 시카고 앤드 세인트루이스 철도 이익에는 자회사 휠링 앤드 레이크 이리 철도 선순위 우선주의 소급 배당금 약 160만 달러가 포함되었는데, 이는 자회사 당기이익보다도 큰 금액이었다.

이렇게 실적이 좋은 해에는 자회사의 이익을 숨기고 실적이 나쁜 해에는 자회사 이익을 끌어오는 방법이 보고 이익을 안정화하는 기법으로는 매우 훌륭해 보일지 모른다. 그러나 이런 친절한 속임수에 대해 감독 당국은 못마땅하게 생각한다. 뉴욕 증권거래소 최근 규정에 의하면, 기업은 자회사 이익을 완전히 공개해야 한다. 매년 실적을 있는 그대로 공개하는 일은 경영진의 의무다. 그리고 호황기와 불황

---

[9] 스탠더드 스태티스틱스는 감가상각비를 차감하지 않은 회사의 주당 이익은 계산하지 않는다.

기 이익을 평균하여 회사의 '정상 수익력'을 추정하는 일은 주주의 역할이다. 이익을 안정화하겠다는 바람직한 목적이더라도, 경영진이 보고 이익을 조작하는 행위는 비난받아 마땅하다. 더 사악한 목적의 이익 조작으로 손쉽게 이어지기 때문이다.

자회사를 이용한 이익 왜곡

자회사를 이용해서 이익을 터무니없이 왜곡한 사례가 있는데, 철도산업에서 두 가지를 제시하겠다. 사람들은 주간통상위원회의 엄격한 회계 규정이 이런 왜곡을 막아 줄 것으로 기대했던 터라, 이 사례가 그만큼 더 인상적이다.

사례: 1925년 웨스턴 퍼시픽 철도 지주회사는 우선주에 대해서 7.56달러, 보통주에 대해서 5달러를 배당금으로 지급하였다. 손익계산서에는 이익이 배당금 지급액보다 약간 많은 것으로 나타났다. 이 이익 중 거의 모두가 자회사 웨스턴 퍼시픽 철도에서 받은 배당금 445만 달러였다. 그러나 자회사의 당기 이익은 245만 달러에 불과했다. 게다가 누적 잉여금도 부족해서, 모회사가 원하는 만큼 거액의 배당금을 지급할 수가 없었다. 그러자 모회사는 서슴지 않고 자회사에 150만 달러를 증여했고, 곧바로 이 금액을 배당금 형태로 돌려받았다. 모회사는 증여금을 잉여금에서 차감하였고, 배당금으로 돌려받은 금액은 이익에 가산하였다. 이 변칙적인 방법을 이용해서 회사의 이익은 실제로 주당 약 2달러였는데도 주당 5달러로 보고할 수 있었다.

잘못된 회계 관행은 전염병과 같다는 우리 주장을 뒷받침이라도 하듯이, 1930년과 1931년에 뉴욕, 시카고 앤드 세인트루이스 철도회사도 웨스턴 퍼시픽 사례를 따라갔다. 내용을 요약하면 다음과 같다.

1929년 뉴욕, 시카고 앤드 세인트루이스 철도회사는 자회사 페어 마켓 주식을 역시 자회사인 체서피크 앤드 오하이오에 팔았다. 이때 실현한 이익 1,066만 5,000달러는 원칙대로 잉여금에 가산하였다. 1930년 뉴욕, 시카고는 이익을 늘리고자 매각 이익 1,066만 5,000달러를 잉여금에서 차감하여 자회사에 준 다음,

300만 달러를 '배당금'으로 돌려받아 1930년 이익에 가산하였다. 1931년에도 같은 방법으로 배당금 210만 달러를 받아 이익에 가산하였다. 이는 이익을 늘려 자사 채권 등급을 투자신탁의 투자 적격으로 유지하려는 목적이었을 것이다.[10] 그러나 다른 회계 조작과 마찬가지로, 이런 조치는 대중을 호도하고 '내부자'에게 부당한 이득을 안겨 주었다.

자회사 손실의 중요성

이 장에서 우리는 증권을 분석할 때 자회사의 손실과 이익을 전부 반영해야 한다고 주장한 바 있다. 그러나 '자회사의 손실을 반드시 모회사 이익에서 직접 차감해야 하는가?'라는 질문도 제기될 만하다. 자회사를 보유했다는 이유로 왜 모회사의 가치가 떨어져야 하는가? 자회사를 팔거나, 청산하거나, 포기하면 언제든지 손실을 중단할 수 있지 않은가? 따라서 경영진이 회사를 제대로 운영한다고 가정하면, 자회사의 손실은 기껏해야 일시적인 현상이고, 따라서 모회사의 이익에서 차감할 성격이 아니라 일회성 항목이 아니겠는가?

이는 앞에서 논의한 유휴 공장 설비 비용과 비슷하고, 뒤에서 논의할 무수익 사업부 문제와도 비슷하다. 이런 질문들에 간단하게 답할 수는 없다. 실제로 큰 부작용 없이 자회사를 처분할 수 있다면, 자회사의 손실을 일시적인 현상으로 보는 편이 합리적이다. 단기간에 자회사의 수익성이 개선되지 않으면, 처분하면 그만이기 때문이다. 그러나 만일 모회사와 자회사 사이에 중요한 사업 관계가 존재한다면 어떻게 되는가? 예를 들어 자회사가 모회사의 상품을 판매해 주거나, 값싼 원자재

---

[10] 이런 극단적인 사례로 워배시 철도와 앤 아버 철도Ann Arbor Railroad Company 1930년 연차 보고서와 Moody's Manual of Investments(Steam Railroads) p. 1022, 1931의 논평을 참조하라. 워배시는 앤 아버의 우선주와 보통주를 모두 99퍼센트 보유했다. 1930년 12월 앤 아버 경영진은 우선주에는 주당 5달러, 보통주에는 주당 7달러를 배당금으로 지급한다고 발표했다. 그러나 당시 앤 아버는 운전자본이 적자였고, 이익도 발표한 배당금의 10퍼센트에 불과했다. 실제로 배당금은 지급되지 않았다. 그러나 이 발표 덕분에 워배시는 107만 3,455달러를 '배당 소득'으로 이익에 가산할 수 있었고, 약 1.3배였던 고정비 보상비율을 1.5배가 살짝 넘는 수준까지 끌어올릴 수 있었다.

를 모회사에 공급하거나, 모회사의 간접관리비를 상당 부분 떠안아 준다면, 자회사의 손실을 없애기가 쉽지 않다. 자회사의 손실 대부분이 모회사가 이익을 내는 과정에서 필연적으로 발생한 요소이기 때문이다. 그러나 사례별로 모회사와 자회사의 사업관계를 파악하기도 쉽지 않다. 다른 수많은 분석 요소와 마찬가지로, 이 것도 공표 자료만 분석해서 해결될 과제가 아니다. 다음 사례들은 우리가 다루었던 상황과 분석 유형들이다.

사례 A: 퓨리티 베이커리 Purity Bakeries Corporation

이 대형 제과업체는 여러 자회사를 거느리고 있는데, 대규모 자회사 중에 뉴욕의 쿠시먼스 선 Cushman's Son, Inc.이 있다. 쿠시먼스는 모회사 퓨리티의 지급보증 없이 7달러 및 8달러짜리 누적적 우선주를 발행한 바 있다. 퓨리티의 연결 기준 연차 보고서에 실린 이익에는 이 우선주의 배당금이 모두 빠져 있다. 쿠시먼스의 개별 보고서에 의하면, 다음과 같이 이 회사는 1934~1937년 동안 퓨리티에 상당한 손실을 입혔다.

쿠시먼스의 실적을 제외하면 모회사의 실적이 3배나 향상된다. 분석가는 쿠시먼스의 손실을 제외한 이익이 퓨리티의 진정한 수익력이라고 보아야 하는가? 다시 말해서, 퓨리티는 자회사가 다시 이익을 내지 못하면 자회사를 없애 버릴 수 있는가? 이제 모회사와 자회사의 관계를 고려해 보아야 한다. 쿠시먼스의 1937년 보고서 주석에 의하면, 퓨리티는 자회사로부터 거액의 서비스료를 받고 있었다.

(단위: 1,000)

연도	퓨리티의 보고 이익	우선주 배당 후 쿠시먼스의 손실	쿠시먼스의 손실 제외 시 퓨리티의 이익
1937	$463	$426	$889
1936	690	620	1,310
1935	(225)	930	678
1934	209	173	382
4년 평균	278	537	815
주당 실적	0.36	0.71	1.06

이는 쿠시먼스가 퓨리티의 간접관리비를 부담한다는 뜻이다. 이 문제는 주의 깊게 분석할 필요가 있다.

그러나 이듬해인 1938년 보고서에 의하면 첫째, 쿠시먼스가 우선주 배당금 공제를 받았고, 둘째, 수익성 없는 공장 두 곳을 폐쇄했다. 따라서 추가 분석이 필요하겠지만, 분석가는 자회사의 손실이 항구적인 성격이 아니라고 추론할 수 있으며, 1934~1937년 실적도 이런 관점에서 볼 수 있다.

사례 B: 리하이 콜 앤드 내비게이션Lehigh Coal and Navigation Company

이 회사의 주요 소득원은 센트럴 레일로드 오브 뉴저지Central Railroad of New Jersey에 철도 자산을 제공하고 받는 임대료 연 226만 8,000달러다. 그다음 중요한 자산은 무연탄 광산인데, 1930년 이후 적자를 기록하고 있다. 1937년에는 이 적자가 리하이 주식 1주당 90센트에 이르렀다. 그래서 모회사 실적만을 기준으로 계산하면 1937년 이익이 주당 64센트에 해당하는 112만 5,000달러였지만, 연결 기준으로는 30만 6,000달러 적자였다.

그러나 이 사례에서는 무연탄 자회사 때문에 모회사 주식의 가치가 떨어졌다고 함부로 가정해서는 안 된다. 무연탄 광산은 철도 사업에 주요 운송 물량을 공급했다. 광산을 폐쇄한다면, 몇 년 전부터 실적이 부진한 센트럴은 임차료를 지급하지 못할 터였다. (실제로 나중에 센트럴은 임차 자산과 관련해서 광산의 운송 물량을 공급해달라고 요구했다.) 따라서 무연탄 자회사에서 손실이 발생했더라도, 연결 실적만 보고 함부로 넘겨짚어서는 안 된다.

사례 C: 반스달 오일Barnsdall Oil Company

퓨리티-쿠시먼스의 관계와는 전혀 다른 사례다. 반스달 석유는 정유 사업과 수익 부동산을 보유했는데, 수익 부동산은 수익성이 좋았으나 정유 사업은 수익성이 나빴다. 1935년에 반스달은 정유 사업(마케팅 사업부 포함)을 별도 법인으로 독립시키고, 주주들에게 보통주를 분배했다. 그러나 신설 법인의 우선주와 상당 규모의 채무는 모회사가 떠안았다. 1936~1938년 동안 정유회사는 계속 적자였다. 반스달은 막대한 자금을 자본잉여금에서 차감하고, 이어 이익잉여금에서도 차감하여 손실을 상각했다. 그러나 반스달 손익계정에서는 자회사 손실을 부담하지 않았으므로, 1933년 6월 1일~1938년 말까지 꾸준히 이익을 기록했다.

그러나 1939년에 뉴욕 증권거래소가 재무제표를 수정하라고 경고하였다. 자회사에서 발생한 손실 상각이 보고 이익에 미치는 영향을 밝히라는 뜻이었다. 이제 자회사 손실 때문에 반스달의 보고 이익이 3분의 1 이상 감소하게 되었다.

회계 관점에서 보면, 모회사는 자회사를 거느리는 한, 자회사의 손실을 모회사 이익에서 차감해야 한다. 분석가는 자회사의 손실이 장래에 사라질 가능성을 판단하고, 이를 고려하여 현재 주가를 평가해야 한다. 반스달이 사용한 방법에는 분명히 비판의 여지가 있다. 자회사의 손실을 실제로 없앤 것이 아니라, 단지 보고 이익에서만 없앴기 때문이다. (1939년 말에 반스달은 자회사의 완전한 분리 매각 작업에 착수하였다.)

요약

혼란스러운 내용을 정리하기 위해서, 다음과 같이 지침을 요약한다.

1. 먼저 모든 분석에서 자회사의 손실을 차감한다.
2. 손실 금액이 많으면, 분석가는 이 손실을 단기간에 없앨 수 있는지 조사해야 한다.
3. 손실을 단기간에 없앨 수 있는 것으로 밝혀지면, 분석가는 자회사의 손실을 일회성 항목으로 간주할 수 있다.

감가상각비 등과 수익력의 관계

손익계산서를 비판적으로 분석하려면 감가상각 및 유사 비용으로 차감되는 금액에 특별히 관심을 기울여야 한다. 이런 항목들은 현금이 지출되지 않는다는 점에서 경상 영업비용과 다르다. 그 대신 마모, 소모, 소멸 등으로 고정자산이나 자본자산의 가치가 감소하는 현상을 나타내는 것이다. 이런 특성이 있는 주요 비용들은 다음과 같이 분류할 수 있다.

1. 감가상각(진부화 포함), 대체, 갱신, 폐기
2. 감모상각이나 고갈
3. 임차권 상각, 임차권 개량, 라이선스 등
4. 특허권 상각

이 모든 항목을 통틀어 '상각'으로 부를 수 있지만, 때로는 편의상 '감가상각 항목' 또는 단순히 '감가상각'이라고도 부르고자 한다.

감가상각에 관한 주요 질문

감가상각 비용에 관한 회계 이론은 매우 단순하다. 어떤 자본자산에 내용연수가 있다면, 내용연수에 걸쳐 그 자산의 원가를 이익에서 상각할 수 있도록 충당금을 설정해야 한다는 것이다. 그러나 이 간단한 말 뒤에는 세 가지 복잡한 속성이 숨어 있다. 첫째, 회계원칙은 원가 이외의 가치도 감가상각 비용의 기준으로 인정할 수 있다. 둘째, 여러 면에서 기업들은 감가상각을 일반적으로 인정된 회계원칙에 따라 손익계산서에 기재하지 못한다. 셋째, 회계 관점에서는 정당한 충당금이 투자 관점에서는 상황에 부적합할 수도 있다. 우리는 이번 장과 다음 두 장에 걸쳐서 이런 문제에 관심을 집중할 예정이다. 먼저 제조업체 전반에 대해서 논의한 다음, 석유회사, 광업회사, 공익회사와 관련된 특수한 측면들을 살펴보기로 한다.[1]

감가상각의 근거

원가 이외의 감가상각 근거

감가상각의 기능은 단지 원가를 상각하는 것이 아니라, 수명이 다한 자산을 대체하게 해 주는 것이라는 이론이 회계학계의 지지를 받고 있다. 실제로 이 이론을 따른다면, 현재나 미래의 추정 대체원가가 감가상각비 산정 기준이 되어야 한다. 따라서 감가상각비 산정 기준은 똑같은 자산이더라도 시점에 따라 달라질 뿐 아니라, 대체되는 자산의 특성이 변화할 때에도 달라진다.

---

1 철도회사들은 거의 모두 보유 장비만 감가상각한다(감가상각비에 유지관리비가 포함됨). 1937년 클래스 I 철도회사들이 장비를 감가상각한 금액은 모두 1억 9,179만 8,000달러였지만, 철도와 구조물에 대한 감가상각비는 523만 6,000달러에 불과했다.

이 이론에 대해서는 찬반양론이 있어도,[2] 이 설명을 그대로 따르는 경우는 전혀 없다. 그러나 실제로는 이런 아이디어를 변형한 방식이 보인다. 즉 모든 고정자산에 대해 재무상태표에 표시된 원가 대신 특정일의 대체원가를 사용하고, 이어서 고정자산의 새 가치를 기준으로 연간 감가상각비를 산정한다.

1914년 이후 이런 재평가에 두 갈래 흐름이 있었다. 첫 번째 흐름은 1920년대에 나타났는데, 제1차 세계대전 이전 원가를 현재 가격으로 끌어올렸다. 두 번째 흐름은 1931~1933년에 나타났으며, 공황기를 맞아 기준가격을 대폭 인하하였다.[3]

사례: 1926년 아메리칸 아이스American Ice Company는 고정자산의 장부가를 786만 8,000달러 인상했고, 1935년에는 원가 기준으로 가치를 맞추려고 같은 금액을 인하했다. 1926년 장부가를 인상했을 때에는 더 많은 감가상각비를 이익에서 차감하였고, 1935년 장부가를 인하했을 때에는 감가상각비도 감소했다. 1933년 아메리칸 로코모티브는 주당 장부가를 50달러에서 5달러로 낮추면서 자본잉여금을 조성하여, 고정자산 약 2,600만 달러와 제너럴 스틸 캐스팅General Steel Casting에 대한 투자 약 620만 달러를 상각하였다. 그 결과 감가상각비가 약 40퍼센트 감소하였다.

계속 취득원가를 쓰는 대신 감가상각비 산정 기준을 산발적으로 바꾸는 방식에 대해, 회계학계 일각에서는 타당성이 부족하다고 비판한다. 우리는 다음 두 조건을 충족하면 타당성이 있다고 본다.

1. 새 기준이 자산의 가치를 더 공정하게 반영한다고 확신할 수 있어야 한다.
2. 새 기준에 따라 감가상각비를 이익에서 차감해야 한다.

---

[2] 우리는 취득원가를 기준으로 감가상각비를 산정하는 방식이 더 단순하고도 합리적이라고 본다. 대체원가는 실제로 대체가 발생한 다음에 반영해야 한다(대체는 전혀 일어나지 않을 수도 있다).

[3] 다음을 참조하라. Fabricant, Solomon, "Revaluations of Fixed Assets, 1925~1934" (*National Bureau of Economic Research Bulletin* 62, 1936), and *Capital Consumption and Adjustment*, National Bureau of Economic Research, Chap. XII, 1938.

그러나 고정자산을 재평가하면서 두 조건을 충족하지 못하는 기업이 많다.

감가상각비를 낮추려는 장부가 인하

아마도 최근 감가상각 회계 분야에서 가장 두드러진 현상은 고정자산 장부가 인하인데, 이는 보수주의를 추구해서가 아니라 이익을 늘려 주식의 가치를 높이려는 의도다.

편의상 감가상각이 증권분석에 미치는 영향에 대해서는 제36장 '투자자 관점에서 본 상각 비용'(부록 참조)에서 논의하고자 한다. 여기서는 회계기법을 다루므로, 단지 과도한 감가상각이 명백한 속임수이며 절대 용납해서는 안 된다는 견해를 피력하려고 한다. 증권거래위원회에 제출하는 등록 서류에는 기존의 공장 설비 가치를 그대로 유지한다면 이익이 얼마나 감소하는지 밝히는 항목이 있다. 이런 정보는 연차 보고서의 손익계산서에도 주석으로 표시해야 한다고 본다. 그러나 더 바람직한 관행은 회사가 장부가치를 인하했을 때에는 공인회계사가 감사를 거부하면서 원상회복을 요구하는 것이다.

재무상태표와 손익계산서의 불일치

대개 기업들은 고정자산의 장부가치는 높여 놓고서도 감가상각비는 증가시키지 않는다. 이들은 재무상태표에서 자산의 가치만 높여 이득을 얻고, 감가상각비 증가가 주는 부담은 회피하려는 것이다. 이런 관행이 특히 광산회사와 석유회사 사이에서 횡행하고 있다. 이런 관행을 따른 일반 기업의 사례 두 건을 제시한다.

사례: 홀 프린팅Hall Printing Company은 1926년과 1931년 자산의 장부가를 622만 2,000달러 인상하고, 이를 자본잉여금에 '평가증'으로 가산하였다. 그리고 증가한 가치에 대한 감가상각비를 이익이 아니라 자본잉여금에서 차감했다. 즉 1938년 3월 말 회계연도에 회사는 이 감가상각비 중 40만 6,000달러는 잉여금에서 차감하고, 86만 4,000달러는 정상적으로 이익에서 차감했다. 1938년 4월에는 나머지

평가증 금액을 자산계정과 잉여금 계정에서 상각하여 없애 버렸다. 이후 이러한 특별감가상각은 중단되었다.

브로그 워너Brog Warner는 1927년에 인상한 고정자산 가치를 상각하려고, 1935년 이후 매년 10만 2,000달러를 이익이 아니라 '평가잉여금'에서 차감하고 있다.

어느 회사든 재무상태표에 올리는 금액과 손익계산서에 올리는 금액이 달라서는 절대 안 된다. 최근에는 과거에 인상한 장부가를 원래의 취득원가로 되돌려, 이러한 불일치를 수정하는 기업들이 많다.

감가상각률. 표준 관행과 비표준 관행

1. 상장 신청서에 드러난 감가상각비

제조회사 절대다수는 표준 관행에 따라 자산의 유형별로 적절한 감가상각률을 적용하고 있다. 이에 대해서는 뉴욕 증권거래소 상장 신청서, 투자 설명서, 등록 서류 등을 통해서 즉시 확인할 수 있다.

사례: 표준 관행을 따르자면, 다음과 같은 방식으로 발표해야 한다.

(다음은 1928년 12월 17일 일렉트릭 스토리지 배터리Electric Storage Battery Company의 상장 신청서에서 발췌.)

감가상각에 대한 당사의 정책은 다음과 같습니다. 건물은 그 특성에 따라 내용연수가 20~30년입니다. 기계, 장비, 고정물은 특성에 따라 상각 기간이 1~10년입니다. 사무실 가구와 고정물은 상각 기간이 10년입니다. 모든 자산의 감가상각률은 실제 경험과 엔지니어가 추정한 내용연수에 따라 결정됩니다. 유동자산의 감가상각에 대해서는 적립금을 설정하여 부실채권에 의한 손실에 대비하였습니다.

(다음은 1930년 2월 11일 미들랜드 스틸 프로덕트Midland Steel Products Company의 상장

신청서에서 발췌.)

다음은 당사가 적용하는 감가상각률입니다.

	연 감가상각률, %
건물	2
정원, 차도, 인도	2
기계	7
가구 및 고정물	10
철도 측선	2
승용차 및 트럭	25

공구 및 다이스: 소요량이 결정되면 작업 기간에 걸쳐 상각하고, 아니면 매해 연말에 상각.

이 감가상각률이 업계의 표준 관행이므로, 당사는 이를 계속 적용하고 있습니다.

감가상각률은 해당 자산의 추정 내용연수를 기준으로 산정합니다. 따라서 건물의 상각 기간은 50년, 정원, 차도, 인도의 각 기간도 50년이며, 기계는 14년, 가구 및 고정물은 10년, 철도 측선은 50년입니다. 감가상각률을 산정할 때 상각 기간 종료 후의 잔존가치는 고려하지 않습니다.

지금은 거의 모든 기업이 이런 표준 관행을 따르고 있지만, 전에는 일부 주요 기업이 의심스러운 관행을 따른 사례도 있다. 아메리칸 카 앤드 파운드리, 아메리칸 슈가 리파이닝, 볼드윈 로코모티브 웍스 등이다.

다음은 아메리칸 슈가 리파이닝의 1923년 12월 6일 상장 신청서에서 발췌한 내용이다.

손익계산서에도 나타나듯이, 당사는 매우 자유분방한 감가상각 정책을 유지하고 있습니다. 당사는 수리, 개조, 대체 등 필요한 모든 조치를 동원하여 자산의 가치를 항상 온전하게 유지하고 있습니다.

그럴듯한 말이지만, 지나치게 막연해서 분석에는 전혀 도움이 되지 않는다. 다음의 실제 감가상각비를 보면, 회사의 매우 변덕스럽고 괴상한 정책이 드러난다.

아메리칸 슈거 리파이닝의 연간 감가상각비

연도	이익에서 차감	잉여금에서 차감
1916~1920	$2,000,000	–
1921	–	–
1922	1,000,000	–
1923	1,000,000	–
1924	–	–
1925	1,000,000	–
1926	1,000,000	$2,000,000
1927	1,000,000	1,000,000
1928	1,250,000	500,000
1929	1,000,000	500,000
1930	1,000,000	542,631
1931	1,000,000	–
1932	1,000,000	–

1926~1930년에 잉여금에서 감가상각비를 차감한 모습에서, 변덕스럽고도 괴상한 처리 방식이 명확하게 드러난다.

다음은 아메리칸 카 앤드 파운드리의 1925년 4월 2일 상장 신청서에서 발췌한 내용이다.

> 당사에는 감가상각비 계정이 없습니다. 그 대신 이에 상응하는 정책과 관행이 있습니다. 필요하면 수리, 개조, 대체를 통해서 공장 설비와 자산을 항상 최고의 상태로 유지하여 높은 효율성을 내고 있으며, 생산성 향상에 도움이 되면 기존 설비도 더 현대적인 설비로 교체하고 있습니다. 이런 절차를 통해서 감가상각과 진부화에 충분히 대응하고 있으며, 이런 비용은 영업비용으로 차감합니다.

이런 설명에 대해서도 회의적인 태도를 '충분히' 유지해야 한다. 아메리칸 캔에 대해서도 마찬가지다. 이 회사는 1926년 2월 26일 제출한 상장 신청서에서, 1907년 이후 자산 확장과 개선에 약 5,000만 달러를 지출했고, "이 기간에 자산을 2,000만 달러 이상 감가상각했습니다"라고 언급했으면서도, 회사의 감가상각 정책에 대해서는 전혀 언급하지 않았다.

1929년 10월 3일 제출한 상장 신청서에서 볼드윈 로코모티브 웍스는 감가상각에 대해서 다음과 같이 놀라운 설명을 했다.

1924~1928년 동안 연방정부가 산정한 공장 설비 및 장비 감가상각비 총 511만 2,258.09달러를 다음과 같이 이익이나 잉여금에서 차감하였습니다.

연도	이익에서 차감	잉여금에서 차감	감가상각비 합계
1924	$600,000	–	$600,000
1925	–	–	–
1926	–	–	–
1927	1,000,000	$2,637,881.01	3,637,881.01
1928	600,000	274,377.08	874,377.08
	$2,200,000	$2,912,258.09	$5,112,258.09

앞으로도 당사는 연방정부가 산정하고 당사 엔지니어들이 동의하는 추정 내용연수와 국세청이 소득공제를 허용하는 금액을 기준으로 감가상각비를 산정할 예정입니다.

이 기간 볼드윈의 손익계산서는 전혀 정확하지 않았다. 주주들에게 보고한 보통주 주당 이익 평균이 아래의 정확한 숫자보다 훨씬 높았다.

보통주 주당 이익

연도	보고 이익	수정 이익 (감가상각비 연 $1,022,000)
1924	($0.4)	($2.51)
1925	(6.02)	(11.13)
1926	22.42	17.31
1927	5.21	5.10
1928	(5.34)	(7.45)
5년 평균	$3.33	$0.06

2. 다른 회사와 비교

회사의 감가상각 정책이 표준 관행과 다른 것으로 드러나면, 그 정책의 타당성을 확인해 볼 필요가 있다. 같은 업종에 속한 기업 하나와 비교해 보면 중요한 결과가 도출될 수 있다. 다음은 아메리칸 슈가와 아메리칸 카 앤드 파운드리를 다른 회사와 비교한 표다.

회사	평균 자산계정 1928~1932	평균 감가상각비 1928~1932	자산계정 감가상각률 (%)
아메리칸 슈거 리파이닝	$60,665,000	$1,050,000[*1]	1.73[*2]
내셔널 슈거 리파이닝	19,250,000[*3]	922,000[*3]	4.79[*3]
아메리칸 카 앤드 파운드리	72,000,000	1,186,000[*4]	1.65
아메리칸 스틸 파운드리	31,000,000	1,136,000	3.66

[*1] 잉여금에서 차감한 감가상각비 제외. 이를 포함하면 $1,358,500.
[*2] 잉여금에서 차감한 감가상각비를 포함하면 2.24퍼센트.
[*3] 1929~1932년의 4년 기준. 1928년 숫자는 없음.
[*4] 개조 및 수리비 지출액의 절반으로 추정. 1901~1933년 US스틸의 평균 감가상각비는 유지 및 감가상각 충당금의 약 40퍼센트였음.

절대적으로나 상대적으로나 아메리칸 슈가 리파이닝과 아메리칸 카 앤드 파운드리의 감가상각 충당금이 부족했던 것으로 보인다.[4]

---

[4] 감가상각비가 소득세 공제액보다 적었던 사례는 다음과 같다. 하비슨워커 리프랙터리Harbison-Walker Refractories Company의 신임 경영진은 1936년 감가상각비 29만 6,000달러가 극히 부족하다고 판단하여 47만 2,000달러로 수정하였다. 1937년 머키스포트 틴 플레이트McKeesport Tin Plate Corporation의 보고서에는 소득세 신고서에

감가상각비와 합병

때로는 두 회사의 감가상각비 차이가 합병 조건의 공정성을 평가할 때 중요한 이슈가 되기도 한다.

사례: 1924년에 체서피크 앤드 오하이오, 호킹 밸리Hocking Valley, 뉴욕, 시카고 앤드 세인트루이스, 페어 마켓, 이리 철도를 포함하는 합병 계획이 발표되었다. 체서피크 앤드 오하이오 주주들은 이 합병 계획에 반대하였고, 합병 조건이 자기들 회사에 지나치게 불리하다고 주간통상위원회를 설득하였다. 이들은 무엇보다도 지난 3년 동안 체서피크 앤드 오하이오가 철도 장비 감가상각 및 폐기 비용으로 이례적인 거액을 차감하였으므로, 실제 이익이 보고 이익보다 훨씬 많다고 주장하였다.[5] 1929년 베들레헴 스틸과 영스타운 시트 앤드 튜브의 합병 계획도 비슷한 이유로 무산되었다. 다음은 두 철강회사의 데이터를 요약한 표다.

1928	베들레헴 스틸	영스타운 시트 앤드 튜브
1927. 12. 31. 자산계정	$673,000,000	$204,000,000
매출액	295,000,000	141,000,000
감가상각, 감모상각, 진부화	13,658,000	8,321,000
비율: 감가상각비/자산계정	2.03%	4.08%
비율: 감가상각비/매출액	4.63%	5.90%

올린 감가상각비가 80만 3,000달러라고 적혀 있으나, 주주들에게 보고한 금액은 42만 5,000달러였다. 마찬가지로, 1935~1937년 내셔널 에나멜링 앤드 스탬핑National Enameling and Stamping Company이 소득세 신고서에 올린 감가상각비는 약 28만 달러였으나, 이익에서 차감한 금액은 약 18만 5,000달러였다. 1938년 회사는 잉여금에서 44만 3,000달러를 차감하여 1933~1937년 감가상각비 부족분을 메웠다. 커더히 패킹 감사들은 1939년 연차 보고서에 첨부된 감사 의견에서, 1938년 10월 29일 이전에 회사가 설정한 감가상각충당금이 부족하다고 밝혔다.

5 1926~1928년 체서피크 앤드 오하이오가 철도 장비에 지출한 거액의 비용과 운영비에 대해서, 나중에 주간통상위원회는 자본적 지출로 분류하라고 요구했다. 1933년 이 논쟁이 소송으로 이어졌고, 법원은 주간통상위원회의 손을 들어 주었다.

감가상각비 숨기기

아메리칸 캔 사례를 보면 증권분석에서는 아무것도 당연시해서는 안 된다는 사실을 알 수 있다. 이 회사는 1937년까지 상세한 감가상각 정책을 주주들에게 공개하지 않았다. 1922~1936년 동안 감가상각비로 매년 200만 달러를 차감했다. 공장 설비가 훨씬 작은데도 감가상각비가 비슷한 콘티넨털 캔과 비교해 보면, 아메리칸 캔의 수익력이 과대평가된 것으로 드러난다. 그러나 1934년 보고서에서 주주들에게 처음 공개한 내용은 회사가 '대체' 목적으로 감가상각비를 영업비에서 차감하고 있다는 주장이었으며, 그 금액도 밝히지 않았다. 1935년과 1936년에도 당기에 이런 비용을 차감하였다는 사실을 밝혔다(그러나 금액은 밝히지 않았다). 그러나 1935년 증권거래위원회에 제출한 10-K 양식에서 추가로 지출한 비용이 드러났는데, 약 240만 달러였다. 마침내 1937년 연차 보고서에서 1936년 추가로 지출한 비용이 약 327만 5,000달러라고 주주들에게 공개했다. 1937년부터 이 회사는 정상적으로 감가상각비를 차감했는데, 1937년에는 570만 2,000달러였고, 1938년에는 608만 5,000달러였다. 이렇게 주주들이 자산에 관한 사실을 보고받는 데에도 오랜 세월이 걸렸다. 나중에 공개한 숫자를 바탕으로, 전에는 아메리칸 캔이 감가상각비를 과소계상했을 것으로 추론했지만,[6] 지금은 단지 사실을 공개하지 않았다는 논평으로 대신하고자 한다.

회계기법으로 과도한 감가상각비를 숨긴 사례

아메리칸 캔 사례를 계기로 삼아, 대주주가 같은 내셔널 비스킷의 초기 관행을 살펴보자. 이 회사는 1922년 이전에 여러 해에 걸쳐 계속해서 공장 수를 늘렸지만, 1920년을 제외하면 자산계정에 숫자가 증가하지 않았다.[7] 감가상각비에 대한

---

[6] 《증권분석》 초판에 실린 추론.
[7] 1919년 이전에 이 회사의 재무상태표에서는 매년 고정자산에 대해 "감가상각비 차감 30만 달러"라고 표시하였다. 이는 분명히 당기에 차감한 금액이었으며, 누적 금액이 아니었다.

연차 보고서의 설명은 지극히 모호했지만, 재무 지침에 나타난 회사의 정책은 다음과 같았다. "감가상각비는 연 30만 달러이고, 대체 및 건물 개축 항목은 모두 영업비에서 직접 차감한다."

그러나 실제로는 이익을 차감하여 신규 공장에 투자하고 있었으므로, 실제 이익은 십중팔구 보고 이익보다 훨씬 많았을 것이다. 우연히도 7대 1로 주식을 분할하고 1922년 현금배당률을 3배로 높인 다음부터 이렇게 이익을 과소평가하는 관행이 사라졌다. 그 결과 수익력이 갑자기 2배로 증가했고, 공장 설비 계정 역시 순식간에 증가했다. 다음 표에서 두 기간의 데이터가 선명하게 대조를 이룬다.

내셔널 비스킷

회계연도 말	보통주 이익	연말 공장 설비 계정
1911. 1. 31.	$2,883,000	$53,159,000
1912	2,937,000	53,464,000
1913	2,803,000	53,740,000
1914	3,432,000	54,777,000
1915	2,784,000	54,886,000
1916	2,393,000	55,207,000
1917	2,843,000	55,484,000
1917. 12. 31.	2,886,000(11개월)	53,231,000
1918	3,400,000	52,678,000
1919	3,614,000	53,955,000
1920	3,807,000	57,788,000
1921	3,941,000	57,925,000
1922	9,289,000	61,700,000
1923	10,357,000	64,400,000
1924	11,145,000	67,292,000
1925	11,845,000	69,745,000

감가상각비 미공개

증권거래위원회가 규제하기 전에는 일부 주요 기업조차 감가상각 후 이익을 보고할 때 감가상각비 차감액을 공개하지 않았다. 다행히 지금은 모든 등록 기업이

이런 정보를 제공해야 한다.[8]

석유회사와 광업회사의 상각 비용

석유회사와 광업회사의 상각에는 특별한 요소가 추가된다. 일반적인 감가상각에 더해서, 광석이나 석유 매장량에 대해 감모상각도 해야 한다.[9] 광업회사에는 개발비라는 요소도 있다. 반면에 석유회사에는 시추 비용과 무수익 임차권 비용이 추가된다. 이런 항목들은 회사의 실제 이익에 큰 영향을 미치지만, 회사마다 적용하는 기법이 달라서 골치가 아프다.

광업회사의 감모상각비

감모상각이란 지하의 자본자산을 판매용 제품으로 전환하면서 고갈성 자산의 가치가 소모되는 현상을 가리킨다. 감모상각은 금속, 석유와 가스, 유황, 목재, 기타 '소모성 자산'을 생산하는 기업에 적용된다. 이런 자산의 매장량이 고갈됨에 따라, 이들의 가치도 점진적으로 이익에서 차감하여 상각해야 한다. 특히 구리 및 유황을 생산하는 기존 광업회사들은 연방 소득세법의 기술적 요건에 따라 감모상각비를 산정하는데, 1913년 3월 1일 현재 추정 매장량을 기준으로 삼거나, 제품 가치에 일정 비율을 곱하여 감모상각비를 산정한다. 이런 계산에는 흔히 인위적인 기준을 사용하므로, 연차 보고서에는 감모상각비를 누락하는 경우가 많다.

---

8 얼라이드 케미컬 앤드 다이Allied Chemical and Dye Corporation는 이런 정보를 비밀로 유지하려 했으나, 상당한 시일을 지체한 다음 1938년에 공개하였다. 이 회사는 다른 몇몇 기업과 마찬가지로 연차 보고서에 매출액과 감가상각비 데이터를 공개하지 않지만, 증권거래위원회에 제출하는 연례 보고서(10-K 양식)를 통해서 이런 정보를 얻을 수 있다.

9 그러나 석유 생산 관련 장비와 자재의 원가는 흔히 (경과 기간 기준의) 감가상각비 대신 (생산 배럴 기준의) 감모상각비로 상각된다.

투자자가 직접 계산해 보라

나중에 살펴보겠지만, 광업주에 투자하는 사람은 광업주 매입 가격을 기준으로 손수 감모상각비를 계산해 보아야 한다. 회사의 장부 원가나 법인세 용도로 작성된 숫자는 오히려 투자자의 혼란만 가중시킨다. 그러므로 광산회사들이 감모상각비를 누락한다고 비난해서는 안 되며, 주주들은 보고서를 분석할 때 이런 사실을 잘 인식해야 한다. 그리고 광산회사들을 비교할 때에는 감모상각비를 이익에서 차감하는 회사와 차감하지 않는 회사를 구분해야 한다. 다음은 감모상각비 차감 여부를 기준으로 회사들을 분류한 예다.

감모상각비를 보고 이익에서 차감하지 않은 기업:
알래스카 주노 골드 마이닝 Alaska Juneau Gold Mining Co.
애너콘다 코퍼 마이닝
돔 마인 Dome Mines, Ltd. (금)
케니컷 코퍼 Kennecott Copper Corp.
노랜다 마인 Noranda Mines, Ltd. (금과 동)
텍사스 걸프 설퍼 Texas Gulf Sulphur Co.

감모상각비를 보고 이익에서 차감한 기업:
세로데파스코 코퍼 Cerro de Pasco Copper Corp.
그랜비 컨솔리데이티드 마이닝 Granby Consolidated Mining, etc., Co. (동)
홈스테이크 마이닝 Homestake Mining Co. (금)
인터내셔널 니켈 컴퍼니 오브 캐나다 International Nickel Co. of Canada, Ltd.
파티노 마인 Patino Mines, etc. (주석)
펠프스 도지 Phelps Dodge Corp. (동)
세인트 조지프 레드 St. Joseph Lead Co.

석유산업의 감모상각 및 유사 비용

감모상각비는 광산업보다 석유산업에서 실제 사업 비용과 더 긴밀한 관계가 있다. 광산업에서 자산에 투자하면, 그 비용은 장기간에 걸쳐 상각된다. 그러나 대형 석유회사들은 대개 신규 임차와 신규 유정에 매년 막대한 자금을 투입한다. 다른 유정의 생산량 감소를 메우려면 신규 유정이 필요하기 때문이다. 따라서 석유회사의 감모상각비는 매장량과 생산을 유지하려고 지출하는 현금과 대체로 일치한다. 신규 유정에서는 첫해에 회사 전체 생산량의 80퍼센트까지 산출하기도 한다. 따라서 이런 '집중 생산'에 들어가는 거의 모든 비용을 첫해에 상각해야 하며, 이 유정에서 나오는 '이익'이 실제로 투하자본에 대한 이익인 셈이다. 만일 투자 금액이 감모상각과 다른 비용으로 신속하게 상각되지 않으면, 이익과 자산계정의 가치가 둘 다 엄청나게 과대평가된다. 개발 사업을 활발하게 진행하는 석유회사는 다음과 같이 다양한 항목으로 비용을 상각한다.

1. 유형자산 감가상각
2. 석유와 가스 매장량 감모상각(임차권 원가 기준)
3. 무수익 임차권 상각: 일부 유정과 탐사는 실패할 수밖에 없으므로, 다른 유정에서 나오는 수익으로 상각해야만 한다.
4. 무형 시추비: 영업비용처럼 한 번에 상각하거나, 유정의 내용연수에 걸쳐 상각한다.

사례: 1926년 말런드 오일Marland Oil 사례를 보면, 석유회사의 보고 이익이 감모상각에 적용하는 회계 정책에 좌우된다는 사실을 알 수 있다. 이 회사는 생산량을 유지하려고 신규 임차권과 유정에 매년 막대한 자금을 지출하였다. 1926년 이전에는 자본계정에 이른바 '무형 시추비' 항목으로 표시하고, 매년 감모상각비로 이익에서 차감하였다. 1926년 회사는 더 보수적인 정책을 채택하여, 모든 '무형 비용'을 당기 이익에서 차감하였다. 이런 정책이 이익에 미친 영향은 다음 표와 같다.

지난 10년 동안 주요 석유회사들이 따르는 회계 정책에 커다란 변화가 있었다. 대공황 이전에는 1926년 말런드 오일이 채택한 방식처럼, 대부분 회사가 '무형 시추비'를 당기 이익에서 차감하였다. 그러나 대공황 이후에는 주요 회사들이 다소

말런드 오일

항목	1925	1926	1927
총이익 및 잡이익	$73,231,000	$87,360,000	$58,980,000
상각비 차감 전 이익	24,495,000	30,303,000	9,808,000
감모상각비	9,696,000	18,612,000	17,499,000
보통주 분배 가능 이익	14,799,000	11,691,000	(7,691,000)

완화된 기준을 채택하여, 매년 상각하는 방식으로 전환하였다.[10] 이런 정책 변경의 주된 근거는 주州법이었는데, 이 법에서는 신규 유정의 석유 산출 비용을 여러 해에 걸쳐 인식하도록 허용하였다. 이 법에 따라 유정은 장기 자본자산으로 분류되었으므로, 막대한 유정 비용 대부분을 당기 이익에서 차감하는 방식은 지나치게 엄격한 정책이었다.

　기업들은 고정자산을 대규모로 상각하여 연간 감모상각비를 줄임으로써 이익에 미치는 부담을 줄이기도 했다. 이런 관행은 다른 산업보다도 석유산업에서 널리 사용되었다.

　일부 기업은 자산 폐기 비용을 이익이 아니라 감가상각충당금에서 차감하기도 했다. 결국에는 임차 기준 대신 '총액 기준'을 채택하여 감모상각비를 축소하는 사례까지 등장했다. 즉 임차비용이 비싼 유정에서 석유를 생산했을 때, 실제 원가대로 상각하는 대신 보유 유정 전체의 평균 원가로 상각하였다.

　다음은 이런 방식으로 회계 정책을 변경한 사례다.[11]

사례: 걸프 오일은 앞에서 설명한 것처럼 무형 시추비를 차감하는 대신 자본화하여 내용연수에 걸쳐 상각하는 방법으로 1932년 이익을 362만 1,000달러 증가

---

[10] 1930년 이후 이런 정책으로 전환한 회사로는 스탠더드 오일 오브 인디애나 앤드 뉴저지Standard Oil of Indiana and New Jersey, 걸프 오일, 타이드워터 어소시에이티드Tidewater Associated, 컨솔리데이티드 오일Consolidated Oil 등이 있다.

[11] 이런 사례들은 주로 다음 자료에서 인용하였다. Alfred Braunthal, "Are Oil Earnings Reports Fictitious?", *Barron's*, Mar. 8, 1937.

시켰다.

스탠더드 오일 오브 뉴욕-배큐엄Standand Oil Company of NewYork-Vacuum(Socony-Vacuum)은 고정자산을 상각하여 이후 감가상각비를 줄이는 방법으로 1932년 이익을 609만 5,000달러 증가시켰다. 1935년에는 전에도 그랬듯이, 자산 폐기 비용 137만 6,000달러를 이익 대신 감가상각충당금에서 차감하는 방법으로 이익을 이 금액만큼 늘렸다. 1936년부터는 무형 시추비를 자본화하여 이익을 약 885만 달러 늘렸다. 1937년에는 (분명히 표준 원칙을 준수하여) 감가상각 정책을 추가로 변경함으로써 당기이익을 약 250만 달러 보탰다.

퓨어 오일Pure Oil은 1934년 '총액 기준'을 채택하여 감모상각비를 줄임으로써 이익을 169만 8,000달러 늘렸다.

다양한 감모상각 방식을 대하는 태도

기업들이 사용하는 다양한 회계기법들은 매우 혼란스러워서, 자칫 분노를 느낄 수도 있다. 그러나 대부분은 원칙에서 허용하는 기법들로서, 고정자산 상각 기준을 더 보수적으로 적용하느냐 보통 수준으로 적용하느냐에 대한 선택일 뿐이다. 따라서 이들을 비난할 것이 아니라 우리가 건전하게 해석하도록 노력해야 한다.

기준 제시

분석가는 현실이 제대로 반영되도록 적당히 보수적인 상각률을 일관되게 적용해야 한다. 될 수 있으면 다음과 같은 기준을 적용하기 바란다.

1. 유형자산에 대한 감가상각

항상 근거가 확실한 상각률을 적용해야 한다. 타당성이 확실하지 않으면 원가보다 현저하게 낮은 상각률을 적용해서는 안 된다.

2. 무형 시추비

무형 시추비는 비교 목적 측면에서나 당기이익을 공정하게 반영한다는 측면에서나, 내용연수에 걸쳐 상각하는 편이 바람직하다. 무형 시추비 상각 방식이 다른 기업들을 비교할 경우, 첫해에 모두 상각하는 기업은 이익이 과소평가될 수 있다는 점을 충분히 고려해야 한다.

사례: 다음은 상각 기준이 다른 두 회사 콘티넨털 오일Continental Oil Company과 오하이오 오일Ohio Oil Company을 비교한 사례인데, 이런 조정 작업이 쉽지 않음을 보여 준다. 두 회사는 특성이 대체로 비슷하다. 둘 다 1938년 생산량이 약 2,000만 배럴이었다. 콘티넨털 오일은 생산량의 약 3분의 2를 정제했고, 오하이오 오일은 약 3분의 1을 정제했다. 콘티넨털은 무형 시추비를 모두 이익에서 차감하지만, 오하이오는 이 비용을 유정의 내용연수에 걸쳐 상각한다.

무형 시추비를 포함한 전체 상각비는 콘티넨털이 오하이오보다 많을 것으로 기대된다. 그러나 1938년 오하이오의 상각비는 매출액 5,400만 달러의 21.5퍼센트인 1,160만 2,000달러였고, 콘티넨털은 매출액 8,000만 달러의 17.6퍼센트인 1,403만 8,000달러였다. 두 회사의 기준을 맞추려고 조정할 필요가 전혀 없다. 여기에는 몇 가지 이유가 있다. (a) 여러 해가 지나면 시추비를 장기간에 걸쳐 차감하든, 첫해에 모두 차감하든, 큰 차이가 없어진다. 과거에 발생한 시추비 상각액이 계속해서 증가하기 때문이다. (b) 콘티넨털은 1932년 자산계정을 약 4,500만 달러 상각하여 이후 발생하는 감가상각비와 감모상각비를 대폭 축소했다.

3. 자산 폐기 및 임차권 포기

자산 폐기에서 발생하는 손실은 잉여금이 아니라 당기이익에서 차감해야 한다. 자산 폐기는 대형 종합석유회사에서 반복적으로 발생하는 정상적인 영업활동이기 때문이다. 임차권 포기도 마찬가지 유형이므로, 이 손실도 이익에서 차감해야 한다.

4. 석유 매장량 감모

이론적으로 타당한 원칙은 시장에서 평가하는 방식으로 석유 매장량 감모를 평가하는 것이다. 구체적인 적용 개념은 다음 챕터에서 논의하기로 한다. 다만, 감모 평가에 적합한 회계기준이 투자가치분석 기준으로는 부적합할 수도 있다는 점만 지적해 둔다. 유감스럽게도 석유산업에서 따르는 관행 탓에, 이 원칙을 제대로 적용하기가 매우 어렵다. 석유산업은 석유 생산 부문에서 대부분 이익이 발생한다. 정유 및 마케팅 사업부에서 나오는 투자 이익은 미미하다. 이익을 기준으로 가치를 평가한다면, 석유 주식의 가치는 대부분 생산 사업부에서 나올 것이며, 생산되는 석유에 비교적 높은 감모상각비를 부과해야 한다. 반면에 장부가치를 기준으로 가치를 평가한다면, 정유 및 마케팅 사업부의 가치 비중이 엄청나게 커질 것이며, 석유 매장량의 가치는 훨씬 적어질 것이고, 이에 따라 감모상각비도 적어질 것이다.

이 딜레마에 대해서는 만족스러운 답을 찾아내지 못했다. 이는 석유산업에서 생산 부문과 기타 부문 사이의 이익 구분이 인위적이기 때문인 듯하다. 그래서 이 문제에 대해 다음과 같이 현실적인 타협안을 제시한다.

1. 종합석유회사의 경우, 회사에서 제시하는 감모상각비를 가장 유력한 자료로 받아들인다. ('총액 기준'도 수용한다. 현실을 공정하게 반영한다고 보기 때문이다.) 그러나 상각비를 재무상태표 항목에서 차감했다면, 이를 반드시 이익에서 차감해야 한다.
2. 석유 생산만 하는 기업이라면, (매장량 추정치가 공개되었을 경우) 석유 매장량 전체를 생산했을 때의 시장가치를 계산할 수 있다. 따라서 채광 계획을 세우듯이 스스로 감모상각비를 계산할 수 있다.

기타 자본자산 상각 유형

임차자산과 임차자산 개량

일반적으로 임차인은 임차자산에 자본을 투자하지 않는다. 단지 자산을 사용하는 대가로 임차료를 지불할 뿐이다. 그러나 임차자산의 사용가치가 임차료보다 훨씬 높고 임차 계약 기간이 장기라면, 그 임차자산은 가치가 매우 높아진다. 유전에 대한 표준 임차료는 대개 생산량의 8분의 1이다. 생산량이 막대하거나 확실한 유전 임차권은 임차료보다 가치가 훨씬 높으므로, 단독 소유권과 똑같은 방식으로 거래된다. 호황기에는 도심지 부동산에 대한 장기 임차권에도 막대한 프리미엄이 붙는다.

회사가 임차자산에 지출한 비용은 임차 기간 안에 모두 상각해야 한다. (유전 임차권은 기간이 아니라 석유 생산량을 기준으로 상각한다. 초기 분출기가 지나면 석유 생산량이 급감하기 때문이다.) 이 상각비는 사실상 임차료의 일부이므로, 반드시 당기 영업비용에 포함해야 한다.

임차자산을 변경하거나 고정물을 설치하는 것을 '임차자산 개량'이라고 부른다. 임차 기간이 끝나면 임차자산은 임대인의 소유가 되므로, 임차자산 개량에 들어간 비용은 임차 기간 안에 모두 상각해야 한다. 이런 목적으로 비용을 상각할 때 '임차자산 개량비 상각'이라고 한다. 이는 감가상각비와 성격이 비슷하다. 연쇄점들은 흔히 임차자산 개량에 상당한 금액을 투자하는데, 그 연간 상각비가 손익계산서에 커다란 영향을 미치기도 한다.

사례: 1938년 12월 31일 울워스 재무상태표에 표시된 "보유 건물 및 임차 기간에 상각할 임차 건물"의 가치는 4,671만 7,000달러였다. 이에 대해 1938년 이익에서 차감한 상각비가 무려 392만 5,283달러였다.

이런 항목도 상각비에 해당하므로, 마찬가지로 자의적인 방식으로 처리될 소지가 있다. 매년 상각비를 잉여금에서 차감하거나, 전체 투자 자본을 1달러로 상각하여 연간 상각비를 없애 버릴 수도 있다. 이렇게 하면 이런 상각비를 영업비용에서 제외할 수 있으므로, 이익이 훨씬 많은 것처럼 투자자를 기만할 수 있다.

특허권 상각

이론상 특허권도 광업 자산과 똑같은 방식으로 다루어야 한다. 다시 말해서, 비용을 내용연수에 걸쳐 이익에서 상각해야 한다. 따라서 특허권의 장부가치를 기준으로 이익에서 차감하는 것은 현실적으로 타당성이 거의 없다. 이에 대해서는 뒤에서 논의하기로 한다.

영업권 상각

영업권 상각은 중요성이 매우 낮다. 몇몇 회사는 영업권을 매년 이익에서 차감하는 다소 이례적인 정책을 따르고 있다.

사례: RCA_{Radio Corporation of America}는 이런 목적으로 1934~1937년 동안 매년 31만 달러를 상각하였다. 자회사인 NBC_{National Broadcasting Company}의 영업권을 이렇게 처리하다가 1938년에 중단하였는데, 미상각 잔액이 187만 6,000달러 남은 상태였다.

이는 사실에 기초한 관행이 아니다. 영업권에는 내용연수가 없기 때문이다. 이런 영업권 상각 규모가 크다면, 분석가는 이 상각비를 제외하고 이익을 분석해야 한다.

제35장 공익회사의 감가상각 정책
제36장 투자자 관점에서 본 상각 비용
QR 코드 통해 제7판에 생략된 원문 PDF 참조.

이익 실적의 중요성

지금까지 우리는 과거 실적을 공정하고도 유용하게 분석하려고 손익계산서를 집중적으로 조사하였다. 증권분석에서 맞이하는 두 번째 주요 과제는 과거 실적을 지표로 삼아 미래 이익을 추정하는 일이다. 이는 증권분석에서 가장 중요한 일인 동시에, 가장 불만족스러운 작업이기도 하다. 가장 중요하다 함은 우리가 힘들여 과거 실적을 분석하는 유일한 목적이 미래 이익에 대한 단서를 찾는 것이기 때문이다. 가장 불만족스럽다 함은 이 단서의 신뢰도가 높지 않으며, 흔히 전혀 무가치한 것으로 드러나기 때문이다. 이런 단점 때문에 분석 업무의 가치가 크게 떨어지기도 하지만, 그래도 완전히 사라지는 것은 아니다. 대개는 과거 실적이 여전히 신뢰할 만하여, 증권을 평가하고 선택하는 출발점으로 삼기에 넉넉하기 때문이다.

수익력 개념

투자 이론에서 수익력 개념은 명확하고도 중요하다. 이는 이례적인 상황이 발생하지 않는 한, 장기간의 실제 이익이 일정 수준을 유지하리라는 기대를 나타낸다. 이런 실적은 장기간에 걸쳐 나타나야 하는데, 그 이유는 첫째, 실적은 한 번 나타날 때보다는 거듭 나타날 때 더 인상적인 법이고, 둘째, 장기간에 걸친 평균 실적을 사용하면 경기순환이 미치는 왜곡 효과를 완화할 수 있기 때문이다.

그러나 제멋대로 흩어진 숫자들을 단순히 계산해서 나온 평균과 연간 실적이 확실히 수렴하는 경향을 보이는 최빈치最頻値 성격의 평균은 분명히 구분해야 한다. 다음 예를 보면 두 종류의 수익력이 대조를 이룬다.

조정 주당 이익, 1923~1932

연도	크레스	허드슨 자동차
1923	$3.39	$5.56
1924	3.06	5.09
1925	4.12	13.39
1926	4.65	3.37
1927	5.26	9.04
1928	5.76	8.43
1929	5.92	7.26
1930	4.49	0.20
1931	4.19	(1.25)
1932	2.80	(3.54)
10년 평균	$4.36	$4.75

크레스의 주당 이익 평균 4.5달러는 '수익력'을 나타낸다고 말할 수 있다. 각 연도의 이익이 평균과 크게 다르지 않기 때문이다. 반면에 허드슨 자동차의 주당 이익 평균 4.75달러는 중구난방으로 흩어진 실적을 산술적으로 계산한 숫자에 불과하다. 1933년 이후 실적이 평균과 어떤 관계가 있으리라고 보기 어렵기 때문이다. 다음 J. I. 케이스 실적에 대해서도 마찬가지로 말할 수 있다. 이후 7년 실적이 이런 결론을 뒷받침해 준다.

주당 이익

연도	크레스*	허드슨 자동차	J. I. 케이스
1933	$4.23	$(2.87)	$(14.66)
1934	4.76	(2.10)	(7.38)
1935	4.63	0.38	5.70
1936	4.62	2.14	12.37
1937	4.62	0.42	19.20
1938	2.76	(2.94)	8.89
1939	3.86	(0.86)	(1.87)

* 1936년 2:1 주식분할 전 과거 자본금 기준.

양적 분석은 질적 분석으로 보완해야 한다

이익 실적을 분석할 때 한 가지 중요한 원칙을 명심해야 한다.

양적 데이터는 기업에 대한 질적 조사로 뒷받침할 때에만 유용하다.

어떤 회사의 과거 실적이 안정적인 것만으로는 그 회사가 진정으로 안정적이라고 판단하기 어렵다. 단순한 실적을 떠나 사업 자체에 타고난 수익력이 있어야 한다. 제2장에서 질적 요소를 논의할 때 설명했던 스튜드베이커 사례를 보면, 이런 추가 기준이 필요함을 알 수 있다. 그러나 연도별 이익은 들쭉날쭉하더라도 그 평균 이익으로 미래 실적을 대강이나마 추정하는 것은 가능하다. 《증권분석》 1934년 판에서는 US스틸 사례를 제시한 바 있다. 이 회사의 1923~1932년 이익은 다음과 같다.

US스틸, 1923~1932

연도	보통주 주당 이익*	철강 제품 생산량 (톤)	국가 생산량 대비 비중 (%)	톤당 이익 (감가상각 전) ($)
1923	$11.73	14,721,000	44.2	$12.20
1924	8.41	11,723,000	41.7	13.05

제37장 이익 실적의 중요성 583

1925	9.19	13,271,000	39.7	12.49
1926	12.85	14,334,000	40.4	13.89
1927	8.81	12,979,000	39.5	12.66
1928	12.50	13,972,000	37.1	13.83
1929	21.19	15,303,000	37.3	16.90
1930	9.12	11,609,000	39.3	13.10
1931	(1.40)	7,196,000	37.5	5.71
1932	(11.08)	3,591,000	34.4	(3.54)
10년 평균	$8.13	11,870,000	39.1	11.03

* 자본 변경 반영.

스튜드베이커의 1920~1929년 이익과 비교해 보면, US스틸의 이익이 훨씬 더 불안정하다. 그러나 미래 이익을 추정할 때에는 스튜드베이커의 10년 평균 이익 주당 6.75달러보다 US스틸의 평균 이익 주당 8달러가 훨씬 더 타당하다. 이는 US스틸이 산업에서 차지하는 기반이 확고한 데다가, 대부분 기간에 걸쳐 연간 생산량과 톤당 이익이 상대적으로 더 안정적이었기 때문이다. 이 두 요소를 바탕으로 US스틸의 '표준 이익'을 다음과 같이 계산할 수 있다.

철강 제품 연간 생산량	13,000,000톤
철강 제품 톤당 매출액	$100.00
감가상각 전 톤당 이익	$12.50
13,000,000톤에 대한 이익	$160,000,000.00
감가상각비, 채권 이자, 우선주 배당금	90,000,000.00
보통주 870만 주 분배 가능 이익	70,000,000.00
주당 표준 이익	$8.00

1923~1932년의 10년 평균 이익 8.13달러는 생산량과 톤당 이익을 바탕으로 계산한 '표준 이익' 8.00달러와 매우 비슷하다. (발행주식 수가 증가한 탓에, 실제 평균 주당 이익이 표준 이익에 못 미쳤다.) 이런 계산에서 상당 폭 오차가 발생할 수 있지만, 그렇더라도 미래 실적을 합리적으로 추정하는 출발점이 될 수는 있다.

6년 뒤 이 분석을 다시 검토해 보면, 다소 상반된 결론들이 도출된다. 1937년에는 US스틸의 이익이 주당 7.88달러로 회복되었다(미분배 이익에 대한 과징금 공제 전 기준으로는 8.31달러). 1933년에 평균 45.5달러였던 주가가 1937년 3월에는 126까지 상승했다. 회사의 수익력이 1932년보다 향상되었고, 주가가 이를 반영한 것으로 해석된다.

그러나 실제로 1934~1939년 평균 이익은 매우 실망스러웠다(주당 14센트에 불과). 대부분 다른 산업과 마찬가지로 철강산업도 실적이 이렇게 저조했다면, 1923~1932년 데이터를 이용한 분석은 유용성이 없다고 인정해야 한다. 철강산업의 여건이 악화하였기 때문이다. (생산 단가가 급등하고 평균 생산량은 감소했는데도, 판매가격은 전반적으로 그대로 유지되었다.[1])

당기이익을 중심으로 평가하면 안 된다

주가 수준은 장기 평균 이익보다 당기이익에 더 좌우된다. 바로 이런 이유 때문에 주가는 경기변동에서 비롯된 이익 변동에 따라 큰 폭으로 출렁거린다. 보고 이익이 일시적으로 변한다고 기업에 대한 평가가 달라지는 모습을 보면, 주식시장은 확실히 불합리하다.[2] 비공개 기업도 호경기 실적이 불경기 실적의 2배가 될 때가 많지만, 소유주는 절대로 자기 회사의 가치가 이에 따라 2배로 오르내린다고 생각하지 않기 때문이다.

바로 여기서 월스트리트의 관행과 일반 기업의 규범 사이에 괴리가 발생한다.

---

1 흥미롭게도, 1933년 우리가 US스틸의 수익력에 대해 내린 결론이 윌리엄스John Burr Williams가 그의 역작 The Theory of Investment Value, pp. 409-462에서 내린 결론과 매우 비슷하다. 그러나 US스틸을 더 장기에 걸쳐 분석한 내용(pp. 607-611)에서는 더 비관적인 결론을 내렸다. US스틸은 1934~1939년 동안 수익력을 회복하지 못했으므로, 비관적인 결론에 더 비중을 두어야 할 것이다.

2 US스틸이 1933년 45.5달러에서 1937년 3월 126달러까지 상승한 사실이 주식시장의 어리석음을 보여 주는 충격적인 사례다. 6년 동안 부진하거나 평범한 실적이 이어진 다음 단 한 해 좋은 실적이 나왔을 뿐이다. 12개월 전만 해도 주가가 42달러까지 떨어졌다. 이는 호가의 3분의 2에 해당하며, 시가총액은 7억 3,000만 달러가 넘는 차이였다. 같은 기간에 영스타운 시트 앤드 튜브와 존스 앤드 로플린 철강Jones and Laughlin Steel은 등락 폭이 더 컸다.

투기 대중의 태도에는 분명히 이런 문제점이 있으므로, 합리적인 투자자는 기업의 이익이 일시적으로 감소했을 때 저가에 주식을 사서, 경기 과열기에 고가에 팔아 이익을 얻을 수 있을 것이다.

'시장을 이기는' 고전적 공식

이것이 '시장을 이기는' 유서 깊은 고전적 공식이다. 그러나 대중의 유행에 거슬러서 생각하고 행동하려면 강인한 성품이 필요하고, 몇 년 걸릴지도 모르는 기회를 기다리려면 인내심이 필요하다. 그리고 이 단순한 공식을 복잡하게 만드는 다른 요소들도 고려해야 한다. 실제로 매수/매도 시점을 선택하는 일은 쉽지 않다. 1921~1933년에 걸친 장기 시장 순환기를 생각해 보자. 투자자는 아마도 1925년 말에 주식을 팔고 1926~1930년에는 시장에서 빠져나온 다음, 1931년 침체기에 다시 주식을 샀을 것이다. 그러나 1925년 매도가 나중에는 판단 실수로 보였을 것이고, 1931년 매수도 커다란 근심거리가 되었을 것이다. 등락 폭이 작은 시장이라면 이렇게 심각한 실수가 발생하지 않겠지만, 정확하게 시점을 선택하여 '싸게 사서 비싸게 판다'라는 단순한 공식을 제대로 실행할 수 있을지는 매우 의심스럽다.

그리고 개별 종목이라면 그 가치가 시장 순환기에 따라 근본적으로 달라질 수도 있다. 어떤 주식이 과거 평균 이익과 비교해서 가격이 높아 보여도, 이후 회사의 상태가 개선되면 다음 침체기에는 가격이 더 올라갈 수도 있다. 반대로, 어떤 주식이 과거 평균 이익과 비교했을 때 싸 보이더라도, 이후 회사의 상태가 악화하면 다음 침체기에는 가격이 더 내려갈 수도 있다. 게다가 시장이 기업의 최근 실적 변동에 정확하게 반응할지도 의심스럽다. 시장은 흔히 기업의 최근 실적 변화가 계속 이어질 것으로 기대하지만, 경험을 돌아보면 시장이 이렇게 기대하는 시점에 실적 추세가 반전된 사례가 많았다.

주식시장은 무조건 당기이익을 기준으로 주식을 평가하지만, 분석가는 이런 주식시장을 따라가서는 안 된다. 물론 때로는 평균 실적보다 최근 실적에 가중치를 더 둘 수는 있지만, 이는 최근 실적이 계속 이어진다는 증거가 충분한 경우에 한정해야 한다.

이익 평균과 이익 추세

주식시장은 최근 실적을 매우 강조할 뿐 아니라, 이익 추세에도 커다란 비중을 둔다. 제27장에서 추세를 지나치게 강조하면 위험한 이유를 두 가지 지적한 바 있다. 첫째, 예상했던 추세가 틀릴 수 있고, 둘째, 추세를 이용하는 평가는 어떤 공식의 제한도 받지 않으므로, 과장되기가 매우 쉽다. 이익을 예측할 때 평균 개념과 추세 개념은 근본적으로 갈등을 일으킨다. 다음은 이를 간단히 나타낸 예다.

기업	연도별 주당 이익						7년차	7년 평균	추세
	1년차	2년차	3년차	4년차	5년차	6년차			
A	$1	$2	$3	$4	$5	$6	$7	$4	탁월
B	$7	$7	$7	$7	$7	$7	$7	$7	보통
C	$13	$12	$11	$10	$9	$8	$7	$10	부진

이 도표를 보면, 추세가 좋을수록 7년 평균 실적이 당기 실적보다 나쁘고, 평균 실적이 좋을수록 추세가 나쁘다. 그래서 이익 실적을 어떻게 해석해야 할지 심각한 의문을 품게 된다. 이익을 예측할 때에는 과연 추세가 평균 실적 이상으로 중요한 것인가? 구체적으로 말해서, 기업 A와 기업 C의 5년 실적을 예측할 때, 기업 A는 과거 평균 실적인 4달러가 아니라 8, 9, 10, 11, 12달러가 나온다고 예측하고, 기업 C는 과거 평균 실적인 10달러가 아니라 6, 5, 4, 3, 2달러가 나온다고 예측해야 하는가?

이 질문에 대한 답은 연역적 추론이 아니라 상식에서 나온다. 기업 A의 유리한 실적 추세는 분명히 고려해야 하지만, 이러한 성장세가 먼 미래에도 그대로 이어진다고 기계적으로 예측해서는 안 된다. 오히려 일반 경제 여건은 이런 추세가 무한정 이어지는 것을 저지한다고 보아야 한다.[3] 경쟁, 규제, 수확체감의 법칙 등이 무제한 성장에 대해서는 강력하게 저지하고, 지속적 하락에 대해서는 받쳐 주는 역할을 한다. 따라서 유리한 추세가 당연히 이어진다고 쉽게 받아들이지 말고 경계해야 하며, 회사의 우위 요소를 찾아내어 지속적인 성장을 방해하는 요소들과 견주어 보아야 한다.

상향 추세일 때

질적 분석에서도 회사의 추세가 유리하게 나오더라도, 분석가는 기업의 미래 실적을 과거 실적보다 높게 예측해서는 안 된다. 투자가치는 정상적인 과거 실적으로만 평가할 수 있기 때문이다. 따라서 예상 실적은 물론 비정상적인 여건에서 나온 과거 실적도 평가의 기준이 되어서는 안 된다. 다음 장에서 설명하겠지만, 전망이 탁월할 때 미래 예상 수익력에 환원 승수를 넉넉하게 적용할 수는 있어도, 투기 목적이 아니라면 최대 승수는 (예컨대 1940년 같으면 20 이하) 일정 한도 안에서 유지해야 한다. 따라서 전반적인 경제 여건이 유난히 좋은 수준이 아니라면, 기업 A의 수익력은 주당 7달러로 보아야 하며, 투자가치는 최대 140달러까지 볼 수 있다.[4] 그러나 주식시장의 평가 방식은 이러한 분석가의 방식과 달라서, 정상적인 시장 여건에서 이른바 '우량주'에 대한 평가가 지나치게 후해지기 쉽다. 그렇다고 해서 시장의 평가가 틀렸다는 뜻은 아니며, 단지 더 신중해야 한다는 말이다. 즉 주가에 '투기 요소'가 많이 포함되어 있어서, 과거 실적뿐 아니라 예상 실적에 대해서도 값을 치러야 한다는 뜻이다.

하향 추세일 때

기업 C처럼 추세가 명확하게 하향일 때에는 이 추세에 큰 비중을 두어야 한다. 분석가는 하향 추세가 상향 추세로 돌아선다고 가정해서도 안 되고, 훨씬 높은 과

---

3 제27장에서 논의한 슐레터 앤드 잰더 사례를 참조하라.
4 부록의 비고 53 참조. 《증권분석》 1934년판에서 우리가 제시한 더 보수적인 관점과 그 이유.

거 평균을 바탕으로 미래 이익을 예측해서도 안 된다. 그러나 회사가 절망적이어서 이익이 틀림없이 모두 사라질 것이며, 이 주식은 전혀 가치가 없다고 성급한 결론을 내려서도 안 된다. 이때에도 반드시 회사의 상황과 전망을 질적으로 분석하여, 하향 추세를 고려한 적정 주가를 평가해야 한다. 분석가는 비공개 기업의 장단점을 조사하는 합리적인 사업가의 관점을 지녀야 한다.

이 사례로 콘티넨털 베이킹Continental Baking과 아메리칸 런드리 머시너리American Laundry Machinery Company의 1925~1933년 순이익 실적을 제시한다.

연도	콘티넨털 베이킹	아메리칸 런드리 머시너리
1925	$8,794,000	$5,101,000
1926	6,547,000	4,807,000
1927	5,570,000	4,221,000
1928	5,273,000	4,128,000
1929	6,671,000	3,542,000
1930	6,114,000	1,849,000
1931	4,243,000	772,000
1932	2,759,000	(986,000)
1933	2,788,000	(1,187,000)

아메리칸 런드리 머시너리는 이익이 거침없이 하락했고, 콘티넨털 베이킹도 추세가 나쁘기는 거의 마찬가지였다. 1929년 당시 거의 모든 기업의 실적이 절정에 도달했는데도, 이 두 기업의 이익은 4년 전에도 훨씬 못 미쳤다.

월스트리트에서는 이런 숫자를 보면, 두 기업이 확실히 하향 추세로 접어들었다고 결론지을 것이다. 그러나 이런 극단적 비관론은 전혀 합리적이지 않다. 이 두 기업을 질적인 관점에서 분석해 보면 두 가지 요점이 나온다. 첫째, 두 회사가 속한 산업은 역사가 깊고 매우 안정적이다. 둘째, 두 회사는 각 산업을 선도하고 있으며, 재무구조도 건실하다. 이 추론에 의하면, 1925~1932년의 저조한 실적 추세는 십중팔구 우발적이거나 일시적 여건 때문이었으며, 따라서 미래 수익력을 측

정하려면 절망적인 추세보다는 이보다 양호한 평균을 사용하는 편이 낫다.[5]

적자는 양적 요소가 아니라 질적 요소이다

기업에서 적자가 발생했다고 발표하면, 사람들은 흔히 적자 규모를 주당 이익이나 이자 보상 배수로 계산한다. 예를 들어 어떤 통계 편람에서는 1932년 US스틸의 실적을 이자 보상 배수가 '마이너스 12.4배'이고 보통주 주당 손실이 11.08달러라고 표현했다. 그러나 이런 숫자가 그 자체로는 아무런 계량적 의미가 없으며, 평균 실적에 미치는 영향도 중요해 보이지 않는다.

예를 들어 작년에 기업 A는 주당 손실이 5달러였고, 기업 B는 주당 손실이 7달러였다고 가정하자. 두 종목 모두 현재는 25달러에 거래된다. 그렇다면, A 주식이 B 주식보다 유리하다고 보아야 하는가? 그렇게 보아서는 안 된다. 만일 A 주식이 유리하다고 본다면, 주식 발행 규모가 클수록 그 주식의 가치가 높다는 말이 된다. 만일 기업 B가 주식 수를 2배로 늘린다면, 주당 손실이 3.50달러로 감소하게 되며, 주식을 추가로 발행할수록 가치가 올라간다는 뜻이 된다. 채권 이자에 대해서도 똑같이 말할 수 있다. 1932년에 기업 A와 기업 B 둘 다 100만 달러 적자가 발생했다고 가정하자. 기업 A는 표면금리 5퍼센트 채권 400만 달러를 발행했고, 기업 B는 표면금리 5퍼센트 채권 1,000만 달러를 발행했다. 그렇다면 기업 A는 이자 보상 배수가 '마이너스 5배'이고, 기업 B는 이자 보상 배수가 '마이너스 2배'가 된다. 그러나 숫자가 이렇게 나온다고 해서 기업 A의 채권이 더 위험하다고 보아서는 안 된다. 만일 기업 A의 채권이 더 위험하다고 본다면, 채권 발행 규모가 작을수록 그 채권이 위험하다고 터무니없는 판단을 내리는 셈이다.

평균을 계산하는 기간에 적자 연도가 다수 포함된다면, 그 평균이 수익력을 과연 제대로 대표하는지 의심스러울 수 있다. 평균에 포함되는 개별 숫자의 편차가

---

[5] 1933년 이후 실적을 보면, 이런 분석이 부분적으로나마 입증될 것이다.

커지면, 평균의 대표성이 약해지기 때문이다. 1930년대 대공황 기간에는 적자 연도가 많았으므로 이는 매우 중요한 고려 사항이었다. 그러나 1933년 이후에는 대부분 기업의 평균 실적이 예컨대 1930~1939년의 10년 평균 실적보다 수익력을 더 적절하게 대표한다고 생각된다.[6]

분석가에게 직관을 기대해서는 안 된다

반대할 근거가 없다면, 미래 실적 예측은 과거 실적 분석에서 출발해야 한다. 그러나 분석가는 반대할 근거가 있는지 항상 주의해야 한다. 여기서 우리는 직관과 건전한 추론의 차이를 명확하게 구분해야 한다. 미래를 내다보는 능력이 있다면 더없이 좋겠지만, 분석가에게 이런 능력을 기대해서는 안 된다. (그런 능력이 있다면 분석 자체가 필요 없다.) 분석가에게는 논리와 경험을 숙고해서 얻는 적정 수준의 통찰을 기대할 수 있을 뿐이다. 예컨대 1915년 이후 담배 소비는 엄청나게 증가하고, 시가 사업은 쇠퇴했으며, 코담배 사업은 놀라운 안정성을 보였지만, 이런 사실들을 분석가가 예측할 것으로 기대해서는 안 된다. 또한 라디오 산업처럼 빠르게 성장하는 산업에서는 극심한 경쟁으로 수익성이 사라졌지만 캔 제조 대기업 두 곳은 수요 증가의 혜택을 온전히 누렸는데, 이런 상황도 분석가가 예측할 것으로 기대해서는 안 된다.

미래 분석은 예언이 아니라 통찰

미래에 대한 분석적 추론은 성격이 다소 달라서, 예언이 아니라 통찰이 되어야 한다.[7]

사례: 1939년 3~7월에 8달러에 거래되던 인터타이프Intertype Corporation의 상황을 살펴보자. 이 유서 깊은 회사는 비교적 규모가 작은 산업(인쇄용 활자주조 기계)

---

6 US스틸, 베들레헴 스틸, 아메리칸 로코모티브 등 중공업은 미래 수익력을 공정하게 대표하는 기간이 1930~1939년인지, 아니면 1934~1939년인지 아직 밝혀지지 않았다.

7 부록의 비고 54 참조. 《증권분석》 1934년판에 실었던 사례(맥 트럭Mack Trucks, Inc.)와 이후 경과.

에서 선도기업이었다. 최근 이익은 신통치 않았고, 가까운 장래에 개선될 특별한 이유도 보이지 않았다. 그러나 재무상태표는 매우 건전해서, 순유동자산이 무려 주당 20달러에 육박했다. 10년 동안의 이익, 배당금, 보통주 주가는 아래와 같다.

연도	주당 이익	배당금	주가 범위
1929	3.05	1.75	17 ~ 38.83
1930	1.46	2.00	12 ~ 32
1931	0.56	1.00	4.63 ~ 18.50
1932	(1.82)	–	2.50 ~ 7
1933	(0.77)	–	1.83 ~ 11.25
1934	0.21	–	5.63 ~ 10
1935	0.75	0.40	6.13 ~ 16
1936	1.42	0.75	15 ~ 22.75
1937	1.41	0.80	9 ~ 26.50
1938	0.57	0.45	8 ~ 12.75
1929~1938년 평균	0.68	–	–
1934~1938년 평균	0.87	–	–

이 회사의 실적은 전혀 매력이 없어서, 들쭉날쭉한 데다 유망한 추세도 보이지 않는다. 그러나 투기자 눈에는 이 종목이 가망 없어 보이겠지만, 분석가라면 전혀 다른 방향으로 추론할 수 있다.

분석가가 던질 핵심 질문은 이 회사가 계속 사업을 영위하면서 과거 좋은 시절이나 나쁜 시절에 냈던 것과 비슷한 실적을 낼 것인가이다. 산업이 안정적이고 이 회사가 산업의 선도기업이며 재무구조가 건전하다는 점을 고려하면, 분명히 긍정적인 답이 나온다. 이 답을 받아들인다면, 이 주식을 8달러에 살 경우 손실 위험은 매우 작고, 이후에 상황이 호전될 때 주가가 2배로 뛸 가능성이 매우 커진다. 5년 가운데 3년, 그리고 10년 가운데 6년은 이 주식이 1939년 7월 주가의 2~4배에 거래되었다는 점에 주목하라.

이런 추론은 미래 추세를 정확하게 예측하려는 시도가 아니라, 회사가 과거와 비슷한 방식으로 사업을 지속한다는 가정에서 도출된 것이다.

그러나 월스트리트는 추세가 불규칙한 회사가 과거와 비슷한 방식으로 사업을 지속한다는 가정에 의문을 표하며, 이를 '성장 기업'이 계속 성장한다는 가정만큼이나 어렵고 위험한 가정으로 간주한다. 하지만 인터타이프에 적용한 추론은 전통적인 사고방식보다 두 가지 명확한 이점이 있다. 즉 15년 넘게 이익이 계속 증가했다는 이유로 당기 이익의 24배와 자산가치의 35배에 거래되는 코카콜라 같은 주식을 선호하는 행태보다는 확실히 낫다는 말이다.

첫째, 비상장기업은 인터타이프와 같은 가정 아래 투자와 사업이 진행된다. 둘째, 실수나 실망스러운 실적에 대비해서 풍부한 안전마진을 확보할 수 있으므로, 이런 추론은 보수적이다. '미래에 대한 확신'이나 단순한 투기보다 위험이 훨씬 작다.

대규모 이익은 흔히 일시적 현상이다

실제로는 방금 논의한 것과 반대로, 갑자기 실적이 호전되는 상황이 더 흔하다. 이런 상황을 맞이하면 분석가는 이 뛰어난 실적이 무한정 이어질 것인지 의심해보아야 한다.

사례: 자동차 부품 한 종류만 주로 생산하는 J. W. 왓슨J. W. Watson Company을 살펴보자. 이렇게 한 가지 부품으로 일군 성공은 대개 오래 이어지지 않는다. 경쟁과 기술 변화가 기업의 수익력을 끊임없이 위협하기 때문이다. 따라서 이런 주식은 높은 수익성이 계속 유지된다는 부당한 확신이 주가에 반영되지 않았는지 의심해보아야 한다. 이런 판단에 유용한 데이터를 일부 제시하면 아래와 같다.[8]

1928년 코티Coty, Inc.의 실적도 이와 비슷하다. 이 회사도 탁월한 실적을 올렸는

---

8   이 회사 보통주는 1927년 9월 주당 24.50달러에 공모되었는데, 이전 5년 평균 이익의 17.3배에 해당하는 가격이었다. 이렇게 높은 가격이 적용된 이유는 최근 이익이 많아서 이익 추세가 좋았던 데다가, 당시 무모한 평가 기준이 유행했기 때문이다.
《증권분석》 1934년판 pp. 438-440에서 이와 유사한 사례(가브리엘The Gabriel Company)도 참조하라.

J. W. 왓슨

연도	보통주 이익	주당 이익	주가 범위	배당금
1922	$142,701*	$0.71*	상장 안 됨	
1923	173,907*	0.86*	상장 안 됨	
1924	29,285*	0.15*	상장 안 됨	
1925	502,593*	2.51*	상장 안 됨	
1926	577,450*	2.88*	상장 안 됨	
1927	503,725	2.16	18.88 ~ 25.75	50센트
1928	(348,930)	(1.74)	5.25 ~ 20	50센트
1929	(323,137)	(1.61)	1.63 ~ 14.88	—
1930	(264,269)	(1.32)	1 ~ 6	—
1931	(240,149)	(1.20)	0.13 ~ 2	—
1932	(214,026)	(1.07)	0.13 ~ 0.38	—

* 이익은 이전 기업에 1932년 자본금을 적용하여 산출함.

데, 화장품이 큰 인기를 얻은 덕분이었다. 화장품은 여성의 취향 변화에 따라 갑자기 이익이 치솟기도 하고 사라지기도 하는 분야다. 따라서 몇 년 동안 이익이 빠르게 증가했다고 해서 앞으로 더 빠르게 증가한다고 가정하면 위험하다. 사업 특성상 조만간 인기가 하락세로 돌아설 가능성이 크기 때문이다. 코티의 실적은 다음과 같다.

연도	이익	주당 이익 (조정 후)
1923	$1,070,000	$0.86
1924	2,046,000	1.66
1925	2,505,000	2.02
1926	2,943,000	2.38
1927	3,341,000	2.70
1928	4,047,000	3.09
1929	4,058,000	2.73

코티 주식의 1929년 고가는 82로서, 시가총액이 약 1억 2,000만 달러였고, 연

간 최대 이익의 30배나 되었다. 실제로 사업에 투자한 금액(자본금 + 잉여금)은 약 1,400만 달러였다.

이후 회사의 이익은 다음과 같았다.

연도	이익	주당 이익
1930	$1,318,000	$0.86
1931	991,000	0.65
1932	521,000	0.34 (저가는 1.50)

1933년 맥주회사 주식 공모도 이와 유사한 사례다. 당시에는 맥주회사 이익을 전망할 때, 배럴당 이익에 생산 용량을 곱해서 계산하였다. 미래를 내다보는 능력이 없더라도, 맥주 산업에 자본이 홍수처럼 밀려들면 결국 생산능력이 남아돌고 경쟁이 치열해질 것이 뻔하다.

따라서 높은 투자수익률이 계속 유지될 가능성은 희박했다. 많은 기업이 파산했고, 살아남는 기업들도 이익은 기대에 훨씬 못 미쳤다.[9]

---

9   부록의 비고 55 참조. 1933년 공모한 맥주회사 주식의 이후 실적에 대해 간략하게 논평함.

과거 실적을 의심해야 하는 이유

개별 기업을 분석할 때에는 실적에 영향을 미치는 주요 요소들을 자세히 조사하여 앞으로 나타날 불리한 조짐들을 파악해야 한다. 여기서는 광업회사 사례를 통해서 이런 절차를 설명하기로 한다. 광업회사의 실적을 좌우하는 요소로는 (1) 광산의 수명, (2) 연간 생산량, (3) 생산원가, (4) 판매가격이 있다. 광산의 수명에 대해서는 앞에서 감모상각비를 논의할 때 설명한 바 있다. 장차 채굴할 광산의 위치, 특성, 품질이 지금까지 채굴한 광산과 달라진다면, 생산량과 생산원가가 더 불리해질 수도 있다.[1]

---

1 매장량을 톤이나 내용연수만으로 표시한다면, 이런 데이터는 매장량의 실제 품질에 대해 잘못된 인식을 줄 수 있다. 사례: 알래스카 주노 골드 마이닝Alaska Juneau Gold Mining Company의 감모상각비 자료에 의하면, 1934년 이후 내용연수가 약 85년으로 나온다. 그러나 등록 서류에서는 1934년 이후 내용연수가 25년에 불과하다고 밝혔다. 회사에 문의해서 받은 답변에 의하면, 내용연수 85년에는 채산성이 없는 저품질 광석이 대량으로 포함되어 있었다.

생산량과 생산원가

사례: 캘러멧 앤드 헤클라 컨솔리데이티드 코퍼Calumet and Hecla Consolidated Copper Company

이 회사의 1936년 및 이전 연도 보고서를 보면 매장량에 관해서 다양한 의문을 품게 된다. 1936년 손익계산서는 다음과 같이 요약할 수 있다.

구리 생산량	78,500,000파운드
구리 판매량	95,200,000파운드 @9.80센트
이익(감가상각 및 감모상각 전)	$3,855,000
감가상각비	1,276,000
감모상각비	1,726,000
주당 이익(감가상각 후, 감모상각 전)	$1.29

1937년 초 주가가 20달러여서 회사의 가치가 4,000만 달러에 이르렀는데, 운전자본이 1,000만 달러였으므로 광업 자산의 가치는 3,000만 달러인 셈이었다.

1936년 이익 구성을 자세히 분석해 보면, 이익의 원천은 다음 네 가지로 나타난다.

구리 생산 원천	생산량 (백만 파운드 단위)	감가상각 및 감모상각 전 이익	
		파운드당 센트	합계
기존 생산분	17.3	4.5	$775,000
콩글로머레이트Conglomerate 광산	36.3	3.6	1,305,000
아미크Ahmeek 광산	23.0	3.3	760,000
공장 폐기물 재활용	19.2	5.3	1,015,000
합계	95.8	4.0	$3,855,000

네 가지 이익 원천 모두 내용연수가 한정되어 있었다. 기존에 생산한 구리는 한 번 판매하면 끝이었다. 콩글로머레이트 광산은 지난 70년 동안 생산이 이어진 주력 광산이었지만, 12~14개월 뒤에는 고갈될 상황이었다. 가장 생산원가가 낮은

공장 폐기물 재활용은 내용연수가 5~7년에 불과했다. 유일하게 장기 생산이 가능한 아미크 광산은 생산원가가 가장 높아서, 1932년 4월~1935년까지 폐쇄된 상태였다. (원가가 높은 다른 광산은 1936년에도 여전히 폐쇄된 상태다.)

분석에 의하면 장차 콩글로머레이트 광산과 공장 폐기물 재활용에서 기대할 수 있는 이익은 기껏해야 700만~800만 달러였다. 따라서 회사의 가치 4,000만 달러 중 대부분이 생산원가가 높은 아미크 광산에서 나와야 하는데, 이 광산은 1936년 실적에서 차지하는 비중이 크지 않았다.[2]

사례: 프리포트 설퍼Freeport Sulphur Company

이 회사의 1933년 실적에도 비슷한 문제가 있었다. 그리고 이런 과거 실적을 바탕으로 신규 증권을 발행하는 것이 적절한지도 의문이다. 회사는 신규 유황 광산 임차 자금을 조달하려고 1933년 1월 주당 100달러에 6퍼센트 누적 전환우선주 250만 달러를 발행하였다. 투자 설명서에는 다음과 같이 적혀 있었다.

1. 1928~1932년 연평균 판매량을 바탕으로 추정하면, 유황 매장량의 내용연수는 최소 25년임.
2. 1928~1932년 평균 이익은 295만 2,500달러로서, 우선주 배당금 보상비율이 19.6배임.

이는 유황 판매가격이 그대로 유지된다면, 앞으로 25년 동안에도 과거에 올린 정도의 이익을 확실히 거둘 수 있다는 뜻이다.

그러나 실제로는 이렇게 추론할 근거가 없었다. 그동안 회사에 이익을 안겨 준 두 광산은 브라이언마운드Bryanmound와 호스킨스 마운드Hoskins Mound였다. 브라이

---

[2] 《증권분석》 1934년판에서도 1927년 이 회사가 처한 비슷한 상황에 대해서 논의하였다. 당시에는 공장 폐기물 재활용이 실적에서 차지하는 비중이 가장 컸으며, 내용연수가 한정된 사실도 이미 알려졌다.

언마운드는 회사 소유였으며, 막대한 이익을 안겨 주었다. 그러나 1933년에는 그 수명이 분명히 한정되어 있었다. 상장 신청서에는 "실제로 매장량이 약 3년을 넘기지 못할 것"이라고 적혀 있다. 호스킨스 마운드는 텍사스 컴퍼니Texas Company로부터 임차한 자산이었다. 톤당 고정 로열티 1.06달러를 지불한 다음, 남은 이익에서 무려 70퍼센트를 임차료로 지불하는 조건이었다.[3] 프리포트는 호스킨스에서 생산한 유황으로 매출액의 절반을 메워야 하는 상황이었다. 루이지애나 주의 그랑드 에카이유Grande Ecaille 광산도 순이익의 약 40퍼센트를 로열티로 지불해야 한다.

이런 사실들을 분석해 보면, 프리포트의 미래 실적은 1928~1932년 이익과 전혀 다를 것으로 보인다. 내용연수가 25년으로 추정된다는 유황 매장량은 전혀 다른 지역에 있었고, 계약 조건도 과거와 전혀 달랐다. 브라이언마운드는 회사 소유였으므로 여기서 나온 이익도 100퍼센트 회사 몫이었지만, 신규 프로젝트에 따라 생산하는 유황에 대해서는 이익의 상당 부분을 로열티로 지불해야 하기 때문이다.

신규 프로젝트는 이렇게 생산원가가 높은데도, 장차 회사는 이 신규 프로젝트에서 이익 대부분을 올려야 한다. 그랜드 에케일 광산은 아직 가동 준비가 되지 않았으며, 초기 개발 단계에서 많은 위험에 봉착할 수 있다. 신규 광산의 생산원가는 브라이언마운드보다 훨씬 높을 수도 있고 낮을 수도 있다. 그런데 증권분석의 관점에서 볼 때, 자산의 성격이 전혀 달라지면 사업의 성격도 전혀 달라진다는 점이 중요하다. 따라서 미래 실적을 예측할 때, 이 회사의 1928~1932년 실적은 전혀 다른 회사의 실적만큼이나 유용성이 떨어진다.

다시 사업가의 관점으로 증권의 가치를 분석해 보면, 프리포트의 실적으로부터 다음과 같이 흥미로운 추론이 나온다. 1933년 6월 이 회사의 시가총액은 약 3,200만 달러였다. (우선주 2만 5,000주×125+보통주 73만 주×40) 그런데 미래 이익

---

[3] 이 광산에 대한 자본지출액을 회수할 때까지는 50퍼센트였다. 1928년 1~2월 로열티 조건이 바뀌는 시점에 때맞춰 프리포트 주가는 109.25에서 65.63으로 폭락했다. 1934~1935년 텍사스 걸프 설퍼Texas Gulf Sulphur 사례에서도 비슷한 상황이 발생했다.

대부분이 300만 달러에 임차하는 신규 자산에서 나와야 한다. 추측건대 임대 기업들은 계약조건을 최대한 강하게 밀어붙일 것이다. 시장은 프리포트가 겨우 300만 달러 투자하는 신규 사업을 2,000만 달러 이상으로 평가하는 셈이다. 물론 이 사업의 가치가 투자 금액의 6배를 넘어갈 수도 있다. 그러나 통상적인 사업 관점에서 보면, 미래 실적을 기대하고 이렇게 막대한 프리미엄을 지불하는 것은 지극히 경솔한 처사라 하겠다.[4]

프랑스 속담에 의하면 주식시장에도 나름의 이성이 있다. 그러나 이런 이성이 건전한 상식과 사업 경험에서 크게 벗어나면, 일시적으로는 투기에 성공하거나 운 좋게 대박을 터뜨릴 수 있어도, 결국 투자자는 돈을 잃게 된다.

미래의 제품 가격

지금까지 살펴본 사례들은 과거 실적을 바탕으로 생산량과 생산원가가 계속 이어진다고 가정하고 이익을 예측한 경우였다. 이번에는 미래 판매가격이 계속 유지된다는 가정에 대해 생각해 보자. 그러나 이런 가정은 추측이나 예언의 영역에 해당한다. 분석가가 미래 가격에 대해서 할 수 있는 말은 거의 없다. 건전한 예측의 영역이 아니기 때문이다. 이번에도 광산업체의 예를 들자면, 한 아연 생산업체는 제1차 세계대전 동안 아연 주괴鑄塊(금속을 가공하기 좋게 주물로 뜬 것) 가격이 급등한 덕분에 막대한 이익을 올렸다. 제1차 세계대전 이전에는 파운드당 5.25센트였던 아연 가격이 파운드당 13센트로 상승하자, 뷰트 앤드 슈피리어 마이닝Butte and Superior Mining Company은 1915~1916년 2년 동안 무려 주당 64달러(감가상각비 및 감모상각비 공제 전)를 벌어들였다. 이후 이 회사의 이익은 전쟁 기간보다 훨씬 낮아

4　프리포트의 우선주는 시가총액에서 차지하는 비중이 10퍼센트에도 미치지 못하므로, 선순위 증권으로서의 안전성에는 문제가 없지만, 보통주는 투자 기준 측면에서 평가에 문제가 있다. 실제로 회사는 1933년 이후 심각한 생산 문제에 직면하여 이익이 감소하고 주가가 하락했으나, 이 문제는 나중에 해결되었다. 그럴더라도 1933년 투기자들이 지불한 가격 49달러는 지나치게 높았다.

질 것이 분명하므로, 평균 이익을 산출할 때 이 2년 실적은 마땅히 제외해야 한다.[5]

생산원가 하락

구리 채광산업이 대표적인 사례로서, 1914년 이후 생산원가가 낮은 신규 업체들이 대거 등장하였고, 기존 기업들도 야금술을 개선하여 생산원가를 낮추었다. 이는 산업 전반적으로 생산원가가 낮아졌다는 뜻이다. 다른 조건이 모두 같다면, 이제 구리 가격은 전보다 하락할 터였다. (생고무 산업에서 이런 현상이 더 두드러지게 나타났다.) 다시 말해서, 지금까지 생산원가가 평균보다 낮아 우위를 누리던 기업들은 생산기술을 더욱 개선하지 않았다면 강점을 상실하게 되었다는 의미다. 분석가는 이런 상황을 염두에 두고 미래 구리 가격을 바라보아야 한다. 따라서 최소한 전쟁 전이나 대공황 전의 평균 가격과 비교해 보아야 한다.[6]

기업의 실상과 따로 노는 주가

뉴욕시 인터버러 래피드 트랜짓은 파란만장한 기업의 역사에서 주가가 기업의 실제 가치를 크게 벗어났던 대표적인 사례다. 이 중 두 번의 주가 괴리 현상은 당기 및 과거 이익이 미래 이익과 전혀 무관했던 탓에 발생하였다. 두 상황을 요약하면 다음과 같다.

1918년 이전에는 인터버러 래피드 트랜짓이 장기간 호황을 누렸다. 1917년 6월 30일로 마감된 회계연도에 회사는 주당 26달러를 벌어 주당 20달러를 배당금으로 지급했다. 이 회사 주식은 거의 모두 모회사인 인터버러 컨솔리데이티드Interborough Consolidated Corporation(직전 회사명은 인터버러-메트로폴리탄Interborough-Metropolitan Corporation)가 보유하고 있었는데, 모회사는 이 주식을 바탕으로 증권 담

---

[5] 전쟁 기간이었던 1939~1940년 항공기 제조업체들의 매출액에 대해서도 똑같이 추론할 수 있다.
[6] 반면에 금 생산업체의 이익은 금값 20.67달러를 기준으로 추정했으나, 1933년 금값이 상승한 탓에 크게 빗나갔다. 장래에도 금값이 35달러를 유지할 것인지는 아무도 알 수 없다. 그러나 과거 금값을 기준으로 실적을 예측할 이유도 없을 듯하다.

보 회사채, 6퍼센트 우선주, 보통주를 발행하였다. 자회사의 미분배 이익에 대한 지분을 포함하면, 모회사는 우선주에서 주당 약 11.50달러를 벌었고, 보통주에서 약 2.50달러를 벌었다. 우선주는 시장에서 60에 거래되었고, 보통주는 10에 거래되었다. 이들 종목은 활발하게 거래되었으며, 다양한 금융회사들이 지하철 교통량이 경이적으로 증가한다고 강조하면서 이들 종목을 강력하게 추천했다.

그러나 조금만 분석해 보아도 겉모습과는 전혀 다른 실상을 파악할 수 있었다. 회사는 뉴욕시와의 계약에 따라 신규 도심 고속철도 설비를 건설하고 있었다(브루클린 래피드 트랜짓Brooklyn Rapid Transit Company도 뉴욕시와 계약을 맺고 신규 도심 고속철도 설비를 건설하고 있었다). 이듬해 새 노선이 기존 노선을 대체하게 되면, 계약 조건에 따라 인터버러의 몫으로 돌아가는 이익이 1911~1913년 수준으로 제한되는데, 이는 당기 이익보다 훨씬 낮은 수준이었다. 그 대신 뉴욕시가 신규 노선에 막대한 자본을 투자한 대가로 높은 수익을 얻게 된다. 투자 자본에 대한 수익을 모두 지급하고서 남은 이익이 있으면 뉴욕시와 인터버러가 똑같이 나눈다. 그러나 수익 지급 방식이 뉴욕시에 지나치게 유리한 탓에, 전문가들의 진술에 의하면 아무리 좋은 여건이 펼쳐지더라도 30년 이상 지나야 회사가 추가 이익을 얻을 수 있었다. 다음은 주요 사실을 요약한 표다.

항목	1917년 실제 이익	계약 발효 시 최대 이익
보통주 분배 가능 이익	$9,100,000	$5,200,000
이익 중 모회사 몫	8,800,000	5,000,000
모회사 채권 이자	3,520,000	3,520,000
모회사 우선주 분배 가능 이익	5,280,000	1,480,000
우선주 배당금 필요액	2,740,000	2,740,000
모회사 보통주 분배 가능 이익	2,540,000	(1,260,000)
모회사 우선주 주당 이익	$11.50	$3.25
모회사 보통주 주당 이익	2.50	—

이 사실로부터 인터버러의 미래는 장밋빛이 아니라, 1년 뒤 수익력의 대폭 감소로 드러난다. 모회사 우선주에 대해 6달러 배당금 지급도 불가능해지며, 보통주에는 30년 이상 이익이 전혀 발생하지 않는다. 이로부터 모회사 보통주와 우선주 둘 다 실제 가치보다 주가가 훨씬 부풀려졌음이 분명해졌다.[7]

이후 진행 과정에서 이러한 비판이 옳은 것으로 밝혀졌다. 회사의 실적은 계약에 의한 이익 상한선에도 도달하지 못했다. 하필이면 새 노선이 개통되는 시점에 전쟁 인플레이션의 영향으로 운영비용이 급증했다. 그리고 예상했던 대로, 기존 노선의 이익은 감소했다. 회사는 즉시 배당금을 줄일 수밖에 없었고, 1919년에는 한 푼도 지급하지 못했다. 그 결과 모회사도 1918년 우선주에 대한 배당금 지급을 중단했다. 이듬해 모회사는 채권 이자를 지급하지 못했고, 파산해서 없어졌다. 모회사의 우선주와 보통주는 완전히 휴지가 되었다. 2년 뒤 회사는 '자발적' 기업회생으로 채권 만기를 연장하여 가까스로 법정관리를 모면했다. 그러나 1932년 이 채권의 만기가 다시 돌아왔을 때에도 지급하지 못하였으므로, 회사는 채권자들에게 넘어갔다.

그런데 1928년에도 1917년과 비슷한 이익 조작 행위가 있었다.[8] 1928년 회사는 이익이 보통주 주당 이익 8.50달러에 해당하는 300만 달러라고 발표했다. 주가는 62달러까지 치솟았다. 그러나 그 이익에는 지하철 사업부로부터 받은 '이익

---

[7] 이익이 감소하기 전인 1916~1917년에 내부자들이 주식을 비싼 가격에 대중에게 떠넘기려고 조작한 징후가 뚜렷이 나타난다. 이익이 일시적으로 증가했을 때 우선주에 배당금을 전액 지급한 행위가 기업 정책 관점에서는 용납될 수 없지만, 주식을 떠넘기려는 술책이었다고 보면 충분히 수긍이 간다. 이렇게 배당금을 지급한 행위는 채권 보유자들에게도 불공정했을 뿐 아니라, 몇 가지 관련 조치 때문에 불법의 소지도 있었다(부록의 제20장에서 이 사례에 관한 언급을 참조하라).

[8] 부록의 비고 56 참조. 여러 인터버러 증권 사이에서 형성된 이상한 가격 관계에 대해서 간략하게 논의하였다.
  1. 1919년 4.5퍼센트 인터버러 메트로폴리탄 채권과 인터버러 컨솔리데이티드 우선주
  2. 1920년 5퍼센트 인터버러 래피드 트랜짓 채권과 7퍼센트 인터버러 래피드 트랜짓 채권
  3. 1929년 인터버러 래피드 트랜짓 주식과 맨해튼 '모디파이드'Modified 주식
  4. 1933년 5퍼센트 인터버러 래피드 트랜짓 채권과 7퍼센트 인터버러 래피드 트랜짓 채권
  5. 1933년 맨해튼 '모디파이드' 주식과 맨해튼 '언모디파이드'Unmodified 주식

보전금' 400만 달러가 포함되어 있었다. 이는 신규 노선 운영 초기 회사의 이익 부족분을 뉴욕시 지하철국에서 일시적으로 메워 주는 금액이었다. 1928년 6월 30일 현재 회사가 받을 이익 보전금 잔액은 141만 3,000달러에 불과했다. 따라서 회사의 이익이라곤 겨우 몇 달 이어질 보전금이 전부였다. 그런데도 경솔한 투기자들은 회사의 수익력이 항구적으로 향상되었다고 믿었다.

보통주의 주가수익배수. 자본 변경 조정

앞에서 이익과 가치의 관계를 보는 월스트리트의 다양한 관점을 살펴보았다. 월스트리트에서는 당기 이익에 일정 배수를 곱한 값이 그 주식의 가치라고 간주한다. 이 배수는 당시 유행하는 심리에 좌우되기도 하고, 기업의 특성이나 실적에 좌우되기도 한다. 1927~1929년 강세장 이전에는 이익의 10배가 일반적으로 인정된 평가 기준이었다. 더 구체적으로 말하면, 평균보다 좋은 주식에는 10배가 넘는 배수를 적용했고, 평균에 못 미치는 주식에는 10배 미만의 배수를 적용했다.

1927년경부터는 다소 복잡한 새 척도가 등장하였다. 한편에서는 주식에 대한 평가가 전보다 더 후해졌다. 금융계의 한 저명한 인사는 우량주의 가치가 이익의 15배라고 선언하였다.[1] 주식의 유형에 따라 평가가 확연히 차별화되는 경향도 나

---

[1] 1928년 3월 26일 〈월스트리트저널〉에 다음과 같은 기사가 실렸다. "라스코브Raskob 박사는 다우존스 평균에 비추어 볼 때 GM 주가가 이익의 15배인 225달러 수준에서 거래되어야 하나, 현재 180달러 수준이므로 당기 이익의 12배에 불과하다고 말했다."

타났다. 1928~1929년에 예컨대 공익기업이나 연쇄점 주식 같은 선호주들은 당기이익의 무려 25~40배에 거래되었다. 다양한 분야를 선도하던 '우량주'도 마찬가지였다. 앞에서도 지적했지만, 사람들이 이렇게 후하게 평가한 이유는 지금까지 보여 준 상승추세가 앞으로도 계속 이어진다고 가정했기 때문이다. 1932년 이후에는 장기금리가 급락했으므로, 평가에 적용되는 이익 배수가 전반적으로 더 올라갔다.

정확한 평가는 불가능하다

증권분석에서 주식의 '적정가치'를 구하는 일반 공식을 기대해서는 안 되며, 실제로 그런 공식 같은 것은 없다. 평가의 토대가 너무도 쉽게 바뀌므로 공식이 들어설 여지가 없다. 당기 이익을 기준으로 평가한다는 생각은 터무니없다. 당기 이익은 계속해서 바뀌기 때문이다. 그리고 배수를 10배, 15배, 30배로 정하는 것도 본질적으로 자의적인 선택이다.

주식시장은 이렇게 과학적 기법이 적용될 만큼 한가한 곳이 아니다. 먼저 가치부터 평가하고, 나중에 이유를 찾아야 하는 곳이다. 주식시장은 약속 불이행 소송에서 평결을 내려야 하는 배심원과 같은 처지다. 사실을 판단할 건전한 기준이 없어도 배심원은 어쨌든 평결을 내려야 하기 때문이다. 따라서 주가는 사려 깊은 계산이 아니라, 사람들의 변덕스러운 반응에 따라 결정된다. 주식시장은 저울보다는 투표소에 가깝다. 사실 데이터는 매수자와 매도자의 결정에만 영향을 미칠 뿐, 주식시장에 직접 영향을 주지는 않는다.

분석가의 주가 평가 기능은 제한적이다

이렇게 사실도 바뀌고 사람들의 생각도 변화하므로, 분석가는 전반적인 주가를 판단할 수 없다. 그러나 다음과 같은 일부 기능은 수행할 수 있다.

1. 투기적 평가가 아닌 보수적인 주식 평가 기준을 수립한다.
2. 주식 평가와 관계가 있는 (a) 자본구조와 (b) 수익 원천의 중요성을 지적한다.
3. 재무상태표에서 기업의 수익력에 영향을 미치는 이상 요소를 찾아낸다.

평가 상한선을 설정하는 기준

투자자도 투기자와 마찬가지로 과거 이익이 아니라 미래 이익에 주목한다. 이때 평가 기준은 현명하고도 보수적으로 추정한 미래 수익력이 되어야 한다. 그러나 미래 이익을 보수적으로 추정하려면 과거 장기간의 실적만으로 평가해야 한다. 다만, 다음 세 가지 조건을 충족한다면 최근 한 해 이익으로도 미래 이익을 추정할 수 있다. (1) 그해 전반적인 사업 여건이 이례적으로 좋은 수준이 아니었고, (2) 여러 해에 걸쳐 이익이 상승추세를 유지했으며, (3) 산업 분석을 통해서 이 회사가 계속 성장한다는 확신이 선다. 아주 이례적으로는 미래 이익이 과거보다 훨씬 높아진다고 추정할 수도 있다. 주요 특허를 획득하거나 새 광맥을 발견하는 등 중요한 사건이 발생할 때이다.

그러나 대개는 과거 5~10년 평균 이익으로 주식의 가치를 평가해야 한다. 그렇다고 해서 평균 이익이 같으면 주식의 가치도 같다는 뜻은 아니다. 당기 이익이 평균 이익보다 높거나, 전망이 평균보다 밝거나, 수익력이 안정적인 주식은 더 후하게 평가해야 옳다. 하지만 보수적인 평가 기조를 유지하려면, 이익 배수에 적절한 상한선을 설정해 두어야 한다. 그래서 우리는 평균 이익의 20배를 상한선으로 제시한다.

이 원칙도 자의적일 수밖에 없지만, 전적으로 자의적인 것은 아니다. 보수적인 투자가 되려면 가치를 입증해야 하며, 가치를 입증하는 것은 평균 이익뿐이다. 평균 이익이 주가의 5퍼센트에도 못 미친다면, 그 주식은 가치를 입증한다고 보기 어렵다. 이런 주가수익배수로는 충분한 안전마진을 확보할 수 없다. 미래 이익이 증가한다고 기대한다면 이런 주식을 살 수도 있을 것이다. 그러나 이런 기대로 주식을 사는 행위는 원천적으로 투기다.[2] 건전한 투자의 범위에서 벗어나기 때문이다.

주가수익배수가 높으면 투기

이렇게 주가수익배수를 구분하는 의도를 명확하게 이해하기 바란다. 이는 주가수익배수 20배 이상인 주식을 사면 잘못이라는 뜻이 아니다. 단지 이런 주식을 사는 행위가 투기라는 의미일 뿐이다. 이런 주식을 사서도 높은 이익을 얻을 수 있지만, 종목을 현명하게 선택하거나 운이 좋아야 한다. 그리고 이런 투기에서 계속해서 종목을 현명하게 선택하거나 운이 좋은 사람은 거의 없다. 따라서 다음과 같이 중요한 추론이 도출된다. **주가수익배수가 20배 이상인 주식을 습관적으로 사는 사람은 장기적으로 큰돈을 잃기 쉽다.** 주가수익배수를 기계적으로 점검하지 않으면, 고PER을 정당화하며 그럴듯한 논리가 판치는 강세장의 유혹에 말려들고 만다.

우량주의 기타 요건

주가수익배수 20배를 상한선으로 설정하더라도, 투자하는 주식들의 평균 주가수익배수는 20배보다 훨씬 낮아야 한다. 전망이 보통 수준인 주식이라면 주가수익배수는 12~12.5배가 적정할 것이다. 또한 강조하건대 주가수익배수만 지키면 건전한 투자가 되는 것도 아니다. 주가수익배수는 필요조건이지 충분조건이 아니다. 회사의 재무구조와 경영진도 건전해야 하고, 전망도 어둡지 않아야 한다.

이 원칙으로부터 다음과 같은 중요한 추론이 또 도출된다. **매력적인 주식투자는 매력적인 투기다.** 주식이 보수적인 투자 요건을 충족하는 동시에 전망도 어둡지 않다면, 이런 주식은 주가가 상승할 확률이 높기 때문이다.

투자 종목과 투기 종목의 예

우량주 투자에 대해 우리가 내리는 정의는 월스트리트 관행과 다르다. 월스트

---

2   부록의 비고 57 참조. 채권 금리와 주식 '배수' 사이의 관계를 논의함.
3   부록의 비고 58 참조. 《증권분석》 1934년 판에 실린 사례와 이후 경과.

리트에서는 주가수익배수가 20배가 훨씬 넘는 주식도 '우량주'라고 정의한다. 그러나 우리는 아무리 좋은 주식이더라도 주가가 너무 높으면 투기적이라고 본다. 주가가 더 오르기 어렵기 때문이다. 따라서 건전한 투자가 되려면, 질이 낮아서 투기적인 저가주와 주가가 너무 높아서 투기적인 우량주 사이에서 중용을 취해야 한다.

다음과 같이 9개 기업의 실적을 비교해 보면 그 차이를 이해할 수 있다.[3]

종목군 A: 1938년 12월 현재 주가가 높아서 투기적인 주식(자본 변경 반영)

항목	종목군 A		
	GE	코카콜라	존스-맨빌
보통주 주당 실적			
1929	$2.24	$2.56	$8.09
1930	1.90	2.79	3.66
1931	1.33	2.96	0.45
1932	0.41	2.17	(4.47)
1933	0.38	2.20	(0.64)
1934	0.59	3.12	0.22
1935	0.97	3.48	2.17
1936	1.52	4.66	5.13
1937	2.20	5.73	5.80
1938	0.96	5.95	1.09
10년 평균	$1.25	$3.56	$2.15
5년 평균 (1934~1938)	$1.25	$4.59	$2.88
채권	—	—	—
우선주	—	600,000주 @60 $36,000,000	75,000주 @130 $9,750,000
보통주	28,784,000주 @43.50 $1,250,000,000	3,992,000주 @132.25 $529,500,000	850,000주 @105 $89,300,000
총자본	$1,250,000,000	$565,500,000	$99,050,000
순유형자산 (1938. 12. 31.)	$335,182,000	$43,486,000	$48,001,000
순유동자산 (1938. 12. 31.)	$155,023,000	$25,094,000	$17,418,000
보통주 평균 이익 (1929~1938)	2.9%	2.7%	2.0%
보통주 최대 이익 (1929~1938)	5.1%	4.5%	7.7%
보통주 최소 이익 (1929~1938)	0.9%	1.6%	(적자)
보통주 평균 이익 (1934~1938)	2.9%	3.5%	2.7%

세 종목군 비교

종목군 A는 이른바 '우량주', 또는 '블루칩'으로서, 1928~1929년 투기 열풍기와 이후 기간에 시장에서 큰 인기를 끌었다. 이들의 특징은 건전한 재무구조, 탁월한 전망, 이익의 안정성이나 성장성이다. 그러나 주가가 평균 이익보다 지나치게 높았다. 1929~1938년 동안 가장 실적 좋은 해의 이익조차 1938년 12월 주가의 8퍼센트에도 못 미쳤다.

종목군 B: 1938년 12월 현재 실적이 불안정해서 투기적인 주식

항목	종목군 B		
	굿이어 타이어	시몬스	영스타운 시트
보통주 주당 실적			
1929	$10.23	$4.15	$17.28
1930	(0.37)	(1.05)	5.17
1931	0.04	(0.79)	(6.55)
1932	(4.24)	(2.57)	(11.75)
1933	(0.79)	0.04	(7.76)
1934	(0.66)	(0.84)	(2.95)
1935	0.12	1.14	0.64
1936	3.90	3.53	7.03
1937	1.95	2.88	6.79
1938	1.34	1.42	(0.89)
10년 평균	$1.15	$0.79	$0.70
5년 평균 (1934~1938)	$1.35	$1.63	$2.12
채권	$50,235,000	$10,000,000	$87,000,000
우선주	650,000주 @108	—	150,000주 @81
	$70,250,000		$12,165,000
보통주	2,059,000주 @37.63	1,158,000주 @32	1,675,000주 @54.25
	$77,500,000	$37,050,000	$90,900,000
총자본	$197,985,000	$47,050,000	$190,065,000
순유형자산 (1938. 12. 31.)	$170,322,000	$28,446,000	$224,678,000
순유동자산 (1938. 12. 31.)	$96,979,000	$14,788,000	$83,375,000
보통주 평균 이익 (1929~1938)	3.1%	2.5%	1.3%
보통주 최대 이익 (1929~1938)	27.2%	13.0%	31.8%
보통주 최소 이익 (1929~1938)	(적자)	(적자)	(적자)
보통주 평균 이익 (1934~1938)	3.6%	5.1%	3.9%

종목군 B는 이익이 매우 불안정해서 투기적인 주식들이다. 주가수익배수, 최대 이익, 자산가치 사이의 관계가 불안정한 모습을 보인다.

종목군 C: 1938년 12월 현재 건전한 투자 기준에 맞는 주식

항목	종목군 C		
	애덤스-밀리스	아메리칸 세이프티 레이저	J.J. 뉴베리
보통주 주당 실적			
1929	$4.83	$2.57	$3.15
1930	4.83	2.50	2.27
1931	4.72	1.58	1.73
1932	1.03	1.14	1.07
1933	2.63	1.40	3.06
1934	3.41	2.03	5.38
1935	2.93	2.42	4.94
1936	2.55	2.70	6.03
1937	2.77	2.47	5.27
1938	3.21	1.48	4.05
10년 평균	$3.29	$2.03	$3.70
5년 평균 (1934~1938)	$2.97	$2.22	$5.13
채권	−	−	$5,587,000
우선주	−	−	51,000주 @106 $5,405,000
보통주	156,000주 @21 $3,280,000	524,000주 @14.88 $7,800,000	380,000주 @34.50 $13,110,000
총자본	$3,280,000	$7,800,000	$24,102,000
순유형자산 (1938. 12. 31.)	$3,320,000	$6,484,000	$25,551,000
순유동자산 (1938. 12. 31.)	$926,000	$3,649,000	$8,745,000
보통주 평균 이익 (1929~1938)	15.7%	13.7%	10.7%
보통주 최대 이익 (1929~1938)	23.0%	18.2%	17.5%
보통주 최소 이익 (1929~1938)	4.9%	7.7%	3.1%
보통주 평균 이익 (1934~1938)	14.1%	14.9%	14.9%

종목군 C는 건전한 투자를 위한 양적 기준에 맞는 주식들이다. 이러한 기준에는 다음이 포함된다.

1. 지난 10년 동안 사업 환경이 큰 폭으로 변동했는데도 실적이 매우 안정적이었다.
2. 주가수익배수가 안정적으로 유지되었다.[4]
3. 재무구조가 매우 보수적이고, 운전자본이 건전하다.

자산가치가 주가와 같은 수준이어야 반드시 건전한 투자가 되는 것은 아니다. 그럼더라도 종목군 C는 이렇게 자산가치가 높으므로, 실제 자산에 높은 프리미엄이 붙은 주가가 아니다.

건전한 투자를 하려면 종목군 C와 같은 양적 기준을 충족하는 주식을 사야 한다. 아울러 회사의 전망도 어느 정도는 만족스러워야 한다.

자본 변경의 반영

과거의 주당 이익을 분석할 때, 해당 기간에 자본의 변화가 일어났다면 당연히 이를 반영하여 조정해야 한다. 가장 단순한 사례는 주식배당, 주식분할 등으로 단지 주식 수만 바뀐 경우다. 이때에는 해당 기간의 주식 수를 기준으로 자본만 조정하면 된다. (이런 계산은 일부 신용평가회사에서만 한다.)

신주인수권 행사나 선순위 증권의 전환에 의해서 비교적 낮은 가격에 주식이 추가로 발행되어 자본이 변경되기도 하는데, 이때에는 조정 작업이 더 까다롭다. 이때에는 추가 주식 발행에서 발생하는 이익이 있으면, 이를 이전 기간의 이익에 가

---

[4] 종목군 C의 평균 이익 기준 주가수익배수가 종목군 A의 최대 이익 기준 주가수익배수보다도 거의 2.5배나 낮다.

산해야 한다. 사채나 우선주가 보통주로 전환되었다면, 이전에 이들에게 부과했던 비용을 다시 이익에 가산한 다음, 이 이익에 증가한 주식 수를 적용해야 한다. 주식이 비교적 낮은 가격에 전환되었다면, 예컨대 전환 금액의 5~8퍼센트만큼 이익이 감소할 수도 있다. (자본 변화가 크지 않다면 이렇게 재계산할 필요가 없다.)

때로는 신주인수권 행사나 전환에 의해 장차 증가할 수 있는 유통 주식 수를 기준으로 주당 이익을 조정하기도 한다. 다른 투자자가 주식 전환권을 보유하고 있다면, 그의 전환권 행사가 주당 이익에 미치는 불리한 영향까지 고려해서 분석해야 한다.

사례: 1939년 9월 30일 회계연도 기준 아메리칸 항공American Airline, Inc.의 12개월 보고 이익을 분석할 때 다음과 같은 조정을 해야 한다.

```
보고 이익 ·················································· $1,128,000
유통 주식 수 30만 주 기준 주당 이익 ······················ $3.76
                                    (1939년 12월 주가는 약 37)
```

그러나 주당 12.50달러에 보통주로 전환되는 표시이자율 4.5퍼센트 전환사채가 260만 달러 유통되고 있다. 분석가는 전환사채가 전환된다고 가정하여 다음과 같이 실적을 조정해야 한다.

```
이익: 이자 11만 7,000달러를 다시 가산 ·················· $1,245,000
유통 주식 수 50만 8,000주 기준 주당 이익 ················ $2.45
```

이처럼 조정하면 보고 이익의 3분의 1 이상이 사라진다.

다음 아메리칸 워터 웍스 앤드 일렉트릭의 사례에서 두 가지 조정을 모두 볼 수 있다. 조정 A는 1928년, 1929년, 1930년의 주식배당을 반영하였다.

조정 B에서는 1934년에 발행된 5퍼센트 전환사채 1,500만 달러가 전환된다고 가정하여, 이익을 이자비용만큼 증가시키되 보통주 숫자도 75만 주를 증가시켰

아메리칸 워터 웍스 앤드 일렉트릭 (주식 수: 1,000주, 이익: 1,000달러)

항목	보고이익			조정 A		조정 B		
	금액	주식 수	주당	주식 수	주당이익	금액	주식 수	주당
1927	$3,660	1,361	$2.69	1,737	$2.11	$4,410	2,487	$1.76
1928	5,009	1,432	3.49	1,739	2.88	5,760	2,489	2.30
1929	6,621	1,657	4.00	1,741	3.80	7,370	2,491	2.95
1930	5,424	1,751	3.10	1,751	3.10	6,170	2,501	2.47
1931	4,904	1,751	2.80	1,751	2.80	5,650	2,501	2.26
1932	2,491	1,751	1.42	1,751	1.42	3,240	2,501	1.30
1933	2,392	1,751	1.37	1,751	1.37	3,140	2,501	1.26
7년 평균			$2.70		$2.50			$2.04

다. (이러한 조정은 앞에서 논의했던 감가상각비 등에 의한 보고 이익 조정 문제와는 무관하게 진행된다.)

재무상태표를 분석할 때에는 주당 장부가나 주당 유동자산도 이에 따라 조정해야 한다. 부록의 비고 70에서 워런트를 반영하는 기법에 대해 논의하였다.

이해관계자의 권리 반영

보통주의 이익을 계산할 때에는 이해관계자들에게 실제로 보상을 하든 않든, 이들의 권리를 모두 반영해야 한다. 투자신탁의 경우처럼, 경영진에게 이익의 상당 부분을 보상으로 제공하는 계약을 했다면, 이 계약이 미치는 영향도 반영해야 한다. 그리고 이익이나 다른 변수에 따라 배당이 결정되는 '제한부 주식'에서 특이한 사례가 발생하기도 한다.

사례: 자동차 부품을 생산하는 대기업 트리코 프로덕트Trico Products Corporation는 보통주 67만 5,000주 가운데 사장이 보유한 45만 주가 원래 배당금 '제한부 주식'이었다. 제한이 없는 주식에 먼저 주당 2.50달러 배당금을 지급한 다음, 남은 금액이 있으면 모든 주식에 똑같이 배당금을 지급하는 구조였다. 또한 1925년과 이

조정 이익: 트리코 프로덕트*

연도	보통주 이익	제한부 주식의 주당 이익		
		제한부 주식 무시(A)	제한부 주식에 최대한 분배(B)	제한부 주식의 해제 고려(C)
1929	$2,250,000	$6.67	$4.58	$3.33
1930	1,908,000	5.09	3.94	2.83
1931	1,763,000	4.70	3.72	2.61
1932	965,000	2.57	2.54	1.44
1933	1,418,000	3.78	3.21	2.10
1934	1,772,000	4.72	3.74	2.62
1935	3,567,000	9.84	6.52	5.38
1936	4,185,000	9.75	7.25	6.39
1937	3,792,000	8.97	6.82	5.99
1938	2,320,000	5.56	4.53	3.70
10년 평균	$3,394,000	$6.17	$4.69	$3.64

* 1935~1938년 동안 회사가 제한부 주식을 재매입하여 주당 이익에 영향을 미쳤다.

후 연도의 이익이 일정 목표에 도달하면 제한부 주식의 제한이 일정 단위로 잇달아 풀리게 되어 있었다. (1938년 말까지 모두 23만 9,951주의 제한이 풀렸다.)

이 표에서 (C)열이 제한부 주식의 수익력을 가장 건전하게 측정한 것이다. (A)열은 현실성이 없다. 1921년 6월 이전에는 몬태나 전력도 트리코 프로덕트와 비슷한 상황이었다.

일반 원칙

지금까지 다룬 내용은 다음 일반 원칙으로 요약할 수 있다.

전환사채, 주식 매입 선택권, 기타 참여 특권 등으로 희석될 수 있는 주식의 내재가치는 이런 권리가 모두 행사되었을 때 산출되는 가치보다 높게 평가되어서는 안 된다.

자본구조

선순위 증권과 보통주 사이의 구성 비율은 주당 수익력에 중대한 영향을 미친다. 다음 가상 사례를 보면 명확하게 이해될 것이다. 수익력이 똑같이 100만 달러인 세 제조회사 A, B, C가 있다고 가정하자. 이들은 자본구조만 제외하고 모든 면에서 똑같은 회사들이다. 회사 A는 자본이 보통주 10만 주로만 구성되었다. 회사 B는 자본이 4퍼센트 채권 600만 달러와 보통주 10만 주로 구성되었다. 회사 C는 4퍼센트 채권 1,200만 달러와 보통주 10만 달러로 구성되었다.

채권은 액면가로 거래되며, 보통주는 이익의 약 12배에 거래된다고 가정하자. 그러면 세 회사의 가치는 다음과 같다.

회사	보통주 이익	보통주 가치	채권 가치	회사의 총가치
A	$1,000,000	$12,000,000	–	$12,000,000
B	760,000	9,000,000	$6,000,000	15,000,000
C	520,000	6,000,000	12,000,000	18,000,000

이 계산 결과를 주목하자. 수익력이 똑같은 회사인데도, 단지 자본구조가 다르다는 이유로 가치에 큰 차이가 발생하는 것처럼 보인다. 그러나 자본구조는 경영진이 얼마든지 결정할 수 있는 사안이다. 그렇다면, 선순위 증권과 보통주의 구성 비율을 바꾸는 방법으로도 회사의 가치를 마음대로 높이거나 낮출 수 있다는 뜻인가?

자본구조를 변경하여 기업의 가치를 바꿀 수 있는가?

이 질문에 답하려면 이 사례를 면밀하게 조사해야 한다. 세 회사의 가치를 계산할 때, 채권의 가치는 액면가이고 보통주 가치는 이익의 12배라고 가정하였다. 이 가정이 과연 타당한가? 먼저 회사 B를 살펴보자. 이 회사에 별다른 문제점이 없다면, 이 회사 채권은 액면가 이상으로 거래될 것이다. 이자 보상 배수가 4배이기 때문이다. 이 채권 때문에 보통주의 가치가 이익의 12배 밑으로 내려가지는 일도 없을 것이다.

그러나 회사 B 주식의 가치가 이익의 12배라면, 부채가 없는 회사 A 주식의 가치는 더 높아야 한다는 주장이 나옴 직하다. 이익이 똑같이 감소하더라도 보통주가 받는 악영향이 회사 B보다 적기 때문이다. 이는 분명히 옳은 말이다. 그러나 이익이 증가하면 회사 B 주식의 가치가 더 많이 상승한다. 다음 숫자에 이런 이치가 분명히 드러난다.

이익	주당 이익		주당 이익의 증감	
	회사 A	회사 B	회사 A 변화	회사 B 변화
$1,000,000	$10.00	$7.60	–	–
750,000	7.50	5.10	−25%	−33%
1,250,000	12.50	10.10	+25%	+33%

이익이 감소할 때 가치가 더 감소한다는 단점은 이익이 증가할 때 가치가 더 증가한다는 장점으로 상쇄된다고 보아야 공평할 것이다. 그리고 장래에 이익이 증가한다고 기대한다면, 투자자는 이왕이면 가치가 더 많이 상승하는 종목을 선정할 것이다. 따라서 우리는 원래 내렸던 결론으로 돌아가게 된다. 즉 단지 자본 구성 차이 때문에 회사 B가 회사 A보다 25퍼센트에 해당하는 300만 달러만큼 가치가 높다.

최적자본구조의 원칙

이 결론이 얼핏 모순처럼 보이지만, 실제 주가 움직임도 이런 식으로 나타난다. 이런 모순을 더 자세히 분석해 보면, 회사 A의 자본구조가 지나치게 단순하다는 문제점이 드러난다. 회사 A의 보통주에도 '채권 요소'가 일부 들어 있다. 즉 회사 A의 일부 보통주는 회사 B의 채권과 같아서, 평가할 때 이론적으로 똑같이 4퍼센트 할인율을 적용해야 한다. 그리고 회사 A의 나머지 주식은 이익의 12배로 평가하면 된다. 이렇게 이론적으로 계산하면 회사 A의 가치는 1,500만 달러가 된다. 다시 말해서 회사 A 자본금의 주식 요소와 채권 요소를 결합한 가중 할인율은 회사 B와 마찬가지로 6.66퍼센트가 된다.

그러나 실제로는 회사 A 주식이 1,500만 달러로 평가받지 못한다. 투자자가 회사 A 주식에 포함된 '채권 요소'를 인식하지 못하므로, 이런 채권 요소에 높은 가격을 지불하지 않기 때문이다.[1] 이로부터 투자자와 경영진 모두에게 중요한 다음 원칙이 도출된다.

---

[1] 《증권분석》 1934년판 pp. 505-507 참조(아메리칸 런드리 머시너리 사례). 전부 주식으로 이루어진 자본구조를 주식과 채권의 결합 형태로 변경했을 때 미치는 영향을 논의했다. 아메리칸 징크(1916년)와 메이태그Maytag Company(1928년)도 주식배당으로 우선주를 지급하여 이런 식으로 자본구조를 변경하였다. 보수적 자본구조를 투기적 자본구조로 변경하는 흔한 기법은 자회사 보통주를 바탕으로 모회사가 선순위 증권과 보통주를 발행하는 방법이다. 사례: 1927년 체서피크Chesapeake Corporation, 1925년 코프만 디파트먼트 스토어 시큐리티Kaufmann Department Stores Securities Corporation.

적정 자본구조가 되려면 안전하게 발행하고 투자할 만큼의 선순위 증권이 자본에 포함되어야 한다.

이는 채권 600만 달러가 건전한 투자가 될 수 있다면, 회사 B의 자본구조가 회사 A의 자본구조보다 낫다는 뜻이다. 이런 상황에서 자본금이 모두 보통주로만 구성되어 있다면, 자본금 일부를 차입금으로 구성할 때보다 생산성이 떨어지므로 지나치게 보수적인 자본구조가 된다. 즉 비상장기업에 계절적인 자금 수요가 발생할 때, 소유주가 모든 자금을 대는 것보다 일부 금액을 은행 대출로 활용하는 편이 유리한 정책인 것과 같은 이치다.

건전한 채권의 공급을 줄이는 기업 관행

건전한 기업이 계절적 수요에 따라 대출받는 행위가 은행에 바람직한 것처럼, 건전한 기업이 적정 규모로 채권을 발행하는 행위는 투자자에게도 바람직하다. 시장에 우량 등급 채권이 증가하여 채권투자자들에게 선택의 폭이 넓어지고, 불건전한 채권이 발붙이기가 어려워지기 때문이다. 그러나 유감스럽게도 최근 제조업체들의 정책에 의해 우량 등급 채권 발행이 부족해지고 있다. 건전한 기업들은 채권 신규 발행을 자제하고 있을 뿐 아니라, 기존 발행분을 사들이고 있다. 이렇게 건전한 기업들의 채권을 기피하는 정책 때문에 투자자들은 당황하고 있으며, 투자 정책에 혼선을 겪고 있다. 이에 대해서는 《증권분석》 1934년판에 언급한 내용이 대부분 그대로 적용된다.

1. 신용도가 낮은 제조업체들은 채권으로 자금을 조달하기가 더 어려워졌다. 우량채권이 부족해져서 증권회사들은 비우량채권을 팔 수밖에 없고, 투자자들은 비우량채권을 살 수밖에 없었으며, 필연적으로 비참한 실적을 거둘 수밖에 없었다.
2. 우량채권이 부족해지자 투자자들은 우선주에도 손을 대게 되었다. 앞에서(제14장) 설명한 이유로 우선주는 이론상 불건전하므로, 전반적으로 만족스러운 상품이 되

기 어렵다.

3. 대기업들이 선순위 증권을 없애 버린 덕분에 보통주의 품질은 다소 개선되었지만, 보통주에 대한 투자자들의 수요는 더욱 증가하게 되었다. 이 때문에 형편상 건전한 채권을 사야 하는 사람들까지 보통주를 사게 되었다. 게다가 이런 보통주 가격이 과도한 수준으로 상승하였으며, 마침내 사람들은 투자와 투기를 혼동하게 되었고, 1927~1929년에는 이전까지 신중했던 투자자들마저 타락하고 말았다.

부채가 과도한 자본구조에서 나오는 이익 평가

이번에는 회사 C 사례를 살펴보자. 우리는 채권 1,200만 달러의 가치는 액면가로 가정하고 주식의 가치는 주당 이익 5.20달러의 12배로 가정하여, 이 회사의 가치를 1,800만 달러로 평가하였다. 그러나 채권 가격에 대한 이런 가정은 분명히 잘못되었다. 제조업체의 이자 보상 배수가 2배라면 절대 안전한 수준이 못 되므로, 투자자들은 이런 채권을 액면가에 사지 않을 것이다. 사실 이 사례는 이자 보상 배수 2배가 부족하다는 우리의 주장을 뒷받침해 주는 유용한 예다. 만일 이자 보상 배수 2배로도 충분하다면, 투자수익률 8퍼센트로 그럭저럭 굴러가는 회사의 사주는 수익률 4퍼센트에 채권을 발행하여 투자 자본을 모두 회수하고서도 회사 이익의 절반을 챙길 수 있을 것이다. 이는 사주에게는 지극히 유리한 거래이지만, 채권투자자에게는 지극히 불리한 거래가 된다.

회사 C 사례는 표면금리가 선순위 증권의 안전성에 미치는 영향도 보여 준다. 채권 1,200만 달러의 표면금리가 6퍼센트라면, 이자비용이 72만 달러이므로 이자 보상 배수가 1.5배 미만으로 떨어진다. 회사 D가 이런 채권을 발행했다고 가정하자. 경솔한 투자자라면 두 회사의 이자 보상 배수만 볼 것이므로, 이자 보상 배수가 1.39배인 회사 D의 6퍼센트 채권은 거부하고 이자 보상 배수가 2배인 회사 C의 4퍼센트 채권은 수용할 것이다. 그러나 이런 식으로 채권을 차별하는 행위는 현명하지 못하다. 이는 단지 표면금리가 높다는 이유로 한 채권을 거부하고, 단지 표면금리가 낮다는 이유로 한 채권을 수용하는 행위나 다를 바 없다. 여기서 정말로 중요한 요소는 단지 표면금리만 낮추는 방식으로 안전성이 높아지는 것처럼 보이는 일이 없도록, 채권의 최소 안전마진을 충분히 확보해야 한다는 점이다. 우선주의 배당률에 대해서도 똑같은 논리가 적용된다.

회사 C의 채권은 발행량이 과도해서 안전성이 부족하므로, 액면가보다 훨씬 낮은 가격에 거래될 것이다. 여기서 적정 가격 수준을 제시할 수는 없지만, 제26장에서 지적했듯이 안전성이 부족해서 투기적인 채권이라면 가격이 70을 넘어서는 안 된다. 그리고 이렇게 채권 발행량이 과도하면 주식도 이익의 12배에 거래되기 어렵다. 경기가 어려워지면 회사 C는 재정난에 봉착할 위험이 크므로, 보수적인 투자자들이 외면할 것이기 때문이다. 그 결과 주식과 채권의 가치를 더한 회사 C의 가치는 처음에 가정했던 1,800만 달러가 아니라, 1,500만 달러(회사 B의 가치)보다 낮거나, 심지어 1,200만 달러(회사 A의 가치)보다 훨씬 낮아질 수도 있다.

그러나 더 냉정하게 보면, 상황이 꼭 이렇게 불리하게 전개된다는 법도 없다. 경솔한 투자자와 광적인 투기자들이 많이 몰려든다면, 회사 C 증권의 시장가치가 1,800만 달러를 넘어갈 수도 있다. 하지만, 이런 상황은 부당하며 건전하지도 않다.[2] 우리 이론에서는 회사 C의 자본구조가 적정하다고 절대 인정할 수 없다. 이는 선순위 증권을 이용해서 얻는 이득에 분명히 한계가 있다는 뜻이다. 최적자본구조 원칙에서도 이 사실을 언급했지만, 안전하게 발행하고 투자할 만한 금액을 넘어서면 선순위 증권의 이점은 사라진다.

따라서 회사 A 유형의 자본구조는 '지나치게 보수적'이고, 회사 C 유형의 자본구조는 '투기적'이며, 회사 B 유형의 자본구조가 '적정'하다고 표현할 수 있다.

---

[2] 1925년 도지 브라더스(자동차) 증권을 공모했을 때, 채권과 우선주는 1억 6,000만 달러, 보통주는 5,000만 달러로 시장에서 평가되었다. 순유형자산은 겨우 8,000만 달러였고, 평균 이익은 약 1,600만 달러에 불과했다. 이렇게 부채비율이 극도로 높은 자본구조인데도 처음에는 증권 가치평가에 불리하게 작용하지 않았다. 그러나 1927년 이익이 급감하면서 곧 재무구조의 취약성이 드러났다(1928년에 크라이슬러에 인수되었다).

투기적 자본구조의 레버리지 요소

자본구조가 투기적이면 그 회사 증권은 건전한 투자의 대상에서 벗어나지만, 그 보통주는 투기적 이점을 누릴 수 있다. 회사 C의 이익이 100만 달러에서 125만 달러로 25퍼센트 증가하면, 보통주 주당 이익은 5.20달러에서 7.70달러로 약 50퍼센트 증가한다. 이런 사실 때문에 자본구조가 투기적인 기업의 주식은 시장이 좋을 때 흔히 상대적으로 높은 가격에 거래된다. 물론 시장이 나쁠 때에는 더 낮게 평가받기도 한다. 그러나 이런 주식을 싼 가격에 사두면 상승의 여지가 훨씬 많다.

사례: 아메리칸 워터 웍스 앤드 일렉트릭

이 회사 주식의 1921~1929년 실적은 놀라운 상승세를 보여주었는데, 그 대부분은 매우 투기적인 자본구조 덕분이었다. 이 회사의 4개년 실적을 요약하면 다음과 같다.

아메리칸 워터 웍스 앤드 일렉트릭의 4개년 실적

항목	1921	1923	1924	1929	1929/1921 비율
총영업수익*	$20,574	$36,380	$38,356	$54,119	2.63:1
고정비 배분 가능액*	6,692	12,684	13,770	22,776	3.44:1
이자와 우선주 배당금*	6,353	11,315	12,780	16,514	2.54:1
보통주 배분 가능액*	339	1,369	990	6,622	19.53:1
1921년 기준:**					
보통주 주식 수	92,000	100,000	100,000	130,000	1.41:1
주당 이익	$3.68	$13.69	$9.90	$51.00	13.86:1
보통주 고가	6.50	44.75	209	약 2,500	385:1
보통주 고가 대비 이익률	56.6%	30.6%	4.7%	2.04%	0.037:1
보고 실적:					
보통주 주식 수	92,000	100,000	500,000	1,657,000	
주당 이익	$3.68	$13.69	$1.98	$4.00	
보통주 고가	6.50	44.75	41.88	199	

*단위 1,000
**주식배당과 주식분할을 반영하여 주식 수를 조정하였음.

1921년에 고가인 6.5달러에 주식 1주를 사서 이후에 받은 배당까지 계속 보유했다면, 1929년에는 고가 199달러에 거래되는 약 12.5주를 보유했을 것이다. 투자한 6.50달러는 약 2,500달러로 불어났을 것이다. 보통주의 시장가치는 약 400배나 증가했지만, 회사의 영업수익은 겨우 2.6배 증가에 그쳤다. 보통주 가치가 이렇게 엄청나게 상승한 이유를 중요도 순서로 열거하면 다음과 같다.

1. 이 주식의 주당 이익이 전보다 훨씬 높게 평가받았다. 1921년에는 이 회사 자본구조가 취약한 것으로 인식되었다. 2차 우선주에 배당금이 전혀 지급되지 않았으므로, 이 회사 채권도 낮은 가격에 거래되었고, 보통주 주당 이익도 제대로 평가받지 못했다. 그러나 1929년에는 공익회사 보통주에 대한 전반적인 관심도가 높아지면서, 보통주 주가가 이익 최고치의 거의 50배까지 상승하였다.
2. 회사의 자산과 이익이 증가하는 과정에서, 투기적 자본구조 덕분에 보통주가 엄청난 이득을 보았다. 추가로 필요한 자금은 거의 모두 선순위 증권을 발행해서 조달하였다. 1921~1929년 동안 총영업수익은 약 160퍼센트 증가했지만, 보통주 분배 가능액은 14배나 증가했다.
3. 이익률이 개선되었다. 투기적 자본구조 덕분에 추가로 발생하는 순이익을 보통주가 엄청나게 차지했다.[3]

기타 사례: 스탤리 매뉴팩처링A. E. Staley Manufacturing Company
옥수수 제품 제조업체로, 사업 여건이 변화할 때 투기적 자본구조를 지닌 회사에 나타나는 실적을 보여 준다. 비교를 위해서, 자본구조가 보수적인 동종기업 아

---

3   부록의 비고 59를 참조하라. 1929~1938년 동안에는 정반대 과정이 진행되었다. 1935년에 유나이티드 라이트 앤드 파워United Light and Power Company 우선주에도 비슷한 투기 기회가 있었다.

스탤리

연도	감가상각비 차감 전 이익*	감가상각*	고정비와 우선주 배당금*	보통주 배분 가능액*	주당 이익
1924	$1,339	$419	$439	$481	$22.89
1925	792	452	358	(18)	(0.87)
1926	2,433	495	430	1,507	71.77
1927	1,303	531	541	231	11.01
1928	1,491	641	696	154	7.35
1929	3,266	743	757	1,766	84.09
1930	1,540	753	708	79	3.74
1931	892	696	692	(496)	(23.60)
1932	1,546	753	678	114	5.43
1933	2,563	743	652	1,168	55.63

*단위 1,000

메리칸 메이즈 프로덕트American Maize Products Comapny도 함께 분석하였다.

　스탤리 실적에서 가장 두드러진 점은, 보통주 주당 이익이 연도별로 엄청나게 오르내린다는 사실이다. 사업 자체의 특성도 순이익이 큰 폭으로 변동하는 면이 있지만, 선순위 증권과 비교해서 보통주의 비중이 매우 작아서 이렇게 변동폭이 엄청나게 커졌다.[4] 감가상각충당금 규모가 크다는 점도 과중한 고정비처럼 작용했다. 따라서 감가상각비 차감 전 이익은 1929년 326만 6,000달러에서 이듬해에 154만 달러로 약 50퍼센트 감소했지만, 보통주 주당 이익은 84달러에서 겨우 3.74달러로 폭락했다. 아메리칸 메이즈 프로덕트의 이익도 변동성이 높지만, 선순위 증권 규모가 작았으므로 보통주 주당 이익의 변동성은 훨씬 낮았다.

---

[4] 1934년에는 100퍼센트 주식배당을 하여 보통주 주식 수가 2배로 증가하였고, 1937년에는 10대 1 주식분할을 시행하여 액면가가 100달러에서 10달러로 변경되었다. 이 과정을 통해서 발행주식 수 20배로 증가하였다. 회사의 실적이 보통주에 미친 영향은 다음 주당 이익에 나타난다(1933년 자본금 기준).

1934	1935	1936	1937	1938	1939
$28.46	(2.76)	52.88	(18.40)	38.80	68.00

아메리칸 메이즈 프로덕트

연도	감가상각비 차감 전 이익*	감가상각*	고정비와 우선주 배당금*	보통주 배분 가능액*	주당 이익
1927	$400	$318	$105	$(23)	$(0.08)
1928	906	317	105	484	1.61
1929	1,835	312	80	1,443	4.81
1930	1,246	306	22	918	3.06
1931	460	299	–	161	0.54
1932	687	299	–	388	1.29
1933	1,022	301	–	721	2.40

* 단위 1,000

자본 현황(1933년 1월)

항목	스탤리	아메리칸 메이즈 프로덕트
6% 채권	($4,000,000* @75) $3,000,000	
7달러 우선주	(50,000주 @44) 2,200,000	
보통주	(21,000주 @45) $950,000	(300,000주 @20) $6,000,000
총자본금	$6,150,000	$6,000,000
평균 이익, 1927~1932	$900,000	$615,000
평균 이익 / 1933년 자본금	14.6%	10.3%**
보통주 주당 평균 이익	$14.76	$1.87
보통주 주가 대비 비중	32.8%	9.4%**
운전자본, 1932. 12. 31.	$3,664,000	$2,843,000
순자산, 1932. 12. 31.	$15,000,000	$4,827,000

* 회사가 보유한 채권은 차감.
** 두 숫자가 다른 이유는 1927~1930년 우선주 잔고에 대한 처리 방식 차이 때문이다. 위 계산에서는 1931~1933년 극소량의 우선주 잔고를 무시했다.

투기적 자본구조 때문에 기업가치가 저평가될 수도 있다

앞에서 분석한 회사 C의 사례에서처럼, 스탤리가 발행한 증권들은 1933년 1월에 투기적 자본구조 때문에 오히려 부당하게 저평가되었다. 부채가 과중한 자본구조 때문에 채권과 우선주 가격이 내려갔는데, 특히 1931년에 일시적으로 배당금 지급이 중단되면서 우선주가 큰 영향을 받았다. 따라서 선순위 증권 덕분에 기업 가치가 상승한 것이 아니라, 자본구조가 보수적인 아메리칸 메이즈 프로덕트보다도 가치가 훨씬 낮아졌다. (아메리칸 메이즈 프로덕트는 평균 이익과 시장가치가 정상적인 관계를 유지했다. 이 회사의 자본구조는 지나치게 보수적이라고 말하기 곤란하다. 원래 연간 이익 변동 폭이 크므로, 선순위 증권을 대량 발행하기에 적합하지 않기 때문이다. 그러나 채권이나 우선주를 소량으로 발행한다면, 특별히 유리하지도 불리하지도 않을 것이다.)

유동자산을 비롯한 전반적인 지표를 비교해 보면, 스탤리가 아메리칸 메이즈 프로덕트보다 저평가되었음을 확인할 수 있다. 스탤리의 순자산가치 1달러는 '아메리칸 메이즈 프로덕트의 겨우 3분의 1 수준에서 거래되었다.

시장 상황이 불리할 때에는 스탤리 보통주처럼 투기적인 종목이 지나치게 저평가되었지만, 시장 여건이 개선되면 이런 종목이 무섭게 상승할 수 있다. 주당 이익이 폭등세를 보일 것이기 때문이다. 1927년 초에 약 75에 거래되던 스탤리 보통주가 이듬해에는 거의 300까지 상승했다. 또한 1932년에 저가 33을 기록했다가 1939년에는 320까지 오르기도 했다.

유사 사례

같은 이유로 주가가 더 크게 움직인 사례가 모호크 러버Mohawk Rubber다. 1927년 보통주 주가가 15달러여서 시가총액이 30만 달러에 불과했고, 우선주 시가총액이 196만 달러였다. 1926년 실적은 매출액 640달러에 적자 61만 달러였다. 1927년에는 매출액이 570만 달러로 감소했으나 순이익이 63만 달러였다. 그러나 보통주 발행주식 수가 적어서 주당 이익이 23달러를 넘어갔다. 주가는 1927년 저가 15달러에서 1928년에는 고가 251달러까지 상승했다. 1930년에는 다시 적자 66만 9,000달러를 기록했고, 이듬해 주가는 4달러 수준까지 떨어졌다.

자본구조가 투기적인 회사는 선순위 증권 보유자들을 희생하여 보통주 보유자들이 이득을 본다. 보통주 주주들은 자기 돈은 거의 들이지 않고, 주로 선순위 증권 보유자들의 돈으로 회사를 운영한다. 이들의 관계는 '동전 앞면이 나오면 보통주 주주가 이기고, 뒷면이 나오면 선순위 증권 보유자들이 지는 게임'이다. 자기 돈을 소액만 집어넣은 보통주 주주들은 이른바 전략적으로 극단적인 '주식 투기'를 벌이는 셈이다. 달리 표현하자면, 이들은 회사의 장래 실적에 연동하는 '값싼 콜옵션'을 보유한 것과 같다.

투기적 보통주의 매력

채권투자에 대해서 논할 때, 보통주 주주 지분이 너무 적으면 선순위 증권이 불리하다는 점을 최대한 강조한 바 있다. 그러면 이런 상황에서 보통주는 어떤 점이 유리한지 질문이 나옴 직하다. 그러나 이런 질문에 대한 논의는 보통주 투자의 영역이 아니라, 현명한 투기나 과학적 투기의 영역에 속할 것이다.

앞에서 스탤리 사례에서 보았듯이, 침체기가 오면 자본구조가 투기적인 회사는 선순위 증권과 보통주 모두 시장가격이 하락한다. 이 기간에는 보통주 주주도 채권 보유자들을 희생하여 이득을 얻지 못한다. 따라서 보통주가 지닌 투기적 이점이 감소한다. 그렇다면, 이런 종목이 일시적인 역경에 직면해서 비정상적으로 싸게 거래될 때에만 사라고 간단히 제안할 수 있다. 그러나 이것은 교묘하게 논점을 피해 가는 말이다. 현명한 투기자가 일시적이고 비정상적인 상황을 계속해서 찾아낼 수 있다고 가정하는 셈이기 때문이다. 만일 그런 투기자라면, 그는 어떤 종류의 주식을 사든 거금을 벌 것이다. 그리고 투기 종목 대신 우량주를 염가에 사들이는 편이 나을 것이다.

현실적으로 생각하라

이 문제를 현실적으로 바라본다면, 자본구조가 투기적인 보통주는 정상적인 상황에서 산다고 생각해야 한다. 다시 말하면, 명백하게 고평가되거나 저평가된 상황이 아니라고 가정해야 한다. (1) 분산투자를 하고, (2) 유망한 기업을 잘 선별한다면, 투기자는 장기적으로 상당한 이익을 기대할 수 있을 것이다. 이런 종목 중에서도 선순위 자본 대부분을 채권이 아니라 우선주로 조달한 회사가 더 유리하다.

이런 회사는 역경에 직면해도 파산하여 보통주가 사라질 위험이 적으므로, 보통주 주주들이 호황을 다시 맞이할 가능성이 크기 때문이다. (보통주 주주들이 이런 이득을 보므로, 우선주 주주들은 분명히 손해를 본다.)

그러나 어떤 종목을 사더라도 투기 이익을 모두 거두기는 현실적으로 어렵다는 점을 명심해야 한다. 전환사채를 논하면서 지적했지만, 전환사채에 상당한 이익이 발생하는 시점부터 투자자는 딜레마에 빠지게 된다. 이익을 더 얻으려고 계속 보유하면, 이미 확보한 이익까지 잃어버릴 위험이 있기 때문이다. 전환사채는 가격이 일정 수준을 넘어 상승하면 안전성의 이점이 급격히 감소하는 것처럼, 투기적 보통주도 가격이 상승하면서 위험이 커진다. 모호크 러버 사례에서, 주식을 15에 현명하게 산 사람도 (주가가 250까지 상승했지만) 100이 넘을 때까지 보유하지는 못했을 것이다. 주가가 100 수준에 이르기 전에 자본구조가 투기적인 주식으로서 지닌 장점을 상실하기 때문이다.

제41장

저가 보통주. 수익원 분석

저가주

사람들은 앞에서 논의한 자본구조가 투기적인 주식들이 저가주低價株, Low-Priced Stocks라고 흔히 생각한다. 이런 주식들은 늘 저가에 거래되기 때문이다. 물론 '저가'低價는 정의하기가 다소 모호하다. 가격이 10달러 미만이라면 당연히 저가주에 속한다. 그리고 20달러가 넘어가는 주식은 저가주에서 제외된다. 따라서 저가주를 구분하는 기준은 10~20달러 사이의 어딘가에 있을 것이다.

저가주의 확실한 이점

저가주는 대개 하락 폭보다 상승 폭이 훨씬 크므로 타고난 이점이 있는 듯하다. 주식시장에서 100달러짜리 종목이 400달러로 상승하는 것보다 10달러짜리 종목이 40달러로 상승하기가 훨씬 쉽다. 이는 100달러가 넘는 종목보다 10~40달러 수준인 종목을 훨씬 선호하는 대중의 투기 성향 때문으로 보인다. 게다가 저가주는 비교적 적은 금액으로 지분을 많이 살 수 있는 일종의 '콜옵션'과 같은 이점을 제공하기도 한다.

다양한 주가 집단으로 구분하여 제조회사 주가 움직임을 통계적으로 분석한 자료가 1936년 시카고 대학교의 《시카고 대학교 저널 오브 비즈니스》Journal of Business of the University of Chicago에 실렸다.[1] 1926~1935년[2]을 집중적으로 분석한 이 자료에 의하면, 저가주에 분산투자하면 고가주에 분산투자 하는 것보다 계속해서 더 높은 실적이 나왔다. 다음은 이 분석에서 밝혀진 결과와 결론이다.

우리 통계분석에 심각한 오류가 없다면, 주가 수준과 주가 변동 사이에 다음과 같은 관계가 새로 발견된 듯하다. 이 관계를 요약하면 다음과 같다.

1. 저가주가 고가주보다 변동성이 높은 경향이 있다.
2. 강세장이 오면 저가주가 고가주보다 더 많이 상승하며, 약세장이 와도 저가주는 상승분을 모두 반납하지 않는 경향이 있다. 다시 말해서, 강세장에서 저가주는 고가주보다 더 많이 상승하지만, 약세장이 와도 그만큼 더 많이 하락하지는 않는다.

***

(1) 주가 수준과 관계없이 각 종목의 가격 움직임이 미래에도 과거와 비슷하고, (2) 저가주들의 실적이 우수했던 원인이 단지 종목 선정의 영향이 아니었다고 가정한다면, 다음과 같이 결론지을 수 있다.

1. 저가 제조회사 주식이 고가 제조회사 주식보다 투기 이익을 얻을 기회가 더 많다.
2. 이익 전망이 비슷한 제조회사 주식이 두 종목 이상 있다면, 투기자는 저가주를 사

---

1 Fritzemeier, Louis H., "Relative Price Fluctuations of Industrial Stocks in Different Price Groups," *Journal of Business of the University of Chicago*, April 1936, pp. 133-154.
2 이 책의 1934년판 pp. 473-474를 참조하라. 침체가 바닥 수준에 도달한 1897년, 1907년, 1914년, 1921년에 저가주와 고가주를 샀을 때, 이들의 주가 움직임을 비교분석한 자료다. 연구 범위는 좁지만 1931년에 발표된 홈스 앤드 컴퍼니J. H. Holmes and Company의 분석 결과도 이와 비슷하다.

야 한다.

저가주를 사도 손해 보는 이유

이제 대중이 유독 '값싼 주식'을 좋아하는 태도에도 충분히 근거가 있어 보인다. 그러나 저가주를 사도 대부분 손해를 본다. 왜 그럴까? 대중은 누군가가 실속을 챙기려고 집중적으로 홍보하는 저가주를 사기 때문이다. 따라서 대중이 대량으로 사들이는 저가주는 엉뚱한 저가주다. 다시 말해서, 이런 종목에는 저가주의 진정한 이점이 없다. 회사의 재무 상태가 부실하거나 겉모습만 저가주일 뿐, 실제로는 기업가치에 비해 비싼 주식이다. 특히 저가로 쏟아지는 신규 공모 주식에 이런 종목이 태반이다. 이런 종목은 발행주식 수를 엄청나게 늘리는 술책으로 사이비 저가주를 양산한다. 발행가가 낮아도 주식 수가 워낙 많아서 시가총액은 과도한 수준이 되어 버린다. 과거에 광업주 공모가 이런 경우였고, 1933년 주류회사 주식공모와 1938~1939년 항공회사 주식공모도 마찬가지였다.

진정한 저가주는 회사의 자산, 매출액, 과거 이익과 미래 이익 전망과 비교해서 주가가 낮은 종목이다. 다음 사례에서 진정한 저가주와 사이비 저가주의 차이가 드러난다.

라이트-하그리브스Wright-Hargreaves Mines, Ltd.는 바커 브라더스Barker Bros. Corp.와 비교해 보면 재무 실적 모든 측면에서 매우 고평가되었으므로, 실제로는 겉보기에만 저가주였다. 바커 브라더스는 그 정반대였다. 보통주 시가총액 74만 3,000달러가 회사 규모에 비해 지나치게 적기 때문이다. (바커 브라더스 우선주에 대해서도 똑같이 말할 수 있다. 따라서 주가가 18이더라도 저가주 요건을 갖추고 있다.)[3]

주식시장에서는 법정관리에 직면한 기업의 주식이, 단지 당기 이익이 낮아서

3　부록의 비고 60 참조. 이 사례의 이후 경과를 실었다. 더 최근 사례를 알고 싶으면 1939년 말경 5달러 근처에서 거래된 콘티넨털 모터Continental Motors Corporation와 길크리스트Gilchrist Company를 비교해 보라. 두 회사는 기업의 가치, 자산, 매출액에서 차이가 날 뿐 아니라, 이익 실적과 운전자본 면에서도 뚜렷한 대조를 이룬다.

항목	라이트-하그리브스(금광)	바커 브라더스(소매업)
1933년 7월:		
보통주 주가	7	5
발행 주식 수	5,500,000	148,500
보통주 시가총액	$38,500,000	$743,000
우선주(액면가 기준)		2,815,000
우선주(시장가 기준)		500,000
1932년:		
매출액	$3,983,000	$8,154,000
순이익	2,001,000*	(703,000)
1924~1932년:		
최대 매출액	$3,983,000	$16,261,000
최대 순이익	2,001,000*	1,100,000
최대 주당순이익	$0.36*	$7.59
운전자본, 1932년 12월	$1,930,000	$5,010,000
순유형자산, 1932년 12월	4,544,000	7,200,000

*감모상각 전

저가주가 된 주식보다 더 활발하게 거래된다. 이는 내부자들이 법정관리가 확정되기 전에 보유 물량을 저가에 쏟아 내기 때문이며, 때로는 파렴치하게도 순진한 대중을 꾀어 떠넘기기 때문이다. 그러나 투기 매력을 지닌 저가주라면, 매도 압박도 없고 매수세를 조장하는 세력도 없을 것이다. 따라서 진정한 저가주는 거래도 빈약하고 대중의 관심도 거의 끌지 못한다. 바로 이런 이유 때문에 대중은 항상 엉뚱한 저가주만 사고, 진정으로 유망한 저가주는 무시하게 되는 것이다.

투기적 자본구조

투기적 자본구조란 선순위 증권 비중이 높아서 보통주 비중이 낮은 자본구조를 말한다. 이런 주식은 대개 저가에 거래되지만, 발행주식 수가 적을 때에는 고가에 거래되기도 한다. 예를 들어 스털리 보통주는 1933년 50달러에 거래되었는데, 당시 채권과 우선주를 액면가로 계산하더라도 전체 자본금의 90퍼센트가 넘는 수준이었다. 그런데 선순위 증권을 발행하지 않은 회사의 보통주도 이와 비슷한 투기 속성을 지닐 수 있다. 자본구조에 상관없이, 사업 규모에 비해 보통주의 시가총액이 작을 때에는 언제나 이런 속성이 나타날 수 있다.

다음을 참조하라. 1939년 9월 현재 두 백화점 업체 김벨 브라더스와 맨델 브라더스Mandel Brothers, Inc.의 실적을 분석 요약하였다.

김벨 브라더스는 자본구조가 투기적인 전형적 사례다. 반면에 맨델 브라더스는 선순위 증권은 없지만, 보통주의 시가총액이 상대적으로 작아서 김벨 브라더스에 못지않은 투기 속성을 보여 준다. 맨델 브라더스의 지급 임차료 비중이 김벨 브라더스보다 훨씬 크다는 점에 주목하라. 이렇게 높은 지급 임차료 비중이 대체로 선순위 증권과 같은 효과를 낸다.

항목	김벨 브라더스	맨델 브라더스
1939년 9월:		
채권(액면가 기준)	$26,753,000	
우선주	197,000주 @50	
	$9,850,000	
보통주	977,000주 @8	297,000주 @5
	$7,816,000	$1,485,000
총자본금	$44,419,000	$1,485,000
1939년 7월 31일 기준 12개월 실적:		
매출액	$87,963,000	$17,883,000
이자비용 차감 전 이익	1,073	155,000
보통주 배분 가능액	(1,105)	155,000
주당 이익	(1.13)	$0.52
1934~1938년:*		
최대 매출액(1937)	$100,081,000	$19,378,000
보통주 최대 순이익(1937)	2,032,000	414,000
보통주 최대 주당 이익(1937)	2.08	1.33
보통주 고가	29.38 (1937)	18 (1936)
보통주 평균 주당 이익	0.23	0.46
1939년 7월 31일:		
순유동자산	$22,916,000	$4,043,000
순유형자산	75,614,000	6,001,000
1937년 지급 임차료	1,401,000	867,000

*이듬해 1월 31일 보고서 기준.

생산량과 생산비용이 많아도 투기적이다

이제 보통주의 투기 속성 개념을 더 넓혀 보자. 사업 규모가 감소하면 보통주 분배 가능액이 비정상적으로 감소하고, 이에 따라 보통주 주가가 비정상적으로 하락한다면, 이런 종목은 언제나 투기 속성을 지니게 된다. 영업비용이나 생산원가가 비정상적으로 높아도, 선순위 증권 비용이 많을 때와 마찬가지로 보통주 분배 가능액이 감소한다. 다음 세 구리 제조업체 가상 사례를 보면 이해할 수 있다. 또한 높은 생산량과 낮은 영업비용에 대해서도 어떤 결론에 도달하게 된다.

항목	회사 A	회사 B	회사 C
자본금:			
6% 채권		$50,000,000	
보통주	1,000,000주	1,000,000주	1,000,000주
생산량	1억 파운드	1.5억 파운드	1.5억 파운드
생산원가(이자 지급 전)	7센트	7센트	9센트
파운드당 이자비용	–	2센트	–
파운드당 총생산원가	7센트	9센트	9센트
A			
구리 가격 가정	10센트	10센트	좌동
파운드당 이익	3센트	1센트	〃
주당 생산량	100파운드	150파운드	〃
주당 이익	$3	$1.50	〃
주식가치(이익의 10배)	$30	$15	〃
주식의 시장가치 1달러당 생산량	3.3파운드	10파운드	〃
B			
구리 가격 가정	13센트	13센트	〃
파운드당 이익	6센트	4센트	〃
주당 이익	$6	$6	〃
주식가치(이익의 10배)	$60	$60	〃
주식의 시장가치 1달러당 생산량	1.66파운드	2.5파운드	〃

이 도표에서 보듯이, 회사 C의 높은 생산원가가 회사 B의 채권 이자와 똑같은 효과를 일으킨다(생산량과 생산원가가 이와 같이 유지된다고 가정).

일반 원칙

이 도표를 보면, '단위당 이익'과 '주식가치 1달러당 생산량' 사이에 역의 상관관계가 있음을 알 수 있다.

여기서 일반 원칙이 도출된다. 단위당 생산원가가 낮을수록 '주식가치 1달러당 생산량'이 낮아지고, 역으로 '주식가치 1달러당 생산량'이 낮아질수록 단위당 생산원가도 낮아진다. 회사 A는 생산원가가 7센트이므로, 생산원가가 9센트인 회사 C보다 생산량당 주가가 당연히 더 높다. 역으로, 회사 C는 회사 A보다 '주식가치 1달러당 생산량'이 더 많다. 투기 관점에서 보면 이것은 중요한 사실이다. 상품 가격이 상승하면, 생산원가가 높은 주식이 낮은 주식보다 더 상승하기 때문이다. 이 도표에 의하면, 구리 가격이 10센트에서 13센트로 상승하면 회사 A 주식은 100퍼센트 상승하지만, 회사 B와 회사 C의 주식은 300퍼센트 상승하게 된다. 따라서 월스트리트 사람들의 일반적인 인식과는 반대로, 제품 가격이 상승한다고 확신할 때에는 생산원가가 높은 회사의 주식을 사는 편이 합리적이다.[4] 어떤 업종의 매출액과 이익이 대폭 개선된다고 확신할 때에도, 자본구조가 투기적인 회사의 주식을 사면 똑같은 이점을 얻을 수 있다.

수익원

'수익원'은 '사업 유형'이라는 의미로 생각할 수 있다. 사람들은 보통주 주당 이익을 평가할 때 그 기준으로 수익원을 고려하게 된다. 사업 유형이 다르면 적용하는 '배수'도 달라진다. 그러나 이러한 차별화 작업은 시대의 변화에 따라 달라진다.[5]

---

[4] 상품 가격이 높은 상태로 영원히 유지된다고 가정할 수는 없으므로, 구리 가격이 10센트에서 13센트로 상승할 때 회사 B의 주가가 15에서 60으로 상승하는 시장 움직임 자체는 지극히 합리적이다. 그러나 시장은 실제 비합리적으로 움직일 수 있다는 점을 투기자는 반드시 염두에 두어야 한다.

[5] Alfred Cowles 3d and associates, *Common Stock Indexes*, pp. 43-46, 404-418, Bloomington, Ind., 1938. 1871~1937년의 산업별 주가수익배수 분석. 1934~1938년과 1936~1938년 비율은 뉴욕 증권거래소 산업 목록에

제1차 세계대전 이전에는 가장 안정적인 산업으로 인정받았던 철도산업이 가장 후하게 평가받았다. 1927~1929년에는 꾸준한 성장 실적을 보인 공익산업의 주가수익배수가 가장 높았다. 그러나 1933~1939년에는 불리한 법안과 정부가 경쟁을 촉진한다는 우려 때문에 공익산업 주식의 인기가 대폭 하락하였다. 최근에는 침체 기간에도 높은 수익성을 유지한 기반이 확고하고 장기 전망이 밝은 대형 제조업체들이 가장 후하게 평가받고 있다. 이렇게 인기 산업이 계속 바뀌므로, 분석가는 사업 유형별로 평가 원칙을 정할 때 신중을 기해야 한다. 실적이 좋고 안정성과 성장성 전망이 밝을수록 주당 이익에 대한 평가가 더 후해지는 것은 당연하지만, 주가수익배수가 20배를 넘어가면 건전한 투자의 범위를 벗어난다는 원칙을 잊지 말아야 한다.

세 가지 사례

회사가 보유한 특정 자산에서 나오는 수익이 많으면 증권분석을 통해서 풍성한 결실을 거둘 수 있다. 특히 자회사나 보유 자산에서 나오는 수익의 비중이 크면 이런 분석이 매우 중요해진다. 다음 세 가지 사례에서 주식분석의 미묘한 측면을 살펴보자.

사례 1: 노던 파이프라인

회사가 보고한 1923~1925년 이익과 배당금은 다음과 같다.

연도	순이익	주당 이익*	배당금
1923	$308,000	$7.70	$10 + 특별 배당금 $15
1924	214,000	5.35	8
1925	311,000	7.77	6

* 보통주 4만 주 기준.

대한 우리의 분석(부록의 비고 61)에도 나온다.

1924년에는 저가가 72였고, 1925년에는 저가가 67.5였으며, 1926년에는 64였다. 이 주가는 보고 이익의 10배에도 못 미치는 수준이었으므로 인기가 없다는 의미였다. 이는 이익도 전보다 감소하고 배당금도 감소했기 때문이다.

그러나 손익계산서를 분석해 보면 수익원이 다음과 같이 드러난다.[6]

연도	1923		1924		1925	
	합계	주당	합계	주당	합계	주당
수익원:						
파이프라인 사업	$179,000	$4.48	$69,000	$1.71	$103,000	$2.57
이자 및 임대료	164,000	4.10	159,000	3.99	170,000	4.25
일회성 항목	(35,000)	(0.88)	(14,000)	0.35	38,000	0.95
	$308,000	$7.70	$214,000	$5.35	$311,000	$7.77

파이프라인 사업 이외에서 나온 이익이 더 많다는 사실 이채롭다. 유가증권 이자 및 임대료로 주당 약 4달러가 정기적으로 들어왔다. 재무상태표에 의하면 금리가 약 4퍼센트인 미합중국 자유공채와 기타 우량증권을 거의 320만 달러(주당 80달러)나 보유했다.

이는 평가에 '이익의 10배'라는 통상 기준 대신 특별한 기준을 적용해야 한다는 뜻이다. 주당 80달러인 보유 우량증권에서 나오는 이익이 주당 3.20달러인데, 이 이익에 10배를 적용하면 회사 가치가 겨우 주당 32달러이므로 터무니없는 평가가 되기 때문이다. 따라서 보유 유가증권에서 나오는 이익에 대해서는 변덕스러운 파이프라인 사업에서 나오는 이익에 대해서보다 더 높은 배수를 적용해야 한다. 이 회사에 대한 건전한 평가는 다음과 같은 과정을 거쳐야 할 것이다. 파이프라인 이

---

[6] 연차 보고서에는 정보가 거의 없었지만, 주간통상위원회에 제출한 자료에는 완벽한 재무 데이터와 운영 데이터가 들어 있었으며, 이런 데이터는 일반인도 열람할 수 있었다.

익은 추세가 유망하지 않으므로 낮은 배수를 적용해야 한다. 이자 및 임대료 수익에 대해서는 그 원천 자산의 실제 가치로 평가해야 한다. 이렇게 분석하면 1926년의 노던 파이프라인 주가 64는 내재가치보다 훨씬 낮았던 것으로 드러난다.[7]

1923~1925년 평균*		평가 기준	주당 가치
파이프라인 사업 이익	2.92	15% (이익의 6.6배)	$20
이자 및 임대료 이익	4.10	5% (이익의 20배)	80
합계	$7.20		$100

* 일회성 손익은 제외.

사례 2: 라카와나 증권 Lackawanna Securities Company

이 회사는 델라웨어, 라카와나 앤드 웨스턴 철도Delaware, Lackawanna and Western Railroad Company가 보유하던 4퍼센트 글렌 올던 콜Glen Alden Coal Company 채권을 보유하는 대신 주식을 발행하여 델라웨어 주주들에게 분배하였다. 이 회사는 보통주 84만 4,000주를 발행하였다. 1931년 12월 31일 현재 이 회사 자산은 주당 1달러의 현금을 제외하면 액면가 5,100만 달러인 4퍼센트 글렌 올던 1순위 담보부채권이 전부였다. 1931년 손익계산서는 다음과 같았다.

글렌 올던 채권 수입 이자	$2,084,000
차감:	
비용	17,000
연방 법인세	250,000
보통주 분배 가능 이익	1,817,000
주당 이익	$2.15

7 　데이비스 콜 앤드 코크Davis Coal and Coke Company도 비슷한 상황이었다. 이 회사는 1937~1938년 보유 국채를 처분하여 주당 50달러를 분배하였다. 이렇게 분배하기 직전에는 주가가 35였다. 이 회사 연차 보고서에 의하면, 1934~1937년 평균 주당 이익 2.06달러와 평균 배당금 2.56달러는 모두 석탄 사업 이외의 수익원에서 나온 것이었다.

주당 이익이 2.15달러이므로 1932년 주가 23은 얼핏 적당해 보인다. 그러나 이 이익은 경상 영업이 아니라 보유 중인 우량 등급 채권에서 나온 이익이다. (1931년 글렌 올던의 이익은 955만 달러였고 이자비용은 215만 1,000달러였으므로, 이자 보상 배수가 4.5배였다.) 이렇게 이자 소득에 대해 주가수익배수 10배를 적용했으므로, 시장은 글렌 올던 채권을 액면가 1달러당 37센트로 평가한 셈이다. (라카와나 증권의 주가 23은 글렌 올던 채권 액면가 60달러를 37센트로 평가하고 현금 1달러를 더해서 나온 가격이었다.)

노던 파이프라인 사례와 마찬가지로, 이것도 '이익의 10배'라는 통상 기준을 적용한 탓에 회사 가치가 터무니없이 저평가된 사례다.

사례 3: 타바코 프로덕츠 코퍼레이션 오브 버지니아 Tobacco Products Corporation of Virginia

이것도 회사의 가치가 최근 보고 이익의 10배로 평가받은 사례다. 그러나 1931년 이 회사 이익은 아메리칸 타바코에 자산을 빌려주고 받은 임대료 수입이 전부였는데, 1923년부터 99년 동안 받는 연간 임대료가 250만 달러였다. 아메리칸 타바코는 채무이행에 문제가 전혀 없었으므로, 연간 임대료 수입은 우량 등급 채권에서 나오는 이자와 다름없었다. 따라서 임대계약의 가치는 임대료 수입의 10배가 훨씬 넘었다. 이는 1931년 12월 타바코 프로덕츠 주식의 시장가치가 회사의 내재가치보다 훨씬 낮았다는 뜻이다. (실제로 임대 자산의 가치는 감모상각 기준으로

타바코 프로덕츠 코퍼레이션 오브 버지니아

항목	1931년 12월 가격	시장가치
자본금		
7% 클래스 A 주식 (액면가 $20) 2,240,000주	$6	$13,440,000
보통주 3,300,000주	2.25	7,425,000
합계		$20,825,000
1931년 순이익		약 $2,200,000
클래스 A 주식 주당 이익		약 $1
클래스 A 주식 배당금 지급 후 보통주 이익		—
클래스 A 주식 배당금		$0.80

약 3,560만 달러였다. 이 회사는 유나이티드 시가 스토어 주식도 대량으로 보유하고 있었지만, 그렇다고 해서 임대계약의 가치가 감소할 리는 없었다.)

이런 상황의 중요도

이와 같은 사례에 해당하는 회사의 숫자는 매우 적다. 그러나 이런 상황은 매우 자주 발생하므로 이런 논의가 실제로 중요하다. 또한 증권분석의 철저한 접근방식이 주식시장의 지극히 피상적인 평가 및 반응 방식과 전혀 다르다는 점을 깨우쳐 준다는 점에서도 유용하다.

두 가지 행동 지침

지금까지 논의한 바와 같은 저평가 현상이 발생할 경우, 두 가지 행동 지침을 제안한다. 첫째, 이런 저평가 현상을 찾아내서 이익을 얻는 방법이다. 때로는 재무구조가 잘못된 탓에 이런 저평가 현상이 발생하므로, 주주들이 이런 잘못을 바로잡아 달라고 회사에 요구해야 한다. 노던 파이프라인이나 라카와나 증권 주식이 시장에서 내재가치보다 훨씬 낮게 거래된 것은 회사 소유주 관점에서 보았을 때 재무구조가 통째로 잘못되었기 때문이다.

이 사례에는 기본적인 모순이 깔려 있었다. 파이프라인 회사가 자본금 대부분을 우량채권에 투자하는 것은 모순이다. 라카와나 증권의 재무구조에도 모순이 있었다. 투자자들이 기꺼이 높은 가격을 치를 우량 등급 채권을 가져가는 대신, 아무도 거들떠보지 않을 정체불명의 주식을 내놓았기 때문이다. (게다가 과중한 법인세 부담까지 불필요하게 떠안았다.)

주주들은 이런 불합리한 재무구조의 문제를 인식하고, 그 잘못을 바로잡아 달라고 회사에 요구해야 한다. 이 세 사례에서는 마침내 이런 문제가 해결되었다. 노던 파이프라인은 불필요한 자본금을 주당 70달러에 이르는 특별 분배금 형식으로 주주들에게 돌려주었다. 라카와나 증권은 회사를 해산하고 주주들에게 보유 주식에 비례하여 글렌 올던 채권을 분배하였다. 타바코 프로덕츠는 임대계약을 바탕으로 6.5퍼센트 채권을 발행하여 자본을 변경하였다. 따라서 임대계약은 투기성 강한 주식 대신 안정적인 채권의 형태를 띠게 되었다(이 채권은 나중에 액면가로 상환되었다). 이런 방식으로 재무구조의 문제들을 바로잡자, 주가가 빠르게 실제 가치를 반영했다.[8]

지금까지 분석하는 과정에서 관심이 손익계산서에서 재무상태표로 이동하게 되었다. 이제부터는 본격적으로 재무상태표를 살펴보기로 한다.

---

8 이와 비슷한 다음 1939년 사례 두 건을 더 참조하기 바란다.
  1. 웨스트모어랜드 콜 Westmoreland Coal Company. 현금자산만 주당 18달러인데도 주가가 8달러였다. 다소 차이는 있어도 데이비스 콜 앤드 코크 사례와 비슷하다.
  2. 아메리칸 시가렛 앤드 시가 American Cigarette and Cigar. 이 회사도 아메리칸 타바코에 장기로 자산을 임대하였다. 그러나 자체 사업이 있으며 다른 자산도 보유하고 있으므로 분석하기가 다소 복잡하다.
  제33장의 사례 B 리하이 콜 앤드 내비게이션에 관한 논의도 참조하라. 광산업에서 발생한 손실과 철도 임대 수입을 분리하기 어렵다고 설명한 바 있다.

제6부

재무상태표 분석, 자산가치의 의미

제6부 개론

재무상태표 분석의 유용성

세스 클라먼

투자 경력 초기에 나는 그레이엄과 도드의 조언을 거의 문자 그대로 받아들였다. 재무상태표를 면밀히 검토하여 가치를 평가하라는 조언을 의무 사항으로 여겼다. 보수적으로 추정한 청산가치보다 낮은 가격에 거래되는 주식을 찾아 매수하고, 시장이 가격 오류를 수정할 때까지 기다려라. 너무 쉬워 보였다. 하지만 시간이 흐르면서, 이런 방식이 지나치게 단순하고 대부분의 경우 실행 불가능하다는 것이 점점 분명해졌다. 그레이엄 스스로도 다음과 같이 재무상태표 분석의 한계를 언급했다는 것을 깨달았다. "재무상태표에 표시된 자산가치가 그 의미를 모두 상실하고 말았다. … 대부분 실제 매각 가격이나 기업의 실적과도 전혀 관계가 없었기 때문이다."(제42장)

그레이엄 시대 이후 경영 관행, 주주행동주의, 기술혁신 속도, 기업인수합병 규모를 포함해 많은 분야에서 변화가 있었고, 이로 인해 재무상태표 중심의 가치평가는 유용성이 줄어들었다. 그럼에도 특정 산업의 기업을 분석하는 데 장부가치가 여전히 중요한 역할을 하고, 사업의 핵심 동인을 이해하는 데 재무상태표는 여전히 유용하게 활용될 수 있다.

《증권분석》은 세계 경제가 붕괴되고 미국 주식시장이 불과 3년 만에 80퍼센트가 넘게 폭락한 대공황의 한복판에서 쓰였다. 이런 시장 혼란으로 엄청난 파산이 이어졌다. 많은 기업의 미래 전망은커녕 당장의 생존 가능성조차 불투명하던 시기에 청산가치 아래에서 거래되는 주식을 찾아내는 것은 꽤 유용한 기준이었다. 많은 주식이 헐값에 매물로 나왔고, 사람들은 상황이 더 악화될 것을 두려워했다. 주가 급락이 이어지던 불확실한 경제 상황에서 투자하는 것은 위험해 보였지만 실제로는 용기를 내어 주식을 샀던 사람들에게 위험 대비 수익의 가능성이 더 컸다.

하지만 이제 경제는 침체 상태에 머무르는 기간이 길지 않고, 그레이엄과 도드의 엄격한 기준을 충족하는 주식도 상대적으로 드물어졌다. 운전자본에서 모든 부채를 차감한 가치보다 낮은 가격에 거래되는 '넷-넷'net-net 기업만 찾는다면 성장 전망이 좋은 고품질 기업과 같은 더 매력적인 잠재 기회를 놓치게 될 수 있다. 지나치게 제한된 방식을 취하면, 그런 조건에 맞는 투자 기회가 사라졌을 때 어떻게 해야 할지 생각해 보아야 한다.

투자 방법은 특정 시기에만 쓸모가 있어서는 안 되며 모든 시기에 타당성을 갖고 활용될 수 있어야 한다. 어떤 기업을 청산가치 이하에 매수할 수 있는 기회는 소수의 기업에서 드물게 발견되는 예외적인 상황이라고 생각해야 한다. 나아가 그런 기회를 발견하는 경우에도 실제 수익으로 이어질 수 있을지 신중히 따져 보아야 한다. 그렇게 찾은 기업들은 중대한 문제가 있거나 장기 생존 가능성이 불확실한 기업일 가능성이 높다. 오늘날 그런 기업들은 숨은 보석이 아니라 심각한 어려움에 처한 기업일 가능성이 높다.

한편, 기업분석 방법이나 도구도 크게 확장되었다. 그레이엄은 수작업으로 가치를 계산했지만, 오늘날은 기관이건 개인이건 막강한 블룸버그 데이터와 컴퓨터를 활용할 수 있다. 공개된 재무제표 분석만으로는 아무런 우위를 가질 수 없다.

풍부한 자본과 기술로 무장한 경쟁자들 속에서 성공적으로 투자하려면 특별한 정보 발굴 능력이 있거나 차별화된 관점을 가져야 하는데, 재무상태표 분석만으로 독특한 통찰을 얻기는 힘들다. 검색을 통해 주가가 청산가치보다 낮은 기업을 찾는 작업은 누구나 할 수 있기 때문에 뚜렷한 우위를 가질 수 없다. 그 결과 수십 년 전처럼 주가가 터무니없이 잘못 책정되는 경우는 찾기 힘들다.

재무상태표 분석의 한계

재무제표 수치가 기업의 전부는 아니다. 요즘에는 실로 방대한 정보가 공개되어 있고, 정보를 분석할 수 있는 도구도 다양하다. 많은 월스트리트 애널리스트가 사업의 품질에 전적으로 초점을 맞추고, 단기간의 기업 성장, 이익률, 현금흐름을 예측하기 위한 정교한 모델을 개발해 왔다. 경영진과 만날 수 있는 기회도 늘어났다. 실제로 상장기업의 CEO나 CFO는 주주들에게 직접 분기 실적 발표를 하거나 사업 전망을 제시하고 투자자 미팅 시간을 갖기도 한다. 기업공개나 분사, 대규모 2차 공모secondary offering를 앞두고 투자자를 만나며 투자설명회를 갖는다. 애널리스트들도 다양한 전문가 네트워크를 활용해 회사와 경쟁업체, 산업에 대한 통찰을 얻는다. 투자자는 수천 개 기업의 재무제표를 수시로 찾아볼 수 있고 애널리스트의 기업분석 보고서도 쉽게 구할 수 있다. 이렇게 누구나 이용할 수 있는 정보는 남다른 관점으로 분석하지 않으면 특별한 우위를 얻을 수 없다. 이런 경쟁 환경에서 남들이 모르는 특별한 정보를 얻기는 어렵다.

치열한 경쟁 환경에서 투자자는 항상 겸손해야 한다. 정보화 시대에 사람들은 이전과는 비교할 수 없을 정도로 많은 정보를 얻게 되었지만 역설적이게도 그런 풍부한 정보가 주는 유용성은 떨어졌다. 당신이 아는 만큼 남들도 안다. 기업의 재무 정보만 보고 투자 기회를 찾겠다는 순진한 발상은 이제 통하지 않는다. 워런 버핏은 종종 투자는 포커 게임과 비슷한 측면이 있다고 말했다. 포커를 치면서 누가 봉인지 모른다면 당신이 봉일 가능성이 높다. 모든 투자자는 항상 버핏의 조언을 염두에 두고 자신이 봉이 되지 않도록 부단히 노력해야 한다.

청산가치보다 낮은 가격에 거래되는 기업을 발견하더라도, 해당 기업에 투자해 수익을 내기는 쉽지 않다. 청산은 쉽지 않고 청산가치도 확실하지 않다. 청산 수익이 주주에게 분배되기 전에 부외부채나 우발채무를 포함한 모든 부채가 먼저 정리되어야 한다. 주주들의 몫은 후순위다. 예상치 못한 기간까지 임대료 지불 계약이 되어 있거나, 직원들에게 미지급한 보상이나 퇴직수당이 있을 수도 있다. 제품 보증기간이 연장될 수도 있다. 미적립된 퇴직연금이 있다면 메꿔야 한다. 재무상태표만 보면 많은 현금성 자산을 가진 것처럼 보여도 급격하게 현금이 소진되는 기업들도 있다. 2020~2021년 낙관적인 시장 분위기 속에 우후죽순 상장된 소규모 기술 기업이나 생명공학 스타트업이 그런 기업이다. 보유하고 있는 현금이 연구개발이나 고객 확보, 시설 투자, 기업 인수에 쓰이고 나면 주주에게 돌아갈 몫은 남지 않는다.

장부가치에 지나치게 초점을 맞출 때 빠질 수 있는 또 다른 함정은 회계 자료가 회사의 실체는 아니라는 것이다. 기껏해야 인상주의 그림처럼 현실의 근사치를 보여 줄 뿐이다. 회계는 방의 한쪽 구석에서 멀찍이 떨어져 있는 과격에 다트를 던지는 것과 같다. 과녁 한가운데는 고사하고 과녁 자체도 맞히기 힘들다. 실질에 충분히 가깝기를, 자주 틀리지 않기를 희망할 수 있을 뿐이다.

재무상태표는 특정 시점의 회사 재무 상태를 보여 주는 스냅숏이다. 하지만 상황은 계속 변한다. 재고는 빠르게 진부화되고, 미수금 회수는 힘들어지고, 공장이나 장비는 노후화되거나 효율성이 떨어질 수 있다. 환경오염이나 제품 결함, 진행 중인 소송으로 인해 거액의 부외부채를 가진 기업도 있다. 반면 장부가보다 시가가 훨씬 높은 부동산, 과다하게 적립된 퇴직연금, 고성장 자회사 지분처럼 '숨겨진 자산'을 보유한 기업도 있다.

지속적인 인플레이션 때문에 역사적 원가로 기록된 자산가치의 정확성이 떨어졌다. 두 기업이 동일한 자산을 가지고 있지만 장부가치는 크게 다를 수 있다. 물론 회계는 전체적으로 여전히 유용하다. 정보가 전혀 없는 것보다는 대략이라도 있는 편이 더 낫다. 한편 일부 국가에서는 회계기준이 엄격하지 않기 때문에 발표된 수치를 좀 더 회의적인 태도로 점검하는 것이 현명할 것이다. 감사인의 신뢰도를 검증해 볼 필요도 있다. 투자자는 회계 수치를 그대로 받아들이는 대신, 정확성을 높일 수 있도록 의문을 제기하고 지속적으로 개선해 나가야 한다.

장부가치를 바탕으로 기업가치를 추정할 때 자사주 매입이 미치는 영향을 고려해야 한다. 회계기준은 자사주 매입 비용만큼 자본을 차감하는데, 이럴 경우 잉여현금흐름으로 지속해서 자사주를 매입하는 수익성 높은 기업의 장부가치가 매우 낮게, 경우에 따라서는 음수가 될 수도 있다. 재무상태표는 오랜 기간 자사주 매입을 많이 한 기업의 실질을 제대로 보여 주지 못한다.

회사를 설립하는 목적은 부분의 합보다 훨씬 더 가치 있는 기업을 만드는 것이다. 기업이 투자한 물리적 자산 비용을 만회하고, 장부가치를 크게 넘어서는 수준으로 가치를 키우는 것이다. 성공적인 사업에서 창출되는 현금흐름의 현재가치는 기업을 설립하고 구축하는 데 들어간 비용을 큰 폭으로 초과할 것이다. 물론 합리적인 가격으로 신뢰할 수 있는 제품을 만들어 고객의 필요와 욕구를 충족시켜야 한다. 재무상태표의 실물자산 가치를 넘어서는 사업가치를 영업권으로 생각할 수 있다. (기업인수합병 과정에서 재무제표에 계상되는 영업권을 말하는 것이 아니다. 고객이나 공급사, 기타 이해관계자 사이에 형성된 충성심이나 신뢰, 호혜적 관계와 같은 긍정적 감정이나 호감도를 의미한다.)

장부가치가 큰 기업들은 대체로 제조업에 속하는 경우가 많은데 기술혁신으로 큰 타격을 받고 있다는 점도 문제가 된다. 대규모 제조기업은 장부가치가 상당히 큰데, 사업을 영위하기 위해 반드시 필요한 자원이다. 하지만 인터넷 시대가 도래하면서 등장한 일부 기업들은 자산이 가볍다asset light. 이들은 제조 및 기타 활동을 아웃소싱하고, 자산을 직접 소유하기보다는 빌려 쓴다. 이들 기업이 만드는 제품은 컴퓨터 소프트웨어와 같은 지적재산이다. 이런 기업에 장부가치를 따지는 것은 무의미하다. 소유하고 있는 실물자산보다 사업가치가 월등히 높다. 고객 데이터가 축적되고 네트워크 효과가 발휘되면서 점점 더 넓은 해자를 구축하는 기업들도 있다.

오늘날 파괴적 기술혁신으로 경쟁력을 상실하고, 경쟁이 치열해지면서 갑작스럽게 사업 환경이 악화될 수 있다. 장부가치 대비 상당히 높은 프리미엄으로 주가가 형성된 기업들(대체로 합당한 이유가 있다)이 많은데, 이들에게 실물자산의 가치는 크게 중요하지 않다. 현재 장부가치나 청산가치보다도 낮은 수준에서 주가가 형성된 기업들은 사업 모델이 부실하고 성장 여력이 부족한 기업일 가능성이 높다. 이제 장부가치는 더 이상 매력적인 기회를 찾는 수단이 아니다. 현금흐름을 만들어 내지 못하는 기업의 장부가치가 의심받는 것은 당연하다. 그런 기업의 재고, 매출채권, 공장 설비와 장비도 마찬가지다.

하지만 장부가치가 여전히 중요한 사업 분야도 있다. 전기나 가스처럼 규제를 받는 유틸리티 사업은 법정 자본수익률을 보장받는데, 이 때문에 대부분의 유틸리티 기업은 상당히 제한된 밸류에이션 범위에서 거래된다. 또한 정부는 은행이나 보험회사에 자산 규모 대비 일정 비율 이내에서 위험 자본을 유지하도록 요구한다. 장부가치는 다른 사업보다 금융기관에 타당성이 높다. 물론 재무상태표에 보고된 장부가치는 자산의 실질을 잘 반영한 것이어야 한다.

재무상태표 분석의 유용성

과거에 비해 장부가치의 유용성이 상당히 낮아졌지만, 그럼에도 재무상태표 분석은 모든 투자자에게 여전히 가치 있고 필요한 작업이다. 재무상태표를 통해 회사의 재무건전성은 물론 잠재된 역량을 파악해 볼 수 있다. 부채가 적고 재무상태표가 깔끔한 기업은 상당한 예비 차입능력을 보유한 것이다. 그만큼 기업 운영과 전략에 많은 유연성을 가질 수 있다. 반면 차입 규모가 높은 기업은 유연성이 떨어지고 항상 부채 상환의 부담을 가진다. 경기가 침체되고 영업 실적이 부진해지면 곧바로 곤경에 처하게 된다. 만기가 돌아오는 부채를 점점 더 높은 금리로 차환해야 하는 악순환에 빠지고, 이자비용을 지불하느라 현금흐름이 소진될 수 있다.

재정적으로 어려움을 겪고 있거나 파산한 기업에 투자할 때 재무상태표 분석은 유용하다. 회사 자산에 대한 청구권의 우선순위를 파악하고 기업가치를 판단하는 데 필수적이다. 주식투자자는 실적이 악화되면 할인된 가격으로 유상증자가 이루어지고 지분이 희석되는 위험을 염두에 두어야 한다.

기업 경영진은 재무상태표를 최적화하려고 노력한다. 현금이나 기타 유동자산이 너무 많으면 투하자본수익률이 낮아진다. 반면 유동성이 부족하면 경제나 시장의 갑작스러운 충격에 취약해진다. 레버리지가 적을 때 기업의 자유도는 높아진다.

마지막으로, 재무상태표를 통해 기업의 사업 성과에 대한 단서를 얻고, 위험신호를 감지할 수 있다. 보고된 이익과 잉여현금흐름이 일치하는가? 매출채권 회수나 재고자산 보유 기간이 예전보다 늘어난 것은 아닌가? 사업이 성장하는 것보다 부채가 더 빨리 늘어나고 있는 건 아닌가? 투자자라면 투자의사결정을 내리기 전에 이런 질문들을 던져 보아야 한다.

지금은 그레이엄과 도드 시절에 비해 장부가치의 중요성이 떨어졌지만, 재무상태표 분석은 여전히 중요하다. 꼼꼼하게 재무상태표를 살펴보는 것으로 분석이 끝나는 것은 아니지만 반드시 필요하다. 성공한 투자자는 항상 재무상태표의 세부 사항을 면밀히 조사하며 사업의 진정한 가치와 잠재 위험에 대한 단서를 찾는다. 강력한 투자 모형과 알고리즘 못지않게 재무제표의 주석 사항을 읽는 것은 큰 도움이 된다.

재무상태표 분석. 장부가치의 중요성

재무상태표에는 월스트리트가 지금까지 기울인 것보다 더 많은 관심을 기울여야 마땅하다. 먼저, 투자자가 재무상태표 분석에서 얻을 수 있는 다섯 가지 정보와 지침을 열거하고자 한다.

1. 회사에 실제로 투입된 자본 규모를 파악할 수 있다.
2. 운전자본 상태가 건전한지 취약한지 드러난다.
3. 상세한 자본구조 정보가 들어 있다.
4. 보고 이익이 타당한지 확인할 수 있다.
5. 이익의 원천을 분석할 수 있다.

재무상태표의 기능을 다루기에 앞서 용어부터 정의하자. 주식의 장부가치란 주식에 귀속되는 자산의 가치로서, 재무상태표에 표시된다. 관행적으로 장부가치는 유형자산에 한정된다. 다시 말해서 영업권, 상표권, 특허권, 독점권, 임차권 같은 항목은 계산에서 제외된다. 장부가치는 '자산가치'라고도 하며, 무형자산이 제외된다는 사실을 명확하게 밝히려고 '유형자산 가치'라고 부르기도 한다. 보통주의 경우, 장부가치를 흔히 '지분'으로 부르기도 한다.

장부가치 계산

주당 장부가치를 계산하는 방법은 모든 자산을 더한 다음, 부채와 보통주에 우선하는 주식을 모두 차감하고 나서, 이를 주식 수로 나누는 것이다.

다음 공식을 이용하면 쉽게 계산할 수 있다.

$$\text{보통주 주당 장부가치} = \frac{\text{보통주} + \text{잉여금 항목} - \text{무형자산}}{\text{발행주식 수}}$$

잉여금 항목에는 잉여금으로 명확하게 표시된 항목은 물론, 주식발행초과금과 잉여금에 속하는 적립금도 포함된다. 예를 들면 우선주 상환적립금, 공장 설비 개선 적립금, 우발손실 적립금도 잉여금에 포함된다. 이런 성격의 적립금은 '자발적

US스틸 보통주 장부가치 계산 (1938년 12월 31일 요약 재무상태표, 단위 100만)

자산		부채	
1. 부동산 투자 계정		7. 보통주	$653
(감가상각비 차감)	$1,166	8. 우선주	360
2. 광업권 로열티	9	9. 상장 자회사 주식	5
3. 이연비용*	4	10. 발행 사채	232
4. 잡투자	19	11. 광업권 임차료 사채	12
5. 잡자산	3	12. 유동부채	79
6. 유동자산	510	13. 우발손실 적립금	39
		14. 보험적립금	46
		15. 자본잉여금	38
		16. 이익잉여금	247
총 자산	$1,711		$1,711

유형자산	$1,711,000,000
차감: 보통주에 우선하는 모든 부채(8~12 합계)	688,000,000
보통주 순자산	$1,023,000,000
주당 장부가치(8,700,000주)	$117.59

* 이연비용이 유형자산이나 무형자산이냐에 대해서 상당한 논란이 일어날 수 있다. 그러나 대개는 그 금액이 적어서 실제로는 중요하지 않다. 이연비용을 기타 자산에 포함하면 더 편리하다.

적립금'이라고 부를 수 있다.

더 간단하게 계산하는 방법은 다음과 같다.

보통주	$653,000,000
잉여금 및 자발적 적립금(13~16 합계)	370,000,000
보통주 순자산	$1,023,000,000

보통주 자산가치 계산에서 우선주의 처리

보통주 자산가치를 계산할 때, 반드시 우선주를 적절하게 평가하여 차감해야 한다. 이때 흔히 액면가나 재무상태표에 표시된 가치로 우선주를 평가한다. 그러나 재무상태표에는 가치가 실제보다 훨씬 낮게 자의적으로 표시된 경우가 많다.

아일랜드 크리크 석탄회사의 액면가 1달러 우선주는 연간 배당금 6달러를 받을 수 있으며, 청산 시에는 120달러를 받게 된다. 1939년 주가는 약 120달러였다. 이 회사 보통주의 자산가치를 산출하려면, 우선주를 액면가 1달러가 아니라 진정한 가치인 120달러로 계산하여 차감해야 한다.

투자신탁인 캐피털 어드미니스트레이션Capital Administration Company, Ltd.의 누적적 우선주는 배당금이 3달러이고 청산 시 50~55달러를 받는데도 액면가치는 10달러에 불과하다. 이 회사의 클래스 A 주식은 청산 시 20달러를 받고, 이어 우선주 배당금 지급 후 남은 자산의 70퍼센트와 이익의 70퍼센트를 추가로 받는데도 액면가치가 1달러에 불과하다. 끝으로 이 회사의 클래스 B 주식은 나머지 자산과 이익을 모두 차지하는데도 액면가치가 겨우 1센트다. 이런 식으로 액면가를 표시한 재무상태표는 백해무익하므로, 다음과 같이 바로잡아야 한다.

재무상태표, 1938년 12월 31일

	공표 자료		수정 자료
총자산 (원가)	$5,335,300	(시가)	$5,862,500
미지급금 및 발생 이자	1,661,200		1,661,200
우선주 (액면가 $10)	434,000	(55*)	2,387,000
클래스 A 주식 (액면가 $1)	143,400	(20*)	2,868,000
보통주 (액면가 1센트)	2,400		(1,043,600)
잉여금 및 적립금	3,094,300		
총부채	$5,335,300		$5,862,600

*실효 액면가치 근사치임.

    코카콜라의 무액면 클래스 A 주식은 우선하여 배당금을 받는 누적적 우선주로서 상환가격이 55다. 이 우선주는 재무상태표 부채 항목에 주당 5달러로 표시되어 있다. 그러나 진정한 액면가치는 분명히 50달러다.[1]

    이와 같은 사례에서는 배당률을 기준으로 '실효 액면가치'를 산정해야 한다. 저가에 임의 상환되는 우선주가 아니라면, 모든 우선주를 배당금에 할인율 5퍼센트를 적용하여 일률적으로 평가할 수 있다. 예컨대 배당률 5퍼센트인 우선주 100만 달러의 실효 액면가치는 100만 달러가 되고, 4퍼센트인 우선주 100만 달러의 실효 액면가치는 80만 달러가 되며, 7퍼센트 우선주 100만 달러는 140만 달러가 된다. 그러나 액면가를 쓰는 방법이 더 편리하며, 대개는 이렇게 해도 충분히 정확한 결과가 나온다.[2] 더 단순한 방법은 액면가와 시가 중 높은 금액으로 우선주를 평

---

1 흥미롭게도, 코카콜라는 클래스 A 주식 전부인 100만 주를 부채 항목에는 겨우 500만 달러(주당 5달러)로 표시했으면서도, 1929년 재매입한 이 주식 19만 4,000주는 자산 항목에 취득원가 943만 4,000달러(주당 48.6달러)로 표시하였다. 이렇게 터무니없는 회계 처리 유사 사례가 헤커 프로덕트의 1939년 6월 재무상태표다. 이 재무상태표에는 자본금이 마이너스로 나온다.

2 스탠더드 스태티스틱스는 보통주 장부가치를 계산할 때 우선주를 강제 청산가치로 평가하여 차감한다. 그러나

가하는 것이다.

우선주의 장부가치 계산

우선주의 장부가치를 계산할 때는 우선주를 보통주처럼 취급하고, 우선주보다 후순위인 증권은 고려 대상에서 제외한다. 1932년 12월 투비즈 채틸론Tubize Chatillon Corporation 재무상태표를 보면서 계산 방법을 설명하겠다.

투비즈 채틸론 재무상태표, 1932년 12월 31일

자산		부채	
부동산 및 장비	$19,009,000	7% 1순위 우선주 (액면가 $100)	$2,500,000
특허권, 제조법 등	802,000	$7 2순위 우선주 (액면가 $1)	136,000
잡자산	478,000	보통주 (액면가 $1)	294,000
유동자산	4,258,000	사채	2,000,000
		유동부채	613,000
		감가상각충당금 등	11,456,000
		잉여금	7,548,000
총자산	$24,547,000	총부채	$24,547,000

1순위 우선주의 장부가치 계산은 다음과 같다.

총자산		$24,547,000
차감: 무형자산	802,000	
가상각충당금 등	11,456,000	
사채	2,000,000	
유동부채	613,000	14,871,000
제1차 우선주의 순자산		$9,676,000
주당 장부가치		$387

이는 합리적인 방법이 아니다. 청산은 매우 드물게 일어나는 사건으로서, 평가 시점의 상황과는 매우 다르기 때문이다. 스탠더드 스태티스틱스 방식을 따르면 프록터 앤드 갬블의 5달러 2순위 우선주는 115달러로 평가되고, 8달러 1순위 우선주는 100달러로 평가된다. 그러나 이들 우선주의 실제 가치는 배당금 5퍼센트 할인 기준으로 계산하여 1순위 우선주는 160달러, 2순위 우선주는 100달러로 보는 편이 타당하다. 투자신탁의 우선주라면 청산가치를 적용하는 편이 더 타당하다.

다음은 다른 계산 방법이다.

자본금	$2,930,000
잉여금	7,548,000
	$10,478,000
차감: 무형자산	802,000
1차 우선주의 순자산	$9,676,000

규모가 매우 큰 감가상각충당금에는 잉여금에 속하는 자의적인 적립금이 포함되어 있을 것이다. 그러나 구체적인 근거가 없으면 이런 적립금은 자산에서 차감해야 한다. (나중에 밝혀진 바로, 적립금 중 상당액이 진부화된 공장 설비를 상각하기 위한 자금이었다.)

제2차 우선주의 장부가치는 이로부터 다음과 같이 쉽게 계산할 수 있다.

제1순위 우선주의 순자산	$9,676,000
차감: 1순위 우선주 액면가	2,500,000
제2순위 우선주의 순자산	$7,176,000
주당 장부가치	$52.75

보통주의 장부가치를 계산할 때 제2차 우선주를 형식상의 액면가 1달러로 평가하여 차감하는 것은 명백한 잘못이다. 배당금이 7달러이므로, '실효 액면가'는 적어도 100달러가 되어야 한다. 따라서 보통주에 배분되는 장부가치는 없으며, 보통주의 장부가치는 제로다.

유동자산 가치와 현금자산 가치

잘 알려진 장부가 개념에 더해서, 이와 비슷한 개념인 유동자산 가치와 현금자산 가치도 제시하고자 한다.

주식의 유동자산 가치란 유동자산에서 모든 부채와 선순위 청구권을 차감한 금액이다. 여기서는 무형자산뿐 아니라, 고정자산과 기타 자산도 제외한다.

주식의 현금자산 가치란 현금자산에서 모든 부채와 선순위 청구권을 차감한 금액이다.[3] 현금자산은 현금을 대신해서 보유하는 현금과 유사한 자산을 뜻한다. 여기에는 양도성예금증서, 콜론, 시가로 평가한 유가증권, 보험증권 해약환불금이 포함된다.

다음은 세 종류의 자산가치를 계산한 예다.

오티스Otis Company(면제품) 재무상태표, 1929년 6월 29일

자산		부채	
1. 현금	$532,000	8. 매입채무	$79,000
2. 콜론	1,200,000	9. 발생 이자 등	291,000
3. 매출채권	1,090,000	10. 장비 적립금 등	210,000
4. 재고자산 (적립금 차감: $425,000)*	1,648,000	11. 우선주	400,000
5. 선급금	108,000	12. 보통주	4,079,000
6. 투자	15,000	13. 이익잉여금	1,944,000
7. 공장 설비 (감가상각비 차감)	3,564,000	14. 자본잉여금	1,154,000
	$8,157,000		$8,157,000

*적립금을 차감하기 전에 재고자산은 원가와 시가 중 낮은 금액으로 평가하였음.

```
A. 보통주의 장부가치 계산:
   총자산 ·········································································· $8,157,000
   차감:매입채무 ··················· $79,000
      발생 이자 ····················· 291,000
      우선주 ························· 400,000         770,000
                                                    $7,387,000

   가산: 재고자산에서 차감했던 자발적 적립금 $425,000 ····    425,000
   보통주 순자산 ··················································         $7,812,000
   주당 장부가치(40,790주)··································              $191

B. 보통주의 유동자산 가치 계산:
   총유동자산(1, 2, 3, 4) ·····································        $4,470,000
   가산: 재고자산에 대한 자발적 적립금 ················            425,000
                                                                     $4,895,000
   차감: 보통주에 우선하는 부채(8, 9, 11)··················         770,000
   보통주의 유동자산 ············································         $4,125,000
   주당 유동자산 가치 ···········································             $101
```

C. 보통주의 현금자산 가치 계산:

총현금자산(1, 2)	$1,732,000
차감: 보통주에 우선하는 부채(8, 9, 11)	770,000
보통주의 현금자산	$962,000
주당 현금자산 가치	$23.50

이 계산에서 첫째, 차감했던 자발적 적립금 42만 5,000달러를 다시 가산하였으므로 재고자산이 증가하였다. 이렇게 한 이유는 회사가 차감한 적립금이 단지 우발적인 가치 하락에 대비한 자금이기 때문이다. 이는 전적으로 자의적인 항목이므로, 계산의 일관성을 유지하려면 잉여금 항목으로 간주해야 한다. '장비 적립금 등'의 21만 달러도 마찬가지인데, 실제로 부채가 아니므로 자산가치에서 차감할 필요가 없다.

1929년 6월 오티스 보통주는 35에 거래되었다. 이 시장가격과 유동자산 가치의 차이가 이례적으로 크다. 이 의미에 대해서는 나중에 논의하기로 한다.

장부가치의 실제 중요성

보통주의 장부가치가 원래는 재무 실적 중에서 가장 중요한 요소였다. 사람들은 상인의 재무상태표에 그의 사업가치가 드러나듯이, 장부가치에 그 주식의 가치가 드러난다고 생각했다. 그러나 금융계에서는 이런 생각이 거의 모두 사라져 버렸다. 재무상태표에 표시된 자산가치가 그 의미를 모두 상실하고 말았다. 이는 첫째, 장부에 기재된 고정자산의 가치가 대개 실제 취득원가와 아무 관계가 없었고, 둘째, 대부분 실제 매각 가격이나 기업의 실적과도 전혀 관계가 없었기 때문이다. 지금까지 고정자산의 장부가치를 부풀리던 관행이 이제는 감가상각비를 없애려고

---

3 보통주 주당 현금자산을 계산할 때 부채를 차감하지 않는 일도 있다. 그러나 이 방법은 나머지 유동자산이 모든 선순위 부채 합계액을 초과할 때에만 유용하다고 본다.

제로 수준까지 낮추는 관행으로 바뀌고 있다. 그러나 두 관행이 미친 영향은 똑같아서, 이제는 장부가치가 실질적으로 의미를 모두 상실하게 되었다. 그런데도 선도적인 신용평가회사들이 여전히 보통주 주당 장부가치를 발표하는 현상은 이상스럽게 보이기도 한다.

이 유서 깊은 장부가치 개념을 완전히 버리기 전에, 이 개념이 분석가에게 실질적으로 의미가 있는지부터 물어보기로 하자. 통상적인 경우라면 십중팔구 의미가 없을 것이다. 그러면 이례적인 경우라면 어떻게 되는가? 장부가치와 시장가치 사이의 관계가 극단적인 다음 네 가지 사례를 살펴보자.

항목	GM	페퍼럴 Pepperell
주가	(1930년)95	(1932년)18
주식 수	28,850,000	97,600
보통주 시장가치	$2,740,000,000	$1,760,000
재무상태표	(1929년 12월)	(1932년 6월)
고정자산(차감: 감가상각비)	$52,000,000	$7,830,000
잡자산	183,000,000	230,000
순유동자산	206,000,000	9,120,000
순자산 합계	$441,000,000	$17,180,000
차감: 채권 및 우선주	45,000,000	
보통주 장부가치	$396,000,000	$17,180,000
주당 장부가치	$13.75	$176

이 사례에 장부가치와 시장가치의 극단적인 괴리 현상이 두드러지게 나타난다. 시장은 GM과 커머셜 솔벤트 Commercial Solvents 주식을 단순히 장부가치보다 높게 평가한 정도가 아니다. 시장은 이들 주식을 기업 상태와는 전혀 무관하게 평가했다. 다시 말해서, 기업에 대한 평가가 절대 아니었다. 이는 월스트리트가 속임수를 쓰거나 기막힌 통찰력을 발휘한 결과였다.

항목	커머셜 솔벤트	펜실베이니아 콜 앤드 코크
주가	(1933년 7월) 57	(1933년 7월) 3
주식 수	2,493,000	165,000
보통주 시장가치	$142,000,000	$495,000
재무상태표	(1932년 12월)	(1932년 12월)
고정자산(차감: 감가상각비)		6,500,000
잡자산	2,600,000	990,000
순유동자산	6,000,000	740,000
보통주 총자산	$8,600,000	$8,230,000
주당 장부가치	$3.50	$50

재무적 관점과 사업적 관점

여기서 우리는 재무적 관점과 사업적 관점 사이의 엄청난 괴리를 보게 된다. 믿기 어렵겠지만, 월스트리트는 '이 기업을 얼마에 팔 거요?'라고 묻는 법이 절대 없다. 그러나 주식을 살 때에는 이것이 첫 번째 질문이 되어야 한다. 사업가에게 어떤 회사의 지분 5퍼센트를 1만 달러에 팔겠다고 제안한다면, 그 사업가는 먼저 1만 달러에 20을 곱해서 회사를 통째로 파는 가격이 20만 달러라고 생각할 것이다. 이어서 이 회사가 20만 달러면 싼지 비싼지 검토해 볼 것이다.

이는 기본적이고도 필수적인 과정이지만, 실제로 이렇게 하는 사람은 거의 없다. 1929~1930년에 GM 주식을 산 사람은 수없이 많지만, 시장가치 25억 달러 가운데 20억 달러 이상이 실제 투자자본에 붙은 프리미엄임을 알고 산 사람은 극소수였을 것이다. 1933년 7월 커머셜 솔벤트의 주가 57은 도박에 가까웠다. 이들은 자산가치가 1,000만 달러에 불과한 기업을 아무 생각 없이 1억 4,000만 달러에 사들였다. (고정자산은 재무상태표에서 모두 상각되어 제로였고, 실제 가치도 기껏해야 수백만 달러에 불과했다.)

그 반대 방향으로 진행된 다른 사례도 마찬가지로 무척 인상적이다. 커머셜 솔벤트가 투기적 매력을 발산하면서 장부가치의 16배에 거래되던 시기에, 고전 속에서도 그럭저럭 굴러가던 펜실베이니아 콜 앤드 코크는 장부가치의 16분의 1에 거래되었다. 페퍼럴 사례는 더 충격적이다. 페퍼럴은 장부가치도 확실하고, 평판도 좋으며, 이익도 많고, 장기간 배당금도 후하게 지급해 왔다. 그런데도 일부 주주는 주식을 장부가치의 10분의 1에 내다 팔았다.

권고

이 사례들을 생각하면, 주식을 거래하기 전에 장부가치를 한 번 정도는 훑어보아야 한다. 물론 장부가치가 중요하지 않은 것으로 드러날 때도 있을 것이다. 그러나 일단은 조사해 본 다음에 무시해야 한다. 현명한 투자가 되려면 첫째, 회사의 가치를 스스로 평가해야 하고, 둘째, 그 회사의 유형자산 가치가 얼마인지 파악하고 있어야 한다.

자산가치보다 훨씬 낮은 가격에 사면 유리하고, 자산가치보다 훨씬 높은 가격에 사면 불리하다고 볼만한 근거가 있다. (대개 장부가치는 회사가 실제로 투자한 금액과 비슷하다고 가정.) 주식이 높은 프리미엄으로 거래되는 것은 자본이익률이 높기 때문이다. 그러나 이렇게 높은 자본이익률은 경쟁자들을 끌어들이므로, 높은 자본이익률이 무한정 이어지기는 어렵다. 반대로, 주식이 크게 할인되어 거래되는 것은 이익이 비정상적으로 낮기 때문이다. 이런 상황에서는 새로 진입하는 경쟁자가 없고, 기존 경쟁자가 시장에서 철수하며, 다른 경제 요소들의 영향으로 결국 자본이익률이 정상으로 회복되는 경향이 있다.

이는 확실히 타당한 정통 경제이론이다. 그러나 종목을 선정할 때에도 이 이론이 확실하고도 신속하게 효과를 발휘하는지는 의문이다. 오늘날에는 영업권이나 효율적인 조직 같은 '무형자산'도 건물이나 기계처럼 확실히 금전적 가치가 있는 현실적인 자산이다.[4] 이러한 무형자산에서 나오는 이익은 경쟁이 치열해질 때 생

---

4 법원은 청산 기업의 무형자산에 대해서 여전히 유형자산보다 '현실성'이 부족하다고 평가하는 듯하다. 주식시장이 기업을 평가하는 기준과 사업가 및 법원이 비상장기업을 평가하는 기준은 큰 차이를 보이는데, 이는 집중적으로 분석할 만한 탁월한 연구 대상이다. '영업권'에서 나오는 이익이 유형자산에서 나오는 이익보다 많다는 계량분석 결과가 있다. 다음을 참조하라. Lawrence N. Bloomberg, *The Investment Value of Goodwill*, Baltimore, 1938.

산설비 같은 유형자산에서 나오는 이익보다 더 안정적일 수도 있다. 게다가 경제 여건이 호전되면 자본투자 수요가 적은 기업이 대개 더 빠르게 성장한다. 이런 기업은 비용을 적게 들이고도 매출액과 이익을 늘릴 수 있으므로, 공장 설비에 대규모로 투자해야 하는 기업보다 수익성이 높다.

따라서 장부가치와 시장가치의 관계에 대해서는 자신이 충분히 이해하고 확신이 선 다음에만 원칙을 세워야 할 것이다.

유동자산 가치의 중요성

대체로 유동자산 가치가 장부가치(유동자산 가치+고정자산 가치)보다 더 중요하다. 이와 관련해서 논의할 주제는 다음과 같다.

1. 유동자산 가치는 청산가치를 개략적으로 알려 주는 지표다.
2. 유동자산 가치보다 낮은 가격에 거래되는 주식이 많다. 이는 청산가치보다도 낮게 거래된다는 뜻이다.
3. 많은 주식이 계속해서 청산가치보다 낮은 가격에 거래되는 현상은 본질적으로 불합리하다. 이는 다음과 같은 심각한 잘못이 있다는 뜻이다. (a) 시장의 평가 오류, (b) 경영진의 정책 오류, (c) 주주들의 잘못된 태도.

청산가치

청산가치란 기업의 소유주가 기업을 포기할 때 회수할 수 있는 금액을 뜻한다.

소유주는 기업 일부나 전부를 계속기업의 형태로 매각할 수 있다. 아니면 시간이 걸리더라도 기업이 보유한 다양한 자산을 하나씩 매각할 수도 있다. 비상장기업의 청산은 일상적으로 일어난다. 그러나 상장회사가 청산되는 경우는 매우 드물다. 기업은 대개 청산가치보다 훨씬 높은 가격에 통째로 매각하지만, 부도가 발생하면 자산을 하나씩 매각하기도 한다. 그러나 적자 사업에서 철수하면서 자산을 매각하는 경우는 상장기업보다 비상장기업에서 훨씬 자주 일어난다. 그 원인과 의미는 나중에 고찰하기로 한다.

자산의 실현가능가치

재무상태표가 자산의 청산가치를 정확하게 알려 주는 것은 아니지만, 유용한 단서는 제공한다. 청산가치를 계산할 때 지켜야 하는 첫 번째 원칙은 부채는 그대로 인정하되 자산가치는 의심해야 한다는 것이다. 따라서 장부에 표시된 부채는 모두 액면가치로 차감해야 한다. 그러나 자산가치는 자산의 특성에 따라 달라진다. 다음 표는 청산 과정에서 자산의 유형별 신뢰도를 잘 보여 준다.

자산 유형	장부가치 대비 청산가치(%)	
	정상 범위	개략적 평균
유동자산:		
현금자산(시가 평가한 유가증권 포함)	100	100
매출채권(차감: 일반 적립금)*	75~90	80
재고자산(원가와 시가 중 저가)	50~75	66.6
고정자산 및 잡자산:		
(부동산, 건물, 기계, 장비, 장기투자, 무형자산)	1~50	15

*소매 할부 계정은 더 낮게 평가해야 한다. 범위는 30~60퍼센트, 평균은 약 50퍼센트다.

계산 설명: 특정 사례에 대해 청산가치 계산 과정을 설명하면 다음과 같다.

사례: 화이트 모터 White Motor Company

계산의 목적: 정확한 청산가치를 계산하려는 것이 아니라, 현재 시장가격에 샀을

화이트 모터

자본금: 보통주 65만 주.
1931년 12월 주가: 주당 8달러.
시가총액: 520만 달러.

1931년 12월 31일 재무상태표 (단위: 1,000)

항목	장부가치	추정 청산가치 장부가치의 ~%	금액
현금	$4,057	100	$8,600
정부 채권 및 뉴욕시 채권	4,573		
매출채권(차감: 적립금)	5,611	80	4,500
재고자산(원가와 시가 중 저가)	9,219	50	4,600
총유동자산	$23,460		$17,700
차감: 유동부채	1,353		1,400
순유동자산	$22,107		$16,300
공장 설비 계정	16,036	20	4,000
차감: 감가상각비	7,491		
순공장설비계정	$8,545		
자회사 투자금 등	4,996		
이연비용	388		
영업권	5,389		
보통주 순자산	$41,425		$20,300
주당 청산가치 추정액		$31	
주당 장부가치		55	
주당 유동자산 가치		34	
주당 현금자산 가치		$11	
주당 시장가격		8	

때 실제로 이익을 얻을 수 있는지 개략적으로 파악하려는 것이다. 이익 가능성은 확실히 크다. 오차 가능성을 충분히 고려하더라도, 청산으로 회수되는 금액이 주당 8달러에 해당하는 520만 달러를 훨씬 넘어갈 것이 확실하다. 놀랍게도, 부채를 모두 차감하고 남는 현금자산만으로도 이 금액이 훨씬 넘어간다.

유동자산 가치는 청산가치를 가늠하는 척도

화이트 모터의 청산가치 추정액이 재고자산은 다소 낮은 편이고, 고정자산과 잡자산은 다소 높은 편이다. 이는 트럭 재고자산 매각이 다소 어렵기 때문으로 보인다. 반면에 화이트 모터 시큐리티White Motor Securities Corporation에 대한 투자금 같은 일부 비유동자산은 회수율이 비교적 높을 것으로 보인다. 청산가치 추정액 주당 31달러는 유동자산 가치인 주당 34달러와 크게 다르지 않다. 대체로 유동자산이 청산 과정에서 감소하는 금액을 비유동자산 청산액이 메워 준다고 말할 수 있다. 여기서 우리가 제시한 첫 번째 주제인 '유동자산 가치는 청산가치를 개략적으로 알려 주는 지표다'의 타당성이 확인된다.

청산가치보다 낮은 가격에 거래되는 주식

두 번째 주제는 최근 몇 년 동안 청산자산 가치보다도 훨씬 낮은 가격에 거래되는 주식이 많다는 사실이다. 이런 주식의 비중은 당연히 대공황 기간에 가장 컸다. 그러나 1926~1929년 호황기에도 이런 주식은 절대 드물지 않았다. 앞에서 소개한 오티스 사례는 호황이 절정에 달했던 1929년 6월에 발생한 사례다. 제41장에서 소개한 노던 파이프라인 사례는 1926년에 발생했다. 반면에 페퍼럴과 화이트 모터 사례는 1931~1933년 대폭락기에 나타난 현상이다.

대폭락기 3년 동안 주식시장에 나타난 가장 큰 특징은 청산가치보다 낮은 가격에 거래된 주식의 비중이 컸다는 점이다. 우리 계산에 의하면 1932년 뉴욕 증권거래소에 상장된 제조업체 주식 가운데 순유동자산 가치보다 낮은 가격에 거래된 주식이 40퍼센트가 넘었다. 화이트 모터처럼 현금자산 가치보다 낮은 가격에 거래된 주식도 상당수였다.[1] 이는 이례적인 상황으로 보아야 한다. 미국 기업은 살아 있을 때보다 죽었을 때 가치가 더 높다는 뜻이기 때문이다. 즉 미국 기업 소유주들은 회사

---

[1] 부록의 비고 62 참조. 1932년에 청산가치보다 낮은 가격에 거래된 주식 목록.

가 운영되는 상태로 팔 때보다 폐업한 다음 팔 때에 더 많은 돈을 회수할 수 있었다.

1937~1938년 침체기에도 정도는 덜하지만 이런 상황이 재연되었다. 데이터 분석에 의하면 1938년 초 뉴욕 증권거래소에 상장된 제조업체 가운데 순유동자산 가치보다 낮은 가격에 거래된 주식이 20.5퍼센트였다. (1938년 말에는 전반적인 물가수준이 비정상적으로 낮지 않았는데도, 순유동자산보다 낮은 가격에 거래된 제조업체가 648개 가운데 54개였다.[2])

이렇게 시장가격과 유동자산 가치가 크게 벌어진 것은 비교적 최근의 일이다. 1921년 극심한 침체기에도 그러한 제조회사의 비중은 매우 작았다. 1932년(그리고 1938년)에 이런 현상이 나타난 것은, 새 시대 투자 이론이 등장하여 손익계산서만을 평가 기준으로 삼고 재무상태표를 완전히 무시한 탓이다. 그 결과 당기 이익이 없으면 실제로 가치가 없는 기업으로 취급당했고, 시장에서 순유동자산 가치의 몇 분의 1에 거래되었다. 대부분 매도자는 자신이 청산가치보다 훨씬 낮은 가격에 판다는 사실을 인식하지 못했다. 그러나 이 사실을 인식했더라도, 이런 회사는 절대 청산되지 않으므로 청산가치가 실제로 중요하지 않다고 생각했을 것이다.

이런 현상이 발생하는 이유

여기서 세 번째 주제, '많은 주식이 계속해서 청산가치보다 낮은 가격에 거래되는 현상은 본질적으로 불합리하다'가 등장한다. 이런 현상은 시장의 관점에서나 경영진과 주주의 관점에서나 불합리하다. 이 주제를 기본 원칙으로 요약하면 다음과 같다.

주식이 계속해서 청산가치보다 낮은 가격에 거래된다면, 주가가 지나치게 낮은 상태이거나 회사가 청산되어야 한다.

이 원칙으로부터 두 가지 추론이 도출된다.

---

2 부록의 비고 61 참조

추론 1. 주주들은 회사를 존속시키는 편이 자신에게 이로운지 의심해 보아야 한다.

추론 2. 경영진은 모든 수단을 동원해서 시장가격과 내재가치의 괴리 현상을 바로잡아야 한다. 기존 정책을 재검토하거나, 회사를 존속시켜야 하는 이유를 주주들에게 솔직하게 설명해야 한다.

이 원칙이 옳다는 점은 자명하다. 주식이 계속해서 청산가치보다 낮은 가격에 거래된다면, 여기에는 정당한 이유가 존재할 수 없다. 회사의 계속기업가치가 청산가치에도 못 미친다면 회사를 청산해야 한다. 계속기업가치가 청산가치보다 높다면, 주가가 청산가치보다 높아야 한다. 따라서 어느 쪽이든 주가가 청산가치를 밑도는 현상은 정당하지 않다.

원칙을 적용하는 두 가지 방법

이 원칙으로부터 두 가지 실행 방안이 나온다. 주가가 청산가치보다 낮다면 이는 주가가 지나치게 낮은 경우가 많으므로, 매력적인 매수 기회가 된다. 이때 증권분석 기법을 적용하면 풍부한 결실을 거둘 수 있다. 그러나 이는 경영진의 정책이 잘못되었다는 신호인 경우도 많다. 따라서 경영진이 정책을 바로잡아야 하며, 그러지 않으면 주주들이 경영진을 압박해야 한다. 이제 이 두 가지 실행 방안을 살펴보자.

이런 종목의 매력도

주가가 청산가치에 못 미치는 주식들은 거의 모두 이익 추세가 만족스럽지 않다. 이익이 꾸준히 증가했다면 주가가 이렇게 낮을 리가 없다. 사람들이 이런 종목을 사지 않는 이유는 손실이 이어져 자산이 축나면서 내재가치 밑으로 떨어질 가능성이 있기 때문이다. 실제로도 이런 일이 발생할 가능성이 있다. 그러나 다음과 같이 상황이 개선되어 주가가 상승할 가능성이 훨씬 크다.

1. 다음 과정을 통해서 보유자산에 걸맞은 수익력을 확보한다.
   a. 산업 환경이 전반적으로 개선된다.
   b. 영업 정책이 개선된다. 경영진은 바뀔 수도 있고 유지될 수도 있다. 더 효율적인 기법 도입, 신상품 개발, 적자 사업 포기 등이 추진된다.
2. 매각이나 합병이 이루어진다. 자원을 더 잘 활용할 수 있는 회사가 청산가치 이상을 지불한다.
3. 회사 일부나 전부를 청산한다.

상황 개선 사례

산업 환경의 전반적 개선

페퍼럴은 대규모 적자를 기록했던 1932년 6월 30일에 주가도 저가인 17.5를 기록했다. 그러나 이듬해에는 섬유산업의 환경이 개선되었다. 페퍼럴은 주당 9달러 넘는 이익을 올려 다시 배당금을 지급하였다. 주가는 1934년 1월 100으로 상승하였고, 1936년에는 149.75까지 상승하였다.

영업 정책 변경

또 다른 섬유업체인 해밀턴 울른Hamilton Woolen Company은 회사의 영업 정책이 개선된 사례다. 이 회사는 1926년에 주당 약 20달러, 1927년에는 주당 약 12달러에 이르는 막대한 손실을 기록했다. 1927년 말 주가는 13달러였으나, 당시 주당 순자산은 38.50달러였다. 1928년과 1929년에 경영진이 교체되면서 영업 정책이 변경되었고, 신제품과 직접 판매 방식이 도입되었으며, 일부 생산공정이 재편되었다. 그 결과 이익이 대폭 증가하여 이후 4년 평균 이익이 주당 약 5.50달러에 이르렀다. 주가는 1년도 지나기 전에 약 40으로 상승했다.[3]

매각이나 합병

화이트 모터가 전형적인 사례다. 1930~1932년 대규모 적자에 허덕이던 화이트 모터 경영진은 새로운 제휴 기회를 모색할 수밖에 없었다. 스튜드베이커는 화이트 모터와 영업을 결합하면 서로에게 이득이 될 것으로 믿었고, 특히 화이트 모터가 보유한 막대한 현금에 매력을 느꼈다. 1932년 9월 스튜드베이커는 화이트 모터 주식 전부를 다음 조건으로 인수하겠다고 제안했다.

> 현금 5달러
>
> 6% 10년 만기 스튜드베이커 사채 25달러
>
> 주가가 약 10달러인 스튜드베이커 보통주 1주

이는 주당 7달러에도 못 미치는 화이트 모터 주가가 아니라 유동자산 가치를 기준으로 제시한 인수 조건이었다. 화이트 모터 주가는 즉시 27달러로 상승하였고, 나중에는 31.5달러 상당에 거래되었다.[4]

이와 비슷한 최근 사례는 스탠더드 오일 오브 네브래스카Standard Oil Company of Nebraska다. 관련 사실을 요약하면 다음과 같다.

1939년 초 주가가 약 6달러였는데, 전체 주식이 16만 1,000주였으므로 시가총액이 100만 달러였다. 1938년 12월 31일 재무상태표를 요약하면 다음과 같다.

자산		부채	
고정자산 및 잡자산	$2,794,000	유동부채	$176,000
현금자산	1,155,000	자본금 및 잉여금	4,734,000
기타 유동자산	961,000		
	$4,910,000		$4,910,000
주당 현금자산	$6.07		
주당 순유동자산	12.05		
주당 순유형자산	29.33		

---

3 해밀턴 울른의 이후 경과에 대해서는 제44장을 참조하라.
4 이 거래 제안 이후 1933년 4월에 스튜드베이커는 법정관리에 들어갔다. 표면상의 이유는 화이트 모터 소수주주의 합병 반대였다. 그러나 이는 우리 논점과는 전혀 관계가 없다. 매각이나 청산에서는 주가가 아무리 낮아도 항상 청산가치에 중점을 두어야 한다.

이 회사는 네브래스카에서 석유제품 유통업을 하고 있었다. 연간 매출액은 약 500만 달러였지만 이익은 많지 않았다. 1935~1938년 감가상각비 차감 전 이익은 평균 주당 0.69달러였고, 감가상각비 차감 후에는 평균 손실이 주당 0.39달러였다.

이 회사가 청산가치보다 훨씬 낮은 가격에 거래된 이유는 실적이 만족스럽지 못했기 때문이다. 그래도 이 회사의 실제 가치가 청산가치보다 높다고 믿을 만한 근거는 충분히 있었다. 수많은 소매점으로 구성된 이 회사의 석유제품 유통망이 일부 정유회사에는 매력적인 인수 대상이었기 때문이다.

1939년 어떤 비상장회사가 발행주식의 66.6퍼센트를 주당 12달러에 인수하겠다고 제안했다. 이 제안은 과반수의 동의를 얻지 못했다. 그러나 곧이어 휘발유를 공급하는 정유회사 스탠더드 오일 오브 인디애나가 17.50달러에 인수하겠다고 제안했다. 이 중요한 유통경로를 놓치고 싶지 않았음이 분명하다. 이 제안은 곧바로 승인을 얻었다. 주식시장이 전반적으로 침체하는 중에도 4개월 동안 스탠더드 오일 오브 네브래스카 주가가 거의 3배로 상승했기 때문이다.[5]

완전 청산

모호크 마이닝Mohawk Mining Company은 기업 청산을 통해서 주주들에게 막대한 현금 이익을 안겨 준 대표적인 사례다.

1931년 12월 이 주식은 11달러였으며, 발행주식 수가 11만 2,000달러였으므로 시가총액이 123만 달러였다. 1931년 말 재무상태표는 다음과 같다.

현금 및 유가증권 시가	$1,381,000
매출채권	9,000
구리의 시장가치	1,800,000
비품	71,000
	$3,261,000

---

[5] 제44장 표에서 베네시 앤드 선스Benesch and Sons와 유나이티드 십야드 A 주식United Shipyards A도 자산 매각 때문에 주가가 상승한 사례다.

차감: 유동부채	68,000
순유동자산	$3,193,000
고정자산, 감가상각비 및 감모상각비 차감 후	2,460,000
잡자산	168,000
보통주 자산 합계	$5,821,000
주당 장부가치*	$52
주당 유동자산 가치*	28.50
주당 현금자산 가치*	11.75
주가	11

*유가증권과 시가로 평가한 구리 재고자산 차감 후.

경영진은 곧바로 자산을 청산하기로 했다. 1932~1934년 동안 지급된 정기 배당금과 청산 배당금 합계액이 주당 28.50달러에 이르렀다. 청산을 통해서 실제로 지급된 금액이 청산 직전의 유동자산 가치와 일치했으며, 당시 주가의 2.5배였다는 점에 주목하라.

부분 청산

앞에서 논의했던 노던 파이프라인과 오티스는 부분 청산을 통해서 주가가 상승한 사례다. 두 회사에 관한 주요 숫자는 다음과 같다.

항목	노던 파이프라인	오티스
날짜	1926년	1929년 6월
주가	$64	$35
주당 현금자산 가치	79	23.50
주당 유동자산 가치	82	101
주당 장부가치	116	191

1929년 9월 오티스는 특별 배당금 4달러를 지급했고, 1930년에는 부분 청산을 통해서 액면가를 100달러에서 80달러로 낮추면서 20달러를 분배했다. 1931년 4월에는 주가가 45였고, 1932년 4월에는 41이었다. 그동안 주당 24달러를 분배했는데도 1929년 6월 주가보다 상승했다. 게다가 그동안 시장 전반적인 기조가 환상적인 인플레이션에서 환상적인 디플레이션으로 바뀐 상황이었다. 나중에 회사는

사업에서 완전히 철수하면서 청산배당금 주당 74달러를 추가로 지급하였다. 이로써 1929년 6월 이후 주주들이 받은 금액은 모두 주당 102달러였다(1929~1934년 동안 받은 기타 배당금 주당 4달러 포함).[6]

1928년 노던 파이프라인은 부분 청산을 통해서 주주들에게 주당 50달러를 분배했다. 그 결과 1926~1928년 동안 주가가 약 2배로 뛰었다. 나중에 주당 20달러를 또 분배했으므로, 주주들은 1925년과 1926년 저가보다 많은 금액을 현금으로 받았고, 게다가 지분도 그대로 유지했다. 이른바 스탠더드 오일 그룹에 속하는 다른 파이프라인 회사들도 대부분 이와 비슷하게 푸짐한 배당금을 지급하였다. (제41장 각주 7 데이비스 콜 앤드 코크의 부분 청산도 참조하라.)

종목 선정은 신중하게

청산가치보다 훨씬 낮은 가격에 거래되는 보통주가 대부분 저평가 종목이라는 점은 분명하다. 이들은 실제 상태와 비교해서 주가가 더 심하게 하락했다. 따라서 이런 주식을 사면 이익을 얻을 기회가 많다. 그렇더라도 이런 종목을 선정할 때에는 최대한 신중을 기해야 한다. 앞에서 열거한 상황 개선 전망이 확실한 종목을 우선하여 선정해야 한다. 아니면, 유동자산 외에 다른 실적이 매력적인 종목을 먼저 선정해야 한다. 예컨대 당기 이익과 배당금이 만족스럽거나 과거 평균 수익력이 높았던 기업을 골라야 한다. 그동안 유동자산이 빠르게 감소했고, 이런 추세가 개선되는 조짐이 명확하지 않은 기업은 피해야 한다.

사례: 유동자산 감소와 개선 조짐에 대해서는 다음 두 회사 사례를 살펴보자. 1933년 초에 두 회사 모두 주가가 청산가치보다 낮았다.

1932년 말 두 회사 유동자산과 주가의 관계가 흥미롭게도 비슷하다. 그러나 3년 동안 재무상태표에서 일어난 변화를 비교해 보면 맨해튼 셔츠Manhattan Shirt Company

---

[6] 청산을 통해서 주가보다 많은 배당금을 지급한 다른 사례는 제44장 표를 참조하라.

항목	맨해튼 셔츠		허프 모터카	
1933년 1월 주가	6		2.50	
시가총액	$1,476,000		$3,323,000	
재무상태표	1929. 11. 30.	1932. 11. 30.	1929. 12. 31.	1932. 12. 31.
우선주 액면가	$300,000			
보통주 주식 수	281,000	246,000	1,475,000	1,329,000
현금자산	$885,000	$1,961,000	$10,156,000	$4,615,000
매출채권	2,621,000	771,000	1,246,000	226,000
재고자산	4,330,000	1,289,000	8,481,000	2,115,000
총유동자산	$7,836,000	$4,021,000	$19,883,000	$6,956,000
유동부채	2,574,000	100,000	2,541,000	1,181,000
순유동자산	$5,262,000	$3,921,000	$17,342,000	$5,775,000
기타 유형자산	2,066,000	1,124,000	17,870,000	9,757,000
보통주(및 우선주) 자산 합계	$7,328,000	$5,045,000	$35,212,000	$15,532,000
주당 현금자산 가치	–	$7.50	$5.125	$2.625
주당 유동자산 가치	17.50	16.00	11.75	4.375

의 실적이 훨씬 낫다. 허프 모터카Hupp Motor Car Corporation는 이 기간에 현금자산 가치가 절반 넘게 감소했고, 유동자산 가치는 60퍼센트 넘게 감소했다. 반면에 맨해튼 셔츠는 유동자산 가치 감소율이 10퍼센트에 불과하고, 현금자산 가치는 오히려 대폭 증가했다. 이렇게 현금자산 가치가 증가한 것은 매출채권과 재고자산을 현금화하여 1929년 은행 대출을 상환하고 현금 자원을 대폭 증가시켰기 때문이다.

따라서 과거 지표를 바탕으로 두 회사를 다른 유형으로 구분해야 한다. 허프 모터카는 지금은 유동자산 가치가 주가보다 높지만, 조만간 유동자산이 사라질 가능성을 고려해야 한다. 그러나 맨해튼 셔츠는 그럴 가능성이 없으며, 침체기에도 현금자산 가치가 증가했다는 점을 긍정적으로 고려해야 한다. 이렇게 일정 기간의 재무상태표를 비교하여 회사가 실제로 성장했는지를 판단하는 분석기법에 대해서는 나중에 다시 논의하기로 한다. 과거 실적에 관심을 기울여야 한다는 점은 다음 두 회사의 1939년 초 실적 비교를 보면 실감이 날 것이다.

항목	일라이 앤드 워커		퍼시픽 밀스	
1939년 1월 주가	17		14	
주당 실적	1932. 12. 31.	1938. 12. 31.	1932. 12. 31.	1938. 12. 31.
순유동자산	$30.00	$39.50	$26.95	$24.50
순유형자산	37.73	46.42	90.85	79.50
평균 이익, 1933~1938		1.82		(2.41)
평균 배당금, 1933~1938		1.25		0.50

퍼시픽 밀스는 손실이 재무상태표 실적에 큰 영향을 미치지 않았다. 주로 감가상각충당금으로 손실을 처리했기 때문이다. 그러나 실적 반전을 기대할 만한 특별한 근거가 없다면 일라이 앤드 워커Ely & Walker Dry Goods Co.가 분명히 나은 종목이다.

염가 주식

(1) 주가가 청산가치보다 낮고, (2) 자산이 축날 위험이 없으며, (3) 과거에 높은 수익력을 보였던 주식이라면 진정한 염가 주식이라고 말할 수 있다. 이런 주식은 확실히 주가보다 가치가 훨씬 높으므로, 이런 가치가 조만간 주가에 반영될 가능성이 매우 크다. 이런 염가 주식을 저가에 사면 원금 손실의 위험이 상대적으로 매우 작다.

그러나 이런 염가 주식을 살 때에도 전반적인 시장 상황을 고려해야 한다. 정말 기묘하게도, 주가 수준이 지나치게 높지도 않고 지나치게 낮지도 않을 때 이런 주식을 사야 좋은 실적이 나온다. 1929년이나 1937년처럼 시장이 전반적으로 과열되었을 때 이런 염가 주식을 사면 좋은 실적을 거두기 어렵다. 이후 시장이 하락하면 이런 염가 주식도 마찬가지로 심각한 타격을 입기 때문이다. 반면에 1932년처럼 시장이 전반적으로 침체했을 때에는 염가 주식보다 저평가된 선도 주식을 사는 편이 낫다.

채권보다 안전한 보통주

회사 일부에 대해 청구권을 보유한 채권보다는 같은 회사 전체에 대해 청구권을 보유한 보통주가 더 안전하다. 먼저 제26장에서 논의한 선순위 증권 개념을 돌아보자. 우리는 채권이나 우선주의 가치가 회사 전체의 가치를 넘어설 수 없다고 지적하였다. 다시 말해서, 이들이 선순위 채권이 없는 보통주로 전환되었을 때의 가치보다 높을 수가 없다고 말했다. 그 반대도 마찬가지로 성립한다. 보통주는 채권으로 전환되더라도 더 안전해지지 않는다. 다시 말해서, 회사 전체에 대해 청구권을 보유하던 보통주가 회사 일부에 대한 청구권을 보유하는 채권으로 전환되더라도(나머지 채권은 새로 발행되는 보통주가 보유), 그 채권이 더 안전해지는 것은 아니다. 이 개념이 처음에는 다소 추상적으로 들리겠지만, 보통주와 방금 설명한 채권을 구체적으로 비교해 보면 명확해질 것이다. 같은 은행이 설립한 두 신탁회사의 사례 비교가 여기에 매우 적합할 것이다.

1939년 12월	쇼멋 어소시에이션		쇼멋 뱅크 인베스트먼트 트러스트	
채권			선순위 사채 $3,040,000	
			4.5%와 5% @85(평균) =	
				$2,585,000
			후순위 사채 $950,000	
			6% @50 = $480,000	
주식	390,000주 @10.25	$4,000,000	75,000주 @3.5	260,000
총자본		$4,000,000		$3,325,000
순자산가치 (1939년 9월)		$7,201,000	(1939. 11.)	$3,153,000
선순위 사채 시가/순자산				82%
총자본 시가/순자산		55%		107%
12개월 투자 이익*		198,000(9월 30일까지)		114,000(11월 30일까지)
총자본 시가 이익률		5.0%		3.5%

* 유가증권 매매 손익은 제외.

이 표에서 분명히 드러나듯이, 쇼멋 어소시에이션Shawmut Association 주식은 쇼멋 인베스트먼트 트러스트Shawmut Bank Investment Trust 선순위 사채보다 위험하지 않다. 쇼멋 인베스트먼트의 선순위 사채는 순자산의 82퍼센트이지만, 쇼멋 어소시에이션 주식은 순자산의 55퍼센트에 불과하다. 게다가 쇼멋 어소시에이션 주식은 회사 자산을 전부 소유하지만, 쇼멋 인베스트먼트 사채는 원금 부분에 대한 청구권만 보유하고, 나머지 자산에 대한 지분은 후순위 증권 소유자들에게 돌아간다. (사채가 대폭 할인된 가격에 거래되더라도, 실제로 후순위 지분을 시가로 평가하면 막대한 금액이 될 수 있다.)

쇼멋 어소시에이션 주식이 쇼멋 인베스트먼트 사채보다 매력적이라는 점은 의문의 여지가 없다. 사채가 더 안전하다고 생각한다면, 이는 증권 형태에 사로잡혀 본질을 착각했기 때문이다. 물론 증권 형태가 투자자의 태도에 영향을 미쳐 실적을 좌우할 수도 있다. 투자신탁 사채는 이자 지급이 보장된다. 이자가 정기적으로 지급되지 않으면 회사에 부도가 발생하기 때문이다. 똑같은 이유로 회사는 만기에 사채 원금을 상환하려고 특별한 노력을 기울일 것이다. 따라서 회사는 할인된 가격이라면 채권을 사들일 특별한 유인이 있으며, 실제로 발행 사채의 3분의 1을 사들였다. 회사의 이런 정책 덕분에 사채의 시장가격이 유지되었고, 남은 채권의 지위가 개선되었다.

쇼멋 어소시에이션 주식은 다르다. 이 주식에 대해서는 1929년 이후 계속 배당금이 지급되었으며, 평균 주당 65센트로서 배당수익률은 6.5퍼센트였다. 그러나 배당률은 가변적이었으며, 주주들은 배당률이 경영진의 마음대로 결정된다고 생각했다. (실제로는 그렇지 않다. 세법의 벌칙 조항 때문에 투자신탁에서 거둔 순이익을 반드시 지급해야 한다.) 회사는 자사주 매입을 하지 않았으므로, 주식이 내재가치보다 50퍼센트나 낮게 거래될 때에도 회사가 주가를 받쳐 주리라 기대할 수 없었다.

《증권분석》 1934년판에서도 우리는 아메리칸 런드리 머시너리 주식을 예로 들어 이 관점을 설명하였다. 1933년 1월 주가가 7달러였으므로, 이 회사의 시가총액은 430만 달러였다. 그러나 보유 현금이 400만 달러가 넘었고, 순유동자산이 2,100만 달러였으며, 순유형자산이 2,700만 달러였고, 10년 평균 이익이 (1932년 손실 100만 달러를 포함해서) 300만 달러가 넘었다. 1934년판에 실은 마지막 두 문단은 다음과 같다.

월스트리트라면 시가 7인 아메리칸 런드리 머시너리 주식이 위험하다고 생각하면서도, 이 회사에서 채권 450만 달러를 발행했다면 무조건 샀을 것이다. 채권에 지급하는 이자는 확실하지만, 당시 주식에 지급하던 배당금 40센트는 매우 불확실하다고 생각했을 것이다. 채권 이자에 대해서는 경영진에게 선택의 여지가 없으므로 확실히 지급할 수밖에 없고, 배당금에 대해서는 재량권이 있으므로 지급을 유보하기 쉽다고 생각했을 것이다. 그러나 이는 이자 지급과 원금의 안전성을 혼동한 것이다. 보통주는 배당금을 받았다고 해서 더 안전해지지 않는다. 경영진은 단지 회사가 보유한 자산 일부를 주주들에게 넘겨주었을 뿐이다. 배당금을 지급하지 않고 회사에 남겨 두어도 그 돈은 여전히 주주의 자산이다. 따라서 주주들이 배당금 대신 이자를 받는다고 해도(다시 말해서 주식 대신 채권을 보유한다고 해도), 지위가 강화되지 않는다. 회사 전체에 대한 소유권을 넘겨주고 회사 일부에 대한 청구권을 보유하면서 이자 5~6퍼센트를 받는 편이 낫다고 믿는다면, 이는 어리석은 생각이다. 아메리칸 런드리 머시너리 채권 450만 달러는 기꺼이 사면서, 7달러에 거래되는 보통주가 위험하다고 거부하는 행위가 바로 이와 같다.

그런데도 월스트리트는 여전히 이런 비합리적인 생각을 고집한다. 이런 생각이 부분적으로는 정당하다. 대중은 보통주를 소유해도 비상장회사를 소유하는 것과 똑같은 권한과 소유권을 확보하지 못하기 때문이다. 그러면 이제부터 청산가치보다 낮게 거래되는 주식에 대해서 논의해 보자.

청산가치의 의미, 주주-경영진 관계

월스트리트에서는 기업들이 청산할 의도가 없으므로 청산가치는 전혀 중요하지 않다고 생각한다. 이런 견해에도 어느 정도는 타당성이 있다. 청산가치보다 낮게 거래되는 주식을 보는 월스트리트의 관점은 다음과 같이 설명할 수 있다. '청산가치가 시장가치보다 높아 보여도, 이런 주식은 살 필요가 없다. (1) 이 회사는 만족스러운 이익을 올릴 수도 없고, (2) 청산되지도 않을 것이기 때문이다.' 제43장에서 우리는 가정 (1)이 틀렸다고 설명했다. 과거 실적이 나빴더라도 외부 환경 변화나 내부 정책 변경을 통해서 실적이 회복될 수 있기 때문이다. 그러나 여러 사례에 비춰 보면 가정 (2)는 어느 정도 타당해 보인다. 이에 따라 우리는 다음 질문을 던지게 된다. '회사의 전망이 아무리 어두워도 소유주들은 회사가 그대로 운영되면서 자원이 바닥나도록 내버려 둬야 하는가?'

　이 질문에 답을 구하려면 주주와 회사의 관계라는 미국 금융계의 기묘한 현상을 들여다보아야 한다. 이는 증권분석의 범위를 벗어나는 주제이지만 여기서 간략하게 논의하기로 한다. 증권의 가치와 그 소유자들의 지성 및 조심성 사이에는 뚜렷한 상관관계가 있기 때문이다. 종목 선정은 한 번으로 끝나는 행위이지만, 주식 보유는 계속 이어지는 행위다. 주주가 되는 과정에 관심과 판단이 필요한 것처럼, 주주가 된 다음에도 관심과 판단이 필요하다.

유순하고 무기력한 주주들

그러나 미국 주주들은 매우 유순하고 무기력하기로 소문났다. 이들은 이사회가 하라는 대로 하며, 회사의 소유주이자 경영진의 고용주로서 자신의 권리를 도무지 주장하려 하지 않는다. 그 결과 미국 대기업 대부분에 대한 통제권을 대다수 주주가 아니라 소수에 불과한 '경영진'이 장악하게 되었다. 벌Berle과 민스Means는 명저 《현대 기업과 사유재산》The Modern Corporation and Private Property에서 이 상황을 효과적으로 묘사했다. 제4부 제1장에서 두 사람은 이렇게 말했다.

> 전통에 의하면 기업은 소유주와 주주의 이익을 위해서 운영되어야 하며, 이익도 이들에게 분배되어야 한다. 그러나 이제는 경영진이 권한을 이용해서 이익으로 자신의 주머니를 채울 수 있다. 이제는 기업이 실제로 주주들의 이익을 위해서 운영되는지도 확실치 않다. 소유와 경영이 포괄적으로 분리되고 경영진의 권한이 강화되면서, 새로운 결정이 필요한 상황이 되었다. 지금은 기업 경영에 대한 사회적 법적 압력이 주주들의 이익을 보호해야 하는지, 아니면 다른 집단의 이익을 보호해야 하는지 결정할 때다.

두 사람은 마지막 장(제26장)에서도 이런 견해를 다시 피력한다.

> 그러나 세 번째 가능성도 있다. 수동적 자산 소유자들은 능동적 자산 소유자들에게 경영권과 책임을 넘겨주었으므로, 자신의 이익을 스스로 포기했다. 따라서 사회는 엄

격한 재산권 원칙에 따라 이들을 보호할 의무에서 벗어나게 되었다. 규제 당국 역시 기업의 권한을 강화함으로써, 오로지 수동적 자산 소유자들을 위해서 기업을 경영해야 한다는 전통을 깼다. 그러나 수동적 자산 소유자들의 이권이 사라졌다고 해서 경영진이 그 권한을 이용해서 사리를 추구해도 좋은 것은 아니다. 경영진은 권한을 그런 식으로 행사해야 하는 근거를 말이나 행동으로 제시하지 못했다. 전통은 경영진의 그런 행위를 지지하지 않는다. 경영진은 자신의 권리를 소유자나 규제 당국보다도 폭넓게 요구할 수 있도록 길을 열어 놓았다. 이제는 사회가 현대 기업에 대해 소유주나 규제 당국뿐 아니라 사회 전체에 봉사하라고 요구해야 한다.

주주들의 잘못된 가정

민감한 주주들은 '자신의 이익을 스스로 포기했다'라는 벌과 민스의 주장에 동의하지 않을 것이다. 결국, 미국 주주들은 자신의 의사가 아니라 태만에 의해서 권리를 포기하게 되었다. 주주들은 소유권에 내재하는 경영권을 다시 주장할 수 있다. 적절한 정보와 안내를 받으면 그럴 가능성이 크다. 주주들의 유순하고 무기력한 태도는 전통의 탓이 크지만, 전염병처럼 퍼진 불건전한 관점의 탓도 있다. 예를 들면 다음과 같다.

1. 경영진이 주주들보다 사업에 대해서 더 많이 안다. 따라서 경영진이 내리는 정책 판단을 모두 받아들여야 한다.
2. 경영진은 주가에 대해 이해관계도 없고 책임도 없다.
3. 경영진을 불신하거나 주요 정책에 반대하는 주주라면 주식을 팔아야 한다.

경영진이 반드시 유능한 것은 아니다

그럴듯한 말이지만, 사실은 절반만 옳다. 그러나 전부 틀린 말보다도 더 위험하다. 경영진이 회사에 합당한 정책을 선택하기에 가장 좋은 위치라는 점은 옳다. 그러나 그렇다고 해서 경영진이 항상 주주들에게 가장 유리한 정책을 찾아내거나 채택하는 것은 아니다. 경영진은 능력이 부족해서 심각한 실수를 저지를 수도 있다. 주주들은 당연히 경영진이 유능하다고 생각하는 듯하다. 흔히 종목 선정의 기술은 경영이 잘되는 회사를 골라내는 능력이라고 말한다. 이는 경영이 부실한 회사가 많다는 뜻이다. 이는 자기 회사 경영진의 능력을 판단할 때, 열린 마음이 되어야 한다는 뜻이기도 하다.

주주와 경영진의 이해관계 충돌

경영진의 결정을 모두 받아들이기 어려운 두 번째 이유는 주주와 경영진의 이해관계가 충돌할 수 있기 때문이다. 이런 문제가 발생하는 분야는 다음과 같다.

1. 경영진에 대한 보상: 급여, 보너스, 스톡옵션.
2. 사업 확장: 경영진의 급여 인상, 권한 확대, 지위 상승.
3. 배당금 지급: 회사가 벌어들인 이익을 경영진이 계속 관리해야 하는가, 주주들에게 분배해야 하는가?
4. 주주들의 투자자본 유지 여부: 이익이 나지 않아도 사업을 유지해야 하는가, 아니면 자본금 일부를 회수하거나 사업을 완전히 접어야 하는가?
5. 경영 정보 독점: 경영진이 독점 정보를 이용해서 이득을 얻어도 되는가?

이 모든 문제에는 경영진의 이해관계가 얽혀 있다. 따라서 이런 문제에 대해서는 주주들이 정밀하게 조사해야 한다. 그렇다고 해서 경영진을 신뢰하지 말라는 뜻은 아니다. 대기업 경영진은 성실성과 능력이 평균을 넘어서는 사람들이다. 그래도 이해관계가 얽힌 모든 사안에 대해서까지 백지위임장을 주어서는 안 된다. 비상장기업 소유주는 자기가 신뢰하는 사람들만 고용하지만, 이들에게 자신의 급여를 결정하게 하거나 회사에 남겨 두는 자본 규모를 결정하게 하지는 않는다.

이사회에도 이해관계가 있다

상장회사들은 이런 문제를 이사회에서 처리한다. 이사회는 주주들이 선출하며, 경영진에 대해서 책임진다. 이론상 이사들은 주주들의 이익을 대변하며, 경영진의 이권을 견제한다. 그러나 실제로 이렇게 실행되리라 기대하기는 어렵다. 흔히 이사 중 상당수가 회사에서 급여를 받는 경영진으로 구성되어 있다. 경영진이 아닌 이사들도 대개 대표이사와의 연줄을 통해서 이사로 선임된 사람들이다. 따라서 실제로는 이사들이 경영진을 선발할 때보다, 경영진이 이사들을 선발할 때가 더 많다. 그러므로 주주들은 경영진과 자신의 이해관계가 충돌할 만한 모든 사안에 대해서 비판적이고 독립적인 판단을 내려야 한다. 다시 말해서, 주주들은 이런 문제에 대해서 경영진의 지식과 판단력이 낫다고 인정해서는 안 되며, 경영에 관한 선의의 비판은 진지하게 고려해야 한다.

경영진의 보상 남용

경영진이 자신에 대한 보상을 남용해서 물의를 일으킨 사례는 수없이 많다. 이런 사례는 대부분 1933년 이전에 발생했다. 베들레헴 스틸 경영진은 과도한 현금 보너스를 받았다. 아메리칸 타바코 경영진은 행사가격이 시가보다 낮은 신주인수권을 막대한 규모로 받았다. 이런 신주인수권은 남용될 소지가 많다. 일렉트릭 본드 앤드 셰어 경영진은 자사주를 시가보다 훨씬 낮은 가격에 대량으로 인수했다. 그러나 나중에 주가가 인수가 밑으로 떨어지자, 인수를 취소하고 이미 지급한 대금을 돌려받았다. 화이트 모터에서도 이와 비슷한 사례가 있었는데, 이에 대해서는 나중에 자세히 논의하기로 한다.

이런 사례가 발생한 것은 1928~1932년 시장 상황이 이례적이었기 때문이므로 일부나마 변명의 여지가 있다. 그러나 어느 모로 보나 변명의 여지가 없는 사례들도 있다. 아무튼 인간의 본성이 그러하므로, 이런 사례들은 전혀 놀랄 일이 아니다. 이는 경영진의 특성이라기보다는, 이해관계가 얽힌 사안에 대해서도 백지위임장을 써 준 주주들의 명백한 잘못이라고 보아야 한다.

새 규제가 등장하면서 경영진의 급여와 주식에 관련된 비밀스러운 구석들이 상당 부분 사라졌다. 이제는 증권을 공모하거나, 증권거래소에 증권을 등록하거나, 증권거래위원회에 연차 보고서를 제출하거나, 위임장을 요청할 때 급여, 보너스, 스톡옵션 정보를 제출해야 한다.[1] 이런 데이터가 완벽한 것은 아니지만, 주주들에게 경영진 유지비용을 알려주는 용도로는 충분하다. 마찬가지로, 경영진, 이사, 지분 10퍼센트 이상인 주주들은 보유 주식 수를 매월 공개해야 한다.

개인 주주들은 이런 정보를 쉽게 구할 수 없으므로, 신용평가회사들이 매년 발표하는 경영진과 이사 명단에 급여와 보유 주식 데이터를 추가하면 더욱 좋은 서비스가 될 것이다.

최근 경영진에 대한 과도한 보상 문제가 상당한 관심을 끌고 있다. 보상에 대해서는 경영진의 판단이 틀릴 수 있음을 이제는 대중도 잘 이해하고 있다. 그러나 주주들의 자본금과 잉여금 사용에 대해서도 경영진의 판단이 틀릴 수 있다는 점에 대해서는 명확하게 깨닫지 못하는 듯하다. 이에 대해서는 제29장에서 배당금 정책을 논의할 때 일부 언급하였다. 사업 확장 용도로 신규 자본을 조달하는 문제에 대해서도 사업 확장 목적으로 배당금을 유보하는 정책과 마찬가지로 생각할 수 있다.

사업을 계속해야 하는가?

주주 자본을 사업에 계속 투입해야 하느냐는 문제에 대해서도 똑같이 생각할 수 있다. 경영진은 자본을 주주들에게 돌려주는 편이 훨씬 유용할 때에도 돌려주기를 꺼린다. 예컨대 초과 보유 현금 같은 일부 자본을 돌려주더라도 회사 자원이 감소하며, 나중에 재정 문제가 발생할 수 있고, 경영진의 위상이 다소나마 깎이기 때문

---

[1] 1936년 세법 조항에 따라 재무부는 그해에 1만 5,000달러 넘게 받은 모든 경영진의 이름과 보상을 공개하였다. 1938년 세법에 의하면, 1938년부터 급여가 7만 5,000달러 이상인 사람들은 이런 데이터를 제출해야 한다.

이다. 회사를 완전히 청산하면 자신의 일자리가 없어진다. 따라서 급여를 받는 경영진이 순전히 주주의 관점에서 사업을 계속할 것인지 청산할 것인지를 검토하리라 기대해서는 안 된다. 다시 강조하건대, 이사들도 대개 경영진과 긴밀한 관계를 맺고 있으므로, 이런 문제를 순수하게 주주의 관점에서 검토할 것으로 믿어서는 안 된다.

따라서 사업을 계속해야 하느냐는 문제는 소유주인 주주들이 독자적으로 판단할 문제로 보인다. (이는 형식상으로나 법적으로나 소유권의 문제이지 경영 문제가 아니다.) 그리고 이런 문제에 관심을 쏟게 되는 이유는 주가가 장기간 청산가치를 밑돌기 때문이다. 결국 이런 상황은 시장의 평가가 잘못되었거나, 경영진이 회사를 계속 운영하는 데 문제가 있다는 뜻이다. 주주들은 어느 쪽에 잘못이 있는지 판단해야 한다. 이런 판단을 내릴 때에는 경영진의 견해와 설명에 깊이 관심을 기울여야 한다. 그러나 경영진의 견해를 최종 판단으로 받아들인다면 이 절차가 모두 엉망이 될 것이다.

유감스러운 일이지만, 경영진의 정책을 공격하는 사람은 다른 속셈이 있는 경우가 많다. 이것도 어쩔 수 없는 일이다. 금융계에서는 이타주의를 찾아보기가 매우 어렵다. 경영진을 상대로 벌이는 전쟁에는 시간과 에너지와 돈이 들어간다. 개인들이 단지 정의를 실현하려고 이런 비용을 치를 것으로 기대해서는 안 된다. 이런 문제에서 가장 당당하고 신뢰할 만한 행동은 주요 주주 집단에서 나온다. 이들은 자신의 대규모 지분을 보호해야 하므로, 주주 전반의 이익을 위해서 행동할 수밖에 없다. 경영진과 주주 사이에서 이해관계가 충돌하는 사안이라면, 일반 주주들은 이들의 의견에 귀를 기울여야 한다.[2]

주주들이 일으키는 비판적 보도, 위임장 대결, 소송 등은 경영진을 극도로 성가

---

[2] 경영진에 대한 반대 의견 표명을 촉진하는 증권거래위원회 위임장 규정에 의하면, 회사는 개인 주주들이 제출하는 위임장 요청서(첨부 편지 포함)를 발송해야 한다. 단, 우편료는 개인 주주가 부담한다.

시게 한다. 게다가 동기가 어리석거나 부적절한 경우도 많다. 그렇더라도 이는 회사의 경영진으로서 주주들에게 치르는 대가라고 간주해야 한다. 주주들은 이런 논쟁을 사실과 논리적인 주장을 바탕으로 판단해야 한다. 단순한 비난이나 인신공격에 판단이 휘둘려서는 안 된다.

청산을 검토할 때에는 종업원들의 중대한 이해관계도 반드시 고려해야 한다. 오로지 주주의 이익 관점에서만 청산을 논의한다면, 이는 지극히 냉정한 처사가 될 것이다. 그래도 주제를 혼동하면 소용이 없다. 사업을 유지해야 하는 이유가 종업원들에게 일자리를 주려는 것이고, 이 때문에 주주들이 희생해야 한다면, 주주들이 이 사실을 정확히 알고 사실로 받아들여야 한다. 청산이 주주들에게 유리한데도 단지 비인간적이라는 이유로, 주주들에게 청산이 현명한 대안이 아니라고 말해서는 안 된다. 현재 미국 경제 시스템에서는 주주들이 회사 자본을 축내면서까지 종업원들에게 일자리를 제공해야 하는 것은 아니다. 비상장기업들은 이런 자선행위를 거의 하지 않는다. 이런 목적으로 자본을 투입하는 것이 미국 경제복지 향상에 도움이 되느냐도 쟁점이 될 수 있지만, 여기서 논의할 주제는 아니다. 우리의 논점은 청산가치를 밑도는 주가가 주주들에게 중대한 의미가 있으므로, 주주들은 경영진에게 문제 해결을 요청해야 한다는 것이다.

경영진은 주가와 이해관계가 있다

주가는 경영진의 관심 사항도 아니고 책임도 아니라는 유서 깊은 답변으로, 경영진은 주주들의 질문을 잘도 회피해 왔다. 물론 경영진이 주가의 등락에 대해 책임져야 하는 것은 아니다. 그러나 주가가 경영진의 관심사가 전혀 아니라고 말한다면, 이는 전혀 다른 이야기다. 이런 생각은 근본적으로 틀렸을 뿐만 아니라, 철저히 위선적이기도 하다. 증권의 시장성은 종목을 선정할 때 고려하는 핵심 요소이기 때문이다. 그러나 시장성을 확보하려면 거래도 형성되어야 하지만, 공정한 가격에 팔 수도 있어야 한다. 주주들에게는 주식을 공정한 가격에 파는 일이 주식의 배당금, 이익, 자산가치를 지키는 일만큼이나 중요하다. 따라서 주주의 이익을 보호하는 경영진의 책임에는 주가가 부당하게 올라가거나 내려가지 않도록 방지하는 일도 포함된다.

회사의 주가조차 모른다고 털어놓는 경영진의 경건한 척하는 태도를 대하면, 치솟는 분노를 억제하기가 어렵다. 경영진 대부분은 주가에 중대한 이해관계가 걸려 있다. 과거에는 흔히 경영진이 내부 정보를 이용해서 일반 대중과 주주들로부터 이득을 챙겼다.[3] 이제 경영진은 깜짝 놀랄 혁신이 아니라 상식적으로 현실을 인식하면서 주가를 지켜보다가, 주가에 뚜렷하게 괴리가 발생하면 모든 노력을 기울여 이를 바로잡아 주기 바란다.

주가를 바로잡는 방법

주가를 바로잡는 방법은 다양하다. 첫째, 주주들은 청산가치가 시가보다 훨씬 높다는 사실에 관심을 집중해야 한다. 이사들은 청산보다 회사 유지가 낫다고 확신한다면 그 근거를 제시해야 한다. 둘째, 배당금을 인상한다. 회사를 계속 유지하느라 주주들이 소득 면에서 손실을 보지 않으려면, 적어도 청산가치에 걸맞은 배당금이 지급되도록 각별한 노력을 기울여야 한다. 누적 이익이 많아서 현금이 풍부하다면 당기 이익이 부족해도 배당금을 인상할 수 있다.

셋째, 사업 운영에 필요하지 않은 현금은 주주들에게 돌려준다. 액면가치를 낮추면서 보유 주식 수에 비례해서 주식 일정 수량을 사 주면 된다. 넷째, 이사들이 수익력과 청산가치의 괴리 현상을 면밀하게 검토하여 매각이나 청산이 합리적인 개선 방안인지 판단한다. 매각이나 청산이 합리적이라면 그렇게 해야 한다.

---

[3] '좋았던 옛 시절'에 이런 행위가 도를 지나치자 1934년 증권거래법에서 '내부자'에게 6개월 이내의 매매로 실현한 이익을 회사에 보고하게 하였다. 이 법은 주주들이 소송해야만 집행되었다. 월스트리트에서는 이 조항을 강하게 비판했는데, 결정적 시점의 주가 부양을 포함해서 경영진과 이사들의 적법한 활동마저 막는다는 주장이었다. 우리는 이 조항이 논리와 실용성 면에서 현재 적용 중인 조항에 어긋난다고 생각한다. 실현이익이 아니라 매매명세를 (매월이 아니라 즉시) 공개해야, 사기를 방지하고 의심스러운 행위를 확인하기에 충분할 것이다.

사례: 오티스, 1929~1939

1929~1930년에 오티스 경영진은 이 방법 몇 가지를 결합하여 시행했다. 1929년 7월 사장은 주주들에게 1930년 6월 30일 기준 중간 재무상태표를 보내면서 호가와 청산가치 사이에 괴리가 발생했다고 밝혔다. 그해 9월, 이익이 증가하지 않았는데도 배당금 지급을 재개했다. 보유 현금이 많고 잉여금이 충분했기 때문에 가능했다. 1930년 사업에 필요하지 않은 현금 대부분을 주주들에게 돌려주었는데, 소규모로 발행했던 우선주를 상환했고 보통주 주당 20달러를 지급했다.[4]

이어서 회사는 자산을 하나씩 매각하여 자본금을 반환했다. 1929년 9월부터 1940년까지 회사는 모두 주당 94달러의 자본금을 반환하였고, 배당금으로 8달러도 지급하였다. 제43장에서 지적했듯이, 이런 조치는 오티스 주식의 지위 향상에 매우 효과적이어서, 대부분 종목의 주가가 하락하는 기간에도 오티스 주주들은 회사가 사업을 유지했을 때보다도 훨씬 많은 수익을 얻었다.

사례: 해밀턴 울른

1926년 이후 이 회사의 역사는 더욱 흥미로운데, 이는 이사들이 이런 문제를 해결하는 모범적인 기법을 선보였기 때문이다. 1927년 회사가 계속해서 적자를 보이자 주가가 청산가치보다 훨씬 밑으로 내려갔다. 적자가 이어지면 자본이 바닥날 위험이 있었다. 반면에 새로운 정책을 채택하면 장차 훨씬 좋은 실적을 거둘 가능성도 있었다. 회사는 주주들에게 청산에 대한 찬반양론을 제시하고 투표를 요청했다. 투표 결과 회사를 유지하기로 했고, 새 대표를 선임했다. 이익이 개선되었고 주가도 청산가치보다 높아졌으므로, 이는 현명한 결정이었다. 그러나 1934년 회사는 다시 대규모 적자를 기록했는데, 심각한 노동쟁의 때문이었다. 이번에도 경영진은 주주들에게 청산 여부를 물었고, 이번에는 청산하기로 결정되었다. 회사

---

[4] 자본금 일부를 반환하고 사업을 유지한 회사의 예는 다음과 같다. 큐번 애틀랜틱 슈거 Cuban Atlantic Sugar Company (1938~1939), 그레이트 서던 럼버 Great Southern Lumber Company(1927~1937), 키스톤 워치 케이스 Keystone Watch Case Corporation(1932~1933), 데이비스 콜 앤드 코크, 앞에서 언급했던 여러 스탠더드 오일 파이프라인 회사.

매각이 빠르게 진행되어 1934년 11월 주주들은 유동자산 가치보다 다소 많은 금액을 받았다.

이 사례에서 특히 주목할 만한 것이 1927년 회의록이다. 회사 청산이라는 궁극적 결정을 주주들이 내리게 되었다. 경영진은 정보를 제공했고, 자신의 의견을 밝혔으며, 그 반대 의견도 제시했다.

자발적 청산의 기타 사례

다음에 열거한 기업 목록에서도 명백한 사실이 드러난다. 자산(특히 유동자산)이 많은 무수익 기업을 청산하거나 매각하면, 주주들은 거의 틀림없이 시장가치보다 훨씬 많은 금액을 회수한다. 시장가치는 주로 이익에 좌우되지만, 청산가치는 자산에 따라 결정되기 때문이다.

회사	청산이나 매각이 결정된 해	청산이나 매각 결정 직전의 주가	주당 회수 금액
아메리칸 글루 American Glue	1930	$53	$139 이상
베네시 앤드 선스	1939	2.25	6.63
페더럴 니팅 밀스 Federal Knitting Mills	1937	20	34.20
라이먼 밀스 Lyman Mills	1927	112	220.25
모호크 마이닝	1933	11	28.50
시그너처 호저리	1931	3.13	17.00
스탠더드 오일 네브래스카	1939	6	17.50
유나이티드 십야드 A United Shipyards A	1938	2.25	11.10*

* 1939년 12월 31일까지.

주주로부터 비례 재매입

1932년과 1933년 해밀턴 울른 경영진은 여유자금으로 주주들로부터 보유 주식 수에 비례해서 주식을 합당한 가격에 대량 재매입했다. 1929년에는 반대로 주주들을 대상으로 주식을 공모했었다. 그러나 이후 경기침체로 사업이 위축되었으므로 추가로 조달한 자금이 필요 없게 되었다. 따라서 이 자금을 회사에 쌓아 두는 것보다는 주주들에게 돌려주는 편이 훨씬 가치가 있었다.[5]

자사주 매입을 통한 주주 권익 침해

1930~1933년 불황기에 잉여 현금자산으로 자사주 매입을 한 기업들이 많았다.[6] 그러나 그 방법에 심각한 문제가 있었다. 기업들은 주주들에게 통지하지 않은 채 공개시장에서 주식을 사들였다. 이 과정에서 여러 가지 불건전한 상황이 발생했다. 기업들은 자사주를 최저 가격에 사들이면 기업에 이롭다고 생각했다. 주식을 파는 사람들은 최대 손실을 보게 되지만, 주식을 계속 보유하는 사람들은 이득을 볼 것으로 생각했다. 사업용 자산을 살 때에는 이 관점이 타당하지만, 자사 주주들로부터 주식을 사들일 때에는 이 관점이 합리적이지도 윤리적이지도 않다. 자사주를 사들일 때에는 경영진이 더 공정해야 할 의무가 있다.

그러나 실제로 자사주를 최대한 싸게 사들이려 하다 보면 경영진은 배당금을 줄이거나 누락할 수도 있다. 이런 행위는 거의 모든 주주에게 해를 끼치게 된다. 자사주 매입이 비양심적으로 낮은 가격에 이루어지면, 지분을 계속 보유하는 사람에게만 이로울 뿐이다.

사례: 화이트 모터

앞에서 보았듯이, 1931~1932년 이 회사는 주가와 청산가치가 이례적인 수준으로 벌어졌다. 이런 상황이 벌어진 데에는 경영진의 정책이 큰 역할을 했다.

화이트 모터는 설립 연도인 1916년부터 1926년까지 계속해서 주당 4달러(8퍼센트)를 배당금으로 지급했다. 이 중 1921년은 불황기여서 회사는 거의 500만 달러에 이르는 손실을 보았다. 그러나 회사는 누적 잉여금으로 배당금을 전액 지급

---

5   1929년 해밀턴 울른은 주주들에게 보유 주식 수에 비례해서 주당 50달러에 1만 3,000주를 판매했다. 이 회사는 1932년 65달러에 6,500주를 비례 재매입했고, 1933년에는 50달러에 1,200주를 재매입했다. 1934년 포틀리스 러버 Faultless Rubber Company도 비슷한 정책을 실행했다. 심스 퍼트롤리엄 Simms Petroleum Company은 주주들로부터 비례 재매입도 하고 공개시장에서도 매입했다. 이 회사가 1930~1933년에 두 방법으로 재매입한 주식이 1929년 말 발행주식 수의 45퍼센트에 육박했다. 줄리언 앤드 코컨지 Julian and Kokenge Company(신발)는 1932, 1934, 1939년에 보통주를 비례 재매입했다.

6   1934년 2월 뉴욕 증권거래소에서 발표한 자료에 의하면, 259개 상장회사가 자사주를 매입했다.

하였고, 이 정책 덕분에 주가가 29달러 밑으로는 떨어지지 않았다. 경기가 회복되자 주가는 1924년 72.50으로 상승했고, 1925년에는 104.50까지 올라갔다. 1926년 회사는 주주들에게 액면가(50달러)에 20만 주를 공모하여 자본금을 1,000만 달러 늘렸다. 동시에 주식배당금 20퍼센트를 지급하였다.

그러나 회사는 이 자금을 거의 사용하지 않았고, 이익이 감소하기 시작하자 배당금을 줄였다. 1928년에는 이익이 3달러(연결 기준)였지만 배당금으로 1달러만 지급했다. 1931년 6월 30일로 끝나는 회계연도에는 손실이 약 250만 달러였다. 다음 배당금이 전액 누락되었고, 주가는 7.50으로 폭락했다.

1921년과 1931년을 비교해 보면 놀라운 사실이 드러난다. 1921년에는 1931년보다 손실이 더 컸고, 이익잉여금은 더 적었으며, 보유 현금도 훨씬 적었다. 그러나 1921년에는 배당금을 그대로 유지했고, 따라서 주가도 유지되었다. 10년 뒤 1931년에는 보유 현금이 남아돌았고 유보이익이 많았는데도, 단 한 해 손실이 발생했다는 이유로 경영진은 배당금 지급을 중단했고, 주가가 형편없이 폭락하도록 내버려 뒀다.

배당금 누락 시점 전후에 회사는 시장에서 자사주를 부지런히 사들였다. 회사는 '특정 임직원'에 대한 혜택 제공 계획에 따라 1929년부터 자사주 매입을 시작했다. 그리고 1931년 6월까지 280만 달러를 들여 약 10만 주를 사들였다. 배당금 지급이 누락되자 관련 임직원은 주식대금 납부 의무를 면제받았고, 이 계획은 중단되었다. 다음 6개월 동안 회사는 주가 폭락을 이용해서 평균 11달러에 5만 주를 더 사들였다. 이렇게 해서 회사는 모두 15만 주를 매입소각했다.

이 사례는 경영진이 회사 자금으로 자사주를 매입하면서 재량권을 악용할 수 있음을 보여 준다. 먼저 임직원을 대우한 방식과 주주들을 대우한 방식이 극명한 대조를 이룬다. 회사는 임직원에게 혜택을 주려고 주식을 매력적인 가격에 대량으로 사들였다. 그리고 주주들의 자금으로 임직원에게 주식 매입 비용을 제공했다. 만일 회사 실적이 개선되어 주가가 상승했다면, 모든 혜택이 임직원에게 돌아갔을 것이다. 그러나 상황이 악화하자 임직원은 손실에 대한 부담을 면제받았고, 이 모든 부담이 주주들에게 돌아갔다.[7]

1926년 회사는 주주들에게 직접 주식을 팔아 신규 자본금 1,000만 달러를 조달했다. 회사는 이 자금으로 바로 그 주식을 판매가격의 5분의 1에 다시 사들였다. 이렇게 헐값에 주식을 사들일 수 있었던 주요인은 배당금을 누락했기 때문이다. 이 거래만으로도 주주들은 회사가 주가를 떨어뜨리려고 배당금을 누락했다고 충분히 의심할 만했다. 단지 자금을 아끼려고 배당금을 누락했다고 보기는 어렵다. 자사주 매입에는 돈을 쏟아부으면서, 15년 동안 빠짐없이 지급해 온 배당금을 누락한다는 것은 말이 안 되기 때문이다.

현금이 남아도는데도 절박한 상황에 빠진 주주들이 헐값에 주식을 내던지게 하려고 배당금을 누락하는 회사의 모습은 상상하기도 싫다.

사례: 웨스트모어랜드 콜 Westmoreland Coal Company

회사가 자사주 매입으로 이득을 얻은 더 최근 사례다. 이 회사는 1929~1938년 동안 누적된 손실이 주당 1.70달러에 해당하는 30만 9,000달러라고 발표했다. 그러나 이 손실액은 감가상각비와 감모상각비로 모두 265만 8,000달러를 차감한 다음 나온 금액이었으며, 이는 신규 자본적 지출보다도 훨씬 많은 금액이었다. 이 기간에 불규칙하게 지급한 배당금 합계액이 주당 4.10달러였는데도, 실제로 회사가 보유한 현금은 대폭 증가하였다.

연차 보고서에 의하면 회사는 1935년부터 시장에서 자사주를 매입하기 시작했다. 이렇게 해서 1938년 말까지 4만 4,634주를 사 모았는데, 이는 총발행주식수의 22퍼센트가 넘는 규모였다. 평균 매입 단가는 주당 8.67달러였다. 이 평균 단가는 막대한 유형자산을 제외하고 주당 현금자산 가치의 절반에도 못 미치는 가격

---

[7] 1933년 회사를 스튜드베이커에 매각할 때, 이사들은 회사 핵심 인물들에게 증여하려고 자사주 1만 5,000주를 남겨 두었다. 일부 화이트 모터 주주가 이 주식에 대해 증여 금지 소송을 냈고, 그 결과 주당 31센트를 지불하는 것으로 처리되었다.

이었다. 게다가 이 회사는 1930~1939년 동안 주가가 현금자산 가치에 도달한 적이 한 번도 없었다. (1938년 말에 회사는 현금 및 유가증권 합계액이 277만 2,000달러이고, 주식의 시가총액은 140만 달러라고 발표하였다.)

이 상황을 분석하면 다음 사실이 분명하게 드러난다.

1. 주가가 낮은 것은 이익이 부족하고 배당금이 불규칙하기 때문이다. 이런 상황에서는 회사가 보유한 막대한 현금이 주가에 반영되지 않는다. 현금자산이 분배될 전망이 없으면, 주가는 현금자산이 아니라 이익과 배당금에 따라 결정된다.
2. 경영진의 진정한 책무는 이런 상황의 실체를 정확히 인식하고 온 힘을 다해 주주들의 손실을 방지하는 것이며, 특히 자사주의 진정한 가치가 대폭 감소하지 않도록 노력하는 것이다. 그러나 이런 상황에서는 자사주의 가치가 대폭 감소하기 쉽다. 돈이 필요하거나, 안정적인 배당소득을 원하거나, 석탄 산업을 어둡게 전망하여 주식을 헐값에 팔고 떠나는 주주가 많을 것이기 때문이다.
3. 보유 현금은 이례적으로 많은데도 주가는 터무니없이 낮은 이상 현상은 분명히 피할 수 있었다. 회사가 필요 이상으로 현금을 많이 보유했다는 사실은 헐값에 자사주를 사들인 행위에서 드러난다. 보유 현금과 연간 사업 실적 사이의 관계를 분석할 필요도 없었다.
4. 남아도는 현금은 모두 주주들에게 돌려주었어야 옳다. 이 돈으로 자사주를 최저 가격에 사들이는 행위는 필요나 무지 때문에 헐값에 주식을 파는 수많은 주주에게 불공정하다. 이런 행위는 무한정 주식을 보유할 수 있는 자산가들에게만 유리하다. 이는 특히 회사 경영진에게 유리한데, 자사주 매입 자금을 필요하면 언제든지 (배당금을 지급하여) 자신이 이용할 수 있기 때문이다. 그러나 일반 주주들에게는 이런 혜택이 없으므로, 시장은 회사가 보유한 현

금의 가치를 형편없이 낮게 평가한다.[8]

요약 및 결론

주주와 경영진의 관계는 소란스러웠던 1928~1933년에 불건전한 사례를 다수 낳았으나, 이후 건전한 통제를 받게 되었다. 증권거래위원회가 규제를 시작했고, 사람들이 이 관계를 더 비판적으로 바라보았기 때문이다. 한동안 사람들이 망각한 기본 사실을 여기서 강조하고자 한다. 회사는 법적으로 주주들의 재산에 불과하다. 경영진은 주주들이 고용한 유급 종업원일 뿐이다. 이사들은 어떤 식으로 선임되든 실제로는 수탁자로서, 이들의 법적 의무는 오로지 회사 소유주를 위해서 일하는 것이다.[9]

이 일반적인 진실이 더 효과적으로 실행되려면 주식을 보유하는 대중이 교육을 통해서 배당 정책, 확장 정책, 자사주 매입, 경영진 보상 방법, 회사 자본금을 일부나 전부 회수할 것인지 등의 사안에서 무엇이 진정으로 주주들에게 이로운지를 더 명확하게 이해해야 한다.

---

8 이 상황에 대해서 추가로 두 가지 요소를 간략하게 언급하겠다. 회사는 임차지에서 석탄을 캐는 대가로 톤당 10센트의 임차료 채무를 지고 있었으나, 금액이 연 18만 9,000달러에 불과했다. 회사는 이 임차료 채무 때문에 충분한 현금을 유지해야 한다고 주장했으나, 이는 1930~1939년의 회사 가치보다도 훨씬 많은 현금을 보유할 정당한 이유가 되지 않는다. 1939년 10월 회사는 거래량이 부족해서 자사주 주가가 부당하게 낮다고 발표하면서, 필라델피아 증권거래소와 뉴욕 커브 거래소New York Curb Exchange(아메리칸 증권거래소의 옛 이름)에서 자사주 거래를 중단시켜 달라는 신청서를 증권거래위원회에 제출했다. 이렇게 상장된 주식을 상장폐지하면 주주들에게 도움이 될지는 독자가 판단하기 바란다(상장폐지 신청은 나중에 철회되었다).

9 AT&T 경영진은 그들이 주주의 이익과 종업원 및 대중의 이익을 똑같이 대변하는 수탁자라고 거듭 주장했다. 이런 정책도 솔직하게 발표하고 진지하게 실행한다면 공기업이 비난받을 일은 거의 없다. 그러나 일반 기업은 경영진이 주주들을 대변하는 수탁자인지, 그들 자신을 대변하는 수탁자인지가 문제가 되는 듯하다.

재무상태표 분석(결론)

앞에서는 재무상태표 숫자를 이용해서 회사의 가치를 현재 주가보다 높게 평가해야 하는 상황을 주로 논의했다. 그러나 재무상태표는 대개 그 반대 상황을 감지할 때 더 유용하다. 즉 재무상태표에서 취약성을 찾아내어 해당 종목의 하락 가능성을 감지할 수 있다. 신중한 투자자는 재무상태표를 정밀하게 조사하여 현금이 적정 수준인지, 유동자산 비율이 적당한지, 곧 만기가 도래하는 채권 때문에 재정난이 발생할 가능성은 없는지 확인한다.

운전자본 상태와 채권 만기

운전자본에 관한 기본 원칙

여기서 회사가 현금을 얼마나 보유해야 하는지는 구체적으로 논의하지 않는다. 투자자는 특정 상황에서 무엇이 필요하고 현금 부족이 얼마나 심각한 문제인지에 대해 자신의 관점을 확립해야 한다. 제조업체 운전자본의 경우, 전에는 유동부채 1달러에 대해 유동자산을 2달러 이상 보유하는 것이 표준이었다.

그러나 1920년대 말 이후 대부분 산업에서 유동비율을 강화하는 추세이며, 제조업체 대다수는 유동비율이 2보다 훨씬 높다.[1] 지금은 유동비율이 산업 평균을 밑도는 기업은 경계하는 분위기다.[2] 그러나 이런 생각에는 논리적 결함이 있다. 한 산업의 유동비율이 전반적으로 만족스럽더라도, 유동비율 하위 절반에 속하는 기업들은 불이익을 당할 수밖에 없기 때문이다. 그렇다고 우리가 건전한 재정 상태의 기준으로 전통적인 유동비율 2보다 나은 기준을 제시할 수 있는 것은 아니다. 투자자들은 당연히 유동비율이 2보다 훨씬 높은 기업을 선호할 것이다. 그러나 문제는 다른 조건이 양호한 기업인데도 단지 유동비율이 2에 불과하다는 이유로 투자를 포기해야 하느냐는 것이다. 우리는 이런 기준에 유보적 태도이며, 새로운 기준이 있는 것도 아니다.

재무 건전성의 두 번째 척도는 이른바 '당좌비율'(현금, 유가증권, 매출채권 등 당좌자산을 유동부채로 나눈 비율—옮긴이)로서, 재고자산을 제외한 유동자산이 적어도 유동부채와 같은 규모가 되어야 한다. 투자자는 관심 기업이 유동비율과 당좌비율 모두 충족하는지 확인해야 한다. 만일 두 기준 모두 충족하지 못한다면, 그 회사 주식은 안전성이 의심스럽다고 보아야 한다.

예외 사례

늘 그렇듯이, 이렇게 자의적인 원칙에 대해서는 상황에 따라 예외를 인정해 주어야 한다. 예를 들어 1933년 6월 30일 현재 아처-대니얼스-미들랜드Archer-Daniels-Midland Company의 재무 상태를 직전 실적과 비교해 보자.

---

[1] 부록의 비고 61 참조. 1938년 말 현재 뉴욕 증권거래소에 상장된 제조업체의 종합 데이터를 보라. 《무디스 제조업체 편람》Moody's Manual of Industrials의 연례 자료도 참조하라.

[2] 다음을 참조하라. Roy A. Foulke, *Sign of the Times*, pp. 17-19, 25 et seq., New York 1938; and Alexander Wall, *How to Evaluate Financial Statements*, pp. 82-97, New York, 1936. 그러나 월은 단지 산술평균만을 기준으로 비교했다.

아처-대니얼스-미들랜드

항목	1932. 6. 30.	1933. 6. 30.
현금자산	$3,230,000	$1,392,000
매출채권	2,279,000	4,391,000
재고자산	4,081,000	12,184,000
총유동자산	$9,590,000	$17,967,000
유동부채	778,000	8,387,000
운전자본	$8,812,000	$9,580,000
재고자산을 제외한 운전자본	+4,731,000	-2,604,000

1933년 6월 30일에는 회사의 재무 상태가 일상적 기준으로 판단했을 때 1년 전보다 훨씬 취약해졌으므로, 다소 불안한 상태로 보인다. 그러나 이 매출채권 증가는 식물성 기름 산업에서 나타나는 정상적인 관행으로서, 곡물과 아마씨 재고자산을 보유하기 위한 계절적 대출이 대규모로 발생한 탓이다. 따라서 1933년 재무상태표에 나타난 재무 상태는 걱정할 필요가 없다.

이런 관점에서 대조적인 사례 두 개를 제시한다. 스토클리 브라더스Stokely Brothers and Company와 더글러스 에어크래프트Douglas Aircraft Company의 1936~1938년 지표다.

1937년 더글러스 에어크래프트의 상황은 계절적 요인이 아니었다. 대량 수주 덕분에 대규모 운전자본이 필요해진 것이다. 내용을 조사해 보면 은행 대출금은 일시적으로만 필요했고, 신규 사업의 수익성이 매우 높아서 자금 조달도 어렵지 않은 것으로 나온다. 그러나 스토클리는 처지가 전혀 달랐다. 수익성 낮은 시장에서 재고자산을 늘린 탓에 유동부채가 증가했다. 따라서 1937년 5월 재무상태표에 심각한 위험신호가 나타났다.

1년 뒤 더글러스 에어크래프트는 은행 대출금을 상환했고, 유동비율이 4대 1로 증가했다. 그러나 스토클리는 1938년 10월 우선주 배당금을 누락했고, 그해 우선주 주가는 21(액면가 25달러)에서 10으로 폭락했다.

운전자본 비교(단위: 1,000)

항목	스토클리 브라더스			더글러스 에어크래프트		
	1936. 5. 31.	1937. 5. 31.	1938. 5. 31.	1936. 11. 30.	1937. 11. 30.	1938. 11. 30.
유동자산:						
현금 및 매출채권	$2,274	$2,176	$1,827	$2,885	$2,559	$4,673
재고자산	5,282	7,323	6,034	6,392	12,240	4,084
합계	$7,556	$9,499	$8,861	$9,277	$14,749	$8,757
유동부채:						
매입채무	$2,000	$2,000	$2,500	$1,390	$5,230	
기타	1,527	1,286	1,320	1,179	3,183	2,129
합계	$3,527	$3,286	$3,820	$2,569	$8,413	$2,129
1~3년 은행 대출금		3,000	3,000			
유동부채 합계 + 만기 1~3년 사채	3,527	6,286	6,820	2,569	8,413	2,129
당기순이익	1,382	(353)	(713)	976	1,082	2,147

우리가 논의한 기준이 철도회사와 공익회사에는 적용되지 않는다. 그러나 이들의 운전자본 지표가 전혀 중요하지 않다는 뜻이 아니라, 이런 기준을 기계적으로 적용해서는 안 된다는 뜻이다.

거액의 은행 부채는 재무 상태가 취약하다는 신호

재무 상태가 어렵다는 사실을 거의 빠짐없이 알려주는 신호가 은행 대출금이나 기타 단기부채다. 다시 말해서, 일반 매출채권만으로 재무 상태가 취약해지는 경우는 드물다. 그렇다고 은행 부채 자체가 나쁜 신호라는 뜻은 아니다. 특히 계절 요인 때문에 은행 대출금을 적정 규모로 사용한다면, 이는 정당한 동시에 바람직하기도 하다. 그러나 재무상태표에 지급어음이 등장한다면, 분석가는 더 정밀하게 재무 상태를 조사해야 한다.

1919년 전후 호황에는 고가의 산업 재고자산이 엄청나게 증가하여 주로 은행 대출금으로 자금을 조달하였다. 그러나 1920~1921년에 원자재 가격이 폭락하자 이러한 은행 대출금이 큰 문제가 되었다. 1930년대 공황은 성격이 달랐다. 1929년에 제조업체들의 대출금이 유난히 적었는데, 이는 첫째, 원자재나 재고자산에 대한 투기가 없었고, 둘째, 운전자본을 확충하려고 대규모로 주식을 발행했기 때문이다. (당연히 예외도 있었다. 애너콘다 코퍼 마이닝은 1929년 말 은행 대출금이 3,500만 달러였으나, 3년 뒤에는 7,050만 달러로 증가하였다.) 은행에서 거액을 대출받은 기업 중에는 철도회사와 공익회사가 많았다. 이들은 유형자산을 확충하거나 만기가 도래하는 부채를 상환하려고 대출받았다. 이들은 대출 기간을 무한정 연장할 수 있으리라 기대했지만, 기간 연장이 불가능하여 결국 법정관리로 넘어간 경우가 많았다. 공익기업 지주회사 인설Insull도 은행 대출 때문에 빠르게 무너졌다.

사례: 1932년 말 뉴욕 센트럴 재무상태표에 나타난 은행 대출금 6,800만 달러나, 1931년 12월 31일 시티 서비스의 지급어음 6,900만 달러를 얼마나 심각하게 보았어야 하는지는 명확하게 말하기가 어렵다. 그러나 이런 부정적 신호를 무시하지는 말았어야 했다. 보수적인 사람이라면 이런 신호가 나타난 회사의 증권은 모조리 외면하고, 가격이 매우 낮은 증권만 매력적인 도박 대상 정도로 간주했을 것이다. 물론 상황이 개선되어 은행 대출금을 상환할 수도 있다. 그러나 상황 개선은 전망이고, 은행 대출금은 엄연한 현실이자 위협이라는 사실을 인식해야 한다.[3]

회사가 이익이 많으면 은행 대출금 때문에 부도가 발생하는 일은 드물다. 그러나 1931~1933년처럼 재융자가 어려워지면, 은행들은 배당금 지급을 보류하고 모든 이익을 채무 상환에 사용하라고 요구할 수도 있다. 바로 이런 이유 때문에 이익이 감소하지 않았는데도 1932년 브루클린-맨해튼 트랜짓이 보통주 배당금 지급을 보류했고, 1931년 뉴욕 워터 서비스New York Water Service Corporation가 우선주 배당금 지급을 보류했다.

---

[3] 사업환경이 전반적으로 개선되고 금리가 하락한 덕분에 기업들은 위험해 보였던 1931~1933년에도 은행 대출금을 받을 수 있었다.

1937~1938년 침체기에는 기업들이 이전의 두 침체기만큼 재정난을 겪지는 않았다. 이런 면에서 1919~1921년 주식시장과 1937~1938년 주식시장은 뚜렷이 대조를 이룬다. 금액 면에서나 하락률 면에서나 1937~1938년 주식시장이 더 크게 하락했는데도 그 심각성은 훨씬 낮았는데, 이는 미국 기업들이 재정적으로 큰 타격을 입지 않았기 때문이다.[4] 이것은 주가가 기업의 일시적인 실적 등락에 지나치게 민감해졌다는 신호로 볼 수도 있다. 과거와는 달리 주식투자와 주식 투기의 구분이 사라진 탓이라 하겠다.

기업 간 부채

모회사와 자회사 사이의 유동부채 문제도 이론상으로는 다른 단기부채 못지않게 심각하지만, 실제로 난처할 정도로 상환을 요구하는 경우는 드물다.

사례: 1930년 이후 유나이티드 가스United Gas Corporation 청산계정에 쌓인 모회사 일렉트릭 본드 앤드 셰어에 대한 부채는 2,600만 달러였다. 따라서 유나이티드 가스는 항상 유동자산보다 유동부채가 훨씬 많았다. 그래도 1936~1939년 동안 이런 부채 때문에 1순위 우선주 배당금이 누락되는 일은 없었다. 그러나 1932년에는 1939년보다 이익이 많았는데도 선순위 배당금 지급이 보류되었다. 모회사에 대한 부채 외에 은행 대출금이 많았기 때문이다. 보수적인 투자자라면 관계 회사 사이의 부채가 유동부채의 형태라는 점을 우려할 것이다.

만기가 다가오는 사채의 위험성

영업실적이 부진할 때 대규모로 발행했던 사채의 만기가 다가오면 회사는 재정난에 빠질 수 있다. 재무상태표에 이런 신호가 나타나면 그 상황을 심각하게 고려해야 한다. 사채의 만기가 도래하여 부도가 발생하는 사례가 많다.

---

4 스토클리 사례는 예외로서, 이런 경우는 거의 없었다.

사례: 피스크 러버는 1930년 말에 발행한 사채 800만 달러를 상환하지 못하여 법정관리에 들어갔다. 1933년 콜로라도 퓨얼 앤드 아이언과 시카고, 록 아일랜드 앤드 퍼시픽 철도Chicago, Rock Island and Pacific Railway Company가 지급불능이 된 것도 거액의 1934년 만기 채권과 밀접한 관계가 있다. 1933년 6월 콜로라도 퓨얼 앤드 아이언의 단기사채(1934년 만기 5퍼센트 콜로라도 인더스트리얼Colorado Industrial Company, 모회사가 보증)가 45에 거래되어 수익률이 연 100퍼센트를 넘어가는데도, 모회사 우선주는 54에 거래되었다. 투기자들의 경솔한 행태가 잘 드러나는 대목이다. 이 채권 수익률은 다가오는 위험을 알려 주는 확실한 신호였다. 만기에 원금을 상환하지 못하면 거의 틀림없이 부도가 발생한다(채권자들이 자발적으로 만기를 연장해 주는 일은 거의 없다). 그러면 주식은 완전히 휴지가 될 수 있다. 투기자들은 이런 명백한 위험도 무시하기 일쑤였으며, 그 경솔한 판단의 대가로 막대한 손실을 보기 일쑤였다. (2개월 뒤 법정관리가 발표되자 우선주는 17.25로 폭락했다.)

뉴욕, 시카고 앤드 세인트루이스 철도는 1929년에 발행한 3년 만기 사채 때문에 계속해서 재정난을 겪었다. 처음 만기가 도래한 1932년 이래로 이 회사는 법정관리 위험 속에서 계속 사채 만기를 연장했다. 1939년에는 투기자들이 회사의 이런 재정난을 무시한 탓에, 1941년 만기 사채의 저가가 50에 불과한데도 우선주는 18.50에서 45.75로 상승하였다.

만기에 회사가 어떻게든 원금을 상환하게 되더라도, 재융자 과정에서 발생하는 비용도 고려해야 한다.

사례: 1933년 11월 1일 만기 4.50퍼센트 아메리칸 롤링 밀American Rolling Mill Company 사채 1,400만 달러가 대표적인 사례다. 1933년 6월 이 사채가 80에 거래되었으므로, 연수익률이 약 75퍼센트였다. 그런데도 보통주는 3에서 24로 상승하여 시가총액이 4,000만 달러를 넘어섰다. 철강산업이 개선되는 모습을 보고 이 주식을 산 투기자들은 침체한 자본시장에서 사채를 차환 발행하려면 매력적인 전환권을 제공해야 한다는 사실을 생각하지 못했다. 이렇게 제공하는 전환권은 보통주

상승에 걸림돌이 될 수밖에 없다. 실제로도 회사는 만기가 도래하는 4.50퍼센트 사채를 25에 주식으로 전환되는 5퍼센트 사채로 교환해 주겠다고 제안했다. 그 결과 1933년 8월 새 사채는 가격이 101로 상승했으나 보통주 주가는 21로 하락했고, 1933년 11월 새 사채가 100에 거래되자 보통주는 15로 하락했다.

만기가 도래하는 채권은 선순위 담보채권을 포함해서 그 회사가 발행한 모든 증권에 영향을 미친다. 회사가 후순위 증권을 상환하지 못하면 선순위 증권 역시 심각한 영향을 받게 된다. 1941년 만기 8퍼센트 피스크 러버 1순위 담보채권에서 이런 현상이 두드러지게 나타났다. 이 채권은 5.50퍼센트 무담보사채보다 선순위였지만, 만기에 무담보사채를 상환하지 못하여 회사가 법정관리에 들어간 탓에 막대한 손실이 발생했다. 1929년에 115였던 이 채권이 1932년에는 16으로 폭락했다.[5]

중기 은행 대출금

최근 금리가 매우 낮아지고 상업은행 대출이 말라 버리자, 새로운 현상이 등장했다. 은행들이 몇 년에 걸쳐 상환하는 조건으로 대출을 제공하고 있다. 회사들은 자금을 대개 사채 상환(1939년 11월 커머셜 인베스트먼트 트러스트)이나 우선주 상환(1939년 아처-대니얼스-미들랜드) 용도로 차입하고 있다. 때로는 운전자본 확충(1937년 웨스턴 오토 서플라이)이나 단기 대출금 상환(아메리칸 커머셜 알코올 American Commercial Alcohol, 스토클리 브라더스) 목적으로 차입하기도 한다. 대부분 몇 년에 걸쳐 분할상환하는 조건이다.

증권분석 관점에서 보면 이런 은행 대출금은 대중을 상대로 발행하는 단기사채와 비슷하다. 일부는 유동부채로, 일부는 곧 만기가 도래하는 부채로 보아야 한다. 유동자산이 풍부해서 대출금을 쉽게 상환할 수 있거나, 수익력이 매우 좋아서 재

---

5 제6장, 제18장, 제50장에 실린 피스크 러버 사채 사례도 참조하라.

융자를 쉽게 받을 수 있다면, 이런 대출금은 위험하지 않다. 그러나 스토클리 사례처럼 둘 다 아니라면, 거액의 중기 대출금이 배당금 지급 중단이나 부도를 불러올 수 있다고 보아야 한다.

재무상태표에서 은행 대출금이나 단기부채가 미칠 악영향을 조사해야 한다는 점에 대해서는 더 부연할 필요가 없을 것이다.

재무상태표 장기 비교분석

이 중요한 주제는 다음과 같이 세 측면으로 나누어 논의하기로 한다.

1. 회사가 발표한 주당 이익 확인
2. 손익이 재무 상태에 미치는 영향 평가
3. 자원과 수익력 사이의 장기 상관관계 추적

재무상태표를 이용한 주당 이익 확인

이 기법은 제36장(부록)에서 논의한 적이 있다. 장기간에 걸친 주당 이익 확인 사례로 1929~1938년 US인더스트리얼 알코올의 평균 이익을 제시한다. 회사가 발표한 주당 이익과 재무상태표에 나타난 순자산가치 변동을 비교해 보자.

이 밖에도 1933년 회사는 고정자산을 1달러로 상각하고 1,930만 1,000달러 중 1,884만 6,000달러는 자본금에서 차감하고, 나머지는 잉여금에서 차감하였다. 이 상각 때문에 1932년 이후 감가상각비가 감소하였으므로, 보고 이익이 그만큼 과대평가되었다.

US인더스트리얼 알코올
1. 보고 순이익

1929	$4,721,000	주당* $12.63
1930	1,105,000	2.95
1931	(1,834,000)	(4.90)
1932	176,000	0.47
1933	1,393,000	3.56
1934	1,580,000	4.03
1935	844,000	2.15
1936	78,000	0.20
1937	(456,000)	(1.17)
1938	(668,000)	(1.71)
10년 합계	$6,782,000	$18.21

* 연차 보고서에 실린 숫자.

2. 보고 이익과 잉여금 계정 변동액의 차이

1929~1938년 보고 순이익	$6,782,000
차감: 지급 배당금	5,959,000
(A) 암시된 잉여금 잔액	823,000
이익잉여금, 1928. 12. 31.	14,214,000
차감: 1933년 공장 설비 계정을 1달러로 상각	455,000
조정 이익잉여금, 1928. 12. 31.	13,759,000
이익잉여금 및 우발손실 적립금, 1938. 12. 31.	5,736,000
(B) 재무상태표 잉여금 감소액	8,023,000
손익계산서에 암시된 이익과 재무상태표에 암시된 이익의 차이	$8,846,000

3. 차이에 대한 설명

잉여금만 바꾸고 손익계산서에는 반영하지 않음:	
재고자산 평가감減	$4,500,000
다양한 자산 상각 및 차감	3,969,000
잡조정	377,000
	$8,846,000

4. 수정 이익, 1929~1938

손익계산서 이익	$6,782,000
차감: 잉여금 차감액	8,846,000
이 기간 수정 이익	($2,064,000)

5. 운전자본 비교: 1928년과 1938년

순운전자본, 1928. 12. 31.	$11,336,000
순운전자본, 1938. 12. 31.	8,144,000
10년간 감소액	3,192,000
주식 매각 대금 가산	6,582,000
이 기간 운전자본 실제 감소액	$9,774,000

이 분석은 대부분 논점을 제31장~제36장에서 다루었으므로, 길게 설명하지 않겠다. 1929~1938년 동안 잉여금에서 차감한 금액을 모두 고려하면(공장 설비 계정을 1달러로 상각한 것은 제외), 이 기간의 실제 이익은 감소했다. 공장 설비 계정을 적정 수준으로 유지하고 1932년 이후 감가상각비를 정상적으로 차감했다면 잉여금도 훨씬 감소했을 것이다. 주식 매각 대금으로 658만 2,000달러를 받았는데도 운전자본이 319만 2,000달러 감소했다는 사실 역시, 10년 동안 배당금 지급 전 기준으로 손실이 발생했다는 증거가 된다.[6]

손익이 재무 상태에 미치는 영향 확인

두 번째 측면을 보여 주는 사례가 제43장에 실린 맨해튼 셔츠와 허프 모터카의 1929~1932년 재무상태표 비교다. 다음의 플리머스 코디지와 H. R. 맬린슨 앤드 컴퍼니H. R. Mallinson and Company의 1929~1932년 실적 비교도 비슷한 사례다.

---

[6] 《증권분석》 1934년판에 실린 스튜어트 워너의 1925~1932년 실적을 분석해도 비슷한 결론에 도달하게 된다. 다음을 참조하라. W. A. Hosmer, "The Effect of Direct Charges to Surplus on the Management of Income," *Business and Modern Society*, ed. by M.P. McNair and H. T. Lewis. pp. 113-151, Harvard University Press, 1938.

사례 :

항목	플리머스 코디지	H. R. 맬린슨 앤드 컴퍼니
보고 이익:		
1930	$288,000	($1,457,000)
1931	25,000	(561,000)
1932	(233,000)	(200,000)
이익 합계	$80,000	($2,218,000)
배당금	1,348,000	66,000
잉여금/적립금 차감액	2,733,000	116,000
잉여금/적립금 감소액	$4,001,000	$2,400,000

재무상태표 비교(단위: 1,000)

항목	플리머스 코디지		H. R. 맬린슨 앤드 컴퍼니	
	1929. 9. 30.	1932. 9. 30.	1929. 12. 31.	1932. 12. 31.
고정자산 및 잡자산	$7,211	$5,157	$2,539	$2,224
현금자산	1,721	3,784	526	20
매출채권	1,156	668	1,177	170
재고자산	8,059	3,150	3,060	621
총자산	$18,147	$12,759	$7,302	$3,035
유동부채	$982	$309	$2,292	$486*
우선주			1,342	1,281
보통주	8,108	7,394	500	500
잉여금 및 잡적립금	9,057	5,056	3,168	768
총부채	$18,147	$12,759	$7,302	$3,035
순유동자산	$9,954	$7,298	$2,471	$357
재고자산 제외 순유동자산	1,895	4,143	(589)	(264)

* '이연부채' $32,000 포함.

    이 기간 플리머스 코디지의 잉여금은 대폭 감소했지만, 기간 말 재무 상태는 기간 초보다 더 건전해졌고, 주당 청산가치도 십중팔구 더 높아졌을 것이다. 반면에 H. R. 맬린슨은 손실 때문에 운전자본이 거의 바닥났고, 수익력을 회복하기가 지극히 어려워졌다.

재고자산 손실과 재무 상태

재고자산 가치하락에서 오는 손실은 유동부채를 일으켜 메워야 하는 손실만큼 심각하지는 않다. 재고자산 감소액이 손실액보다 많다면, 그래서 실제로는 현금이 증가하거나 매입채무가 감소했다면, 다소 역설적이긴 하지만 손실이 발생했는데도 오히려 재무 상태는 더 건전해졌다고 말할 수 있다. 이 논리는 청산가치 밑으로 거래되는 증권에도 그대로 적용된다. 앞에서도 언급했지만, 청산가치를 추정할 때에는 재고자산을 (원가와 시가 중 저가로 평가했더라도) 장부가치의 약 50~75퍼센트로 평가한다. 이렇게 재고자산을 장부가치보다 훨씬 낮게 평가하면, 재무제표상으로는 영업손실을 기록한 회사라도 투자 관점에서는 이익을 낸 회사로 볼 수 있다. 맨해튼 셔츠 사례가 여기에 해당한다.

재무제표만 보면 이 기간에 분명히 손실이 발생했고, 이에 따라 보통주의 가치가 감소했다. 그러나 투자자가 1930년에 주당 8달러에 샀다면 (1930년 저가는 6.13달러), 장부가치가 아니라 청산가치 기준으로 평가해야 타당하다. 이 관점에서 보면 배당금 지급액을 차감한 다음에도, 주식의 내재가치가 주당 12.50달러에서 주

맨해튼 셔츠(단위: 1,000)

항목	재무상태표, 1929. 11. 30.		재무상태표, 1932. 11. 30.	
	장부가치	추정 청산가치	장부가치	추정 청산가치
현금 및 채권 시가	$885	$885	$1,961	$1,961
매출채권	2,621	2,100	771	620
재고자산	4,330	2,900	1,289	850
고정자산과 기타 자산	2,065*	500	1,124	300
총자산	$9,901	$6,385	$5,145	$3,731
유동부채	2,574	2,574	100	100
우선주	299	299		
보통주 분배 가능액	$7,028	$3,513	$5,045	$3,631
발행주식 수	81,000	81,000	46,000	246,000
주당 가치	$25.00	$12.50	$20.50	$14.75

*영업권 제외.

손익계산서, 1930~1932

우선주 배당금 지급 후 분배 가능액	
1930	(318,000)
1931	93,000
1932	(139,000)
3년	(364,000)
잉여금 차감액	505,000*
보통주 배당금 지급액	723,000
	$1,592,000
차감: 보통주 매입 할인액	481,000
기간 중 잉여금 감소액	$1,111,000*

* 우발손실 적립으로 이체한 $100,000 제외.

당 14.75달러로 상승한 것으로 평가된다. 실제로 맨해튼 셔츠는 이 3년 동안 자산 대부분을 현금화하였으므로, 투자자가 추정한 것보다 손실이 훨씬 적었다. 이 내용을 요약하면 다음과 같다.

자산 현금화 및 운용	금액	'추정 손실액'과 그 차액 운용	
재고자산 감소	$3,000,000		$1,000,000
매출채권 감소	1,800,000		350,000
공장 설비 등 감소	1,000,000		750,000
	$5,800,000		$2,100,000
실제 발생한 손실	800,000		800,000
순현금화 금액	$5,000,000	(청산가치 기준 '이익')	$1,300,000
현금 운용 명세:			
보통주 배당금	$700,000	보통주 배당금	$700,000
부채 상환	2,500,000	청산가치 증가	600,000
우선주 상환	300,000		
보통주 매입소각	500,000		
현금자산 증가	1,000,000		
	$5,000,000		

이 사례는 손익계산서가 제공하는 피상적 정보와 재무상태표가 전해주는 솔직한 이야기가 뚜렷이 대조를 이룬다. 이런 상황에서 알 수 있듯이, 손익계산서를 분석한 다음에는 재무상태표 분석으로 보완하고 확인해야 한다.[7]

재고자산의 가치하락이 영업손실인가?

단순히 재고자산의 가치가 하락했을 때, 이를 영업손실로 간주해야 하는가? 두 시점에 플리머스 코디지의 재고자산 가치를 비교하면 다음과 같다.

1929년 9월 30일 재고자산	$8,059,000
1932년 9월 30일 재고자산	3,150,000
하락률	60%

이 기간에 섬유 가격이 50퍼센트 넘게 하락했으므로, 회사가 재고자산으로 보유하는 섬유, 밧줄, 노끈의 양은 그다지 감소하지 않았다고 보아야 한다. 따라서 재고자산 가치하락의 절반 이상이 단가 하락에서 비롯되었다고 볼 수 있다. 이 재고자산 감소액은 영업손실이 되는가? 그러면 고정자산의 평가 가치가 하락했을 때에도 영업손실로 간주해서 그 감소액을 이익에서 차감해야 하는가?

이에 대해서는 제32장에서 '정상재고법'을 설명할 때 논의하였다. 플리머스 코디지도 1932년 이후 정상재고법을 채택하였다. 재고자산 가치 등락이 미치는 영향을 배제하고 모든 기업의 수익력을 똑같은 기준으로 평가하려면, 분석가는 이론상 모든 기업을 정상재고 기준으로 평가해야 한다. 그러나 실제로는 이런 계산에 필요한 데이터를 구하기가 어렵다. 따라서 다른 분석 분야에서와 마찬가지로, 재고자산 가치 등락이 미치는 영향을 정확하게 반영하지 못하고, 대강 평가할 수밖에 없다.

---

7 정도는 덜했지만 1937년 12월~1938년 12월에도 맨해튼 셔츠에 비슷한 상황이 발생했다.

재고자산 인플레이션에 의한 이익

1919년과 1920년의 예를 보면, 재고자산 가치변동은 호황기에도 문제가 됨을 알 수 있다. 1919년에는 제조업체가 막대한 이익을 올렸다. 1920년에도 보고 이익이 업체별로 고르지는 않았으나 그 합계액은 막대했다. 그러나 이 두 해 이익은 대부분 재고자산 인플레이션에서 비롯되었다. 원자재 가격이 투기적인 상승세를 보인 탓이다. 이런 이익은 정당성도 의심스러웠을 뿐 아니라 위험하기도 했다. 과도한 가격에 재고자산을 확보하는 과정에서 기업들이 은행에서 거액을 대출받았기 때문이다.

사례: 다음 표는 여러 선도적 제조업체의 실적을 합계한 자료인데, 확실히 만족스러운 실적 추세와 우려스러운 추세가 뚜렷이 대조를 이룬다.

12개 제조업체(합계치)

항목	1919년	1920년	1919~1920년
보통주 이익	$100,000,000	$48,000,000	$148,000,000
배당금 지급액	35,000,000	68,000,000	103,000,000
잉여금 차감액	5,000,000	10,000,000	15,000,000
잉여금 가산액	60,000,000	(30,000,000)	30,000,000
재고자산 증가액	57,000,000	84,000,000	141,000,000
기타 순유동자산 변동액	+30,000,000	(131,000,000)	(101,000,000)
공장 설비 등 증가액	33,000,000	169,000,000	202,000,000
자본금 증가액	69,000,000	141,000,000	210,000,000
적립금 증가액	–	–	12,000,000

이 계산에 포함된 기업은 다음과 같다. 아메리칸 캔, 아메리칸 스멜팅 앤드 리파이닝, 아메리칸 울른, 볼드윈 로코모티브 웍스, 센트럴 레더Central Leather, 콘 프로덕츠 리파이닝Corn Products Refining, 제너럴 일렉트릭, BF굿리치, 라카와나 스틸Lackawanna Steel, 리퍼블릭 아이언 앤드 스틸Republic Iron and Steel, 스튜드베이커, US러버.

자세한 설명을 위해서 US러버의 실적도 덧붙인다.

1919~1920년 US러버 실적은 1930~1932년 맨해튼 셔츠 실적의 정반대다. US러버는 이익은 많았으나 재무 상태가 악화하였다. 재고자산 확대와 공장 설비에 막대한 비용을 지출했기 때문이다. 1920년 주당 20달러에 육박한 보고 이익에만 관심을 집중했다면, 투자자는 완전히 길을 잃었을 것이다. 그러나 1930~1932년에는 주식시장이 오로지 회사가 발표한 손실에만 관심을 집중하여 마찬가지로 판

US러버(1919~1920)

보통주 이익:			
1919년	$12,670,000	주당	$17.60
1920년	16,002,000		19.76
합계	$28,672,000		$37.36
현금배당금 지급액	8,580,000		
주식배당금 지급액	9,000,000		
우발손실 적립금 이체액	6,000,000		
잉여금 및 적립금 조정액	(대) 2,210,000		
잉여금 및 잡적립금 순증액	$7,300,000		

재무상태표(단위: 1,000)

항목	1918. 12. 31.	1920. 12. 31.	증가
공장 설비 및 잡자산	$131,000	$185,500	$54,500
재고자산	70,700	123,500	52,800
현금 및 매출채권	49,500	63,600	14,100
총자산	$251,200	$372,600	$121,400
유동부채	$26,500	$74,300	$47,800
사채	68,600	87,000	18,400
우선주 및 보통주	98,400	146,300	49,900
잉여금 및 잡적립금	57,700	65,000	7,300
총부채	$251,200	$372,600	$121,400
운전자본	93,700	112,800	19,100
재고자산 제외 운전자본	23,000	(10,700)	(33,700)

단 착오를 일으켰는데, 당시에는 재무상태표 상태가 호전되는 회사가 많았다.

지금까지 논의로부터 재고자산 손익은 손익계산서와 재무상태표에 거의 똑같이 영향을 미침을 알 수 있다.

수익력과 자원에 대한 장기 분석

재무상태표 분석의 세 번째 측면은 흥미가 다소 떨어진다. 회사의 실적과 특성을 철저하게 분석해야 하기 때문이다. 이런 분석이 필요한 이유는 다음 US스틸과 콘 프로덕츠 리파이닝의 장기 실적 분석에서 드러난다.

원래 고정자산 계정에 가산되어 있던 무형자산 5억 800만 달러는 '물타기' 성격이어서 재무상태표에서 제외하였다. 이후 회사는 잉여금으로 채무 상환기금을 설정하여 1902~1929년 동안 이 무형자산을 (1억 8,200만 달러) 상각했다. 이 채무 상환기금 차감액 역시 손익계산서에서 제외하였다.

이 실적이 주는 의미

이 30년 중에는 호황 기간과 불황 기간이 대체로 비슷하게 들어 있는 듯하다. 1차

Ⅰ. US스틸의 영업실적 및 재무 상태 변동 분석, 1903~1932(분석 시점: 1933년)
A. 영업실적(단위: 백만 달러)

항목	1차 10년 1903~1912년	2차 10년 1913~1922년	3차 10년 1923~1932년	총 30년
완제품 생산량	93.4톤	123.3톤	118.7톤	335.4톤
총매출액 (모-자회사 거래 제외)	$4,583	$9,200	$9,185	$22,968
순이익*	979	1,674	1,096	3,749
사채 이자	303	301	184	788
우선주 배당금	257	252	252	761
보통주 배당금	140	356	609**	1,105
잉여금 및 '자발적 적립금' 가산 가능액	279	765	51	1,095

* 감가상각비 차감 후. 단, 모회사 감가상각비 차감액 제외.
** 주식배당금 $204,000,000 포함.

B. 이익과 평균 자본금의 관계(단위: 백만 달러)

항목	1차 10년	2차 10년	3차 10년	총 30년
기초 자본금	$987	$1,416	$2,072	$987
기말 자본금	1,416	2,072	2,112	2,112
평균 자본금	1,200	1,750	2,100	1,700
자본이익률, 연	8.1%	9.6%	5.2%	7.4%
이자와 배당금 지급률, 연	5.8%	5.2%	4.0%*	5.2%*
평균 보통주 지분 (보통주, 잉여금, 적립금)	$237	$620	$1,389	$816
보통주 지분 이익률	17.7%	18.3%	4.8%	9.0%
보통주 지분 배당률	5.9%	5.7%	2.9%*	3.7%*
연 감가상각비	$24	$34	$46	$35
평균 고정자산 계정	1,000	1,320	1,600	1,300
고정자산 대비 감가상각률	2.4%	2.6%	2.9%	2.7%

* 주식배당 제외.

C. 재무상태표 변동(단위: 백만 달러)

항목	1902. 12. 31.	1912. 12. 31.	변동 1차 10년	1922. 12. 31.	변동 2차 10년	1932. 12. 31.	변동 3차 10년	변동 30년
자산:								
고정자산 및 잡자산*	$820	$1,160	+$340	$1,466	+$306	$1,741	+$275	+$921
순유동자산	167	256	+89	606	+350	371	−235	+204
합계	$987	$1,416	+$429	$2,072	+$656	$2,112	+$40	+$1,125
부채:								
사채	$380	$680	+$300	$571	−$109	$116	−$455	−$264
우선주	510	360	−150	360		360		−150
우선주 배당금 발생액						5	+5	+5
보통주	508	508		508		952**	+444	+444
잉여금 및 '자발적' 적립금*	(411)	(132)	+279	633	+765	679	+46	+1,090
합계	$987	$1,416	+$429	$2,072	+$656	$2,112	+$40	+$1,125

* 기초에 평가증한 $508,000,000 제외.
** 프리미엄 $81,000,000과 주식배당 $204,000,000 포함.

10년에서는 1904년과 1908년이 불황기였고, 1911년과 1912년은 평균 이하였다. 2차 10년에서는 1914, 1921, 1922년이 불황기였는데, 1922년은 매출액 감소가 아니라 원가 상승 탓이었다. 3차 10년에서는 8년 동안 호황이 이어진 다음 2년 동안 유례없는 불황이 이어졌다.

2차 10년 기간에는 제1차 세계대전이 US스틸에 뜻밖의 횡재를 안겨 준 덕분에, 1차 10년보다 이익이 3억 달러 이상 증가했다. 반면에 3차 10년에는 자본이익률이 급격하게 떨어졌다. 8퍼센트를 만족스러운 평균 자본이익률로 간주한다면, 3차 10년에는 자본이익률이 5.2퍼센트여서 이익이 평균 실적에 거의 6억 달러나 못 미쳤다.

이 상황을 다른 각도에서 본다면, 30년 동안 US스틸의 실제 투자는 2배 이상 증가했고, 생산능력은 3배로 늘어났다. 그러나 3차 10년의 평균 연간 생산량은 1차 10년보다 겨우 27퍼센트 증가했고, 이자비용 차감 전 이익은 불과 평균 12퍼센트 증가했다. 이 분석으로부터 두 가지 질문이 제기된다. (1) 제1차 세계대전 이후 철강산업의 수익성이 악화하였는가? (2) 이는 공장 설비 증설에 이익을 과도하게 재투자하여 설비 과잉이 상태가 되고, 그 결과 이익률이 감소한 탓인가?

후기

1933년에 실행한 이 분석이 건전한지는 이후 경과로 판단할 수 있다. 먼저, 이후 공개된 사실을 고려하여 공장 설비 계정과 이익을 다음과 같이 조정해야 한다. (1) 1929년에 상각한 무형자산 5억 800만 달러에 추가해서, 1937년 공장 설비 계정에서 무형자산 2억 6,900만 달러를 별도로 구분하여 1938년에 상각해야 한다. (2) 1935년에 고정자산에 대한 추가 감모상각비로 2억 7,000만 달러를 잉여금에서 차감해야 한다. 그러나 이렇게 수정해도 앞에서 내린 결론은 크게 달라지지 않는다.

1932년 이후 실적을 보아도 1933년 분석에서 내린 비관적 결론은 여전히 타당한 듯하다. 1934~1939년은 정상적인 수익력을 공정하게 평가할 수 있는 기간이었는데, 이 기간 US스틸 보통주의 평균 이익은 주당 14센트에 불과했기 때문이

II. 콘 프로덕츠 리파이닝의 영업실적 및 재무 상태 변동 분석, 1906~1935
A. 손익계산서 평균 실적(단위: 1,000)

항목	1차 10년 1906~1915년	2차 10년 1916~1925년	3차 10년 1926~1935년
감가상각비 차감 전 이익	$3,798	$12,770	$14,220
감가상각비	811	2,538	2,557
이자 및 배당금 지급 가능액	2,987	10,232	11,663
사채 이자	516	264	88
우선주 배당금 (지급액 또는 발생액)	2,042	1,879	1,738
보통주 분배 가능액	429	8,089	9,837
보통주 배당금	–	2,751	8,421
잉여금 가산 가능액	429	5,338	1,416
10년간 잉여금 가산 가능액	4,290	53,384	14,159
보통주, 잉여금, 적립금 조정	(대) 1,282	(대) 6,026	(차) 5,986
보통주, 잉여금, 적립금 증가액	5,572	59,410	$7,173

B. 재무상태표

항목	1906. 2. 28.	1915. 12. 31.	1925. 12. 31.	1935. 12. 31.
공장 설비 (감가상각 후) 및 잡자산	$49,000	$51,480	$47,865	$34,532
관계 회사 투자	2,000	4,706	16,203	33,141
순유동자산	1,000	11,091	42,528	43,192
합계	$52,000	$67,637	$106,596	$110,865
사채	9,571	12,763	2,474	–
우선주	28,293	29,873	25,004	24,574
보통주, 잉여금, 잡적립금	14,136	19,708	79,118	86,291
우선주 배당금 발생액	–	5,293	–	–
합계	$52,000	$67,637	$106,596	$110,865

C. 총자본 및 보통주 지분의 이익률*과 비용률

항목	1차 10년 1906~1915년	2차 10년 1916~1925년	3차 10년 1926~1935년	총 30년
평균 자본금	$59,818	$87,116	$108,730	$81,432
자본이익률	5.0%	11.8%	10.7%	10.2%
자본비용률	4.2%	5.6%	9.4%	7.3%
평균 보통주 지분	$16,922	$49,413	$82,704	$50,213
보통주 지분 이익률	2.5%	16.4%	11.9%	12.2%
보통주 지분 비용률	–	5.6%	10.2%	7.8%

*잉여금 및 적립금 조정은 이익에서 제외.

다. 물론 제품개발, 공정개발, 기타 요소들에 의해서 상황이 개선될 수도 있다. 그러나 이는 과거 실적에 입각한 합리적인 예상이 아니라, 투기적 기대다.

비고

1. 1922년과 1923년 상각 3,600만 달러를 반영하여 전체 기간 공장 설비와 보통주 지분을 수정했음.
2. 자회사가 발행한 사채를 반영하여 1906년과 1912년 사채 금액을 증가시킴. 공장 설비 등이 같은 금액 증가함.
3. 기초 재무상태표 추정치는 매우 정확해 보임.
4. 1차 10년과 2차 10년 사채이자 차감액 일부는 추정치임.
5. 보통주, 잉여금, 적립금 조정은 주로 잡적립금과 유가증권 가치하락을 반영함.

콘 프로덕츠 리파이닝 실적 논평

1차 10년(1906~1915년)에는 이익이 평균 이하였는데, 감가상각비를 더 적절하게 계산했다면 실적이 더 나쁘게 나왔을 것이다. 콘 프로덕츠 리파이닝도 US스틸과 마찬가지로 제1차 세계대전 기간에 이익이 엄청나게 증가했다. 2차 10년(1916~1925년)에는 운전자본이 대폭 증가했고, 사채와 우선주가 많이 감소했다. 신규 공장 설비 지출액보다도 감가상각비가 더 많았다.

3차 10년(1926~1935년)에 나타난 실적은 US스틸의 1923~1932년 실적과 전혀 다른 모습이다. 불황기가 있었는데도 콘 프로덕츠는 증가한 자본금에 비례해서 수익력을 대부분 유지할 수 있었다. 3차 10년의 평균 이익은 1차 10년 이익의 약 4배였다. (같은 기간을 놓고 비교해 보면, US스틸의 1926~1935년 이익은 1906~1915년보다 적었다.) 재무상태표 공장 설비 계정이 (적극적인 감가상각 때문에) 대폭 감소했지만, 관계 회사 투자는 더 큰 폭으로 증가했다. 이는 기업활동이 확장되었다는 뜻이다.

콘 프로덕츠의 실적에 대해서는 US스틸에 대해 제기했던 두 가지 질문이 전혀 필요 없다.

제7부

증권분석의 기타 측면.
가격과 가치의 괴리

제7부 개론

시장은 여전히 비효율적이다

낸시 짐머만

　그레이엄과 도드의 《증권분석》을 다시 읽으며 그들의 또 다른 고전인 《현명한 투자자》를 처음 접했던 젊은 시절이 떠올랐다. 《현명한 투자자》를 통해 투자는 펀더멘털 분석에서 시작된다는 개념을 처음 접했고, 이후 《증권분석》을 찾아 읽으며 투자가 직업이 될 수도 있다는 것을 알게 되었다. 88년 전에 출간된 이 책의 새로운 개정판 작업에 초대를 받자 그 시절의 소중한 기억들이 되살아났다.

　《증권분석》에 담긴 명료한 글과 훌륭한 사례들을 다시 읽으며, 인내심과 성실한 분석을 통해 지적 도전감과 충분한 보상을 얻을 수 있음을 처음 깨달았던 순간이 떠올랐다. 아울러 그레이엄과 도드의 가르침을 따라 투자하며 성공을 거두었던 여러 경험도 생각난다. 좋은 투자는 매수하거나 매도하려는 증권에 대한 세심한 분석에서 시작된다는 그레이엄의 말에 전적으로 동의한다. 타당한 분석을 위해서는 고된 작업과 겸손한 태도로 미래를 내다볼 수 있어야 한다. 《증권분석》이 출간되고 수십 년이 지났지만 시장에는 저자들이 '안전마진'이라고 부른, 위험 대비 충분한 초과수익이 기대되는 기회가 여전히 많다.

대학 2학년을 마친 1980년대 여름, 나는 시카고에 위치한 옵션 트레이딩 회사인 오코너O' Connor and Associates에서 시장과 투자에 대해 배울 기회를 얻었다. 수학적 소질이 있고 호기심 많은 학생이 좋은 동료이자 훌륭한 시장 조성자market maker가 될 수 있다고 생각했던 현명한 파트너 덕분이었다. 오코너는 시장분석을 피하고 보텀업 분석을 강조했는데, 수학적 기법을 사용해 개별 주식이나 지수, 채권, 외환에 대한 파생상품 가격을 산정했다. 오코너의 파트너들은 '시장의 방향'에 대해 자신들이 모른다는 것을 기꺼이 인정했다. 그 대신 여러 종류의 주식과 지수의 옵션 가격을 계산하고 차익거래를 통해 가격 괴리를 '확정'locking in함으로써 리스크를 줄이면서 충분한 자본 수익을 얻을 수 있다고 생각했다. 개별 주식의 방향성에 투자하는 것은 피했다. 개별 주식 리스크 평가팀은 수학적 모델링만큼이나 독서를 중요하게 생각하는 매우 지적인 사람들이었다. 그들의 독서 목록 상위에는 《증권분석》과 함께 투기와 레버리지에 대한 경고를 담은 제시 리버모어Jesse Livermore의 전기가 있었다.

오코너에서 옵션 시장을 배우던 그해 여름은 지수, 지수옵션, 통화옵션, 미국 국채 옵션처럼 점점 복잡해지던 옵션 세계가 막 시작되던 시기였다. 나는 특정한 시장 패턴에 따라 거래하는 시장분석만으로는 초과수익을 거둘 수 없다는 믿음이 더 확고해졌다. 당시 그레이엄과 도드가 오래전에 기술적 분석에 관해 쓴 글을 읽었는데, 최근 이 글을 다시 읽으며 과거의 가격 움직임을 통해 미래의 가격을 예측하려는 행위가 얼마나 어리석은지 다시 한 번 깨달았다. 그럼에도 이런 시대착오적인 접근법은 시장을 이기고 싶은 욕망으로 가득한 신규 참여자들이 계속 시장에 진입하며 여전히 수요가 끊이지 않고 있다.

그레이엄과 도드는 바텀업 방식으로 개별 주식을 하나씩 살펴보고 분석하여 위험 대비 안전마진이 충분한 주식을 찾는 것이 초과수익을 거두는 길이라고 강조했다. 오랜 기간 투자하면서 나는 실질적으로 유사한 증권을 비교할 때 안전마진을 가장 잘 발견할 수 있다는 걸 알게 되었다. 《증권분석》 제7부에는 다음과 같은 지혜가 담겨 있다. 시장은 효율적이지 않기 때문에 세심한 분석을 통해 기회를 찾아낼 수 있다. 특히 동일한 위험을 가진 매우 유사한 증권이 다른 가격에 거래될 때 그런 기회가 많다. 이것은 동일한 증권은 시장에 관계없이 동일한 가격을 가져야 한다는 경제학의 '일물일가 법칙'the law of one price에 어긋나는 것이다.

이듬해 오코너에서 두 번째 여름을 보낸 후《증권분석》을 다시 한 번 정독했는데, 상세히 묘사된 과거의 투자 사례들에 완전히 매료되었다. 한편으로는 내가 너무 늦게 태어난 건 아닌지, 지금도 그레이엄이 활동했던 시대처럼 여전히 바텀업으로 기업들을 분석해 매력적인 투자 기회를 찾을 수 있을지 걱정이 되었다. 다행히 그건 기우였다. 이후 자산운용업계에서 일하다 채권 차익거래 전문 자산운용사를 설립하고 운영하며 수십 년을 보내면서,《증권분석》에 담긴 가격과 가치의 괴리를 만드는 요인들이 여전히 작동하고 있음을 알게 되었다. 심지어 유동성이 넘치고 시장참여자가 많아 초과수익 기회가 없을 것 같은 시장에서도 기회를 찾을 수 있었다. 물론 훨씬 복잡해진 지금의 금융시장에서 언제, 어떻게 비효율이 생겨나는지 이해하려면 훨씬 더 많은 계산과 모델링 작업이 필요한 경우가 많다.

'가치와 가격의 괴리'를 다루는《증권분석》제50장과 제51장은 증권시장의 다양한 일탈 현상을 이용해 이익을 얻을 수 있는 기회를 다룬다. 1930년대는 가치와 가격의 괴리가 만연했다. 물론 이 중에는 글로벌 거래 능력을 가진 전문투자자만 이용할 수 있거나, 괴리가 명백하지만 완전히 헤지 하기 어려운 경우도 있었다. 그레이엄과 도드는 계약 세부 사항의 불투명성이나 재무 성과 공표 시점의 차이를 비롯해 괴리가 발생하는 여러 원인을 설명한다. 놀랍게도《증권분석》이 출간되고 오랜 세월이 흐른 지금도 여전히 동일한 가격 괴리가 계속 발생하고 있다. 우리는 이런 괴리에 대해 좀 더 체계적으로 생각하는 법을 배웠다. 그리고 최근 수십 년 사이에 그레이엄과 도드의 아이디어를 현대 금융과 통합하는 흥미로운 발전이 있었다.《증권분석》에 담긴 여러 주제와 예시는 현대 금융경제학은 물론 재무관리와 차익거래 실무에서 여전히 살아 숨 쉬고 있다.

《증권분석》에는 다양하게 활용할 수 있는 여러 가지 흥미로운 아이디어가 담겨 있다. 첫째, 금융시장에서 '일물일가 법칙'은 자주 깨진다. 동일하거나 매우 유사한 자산이 시장에 따라 다른 가격에 거래되는 경우가 많다. 각각의 시장마다 통화나 거래소, 상품화 방식 등 여러 측면에 차이가 있기 때문이다.

둘째, 가격 불균형의 원인도 다양하다. 어떤 시장의 주요 매매 세력들이 다른 시장에서는 활발하게 거래하지 않기 때문에 불균형이 생길 수 있다(암호화폐의 김치프리미엄처럼—옮긴이). 채권시장에서 일물일가 법칙이 깨지는 이유는 주로 벤치마크와의 추적오차를 최소화해야 하는 기관투자자들의 운용 방침과 관련된다. 이에 따라 어떤 증권이 인덱스에 편입되는 것만으로도 편입되지 않은 유사한 증권보다 비싸게 거래된다. 기관투자자들은 복잡한 구조의 증권보다는 표준화된 증권을 선호한다. 최근 기대수익은 동일하지만 훨씬 저평가된 다른 증권들로 포트폴리오를 구성해 기성 포트폴리오를 복제하고 더 나은 수익을 얻으려는 시도가 늘어나고 있다.

셋째, 실시간 데이터, 막대한 컴퓨팅 파워, 보다 정교한 모델링 덕분에 서로 동일하거나 유사하다고 간주할 수 있는 증권들을 찾아내는 작업에도 많은 진전이 이루어졌다. 《증권분석》이 출간되던 시절에는 가장 가능성 높은 시나리오에 초점을 맞추었지만, 지금은 다양한 시나리오를 상상하고 모델링해 볼 수 있다. 기술 발전 덕분에 수작업으로 계산이 이루어지던 그레이엄과 도드 시절에는 불가능했던 복잡한 모델도 만들어 볼 수 있게 되었다. 여러 증권으로 다양한 포트폴리오를 구성해 보고 전체적인 현금흐름을 살펴볼 수도 있고, 개별 증권은 물론 전체 포트폴리오에 대한 스트레스 테스트를 해 볼 수도 있다. 증권 간에 여러 결괏값의 분포를 비교해 볼 수도 있고, 다양한 시나리오에 대해 옵션 가격을 계산해 볼 수도 있다.

넷째, 동일하거나 거의 유사한 증권의 가격은 결국 수렴하는 경우가 많지만 수렴하기까지 오랜 시간이 걸릴 수도 있고, 수렴하기 전에 가격차가 더 벌어질 수도 있다. 따라서 동일한 증권을 활용한 차익거래도 단기적으로는 위험할 수 있다. 적절히 분산하는 것이 현명하다. 금융위기와 같은 혼란으로 서로 무관한 증권의 움직임에 예기치 않은 인위적 상관관계가 생기면 문제는 더욱 심각해진다. 파생상품이나 레버리지는 헤지 수단이 되기도 하지만 상황을 악화시킬 수도 있다. 아무리 완벽한 차익거래로도 항상 수익을 낼 수는 없다. 평균적으로 수익을 낼 수 있을 뿐이다.

마지막으로, 그레이엄과 도드는 차익거래 전략이 장기투자자에게 중요한 역할을 할 수 있다고 보았다. 그레이엄과 도드가 강조했듯이 시장의 움직임은 예측할 수 없다. 따라서 숙련된 투자자라면 적어도 포트폴리오의 일부를 시장 움직임에 연동되지 않도록 분산하고 보호하는 것이 좋을 것이다. 이런 경우에 차익거래 전략은 장기투자자에게 도움을 준다. 차익거래 전략의 수익률은 중장기적으로 포트폴리오의 다른 부분 수익률과 상관관계가 없기 때문이다.

최근 사례

채권 차익거래 전략의 핵심은 특정 증권들 간의 상대적 가격 차이를 이용하는 것이다. 우리는 최근 수십 년간 이런 전략을 활발하게 이용했다. 그레이엄과 도드가 설파했듯이, 부지런히 기회를 탐색하되 섣불리 투자하지 말고 보다 매력적인 기회를 기다려야 한다. 그들의 최고 수제자인 워런 버핏은 투자를 야구에 비유하며 다음과 같이 말했다. "투자의 비결은 그냥 앉아서 한가운데로 공이 들어올 때까지 계속 기다리는 것이다. '바보야, 좀 휘둘러!'라고 사람들이 야유해도 무시해야 한다."[1]

그레이엄과 도드가 《증권분석》 제51장 '상관관계가 확실한 종목의 비교분석'에서 언급한 사례가 2018년 말 발생했다. 투자등급 유로화 채권들이 달러 채권들보

---

[1] Peter Kunhardt, *Becoming Warren Buffett*, Kunhardt Films, Home Box Office(HBO), 2017.

다 전체적으로 비싸게 거래되었다. 수급과 거래 통화의 차이가 주된 원인이었다. 당시 유럽중앙은행ECB은 통화 정책을 완화하고 유로 지역 경기를 부양하기 위해 유럽 기업 발행 채권에 대한 매입 프로그램을 실행했는데, 이로 인해 통화에 따른 채권 가격의 괴리가 심화되었다. 제51장 '수요와 공급에 의한 불균형'에 나온 것처럼, 유럽중앙은행과 같은 대규모 매수자는 파리 파수 pari passu 채권(채권자들의 권리가 동등한 채권—옮긴이) 사이에도 상당한 가격 불일치를 초래할 수 있다. 유로화와 달러화 채권시장을 모두 살펴보았던 투자자는 동일한 기업이 발행한 채권이 양 시장에서 보이는 상당한 가격 차이를 이용해 수익을 얻을 수 있었다. 예를 들어, 오랜 기간 전 세계에서 광범위하게 사업을 하는 다국적기업 제너럴 일렉트릭GE은 궁극적으로 미국 기업이다. 따라서 유로화로 발행된 GE 채권들은 유럽중앙은행의 채권 매입 대상이 아니었다. 그럼에도 GE 유로 채권은 다른 유로화 표시 채권들처럼 덩달아 비싸게 거래되었다. 환율과 금리 위험을 감안하고도 GE 달러 채권과 GE 유로 채권의 스프레드 차이는 100베이시스포인트에 달했고, GE 달러 채권 가격은 6포인트 더 낮았다. 이 상황을 유심히 지켜보았던 투자자라면 두 채권이 '상관관계가 확실한' 채권이라고 판단하고 저평가된 GE 달러 채권을 매수하고 유로채권을 매도하는 차익거래 기회를 포착했을 것이다. 실제로 두 달 만에 두 채권의 스프레드 차이는 50베이시스포인트로 줄어들었고 가격도 1포인트 이내로 수렴했다.

일물일가 법칙은 자주 깨진다. 예를 들어 2022년 여름, 동일한 조건의 10년 만기 US 달러 바닐라 vanilla 금리 스와프가 런던시장과 시카고시장에서 다른 가격에 거래되었다. 내가 업계에서 일을 시작하던 초기부터 지금까지 미국 국채 현물과 국채 선물 간의 차익거래는 여전히 좋은 거래 기회를 제공한다. 일정한 만기를 가진 미국 국채를 바스켓으로 매입하고 해당 채권을 인도하는 선물계약으로 헤지해 수익을 취하는 것이다. 어느 시점에 바스켓에 담긴 채권 중 선물계약에 인도할 가장 저렴한 채권이 있을 것이다. 하지만 수익률 곡선의 변화나 다른 특별한 이유로 바스켓에 담긴 채권들 사이에 상대적 가격 변화가 발생하여 가장 저렴한 채권이 바뀔 수도 있다. 선물계약이 인도할 채권 가격보다 비싸다면, 해당 선물계약을 공매도하고 채권을 매수함으로써 가격 차이를 이용해 수익을 취할 수 있다. 이에 더해 최저가인도채권이 바뀌면 추가적인 수익을 얻을 수도 있다. 또한 이 거래는 선물과 채권의 가격 관계가 정상화되면 인도일 이전에 포지션을 청산할 수 있는 기회도 준다. 확실한 만기일이 있고 추가적으로 더 유리한 결과를 선택할 수 있는 옵션이 있는 거래를 하는 것이 좋다.

그레이엄과 도드가 부지런한 분석가라고 불렀던 차익거래자라면 기회와 함정을 구분할 수 있어야 한다. 폐쇄형 뮤추얼펀드처럼 영구적인 자본구조는 경제적 이익을 얻는 투자자가 의사결정의 통제권을 갖지 못하는 경우가 많다. 따라서 겉보기에는 펀드의 순자산가치에 비해 할인되어 보이지만 가격 괴리를 해소할 방법이 없어 함정인 경우가 많다. 《증권분석》은 다양한 투자 구조가 갖는 위험과 비용에 대해 잘 설명해 놓았다. 제47장에서는 '투자신탁의 자금 조달 방식'을 다루는데, 현금 보수나 우선주, 전환 특례 조건, 워런트 설정 방식에 따라 신탁 발기인과 일반투자자 간에 경제적 보상과 유인이 어떻게 상충되는지 잘 보여 준다. 같은 장에서 이런 투자 기구vehicle들의 '경영 비용'을 면밀히 계산해 보여 주고 있는데, 투자 기구가 보유한 자산가치에 비해 할인되어 거래될 때 차익거래 기회처럼 보이지만 실제로는 가치함정인 경우가 많다. 최근의 그레이스케일 비트코인 투자신탁Grayscale Bitcoin Trust, GBTC이 대표적인 사례다. 이 투자상품은 투자자들이 비트코인을 직접 구매하고 보관하는 번거로움 없이 비트코인의 가격 등락에 투자할 수 있게 해 주고 연간 2퍼센트의 수수료를 수취하는 간접 투자 기구이다. 2013년 처음 출시된 이후 수년간 크게 주목받지 못하다가 2020년 비트코인을 비롯한 암호화폐 가격이 급등하자 암호화폐 투자자들의 탐욕을 적극 활용하기 시작했다. 회사는 여러 가지 이유를 들어 GBTC가 비트코인보다 항상 할증된 가격에 거래될 것이라고 홍보했다. 비트코인을 구매해 신탁에 예치하고 그 대가로 6개월 보호예수가 걸려 있는 GBTC 주식을 받으면 6개월 후에 할증된 프리미엄을 얻을 수 있다고 꾀었다. 예치된 자산에는 영구적으로 연 2퍼센트의 수수료가 부과되었다. 비트코인 열기가 뜨거웠던 시절에는 일부 투기꾼을 끌어들일 수 있었지만, 사업 모델이 의심받기 시작하자 강한 매도 압력을 받게 되었다. 2022년 여름에는 GBTC가 보유한 비트코인 가치보다 30퍼센트 할인된 가격에 거래되었다. 누군가 이 가격 괴리를 이용해 차익거래를 하고자 했다면 시카고 상품거래소Chicago Mercantile Exchange, CME 선물상품을 이용해 비트코인을 공매도하고 GBTC 주식을 매수하는 매우 간단한 방법이 있었다. 하지만 과연 이것이 기회였을까? 낙관론자들은 그레이스케일이 미국 증권거래위원회를 설득해 신탁을 ETF로 전환하려 한다는 사실에 희망을 걸었겠지만, 단기적으로 가격 괴리를 해소할 방법은 없었다. 신탁에 만기도 없고 신탁이 보유한 비트코인을 직접 매각할 수도 없는 상황에서 가격 괴리는 흥밋거리에 가까워 보인다. 그레이엄과 도드는 제48장에서 "실제로 자본을 거의 투입하지 않고서 경영권을 행사"하는 경영진의 위험을 지적했다.

현대 금융과 확률적 분석기법 덕분에 동일하다고 간주할 수 있는 증권을 찾아내는 작업이 한층 더 가속화되었다. 《증권분석》이 집필되던 시절에는 가장 가능성 높은 시나리오를 바탕으로 안전마진을 구축했다. 지금은 여러 가지 시나리오를 상상하고 모델링할 수 있게 되었다. 컴퓨터가 제공하는 모델링과 막강한 연산 능력 덕분에 그레이엄과 도드 시대에 비해 훨씬 더 정교하게 투자 위험을 생각할 수 있게 되었다. 심지어 다양한 '안전마진'을 비교하거나 단위 위험당 초과수익을 계산해 볼 수도 있다.

우리 회사가 채권과 파생상품을 활용해 시장 중립적 수익을 얻기 위해 노력하던 초창기 미국 금리 시장에 큰 혼란이 있었다. 1993년 경기 침체기에 단기금리는 3퍼센트 미만이었고 5년물은 5.2퍼센트 수준이었다. 경기가 회복되면서 금리 인상에 대한 기대감이 점점 더 커졌다. 1994년 12월 연준의 공격적인 금리 인상으로 수익률곡선yield curve이 바뀌자 과도한 레버리지를 사용한 시장참여자들(멕시코, 오렌지 카운티Orange County, 많은 소규모 은행)에게 심각한 문제가 발생했다. 위험을 줄이기 위해 재무상태표를 정리하고 포트폴리오를 청산하면서 금리에 압력이 가해졌다. 흥미롭게도 변동성이 증가할 때 이익을 보는 포지션long volatility position도 함께 청산되고 있었다. 이런 매도 압력으로 금리옵션 가격은 크게 낮아졌는데, 이는 변동성이 역사적 수준보다 훨씬 낮을 때나 가능한 가격이었다. 이렇게 낮은 수준의 옵션 가격은 모기지 채권처럼 변동성이 낮아질 때 이익을 내는 증권short volatility securities을 헤지 할 수 있는 기회를 주었다. 나아가 연준이 금리를 추가적으로 200 베이시스포인트 인상할 것이라는 극단적인 시나리오에 반대 포지션을 취하는 비대칭적 수익 구조를 만들 수도 있었다. 최신 분석 도구가 없었더라면 차익거래 기회를 발견하거나 비정상적인 가격이 정상화될 가능성을 보다 확실하게 계산하기 어려웠을 것이다.

《증권분석》 제51장의 '상관관계가 확실한 종목의 비교분석'에는 비슷한 두 자산의 가격 불균형이 발생하는 원인과 사례가 잘 기술되어 있다. 이 주제와 연관된 최근의 투자 사례로 회사채와 회사채 발행 기업의 디폴트 위험을 보상해 주는 신용부도스와프credit default swap, CDS 차익거래를 들 수 있다. 이런 상대가치 차익거래를 흔히 CDS 베이시스 트레이딩이라고 한다.

이런 전략을 실행하기 위해 투자자는 채권 현물과 해당 채권에 대한 보험을 함께 구매한다. 보험 구매는 신뢰할 수 있는 금융기관과 CDS 계약을 통해 이루어진다. '안전마진'을 확보하는 방식은 다양하다. 채권 스프레드(채권의 이자율과 무위험 금리 간의 차이)가 CDS 스프레드(CDS 프리미엄, 즉 CDS 계약 비용)보다 높을 수 있다. 혹은 채권 가격이 CDS 내재 가격(디폴트가 발생할 때 받게 되는 금액)보다 낮을 수 있다. 혹은 CDS 계약에 '디폴트가 발생하면 동일한 순위pari passu의 어떤 채권이라도 인도할 수 있다'라는 조항이 있다면 최저가 채권을 인도함으로써 수익을 챙길 수 있다.

CDS 시장의 태동기였던 1990년대부터 글로벌 금융위기 직전인 2007년까지는 채권과 CDS 간의 스프레드 차이가 매우 작았고 CDS가 갖는 옵션적 속성 때문에, 베이시스 트레이딩의 기회를 찾기 어려웠다. 채권 스프레드가 CDS 스프레드보다 높은 상태를 네거티브 베이시스negative basis라고 하는데, 불과 몇 베이시스포인트 수준이었다. 하지만 2008년 금융위기 전후로 놀라운 상황이 전개되었다. 처음에는 네거티브 베이시스가 크게 증가했다. 다음에는 투자자들이 곤경에 처하며 기초자산의 경제적 상태와 상관없이 매도가 이루어졌고, 거래 반대편에서 그 물량을 받아 줄 차익거래 자본이 부족해졌다.

금융위기 이전 구조화 금융의 황금기에 합성 부채담보부채권Synthetic Collateralized Debt Obligations, Synthetic CDO이 끝없이 발행되었다. CDO 운용자는 CDS 계약을 모은 다음 위험과 수익을 고려해 여러 등급의 트랜치로 나누었다. 신용평가사들은 이 중 가장 위험이 낮고 수익성이 높은 상위 트랜치에 최고 등급을 부여했다. 이런 구조화의 마법(혹은 신용평가사의 장난) 덕분에 높은 등급을 부여받은 상위 트랜치들은 기초자산보다도 낮은 스프레드(높은 가격—옮긴이)로 판매되었다. CDS 스프레드는 절대적으로도 채권 현물 대비로도 극히 낮은 수준까지 떨어졌다. 이 시기는 또한 초저금리의 시대였다. 유럽의 은행들과 미국 투자은행의 자기자본매매proprietary trading, 프랍 트레이딩 부서는 포지티브 캐리positive carry와 네거티브 베이시스(채권에서 받는 이자가 지급한 CDS 스프레드보다 높아 이익을 얻을 수 있는 구조)라는 매우 매력적인 거래 기회를 찾아냈다. 덧붙여 LIBOR에 가산금리 없이 무한정 자금을 조달할 수 있을 것 같았다. 이들은 원하는 수익률만 충족되면 발행 회사를 보지도 않고 막대한 규모의 네거티브 베이시스 거래를 진행했다. 이런 거래를 통해 몇몇 금융기관은 회사 이익을 크게 부풀릴 수 있었는데, 회계사의 도움으로 거래에서 발생하는 모든 미래 이익을 현재가치로 인식할 수 있었기 때문이다. 황금알을 낳는 거위를 찾은 것 같았다.

하지만 2007년 하반기부터 값싼 자금을 구하기 힘들어졌다. 더 이상 LIBOR 금리로 무한정 돈을 빌릴 수 없게 되자 금융 불안이 증가하며 CDS 스프레드가 확대되었다. 레버리지가 과도했던 기관들의 대규모 포지션이 강제 청산되면서 CDS 스프레드는 더욱 확대되었다. 포지티브 캐리 트레이드가 갖는 자금 조달 리스크와 시가평가 변동성을 감수하고 싶지 않았던 많은 기관이 포지션을 청산했다. 특히 기초자산이 투자 적격 등급에서 강등되어 최악의 시점에 청산해야 했던 거래들이 뼈아팠다.

2008년 글로벌 금융위기는 작은 가격 오차(좋은 아이디어)를 이용하기 위해 막대한 레버리지를 동원할 때(매우 나쁜 아이디어) 어떤 위험이 생기는지를 여실히 보여 준다. 나아가 거래 초기에 계약적으로 명확하게 합의되지 않은 자금 조달에 지나치게 의존하는 것의 위험성과 안정적인 자금 조달의 중요성을 일깨워 준다. 지금 제로 금리는 사라졌지만 여전히 스프레드가 큰 네거티브 베이시스 기회들이 자본시장의 밀림에서 포착되곤 한다.

기술적 분석의 오류

기술적 분석을 다룬 제52장에는 과거의 주가로 미래 시장을 예측하려는 행위의 부질없음을 보여 주는 그레이엄과 도드의 지혜가 담겨 있다. 이는 과거 가격 데이터를 면밀히 살펴보면 미래를 쉽게 예측할 수 있다는 가정에 의존하는 모든 회고적backward-looking 기법들에 대한 통렬한 반박이다. "과거 주가 움직임만 분석해도 미래 주가 움직임을 예측하여 이익을 낼 수 있다는 일반적인 개념"(제52장)에 바탕을 둔 전략에 자신의 재정적 미래를 맡기려는 사람은 그레이엄과 도드의 논리를 반박할 수 있는지 진지하게 자문해 보아야 할 것이다. 기술적 분석 이외에도 과거의 통계에 지나치게 의존하는 것 역시 문제가 있다. VAR를 이용한 리스크 모델링이 좋은 예인데, 여기에는 시장이 미래에도 과거의 안정적인 상관관계를 유지하고 예측 가능한 범위에서 움직일 것이라는 암묵적인 전제가 깔려 있다. 그레이엄과 도드가 차트 분석에 대해 얘기한 다음 내용을 읽어 보라.

차트 분석의 이론적 근거는 대략 다음과 같다.

  a. 시장 움직임은 이해관계자들의 활동과 태도를 반영한다.
  b. 따라서 시장의 과거 움직임을 분석하면 시장의 미래 움직임을 예측할 수 있다.

이 가정(a)은 옳을지 몰라도, 이 결론(b)이 항상 옳은 것은 아니다. 과거 패턴에 의존한 투자 전략을 생각 없이 실행하기 전에 '어떤 종목의 움직임이 해당 종목 투자자들의 행동 이외에 추가적으로 알려 주는 것이 있는지' 깊이 생각해 보아야 할 것이다. 투자자들의 행동이 그때그때 뉴스에 반응하는 것은 아닌가? 회사의 사업 내용이나 해당 증권의 구조와 함께 살펴보아야 할 것이다.

가격과 가치의 괴리는 어떻게 발생하는가?

시장 중립적 투자의 핵심은 가격과 가치의 괴리를 발견하고 초과수익을 얻을 수 있는 '안전마진'이 있는지 파악하는 것이다. 어떤 불일치가 활용할 가치가 있고, 어떤 불일치가 그냥 지켜보며 교훈을 얻는 정도로 남겨 두는 것이 좋을까? 가격과 가치의 불일치를 유발하는 요인을 살펴보는 것이 도움이 될 것이다.

가격 괴리를 발생시키는 가장 큰 요인은 인덱싱indexation, 지수화인데, 시간이 흐르며 점점 더 영향력이 커지고 있다. 블룸버그 인텔리전스Bloomberg Intelligence에 의하면[2], 2018년 8월 패시브 투자 비중이 액티브 투자를 넘어섰고, 2021년에는 시장의 55퍼센트를 점유했다. S&P500이나 기타 미국 지수를 추종하는 펀드의 성장에 기인한 것이다. 나아가 로보어드바이저의 등장, 자문사들의 모델 포트폴리오

---

2 Bloomberg Intelligence, "Passive Likely Overtakes Active by 2026, Earlier if Bear Market" March 11, 2021, https://www.bloomberg.com/professional/blog/passive-likely-overtakesactive-by-2026-earlier-if-bear-market/.

도입, 패시브 ETF나 인덱스펀드 활용이 증가하며 더욱 가속화되었다. 한편 채권시장은 여전히 액티브 운용이 우위를 점하고 있는데, 금리인상과 자금 이탈로 몇십 년 만에 최악의 채권수익률을 기록한 2022년 3분기 패시브 비중이 31퍼센트에서 34퍼센트로 증가했다. 하지만 채권시장에 '클로짓 인덱싱'closet indexing(겉으로는 액티브 운용을 표방하지만 실제로는 지수와 비슷하게 포트폴리오를 운용하는 것—옮긴이) 규모가 상당함을 고려하면 이 비중은 특정 채권의 지수 편입 여부가 액티브 운용자의 채권 매수, 매도에 미치는 실제 영향을 과소평가한 것일 수 있다. 어떤 증권이 펀더멘털과 무관하게 지수 편입 여부에 따라 매수되거나 매도된다면 그 증권의 가격은 펀더멘털과 상관없이 움직일 것이다.

이제 신용평가사에 대해 살펴보자. 패시브 투자자들은 그레이엄과 도드가 강조한 성실한 증권분석 책무를 신용평가사에 맡긴다. 신용평가사는 문제가 발생하고 나서야 뒤늦게 신용등급을 하향 조정하는 후행적 모습을 여러 차례 보여 주었다. 또한 이용 가능한 모든 정보를 반영해 등급을 충분히 바꾸기보다는 천천히 계단식으로 조정하는 경향이 있다. 이런 이유로 시장에서 채권 스프레드는 신용등급보다 훨씬 빠르게 움직여야 하고 실제로도 그렇다. 이런 속성을 아는 시장참여자들은 서로 먼저 스프레드를 취하기 위한 pick up spreads 게임을 벌이고 추가적인 비효율을 초래한다. 많은 채권지수가 신용등급을 지수 편입의 주된 요건으로 삼고 있고, 기관투자자들도 규정에 의해 특정 신용등급 이상의 채권만을 매수해야 한다. 이런 상황 때문에 패시브 상품들은 지수 제외일에 신용등급 하락 종목들을 강제 매도하게 된다. 신용등급 하락을 초래한 정보가 모두 반영되고 나서도 채권의 수급 불균형이 지속되는 경우가 많다. 이처럼 널리 알려진 비효율성은 기관투자자들이 기업가치와 무관한 요인들을 예측하도록 유인하고 또 다른 불균형을 낳는다. 가격 괴리를 일으키는 또 다른 요인은 비경제적 혹은 제한된 경제적 유인을 가진 시장참여자의 존재다. 대체로 엄격한 편입 기준을 가진 국가 기관이 시장에 개입하는 형태를 띤다. 앞서 살펴보았듯이 유럽중앙은행은 기업 채권매입 프로그램을 실행했고, 그 밖에도 특정 자산 유형을 대상으로 하는 여러 프로그램을 실행했다. 프로그램에 편입된 자산은 그렇지 못한 자산과 유사함에도 가격 차이가 발생한다. 때로는 투자자의 거주 지역이 가격 괴리를 가져오기도 한다. 운용상의 편의나 규제 때문에 자국 통화 표시 채권이나, 자국 시장에서 거래되거나, 자신의 사법 관할권에서 발행된 채권을 보유해야 하는 투자자가 있다. 이런 투자자는 동일한 기업이 다른 통화로 발행한 채권이 자신이 보유한 채권에 비해 현저히 싸거나 비싸게 거래되더라도 크게 신경 쓰지 않는다. 시장 위기 상황에는 지금까지 설명한 여러 요인이 복합적으로 작용해 가격 괴리를 더욱 키운다.

오늘날 금융시장은 가격 괴리를 일으키는 이런 모든 종류의 힘이 여러 국가에 걸쳐 작용하고 있으며, 동일한 투자 위험을 가진 상품들의 시장가격에 괴리를 가져온다. 투자자는 어떤 기업의 채권, CDS, 그 기업이 포함된 현물 및 파생상품 지수, 해당 지수의 신용등급별 트랜치를 살펴보며 해당 기업의 리스크를 관찰할 수 있다. 마찬가지로 어떤 국가의 국채금리나 선물환currency forwards, 대내외 국가 채무를 들여다보며 해당 국가의 내재 위험의 수준을 파악해 볼 수 있다.

증권분석을 통해 이런 요소들 중에 일시적인 것과 영구적인 것을 가려내는 것이 중요하다. 가격을 수렴시킬 수 있는 촉매가 있는지, 수렴하기까지 얼마나 시간이 걸릴지, 어느 정도의 자본 투입이 필요한지, 또 다른 가격 불일치 상황은 없는지, 있다면 이들 사이에 상관관계는 없는지 파악하는 것이 필요하다.

글을 마치며

그레이엄과 도드는 개별 투자 대상에 집중하고 철저히 분석하는 것이 훌륭한 투자라고 했다. 증권에 담긴 계약 내용과 계약 의무 집행과 관련된 현실적 요소를 철저히 파악해야 한다. 현금흐름을 정확히 모델링하고, 적절한 할인율을 결정하고, 실현 가능성을 제대로 평가하는 것이 투자의 성공을 좌우한다. 시장은 효율적이지 않고 앞으로도 그럴 것이기에 우리는 가격과 가치의 괴리가 가장 큰 곳에 시간과 자본을 집중해야 한다. 동시에 예상치 못한 많은 우여곡절로 기회가 함정으로 바뀔 수 있다는 것을 염두에 두어야 한다. 가격을 가치에 수렴시킬 촉매가 필요하며, 촉매가 발현되기를 기다릴 수 있으려면 경영진의 역량과 품성이 매우 중요하다. 시장 중립적 차익거래를 하든 우량기업의 주식을 싼값에 매수하든, 관련 자료를 꼼꼼히 읽고, 전체적인 구조를 파악하고, 현금흐름을 정밀하게 모델링하는 것이 필요하다고 《증권분석》은 조언한다. 오늘날은 확률적 사고에 컴퓨팅 파워의 도움을 받을 수도 있을 것이다.

제46장 스톡-옵션 워런트
QR 코드 통해 제7판에 생략된 원문 PDF 참조.

금융 비용과 경영 비용

제46장에서 언급했던 퍼트롤리엄 코퍼레이션 오브 아메리카Petroleum Corporation of America의 설립과 자금 조달에 대해서 더 자세히 살펴보자. 이 회사는 석유회사 증권에 전문적으로 투자할 목적으로 설립된 대형 투자회사였다. 회사는 주당 34달러에 325만 주를 공모했다. 이에 따라 주당 31달러에 해당하는 1억 75만 달러를 현금으로 조달했다. 아울러 5년 동안 주당 34달러에 162만 5,000주를 살 수 있는 워런트를 발행하였으며, 그 수령자(발기인, 투자은행, 경영진으로 추정됨)는 밝히지 않았다.

이는 당시 투자신탁의 자금 조달 방식을 보여 주는 대표적인 사례다. 게다가 호황 기간에 개발된 이 기법은 이후 불황 기간에도 그대로 사용되었고, 주식 발행으로 자금을 조달하는 모든 기업의 표준 관행으로 자리 잡을 뻔했다. 그러나 이런 기업을 설립한 실제 의도를 확인할 필요가 있는데, 첫째, 투자자가 얻은 가치는 무엇이고, 둘째, 증권을 발행한 투자은행은 어떤 역할을 했는지 알아보자.

세 가지 경영 비용

1929년 1월에 설립된 퍼트롤리엄 코퍼레이션 같은 투자신탁은 현금과 경영진이라는 두 종류 자산으로 사업을 시작했다. 주당 34달러에 주식을 산 사람들은 경영에 대해 다음 세 가지 비용을 치렀다.

1. 투자자가 주식을 산 가격과 회사가 받은 돈의 차액: 물론 이 차액 주당 3달러는 경영에 대해 치른 비용이 아니라 주식 인수 및 판매 비용이었다. 그러나 투자자가 이 비용을 치른 것은 경영이 그만큼 가치가 있다고 믿었기 때문이다.
2. 설립 관계자들에게 발행해 준 옵션 워런트의 가치: 이 워런트를 보유하면 이후 5년 동안 회사에서 발생한 가치의 3분의 1을 받게 된다. (1929년 시점에서 5년이면 회사의 성공으로부터 이익을 얻을 가능성이 컸다.) 이 워런트는 실제로 가치가 있었으므로, 보통주는 처음부터 그만큼 가치가 감소했다.

   주식과 워런트의 가격 관계를 분석해 보면, 워런트 162만 5,000개가 보통주의 가치 약 6분의 1을 가져간다. 따라서 회사가 조달한 1억 75만 달러의 6분의 1은 워런트의 몫이며, 나머지 6분의 5가 보통주의 몫이다.
3. 경영진에 대한 급여와 법인세

이 분석 내용을 요약하면 투자자들은 경영에 대해 다음과 같은 비용을 치렀다.

1. 자금 조달 비용(주당 3달러)	$9,750,000
2. 워런트의 가치(조달 자금의 6분의 1)	16,790,000
3. 향후 경영진 급여 등	?
합계	$26,540,000+

세 항목을 더하면 투자자들이 기업에 제공한 금액의 25~30퍼센트나 된다. 이는 경영에 대한 대가로 미래 이익에서 차감하는 비용이 아니라, 당장 투자 원금에서 차감하는 비용이다.

이 비용을 치르고 무엇을 받았는가?

한 걸음 나아가 이 기업이 보유한 경영 능력이 무엇인지 물어보자. 이사들은 금융계의 저명한 인물들이며, 이들의 투자 판단은 충분히 가치가 있다고 생각된다. 그러나 이들의 투자 판단에는 두 가지 심각한 한계가 있다. 첫째, 이사들은 자신의 능력을 전부 이 회사에 쏟을 필요도 없고, 대부분을 쏟을 필요조차 없다. 이들은 다른 회사에서도 얼마든지 이사로 활동할 수 있다. 상식적으로 따져 보면, 이들은 동시에 다른 여러 회사에도 투자 판단을 제공할 수 있으므로, 이들의 서비스는 가치가 대폭 감소한다.

이 회사의 사업계획에서는 더 명백한 한계가 드러난다. 이 회사는 석유산업에만 투자할 계획이다. 따라서 판단과 분석의 범위가 대폭 제한된다. 나중에 밝혀졌지만, 회사는 처음에 관계 회사 두 곳(프레리 파이프라인Prairie Pipe Line Company과 프레리 오일 앤드 가스Prairie Oil and Gas Company)에 집중적으로 투자했고, 나중에는 후계 회사 하나(컨솔리데이티드 오일Consolidated Oil Corporation)에 집중투자 했다. 따라서 퍼트롤리엄 코퍼레이션은 지주회사 형태였고, 일단 기업을 인수한 다음에는 경영 능력을 발휘할 여지가 거의 없었다.[1]

퍼트롤리엄 코퍼레이션 같은 자금 조달 방식은 투자자 관점에서 만족스럽지 못하다는 결론이 나온다. 경영에 대해 치르는 비용이 서비스와 비교하면 과도할 뿐 아니라, 워런트 형식을 이용하여 비용을 숨겼기 때문이다.[2] (그러나 단지 이런 비용 때문에 퍼트롤리엄 코퍼레이션의 투자 실적이 부진했던 것은 아니다.[3])

---

1 똑같은 논리로 앨러게이니 코퍼레이션Alleghany Corporation과 유나이티드 코퍼레이션United Corporation에 대해서도 지주회사 설립자들에게 옵션 워런트 형식으로 막대한 '경영 보너스'를 지급할 필요가 없다고 말할 수 있다.

2 샌퍼드 샤머스Sanford L. Schamus는 유나이티드 코퍼레이션 자금 조달 역사에 대한 일련의 '주석'에서, 증권거래위원회법에 따라 발간되는 투자 설명서에는 워런트 행사가 이익과 자산가치에 미치는 영향을 정리하여 도표로 실어야 한다고 주장했다. 다음을 참조하라. Sanford L. Schamus, *Columbia Law Review* of May, June and November, 1937, pp. 1173-1174.

3 1939년 5월 증권거래위원회가 발간한 퍼트롤리엄 코퍼레이션 영업 분석 자료에서는 경영진의 이권이 개입된 여러 거래를 강하게 비난했다. 1933년 이후에 컨솔리데이티드 오일이 모회사 퍼트롤리엄 코퍼레이션의 지분을

투자은행의 역할

이 사례에서 두 번째 질문인 투자은행의 역할도 매우 중요하다. 퍼트롤리엄 코퍼레이션 같은 증권을 발행하는 투자은행의 역할은 무엇이며, 과거 관행과 비교하면 무엇이 다른가? 1920년대 말 이전에는 평판 좋은 투자은행이 주식을 공모할 때 다음 세 가지 중요한 원칙에 따라 규제를 받았다.

1. 발행 기업은 공모가에 걸맞게 기반이 확고하고 재무 실적이 건전해야 한다.
2. 투자은행은 주로 투자자를 대표해서 활동해야 하며, 발행 회사 경영진과 대등한 입장에서 거래해야 한다. 경영진에 대한 과도한 보상 등 주주들에게 불리한 정책을 방지하여 고객을 보호하는 책임도 진다.
3. 투자은행이 받는 보상도 합리적인 수준이어야 한다. 이 보상은 자금 조달 서비스에 대해 발행 기업이 지급하는 수수료다.

이 행동 원칙이 합리적인 자금 조달과 무책임한 자금 조달을 구분하는 명확한 기준이 되었다. 신생기업의 자본금은 사모 방식으로 조달하는 것이 월스트리트의 확고한 원칙이었다.[4] 이런 사모 투자자들은 자체적으로 조사 능력이 있고, 직접 발행 회사와 거래를 하며, 발행 회사와 긴밀한 관계를 유지하는 사람들이므로 신생 벤처기업에 투자하기에 타당하다고 인정되었다. 따라서 신생기업의 주식공모를 주선하는 회사는 부실 증권사와 영세 증권사들뿐이었다. 이런 공모 대다수는 명백한 사기이거나 사기에 가까웠는데, 공모가에서 터무니없이 많은 수수료를 받

39.8퍼센트 인수하면서, 모회사의 지위에 변화가 발생했다. 이제 두 회사는 서로에게 최대 주주가 되었는데, 이는 이례적이면서도 매우 부당한 상황이었다. 다음을 참조하라. Part 3, Chap. II (2d sec.), of the *Report of the S.E.C. on Investment Trusts and Investment Companies*.

4 간혹 칠레 코퍼Chile Copper Company처럼 예외적인 사례도 있다. 이 회사는 막대한 매장량을 보유하고 있었으므로 공모 방식이 타당하다고 인정받았다. 1920년 링컨 모터Lincoln Motor Company 주식공모도 몇 안 되는 예외에 해당한다. 이 회사는 이례적으로 높은 개인적 평판 등에 업고 공모했으나, 결과는 처참한 실패였다.

아 냈기 때문이다.

투자신탁의 자금 조달은 속성상 이 세 가지 원칙을 위반할 수밖에 없었다. 투자신탁은 신생기업이었고, 투자신탁 경영진이 직접 자금 조달을 담당하여 투자은행 역할을 했으며, 자금 조달에 대한 보상과 경영에 대한 보상을 아무런 통제 기준 없이 스스로 결정했기 때문이다. 이렇게 기준도 없고 발행 기업과 투자은행 사이에 대등한 협상도 없으면, 투자자들은 보호받기가 어렵다. 게다가 1928년과 1929년에는 이기적이고 비뚤어진 사고방식이 금융계 전반을 지배했다.

1929년 이후 경과

한동안은 투자신탁의 부패한 자금 조달 방식이 주식 발행 전 분야로 퍼지는 듯했고, 심지어 선도적 투자은행들조차 추정이익만을 근거로 신생기업의 주식을 공모하려는 분위기였다. (1933년 맥주 등 주류회사 주식 발행에서 이런 경향이 뚜렷했다.) 다행히 이후 분위기가 반전되었고, 일류 투자은행이 과거 방식으로 주식을 공모하는 사례는 드물어졌다.[5]

그러나 1933년 이후에도 규모나 지위 면에서 이류에 속하는 투자은행들이 이런 방식으로 상당량의 주식을 공모했다. 대부분 신생기업의 주식이었으므로, 업종에 관계없이 착취하기가 매우 쉬웠다. 1933년에는 금광, 맥주를 비롯한 주류 주식이 많이 발행되었고, 1938~1939년에는 항공주가 쏟아졌다. 그리고 한편에서는 투자신탁이 줄지어 신설되었다. 이런 주식을 조사할 때에는 먼저 투자은행이 주로 투자자들을 대표해서 활동하는지 확인해야 한다. 첫째, 신생기업은 자생 능력이 부족하므로 자금을 보유한 투자은행들과 대등한 입장에서 협상하기가 어렵고, 둘째, 투자은행은 신생기업 주식을 보유하는 동시에 이 주식을 판매하는 처지이기 때문이다. 따라서 투자은행은 자신의 이익을 위해서 자금을 조달하는 셈이다.

---

5 예컨대 다음 회사들의 공모를 참조하라. 1937년 뉴 아이디어New Idea Company 보통주 공모, 1938년 제너럴 슈General Shoe Company 보통주 공모, 1939년 줄리어스 가핑클 앤드 컴퍼니Julius Garfinckel and Company.

투자은행의 새 역할

더 정확하게 말하면, 이런 주식을 발행하는 투자은행은 이중 역할을 수행하게 된다. 자신의 이익을 위해서 발행 회사와 거래를 하는 동시에, 발행 회사를 위해서 자금을 조달하면서 대중과 거래를 하게 된다. 투자은행은 이런 수고에 대해서 당연히 두둑한 보상을 요구한다. 그러나 이 막대한 보상 때문에 투자은행과 대중의 관계가 변질된다. 투자은행이 발행 회사 주식을 보유하고 판매하는 행위는 투자자를 대표하는 행위와 양립하기 어렵기 때문이다.

투자은행이 발행 회사 주식 보유와 판매에 주력한다면 대중은 손해를 볼 수밖에 없다. 1933년 증권법의 목적은 관련 사실을 완전히 공개하게 하고 은폐나 호도에 대한 책임 범위를 확대하여 투자자를 보호하려는 것이었다. 완전공개가 바람직한 것은 분명하지만, 실제로는 노련하고 빈틈없는 투자자나 분석가에게만 도움이 될 뿐이었다. 평범한 투자자는 두툼한 투자 설명서를 세심하게 읽지도 않을뿐더러, 그 내용도 제대로 이해하지 못하기 때문이다. 현대 금융기법은 마술사가 쓰는 도구상자와 크게 다르지 않다. 공공연하게 대중을 속여도 들통나지 않기 때문이다. 인수 및 판매 대가로 스톡옵션을 받는 방식이 이런 사기적인 거래 수법이다.

이제 자금 조달 사례 두 가지를 자세히 살펴보겠다. 이런 증권 발행 방식의 특성을 설명하고, 그 평가에 필요한 분석기법도 알아보겠다.[6]

사례 A: 1936년 7월 아메리칸 밴텀 카American Bantam Car Corporation

주당 10달러인 6퍼센트 누적적 전환우선주 10만 주를 액면가로 공모하였다. 이 우선주는 보통주 3주로 전환할 수 있었다. '인수단'은 공모가의 20퍼센트에 이르는 주당 2달러를 수수료로 받았다. 이는 단지 판매 수수료였으며, 인수단은 주식 인수나 판매 보증을 하지 않았다.

---

[6] 《증권분석》 1934년판에서는 1933년 9월 주당 6.75달러에 발행된 무킨Mouquin, Inc.(주류 수입상) 주식공모를 분석했다. 유형자산이 42만 4,000달러이고 이익 실적도 없는 회사였는데도 공모가 기준 기업가치는 167만 달러에 이르렀다. 이 회사는 1937년 문을 닫았고, 대중이 산 주식은 완전히 휴지가 되었다.

이 신생기업은 1929년 자본금 369만 2,000달러로 사업을 시작했다가 파산한 아메리칸 오스틴 카American Austin Car Company의 공장 설비를 인수했다. 밴텀 설립자들은 다양한 부채가 딸린 오스틴 자산을 단돈 5,000달러에 사들였다. 이 자산에 현금 500달러를 보태어 기업을 설립하고 보통주 30만 주를 발행했다. 다시 말해서 이 보통주의 원가는 현금 5,500달러와 이들이 투입한 시간과 노력이 전부였다.

투자 설명서에는 이 우선주가 '투기 대상'이라고 사실대로 명확하게 표시되어 있었다. 이 투기가 성공을 거두려면 전환권에 가치가 붙어야 한다. 위험이 매우 커서 우선주 수익률 6퍼센트만으로는 충분한 보상이 되지 못하기 때문이다. (전신 기업이 막대한 손실을 본 사실에서 그 위험이 분명하게 드러난다.) 그러나 전환권에 가치가 붙으려면 보통주 주가가 3.33달러를 넘어서야 한다. 그러면 설립자들이 5,500달러 투자한 이 기업의 가치는 100만 달러를 넘어간다. 다시 말해서 설립자들이 투자 금액의 180배를 벌어야 비로소 투자자들이 이익을 얻을 수 있다.

결과

1939년 6월 30일 회사의 누적 적자가 75만 달러였다. 회사는 정리금융공사RFC에서 자금을 차입할 수밖에 없었고, 유동자산에 대한 우선주 지분은 모두 사라졌다. 우선주 주가는 3까지 내려갔지만, 보통주는 0.75에 거래되었다. 이는 일반 투자자들이 투자금의 70퍼센트를 잃었는데도, 설립자들이 투자한 5,500달러는 시장가치가 22만 5,000달러로 증가했다는 뜻이다.

사례 B: 1939년 12월 에어러노티컬 코퍼레이션 오브 아메리카Aeronautical Corporation of America

이 회사는 주당 6.25달러에 새 보통주 6만 주를 공모했다. 실제로 주식을 인수하지도 않은 '인수단'은 판매 주식 1주당 다음 세 가지 보상을 받았다. (1) 현금 90센트, (2) 1대 주주가 증여한 표면상 가치 31센트인 주식 0.05주, (3) 행사 가격 6.25~8.00달러에 0.5주를 살 수 있는 워런트. 보통주의 가치가 공모가와 같다면, 이 워런트의 가치는 적어도 1달러가 될 터였다. 이는 판매 수수료 합계액이 공모가의 3분의 1이 넘는 주당 2.34달러라는 의미였다.

회사는 1928년에 사업을 시작하여 1931년부터 경비행기를 제작하고 있었다. 사업은 꾸준히 성장하여 매출액이 1934년 12만 4,000달러에서 1939년에는 약 85만 달러로 증가하였다. 그러나 1938년 말이 되자 회사는 수익력을 상실했고, 누적 적자가 50만 달러(개발비 상각 포함)를 넘어섰다. 9.5개월 지난 1939년 10월 15일에는 이익이 5만 달러였다. 신주를 공모하기 전 발행주식 수는 6만 6,000주였으며, 순자산가치는 주당 1.28달러에 불과했다. 이런 상태에서 회사는 인수단에 3만 주에 대한 워런트를 제공하였고, 경영진이 1만 5,000주에 대한 워런트를 보유했다.

이 회사가 성장산업에서 유리한 위치에 있다고 믿을 만한 근거도 충분하다. 그러나 분석해 보면 장래에 회사 이익이 증가해도 투자자의 이익은 세 가지 측면에서 심각하게 희석된다. (1) 신주 공모가에서 판매 비용이 차감되고, (2) 처음에 회사가 보유한 유형자산이 적었으며, (3) 회사의 가치가 증가하면 상당 부분이 워런트로 넘어가게 되어 있었다. 이 희석 효과를 쉽게 분석하려면 회사가 성공을 거두어 시장가치가 유형자산 가치의 2배로 증가했다고 가정하면 된다. 즉 회사의 가치가 유형자산 48만 4,000달러의 2배인 100만 달러가 되었다고 보자. 그러면 대중이 6.25달러에 산 주식의 가치는 얼마가 되는가? 워런트가 없다면 이 보통주 12만 6,000주의 가치는 약 8달러가 될 것이다. 그러나 워런트의 가치를 주당 2달러로 계산하면, 보통주의 가치는 주당 7.25달러에 그친다. 따라서 회사가 커다란 성공을 거두어도 공모주의 가치는 겨우 16퍼센트 상승하는 정도다. 그러나 회사 실적이 부진하면 투자 금액 대부분이 사라질 것이다.

신생 벤처기업에 공모가 적합한가?

1933년 이후 증권거래위원회에 등록된 신생기업 자금 조달 실적을 철저하게 분석해 보면, 국가에 이바지한 경제적 가치와 건전성에 대해 비관적인 결론에 도달하게 된다. 신규 사업에 대한 모험자본 투입이 미국의 발전에 필수적이긴 하지만, 공모 방식으로 자금을 조달한 신생 벤처기업들은 국가 발전에 크게 이바지하지 못했다. 월스트리트에서는 벤처기업의 자본 조달은 설립자와 그 주변 사람들이 참여하는 사모 방식이 적합하다고 항상 인식해 왔다. 따라서 신생기업의 주식공모는 올바른 사업으로 인정받지 못했으며, 일류 투자은행들은 이런 사업을 꺼렸다. 그러나 이류 투자은행들을 통해서 자본을 조달하면 주식 판매 비용이 지나치게 많아지므로, 가뜩이나 낮은 성공 가능성이 더욱 낮아지게 된다.

우리는 증권법을 개정하여 신생기업과 미숙한 벤처기업의 증권 공모를 금지하는 편이 국익에 도움이 된다고 생각한다. 회사의 규모나 손실 없이 영업한 햇수 등으로 '미숙'의 기준을 정하는 작업이 쉽지는 않을 것이다. 이에 대해서는 증권거래위원회에 어느 정도 결정권을 주어야 할 것이다. 그러나 경계선에 걸쳐서 판단하기 어려운 사례는 많지 않을 것으로 보인다(사례 B가 여기에 해당할 듯). 중요하지 않은 세부 사항에 대해서는 증권거래위원회의 권한과 책임을 축소해도 좋을 것이다. 그러나 자신을 보호하지 못하는 대중을 보호하는 규정은 더 강화해야 한다고 굳게 믿는다.

사기성 홍보

좋았던 옛 시절에는 부도덕한 투자은행들이 주로 강매에 능한 판매 직원들을 동원하였으므로, 가치가 전혀 없는 증권도 얼마든지 팔 수 있었다. 이들은 지하에 갱도 하나 없는 광산 주식도 팔았고, 헨리 포드의 초창기 동업자들이 막대한 이익을 올렸다고 내세우면서 발명품 회사 주식도 팔았다. 대중은 이렇게 가치 없는 주식만을 사들였다. 조금이라도 사업 감각이 있는 사람은 이런 벤처기업이 전혀 가치 없다는 사실을 단번에 감지했다. 사실은 고급 광택지로 만든 투자 설명서 자체가 사기성을 드러내는 근거였다.

연방과 주 당국이 이런 사기에 대한 규제를 강화하자, 투자은행들은 새로운 판매 방식을 도입하였다. 이들은 전혀 가치 없는 기업 대신, 공정가치보다 훨씬 높은 가격에 팔 수 있는 기업을 선택했다. 이렇게 하면 법을 준수하면서도 대중을 똑같이 착취할 수 있었다. 이런 목적으로 주식을 발행하기에는 석유와 광산 벤처회사들이 최적이었는데, 초보 투자자들에게 가치를 부풀리기가 쉬웠기 때문이다. 증권거래위원회는 이런 사기성 판매 행위를 막으려고 더욱 많은 노력을 기울였다. 그러나 이론상 판매회사는 사실을 모두 공개하고 거짓을 보태지 않고서도 1달러짜리 주식을 5달러에 팔 수 있었다. 증권거래위원회는 증권의 건전성이나 가격의 공정성을 판정할 권한이 없었기 때문이다(1935년 공익기업 지주회사법이 적용되는 공익기업 증권에 대해서만 예외적으로 이런 권한이 있었다).

실제로 증권거래위원회는 여러 가지 압력을 가하고 불공정한 제안을 막는 등 온 힘을 기울인 것으로 보인다. 그러나 이 분야에서는 증권거래위원회의 권한이 심하게 제한되어 있었으므로, 투자자가 회의적인 태도로 분석할 때에만 착취를 피할 수 있었다.

투자은행들은 새로운 산업을 대중에게 집중적으로 홍보했다. 새로운 산업에서 처음으로 이익이 발생하거나 최근 증권을 발행한 기업이 이익을 내면, 이들은 앞으로도 이익이 계속 나오고 더욱 증가할 것처럼 포장할 수 있었다. 따라서 실적을 엄청나게 과대평가해서 증권을 팔아넘길 수 있었다.

1933년 주류회사 증권이 발행될 때, 과대평가 수준은 전적으로 발행 회사의 양심에 좌우되었다. 따라서 공모 주식은 철저하게 합법적인 종목에서부터 완벽한 사기성 종목에 이르기까지 다양한 모습을 보였다.[7] 1938~1939년 항공사 주식공모에서도 비슷한 양상이 나타났다. 특정 산업에서 자본을 조달하기가 쉬워진다면, 불공정한 조건으로 증권이 발행될 위험과 그 산업이 과열될 위험이 커진다는 점을 명심해야 한다.

---

7 부록의 비고 55 참조. 1933년 맥주회사 주식 발행 사례.

투자은행의 불공정 행위가 미친 영향

1920년대 말 투자은행에 대한 규제 기준이 완화되자, 이들은 보상을 더 받으려고 기발한 수법을 사용했으며, 이는 기업 경영진에게도 불건전한 영향을 미쳤다. 경영진은 막대한 급여 외에 기업의 이익에 대해서도 상당한 성과급을 받으려 했다. 이런 면에서 투자은행들이 자신의 이익을 챙기려고 만들어 낸 투자신탁 제도는 대기업들에 고무적인 사례가 되었다.

번창하는 대기업 경영진이 수십만 달러에서 백만 달러에 이르는 연봉을 받는 것이 타당한가에 대해서는 아직 답이 없다. 경영진의 탁월한 능력이 회사의 성공에 얼마나 이바지했느냐가 관건이 되겠지만, 이를 확실하게 판단하기는 매우 어렵다. 그러나 경영진이 주주들에게 내용을 충분히 공개하지 않은 채, 흔히 의심스러운 수법을 써서 거액의 보너스를 챙기려 했다는 점은 부인할 수 없다. 앞에서도 논의했듯이, 저가에 주식을 인수하는 스톡옵션 워런트(또는 장기 신주인수권)가 이런 용도로 탁월한 수단이었다. 이 분야에서는 완전하고도 지속적인 보상 공개가 이론적으로도 바람직할 뿐 아니라, 실제로도 유용하다. 이런 면에서 1933~1934년 입법 조치는 확실한 진보였는데, 경영진 보상에 관한 주요 사실들을 이제는 등록 서류와 연례 보완 서류(10-K 양식)에 반드시 공개하게 되었기 때문이다. 따라서 주주들은 자신의 이익을 지키기 위해서라도 경영진에 대한 보상이 합당한 수준을 넘어가지 않도록 막을 것으로 생각된다.

피라미드식 기업금융

피라미드식 기업금융은 지주회사를 이용해서 투기적 자본구조를 만들어 내는 기법이다. 이 기법을 사용하는 주요 목적은 자본을 거의 들이지 않고 여러 기업을 지배하면서 이익 대부분을 확보하고 계속기업가치를 높이는 것이다. 흔히 그 지배주주는 기업에 대한 지배권을 유지하면서도 투기 이익을 챙긴다. 이렇게 얻은 이익으로 지배주주는 다른 기업을 인수하여 지배 기업의 수를 늘려 나간다. 이런 피라미드 기법을 성공적으로 활용한 대표적인 기업이 밴 스웨링겐Van Sweringen인데, 이 회사는 당시 주요 기업이 아니었던 뉴욕, 시카고 앤드 세인트루이스 철도의 지배지분을 사들인 이후 신속하게 방대한 철도 제국을 건설했다.[1]

---

[1] 이 피라미드 기법이 미친 영향을 모두 설명하는 자료로 다음을 참조하라. 1933년 6월 5~8일 '주식거래 관행'에 대한 72기 의회 상원 결의안 84호와 73기 의회 상원 결의안 56호에 관한 73기 의회 '미국 상원 금융통화위원회 청문회' Hearings before the Committee on Banking and Currency, United States Senate 1st Session, Part 2, pp. 563-777. 다음 자료에도 도표를 포함해서 매우 자세한 설명이 나온다. *Regulation of Stock Ownership in Railroads*, Part 2, pp. 820-1173 (House Report No. 2789, 71st Congress, 3d Session), 특히 p. 878 삽입 자료 주목. 공익산업 분야에

사례: 밴 스웨링겐 피라미드

밴 스웨링겐은 1916년 철도 분야에서 첫 거래를 시작했다. 뉴욕 센트럴로부터 85만 달러에 뉴욕, 시카고 앤드 세인트루이스 철도(일명 니켈 플레이트Nickel Plate)의 보통주와 우선주를 사들여 지배권을 확보했다. 회사는 클리블랜드 은행에서 빌린 현금 200만 달러와 어음 650만 달러를 지급했다. 이후 다음을 포함해서 다양한 방법으로 여러 회사에 대한 지배권을 확보하였다.

1. 비상장회사 설립(1922년 웨스턴 코퍼레이션Western Corporation을 설립하여 레이크 이리 앤드 웨스턴 철도Lake Erie and Western Railroad Company 지배권을 획득했고, 역시 1922년에 클로버 리프Clover Leaf Corporation를 설립하여 톨레도, 세인트루이스 앤드 웨스턴 철도Toledo, St. Louis and Western Railroad Company 지배권도 획득하였다).
2. 피지배회사 자금으로 다른 회사 인수(1923~1925년 뉴욕, 시카고 앤드 세인트루이스 철도는 체서피크 앤드 오하이오 철도와 페어 마켓 철도 주식을 대량으로 사들였다).
3. 지주회사를 설립하여 철도회사를 인수한 다음, 지주회사 증권을 공모(1927년 체서피크 앤드 오하이오 철도를 인수한 체서피크Chesapeake Corporation는 자사 채권과 주식을 공모했다).
4. 종합 지주회사 설립(1929년 인가받은 앨러게이니Alleghany Corporation. 야심 찬 프로젝트를 세워 여러 철도, 석탄, 기타 회사들을 인수했다).

1930년 하원에 제출된 '밴 스웨링겐 지주회사'에 관한 보고서에는 이 지주회사가 매우 적은 지분으로 막대한 지배력을 행사한 내용이 도표로 실려 있다.[2] 다음

서 피라미드 기법이 미친 영향을 분석한 도표와 기타 자료는 다음을 참조하라. Utility Corporation(Sen. Doc. 92, 70th Congress, 1st Session, pt. 72-A), pp. 154-166. 최근 등장한 가장 악명높은 피라미드 구조는 인설Insull이다. 유형은 다르지만 흥미로운 사례가 US 앤드 포린 시큐리티United States and Foreign Securities Corporation-US 앤드 인터내셔널 시큐리티United States and International Securities Corporation의 관계이다. 이 두 건에 대한 간략한 설명은 부록의 비고 64를 참조하라.

에 요약된 데이터를 보라. A열은 밴 스웨링겐이 보유한 의결권 증권의 비중이고, B열은 밴 스웨링겐이 실제 직간접적으로 투자한 자본(채권, 주식, 잉여금)의 비중이다.

회사	A. 지배, %	B. 지분, %
지주회사:		
바네스The Vaness Co.	80.0	27.7
제너럴 시큐리티General Securities Corp.	90.0	51.8
제네바Geneva Corp.	100.0	27.7
앨러게이니	41.8	8.6
체서피크	71.0	4.1
페어 마켓	100.0	0.7
버지니아 트랜스포테이션Virginia Transportation Corp.	100.0	0.8
피츠톤The Pittston Co.	81.8	4.3
철도회사:		
뉴욕, 시카고 앤드 세인트루이스 철도	49.6	0.7
체서피크 앤드 오하이오 철도	54.4	1.0
페어 마켓 철도	48.3	0.6
이리 철도	30.8	0.6
미주리 퍼시픽 철도	50.5	1.7
호킹 밸리 철도	81.0	0.2
휠링 앤드 레이크 이리 철도	53.3	0.3
캔자스 시티 서던 철도	20.8	0.9

이렇게 지주회사를 이용해서 철도회사를 피라미드식으로 지배한 사례는 제1차 세계대전 이전부터 있었는데, 대표적인 예가 록 아일랜드Rock Island Company다. 이 회사는 1902년에 설립되었고, 중간 자회사를 통해서 시카고, 록 아일랜드 앤드 퍼시픽 철도의 보통주 거의 모두와 세인트루이스-샌프란시스코 철도 보통주 약 60퍼센트를 사들였다. 이 주식을 바탕으로 두 지주회사는 증권 담보 회사채, 우선주, 보통주를 대규모로 발행했다. 그러나 1909년에는 세인트루이스-샌프란시스코 철

---

2 House Report 2789, 71st Congress, 3d Session, Part 2, pp. 820-1173.

도 주식을 팔았다. 이어 1915년 록 아일랜드와 중간 자회사 둘 다 파산했고, 자회사 주식은 증권 담보 회사채 보유자들에게 넘어갔다. 지주회사 주식은 완전히 휴지가 되었다.

이 지주회사가 처참하게 무너지자, 사람들은 철도산업에서 대형 금융 조작의 시대가 저물었다고 생각했다. 그러나 10년 뒤에도 비슷한 불건전 관행이 다시 등장했는데, 이번에는 규모가 더 커서 투자자들이 입은 피해도 더 컸다. 이에 따라 1930년 의회는 철도 지주회사를 조사했는데, 1914년에도 주간통상위원회가 록 아일랜드에 대해서 비슷한 조사를 한 적이 있었다. 과연 금융계는 기억력이 나쁘기로 소문난 곳이다.

피라미드 금융이 끼치는 해악

피라미드 기법은 여러모로 투자 대중에게 해악을 끼친다. (1) 투자 대중에게 불건전한 선순위 증권을 대규모로 떠안긴다. (2) 호황기에는 지주회사 보통주의 수익력이 빠르게 증가하는 것처럼 호도하여 대중을 투기에 끌어들인다. (3) 지배주주가 실제로 자본을 거의 투입하지 않고서 경영권을 행사하므로, 대부분 지주회사는 무책임하고 불건전한 경영 정책을 펼친다.[3] (4) 호황기에 수익력, 배당수익률, 장부가치를 과장하여 투기 열풍을 조장하고 주가 조작을 촉진한다. (1)~(3)은 명백하지만, (4)는 어느 정도 분석을 해야 다양한 시사점이 드러난다.

이익 과장

지주회사는 자회사에서 받은 주식배당이나 자회사 주식 매각 이익을 지나치게 높이 평가하여 수익력을 과장할 수 있다.

사례: 센트럴 스테이트 일렉트릭의 주요 자산은 정기적으로 주식배당을 하는 노스 아메리칸 컴퍼니 주식이었다. 1929년 말 이전에는 이렇게 받은 주식배당을 당

---

[3] 부록에서 비고 65의 사례 참조.

시 시장가치로 평가하여 이익으로 보고했다. 그러나 이 시장가치는 노스 아메리칸이 주식배당을 하면서 잉여금에서 차감한 금액보다 훨씬 많았고, 노스 아메리칸 보통주의 분배 가능 이익보다도 훨씬 많았다. 따라서 센트럴 스테이트 일렉트릭 손익계산서는 실제 이익을 과장했다.

성격은 약간 다르지만 비슷한 영향을 미친 거래가 1927년 아메리칸 파운더스 트러스트American Founders Trust 보고서에 드러난다. 1927년 이 회사는 인터내셔널 시큐리티 코퍼레이션 오브 아메리카International Securities Corporation of America 클래스 B 주식을 주당 16달러에 약 8만 8,400주 사는 신주인수권을 주주들에게 제공했다. 인터내셔널 시큐리티 코퍼레이션은 아메리칸 파운더스의 자회사였으며, 1926년 클래스 B 주식에 대한 신주인수권을 주당 3.70달러에 인수했었다. 1927년 아메리칸 파운더스는 보통주 순이익이 131만 6,488달러라고 보고했는데, 대부분 주주가 자회사 주식을 16달러에 사 준 덕분에 얻은 이익이었다.[4]

배당수익률 왜곡

주식의 시장가치가 액면가보다 높으면 주식배당을 이용해서 지주회사가 이익을 과장할 수 있는 것처럼, 투자 대중도 주식배당을 받으면서 배당수익률에 대해 착각하기 쉽다. 사람들은 신주인수권을 받아도, 흔히 이를 보통주에서 발생하는 소득으로 간주한다. 피라미드 기업들은 신주인수권을 남발하는데, 이는 지배주주가 투기 열풍을 유지하면서 신규 자금을 조달하여 다른 기업을 계속 인수하려는 목적이다. 그러나 이런 행위는 결국 붕괴할 수밖에 없다.

지주회사가 신주인수권을 발행하여 주식시장에 투기의 순환 고리가 형성되면, 이는 주가 조작 세력에는 기쁨을 주고 분석가에게는 절망을 준다. 예를 들어 회사 A 주식의 가치는 분명히 25에 불과하다. 투기나 주가 조작에 의해서 이 주식이 75

---

[4] 1928~1930년 동안 아메리칸 파운더스 그룹은 투자 이익이 모두 약 4,330만 달러라고 보고했다. 그러나 앞에서 설명한 관계 회사 상호거래에서 발생한 이익이 이 금액보다도 많았다. 다음을 참조하라. S.E.C's Over-all Report on Investment Trusts, Part III, Chapter VI, Section II and III, released February 12, 1940.

로 상승한다. 지주회사는 행사가격이 25인 신주인수권을 제공하며, 이 신주인수권의 시장가치는 예컨대 10달러다. 투기자들에게는 이 신주인수권이 특별배당금 10달러나 다름없다. 이 신주인수권은 75까지 상승한 주가를 정당화할 뿐 아니라, 낙관론을 조장하여 주가를 더 끌어올린다. 분석가에게는 이 모든 과정이 착각이며 유혹이다. 신주인수권의 가치는 단지 투기자들의 잘못된 열광에서 비롯된 것인데도, 사람들은 이 가공의 가치가 실제 이익이라고 생각한다. 주가 조작 세력은 이런 분위기를 더욱 북돋우고, 투기 대중은 이성을 완전히 상실한다.

사례: 1928년 8월~1929년 2월 동안 아메리칸 앤드 포린 파워는 배당금을 전혀 지급하지 않았는데도 보통주 주가가 33에서 138.88로 상승했다. 회사는 보통주 주주와 기타 증권 보유자들에게 신주인수권이 첨부된 2순위 우선주를 사라고 제안했다. 사람들은 초기 시장가치가 약 3달러였던 이 신주인수권을 보통주에 대한 배당금이라고 생각했다.

장부가치 과장

지주회사가 자회사 주식을 대부분 보유하고 있어서 소량의 거래만으로도 호가를 조절할 수 있다면 장부가치가 쉽게 과장된다. 이렇게 형성된 높은 호가를 기준으로 지주회사 주식의 장부가치('청산가치'라고도 부름)가 산정되기 때문이다. 이런 관행을 보여 주는 초기 사례가 유나이티드 시가 스토어 보통주를 약 80퍼센트 보유한 타바코 프로덕츠 코퍼레이션(버지니아)이다. 1927년 유나이티드 시가 스토어 주식이 소량 거래되면서 부당하게 높은 가격이 형성되었고, 부주의한 투자자들은 이렇게 높은 가격을 보고 타바코 프로덕츠 주식이 매력적이라고 생각했다. 게다가 유나이티드 시가 스토어는 회계 정책과 배당 정책에도 심각한 문제가 있었다.

이렇게 장부가치를 과장한 가장 두드러진 사례는 아메리칸 앤드 포린 파워의 워런트 대부분을 보유한 일렉트릭 본드 앤드 셰어일 것이다. 이는 대중을 완전히 속여 터무니없는 가격을 치르게 하려고 만들어 낸 구도로 보인다. 이제 가치를 부풀려 착시현상을 일으킨 과정을 간략하게 살펴보자.

첫째, 아메리칸 앤드 포린 파워는 보통주 160만 주와 25달러에 710만 주를 사는 워런트를 발행했다. 이 회사는 이익이 많고 전망이 밝아서 보통주 주가가 높게 형성되었지만, 사람들은 대량의 워런트가 존재한다는 사실을 의식하지 못했다. 그러나 보통주 가격은 이 워런트에 의해서 더 상승했다.

둘째, 비교적 소량인 보통주는 대규모 워런트에 의해서 가치가 자동으로 높아졌다.

셋째, 일렉트릭 본드 앤드 셰어는 대량으로 보유한 아메리칸 앤드 포린 파워 보통주와 워런트를 과대평가하여 자사 보통주 가치를 부풀렸다.

워런트를 이용한 착취

이 과정을 거쳐 1929년에는 주가가 도저히 믿기 어려운 수준까지 상승했다. 아메리칸 앤드 포린 파워 보통주는 다음과 같이 이익이 상승추세를 나타냈다(그러나 대부분이 기업을 계속 인수한 효과였다).

연도	보통주 이익	주식 수	주당 이익
1926	$216,000	1,243,988	0.17
1927	856,000	1,244,388	0.69
1928	1,528,000	1,248,930	1.22
1929	6,510,000	1,624,357	4.01

'우량 공익기업 주식은 당기 이익의 50배 가치'라는 이론에 따라, 아메리칸 앤드 포린 파워 보통주 주가가 199.25를 기록했다. 이에 따라 워런트의 가격은 174가 되었다. 보통주 이익이 650만 달러이므로, 월스트리트의 이상한 마법에 따라서 보통주는 시장가치가 3억 2,000만 달러, 워런트는 시장가치가 12억 4,000만 달러, 합계 15억 6,000만 달러가 되었다.

이 워런트의 80퍼센트 이상을 일렉트릭 본드 앤드 셰어가 보유했으므로, 이 회사 보통주의 청산가치도 터무니없이 높아졌다. 이 청산가치 덕분에 보통주의 시장

가격도 계속 상승했다. 1929년 3월 사람들은 이 회사 포트폴리오의 시장가치가 주당 약 108달러인데도 주가가 91~97이라는 사실에 관심을 기울이게 되었다. 이는 일렉트릭 본드 앤드 셰어 주식이 저평가되었다는 의미였다. 1929년 9월에는 주가가 184.5로 상승했다. 사람들은 이 회사의 감독 사업과 건설업 가치를 제외하고도 청산가치가 약 150이라고 계산했다. 이 장부가치 대부분이 몇 년 전 회사가 공짜로 얻은 워런트의 호가에서 비롯된 허구임을 전혀 깨닫지 못한 것이다.

이상하게도 이 워런트는 불황의 골이 깊었던 1932~1933년에도 상당히 잘 버텼다. 한때 잘나가던 아메리칸 앤드 포린 파워도 세월의 힘에 밀려 법정관리에 들어갈 위험에 처하자, 5퍼센트 채권이 15.25까지 폭락했다. 그런데도 허울뿐인 워런트는 여전히 시가총액이 5,000만 달러에 육박했다. 다음 표가 이런 터무니없는 상황을 보여 준다. 1933년은 주가가 전반적으로 폭락한 시기였다는 점을 고려하라.

(금액은 단위가 1,000달러)

종목	발행 금액	1933. 11. 가격	1933년 시가총액	1938. 12. 31. 가격	1938년 시가총액
5% 사채	$50,000	40	$20,000	53	$26,500
7달러 1순위 우선주	480	21	10,100	19.88	9,300
6달러 1순위 우선주	387	15	5,800	15	5,800
7달러 2순위 우선주	2,655	12	31,900	9.25	24,900
보통주	1,850	10	18,500	3.50	6,500
워런트	6,874	7	48,100	1	6,900

1938년 말이 되자, 표에서 보듯이 터무니없던 가격이 대부분 제자리를 찾아갔다.

일부 지주회사는 건전하다

피라미드 기법은 대개 지주회사 형태를 이용하지만, 지주회사가 모두 피라미드 기법을 목적으로 설립된 것은 아니다. 합법적인 목적으로 설립된 지주회사도 많다. 다시 말해서, 여러 회사를 통합 운영하여 경제성을 높이거나, 분산투자를 통해서 위험을 낮추거나, 유연성과 편의성 등 기술적 이점을 누리려고 지주회사를 설립하기도 한다. 지주회사 형태를 유지하는 건전하고 중요한 기업도 많다.

사례: US스틸도 전형적인 지주회사다. 처음 설립할 때에는 자본구조에 피라미드 요소가 있었지만, 이 결함은 이후에 사라졌다. AT&T도 확실히 지주회사이지만, 자본구조에는 심각한 문제가 한 번도 없었다. GM 역시 지주회사다.

따라서 지주회사 형태에도 장점이 있음을 인정해야 한다. 아메리칸 라이트 앤드 트랙션American Light and Traction Company은 완전히 적법한 목적으로 설립된 지주회사의 전형적인 사례다. 반면에 이 회사 지배권을 유나이티드 라이트 앤드 레일웨이United Light and Railway Company(델라웨어)가 획득한 것은 유나이티드 라이트 앤드 파워 대주주가 피라미드 기법을 적용하려는 의도로 보아야 한다.

투기적 자본구조를 만드는 다른 방법

투기적 자본구조는 지주회사 없이도 만들어 낼 수 있다.

사례: 메이태그가 자본 변경을 통해서 얻은 효과는 지주회사를 설립하여 선순위 증권을 발행한 것과 비슷하다. 콘티넨털 베이킹 역시 지주회사 형태가 아니더라도 투기적 자본구조를 유지할 수 있었다. 이는 모회사가 우선주를 대량으로 발행했기 때문이며, 자회사들을 없애고 자산을 모두 직접 보유했더라도 똑같은 효과를 냈을 것이다. (실제로 1938년에 이 회사는 주요 자회사들의 자산을 취득했으며, 지주회사 형태를 대부분 없애고서도 투기적 자본구조를 유지했다.)

피라미드 기법에 대한 법적 규제

1920년대에 공익기업의 피라미드 기법이 끼친 해악이 매우 심각했으므로, 의회는 극단적인 조처를 했다. 1935년 공익기업 지주회사법은 기존 지주회사에 대한 일종의 '사형선고'였다. 이 법은 자본구조를 단순화하고 무관한 분야의 자회사를 없애라고 지주회사에 요구했다. 모든 기업 인수와 신규 자금 조달에 대해 위원회의 승인을 얻게 하였으므로, 피라미드 기법 적용이 사실상 금지되었다. 철도산업에서도 지주회사들이 이런 규제를 받을 전망이다.[5]

장래에는 록 아일랜드나 밴 스웨링겐 같은 지주회사 붕괴 사태가 반복되지 않을 것이라고 어느 정도 자신 있게 말할 수 있다. 제조업 분야에서는 철도산업이나 공익산업처럼 대형 금융 조작 사건이 아직 일어나지 않았지만, 장차 투자은행과 금융 전문가들이 독창적인 재능을 발휘하여 사건을 일으킬 것이다. 투자자와 분석가는 현혹당하지 않도록 주의하기 바란다.

---

5 다음을 참조하라. Senate Resolution 71 of the 74th Congress and 21 volumes(December 1939). Senate Report No. 180, 75th Congress, 1st Session, and Senate Report No. 25, pts. 1, 4 and 5, 76th Congress, 1st Session.

동종기업 비교분석

같은 산업에 속한 기업들을 비교분석하는 일은 다소 틀에 박힌 작업이다. 이렇게 분석하면 각 기업의 실적을 산업 전체와 비교할 수 있다. 이를 통해서 어떤 종목이 과대평가되거나 과소평가되었는지 알 수도 있고, 한 종목을 다른 종목으로 교체해야 한다는 결론에 이르기도 한다.

제49장에서는 이러한 비교분석에 사용할 표준양식을 제시하고, 여기에 포함되는 다양한 항목들의 중요성에 대해서도 논의하기로 한다. 우리가 '표준양식'이라고 부르는 것은 단지 널리 이용할 수 있다는 뜻이다. 이 양식이 완벽하다는 주장이 아니므로, 누구나 자신의 목적에 맞게 얼마든지 수정해서 사용할 수 있다.

양식 Ⅰ. 철도회사 비교분석

A. 자본:
   1. 고정비*
   2. 유효 부채(고정비* × 22)
   3. 우선주 시장가치(주식 수 × 시장가격)
   4. 보통주 시장가치(주식 수 × 시장가격)
   5. 총자본
   6. 총자본 대비 유효 부채 비율
   7. 총자본 대비 우선주 비율
   8. 총자본 대비 보통주 비율

B. 손익계산서:
   9. 총매출액
   10. 총매출액 대비 유지관리비 비율
   11. 총매출액 대비 철도 운영 이익(세후) 비율
   12. 총매출액 대비 고정비* 비율
   13. 총매출액 대비 우선주 배당금 비율
   14. 총매출액 대비 보통주 분배 가능액 비율

C. 계산:
   15. 고정비* 보상비율
   15. I.P.** '고정비*+우선주 배당금' 보상비율
   16. 보통주 주당 이익
   17. 보통주 주가 대비 이익 비율
   18. 보통주 시가총액 대비 총매출액 비율(9÷4)
   16. S.P.*** 우선주 주당 이익
   17. S.P. 우선주 주가 대비 이익 비율
   18. S.P. 우선주 시가총액 대비 총매출액 비율(9÷3)
   19. 자회사 미분배 손익을 이익에 반영(중요할 경우)

D. 7년 평균 실적:
   20. 보통주 주당 이익
   21. 보통주 주가 대비 이익 비율
   20. S.P. 우선주 주당 이익
   21. S.P. 우선주 주가 대비 이익 비율
   22. 순차감액 보상비율
   23. 고정비 보상비율

22. I.P. 순차감액 + 우선주 배당금 보상비율
23. I.P. 고정비 + 우선주 배당금 보상비율

E. 추세:
24~30. 과거 7년간 연도별 보통주 주당 이익(필요하면 현재 자본금에 맞춰 이익 수정)
24~30. S.P. 원하면 투기형 우선주에 대해 같은 데이터 산출

F. 배당금:
31. 보통주 배당률
32. 보통주 배당수익률
31. 우선주 배당률
32. 우선주 배당수익률

* 순차감액이 크면 순차감액
** I.P. = 투자형 우선주
*** S.P. = 투기형 우선주

철도회사 비교분석[1]

전에는 관행적으로 과거 연도 실적을 기준으로 이익을 분석하고, 이후 나오는 중간 보고서 실적을 참조했다. 그러나 이제는 매월 정확한 실적을 구할 수 있으므로, 연도 기준을 무시하고 최근일 기준 12개월 실적을 분석하는 편이 더 합리적이고 효과적이다. 이렇게 12개월 실적을 분석하는 가장 단순한 방법은 전년도 실적에 최근 실적 변화분을 더하여 분석하는 것이다.

사례

펜실베이니아 철도 총이익, 1939년 6월까지 12개월

(1) 1939년 6월까지 6개월(보고 실적)	$189,623,000
(2) 1938년 6월까지 6개월(보고 실적)	167,524,000
(3) 차이	+22,099,000
(4) 1938년 실적	360,384,000
1939년 6월까지 12개월	$382,483,000

---

[1] 용어와 주요 기준은 앞에서 논의한 내용을 참조하라.

우리 표에는 7년 평균을 이용하는 몇 가지 계산도 들어 있다. 집중적으로 분석하려면 평균 실적도 더 자세히 검토해 보아야 한다. 시간을 절약하려면 '표준양식'으로 실적을 분석한 다음, 추가 분석이 필요한 철도회사에 대해서만 평균을 계산하면 된다. 평균 계산 기간을 7년으로 할 것인지 더 늘리거나 줄일 것인지는 각자 판단할 문제다. 이론상으로는 경기순환주기를 온전히 포함할 정도로 길어야 하지만, 너무 길어져서 쓸모없는 과거 요소까지 포함되어서는 안 된다. 예를 들면 1933~1939년(1933년은 대공황 기간—옮긴이)보다는 1934~1939년이 더 나은 기준이라 하겠다.

우선주 관련 실적은 투자형 우선주냐 투기형 우선주냐에 따라 두 종류로 구분된다. (우선주가 어느 유형에 속하는지는 대개 시장가격에서 명확하게 드러난다.) 여기서 'I.P.'는 투자형 우선주를 가리키고, 'S.P.'는 투기형 우선주를 가리킨다. 후순위 수익사채가 있다면, 가장 단순하고도 만족스러운 방법은 이들을 우선주로 취급한 다음, 실제 명칭을 각주에 표시하는 것이다. 따라서 수익사채 이자는 순차감액이나 고정비에서 제외된다.

이 비교분석에서는 앞에서도 제안했듯이, 순차감액과 고정비 중 더 큰 금액을 기준으로 유효 부채를 계산한다. 이 비교표를 이용해서 선순위 증권을 선정한다면, 이자 보상 배수를 보여 주는 항목 22와 23에 주목해야 한다. 선순위 증권과 후순위 주식을 총자본과 비교하는 항목 6, 7, 8도 고려해야 한다. (채권을 선정할 때에는 우선주는 후순위 주식에 포함된다. 그러나 우선주를 선정할 때에는 우선주를 유효 부채에 포함해야 한다.) 유지관리비를 과소계상 하거나 자회사의 미분배 배당금을 포함하여 이익이 과장되지는 않았는지, 항목 10과 19를 조사해야 한다.

투기형 우선주는 보통주와 같은 방식으로 분석한다. 우선주는 주가가 낮아질수록 보통주와 더 비슷해진다. 그러나 우선주는 실적이 비슷한 보통주보다 매력이 낮다는 사실을 명심하라. 예를 들어 주당 이익이 5달러인 6달러 우선주는 주당 이익이 5달러인 보통주보다 본질적으로 매력이 떨어진다. 보통주는 현재와 미래 수익에 대한 청구권이 있지만, 우선주는 미래 수익에 대한 청구권만 있기 때문이다.

철도회사 주식을 비교분석할 때에는 먼저 주가 대비 이익 비율부터 보아야 한다. 이 비율이 타당한지는 항목 10과 19로 어느 정도 확인할 수 있다. 항목 12와 18을 보면 이 회사의 자본구조가 상대적으로 투기적인지 보수적인지를 즉시 알 수 있다. 자본구조가 투기적인 회사라면 '총매출액 대비 고정비 비율'은 높게 나오고, '보통주 시가총액 대비 총매출액 비율'은 낮게 나올 것이다. 자본구조가 보수적인 회사는 그 반대가 된다.

자본구조 투기성 비교의 한계

자본구조가 투기적인 철도회사와 보수적인 철도회사의 매력도를 비교할 때에는 주의해야 한다. 두 종목은 경기 변화 방향에 따라 실적이 전혀 다르게 나타나므로, 현재 한 종목이 보유한 장점은 경기가 변화하면 곧바로 사라질 수도 있다.

사례: 제50장의 사례는 자본구조가 투기적인 철도회사와 보수적인 철도회사를 비교할 때 나타나는 두 가지 오류를 보여 준다. 1922년 주가 대비 보통주 이익 비율을 보면, 유니언 퍼시픽이 록 아일랜드의 거의 4배였다. 그러나 자본구조가 매우 달라서 두 회사를 비교할 수 없으므로, 이 숫자를 바탕으로 유니언 퍼시픽이 더 싸다고 판단해서는 안 된다. 이후 5년 동안 경기가 전반적으로 완만하게 회복되자, 록 아일랜드의 이익과 주가가 훨씬 빠르게 상승했다.

그러나 1927년에는 정반대 상황이 벌어졌다. 당시에는 록 아일랜드 보통주가 유니언 퍼시픽 보통주보다 이익이 훨씬 많았다. 그러나 이 실적을 바탕으로 록 아일랜드 보통주가 훨씬 싸다고 판단했다면 마찬가지로 틀렸을 것이다. 록 아일랜드는 자본구조가 투기적이어서 경기침체에 매우 취약했으므로, 1929년 이후 불황기를 견뎌 내지 못했다.

유니언 퍼시픽과 록 아일랜드 보통주 비교

항목	유니언 퍼시픽	록 아일랜드
A. 경기 호전이 미친 영향:		
보통주 평균 가격, 1922	140	40
주당 이익, 1922	$12.76	$0.96
주가 대비 이익 비율, 1922	9.1%	2.4%
'고정비+우선주 배당금' 보상비율, 1922	2.39배	1.05배
보통주 시가총액 대비 매출액 비율, 1922	62%	419%
1922년 대비 1927년 매출액 증가율	5.7%	12.9%
보통주 주당 이익, 1927	$16.5	$12.08
1922년 대비 1927년 보통주 이익 증가율	26%	1,158%
보통주 평균 가격, 1927	179	92
1922년 대비 1927년 주가 상승률	28%	130%
B. 경기 침체가 미친 영향:		
주가 대비 이익 비율, 1927	9.0%	13.1%
고정비+우선주 배당금 보상비율, 1927	2.64배	1.58배
보통주 시가총액 대비 매출액 비율, 1927	51%	204%
1927년 대비 1933년 매출액 감소율	46%	54%
보통주 이익, 1933	$7.88	($20.40)
1927년 대비 1933년 보통주 이익 감소율	51%	269%
보통주 평균 가격, 1933	97	6
1927년 대비 1933년 평균 주가 하락률	46%	93%

비고: 1933년 6월 록 아일랜드 파산관재인이 선임됨.

부가 설명

여러 해 전 저자가 분석하고 뉴욕 증권거래소가 고객들에게 배포한 자료를 보면 철도회사 주식 비교분석기법이 잘 드러난다. 부록의 비고 66을 참조하라. 여기서는 자본구조가 비슷한 철도회사들을 비교하였다. 다만, 애치슨과 뉴욕 센트럴 사이의 비교는 예외였는데, 뉴욕 센트럴은 경기가 호전되든 악화하든 훨씬 민감하게 반응한다는 점을 특별히 언급하였다.

양식 Ⅱ. 공익기업 비교분석

공익기업 비교분석 양식은 철도회사 비교분석 양식과 거의 똑같다. 차이점은 다음과 같다. '1. 고정비'에 자회사 우선주 배당금을 포함해야 한다. '2. 유효 부채'를 '이자부 채무 및 자회사 우선주'라고 부르며, 재무상태표에서 이 데이터를 가져와야 한다. 순차감액 관련 항목인 22와 22 I.P.가 필요 없다. 항목 10이 '총매출액 대비 감가상각비 비율'이 된다. 유지관리비 정보를 발표하는 회사라면 '총매출액 대비 유지관리비 비율' 항목 10M을 포함할 수 있다.

철도회사 비교분석에 적용되는 원칙은 공익기업 비교분석에도 그대로 적용된다. 감가상각률 변동은 철도회사 유지관리비 비율 변동만큼이나 중요하다. 큰 차이가 나타나면 한쪽 자산이 지나치게 보수적으로 평가되었다고 단정할 것이 아니라, 이에 대해 가정을 세워서 최대한 철저하게 조사해야 한다. 한 회사의 실적이 다른 회사보다 매력적으로 나타나더라도, 현재의 요금 상황과 향후 전망을 조사한 다음에 판단을 내려야 한다. 1933년 이후 경험을 돌아보면, 시나 연방에서 경쟁을 촉진할 위험성도 주목해야 한다.

양식 Ⅲ. 제조회사 비교분석

제조회사 비교분석 양식은 철도회사나 공익기업과 매우 다르므로, 모두 열거하기로 한다.

    A. 자본:
       1. 채권 액면가
       2. 우선주 시장가치(주식 수 × 시장가격)
       3. 보통주 시장가치(주식 수 × 시장가격)
       4. 총자본금
       5. 자본금 대비 채권 금액 비율

    6. 자본금 대비 우선주 시장가치 비율
    7. 자본금 대비 보통주 시장가치 비율

B. 손익계산서(최근 연도):
    8. 총매출액
    9. 감가상각비
    10. 채권이자 분배 가능 이익
    11. 채권이자
    12. 우선주 배당금 필요액
    13. 보통주 분배 가능 이익
    14. 이익률(10÷8)
    15. 총자본 대비 이익 비율(10÷4)

C. 계산:
    16. 이자 보상 배수
    16. I.P. 이자+우선주 배당금 보상비율
    17. 보통주 주당 이익
    18. 보통주 주가 대비 이익 비율
    17. S.P. 우선주 주당 이익
    18. S.P. 우선주 주가 대비 이익 비율
    19. 보통주 시가총액 대비 총매출액 비율
    19. S.P. 우선주 시가총액 대비 총매출액 비율

D. 7년 평균:
    20. 이자 보상 배수
    21. 보통주 주당 이익
    22. 보통주 주가 대비 이익 비율
    (20 I.P., 21 S.P., 22 S.P.—원하면 우선주에 대해서도 똑같이 계산)

E. 추세:
    23. 과거 7년간 연도별 보통주 주당 이익(필요하면 발행주식 수 수정)
    23. S.P. 원하면 투기형 우선주에 대해 같은 데이터 산출

F. 배당금:
    24. 보통주 배당률
    25. 보통주 배당수익률
    24. 우선주 배당률
    25. 우선주 배당수익률

G. 재무상태표:
    26. 현금자산
    27. 매출채권(적립금 차감)
    28. 재고자산(적립금 차감)
    29. 총유동자산
    30. 총유동부채
    30. 지급어음("은행 대출금" 포함)
    31. 순유동자산
    32. 유동 부채 대비 유동자산 비율
    33. 매출액 대비 재고자산 비율
    34. 매출액 대비 매출채권 비율
    35. 총자본금에 귀속되는 순유형자산
    36. 보통주 주당 현금자산 가치(모든 선순위 채무 차감)
    37. 보통주 주당 순유동자산 가치(모든 선순위 채무 차감)
    38. 보통주 주당 순유형자산 가치(모든 선순위 채무 차감)
    (36 S.P., 37 S.P., 38 S.P.—원하면 투기형 우선주에 대해 같은 데이터 산출)

H. 보완 데이터(가능할 경우)
    1. 실물 생산: 단위 수, 단위당 매출액, 단위당 원가, 단위당 이익, 단위당 총자본금, 단위당 보통주 가치
    2. 기타: 예컨대 운영 매장 수, 매장당 매출액, 매장당 이익, 광석 매장량, 현재 생산 속도 유지 시 광산의 수명

제조회사 비교분석 설명

이 양식을 사용하는 법에 대해 논의한다. 자회사의 미분배 이익이나 손실 조정 등 왜곡이나 누락이 있으면 이익을 수정해야 한다. 적절하게 수정할 수 없을 때에는 비교 기준으로 사용하지 말아야 한다. (원천 데이터를 신뢰할 수 없으면 그 추론도 신뢰할 수 없다.) 감가상각비를 정밀하게 비교하려 해서는 안 된다. 감가상각비는 명확하게 커다란 차이가 날 때에만 확인 용도로 유용하다. 제17장에서 논의했듯이, 채권 이자 보상 배수를 계산할 때 임차료도 이자비용에 포함해야 한다.

보통주 주가 대비 이익 비율(항목 18)이 모든 비교에서 가장 중요한 숫자이지만, 총자본 대비 이익 비율(항목 15)에도 거의 같은 비중을 두어야 한다. 항목 18과 15는 항목 7(자본금 대비 보통주 시장가치 비율), 19(보통주 시가총액 대비 총매출액 비율)

와 함께 자본구조의 투기성을 알려 주는 지표다. (자본구조 이론은 제40장에서 논의하였다.)

보통주 주가 대비 이익 비율(항목 18)이 산업 평균보다 높더라도, 총자본 대비 이익 비율(항목 15) 역시 높지 않다면 안심해서는 안 된다. 이익은 저조해도 보통주 시가총액 대비 총매출액 비율(항목 19)이 훨씬 높은 회사라면, 경기가 회복될 때 실적이 빠르게 상승하는 투기성 종목이 될 수 있다.

재무상태표 계산은 재무 상태가 취약함을 명확하게 보여 주거나 유동자산 가치가 시장가치를 훨씬 넘어설 때에만 큰 의미가 있다. 당기 실적, 7년 평균 실적, 추세 사이의 중요성 구분은 전적으로 분석가가 판단할 일이다. 세 가지 측면에서 나온 결론이 일치한다면 당연히 더 확신할 수 있다.

표준양식 사용 예

이제 표준양식으로 가치를 비교하는 사례를 제시하겠습니다. 1938년 7월 상장 철강회사 보통주를 조사한 바로는, 콘티넨털 스틸은 실적이 평균보다 좋았고, 그래닛 시티 스틸Granite City Steel은 실적이 평균보다 훨씬 나빴다. 두 회사는 철강산업에서도 영업 분야가 비슷했다. 둘 다 규모도 매우 작았고, 보통주 주가도 똑같았다. 다음 표에서 두 회사의 실적을 비교했는데, 이 분석에서 중요하지 않은 항목은 생략했다.

비교분석에 대한 설명

5년 평균 실적을 추가로 분석한 것은 1938년 경기가 평균 미만이어서 이 한 해 실적을 지나치게 강조하기가 곤란했기 때문이다. 1934~1938년 동안 그래닛 시티 스틸은 연도 말 기준으로 실적을 발표했고, 콘티넨털 스틸은 연도 말과 6월 30일 기준으로 실적을 발표했다. 그러나 분기 실적이나 반기 실적을 이용할 수 있으므로, 이 기간의 평균 실적이나 연간 실적을 분석하기는 어렵지 않다.

데이터를 분석해 보면 그래닛 시티 스틸이 우세한 요소는 선순위 증권 발행액이

콘티넨털 스틸과 그래닛 시티 스틸 비교분석 (단위: 1,000)

항목	콘티넨털 스틸		그래닛 시티 스틸	
보통주 시장가격, 1938년 7월	17		17	
1. 채권 액면가	$1,202		$1,618	
2. 우선주 시장가치	2,450			
3. 보통주 시장가치	3,410		6,494	
4. 총자본금	7,062		8,112	
5. 자본금 대비 채권 금액 비율	48.3%		80%	
	1938. 6. 30. 까지 5년 평균	1년 실적	5년 평균	1년 실적
8. 총매출액	$15,049	$13,989	$8,715	$8,554
9. 감가상각비	500	445	390	459
10. 채권이자 분배 가능 이익	704	559	336	(287)
11. 채권이자	81	67	18(추정)	54(추정)
12. 우선주 배당금	179	171		
13. 보통주 분배 가능 이익	444	321	318	(341)
14. 이익률	4.7%	4.0%	3.9%	—
15. 총자본 대비 이익 비율	10.0%	7.9%	4.1%	—
16. 이자 보상 배수	8.7배	8.3배	18.7배	—
17. 보통주 주당 이익	$2.29	$1.60	$1.20	($0.89)
18. 보통주 주가 대비 이익 비율	13.5	9.4	7.1	—
19. 보통주 시가총액 대비 총매출액 비율	441.5%	409.8%	134.3%	131.8%
추세:				
23. 연도별 보통주 주당 이익				
1934. 6. 30. 말	$1.66		$2.65	
1935. 6. 30. 말	1.69		1.45	
1936. 6. 30. 말	2.67		1.49	
1937. 6. 30. 말	3.83	1.31		
1938. 6. 30. 말	1.60		(0.89)	
배당금:				
24. 보통주 배당률		$1.00		—
25. 보통주 배당수익률		5.9%		—
재무 상태(날짜):	1938. 6. 30		1937. 12. 31.	
29. 총유동자산	$6,467		$4,179	
30. 총유동부채	1,198		1,164	
31. 순유동자산	5,269		3,015	
35. 총자본금에 귀속되는 순유형자산	13,498		13,556	

적다는 점 하나뿐이다. 그러나 경기가 호전되면 (선순위 증권 비중이 큰) 콘티넨털 스틸 보통주가 더 빠르게 상승할 수 있으므로, 반드시 그래닛 시티 스틸의 우위 요소로 보기도 어렵다. 1938년 실적과 5년 평균 실적 분석에서 나타나는 콘티넨털 스틸의 우위 요소는 다음과 같다.

보통주 주가 대비 이익 비율
총자본 대비 이익 비율
보통주 시가총액 대비 총매출액 비율
이익률
공장 설비 계정의 감가상각비
운전자본 상태
유형자산 가치
배당수익률
이익 추세

비교분석 기간을 1934년 이전까지 거슬러 올라가면, 1930년 중반~1933년 중반의 침체기에는 그래닛 시티 스틸이 확실히 우위를 유지했던 것으로 나타난다. 콘티넨털 스틸은 다소 손실을 기록하고 있었지만, 그래닛 시티 스틸은 이익을 올려 배당금을 지급했다. 그런데 이상하게도 최근 침체기에는 상황이 뒤바뀌어, 콘티넨털 스틸은 실적이 매우 좋았고 그래닛 시티 스틸은 실적이 부진했다. 물론 과거 실적보다는 1937~1938년 실적에 관심을 더 기울여야 한다. 그렇더라도 철저한 분석이 되려면 두 회사의 우위가 뒤바뀐 이유를 최대한 파악해야 한다.

질적 요소 분석도 필요하다

이 사례에서 보듯이, 이런 비교분석표로부터 결론을 도출하기 전에 질적 요소들도 세심하게 고려해야 한다. 실적 기준으로 비교분석했을 때 한 종목의 시장가격이 지나치게 낮아 보인다면, 여기에는 실적에 드러나지 않는 다른 이유가 있을지도 모른다. 예컨대 회사 전망이 어둡다거나 경영진의 자질이 의심스럽기 때문일 수 있다. 낮은 배당수익률은 이유가 되기 어려운데, 이는 회사 수익력이 개선되면 오래지 않아 배당금도 증가하기 때문이다.

때로는 회사가 지나치게 보수적인 배당 정책을 상당 기간 유지하기도 하지만, 이런 상황에서도 주가에는 조만간 수익력이 반영되는 법이다.

인기와 거래량은 내재가치와 상관없는 요소이지만, 흔히 주가에 강력하고도 지속적인 영향을 미친다. 분석가는 이런 요소도 유념해야 하지만, 항상 인기 높고 거래량 많은 종목만 선호한다면 그의 분석은 엉망이 될 것이다.

교체매매를 추천할 때에는 단순히 매수 종목을 추천할 때보다 분석가에게 더 큰 책임이 따른다. 사람들은 보유 종목 변경을 매우 싫어하므로, 특히 교체매매에서 손실이 발생하면 더욱 분통을 터뜨리기 때문이다. 투기자들은 대개 시장에서 즉시 나타나는 실적을 기준으로 조언이 타당했는지 평가한다. 인간의 본성이 이러하므로, 투기자들에게는 함부로 교체매매를 권유해서는 안 된다. 그리고 실적 우위가 매우 뚜렷한 경우가 아니라면, 건전한 투자자에게도 쉽게 교체매매를 권유해서는 안 된다. 자의적인 기준을 말하자면, 교체매매를 통해서 기대되는 수익률이 50퍼센트 이상이라고 믿을 때에만 교체매매를 권유해야 한다.

기업의 동질성과 비교분석

제조회사 비교분석의 신뢰도는 업종의 특성에 따라 달라진다. 물론 기본적인 질문은 미래 상황 변화가 업종 내 모든 기업에 비슷하게 영향을 미치느냐이다. 비슷하게 영향을 미친다면, 과거 실적에 대한 비교분석에 커다란 비중을 두어야 한다. 이런 업종에 속하는 기업들은 '동질적'이라고 말할 수 있다. 그러나 미래 상황 변화에 따라 업종 내 기업들이 받는 영향이 다양하게 나타난다면, 과거 실적에 대한 비교분석은 신뢰도가 훨씬 낮아진다. 이런 업종에 속하는 기업들은 '이질적'이라고 말한다.

포카혼타스 역청탄 철도회사처럼 수송량과 지리 면에서 예외적인 회사 몇 개를 제외하면, 철도회사들은 매우 동질적이라고 보아야 한다. 대규모 전력회사들도 마찬가지다. 제조업 분야에서 동질적인 기업군의 대표적인 사례는 상표가 중요하지 않은 표준제품 생산업체와 원자재 생산업체들이다. 여기에는 설탕, 석탄, 금속, 철강 제품, 시멘트, 면직물 제조업체 등이 포함된다. 대형 석유회사들도 매우 동질적이라고 볼 수 있다. 그러나 소형 석유회사들은 생산량, 재고, 가격이 갑자기 크게 바뀔 수 있으므로 비교분석하기에 적합하지 않다. 대형 제빵회사, 유제품 회사, 포장회사도 매우 동질적인 기업군에 속한다. 식료품점, 저가 잡화점, 음식점 등과 비교하면, 대형 체인점들도 동질적이다. 백화점들은 동질성은 낮지만, 비교분석에 타당성이 전혀 없는 것은 아니다.

판매 제품의 상표를 광고하는 제조회사들은 이질적이라고 간주해야 한다. 이런 분야에서는 흔히 한 회사가 번창하면 그 경쟁회사는 쇠퇴하므로, 업종 내 기업들의 흥망이 엇갈린다. 예를 들어 자동차 제조회사들은 상대적 지위가 끊임없이 큰 폭으로 바뀌었다. 다양한 기계와 장비 제조업체들도 마찬가지다. 특허약 제조업체들도 그렇다. 이런 관점에서 보면 타이어, 담배, 신발을 제조하는 대기업들은 상대적 지위가 자주 바뀌지 않으므로 중간적 위치라 하겠다.[2]

이질적인 회사들의 실적을 비교분석하여 결론을 도출할 때에는 매우 신중해야 한다. 이때에도 분석가는 실적이 우수한 기업을 선호하기 쉬운데, 이런 우위는 쉽게 사라진다는 점을 분명히 인식해야 한다. 원칙적으로 비교분석하는 기업들의 동질성이 낮을수록, 질적 요소에 더 관심을 기울여야 한다.

---

2   물론 상대적 지위가 크게 바뀌기도 한다. 예를 들어 필립 모리스Philip Morris는 경쟁사보다 경이적인 성장세를 보였고, 이보다는 덜하지만 제너럴 슈도 탁월한 실적을 올렸으며, 리 타이어Lee Tire도 빼어난 경쟁력을 과시했다. 세 회사 모두 비교적 작은 회사였다.

비교분석의 한계

거듭 경고하건대, 비교분석표에 드러나는 숫자에 현혹되어 이 표에서 도출되는 결론이 정확하다고 믿어서는 안 된다. 동질성이 부족할 때에는 질적 요소에 비중을 두라고 앞에서도 언급하였다. 그러나 제1장에서도 설명했지만, 이 밖에도 분석가의 성공을 가로막는 걸림돌은 매우 다양하다. 비교분석기법이 분석 작업에 따르는 위험을 어느 정도 덜어 줄 수는 있지만, 불가지한 미래의 흥망성쇠, 주식시장의 억센 고집, 중요한 요소를 빠뜨리는 분석가의 실수를 막아 주지는 못한다. 분석가는 자신이 자주 틀리는 것처럼 비치고, 때로는 실제로 틀릴 것이라고 예상해야 한다. 그러나 현명하고 신중하게 분석한다면, 추측과 피상적 판단에 의지하는 일반 투자자들보다 장기적으로 높은 실적을 거둘 것이다.

가격과 가치의 괴리 1

우리는 증권분석 기법을 설명하면서 과대평가 사례와 과소평가 사례를 다양하게 제시하였다. 시장이 증권을 평가하는 과정은 비합리적이고 잘못된 경우가 많다. 앞에서도 지적했지만, 이는 기계적 과정이 아니라 증권을 사고파는 사람들 마음에서 일어나는 심리 과정이다. 따라서 시장에서 발생하는 실수는 집단이나 개인들이 저지르는 실수다. 대부분 실수를 일으키는 원인은 세 가지로서, 과장, 지나친 단순화, 무지다.

제50장과 제51장에서는 증권시장에서 발생하는 다양한 일탈 현상을 간략하게 살펴보기로 한다. 우리는 이익 기회를 탐색하는 분석가의 관점으로 이런 일탈 현상에 접근할 것이다. 이 과정에서 앞에서 논의한 증권분석의 범위와 한계를 부연 설명할 것이며, 추가로 논제를 도출하여 언급할 것이다.

일반적인 분석 과정

분석을 통해서 긍정적인 결론에 도달하는 사례는 흔치 않으므로, 많은 종목을 분석해야 유망한 종목을 발견할 수 있다. 그러면 이런 종목을 발견하려면 실제로 어떻게 해야 하는가? 체계적으로 열심히 분석해야 한다. 분석가가 쓰는 기법은 크게 두 가지다.

첫째, 앞 장에서 설명했듯이, 기업들을 유형별로 분류하여 비교분석하는 방법이다. 이렇게 하면 각 집단의 표준 속성을 파악할 수 있으며, 평균에서 크게 벗어나는 기업들을 찾아낼 수도 있다. 예를 들어 어떤 철강회사 보통주의 주가 대비 이익 비율이 업종 평균의 2배로 드러난다면, 이 회사의 주요 질적 양적 요소들을 철저하게 조사할 수 있다.

이 기법은 채권과 우선주에도 그대로 적용할 수 있다. 법정관리 철도회사 채권을 고르는 가장 좋은 방법은 지위가 비슷한 법정관리 철도회사 채권 10여 종을 모아서 실적을 비교분석하는 것이다. 또는 공익회사 우선주 중에서 종목을 선정한다면, (1) 배당금+이자 보상비율, (2) 주가 대비 가치 비율, (3) 주가와 수익률을 비교분석할 수 있다. 이렇게 간단히 유형별로 분석하기만 해도 평균보다 안전하면서도 수익률이 높은 종목이나, 실적과 비교해서 가격이 지나치게 높은 종목을 가려낼 수 있다.

둘째, 기업 보고서를 정밀하게 조사하여 그 회사 주식이나 채권의 시장가격과 비교분석하는 방법이다. 이런 기업 보고서의 요약 자료는 여러 일간신문에 실린다. 더 종합적인 자료는 금융 서비스 회사에서 제공하는 일일 기업 보고서 자료나, 주간지인 〈커머셜 앤드 파이낸셜 크로니클〉Commercial and Financial Chronicle에서 찾을 수 있다.

기업 보고서 100개 정도를 훑어보면 이익이나 유동자산 측면에서 흥미로운 기업이 5~10개 나타나므로, 이들을 집중적으로 분석하면 된다.

경기순환에 따른 주가 등락 이용?

가장 널리 알려진 가격과 가치의 괴리 현상은 경기순환 과정에서 호황과 불황을 거치면서 주가가 큰 폭으로 오르내리는 현상이다. 당연한 이야기지만, 강세장에는 주가가 지나치게 높고, 약세장에는 주가가 지나치게 낮다. 이는 주가가 상승하거나 하락하여 마침내 한계점에 이르면, 그 한계점에서 영원히 머물 수는 없으므로 어느 순간 돌아설 수밖에 없다고 말하는 것과 같다.

분석가는 이렇게 시장이 지나치게 오르내리는 현상을 이용할 수 있을까? 경험에 의하면 다음과 같은 방법으로 상당히 만족스러운 실적을 거둘 수 있었다.

1. '다우존스 산업 평균' 종목처럼 선도적 기업의 보통주로 잘 분산된 포트폴리오를 구성한다.
2. 이 포트폴리오의 평균 이익에 적정 배수를 곱하여 '정상 가치'를 평가한다. 예를 들면 최우량 등급 제조회사 채권의 현재 금리에 2배를 곱한 값으로 평균 이익을 할인하여 '정상 가치'를 구한다. 평균 이익을 계산하는 기간은 보통 7~10년이지만, 1931~1933년 같은 특수한 상황에는 다른 방법을 적용한다. 예컨대 1939년 이후 실적을 분석할 때, 1934년 이후부터 평균 이익을 계산한다.
3. 예컨대 정상 가치의 3분의 2 정도에 살 수 있다면 포트폴리오를 구성하여 사들인다. 아니면 가령 정상 가치의 80퍼센트에 도달하는 시점부터 주가가 하락할 때마다 일정 비율로 사들일 수도 있다.
4. 주가가 정상 가치보다 예를 들어 3분의 1 이상 높아지면 주식을 판다. 아니면 정상 가치의 20~50퍼센트를 초과하는 구간에서 분할하여 매각한다.

이상은 오래전 로저 뱁슨Roger Babson이 개발한 운용기법이다. 1925년 이전에는 이 기법을 적용하면 매우 만족스러운 실적이 나왔다. 그러나 제37장에서 지적했듯이, 1921~1933년에 걸친 장기 시장 순환기에 이 기법을 적용했다면 아마도 1921년에 주식을 사서 1926년에 팔았을 것이며, 1927~1929년 대형 강세장은 빈손으로 지내고 나서, 1931년에 다시 주식을 산 다음 처절한 폭락을 맛보았을 것이다. 게다가 이 기법을 실행하는 데는 엄청난 인내심이 필요하므로, 실제로는 감당하기 어려웠을 것이다.

그리고 1933년 이후에는 정상 이익을 판단하기가 어려워서 정상 가치를 계산하기도 어려웠다. 이렇게 단순한 아이디어로 시장의 큰 흐름을 정확하게 따라잡을 수 있다고 기대해서는 안 된다. 그러나 한계를 알면 이 기법도 상당히 유용한데, 본질적으로 낮은 가격에 주식을 살 수 있기 때문이다.

신용거래로 주가 등락 이용?

신용거래와 공매도 등 투기 관점으로는 이 기법을 실행할 수 없다고 보아야 한다. 현금거래라면 주식을 사고파는 시점이 너무 일러도 버틸 수 있다. 실제로도 주식을 산 다음 주가가 더 내리고, 주식을 판 다음 주가가 더 오르는 일이 다반사다. 그러나 신용거래에서는 즉각적으로 나타나는 실적이 중요하다. 그래서 투기자는 대세의 흐름이 바뀌는 시점을 정확하게 측정하여, 바로 그 시점에 대세에 합류하려고 한다. 그러나 이런 시도가 성공하는 경우는 드물다. 일시적으로는 성공해도 대개 완전한 파국으로 끝맺게 된다. 투기자들은 주식이 싸서가 아니라 더 오를 것 같아서 사고, 비싸서가 아니라 더 내릴 것 같아서 판다. 따라서 투기자의 관점과 분석가의 관점 사이에는 근본적인 차이가 있으며, 이 차이 때문에 서로 반목하게 된다.

채권 가격도 주식과 마찬가지로 경기순환에 따라 오르내린다. 따라서 채권투자자들도 경기순환기 정점 근처에서 채권을 팔고, 바닥 근처에서 다시 사야 한다고 흔히 말한다. 그러나 이 방법으로 만족스러운 실적을 거둘 수 있을지 의심스럽다. 주식에는 주가수익배수처럼 주가가 싼지 비싼지 평가할 기준이 있지만, 우량 등급 채권에는 명확한 평가 기준이 없다. 따라서 주로 시장 흐름을 측정하여 싼지 비싼지 평가해야 하는데, 이는 '건전한 투자'와 거리가 멀어 보인다. 채권을 팔았다가 되사는 동안 이자 소득을 얻지 못한다는 점도 매우 불리한 요소다. 이런 거래에서 얻는 이득으로는 시장흐름을 추적하면서 겪는 심리적 압박을 보상받기 어려워 보인다.

비우량주가 주는 기회

우량주들은 경기순환기의 특정 시점에서만 과대평가되거나 과소평가되지만, 비우량주 중에서는 언제든지 과소평가된 종목을 찾을 수 있다. 우량주들이 싸지면, 비우량주들은 훨씬 더 싸진다. 예를 들어 1932~1933년에 플리머스 코디지, 페퍼럴, 아메리칸 런드리 머시너리 등 많은 종목이 실적과 비교해서 믿기 어려울 정도로 낮은 가격에 거래되었다. GM 같은 우량주를 보수적으로 평가한 가치의 50퍼센트에 살 것인지, 아니면 페퍼럴 같은 비우량주를 보수적으로 평가한 가치의 25퍼센트에 살 것인지는 아마도 개인 취향의 문제일 것이다.

덧없는 우량주

시장 대표그룹을 구성하는 종목은 해마다 크게 바뀌었으며, 특히 최근에는 사람들의 관심이 과거 실적에서 미래 전망으로 바뀌면서 이런 경향이 더 강해졌다. 1937~1938년 침체기에는 한때 시장을 대표했던 여러 종목이 실적과 비교해서 엄청나게 낮은 가격에 거래되었다.

사례: 1929년 494까지 상승했다가 1938년 36까지 하락한 그레이트 애틀랜틱 앤드 퍼시픽 티Great Atlantic and Pacific Tea Company 보통주가 이런 놀라운 사례다.

1938년 1월 31일 재무상태표에는 현금자산이 8,500만 달러, 순유동자산이 1억 3,400만 달러로 나온다. 1938년 저가로 평가할 경우, 우선주와 보통주를 더해서 1억 2,600만 달러였다. 이 회사는 놀라운 성장세로 미국 기업들의 본보기가 되었고, 미국은 물론 세계적으로도 가장 큰 소매기업이었으며, 오랜 기간 빠짐없이 이익을 내고 배당금을 지급했는데도, 순유동자산 가치보다 낮은 가격에 거래되었다.

연도*	매출액 (단위: 1,000)	순이익 (단위: 1,000)	보통주 주당 이익	보통주 배당금	보통주 가격 범위
1929	$1,053,693	$26,220	$11.77	$4.50	162~494
1930	1,065,807	30,743	13.86	5.25	155~260
1931	1,008,325	29,793	13.40	6.50	130~260
1932	863,048	22,733	10.02	7.00	103.5~168
1933	819,617	20,478	8.94	7.00	115~181.5
1934	842,016	16,709	7.13	7.00	122~150
1935	872,244	16,593	7.08	7.00	121~140
1936	907,371	17,085	7.31	7.00	110.5~130.5
1937	881,703	9,119	3.50	6.25	45.25~117.5
1938	878,972	15,834	6.71	4.00	36~72

*1월 31일 결산.

따라서 1938년 월스트리트는 미국 최고의 기업을 청산가치보다도 낮게 평가한 것이다. 왜 그랬을까? 첫째, 연쇄점 세금에 위협을 느꼈다. 둘째, 최근 이익이 감소했다. 셋째, 시장이 전반적으로 침체 상태였다.

기업을 정확하게 평가하는 대신, 매일 호가를 바꿔가면서 호불호를 표현하고 희망과 공포를 드러내는 것이 주식시장의 본디 속성인 듯하다. 물론 주식시장이 평소에는 건전한 상식과 판단력을 유지하므로, 대개 시장가격과 내재가치가 어느 정도 조화를 이룬다. 제4장에서 지적했듯이 우리가 미래 전망처럼 모호하고 추상적인 대상을 평가할 때에는 대개 분석가의 판단 대신 시장의 판단을 받아들인다. 하지만 주식시장은 감정에 휩싸여 건전한 판단의 범위를 넘어서서 극단으로 치닫는 경우가 많다.

정상 시장이 주는 기회

평균 주가가 지나치게 높지도 낮지도 않은 정상 기간에는 흔히 실적과 비교해서 확실히 저평가된 주식을 찾아낼 수 있다. 이런 주식은 두 종류로 구분된다. (1) 주가와 비교해서 당기 이익과 평균 이익이 많은 종목, (2) 실적은 만족스러운데도 순유동자산 가치보다 낮게 거래되는 종목. 이런 종목들은 유명 대기업이 아니거나,

그룹 A. 1938년 말이나 1939년 말에 PER 7 미만이고 주가가 순유동자산 가치보다 낮은 보통주

회사	연도	12. 31 주가	주당 이익	1934~1939 평균 주당 이익	주당 순유동 자산 가치	주당 순유형 자산 가치
J. D. 애덤스 J. D. Adams Mfg.	1938	8	$1.15	$1.20	$12.07	$14.38
아메리칸 시팅 American Seating	1939	10.25	1.82	1.75	11.42	23.95
번트 브라더스 Bunte Bros.	1938	10	2.10	2.14	12.84	27.83
그랜드 유니언 Grand Union	1939	10	1.80	1.25	13.60**	20.00**
인터내셔널 실버 International Silver	1939	26.75	4.98	(0.10)	39.67	97.50
I. B. 클라이너트 I. B. Kleinert	1938	8.5	1.27	0.80	11.04	16.90
뉴 아이디어 New Idea	1939	12.13	2.18	1.78	13.44	16.02
*N. Y. 머천다이스 N. Y. Merchandise	1939	7.75	1.44	1.44	11.66	14.05
*퍼시픽 커머셜 Pacific Commercial	1938	11.5	2.31	2.77	24.18	27.74
시튼 레더 Seton Leather	1938	6.25	1.38	0.94	8.38	11.27

* 이들 종목은 그룹 B에도 속함.
** 일부는 추정치.

그룹 B. 1938년 말이나 1939년 말 주가가 순유동자산 가치의 3분의 2 미만이고 PER 12 미만인 보통주

회사	연도	12. 31 주가	주당 이익	1934~1939 평균 주당 이익	주당 순유동 자산 가치	주당 순유형 자산 가치
버틀러 브라더스 Butler Bros.	1939	7	$0.83	$0.27	$12.75	$19.59
일라이 앤드 워커	1939	18	2.30	1.83	41.60	48.51
길크리스트 Gilchrist	1939	4.75	0.70*	0.85*	13.85	17.39
헤일 브라더스 Hale Bros. Stores	1939	14	1.81	2.00	22.13	28.14
인터타이프	1939	8.75	0.55	0.82	19.77	22.35
리 앤드 캐디 Lee & Cady	1939	6	0.77	0.73	11.35	12.61
H. D. 리 머컨타일 H. D. Lee Mercantile	1938	14	0.87	1.35	25.00	31.56
맨해튼 셔츠	1938	11.5	0.73	1.06	19.36	23.62
릴라이언스 매뉴. Reliance Mfg.	1939	12	1.69	0.94	18.97	22.21
S. 스트룩 S. Stroock	1939	9.25	1.21	1.39	14.90	26.61

* 1월 31일 결산.

이익 추세가 불리하게 나타나는 기업들이다. 다음은 제조회사 주가가 크게 높지도 낮지도 않았던 1938~1939년에 이런 유형에 속했던 기업들이다.

부지런한 분석가라면 이 도표처럼 흥미로운 실적을 어렵지 않게 찾아낼 수 있다. 사실은 질적 요소를 이용해서 이 실적이 타당한지를 판단하는 작업이 훨씬 더 어렵다. 다시 말해서 회사의 장래를 확신할 수 있어야 해당 주가가 정말로 싼지 판단할 수 있다.

그러나 금융회사들은 이런 질문에 관심이 없는 듯하다. 투자신탁회사들이 이런 기회를 찾아낼 능력이 있는데도 관심을 기울이지 않는 이유는 (1) 이런 종목들은 대량으로 사거나 팔기 어렵고, (2) 비우량주들은 아무리 실적이 좋아도 장래 전망을 낙관할 근거가 없으면 이익을 내기 어렵다고 확신하기 때문이다.

중소기업의 주된 결점은 갑자기 수익력을 상실할 수 있다는 사실이다. 수익력 상실은 당연히 대기업보다 중소기업에서 발생하는 비율이 높다. 그 대신 중소기업이 성공을 거둘 때에는 대기업보다 훨씬 큰 이익을 안겨 준다. 예를 들어 필립 모리스는 1934년 시장가치가 500만 달러였으나 1939년에는 9,000만 달러로 증가하였고, 순이익도 1,200퍼센트나 증가하였다. 대기업인 아메리칸 타바코라면 도저히 상상할 수 없는 실적이었다. 마찬가지로 펩시콜라Pepsi-Cola는 성장률 면에서 코카콜라를 압도하였고, 제너럴 슈도 대기업인 인터내셔널 슈International Shoe를 압도했다.

그러나 사람들은 대개 전망이 보통 수준인 '염가 종목'에 분산 투자하는 대신, 매우 비싼 가격을 치르더라도 필립 모리스처럼 전망이 밝은 주식을 사려고 한다. 현재 상황에서 탁월한 실적을 보장할 수는 없지만, 우리는 경험상 염가 종목에 분산 투자하는 기법이 낫다고 본다. 장기간의 분석에 비추어 보면, 기업의 장래 전망을 신중하게 판단하고, 지표상 시장이 지나치게 과열된 시점을 피한다면, 확실히 저평가된 주식에 투자하는 기법은 성공 확률이 매우 높다. 다음은 이런 기회를 보여 주는 사례다.

플로런스 스토브 Florence Stove 보통주	파이어스톤 타이어 Firestone Tire & Rubber 보통주
1935년 1월 주가 · · · · · · · · · · · · · · · · · · 35	1925년 11월 주가 · · · · · · · · · · · · · · · · · · 120
배당금 · $2	배당금 · $6
주당 이익:	주당 이익:
1931 · $2.27	1922 · $17.08
1932 · 3.33	1923 · 14.06
1933 · 7.98	1924 · 16.92
1934 · 7.93	1925 · 32.57*

* 우발손실 적립금 차감 전 이익은 주당 40.95달러임.

이 사례를 보면 주가에 기업의 수익력이 제대로 반영되지 않았다.

비우량주들의 주가 흐름

보통주의 가격 흐름을 면밀하게 분석해 보면 다음과 같은 현상이 드러난다.

1. 우량주들은 보고 이익의 증감이 주가에 즉시 반영된다. 그 반영 정도가 매우 심해서, 연도별 이익 증감에 따라 주가가 지나치게 큰 폭으로 오르내린다.
2. 비우량주들의 주가는 주로 전문투자자들의 태도에 좌우된다. 사람들의 관심이 부족할 때에는 실적이 주가에 좀처럼 반영되지 않는다. 그러나 주가 조작 세력이든 일반인이든 비우량주에 관심이 쏠리면, 주가는 실적에 극단적으로 반응한다.

비우량주의 주가 흐름 사례

다음은 비우량주의 다양한 주가 흐름을 보여 주는 사례다.

이 회사는 이익과 배당금 규모가 이례적으로 컸다. 이 실적이 전시에 아연 가격이 급등한 덕분이라는 사실을 고려하더라도, 주가에 실적이 놀라울 정도로 반영되지 않았다. 이 종목이 투자자들의 관심을 끌지 못한 탓이다.

뷰트 앤드 슈피리어 코퍼Butte and Superior Copper Company 보통주

기간	주당 이익	주당 배당금	주가 범위
1914년	$5.21	$2.25	24~44
1915년 1분기	4.27	0.75	36~50
1915년 2분기	7.73	3.25	45~80
1915년 3분기	10.13	5.75	57~73
1915년 4분기	11.34	8.25	59~75
1915년 (연간)	$33.47	$18.00	36~80
1916년	30.58	34.00	42~105

이번에는 상반된 사례를 살펴보자.

멀린스 바디Mullins Body Corporation 보통주

연도	주당 이익	주당 배당금	주가 범위
1924	$1.91	–	9~18
1925	2.47	–	13~22
1926	1.97	–	8~20
1927	5.13	–	10~79
1928	6.53	–	69~95
1929	2.67	–	10~82

1924~1926년 동안은 저가 비우량주답게 별다른 움직임을 보이지 않았다. 그러나 1927년에는 이익이 대폭 증가했으므로, 주가 10달러는 투기 관점에서 매우 매력적인 가격이었다. 1927~1928년에 이익이 대폭 증가하자 투기세력이 몰려들었다. 주가는 1927년 10에서 1928년 95까지 상승했다가 1929년에는 다시 10으로 하락했다.

1938~1939년 항공기 제조회사 주식과 1915~1918년 전쟁 수혜 주식의 주가 흐름도 대조를 이룬다. 다음 사례에서 1938~1939년 주가와 실적을 비교해 보자.

항목	보잉 Boeing Airplane Co.	글렌 마틴 Glenn L. Martin Co.
날짜	1938년 12월	1939년 11월
기업의 시장가치	$25,270,000	$49,413,000
	(722,000주 @ 35)	(1,092,000주 @ 45.25)
1938년 매출액	2,006,000	12,417,000
1938년 순이익	(555,000)	2,349,000
1939년 9개월 매출액	6,566,000	8,506,000
1939년 9개월 순이익	(2,606,000)	1,514,000
1939년 9월 30일 유형자산	4,527,000	15,200,000

이 사례에서 시장은 마치 전쟁 특수가 영원히 이어질 것처럼 가정하여 장래 미실현 이익까지도 평가하였다. 1915~1916년 뷰트 앤드 슈피리어 코퍼의 주가수익배수와 1938~1939년 두 항공사의 주가수익배수는 놀라운 대조를 이룬다.

분석가의 대응 자세

분석가는 라이트 항공, 뱅고르 앤드 아르스투크 철도, 파이어스톤 타이어, 뷰트 앤드 슈피리어 코퍼와 같은 상황에 현명하게 대처할 수 있다. 1927년 초라면 멀린스에 대해서도 유용한 조언을 해 줄 수 있었다. 그러나 이 종목이 주가 조작 세력의 손에 넘어간 다음에는 분석가가 판단할 범위를 벗어났다. 월스트리트가 보기에도 멀린스는 회사가 아니라 시세 테이프에 끊임없이 찍혀 나오는 숫자에 불과했다. 이 종목은 사도 위험하고 팔아도 위험했다. 분석가는 위험에 대해 경고할 수는 있었지만, 어디까지 오르고 어디까지 떨어질지는 전혀 알 수 없었다. (그러나 1928년 이 회사가 전환우선주를 발행했는데, 이때 우선주를 사고 보통주를 파는 차익거래로 이익을 얻을 수 있었다.) 1939년 항공주가 폭등할 때에도 분석가는 항공 특수가 영원히 이어진다는 가정이 위험하다고 경고하는 정도였다.

시장이 위험할 정도로 과열되었다고 판단되면, 분석가는 아무리 싸 보이더라도 잘 알지 못하는 주식을 추천해서는 안 된다. 시장이 전반적으로 대폭 하락하면 모든 종목이 악영향을 받게 되며, 거래량이 부족한 종목은 매물 압박을 받아 더 심하게 하락할 수 있다.

기타 요소에 대한 시장의 과잉 반응

배당금 변경

주식시장의 고질적인 과잉 반응은 이익 증감에만 한정되지 않는다. 배당금 증감, 주식분할, 인수 및 합병에 대해서도 민감한 반응을 보인다. 현금배당금이 증가한다면 좋은 일이지만, 연간 배당금이 5달러에서 6달러로 증가했다고 주가가 20달러나 상승한다면 이는 어처구니없는 일이다. 20달러나 오른 가격에 주식을 산다면, 이는 앞으로 20년 동안 받을 추가 배당금을 미리 지급하는 셈이다. 주식배당 소식에 주가가 오르는 현상은 더 불합리하다. 주식배당은 종잇조각에 불과하기 때문이다. 주식분할도 마찬가지여서 주식 수만 늘어날 뿐, 주주가 새로 받는 것은 없다. 기껏 주가가 낮아져서 투자 저변이 확대된다는 사소한 이점 정도다.[1]

인수 및 합병

월스트리트는 합병에 대해서도 쉽게 흥분하고, 그 정반대인 분리에 대해서도 쉽게 열광한다. 주식시장에서는 흔히 둘과 둘이 합쳐져서 다섯이 되고, 이 다섯이 나중에 분리되어 셋과 셋이 된다. 그러나 합병 이후의 실적을 귀납적으로 분석해 보면 합병이 과연 수익력 향상에 도움이 되는지 의문을 품게 된다.[2] 경영에서 인사 문제가 걸림돌이 되어 합병의 이점을 살리지 못하는 경우가 많으며, 이후 합병 회사는 험난한 상황을 맞이하기도 한다.

주식시장이 사소한 사안에 민감한 반응을 보이는 이유는 투기자의 심리로 설명

---

1 1933년 아틀라스 택Atlas Tack은 대중이 주식을 사도록 유도하려고 3대 1 주식분할을 약속했다. 그러나 주식이 30달러대에 거래될 때에는 이런 주식분할이 아무런 영향도 미칠 수 없었다. 1933년 아틀라스 택이 1.5에서 34.75까지 상승했다가 10달러로 폭락한 상황은 주가 조작 패턴을 보여 주는 완벽한 사례다. 이 주식의 1929년 이전 주가수익배수와 주가순자산비율을 비교해 보기 바란다.

2 다음 자료를 참조하라. Arthur S. Dewing, "A Statistical Test of the Success of Consolidations," published in *Quarterly Journal of Economics*, November 1921 and reprinted in his *Financial Policy of Corporations*, pp. 885-898, New York, 1926. Henry R. Seager and Charles A. Gullick, *Trust and Corporation Problems*, pp. 659-661, New York, 1929, and *Report of the Committee on Recent Economic Changes*, Vol. I, pp. 194 ff., New York, 1929.

할 수 있다. 투기자는 먼저 행동한 다음, 그 행동에 그럴듯한 구실을 붙인다. (위선이든 자기기만이든, 증권회사 고객들은 자신이 주가를 놓고 도박을 벌인다는 사실을 인정하지 않고, 그럴듯한 변명을 늘어놓는다.) 시세조작 세력들은 때때로 기업 경영진까지 끌어들여 주식배당을 포함한 '호재'로 이런 구실거리를 제공하면서 투기자들을 착취한다. 투기자들의 행동은 유치하다고 볼 수밖에 없다. 분석가는 이런 월스트리트의 부조리를 알고 있어야 한다. 그러나 이들과는 어떤 형태로든 접촉하지 않는 편이 좋다.

소송

월스트리트는 소송에 대해서도 극단적인 반응을 보이는 경향이 있다. 중요하지 않은 소송에도 증권은 악영향을 받으며, 소송 내용에 상관없이 가격이 폭락하기 일쑤다. 이런 상황이 분석가에게는 특별한 이익 기회가 될 수 있다. 가장 중요한 예가 법정관리다. 법정관리 때문에 저평가되는 증권은 늘 채권이므로, 이에 대해서는 나중에 선순위 증권과 함께 논의하기로 한다.

사례: 소송이 보통주 가치에 큰 영향을 끼친 사례가 레딩Reading Company이다. 1913년 미국 정부는 이 회사의 철도 사업과 석탄 사업을 강제로 분리하는 소송을 제기했다. 정부의 회사 분리 요구는 '호재'로 간주해야 하는데도, 주식시장은 늘 그렇듯이 이 소송이 회사에 대한 공격이라고 생각했다. 1921년 회사 분리 계획에 합의가 이루어졌고, 석탄 자회사 주식을 레딩 보통주와 우선주 주주들에게 배분하기로 결정되었다. 정부가 소송에서 승리했지만, 시장에서는 이 합의를 호재로 받아들였다.

그러나 일부 보통주 주주들이 석탄 자회사 주식을 우선주 주주들에게 분배하는 계획에 반대했다. 이들은 보통주 주주들에게만 자회사 주식을 분배하라는 소송을 제기했다. 흥미롭게도, 이 소송이 벌어지자 보통주 가격이 하락했다. 논리적으로는 보통주 주가가 상승해야 마땅했다. 소송에서 승리하면 보통주 가치가 더 상승할 것이고, 패배하더라도 보통주 가치는 하락하지 않기 때문이다. 그러나 주식시장은 레딩에 새로운 소송이 제기되었으므로 레딩 보통주를 사면 안 된다고 생각했던 것이다.

소송이 벌어지면 증권 보유자들은 대개 '질적'인 반응을 보이므로, 분석가는 '양적' 분석으로 이득을 볼 수 있다. 예를 들어 파산한 회사가 자산을 현금화하여 채권 보유자들에게 액면가의 50퍼센트를 분배할 자금을 마련했다고 가정하자. 그러나 다른 사람들이 이 자금 대부분을 요구하는 소송을 제기했다. 이런 소송은 억지에 불과하다. 이 소송은 하급심에서 패배했고, 상고하더라도 대법원이 다시 검토할 가능성은 희박하다. 그렇더라도 소송이 걸려 있다는 이유만으로 채권 가치가 폭락한다. 이런 상황이라면 채권은 1달러당 50센트가 아니라 35센트에 거래될 것이다. 원고에게는 거의 가치가 없는 하찮은 소송인데도, 시장에서는 피고에게 막대한 부담이 되는 것처럼 평가한다. 이런 저평가 상황을 잘 분석하면 탁월한 이익 기회를 발견할 수 있다.

사례: 8퍼센트 아일랜드 오일 앤드 트랜스포트Island Oil and Transport 사채

1933년 6월 이 사채는 18에 거래되었다. 파산관재인이 보유한 현금은 사채 발행액의 약 45퍼센트였으므로, 여기서 각종 비용을 차감하면 사채 보유자들에게 돌아갈 몫은 1달러당 약 30센트였다. 그러나 손해배상청구소송 때문에 분배가 지연되고 있었다. 이 청구소송은 여러 단계에서 거듭 패소했으며, 이제 마지막 판결을 남겨 두고 있었다. 그러나 이 소송 때문에 사채의 시장가격이 터무니없이 하락했다. 사람들이 돈을 조금 들여서라도 소송을 해결하는 편이 낫다고 말할 정도였다. 1934년 4월 상급심에서 하급심의 기존 판결이 확정되자, 사채 보유자들은 액면가 1,000달러에 대해서 290달러를 분배받았다. 그리고 소액이 추가로 분배될 조짐이다.[3]

---

[3] 1938년 내셔널 본드홀더National Bondholders Corporation의 다양한 채권에도 비슷한 상황이 발생했다. 이 회사는 다양한 자산과 청구권을 현금화하고 있었다. 이 채권들은 청산가치보다 훨씬 낮은 가격에 거래되었는데, 주된 이유가 거액의 현금을 요구하는 소송 때문이었다. 아이랜드 오일 사례처럼 이 소송도 마지막 단계에 접어들었고,

1938년 자산을 베들레헴에 매각하기로 한 유나이티드 십야드에서도 비슷한 상황이 발생했다. 자산 매각에 반대하는 주주들이 매각 가격이 지나치게 낮다고 주장하면서 매각을 연기하라고 소송을 제기했다. 이 소송의 여파로 1939년 1월 클래스 B 보통주 가격이 1.25를 넘어서지 못했는데, 자산을 매각할 때 실현 가능한 가치는 2.5~3이었다. 그러나 이 소송이 가치가 있다면 주가는 2.5가 넘어야 했으며, 만일 가치가 없더라도 주가가 내려갈 이유는 없었다. (클래스 A 주식 가격에도 비슷한 괴리 현상이 나타났다.)

저평가된 투자등급 종목

부지런히 찾아본다면 투자등급채권과 우선주 중에서도 저평가 종목을 언제든지 찾아낼 수 있다. 채권과 우선주가 저평가되는 이유는 대개 거래가 부진하기 때문이고, 거래가 부진한 이유는 발행 규모가 작기 때문이다. 그러나 발행 규모가 작다는 사실이 오히려 채권의 안전성을 대폭 높여 줄 수도 있다. 제26장에서 설명한 1936년 만기 6퍼센트 일렉트릭 리프리저레이션 채권이 이런 역설을 보여 주는 좋은 사례다.

때로는 채권의 지위를 대폭 높여 주는 호재가 발생해도, 이 호재가 가격에 즉시 반영되지 않아서 헐값에 살 기회가 만들어지기도 한다. 이런 상황은 대개 자본구조 변경이나 기업 인수와 관련해서 발생한다. 몇 가지 사례를 살펴보자.

사례: 1923년 영스타운 시트 앤드 튜브는 스틸 앤드 튜브 컴퍼니 오브 아메리카 Steel and Tube Company of America의 자산을 인수하면서 1951년 만기 7퍼센트 담보채권 채무도 함께 떠안았다. 영스타운은 6퍼센트 사채를 99에 발행하여 인수 대금을 마련했다. 당시 사채 가격은 다음과 같았다.

지금까지 판결은 채권 보유자들에게 유리했다. 마지막 판결이 확정되자, 1938년 26이었던 채권 가격이 1939년에는 41로 상승하였다.

사채	가격	수익률 (%)
영스타운 시트 앤드 튜브 6% 사채	99	6.02
스틸 앤드 튜브 7% 담보사채	102	6.85

시장이 스틸 앤드 튜브 담보사채의 지위가 강화된 사실을 알지 못한 탓에, 이 담보사채는 같은 회사가 발행한 무담보사채보다 높은 수익률에 거래되었다. 이는 분석을 했다면 이익을 얻을 확실한 기회였다.

1922년 디트로이트시는 디트로이트 유나이티드 철도Detroit United Railway Company의 교외 노선을 인수하면서, 1932년 만기 4.5퍼센트 디트로이트 유나이티드 철도 1순위 채권 상환 자금을 지급하기로 합의했다. 이때 인수계약서에 이례적으로 강력한 보호 조항이 삽입되었으므로, 디트로이트 시가 채권을 책임지게 되었다. 그러나 거래가 완료된 다음 채권은 82에 거래되어 수익률이 7퍼센트를 웃돌았다. 시장은 이 채권이 사실상 디트로이트 시의 부채가 되었다는 사실을 인식하지 못한 것이다.

1924년 콩골륨Congoleum Company이 발행한 유가증권 잔고는 7퍼센트 우선주 180만 달러, 사채 289만 달러, 보통주 96만 주(평균 시장가치 약 4,800만 달러)였다. 같은 해 10월 이 회사는 유형자산이 1,500만 달러인 같은 업종의 대기업 네언 리놀륨Nairn Linoleum Company과 거래할 목적으로 보통주 68만 1,000주를 발행하였다. 이렇게 발행된 막대한 주식 덕분에 소액에 불과한 선순위 증권의 안전성이 높아졌는데도, 우선주의 가격은 액면가를 넘어서지 못했다.

1927년 일렉트릭 리프리저레이션은 보통주 37만 3,000주를 발행하여 660만 달러를 조달했다. 이제 보통주는 모두 100만 주가 되었으며, 평균 시장가치는 약 2,100만 달러가 되었다. 이밖에는 1936년 만기 6퍼센트 사채가 겨우 288만 달러 남아 있었다. 그러나 이 사채는 74에 거래되었으며, 수익률이 11퍼센트나 되었다. 이렇게 사채 가격이 낮아진 것은 1927년에 발생한 대규모 영업 적자 탓인데, 실제로는 회사가 보통주를 발행하여 훨씬 큰 금액을 조달했으므로, 사채는 전보다 더 안전해졌다. 시장은 이 사실을 인식하지 못했다.

이 선순위 증권 4개 종목은 모두 액면가 이상으로 상환되었다. (콩고륨–네언 우선주는 1934년 107에 임의 상환되었다.) 이런 종목들은 나중에 문제가 발생할 위험이 없으므로 걱정할 필요가 없다. 이번에는 최근 사례를 소개하겠다.

최근 사례

5년 넘게 이자가 연체된 1949년 만기 5퍼센트 촉토 앤드 멤피스 철도Choctaw and Memphis Railroad Company 1순위 담보채권은 1939년 35에 거래되었다. 이 채권은 시카고, 록 아일랜드 앤드 퍼시픽 시스템 중에서 이 노선에 대해 1순위 담보권을 보유했다. 록 아일랜드는 1930년 이후 실적이 저조했고, 채무를 전혀 이행하지 못했다. 그러나 1937년 이익을 담보별로 구분해 보면 촉토 앤드 멤피스 노선의 수익성이 가장 높게 나온다. 록 아일랜드 전체로 보면 이자 채무가 1,408만 달러이고 이익이 270만 달러에 불과하지만, 촉토 앤드 멤피스는 이자 보상 배수가 2.6배나 되었다. 1939년까지 주간통상위원회 조사관이 제출한 기업회생 계획을 포함한 여러 계획에서도 이 채권에 대해서는 원금과 연체이자를 모두 지급하게 되어 있었다. 그러나 나머지 채권은 거의 모두 상환액이 대폭 삭감되며, 이자 지급 합계액도 연 250만 달러 미만으로 제한될 예정이었다.

제출된 계획에 따라 기업회생이 진행된다면, 촉토 앤드 멤피스 채권은 분명히 지위가 매우 강해질 터였다. 담보권을 그대로 유지하면서 연체이자를 받든, 아니면 새로 발행되는 1순위 담보채권으로 교환하든 상관없었다. 회사의 총이익이 최소 6,500만 달러였으므로, (전보다 부담이 5분의 1 미만으로 감소한) 연 250만 달러 정도는 무리 없이 지급할 수 있었다.

따라서 모든 계량 지표로 판단할 때, 가격 35에서는 촉토 앤드 멤피스 채권이 매우 저평가된 것이며, 기업회생이 완료되면 이 채권은 지위가 더욱 강화될 것이다.[4]

법정관리 기업의 가격-가치 괴리

제18장에서 기업회생 절차를 다룰 때, 법정관리에서 비롯되는 가격-가치 괴리 사례 두 가지를 제시했다. 피스크 러버는 채권이 유동자산 가치보다 터무니없이 낮은 가격에 거래되는 사례였고, 스튜드베이커는 6퍼센트 사채가 주식보다 훨씬 저평가된 사례였다. 법정관리에 들어가면 이렇게 선순위 증권이 매우 저평가되기 쉬우므로, 법정관리 과정에서 상당한 가치가 실현된다면 선순위 증권의 가치가 대폭 상승하게 된다. 이로부터 두 가지 원칙이 도출된다. (1) 앞에서도 지적했지만, 재정난에 빠질 가능성이 있는 회사라면, 그 회사 증권은 무엇이든 사지 말아야 한다. (2) 재정난에 빠진 회사를 분석하면 매력적인 기회를 발견할 수 있다.

이 원칙은 지위가 확고해서 기업회생 과정에서도 손해 보지 않는 종목(제2장의 브루클린 유니언 고가철도 5퍼센트)은 물론, 손실을 분담하거나 조정 계획의 영향을 받는 선순위 증권에도 적용된다. 특히 기업을 청산하여 현금을 분배하는 경우에 이 원칙이 잘 적용된다.

사례: 1. 1950년 만기 5.5퍼센트 온타리오 파워 서비스 Ontario Power Service Corporation 1순위 담보채권. 이 채권은 1932년 7월 1일 이자를 연체했다. 이 무렵 채권 가격은 21까지 내려갔다. 온타리오 수력발전위원회는 곧 이 회사 자산을 인수했고, 온타리오 파워 서비스 채권 1,000달러를 온타리오주가 보증하는 새 사채 900달러로 교환해 주었다. 1933년 12월 새 사채는 90에 거래되었는데, 이는 기존 채권 가격으로는 81이었다. 채권을 교환하지 않은 사람들은 액면가의 70퍼센트를 현금으로 받았.

2. 1936년 만기 6.5퍼센트 어멜거메이티드 런드리 Amalgamated Laundries,

---

4 부록의 비고 67 참조. 1936년 만기 6퍼센트 폭스 필름 사채가 1933년 75에 거래되어 만기수익률이 20퍼센트에 이르렀다(《증권분석》 1934년판 자료). 추가 사례: 1941년 만기 4퍼센트 텅 솔 램프Tung Sol Lamp Company 사채는 1938년에 50에 거래되었다. 회사가 보유한 자원과 이익과 비교해서 사채 규모가 매우 작으므로, 지급이 확실했다(실제로 만기 이전인 1939년에 임의 상환되었다).

Inc.. 1932년 2월 파산관재인이 선임되었다. 1932년 4월 채권이 4에 거래되었다. 회사는 1932년 6월 자산을 매각하였고, 청산배당금을 1932년 8월에 12.5퍼센트, 1933년 4월에 2퍼센트 지급하였다. 1933년 12월에도 채권은 여전히 4에 거래되었는데, 이 금액 이상의 추가 배당금을 기대했다는 뜻이다.

3. 1941년 만기 8퍼센트 피스크 러버 1순위 담보채권과 1931년 만기 5.5퍼센트 피스크 러버 무담보사채. 제18장에서도 두 종목을 다루었다. 1931년 1월 법정관리가 발표되었다. 1932년 8퍼센트 채권은 16까지, 5.5퍼센트 사채는 10.5까지 하락했다. 1933년 기업회생 절차가 시작되었고, 8퍼센트 채권에는 현금 40퍼센트, 5.5퍼센트 사채에는 현금 37퍼센트를 지급하였으며, 두 후계 기업의 증권도 분배하였다. 1933년 말 기준으로 현금과 새 증권의 가치를 더하면 액면가 기준 회수율이 8퍼센트 채권은 거의 100퍼센트, 5.5퍼센트 사채는 70퍼센트였다.

부도 증권의 가격 패턴

법정관리나 파산 절차가 진행될 때 나타나는 가격 패턴이 있다. 첫째, 주식이 매우 과대평가되는 경향이 있다. 채권에 비해서도 그렇고, 절대 기준으로도 그렇다. 이는 낮은 주가에 매력을 느껴 몰려드는 투기세력 때문이다. 둘째, 시간이 흐를수록 선순위 증권에 대한 관심은 계속 감소하며, 이에 따라 가격도 하락한다. 선순위 증권 가격은 대개 기업회생 계획이 발표되기 직전에 저점을 기록한다.

따라서 이런 상황에 부닥친 증권을 분석하면 풍성한 결실을 거둘 수 있다. 내재가치보다 훨씬 낮은 가격에 거래되는 증권을 찾아내어 가장 적합한 시점에 사면 된다. 그러나 매수 시점 선택에 지나치게 큰 비중을 두어서는 안 된다. 증권분석에서 시점은 부차적인 요소다. 적절한 매수 시점을 결정할 때에는 대략 몇 개월 혹은 그 이상의 오차를 허용하기 바란다.

철도회사의 법정관리

1932년 이후 미국 철도 노선 상당 부분이 파산관재인에게 넘어갔다. 1938년 말에는 모두 111개 철도회사의 노선 7만 8,016마일(미국 전체 철도노선의 31퍼센트)을 파산관재인이 맡았다. 이는 지금까지 법원에서 관리한 최대 규모였다. 모든 철도회사의 기업회생 절차가 장기간 지연되었는데, 자본구조가 복잡한 데다가 미래 수익성도 불투명한 탓이었다. 그 결과 대다수 종목의 가격이 극극히 낮은 수준까지 떨어졌다. 철도회사의 침체가 장기간 이어지지 않는다면, 기민한 투자자에게는 탁월한 투자 기회가 될 수도 있다.

1939년 말 현재 주요 노선의 1순위 담보채권 가격을 보면, 시장은 철도회사의 장래를 극도로 비관하지는 않는 듯하다. 물론 이런 종목들은 정상적인 철도회사의 채권이나 주식보다는 낮은 가격에 거래된다. 그러나 정상 철도회사 증권들은 대부분 당기 실적에 비해 높은 가격에 거래되고 있으며, 장래에 상황이 악화하면 지급불능에 빠질 위험이 있다. 이런 증권을 분석하는 기법에 대해서는 부록의 비고 66을 참조하라.

가격과 가치의 괴리 2

제50장에서 보통주가 우량주와 비우량주로 구분되었듯이, 선순위 증권도 우량증권과 비우량증권으로 구분된다. 우량증권은 유서 깊고 평판 좋은 기업이 발행한 증권이라고 정의할 수 있다. 우량증권과 비우량증권은 다음과 같이 서로 다른 가격 패턴을 보인다.

1. 우량증권은 지위가 대폭 약해져도 대개 가격이 유지된다.
2. 비우량증권은 지위가 약해지면 가격이 대폭 하락한다. 따라서 실적이 악화하면 흔히 가격은 훨씬 더 하락한다.

우량증권의 가격 탄력성

이렇게 상반된 특성이 나타나는 이유는 투자자들의 타성 때문이다. 투자자들은 분석은 건너뛴 채 명성만 보고 채권을 사서 끈질기게 보유한다. 따라서 우량증권을 산 사람들은 이 증권을 좀처럼 팔지 않으며, 가격이 조금이라도 하락하면 매수세가 몰려든다.

사례: 8퍼센트 US러버 비누적적 우선주가 우량증권의 특성을 보여 주는 사례다. 이 증권 보유자들은 1905~1927년 동안 빠짐없이 배당금을 받았다. 이 기간에 1924년을 제외하면 이 증권은 매년 액면가보다 높은 가격에 거래된 적이 있다. 이 증권이 인기를 유지한 것은 전적으로 평판과 배당 실적 덕분이었다. 대부분 기간에 이 회사의 실적은 제조회사 중에서도 뛰어난 수준이 아니었으며, 비누적적 우선주를 사기에는 턱없이 부족한 실적이었기 때문이다. 1922~1927년 이자 및 우선주 배당금 보상비율은 다음과 같았다.

1922	1.20배
1923	1.18배
1924	1.32배
1925	1.79배
1926	1.00배
1927	1.01배

1928년에는 우선주 가격이 109까지 상승했다. 그해에 회사는 막대한 손실을 보았고, 우선주에 대한 배당금 지급이 중단되었다. 이렇게 실적이 부진했고 배당금까지 누락했는데도, 1929년에는 92.5에 거래되었다. (1932년에는 3.13에 거래되었다.[1])

비우량증권의 취약성

비우량증권은 거의 모두 제조회사들이 발행한 증권이다. 철도산업에서는 선순위 증권이 우량증권이냐 비우량증권이냐에 따라 큰 차이가 나지 않는다. 전기, 가

---

[1] 이와 비슷한 최근 사례가 7퍼센트 커티스 퍼블리싱 Curtis Publishing 우선주다. 이 증권은 이익이 매우 부족했는데도 1936년에 114에 거래되었고 1937년에는 109.5에 거래되었다. 당시 철도회사의 실적이 매우 부진했는데도 높은 가격에 거래되었다는 사실이 투자자들의 타성을 잘 보여 준다.

스, 전화, 수도 등 공익산업에서도 선순위 증권의 가격은 인기나 명성보다는 실적에 따라 움직인다.

제조회사들이 자본시장에서 자금을 조달하면서 새로운 채권과 우선주가 잇달아 등장하게 되었다. 제조회사들은 주로 등급이 비슷한 우량증권보다 수익률을 다소 높여 주면서 투자자들에게 새로운 증권을 사라고 설득했다. 제조회사가 이후에도 계속 수익력을 유지한다면, 투자자들은 이 증권에서 만족스러운 실적을 얻게 된다. 그러나 제조회사의 실적이 악화하면 새 증권은 가격이 폭락한다. 비우량증권에는 이런 취약성이 있으므로, 이를 단순히 투자 목적으로 사는 것은 현명한 판단이 아니다.

비우량증권은 악재에 지나치게 민감해서 가격이 과도하게 하락할 때가 많다. 그렇다면, 이때가 매력적인 매수 기회가 된다. 그러나 이런 불균형 상태를 이용할 때에는 신중을 기해야 한다. 첫째, 비우량증권이 시장에서 무시당하는 것은 단지 주관적인 선호도의 문제가 아니다. 우량증권들은 대개 역경을 이겨 냄으로써 객관적인 자질을 입증한 증권으로 정의할 수 있다. 이 정의가 완벽한 것은 아니지만, 투자자들이 우량증권을 선호하는 이유를 상당 부분 설명해 준다.

아마도 우량증권과 비우량증권을 구분하는 가장 중요한 차이는 규모와 명성이다. 대기업은 대부분 오래된 기업이며, 이 회사가 발행한 선순위 증권은 대중에게 잘 알려졌다. 따라서 비우량채권과 우선주는 대부분 중요도가 낮은 회사에서 발행한 증권들이다. 그러나 제7장에서 논의했듯이, 제조업 분야에서는 압도적인 규모가 매우 유리한 특성이다. 따라서 비우량증권들은 모두 상당히 불리한 처지이다.

비우량증권은 투자에 부적합하다

논리적·현실적으로 따져 보면 비우량증권은 투자 대상으로 부적합하므로, 투기 관점에서만 사야 한다. 따라서 상당한 차익이 가능할 정도로 낮은 가격에 사야 하며, 예컨대 70 미만이어야 한다. 제26장에서 투기적 선순위 증권을 다룰 때, 70~100구간은 채권에 대한 '주관적 평가 차이'가 나타나는 부분이라고 설명한 바 있다. 그러나 비우량증권이라면 실적이 매우 만족스럽더라도 70~100구간에서 사서는 안 된다. 비우량증권은 확실하게 투기 가격에 도달했을 때에만 사야 한다.

물론 앞에서 언급한 6퍼센트 폭스 필름처럼 실적이 이례적으로 좋을 때는 예외가 될 수도 있다. 그러나 비우량 우선주는 계약상 지위가 약하므로 예외로 취급하지 않는 편이 낫다. (앞에서 설명한 콩골룸 우선주는 이 분야에서 규모가 압도적으로 컸으며, 거래량은 많지 않았어도 우량증권에 가까웠다.)

비교분석에서 드러나는 가격 불균형

분석가는 비교분석에 현혹되기 쉽다. 종목 A가 그 자체로 매력적인가를 판단하는 것보다, 종목 A가 종목 B보다 나은가를 판단하는 편이 훨씬 쉬워 보이기 때문이다. 그러나 앞에서 교체매매 추천에는 큰 책임이 따른다고 설명한 바 있으며, 단순히 실적이 낫다고 해서 성급하게 매매를 하면 위험하다고 경고하였다. 미래 실적은 과거 실적과 무관할 때가 많기 때문이다. 따라서 분석가는 (1) 종목이 자체적으로 매력적이거나, (2) 두 종목 사이에 확실한 상관관계가 있을 때만 교체매매를 권유해야 한다. 먼저 (1)에 해당하는 사례를 두 가지 제시하겠다.

첫 번째 사례에서는 워드 베이킹Ward Baking 채권의 실적이 베들레헴 스틸 채권보다 훨씬 나은 것으로 나온다. 수익률도 높은 데다가 투자에 적합할 정도로 안전성도 높아 보인다. 질적 요소는 그다지 인상적이지 않지만, 사업이 붕괴할 위험도 보이지 않는다. 따라서 이 채권을 사라고 추천할 수도 있고, 베들레헴 스틸 채권을 이 채권으로 교체하라고 추천할 수도 있다.

두 번째 사례에서는 스피어 앤드 코Spear & Co.의 우선주의 실적이 리퍼블릭 아이언 우선주보다 확실히 낫다. 그러나 회사의 사업 유형과 우선주라는 사실을 고려하면 마음 놓고 투자할 정도로 좋은 실적은 아니다. 가격도 투기적 관점에서 사기에는 다소 높다. 따라서 리퍼블릭 아이언 같은 종목을 이 종목으로 교체하라고 추천하기에도 부적합하다.

사례: Ⅰ. 1932년 3월 비교분석

항목	1937년 만기 6% 워드 베이킹 1순위 가격 85.25, 수익률 9.70%	1942년 만기 5% 베들레헴 스틸 1순위 가격 93, 수익률 5.9%
이자 보상 배수		
1925	12.6배	2.1배
1926	14.5배	2.6배
1927	14.0배	2.3배
1928	11.2배	2.7배
1929	11.0배	4.8배
1930	8.2배	4.3배
1931	8.1배	1.0배
7년 평균	11.4배	2.8배
채권 발행액	$4,546,000	$145,000,000*
주식시장 가치 (1932년 3월 평균)	12,200,000	116,000,000
현금자산	3,438,000	50,300,000
순운전자본	3,494,000	116,300,000

* 보증주 포함.

사례: Ⅱ. 1929년 3월 비교분석

항목	7% 스피어 앤드 코 1순위 우선주 가격 77, 수익률 9.09%	7% 리퍼블릭 아이언 우선주 가격 112, 수익률 6.25%
이자 및 우선주 배당금 보상비율		
1922	4.3배	0.5배
1923	6.5배	2.5배
1924	4.7배	1.1배
1925	2.5배	1.7배
1926	3.0배	2.1배
1927	4.0배	1.5배
1928	2.4배	1.9배
7년 평균	3.9배	1.6배
채권 발행액	—	$32,700,000
우선주 금액	$3,900,000	25,000,000
후순위 증권 시장가치	3,200,000*	62,000,000
순운전자본	10,460,000	21,500,000

* 추정 가치가 50인 2순위 우선주 포함.

상관관계가 확실한 종목의 비교분석

두 종목 사이에 확실한 상관관계가 있다면 이야기가 달라진다. 한 종목의 장점만을 보고 교체매매를 할 수 있으며, 분석가는 교체매매 권유에 대해 책임감을 느낄 필요가 없다. 앞에서도 여러 번 보았듯이, 두 종목의 가격이 확실히 균형 상태에서 벗어나서 자신 있게 교체매매를 추천할 수 있는 사례가 있다. 이런 불균형 상태는 흔히 시장이 계약서의 보호 조항을 인식하지 못하거나, 투기세력이 우선주는 무시한 채 보통주에만 관심을 집중할 때 발생한다. 첫 번째 유형의 사례는 제17장에서 보증증권의 가격 불균형을 논의할 때 제시하였다. 이런 유형에 속하는 예로는 부록의 비고 56에서 논의한 여러 인터버러 래피드 트랜짓 증권 사이의 가격 불균형이 있고, 제2장에서 언급한 브루클린 유니언 고가철도 5퍼센트 채권과 브루클린-맨해튼 트랜짓 6퍼센트 채권 사이의 가격 불균형이 있다.[2]

부록의 제25장에서 논의한 선순위 전환증권과 보통주 사이의 가격 불균형은 투기세력이 거래가 활발한 보통주에 집중하면서 빚어진 현상이었다. 1933년 8월 아메리칸 워터 웍스 앤드 일렉트릭이 무상으로 분배한 보통주 가격과 거래가 부진한 의결권신탁증서 가격이 7포인트나 벌어진 것도 같은 맥락이다. 이런 현상을 이용하면 교체매매뿐 아니라 헤지 거래도 할 수 있다.

1933년 7월 현재 배당금 지급이 중단된 5퍼센트 서던 철도 비누적적 우선주는 가격이 49였고, 같은 회사의 채무이면서 4퍼센트 배당금 지급이 영구적으로 보장된 모빌 앤드 오하이오 철도 주식신탁증서는 가격이 39.75였다. 우선주는 즉시 배당금 지급을 재개했고 이후 빠짐없이 지급했지만, 수익률이 주식 신탁증서에 미치

---

[2] 한 회사의 증권을 다른 회사가 보유하면서 빚어지는 가격 불균형 사례로 다음 증권들의 가격을 비교분석해 보기 바란다. 1929년 피어스 퍼트롤리엄Pierce Petroleum과 피어스 오일Pierce Oil의 우선주와 보통주, 1934년 5.5퍼센트 센트럴 스테이트 일렉트릭 채권과 노스 아메리칸 보통주, 1933년 어드밴스-럼리Advance-Rumely Corporation 보통주와 앨리스-차머스 매뉴팩처링Allis-Chalmers Manufacturing Company 보통주, 1939년 벤처스Ventures, Ltd. 보통주와 팰컨브리지 니켈Falconbridge Nickel 보통주, 1939년 체서피크 보통주와 체서피크 앤드 오하이오 철도 보통주.

지 못했다. (1939년 현재 서던 철도 우선주는 여전히 배당금을 지급하는데도 가격이 35이며, 4퍼센트 모빌 앤드 오하이오 철도 주식 신탁증서는 약 40이다. 이 가격이면 주식 신탁 증서가 아직도 유리해 보인다.)

기타 불확실한 가격 불균형

앞서 사례들은 가격 불균형 현상이 명확해서 숫자로 나타낼 수 있었다. 그러나 선순위 증권과 후순위 증권 사이에는 이렇게 명확하지는 않지만 실제로 충분히 이용할 수 있는 가격 불균형이 많이 발생한다. 예를 들어 콜로라도 퓨얼 앤드 아이언이 보증하는 1934년 8월 1일 만기 5퍼센트 콜로라도 인더스트리얼 채권은 1933년 5월 가격이 43이었고, 배당금 지급이 중단된 8퍼센트 콜로라도 퓨얼 앤드 아이언 우선주는 가격이 45였다. 14개월 이내에 이 채권을 전액 상환하지 않으면 법정관리가 시작되면서 우선주는 완전히 휴지가 될 위험이 있었다. 우선주의 가치가 채권보다 높아지려면, 회사는 14개월 안에 채권을 액면가로 모두 상환하는 동시에, 우선주 배당금 지급을 재개하고, 그동안 밀린 배당금도 지급해야 한다. 이는 상상하기 어려운 시나리오다.

한 회사가 발행한 우선주와 보통주가 투기 가격대에서 거래될 때에는 보통주 가격이 상대적으로 지나치게 높아지는 경향이 있다. 그러나 이런 비교는 우선주가 누적적 우선주일 때에만 의미가 있다. (그 이유는 제15장에서 자세히 논의한 비누적적 우선주의 단점을 참조하라.) 1933년 4월 아메리칸 앤드 포린 파워 보통주가 10달러일 때 7달러 2순위 누적적 우선주의 가격 11달러는 분명히 부당했다. 1927년 2월 시카고 그레이트 웨스턴 철도 보통주가 21.5일 때, 누적배당금이 44달러인 4퍼센트 우선주 가격이 32.5달러였던 점도 마찬가지로 부당하다.

물론 이런 상황에서 회사의 영업이 이례적으로 호전된다면 보통주 가치가 우선주보다 훨씬 높아질 수도 있다. 그러나 이렇게 되려면 먼저 회사 상황이 호전되어 우선주 배당금 지급을 재개하고, 누적배당금도 지급해야 한다. 이렇게 되면 우선주가 직접 혜택을 받게 되므로, 우선주 가격이 보통주보다 훨씬 높아질 것이다. 따라서 상황이 대폭 호전된다고 가정한다면, 보통주 대신 우선주를 저가에 사는 편이 훨씬 낫다.

수요와 공급에 의한 불균형

지금까지 살펴본 가격 불균형은 수요와 공급 상황에서 비롯되고, 수요와 공급은 아무 생각 없이 움직이는 투기세력이 주도한다. 때로는 특수한 일시적 요소가 수급에 영향을 미쳐서 불균형이 발생하기도 한다.

사례: 1933년 인터버러 래피드 트랜짓이 채무 상환기금으로 7퍼센트 채권은 사지 않고 5퍼센트 채권만 사들이면서, 5퍼센트 채권 가격이 지나치게 상승했다. 제1차 세계대전 이후 재건 기간인 1921~1922년에 4.25퍼센트 미합중국 자유공채에서도 이런 현상이 나타났다. 미국 국민은 전쟁 기간에 애국심을 발휘하여 은행 대출금으로 이 채권을 대량으로 사들였다. 전쟁 이후 사람들은 대출금을 상환하려고 이 채권을 대량으로 팔았고, 이 매물 때문에 채권 가격이 하락했다. 이 매물 압박이 매우 강했던 탓에, 미합중국 자유공채 가격이 (안전성도 더 낮고 세금 면에서도 불리한) 우량 등급 철도 채권보다도 더 낮아졌다. 다음은 1920년 9월 두 증권 가격을 비교한 표다.

이때가 철도회사 채권을 미합중국 자유공채로 교체할 절호의 기회였다. 이보다는 정도가 덜하지만 얼마 후 1923년 만기 4.75퍼센트 미합중국 승리공채United States Victory와 미합중국 자유공채 사이에도 가격 불균형이 발생했다. 이에 대해서는 당시 발간된 회람에서 논의하였으며, 부록의 비고 68에 '실제적인 증권분석' 사례로 실었다.

종목	가격	수익률
1938년 만기 4.25% 미합중국 자유공채	84.50	5.64%*
1947년 만기 4% 유니언 퍼시픽 1순위 채권	80	5.42%

*면세 효과를 반영하지 않음.

미국 저축채권이 주는 기회

최근 몇 년 동안 국채와 회사채 사이에 가격 불균형이 나타나고 있으므로, 재산이 적당한 규모인 투자자에게는 좋은 기회가 왔다. 미국 저축채권(원금 기준으로 1인당 연 1만 달러까지 투자 가능)의 수익률은 복리 기준으로 2.9퍼센트이고, 단리 기준으로는 3.33퍼센트다. 이 수익률은 최우량 등급 공익기업 채권이나 제조회사 채권보다 확실히 높다.[3] 미국 저축채권은 안전성이 어떤 회사채보다도 확실히 높을 뿐 아니라, 소득세가 면제된다는 장점도 있고, 언제든지 중도상환이 가능하므로 시장가격이 하락해도 손실의 위험이 없다.

---

3   1940년 초 3개월 동안 스탠더드 스태티스틱스 등급이 A1+인 최우량 등급 공익기업 채권과 제조회사 채권의 평균 수익률은 각각 2.62퍼센트와 2.44퍼센트였다.

시장분석과 증권분석

주가 예측은 증권분석의 범위에 포함되지 않는다. 그러나 사람들은 주가 예측과 증권분석 사이에 밀접한 관계가 있다고 생각하며, 흔히 한 사람이나 한 기관이 이 두 가지 일을 동시에 수행한다. 주가를 예측하려는 목적은 다양하고, 주가를 예측하는 기법은 더 다양하다. 월스트리트는 시장 전반적인 움직임을 예측하고자 과학적으로, 기술적으로, 또는 소일거리 형식으로 상당한 비중을 두며, 그 결과 경제신문에 다양한 평균값이 그 지표로 등장한다. 일부에서는 일상적인 등락은 무시하고 장기적인 시장 추세만 다루는 전문가임을 자처하면서, 여러 달에 걸쳐 나타나는 시장 움직임을 연구하는 사람도 있다. 그리고 개별 종목의 움직임을 예측하는 일에도 많은 사람이 관심을 기울인다.

시장분석은 증권분석을 대체하는가, 보완하는가?

우리는 이런 예측 활동이 단순한 추측 수준을 넘어 매우 진지하게 진행된다고 가정하고, 이를 '시장분석'으로 부르고자 한다. 이 장에서는 이런 시장분석이 증권분석을 얼마나 대체하거나 보완할 수 있는지 진지하게 검토할 예정이다. 이는 중요한 질문이다. 흔히들 생각하는 것처럼 주식의 가치를 분석하지 않고서도 주가를 정확하게 예측할 수 있다면, 고정 수익 증권을 선정할 때에만 증권분석을 활용하는 편이 현명할 것이다. 주식은 고생스럽게 내재가치를 평가하려고 애쓰는 것보다, 사거나 팔 시점을 결정하는 기법이나, 단기 폭등 종목 선정 기법을 터득하는 편이 확실히 유리하기 때문이다. 그리고 시장분석과 증권분석을 결합할 때 최고의 실적이 나온다고 믿는 사람도 많다. 이 말이 옳다면 증권분석가는 시장분석가도 겸해야 하며, 동시에 두 가지 관점으로 분석 작업을 진행해야 할 것이다.

우리는 시장분석에 관한 이론과 기법들을 자세히 비판하지 않겠다. 여기서는 주가 예측의 주요 가정만 폭넓게 논의하겠다. 그러나 이 논의만으로도 시장분석과 증권분석의 관계에 대해 유용한 결론에 도달할 수 있다.

두 가지 시장분석

시장분석은 두 가지로 구분할 수 있다. 첫째는 과거 주가 자료만을 바탕으로 시장을 예측하는 방법이다. 둘째는 경기 현황, 이자율, 정치 전망 등 온갖 경제 요소들을 모두 고려하는 방법이다. (여기서는 시장 움직임도 수많은 요소 가운데 하나로 간주한다.) 첫째 방법을 잘 요약하는 말이 '시장 예측은 시장이 가장 잘한다'라는 주장이다. 일반적으로 시장 움직임은 개별 종목이나 평균 주가의 움직임을 차트에 표시하여 분석한다. 주로 주가 움직임을 전문적으로 연구하는 사람을 '차티스트'라고 부르며, 이들이 하는 작업을 '차트 분석'이라고 한다.

그러나 오늘날 시장분석은 시장 움직임 분석만으로는 부족하다고 보아, 증권분석까지 결합하는 경우가 많다. 따라서 일반 경제지표가 보완적이긴 하지만 여전히 중요한 역할을 맡는다. 이에 따라 개별적으로 판단할 여지가 많아서, 시장 움직임을 나타내는 기술적 지표들을 해석해야 할 뿐 아니라, 이런 지표들을 외부 요소들과도 대조해야 한다. 그러나 시장분석 기법으로 가장 유명한 '다우 이론'Dow theory은 시장 움직임만 분석한다. 이제 주가만을 다루는 차트 분석에 대해 논의해 보자.

차트 분석의 의미

지난 15년 동안 '차트 분석'의 인기가 엄청나게 증가했다는 점에 주목하기 바란다. 증권분석은 대략 1927년부터 명성이 크게 손상되었지만, 차트 분석은 오랜 침체 기간과 그 이후에도 추종자들이 증가했다. 물론 차트 분석을 점성술이나 마술에 비유하면서 완전히 무시하는 회의론자도 많다. 그러나 월스트리트에서 상당한 비중을 둔다는 사실만으로도 차트 분석을 어느 정도 주의 깊게 연구할 가치가 있다. 논리적인 추론의 틀 안에서 논의를 진행하기 위해서, 차트 분석의 주요 신조는 여기에 열거하지 않겠다.[1] 다만, 과거 주가 움직임만 분석해도 미래 주가 움직임을 예측하여 이익을 낼 수 있다는 일반 개념에 대해서만 논의하고자 한다.

우리는 차트 분석에 대해 다음과 같은 결론을 내리게 되었다.

1. 차트 분석은 과학이 될 수 없다.
2. 차트 분석은 확실하게 이익을 내는 방법임을 지금까지 입증하지 못했다.
3. 차트 분석의 이론적 근거는 논리가 잘못되었거나 단순한 주장에 불과하다.
4. 차트 분석이 인기를 얻은 것은 단순한 투기보다 장점이 있기 때문이지만, 이런 장점도 차트 분석자들이 증가하면 감소하게 된다.

1. 차트 분석은 과학이 아니다

차트 분석이 과학이 아님은 명백하게 입증된다. 차트 분석이 과학이라면, 규칙

---

[1] 차트 분석의 이론과 실제에 관한 자세한 설명은 다음 자료를 참조하라. R. W. Schabacker, *Stock Market Profits*, B. C. Forbes, New York, 1934; Robert Rhea, "The Dow Theory," passim(여러 곳), *Barron's*, New York, 1932; H. M. Gartley, "Analyzing the Stock Market," 《배런스》에 1932년 9월 19일~1932년 12월 5일에 연재된 기사. 다우 이론의 주요 신조에 대한 간략한 설명은 부록의 비고 69를 참조하라.

에 따라 결론이 도출될 것이다. 그러면 누구나 내일의 주가를 예측할 수 있고, 따라서 누구나 정확한 시점에 주식을 사고팔아 계속 돈을 벌 것이다. 그러나 이것은 확실히 불가능하다. 잠깐만 생각해 보면, 인간이 개입되는 경제적 사건은 과학적으로 예측할 수 있는 영역이 아니다. 그 예측이 신뢰성이 높다면, 사람들은 그 예측에 반응하여 행동할 것이고, 바로 그 행동 때문에 그 예측이 무너지게 된다. 따라서 생각이 깊은 차트 분석가들은 어떤 분석기법을 아는 사람이 몇 명에 불과할 때에만 그 기법으로 성공을 이어 갈 수 있다고 말한다.

2. 계속해서 성공할 수는 없다

장기간 계속해서 성공을 거둔 차트 분석기법은 지금까지 알려진 바가 없다.[2] 만일 그런 기법이 있다면 수많은 트레이더가 즉시 그 기법을 사용할 것이다. 그러면 그 기법은 곧바로 쓸모없어진다.

3. 이론적 근거가 의심스럽다.

차트 분석의 이론적 근거는 대략 다음과 같다.

a. 시장 움직임은 이해관계자들의 활동과 태도를 반영한다.
b. 따라서 시장의 과거 움직임을 분석하면 시장의 미래 움직임을 예측할 수 있다.

이 가정은 옳을지 몰라도, 이 결론이 항상 옳은 것은 아니다. 차트를 분석하면 주식의 기술적 포지션은 많이 파악할 수 있겠지만, 이를 이용한다고 해서 이익이 나오는 것은 아니다. 여기서는 차트 분석을 경마에 비유할 수 있다. 경마광은 경주마의 '과거 실적'을 열성적으로 분석한다. 물론 이렇게 과거 실적을 분석하면 경주마의 장단점에 관한 정보를 상당량 얻을 수 있다. 이 정보 덕분에 종종 우승마를

---

[2] 다우 이론 신봉자들은 장기간에 걸쳐 계속 성공한 실적이 있다고 주장한다. 이들은 과거 실적으로 다양한 사건에 대한 다우 이론의 해석을 제시하지만, 의문의 여지가 있다.

예측할 수도 있다. 그러나 문제는 이런 정보를 이용하더라도 전체적으로는 경마에서 이익이 나지 않는다는 사실이다.

사실은 증권분석에도 이와 비슷한 문제가 있다. 회사의 과거 이익이 미래 이익을 알려 주는 유용한 지표이긴 하지만, 틀림없는 지표는 아니다. 따라서 증권분석이나 시장분석이나 다루는 데이터에 미래가 포함되지 않았다는 점은 마찬가지다. 다만, 증권분석에는 안전마진이 있어서 손실을 막을 수 있다는 차이가 있을 뿐이다.

물론 차트에 시장 움직임이 드러나서 노련한 분석가에게 명확하고도 가치 있는 의미를 제공할 때도 있다. 정말로 확실한 사례에 대해서만 차트 지표를 적용한다면, '기술적 분석'을 더 강력하게 옹호할 수 있을 것이다. 그러나 이렇게 정확한 신호는 자주 나타나지 않으며, 그사이에 인간적인 성급함에 차트 분석에서 오는 긴박감이 더해지면서, 불확실한 데이터를 보고서도 자주 판단을 내리게 된다.

4. 기타 이론적 실제적 약점

트레이더가 차트 분석에 의존하는 현상은 불치병 환자가 의약품에 의존하는 모습에 비유할 수 있다. 투기자는 실제로 불치병을 앓는 셈이다. 이 병을 치료하려면, 그는 투기를 삼가는 것이 아니라 이익을 단념해야 한다. 온갖 경험을 한 뒤에도 그는 이익을 내고 유지할 수 있다고 확신하기 때문이다. 그는 이익을 얻으려고 모든 수단을 동원해서 비판력 없이 탐욕스럽게 덤벼든다.

차트 분석이 그럴듯하게 들리는 것은, 손실은 짧게 끊고 이익은 길게 가져가라는 건전한 도박 원칙을 줄곧 주장하기 때문일 것이다. 이 원칙을 지키면 대개 갑작스러운 대규모 손실을 방지하게 되며, 때로는 큰 이익을 내기도 한다. 따라서 무턱대고 시장 정보를 따르는 것보다는 이 원칙을 따르는 편이 실적에 유리할 것이다. 트레이더들은 이런 이점을 알기 때문에, 차트 분석기법을 깊이 연마하면 계속해서 이익을 낼 수 있다고 확신한다.

그러나 이 결론에는 두 가지 오류가 숨어 있다. 카지노에서 룰렛을 하는 사람들도 비슷한 시스템을 따른다. 한 판에서 발생하는 손실 금액은 제한하고, 이익은 더 증가하도록 허용한다. 그러나 결국 작은 손실 금액을 모두 더하면, 몇 번 얻은 큰 이익보다 많아진다. (당연히 그럴 수밖에 없다. 시간이 흐른다고 해서 원래 불리했던 확률이 유리해지지 않기 때문이다.) 이는 트레이더도 마찬가지인데, 거래 비용이 그에게 매우 불리하게 작용하기 때문이다. 두 번째 문제는, 차트 분석기법이 인기가 높아짐에 따라 손해 보는 거래에서 발생하는 손실 금액은 증가하고, 반면에 이익은 감소한다는 점이다. 같은 시스템을 따르는 사람이 증가하면 동시에 매수 신호를 보는 사람이 늘어나고, 이들이 경쟁적으로 매수에 가담하면 평균 매수 단가가 높아지기 때문이다. 반대로 이들이 동시에 매도 신호를 보고 손절매하거나 이익을 실현해도, 마찬가지로 평균 매도 단가가 낮아진다. ('손절매 주문'이 과거에는 트레이더의 손실을 막아 주는 유용한 수단이었지만, 이제는 이용량이 증가하면서 그 효과가 대폭 감소했다.)

현명한 차트 분석가들은 이런 이론적 결함을 인식하면서, 시장 예측을 재능, 판단력, 직관, 기타 자질을 동원해야 하는 기술로 보게 되었다. 이들은 무조건 따라가기만 하면 성공하는 원칙 따위는 없다고 인정한다. 이에 따라 월스트리트에서는 전반적인 경제를 바탕으로 시장 실적을 매우 철저하게 연구하여 예측하고, 이에 대해 경험을 바탕으로 판단하는 이른바 종합 기법이나 절충 기법을 추구하게 되었다.

기계적 예측 기법

판단 요소를 추가하는 방식을 논의하기 전에, 시장 외부 요소들을 바탕으로 기계적으로 예측하는 방식을 살펴보자. 시장을 예측하는 일반 절차는 이자율, 선적량, 철강 생산량 등 다양한 경제 요소를 대표하는 지수를 구성하고, 이런 지수들의 최근 변화를 관찰하여 시장 변화를 추론하는 방식이다.[3] 이 중 가장 오래된 매우

---

3 이런 지표들을 차트에 표시할 수도 있다. 이때에는 차트 분석 자체가 예측이 되는 셈이다. – 사례: 1922년 1월 3일~1931년 12월 26일에 주보 형식으로 발간된 《하버드 이코노믹 서비스》Harvard Economic Service의 A, B, C행을 참조하라. 1939년 인디펜던스 펀드 오브 노스 아메리카Independence Fund of North America, Inc.가 제공한

단순한 기법은 용광로 가동률을 이용하는 방식이다.

이 이론을 개발한 사람은 클리블랜드 신탁회사Cleveland Trust Company의 레너드 아이레스Leonard Ayres 대령이다. 그는 대개 용광로 가동률이 60퍼센트를 뚫고 내려갈 때 증권 가격이 바닥에 도달했고, 반대로 용광로 가동률이 60퍼센트를 뚫고 올라갈 때 증권 가격이 천장에 이르렀다고 말했다.[4] 이와 함께 아이레스 대령이 제시한 이론에 의하면, 채권 가격은 선철 생산량이 저점을 기록하고 약 14개월 뒤에 고점에 도달하고, 주가는 선철 생산량이 저점을 기록하고 약 2년 뒤에 고점에 이른다.[5]

이 단순한 기법은 모든 기계적 예측 시스템을 대표하는데, (1) 직관적으로 추론해 보면 막연하나마 그럴듯하게 들리고, (2) 과거에 여러 해 적중했다는 면에서 설득력이 있기 때문이다. 이런 시스템에 항상 따라다니는 약점은 시간 요소다. 예를 들어, 이자율이 급상승한 다음에는 시장이 급락한다는 예언은 누구나 쉽게 할 수 있다. 문제는 '시점이 언제냐?'이다. 이 질문에 대해서는 과학적으로 답할 방법이 없다. 그래서 예측 기관들은 일종의 사이비 과학을 동원한다. 과거에 여러 차례 발생했던 시차가 미래에도 당연히 비슷하게 발생할 것으로 간주한다.

따라서 기계적으로 지수를 적용해서 주가 변동을 예측하려는 행위에도 차트 분석과 똑같은 결함이 있다. 예측을 뒷받침하는 확실한 근거가 없으므로 진정한 과학이 아니며, 사실 경제 분야에서는 진정한 과학적 예측이 논리적으로 불가능하다.

시장분석은 증권분석보다 불리하다

이제 시장분석은 특별한 재능이 필요한 기술이라는 논의로 돌아가자. 증권분석

투자 시점 선택 서비스Investment Timing Service의 지수 라인Index Line도 참조하라.

[4] 다음을 참조하라. *Bulletin of the Cleveland Trust Company*, July 15, 1924, cited by David F. Jordan in *Practical Business Forecasting*, p. 203n, New York, 1927.

[5] 다음을 참조하라. *Business Recovery Following Depression*, a pamphlet published by the Cleveland Trust Company in 1922. 아이레스 대령의 결론은 팸플릿 p. 31에 요약되어 있다.

역시 기술이어서, 분석가가 지식은 물론 능력도 갖춰야 만족스러운 실적을 얻을 수 있다. 그러나 증권분석은 시장분석보다 장점이 많아서, 지식과 능력을 갖춘 사람이 성공하기 더 쉬운 분야다. 증권분석에서는 예기치 않은 사건에 대비하라고 강조한다. 우리는 안전마진을 확보하여 위험에 대비한다. 그러면 우리가 투자한 증권이 생각했던 것보다 매력이 떨어지더라도, 여전히 이익을 낼 수 있다. 그러나 시장분석에는 안전마진이 없다. 맞든지 틀리든지 둘 중 하나인데, 틀리면 손실이 발생한다.[6]

손실은 짧게 끊고 이익은 길게 가져가라는 시장분석의 원칙을 따르다 보면, 거래가 빈번해진다. 이는 거래 비용이 실적에 큰 부담이 된다는 뜻이다. 그러나 증권분석의 원칙을 따르면 빈번하게 거래할 필요가 없다.

세 번째로, 시장분석은 본질적으로 두뇌 싸움이기 때문에 불리하다. 트레이딩에서 발생하는 이익은 대부분 다른 트레이더를 희생시켜서 얻는 돈이다. 트레이더들은 활발한 종목을 선호하는데, 이런 종목의 가격 변동은 수많은 트레이더가 빈번하게 매매한 결과다. 시장분석가는 다른 시장분석가보다 더 똑똑하거나 운이 좋은 경우에만 성공을 기대할 수 있다.

반면에 증권분석가는 다른 증권분석가와 경쟁 관계가 아니다. 자신이 분석해서 사는 종목을 다른 증권분석가가 애써 분석한 다음 파는 경우는 거의 없다. 그리고 증권분석가는 시장분석가보다 다루는 종목이 훨씬 많다. 이렇게 많은 종목 가운데서 시장의 무관심이나 과민반응 때문에 내재가치보다 훨씬 떨어진 종목을 고른다.

시장분석이 증권분석보다 더 쉽고, 단기간에 더 많은 돈을 버는 것처럼 보일지도 모른다. 바로 이런 이유 때문에 장기적으로 더 실망하기 쉽다. 월스트리트든 다

---

6 증권분석과 시장분석의 차이는 변호사와 음악가의 차이로 비유할 수 있다. 적당히 재능 있는 변호사는 윤택한 생활을 누릴 수 있다. 그러나 적당히 재능 있는 음악가는 수많은 난관을 통과해야만 성공할 수 있다. 마찬가지로, 재능이 뛰어난 증권분석가는 늘 만족스러운 실적을 올릴 수 있지만, 시장분석가로 계속 성공하려면 비범한 자질이나 기막힌 행운이 따라야 한다.

른 어떤 곳이든, 쉽고 빠르게 돈 버는 방법은 존재하지 않는다.

단기 전망에 의한 예측

증권가에서 나오는 분석과 조언 대부분은 기업의 단기 전망에 근거한 내용이다. 사람들은 이익이 증가할 전망이면, 실제로 이익이 증가할 때 주가도 상승할 것이므로 주식을 사야 한다고 생각한다. 이런 추론 방식은 증권분석가나 시장분석가나 똑같다. 이들은 시장 전망이 사업 전망과 일치한다고 생각한다.

그러나 주로 단기 전망이 좋다는 이유로 주식을 산다면, 투기 종목을 고르기 십상이다. 문제는 현재 주가에 미래 전망이 이미 반영되어 있다는 점이다. 게다가 그 전망은 실제 이상으로 낙관적인 경우가 많다. 내년 이익이 증가하리라는 기대로 주식을 산다면, 두 가지 위험을 떠안게 된다. 첫째, 내년 실적 전망이 틀릴 수 있다. 둘째, 전망이 맞더라도, 이 전망이 현재 주가에 그 이상으로 반영되었을 수 있다.

현재 주가에 올해 이익만 반영되어 있다면, 내년 이익을 정확하게 예측하면 막대한 이익을 올릴 것이다. 그러나 이 가정은 틀렸다. 다음 도표에서 1901~1939년 US스틸 보통주의 주당 이익과 주가 변동 범위를 보라. 1928~1933년을 제외하면, 주가 변동과 이익 변동 사이에는 명확한 관계를 찾아내기가 어렵다.

이런 오류를 설명하려고, 1933년 후반에 주요 통계 및 자문회사가 작성한 두 종목에 대한 분석과 추천 자료를 부록의 비고 70에 실었다. 추천 자료는 주로 1934년 전망을 바탕으로 작성되었다. 그러나 주로 회사의 가치와 현재 주가를 비교하는 방식이어서, 회사의 공정한 가치를 확인하려는 노력은 보이지 않았다. 실제로 분석해 보니, 단기 전망이 어둡다는 이유로 매도를 추천한 종목은 내재가치보다 낮은 가격에 거래되고 있었고, 반대로 단기 전망이 밝다는 이유로 보유하라고 추천한 종목은 내재가치보다 높은 가격에 거래되고 있었다.

우리는 분석가가 개별 종목의 단기 주가 움직임을 정확하게 예측할 수 있다고 보지 않는다. 시장에 대한 기술적 분석을 이용하든, 사업 전반에 대한 전망을 이용

US스틸 보통주, 1901~1939년

연도	주당 이익	주가 범위		
		고가	저가	평균
1901	$9.1	55	24	40
1902	10.7	47	30	39
1903	4.9	40	10	25
1904	1.0	34	8	21
1905	8.5	43	25	34
1906	14.3	50	33	42
1907	15.6	50	22	36
1908	4.1	59	26	48
1909	10.6	95	41	68
1910	12.2	91	61	76
1911	5.9	82	50	66
1912	5.7	81	58	70
1913	11.0	69	50	60
1914	(0.3)	67	48	58
1915	10.0	90	38	64
1916	48.5	130	80	105
1917	39.2	137	80	109
1918	22.1	117	87	102
1919	10.1	116	88	102
1920	16.6	109	76	93
1921	2.2	87	70	79
1922	2.8	112	82	97
1923	16.4	110	86	98
1924	11.8	121	94	108
1925	12.9	139	112	126
1926	18.0	161	117	139
1927*	12.3	246	155	201
1927**	8.8	176	111	144
1928	12.5	173	132	153
1929	21.2	262	150	206
1930	9.1	199	134	167
1931	(1.4)	152	36	99
1932	(11.1)	53	21	37
1933	(7.1)	68	23	46
1934	(5.4)	60	29	45
1935	(2.8)	51	28	40
1936	2.9	80	46	63
1937	8.0	127	49	88
1938	(3.8)	71	38	55
1939	1.84	83	41	62

* 40퍼센트 주식배당 반영 전.
** 40퍼센트 주식배당 반영 후.

하든, 개별 기업에 대한 전망을 이용하든, 마찬가지다. 더 만족스러운 실적을 얻으려면, 분석가는 다음 분야에만 노력을 집중해야 한다.

1. 안전 기준을 충족하는 우량 선순위 증권을 선정한다.
2. 투자등급인 동시에 가치상승 가능성이 큰 선순위 증권을 발굴한다.
3. 내재가치보다 훨씬 낮은 가격에 거래되는 보통주나 투기적 선순위 증권을 발굴한다.
4. 관련 증권 사이의 가격 괴리를 찾아내서 교체매매, 헤징, 차익거래를 시행한다.

투자 정책에 대한 우리의 견해

끝으로 우리의 관점을 분석가에서 투자자로 바꿔, 현재 상황에서 어떻게 투자할 것인지 간략하게 설명하고자 한다. 다음은 여러 유형의 투자자들을 고려해서 정리한 요약 자료다.

A. 소액 투자자

1. 고정 수익 투자

현재 상황에서 개인이 안전하게 소득을 확보하는 유일하게 합리적인 투자는 미국 저축채권을 사는 방법이다. 다른 투자상품은 수익률이 더 높지도 않을뿐더러, 이 상품만큼 손실을 방어해 주지도 못한다. 일반 채권과 우선주가 겉으로는 수익률이 높아 보이지만, 확실히 그만큼 위험도 많다. 다양한 저축 제도와 판매 직원들이 권유하는 증권에는 함정이 많다. 수익률이 높다는 이들의 설득에 넘어가서 미국 저축채권 대신 그런 상품을 선택한다면, 나중에 후회할 가능성이 매우 크다.

2. 매매 차익 획득

소액 투자자와 거액 투자자 모두에게 네 가지 방법이 있다.

a. 장기 기준으로, 그리고 객관적으로 판단해서 시장이 분명히 침체했을 때 대표적인 우량주를 산다. 이 방법에는 인내와 용기가 필요하며, 이 과정에서 심각한 착오를 저지를 위험도 있다. 그러나 장기적으로 좋은 실적을 올리는 방법이다.

b. 성장 가능성이 큰 개별 종목을 실적과 비교해서 합리적인 가격에 산다. 성장 전망이 밝은 종목은 가격이 합리적일 때가 드물다. 소외된 종목 중에서 성장 전망이 밝은 종목을 발굴하면, 높은 수익을 거둘 수 있다. 그러나 이 전망이 틀리면 값비싼 대가를 치르게 된다.

c. 안전성 높은 선순위 증권을 산다. 매우 안전하면서 전환 가치도 높은 종목은, 드물긴 하지만 전혀 없는 것도 아니다. 인내력과 끈기를 갖춘 투자자라면 이런 종목을 발굴하여 좋은 실적을 올릴 수 있다.

d. 내재가치보다 훨씬 싼 증권을 산다. 내재가치를 평가하는 기준에는 과거 이익과 유동자산 가치뿐 아니라, 보수적으로 추정한 미래 수익력도 포함된다. 오늘날 보통주 대부분이 인기를 상실하여 미래 수익력 기준으로 저평가되었다고 생각하므로, 분별력 있는 투자자에게는 정말로 좋은 기회다. 채권, 우선주, 보통주에서 기회를 찾을 수 있다.

평균 이상의 지능을 갖추고 노력을 기울이는 사람이라면, 소액 투자자라도 증권분석을 실행하여 위에서 논의한 종목들을 발굴할 수 있다. 그러나 아마추어 투자자는 뉴욕 증권거래소의 통계 전문가 같은 전문 분석가에게 자신의 아이디어를 검증받을 필요가 있다. 겸손한 태도가 자신감을 해치는 것은 아니다. 다른 사람에게 전문가로서 조언할 정도가 되지 않는 사람이라면 전문가의 도움을 받아야 한다는 말도 있다. 충분히 일리 있는 말이다.

3. 투기

투자자는 자신이 원하면 투기자가 될 권리도 있다. (또한 나중에 후회할 권리도 있다.) 투기에는 여러 종류가 있으며, 성공 확률도 제각각이다.

a. 신생 벤처기업 주식을 산다. 이는 우리가 서슴지 않고 강하게 비난하는 방법이다. 이런 신규 발행 종목은 승산이 매우 낮아서, 차라리 투자 자금의 4분의 3을 내다 버리고 나머지를 은행에 맡기는 편이 낫다.

b. 트레이딩. 월스트리트 금융기관들은 복도 많다. 트레이딩으로 돈 버는 사람은 극소수에 불과한데도, 사람들은 저마다 트레이딩으로 돈 벌 수 있다고 생각하기 때문이다. 그러나 일반적인 견해는 트레이딩도 다른 사업과 다르지 않다는 것이다. 다시 말해서, 지능 높은 사람이 제대로 적용하거나, 전문가의 도움을 받아야 이익을 낼 수 있다는 뜻이다. 우리는 더 회의적이며, 어쩌면 편견일지도 모르지만, 어떤 방법을 쓰든 트레이딩에서 거두는 성공은 우연이거나 일시적이며, 그것도 아니라면 대단히 비범한 재능 덕분이라고 생각한다. 따라서 트레이더 대다수는 필연적으로 실패하게 되어 있다. 우리가 이런 결론을 내려도 대중의 행태는 별로 달라지지 않을 것이다. (우리는 주식을 객관적으로 낮은 가격에 사서 높은 가격에 팔면 투자이고, 단지 시장이 상승한다는 기대감에 주식을 사서 하락한다는 예상 때문에 주식을 팔면 투기라고 구분했다.)

c. 높은 가격에 '성장주'를 산다. 이것을 투기라고 부른다면, 매우 권위 있는 견해에 반대하는 셈이다. 그러나 앞에서 설명한 여러 이유로, 우리는 이 방법이 본질적으로 위험하며, 이 방법이 인기를 얻을수록 더 위험해진다고 생각한다. 그러나 다른 투기 방법보다는 성공 확률이 훨씬 높고, 통찰력, 판단력, 절제력을 발휘할 기회도 많다.

B. 거액 개인투자자

소액 투자자보다는 분명히 기술적 우위가 있지만, 세 가지 불리한 조건도 있다.

1. 미국 저축채권은 개인별로 투자 금액 제한이 있으므로, 다른 투자 대상을 찾아내야 한다. 양적 기준을 엄격하게 적용하고 질적 요소에 대해서도 합리적으로 판단한다면 만족스러운 실적을 거둘 수 있을 것이다.
2. 인플레이션 문제가 소액 투자자보다 더 심각한 부담이 된다. 1932년 이후 보통주 보유가 인플레이션에 대한 방어책이라는 주장이 강력하게 제기되고 있다. 게다가 부유한 개인은 보통주를 대량으로 보유하는 것이 전통적인 태도이자 관행이었다.
3. 투자 금액이 커서 거래가 활발한 인기종목에 집중적으로 투자하기 쉽다. 따라서 저평가된 증권에 투자하기에는 불리한 면이 있다. 그러나 더 심각한 걸림돌은 자신의 취향과 편견이다.

C. 기업의 투자

기업 자금으로 몇 년 정도 투자하기에는 법인소득세가 면제되는 미국 국채가 유일한 합리적 대안이라고 생각된다. (1940년 상황에서는 단기투자에 어려움이 많았다.) 주식이든 채권이든 다른 증권에 투자한다면, 손실과 비난 위험을 감수해야만 더 높은 수익을 올릴 수 있을 것이다.

D. 기관투자자

우리는 이론으로나 실제로나 투자가 본업인 금융기관에 감히 투자 정책을 제시할 생각은 없다. 자선단체나 교육기관에 대해서도 마찬가지다. 대개 노련한 재무 전문가가 투자 정책을 수립하기 때문이다. 그러나 매우 어려운 문제에 대해 완전히 발을 뺄 수는 없으므로, 다음과 같은 생각을 감히 제시한다. 우량 등급 고정 수익 증권에서 나오는 낮은 이자만으로도 운영할 수 있는 기관이라면, 이런 종목만 보유해야 한다고 생각한다. 과거에 주가지수가 더 높은 실적을 기록하기는 했지만, 이런 실적이 주식투자에 필연적으로 수반되는 무거운 책임과 반복되는 불확실성까지 보상해 줄지는 의문이다. 인플레이션을 방어해야 한다는 견해에 전원 합의하거나 수입이 부족해서 수익률을 높여야 하는 상황이라면, 이 결론을 수정할 수도 있다. 그런 경우라면, 기관 자금 일부를 고정 수익 투자 자금과 분리하여 별도 계정을 설정하고, 증권분석 원칙과 기법에 따라 운용할 수 있다.[7]

---

7 현재 예일 대학교의 정책은 자금 일부를 '주식'에 투자하는 것이다. 여기서 주식은 보통주와 이익이 없는 회사의 선순위 증권으로 정의된다. 비중은 다음 공식에 따라 바뀐다. 초기 비중은 전체 자금의 30퍼센트다. 시장이 전반적으로 상승하여 비중이 40퍼센트로 높아지면, 주식 8분의 1을 팔아 채권으로 교체한다. 반대로 시장이 하락하여 주식 비중이 15퍼센트로 감소하면, 채권을 팔아 주식을 3분의 1 추가한다. 1940년 2월 14일 예일 대학교 부재무관 로런스 타이Laurence G. Tighe가 미국 은행 협회 신탁분과에서 행한 다음 연설을 참조하라. "Present Day Investment Problems of Endowed Institutions" 요약 자료가 다음 신문에 실렸다. *New York Sun* of February 20, 1940.

제8부

가치투자의 현대적 개념

제8부

글로벌 투자

윌리엄 더멀, 아쉬쉬 판트, 제이슨 모먼트

　　벤저민 그레이엄과 데이비드 도드는 《증권분석》을 쓰며 글로벌 투자에 대해서는 논의하지 않았다. 1934년 그들이 초판을 쓰고 있을 때는 미국 이외의 시장에 투자하는 것이 어려웠고 비용도 많이 들었을 뿐 아니라 영국, 프랑스, 일본을 제외하면 투자할 만한 시장도 없었다.[1] 하지만 오늘날 세계는 훨씬 더 긴밀히 연결되었고 경제활동도 훨씬 더 세계화되었다. 예를 들어 반도체는 캘리포니아에서 설계되어 대만에서 제조되고 말레이시아나 베트남에서 패키징 되고 테스트되며, 중국에서 스마트폰이나 PC에 조립된 후, 미국과 한국, 중국의 다국적 기업에 의해 전 세계로 팔려 나간다. 글로벌 GDP에서 수출이 차지하는 비중은 1930년대 5퍼센트

1　Elroy Dimson, Paul Marsh, and Mike Staunton, "Credit Suisse Global Investment Returns Yearbook 2022 Summary Edition," Credit Suisse Research Institute, February 2022, http://www.cepii.fr/pdf_pub/wp/2016/wp2016-14.pdf.

에서 현재 25퍼센트까지 증가했다.[2] S&P500 기업들은 매출의 30퍼센트 이상이 해외에서 발생하며, 기술이나 소재, 소비재 섹터의 기업들은 매출과 이익의 절반 이상이 해외에서 발생하고 있다.[3] 한편으로 전 세계 기업들도 미국에서 상당한 사업을 영위하고 있으므로, 글로벌 공급자와 경쟁자, 소비자를 고려하지 않고 미국 기업을 분석하는 것은 불완전하다. 다시 말해 미국 투자자들은 '해외' 기업을 염두에 두어야 하며, 많은 '미국' 기업들의 사업에 세계 경제가 필수적임을 고려해야 한다.

글로벌 무역 및 투자의 급속한 성장으로 금융시장의 세계화도 촉진되었다. 미국 이외의 시장이 더 커지고 접근성도 좋아졌으며 많은 국가에서 미국과 유사한 IFRS 글로벌 회계 기준과 증권 규제를 채택하고 있다. 나아가 글로벌 수탁기관의 등장, 결제 비용 감소, 전자거래 활용을 통해 해외 투자에 드는 비용과 번거로움도 줄어들었다. 글로벌 시장의 성장으로 글로벌 시가총액에서 미국 기업의 비중이 1970년 70퍼센트에서 현재 40퍼센트로 하락했다. 글로벌 투자로 인해 오늘날 미국 투자자들은 그레이엄과 도드 시절에 비해 2배 가까이 많은 투자 기회를 가지게 되었다.

그레이엄과 도드가 지금 《증권분석》을 쓴다면, 분명 글로벌 투자에 대한 논의를 비중 있게 다룰 것이다. 글로벌 투자에 대한 내용을 추가하는 작업이 쉽지 않지만, 그럼에도 오늘날의 상황을 반영하여 《증권분석》의 내용을 업데이트할 필요가 있다. 이 챕터는 미국의 글로벌 투자자를 위해 쓴 글이지만, 다른 국가의 투자자들이 읽기에도 전혀 무리가 없을 것이다.

---

2 Michel Fouquin and Jules Hugot, "Two Centuries of Bilateral Trade and Gravity Data: 18272014," CEPII Working Paper, Centre d'Etudes Prospectives et d'Informations Internationales, May 2016, p.14, https://ourworldindata.org/grapher/merchandise-exports gdp-cepii?country=OWID_WRL.

3 Emmanual L. Bacani, "S&P500 Companies' Non-US Revenue Share Hits 10-Year Low— Goldman Sachs," S&P Global Market Intelligence, June 18, 2020, https://www.spglobal.com/ marketintelligence/en/news-insights/latest-news-headlines/s-p-500-companies-non-usrevenue-share-hits-10-year-low-8211-goldman-sachs-59094991.

글로벌 투자의 필요성

단순히 금융시장의 세계화를 떠나, 미국 투자자들이 왜 자국 이외의 시장에 번거롭게 관심을 가져야 하는지 생각해 보는 것이 필요하다. 미국의 금융시장은 거대하고 유동성도 풍부하며 거래 비용도 낮다. 방대한 연구와 분석이 이루어졌고, 정보 공시 의무도 잘 되어 있고, 상세하고 집행 가능한 규제도 잘 갖추어져 있다. 미국 경제는 잘 굴러가고 있고, 정치와 사회 체계도 안정적이며, 상법을 포함한 법체계도 잘 확립되어 있고 예측 가능하다. 실제로 미국은 불확실한 시기에 투자자들의 '안전자산 회귀' 심리를 충족시켜 주는 '피난처'로 여겨진다.

오늘날 미국 투자자들이 해외 투자를 고려해야 하는 두 가지 중요한 이유가 있다. 첫 번째 이유는 미국에서 얻을 수 있는 것보다 더 큰 위험조정 수익을 얻을 수 있기 때문이다. 《증권분석》에서 그레이엄과 도드는 비합리적인 매도로 인한 주가 하락이 가치투자자에게 할인 기회를 제공한다고 지적했다.(제4장) 자체 위험 자본이 충분하지 못한 여러 해외 시장에서 이런 상황이 더 심하게 발생하는데, 이로 인해 미국보다 훨씬 주가 변동성이 크다. 하지만 인내심을 가진 장기 가치투자자에게는 훌륭한 기업의 주식을 매력적인 가격에 살 수 있는 기회가 된다.

두 번째로 글로벌 포트폴리오는 수익률은 높이고 전체적인 변동성은 줄이는 분산투자의 기회를 제공한다. 미국이 재채기하면 세계는 감기에 걸린다는 말이 있지만, 실제로는 많은 해외 경제가 미국과 다른 경제 사이클을 갖는 경우가 많다. 글로벌 투자는 미국 시장이 하락할 때 상승 기회를 제공한다. 물론 지난 10년간 미국 시장의 성과가 매우 좋았지만 항상 그렇지는 않을 것이다. 실제로 1950년 이후 수십 년간 미국 시장은 동일 비중 글로벌 선진시장 지수의 성과를 하회했다.[4]

---

[4] Sean Duffin, "Benefits of Global Diversification," Cambridge Associates, April 27, 2020, https://www.cambridgeassociates.com/insight/benefits-of-global-diversification/.

글로벌 투자와 내재가치

글로벌 시장에 투자하기로 마음먹었다면 이제 어떻게 분석할 것인지 고심해 보아야 한다. 해외 주식의 내재가치 평가는 미국 주식에 비해 훨씬 어렵다. 《증권분석》에서 그레이엄과 도드는 내재가치 평가를 어렵게 하는 세 가지 걸림돌을 지적한다.(제1장) 첫 번째 걸림돌은 부적합하거나 부정확한 데이터이다. 미국 시장에서는 크게 문제되지 않는데 '규제 때문에 의도적으로 데이터를 조작하는 경우는 드물다'라고 결론지을 수 있다. 하지만 미국 시장과 달리 여러 해외 시장에서는 정확하고 적합한 데이터를 구하는 것이 확실히 쉽지 않다. 2020년의 와이어카드Wirecard [5] 스캔들(독일 핀테크 기업 와이어카드가 저지른 독일 역사상 최대의 회계 사기—옮긴이)이나 2017년의 스타인호프 사례(남아프리카공화국의 대형 유통기업 스타인호프가 일으킨 대규모 회계 부정 스캔들—옮긴이)[6]에서 보듯이 보다 느슨한 회계 관행과 규제 집행으로 경영진은 해외에서 재무 데이터를 조작하거나 위조할 여지가 많다. 해외 기업의 재무제표나 기록을 분석할 때는 비정상적으로 반복되는 비용이나 특수관계자와의 거래, 수상쩍은 소송, 크고 빈번한 내부자 주식 거래 등 의심스러운 징후를 주의 깊게 들여다보아야 한다. 게다가 높은 인플레이션과 통화가치 절하, 자산과 부채 간의 통화 불일치로 인해 국제 재무상태표는 내재가치와 청산가치를 판단하는데 유용성이 떨어진다.

내재가치 분석을 어렵게 하는 두 번째 걸림돌은 '미래의 불확실성'이다. 변동성이 큰 경제, 상당한 환율 위험, 예상치 못한 규제와 정치 변화로 인해 미국 밖의 여러 국가에서 미래 예측은 훨씬 어렵다.

---

[5] Dan McCrum, *Money Men: A Hot Start-Up, a Billion Dollar Fraud, a Fight for the Truth*, Bantam Press, 2022.
[6] Tiisetso Motsoeneng and Emma Rumney, "Pwc Investigation Finds $7.4 Billion Accounting Fraud at Steinhoff, Company Says," Reuters, March 15, 2019, https://www.reuters.com/article/us-steinhoff-intln-accounts/pwc-investigation-finds-7-4 billion-accounting-fraud-at-steinhoff-company-says-idUSKCN1QW2C2.

세 번째 걸림돌은 '시장의 비합리적인 움직임'이 곤혹스러울 정도로 장기간 이어져, 그사이에 기업의 펀더멘털이 변하고 내재가치가 하락할 위험이다. 이 세 번째 리스크는 글로벌 투자의 경우에, 특히 개발도상국 시장에 투자할 때 더욱 커진다. 거시경제 리스크와 금융 리스크가 더해질 뿐 아니라 지배주주가 일반주주의 이익에 반하는 행동을 할 가능성이 있기 때문이다.

요약하자면 글로벌 투자는 위험이 훨씬 높고, 이로 인해 내재가치 평가도 어렵고, 내재가치의 지속성도 떨어진다. 훌륭한 경영진이 있는 고품질 기업에 투자함으로써 위험을 완화시킬 수도 있지만, 신중한 투자자라면 해외 주식에 투자할 때 내재가치를 더 크게 할인해야 한다. 즉 더 높은 안전마진을 확보해야 한다.

글로벌 투자 시 더 큰 안전마진을 확보해야 하는 또 다른 이유는 유동성이 떨어지고 자본 흐름이 변덕스러워 변동성이 높기 때문이다. 이런 변동성은 신흥시장에만 국한되지 않는다. 암스테르담이나 브뤼셀, 북유럽 국가처럼 소규모 시장은 소수의 핵심 기업 비중이 워낙 커서, 여타 상장기업은 투자자의 관심을 받기 어렵다. 이러한 요인 때문에 미국에 비해 내재가치 대비 크게 할인된 수준으로 주가가 하락

S&P 대비 신흥시장 밸류에이션

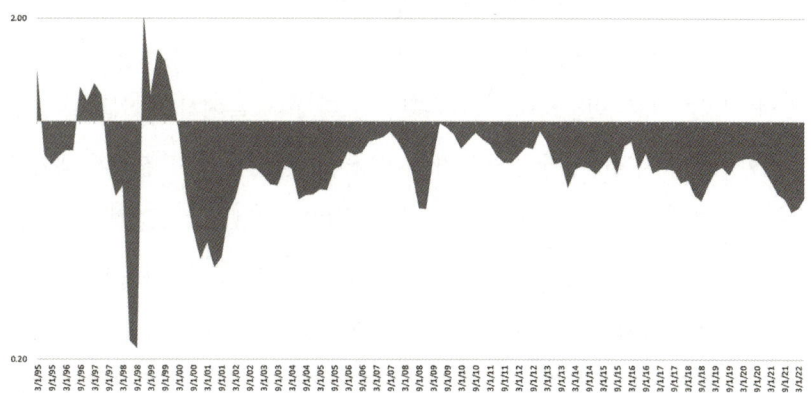

출처: Bloomberg Data: relative P/E ratio of S&P500 (SPX) to MSCI Emerging Markets Index (MXEF), month end 12/1995 to 6/2022.

할 수 있다. 아래 그래프에서 보듯이, 신흥시장은 1998~1999년과 2001~2002년 사이에 미국 시장 대비 50퍼센트에서 60퍼센트 할인된 주가-수익 배수로 거래되었다. 반면 1995~1996년과 2013년경에는 미국 시장과 비슷하거나 심지어 프리미엄을 받았다. 이 책을 쓰고 있는 현재 할인율은 40~50퍼센트에 달한다. 저평가와 고평가 사이를 큰 폭으로 오르내리는데, 변동성을 감내할 수 있는 단련된 투자자들에게는 좋은 기회가 될 것이다.

이쯤에서 선진시장과 개도국 시장의 차이를 확실히 해 두는 것이 좋겠다. 이 두 시장의 위험이 뚜렷이 다르기 때문이다. 캐나다, 영국, 호주와 같은 큰 규모의 선진 금융시장은 보고 기준이나 증권 규제, 시장 유동성, 기업 지배 구조 등의 측면에서 미국 시장과 매우 유사하다. 이들 선진시장에서는 그레이엄과 도드가 제시한 분석 원칙을 그대로 적용해 저평가 주식을 발굴할 수 있다. 단지 큰 폭의 환율 변동이 기업의 펀더멘털을 압도할 수 있기 때문에 환위험만 추가로 고려하면 된다. 글로벌 선진시장에 투자할 때 투자자들은 미국보다 더 높은 잠재 수익을 요구하겠지만, 그 프리미엄이 그렇게 크지는 않을 것이다.

하지만 인도네시아, 아르헨티나, 나이지리아 같은 개발도상국 시장은 이야기가 달라진다. 이들 시장에서 증권의 내재가치를 평가할 때는 상당한 추가 위험을 고려해야 한다. 이로 인해 선진시장보다 훨씬 큰 예상 수익, 훨씬 큰 안전마진이 요구된다. 성숙도가 낮고 유동성이 부족한 개발도상국 시장에서는 정치 경제적으로 불확실한 시기가 자주 발생하며, 투자자들은 그런 혼란 속에서 기회를 찾을 수도 있다. 개발도상국 시장에서만 경제위기가 발생하고 할인된 투자 기회가 생겨나는 것은 아니다. 2012년 여름 그리스는 부채를 상환하지 않겠다고 위협했고, 이에 대응해 유럽연합은 그리스를 유로에서 퇴출시키겠다고 협박했다. 이로 인해 광적인 투매가 일어났고 가치투자자들에게는 매력적인 투자 기회가 생겨났다. 비슷하게 2011년 3월 후쿠시마 지진과 뒤이은 원전 사고로 인해 도쿄 주식시장에서 대규모 매도가 발생했고 일본 최대 전력회사가 파산할 뻔했다.

현지 네트워크 개발

각각의 시장마다 고유한 규약과 기회와 위협, 악당과 영웅이 있다. 적절한 준비 없이 새로운 시장에 뛰어드는 것은 누가 봉이고 누가 선수인지도 모른 채 낯선 포커판에 들어가는 것과 같다. 새로운 시장을 검토할 때 첫 번째로 해야 할 일은 해당 국가에 믿을 만한 네트워크를 만드는 것이다. 단지 애널리스트와 주식 중개인을 알아 두는 것으로 그쳐서는 안 된다. 해당 국가의 언론인, 전직 정부 관리, 은퇴한 기업 임원, 전직 외교관, 현지 중앙은행이나 IMF 같은 기관의 경제학자들과도 친분을 만들어야 한다. 우리는 분석하고 있는 기업의 고객과 경쟁사, 규제 당국을 모두 만난다.

이런 네트워크를 구축하려면 시간이 필요하다. 한 국가를 여러 차례 방문할 필요가 있는데, 대체로 국가 전체가 어려움을 겪고 있을 때 네트워크 구축이 가장 용이하다. 그런 시기에는 기업뿐 아니라 정부 관리들도 자본을 유치하기 위해 새로운 잠재 투자자를 만나고 싶어 한다. 2001년 7월, 시장 탐색 차원에서 인도를 방문했을 때 거의 모든 CEO를 만날 수 있었고, 그들은 시간을 내어 자신들의 사업에 대해 진득이 설명해 주었다. 반대로 인도 경제가 호황이던 2006년 7월에는 기업의 IR 담당자와 미팅을 잡는 것조차 힘들었다. 2011년 베트남으로 기업 탐방을 갔을 때는, 일정이 꽉 차 있었는데 미팅을 하러 이동하는 도중에도 자본을 구하는 기업들로부터 갑작스러운 연락을 받곤 했다.

네트워크 구축 없이 해외 시장에 투자하는 것은 꺼림칙하다. 네트워크 구축에는 상당한 시간과 노력이 들어가지만, 일단 구축하고 나면 계속해서 유용하게 활동할 수 있다. 후속 기회에도 더 빠르게 대응할 수 있다. 이런 이유로 우리는 같은 시장을 몇 번이고 다시 방문한다.

이러한 네트워크는 우리가 현지 문화를 이해하는 데도 도움이 된다. 문화를 평가할 때 우리는 그 나라의 말이나 의사소통 과정의 미묘한 차이뿐 아니라 법규를 얼마나 준수하는지도 살펴본다. 예를 들어 미국의 경영진이 투자자나 애널리스트에게 재무적인 목표를 언급하는 경우에는 해당 목표를 달성하기 위한 노력이 뒤따른다. 하지만 모든 나라가 그런 것은 아니다. 어떤 나라에서는 재무 목표가 단순한 희망 사항일 뿐이다. 아울러 문화는 한 나라의 정재계 주요 지도자들이 공유하는 가치와 동기를 아우른다. 그들이 성취하고자 하는 것은 무엇인가? 그들의 목표는 일반투자자인 우리의 목표와 일치하는가?

네트워크를 통해 현지 사업가들의 평판도 조사해 볼 수 있다. 투자 대상 회사를 검토하면서 우리는 잘 알지 못하는 경영진에 대해 12번 이상의 평판 조회를 한다. 우리는 현지인들에게 다음과 같은 질문을 자주 한다. "가치평가에 신경 쓰지 않고, 향후 10년 동안 당신 가족의 돈을 5개 기업에 투자해야 한다면, 어떤 기업에 투자하시겠습니까?" 이 질문에 대한 대답은 단기적으로 가장 좋아 보이는 주식이 아니라 경영진의 자질과 품성에 초점이 맞추어지는 경향이 있다.

우리는 자본을 투자하기 전에 몇 주나 몇 달, 혹은 그 이상을 해당 국가에서 보낸다. 큰 실수를 저지르는 것보다는 차라리 기회를 놓치는 편이 낫다. 베트남에 투자하기 전에 우리는 베트남을 일곱 번 방문했다. 투자처를 찾기 위해 2개월 동안 여섯 번 그리스를 방문했고, 또한 독일을 방문해 정책 입안자들과 정치인들을 만나 그리스의 채무불이행 위험을 살펴보았다. 우리 파트너 한 명은 2000년대 초 한 달 동안 한국에서 살았고, 2006년 태국 군부 쿠데타 이후 태국에서 한 달을 보냈다. 우리는 영국, 독일, 인도, 브라질과 같은 나라들을 매년 최소 두 번 이상 방문한다. 해당 국가에 투자하고 있지 않을 때에도 관계를 유지하고 새로운 기회를 찾기 위해 지속적으로 방문한다.

왜 지금인가?

저평가된 주식을 찾을 때 우리는 항상 해당 증권이 저평가된 이유를 자문해 본다.

합리적인 주주가 왜 주식을 팔까? 우리는 그 주식을 왜 사야 하는가? 우리는 매도자가 틀렸다는 가정에서 시작하지 않는다. 그 대신 그들이 매도하는 근본적인 이유를 생각해 본다. 우리는 또한 바텀업 기업분석에 거시경제 사건을 대입해 본다. 예를 들어 통화가 약세이고 금리가 높은 경제위기 상황에서, 이런 요인이 우리가 분석하고 있는 특정 기업이나 주식에 어떤 영향을 미칠지 살펴본다. 나아가 해당 기업과 경영진이 이런 요인들을 극복해 나갈 수 있는 역량을 갖추었는지 파악해 보려고 노력한다.

우리는 국가나 지역의 위기가 투자자들에게 좋은 기회를 제공하는 사례를 여러 차례 보았다. 2004년 개혁 성향의 집권당인 인도인민당은 선거에서 예상치 못한 패배를 당했다. 어느 정당도 의회에서 과반수 의석을 차지하지 못했기 때문에 불안정하고 우유부단한 연립정부가 들어설 것이라는 전망에 인도 주가지수는 2004년 5월 17일 15퍼센트 이상 하락했다. 연립정부가 예상됨에 따라 많은 불확실성이 야기되었지만, 우리는 이것이 민간 은행의 성장을 저해할 위험은 아니라고 판단했다. 주가 하락은 훌륭한 은행을 매력적인 가격에 살 수 있는 기회였다. 2010년 베트남 금융위기로 부동산 기업의 가치가 크게 훼손되었고, 대부분의 은행이 부실 대출로 심각한 곤경에 처하게 되었다. 부실이 얼마나 되는지 분석이 불가능했다. 하지만 이 시기는 금융위기의 영향을 받지 않고 탄탄하게 경영되고 있는 소비재 기업 주식을 매수할 수 있는 좋은 기회였다. 모든 위기는 기회를 동반한다.

실제로 위기는 종종 국가와 기업이 구조적인 문제를 해결할 수 있는 기회를 제공한다. 끊임없이 불안을 부추기는 언론 기사와 변동성을 이겨 낼 수 있는 투자자에게 위기는 장기적으로 유익한 영향을 미친다. 1991년 인도의 국제수지 위기는 수입 관세 인하, 민간 은행 부문 활성화, 외국 기관투자자에 대한 인도 주식시장 개방 등 경제 자유화를 촉진하는 계기가 되었다. 이런 조치들은 이후 30년 동안 인도 경제와 자본시장이 성장할 수 있는 토대를 마련했다.

국제지수와 개별 종목

미국에서는 패시브 인덱스펀드 투자가 급격히 증가하고 있지만, 우리가 조사한 바에 따르면 해외 투자에서는 특정 주식을 사는 것이 지수를 사는 것보다 성과가 더 좋다. 많은 해외 시장의 주식시장 지수에는 규모만 크고 제대로 관리되지 않는 국영기업이나 가족기업, 자본이 부족한 은행, 과잉 규제에 시달리는 유틸리티 기업들이 높은 비중으로 포함되어 있다. 변동성 심한 원자재 기업이나 저수익 부동산 회사가 포함되기도 한다. 일부 민간기업이 혁신과 성장을 추구하지만, 지수의 아주 작은 부분만을 차지할 뿐이다.

고품질 기업과 경제위기

싸게 사는 것 못지않게 고품질 기업을 사는 것이 영구적 자본손실 위험에서 투자자를 보호해 줄 수 있다. 예를 들어 가격결정력을 가진 기업은 인플레이션과 통화가치 하락의 부정적 영향을 상쇄할 수 있다. 자본수익률이 높은 기업은 고금리 기간에 치명적인 부채를 부담할 필요가 없다. 2002년 아르헨티나 페소 가치가 75퍼센트 평가절하되었을 때, 아르헨티나의 대표 맥주 회사인 킬메스Quilmes의 순매출은 2001년 4억 2,600만 달러에서 2002년 1억 6,400만 달러로 감소했다. 이는 달러 기준으로 평가한 금액이 −59퍼센트 하락했기 때문이다. 하지만 그 후 5년 동안 킬메스는 강력한 브랜드 자산과 65퍼센트의 지배적인 시장점유율, 업계 전반의 원재료 가격 상승에 힘입어 제품 가격을 크게 올릴 수 있었다. 2006년까지 킬메스는 손실의 4분의 3을 회복했다. 이례적인 거시경제적 충격에도 불구하고 킬메스는 달러 기준으로 사업가치를 회복했다. 유사하게 1980년대와 1990년대 브라질의 초인플레이션 기간 동안, 네슬레는 가격결정력을 바탕으로 스위스 프랑 기준으로 브라질에서의 수익을 성장시킬 수 있었다. 베트남 최고의 유제품 및 음료

회사인 비나밀크Vinamilk, Vietnam Dairy Products는 지배적인 브랜드를 보유하고 있어서, 2006~2011년 베트남 동화 가치가 꾸준히 하락하는 기간에도 이를 상쇄할 만큼 제품 가격을 인상할 수 있었다. 베트남 경제가 힘든 시기에도 미국 달러 기준으로 연평균 18퍼센트씩 매출을 성장시키고 수익성을 개선할 수 있었다.

환위험

글로벌 투자를 평가할 때, 미국 투자자들은 모든 수익을 미국 달러로 측정하고 계산해야 한다. 현지 통화로만 수익을 측정한다면, 2020년대 초 아르헨티나, 베네수엘라, 짐바브웨처럼 인플레이션이 50퍼센트가 넘는 국가에서 채권투자 수익이 명목상 연간 50퍼센트에 달하더라도 미국 달러로 변환하는 순간 수익은 신기루처럼 사라지게 될 것이다. 높은 수익률은 해당 국가의 통화가 평가절하될 것이라는 기대를 반영한 것이다. 다시 말해 기준 통화(미국 투자자에게는 미국 달러를 의미)와 현지 통화 간의 인플레이션 차이를 반영하여 기대수익을 조정해야 한다. 이론상 현지 통화는 이 차이만큼 장기적으로 평가절하되어야 한다. 물론 현실은 이보다 훨씬 복잡하다. 실질금리 차이나 교역 조건의 변화(수입품 대비 수출품의 상대 가격), 기타 자본 흐름과 같은 변수들이 환율 변화에 영향을 미친다.

글로벌 투자는 반드시 환위험을 고려해야 한다. 환위험을 헤지 할 수도 있지만 모든 보험이 그렇듯이 헤지에는 비용 혹은 프리미엄이 수반된다. 수수료는 폭풍 전(헤지가 가장 필요한 순간)에 가장 낮고, 폭풍 직후(헤지가 가장 필요 없는 순간)에 가장 높다. 모든 환노출을 헤지 할 필요는 없지만, 해외 시장에 투자할 때는 환에 유의해야 한다.

환변동에 노출되는 것이 어떤 의미인지 제대로 이해하는 것이 중요하다. 예를 들어 우리는 2009년 인도의 IT 서비스 기업인 타타 컨설턴시 서비스Tata Consultancy Services에 투자하면서 환헤지를 하지 않기로 결정했다. 왜냐하면 타타 컨설턴시의 비용은 대부분 현지 통화로, 수익은 미국 달러나 유로화로 발생했기 때문에 인도 루피화의 평가절하가 이득이 되었기 때문이다. 베트남처럼 환헤지가 쉽지 않은 국가에 투자할 때 현지 통화 약세에서 이득을 볼 수 있는 기업은 특별히 가치가 있다. 비나밀크에 투자할 때 베트남 동에 대한 노출을 헤지 할 수 없었다. 하지만 비나밀크의 제품이 미국 달러로 가격이 책정된 뉴질랜드 수입 유제품과 경쟁한다는 사실로부터 어느 정도 보호를 받을 수 있었다. 동이 평가절하되면 경쟁사의 수입 제품 가격은 평가절하된 만큼 올라가고, 이에 따라 비나밀크 역시 평가절하를 완전히 상쇄할 수 있을 만큼 가격을 인상할 수 있기 때문이다.

선진시장에 투자하는 경우에도 환위험을 고려할 필요가 있다. 2012년 그리스 부채 위기 당시 증권거래소인 헬레닉 익스체인지Hellenic Exchanges와 국영 복권회사인 OPAP와 같은 기업들의 주가가 크게 하락했다. 하지만 그리스가 유로를 탈퇴할 경우 추가적인 하락 위험이 있었다. 우리는 이런 최악의 상황이 발생할 경우 우리가 입게 될 손실액을 추정해 보았다. 기업이 보유한 주당 현금보다 낮은 수준으로 주가가 하락할 경우에 대비해, 우리는 해당 현금에 대한 환위험을 헤지 하고 하방을 제한할 수 있었다. 우리는 감당해야 할 손실액이 얼마일지 추정할 수 없는 상황에는 되도록 투자하지 않는다.

경영진의 역량, 이해관계 일치, 진실성

그레이엄과 도드는 증권의 내재가치와 시장가격의 관계에 '미래가치 요소'가 영향을 미칠 수 있다고 주의를 주었다.(제1장) 핵심적인 미래가치 요소는 경영진의 역량과 평판이다. 워런 버핏은 날카로운 통찰력으로 다음과 같이 말했다. "제가 아는 오마하Omaha의 피트 키윗Pete Kiewit은 사람을 고용할 때 세 가지 자질을 살펴본다고 합니다. 바로 진실성integrity과 지능, 열정입니다. 여러분에게 첫 번째 자질이 없다면, 다른 두 개의 자질은 여러분을 망칠 것입니다. 만약 여러분이 진실성 없는 직원을 고용하게 된다면, 차라리 그 직원이 멍청하고 게으르기를 바랄 것입니다."[7] 어떤 기업에 투자하든 중요한 조언이지만, 해외 기업에 투자할 때는 특히 더 중요하다. 이기적이거나 주주 이익을 침해하는 경영진은 일반주주를 부당하게 대우함으로써 주식의 내재가치를 잠식한다. 여러 나라에서 가족이나 국가가 통제하는 기업의 이사회는 대체로 일반주주의 이익을 대변하지 않는다.

미국에서는 경영진이 무능하거나 주주 이익을 침해하는 경우 종종 주주행동주의를 통해 변화를 이끌어 낸다. 이는 부실 경영이 가치투자자들에게 기회를 제공할 수 있다는 것을 의미한다. 행동주의자들이 경영진의 변화를 이끌어 내며 기업 가치를 끌어올릴 수 있다. 하지만 글로벌 투자에서는 선진국 시장이든 개도국 시장이든 대체로 행동주의가 불가능하다. 일본이나 독일, 프랑스에서는 경영진을 교체하려는 주주들의 시도가 먹히지 않았다. 개도국 시장에서도 마찬가지다. 글로벌 투자에서 경영진의 자질은 매우 중요하다. 대부분의 해외 시장에서 어떤 주식을 살 때는 현재의 경영진과 앞으로도 쭉 함께 할 가능성이 높다는 것을 염두에 두어야 한다. 많은 해외 기업을 가족이 지배하고 있고, 지배 가족의 이해관계는 일반주주와 다를 수 있다. 예를 들어 창업주의 나이가 많으면 상속세를 줄이기 위해 장기간 주가가 낮은 상태에 머물기를 원할 수 있다. 또는 지배주주가 개인의 부를 늘리기 위해 비윤리적이지만 불법은 아닌 특수 관계자 거래를 할 수도 있다.

국제적으로 공인된 감사인과 명망 있는 이사진을 두는 것만으로는 충분하지 않다. '인도의 엔론'Enron이라 불렸던 사티암 컴퓨터 서비스Satyam Computer Services는 프라이스워터하우스쿠퍼스PricewaterhouseCoopers의 인도 계열사에서 감사를 받았고, 이사진에는 저명한 과학 기술 전문가, 미국 유명 경영대학원의 회계 교수, 명망 있는 전직 정부 관료 등이 참여했다. 사티암은 유망한 글로벌 정보기술 기업으

---

[7] Warren Buffett, Lecture to the University of Florida School of Business, Graham-Buffett Concentration, University of Florida, Gainesville, Florida, October 15, 1998, https://www.youtube.com/watch?v=2MHIcabnjrA.

로 알려졌다. 2008년 사티암은 20억 달러 이상의 매출을 올렸고, 53,000명 이상의 직원을 고용했으며 66개국에서 활동했다. 2004년 사티암의 미국 예탁증권American Depositary Receipt, ADR이 뉴욕 증권거래소에 상장되었고, 세계 기업지배구조협의회World Council for Corporate Governance는 기업지배 구조 우수성에 대해 황금공작상Golden Peacock Award을 수여했다. 하지만 2009년 1월 7일, 사티암의 설립자이자 CEO인 라마링가 라주Ramalinga Raju는 사티암이 현금 잔고를 10억 달러 이상 과대계상했고, 부채는 2억 5,200만 달러 과소계상했다고 고백했다. 시장은 큰 충격에 빠졌다. 그가 사티암의 자금을 빼돌려 가족 소유 기업의 부동산 투자 비용을 대신 지불했던 것이다.

유능하고 윤리적인 경영자를 확인하는 것이 반드시 어려운 것은 아니다. 그레이엄과 도드의 재무 분석은 필립 피셔의 수소문 기법과 함께 쓰여야 한다.[8] 미국 소도시와 마찬가지로 평판은 현지 사람들에게 잘 알려져 있다. 현지 네트워크를 만드는 것이 중요한 이유다. 적절한 가격의 자사주 매입이나 배당금 지급과 같은 실질적 현금흐름을 확인해 보는 것도 중요하다.

글로벌 채무증권 투자

투자와 관련된 법적 계약만으로는 충분하지 않다. 채권과 대출은 채무자와 채권자 사이의 법적 계약이지만, 강제력이 없다면 아무 가치가 없다. 해외 채무증권에 투자하기 전에 계약의 집행 가능성과 관련 파산법, 외국 판결의 집행 가능성을 철저히 확인해야 한다. 사법 관할권이 겹치고 법률이 상충하면 집행하는 데 비용이 많이 들고, 시간도 많이 소요되며, 결과를 예측하기도 힘들어진다. 미국 법원에서 뉴

---

[8] Phil A. Fisher, *Common Stocks and Uncommon Profits(later printing)*, New York, Harper & Brothers Publishers, 2022. 한국어판《위대한 기업에 투자하라》.

욕법의 적용을 받는 채권에 대해 판결을 내리더라도 담보물이 멕시코나 아르헨티나에 있다면 집행하는 데 수십 년이 걸릴 수 있다.

국가 핵심 자산 투자

때로는 한 국가의 핵심 산업에서 중요한 역할을 하는 기업에 투자하는 것을 고려해 볼 수 있다. 국가에서 키우는 산업이기 때문에 어느 정도 보호를 받을 수 있다. 하지만 프랑스 전력공사lectricit de France, EdF처럼 정부가 직간접적으로 통제하는 국가 주요 자산의 주식을 매수하는 경우 예상치 못한 곤경에 처할 수 있다. 2005년 11월 프랑스 정부는 EdF 지분 12.7퍼센트를 주당 32유로에 매각하여 63억 5000만 유로를 조달했다. IPO 이후 2년 동안 주당 70유로까지 올랐던 주가는 이후 조금씩 꾸준히 하락하여 2022년 7월 주당 7.85유로까지 내려갔다. 수년 동안 EdF는 원가 이하로 전력을 계속 판매했고, 노조의 비위를 맞추려고 비대한 조직 체계를 유지했다. 이런 정책은 전기를 사용하는 국민들에게 인기가 있었다. 선거에서 표를 얻으려는 정치인들 때문에 EdF 경영은 엉망이 되었고 해외 일반주주들은 고통을 받았다. EdF는 계속 정치쟁점이 되었다. 2022년 러시아-우크라이나 전쟁으로 에너지 비용이 급증했다. 전기 가격 상승을 완화시키기 위해 노력하는 모습을 보여 주고 싶었던 프랑스 대통령은 EdF 재국유화를 언급했다. 아마도 2005년 IPO 시점보다 훨씬 낮은 가격일 것이다.

인도 국영기업인 인도 석탄공사Coal India Limited에서도 EdF와 비슷한 일이 벌어졌다. 인도 석탄공사는 2010년 10월 지분의 10퍼센트를 국내외 투자자들에게 매각하며 상장했다. 인도 정부가 나머지 90퍼센트 지분을 보유했다. 인도 석탄공사는 인도의 전기요금을 낮추기 위해 석탄을 수입하는 데 들어가는 총비용보다도 훨씬 낮은 가격으로 석탄 가격을 책정했다. 2012년 10월 영국의 행동주의 투자자는 인도 석탄공사 이사회를 수탁자 의무 위반으로 고소했고, 인도 정부를 '대주주의 권한 남용과 이사진에 대한 부적절한 압력 행사'로 고소했다.[9] 하지만 결국 인도 석탄공사가 석탄 가격을 인상하도록 하는 데는 실패했다.

물론 정부 소유라고 모두 투자에 부적합한 것은 아니다. 비나밀크처럼 성공적인 투자 사례도 있다. 비나밀크는 국가가 47.6퍼센트를 소유했지만 인플레이션 기간 동안 비나밀크 경영진의 가격 인상을 방해하지 않았고 자본수익률을 높게 유지할 수 있었다. 정부는 식량 수입을 줄이고 식량 안보 강화를 위해 국내 식량 생산을 촉진하고자 했는데, 이런 정부의 목표와 일반주주의 이해관계가 맞아 떨어진 경우였다. 지분이 많지 않은 경우에도 정부는 규제와 과세를 통해 국가 핵심 자산을 통제할 수 있다. 따라서 국가 핵심 자산이나 기업에 투자하는 경우에는 신중하게 분석하고 실행에 옮겨야 한다. 지배주주, 특히 정부의 이익과 해외 투자자의 이익이 일치하는지 그들의 동기를 이해하는 것이 중요하다.

해외 투자의 대안

글로벌 투자에 수반되는 여러 위험 때문에 미국 투자자들은 해외 주식, 특히 개발도상국가의 주식에 직접 투자하는 것을 꺼린다. 하지만 여러 해외 투자 위험을 감수하지 않고도 글로벌 시장의 장기 성장에 참여할 수 있는 대안이 있다. 네슬레, 디아지오Diageo, 페르노리카Pernod Ricard, 유니레버, 콜게이트, 암베브Ambev, 하이네켄, 마스터카드, 비자와 같은 글로벌 기업은 매출의 상당 부분이 해외 사업장에서 발생한다. 이들 회사의 주식은 미국에 상장되어 있거나 미국 예탁증서ADR나 글로벌 예탁증서GDR로 발행되어 뉴욕이나 런던에서 거래되며, 최고 수준의 규제, 회계, 지배 구조 기준을 준수한다. 이런 글로벌 기업에 투자함으로써 글로벌 시장

---

[9] Times of India, "The Children's Investment Fund Sues Government, Coal India Directors over Loss," *Times of India*, October 13, 2012, https://timesofindia.indiatimes.com/ business/india-business/the-childrens-investment-fund-sues-government-coal-india directors-over-loss/articleshow/16790705.cms.

의 성장 혜택을 누릴 수 있다. 가끔은 이들 기업이 개발도상국의 유사 기업들보다 훨씬 할인된 가격에 거래되기도 하는데, 투자자들은 해외 주식투자에 내재된 위험 부담 없이 더 큰 안전마진을 확보하며 글로벌 성장에 동참할 수 있다.

기업명	본사	시가총액 (2009년 6월 30일)	해외 매출 비중(%)	NTM P/E (향후 12개월 P/E)	EV/EBIT
디아지오	영국	24,001	65.1	13.8	11.9
유나이티드 스피리츠	인도	93,363	100.0	27.0	13.7
하이네켄	네덜란드	12,922	68.2	17.0	10.2
SAB밀러	영국	30,661	99.4	13.4	15.5
유나이티드 브루어리즈	인도	29,465	100.0	45.9	16.9
네슬레	스위스	149,358	67.4	20.1	14.1
네슬레 인디아	인도	192,986	100.0	32.5	20.3
유니레버	영국	46,673	83.6	11.7	10.1
힌두스탄 레버	인도	617,593	100.0	29.8	22.8

마치며

비록 《증권분석》은 미국 시장에 초점을 맞추고 있지만, 그레이엄과 도드의 조언은 글로벌 시장에서도 마찬가지로 유용하다. 하지만 글로벌 투자에는 신중하게 고려해야 할 몇 가지 추가 사항들이 있다.

첫째, 환위험, 불확실한 규제 제도, 불안정한 정치 경제 권력과 같은 문제로 인해 해외 기업의 내재가치를 평가하는 것은 미국 기업보다 훨씬 어렵다. 덧붙여 열악한 기업지배 구조 때문에 일반주주는 추가적인 위험에 직면할 수 있다. 주주행동주의의 영향력도 제한적이다. 이런 위험들 때문에 기업의 미래가치가 크게 달라지고, 내재가치 대비 크게 할인된 가격이 얼마나 오래 지속될지 알 수 없다. 결과적으로 글로벌 투자자들은 내재가치를 더 큰 폭으로 할인하고 더 큰 안전마진을 요구해야 한다.

경영진과 사업의 품질을 평가할 때도 기준을 높여야 한다. 사업 전망을 평가하는 것 외에도, 시간과 노력을 들여 경영진의 역량과 동기, 진실성을 철저하게 조사할 필요가 있다. 내재가치 성장 잠재력이 높은 기업을 탐색할 때 가치평가만큼이나 기업의 품질이 중요하다. 해외 시장에서는 거시경제 변동성이 더 흔하게 발생하는데, 이런 기간에 우량기업은 가치를 보존하고 성장시킬 수 있기 때문이다. 성장 잠재력은 내재가치를 잘못 평가하거나 경영진의 통제를 벗어난 요인 때문에 발생한 내재가치 하락을 방어해 줄 수 있다.

제8부

비상장기업 투자: 사례분석

데이비드 에이브럼스

투자의 목표는 잘 먹고 잘 자는 것, 상환 압박을 받거나 불안에 마음 졸이지 않는 방식으로 수익을 창출하는 것이다. 이것이 《증권분석》의 핵심이다. 1934년 이 책이 처음 출간된 이후 일어난 많은 극적인 변화에도 불구하고, 아니 오히려 그 덕분에 이 책에 담긴 보수적 투자 조언은 여러 세대에 걸쳐 큰 도움을 주었다.

그레이엄과 도드는 투자자에게 항상 안전마진을 추구하라고 조언한다. 하지만 안전마진은 숫자를 넣으면 답이 나오는 공식 같은 것이 아니다. 손실 가능성을 최소화하고 이익을 극대화하도록 돕는 사고 체계다. 안전마진을 찾는 투자자들은 주로 할인된 매수 가격에 초점을 맞춘다. 그렇게 함으로써 리스크는 낮추고 잠재 수익은 높일 수 있다. 상장주식이건 비상장회사이건, 기업을 살 때는 경영진의 역량, 기업의 안정성과 성장 전망, 진입 장벽의 정도, 다양한 구성원 사이의 이해관계 일치 여부, 기업의 자본 배분 능력 등 여러 가지 질적인 요소들을 따져 보아야 한다. 하지만 그레이엄과 도드는 이런 무형적 요소를 경계하고 재무상태표나 손익계산서 항목과 같은 명확한 수치나 채권의 발행 조건과 같은 확실한 사실을 선호했다. 실제로 그들은 "철저한 분석에는 질적 요소보다 양적 요소가 훨씬 낫다"라고 썼다.(제2장)

사람들은 모두 시대의 산물이다. 제임스 그랜트가 언급했듯이 《증권분석》 초판은 대공황이 진행되고, 제2차 세계대전이 발발하기 직전의 혹독한 시기에 세상에 나왔다. 미국의 국가 실업률은 25퍼센트를 넘어섰고, 주식시장은 1929년 정점에서 1932년 최저점까지 87퍼센트 폭락하였다. 주식시장 붕괴와 이어진 대공황으로 한 세대의 투자자들이 전멸한 후, 그레이엄과 도드는 극도로 조심스럽게 주식에 접근했다. 사람들이 엄청난 손실을 다시는 입지 않도록 돕기 위해, '순운전자본'의 3분의 2 미만인 주식을 사라고 권유했다.[1] 기업의 유형자산 가치에 비해 이처럼 할인된 가격에 매수하면 손실을 보기가 어려울 것이다. 특히 비슷하게 저평가된 주식으로 포트폴리오를 구성하여 단일 기업 투자에서 발생하는 리스크를 분산하고 완화시킬 수 있다면 더욱 그럴 것이다. 하지만 이런 접근 방식은 투자 대상을 사업을 영위하는 기업이 아니라 사고파는 자산으로 전락시킨다. 1934년에는 이런 전략이 타당했지만 이제 더 이상 유효하지 않다. 오늘날 어떤 주식의 가격이 터무니없이 낮은 가격에 거래된다면, 이는 일반적으로 핵심 사업이 실존적 어려움에 직면해 있기 때문이다.

그레이엄과 도드는 투자와 투기를 구분해 다음과 같이 썼다. "투자는 과거에 바탕을 두지만, 투기는 주로 미래를 바라본다."(제4장) 하지만 계속기업을 매수할 때 대부분의 투자자는 가격만큼이나 중요한 질적 요소와 기업의 미래에 대해 생각해보지 않을 수 없다.[2] 안전마진을 확보한다는 것은 투자자에게 유리한 방향으로 확률을 높이는 것이다. 높은 가격을 지불한다고 결과가 항상 나쁜 것은 아니다. 단지

---

[1] 운전자본에서 모든 부채를 차감한 값으로 정의된다(넷-넷net-nets이라고 불린다).
[2] 역설적이게도 '투기'를 피하라는 자신의 조언에도 불구하고 그레이엄은 사업성을 보고 투자한 가이코에서 가장 큰 성공을 거두었다. 그레이엄의 모든 넷-넷 투자를 합한 것보다 많은 돈을 가이코 투자로 벌었다.

성공 가능성이 낮아질 뿐이다. 마찬가지로 평범한 경영진과 형편없는 자본 배분, 이해관계 불일치가 항상 실패로 이어지는 것은 아니지만 성공 가능성이 낮아진다. 반대로 뛰어난 리더십, 현명한 자본 배치, 이해관계의 일치는 투자자의 성공을 돕는다. 비록 그레이엄과 도드는 이런 무형적 (때로는 일시적인) 요소를 고려하는 데 주저했지만, 나는 《증권분석》의 보수적인 원칙들이 이런 요인들에도 적용되어야 하고 적용될 수 있다고 생각한다. 무형자산은 오늘날의 투자 환경에서 안전마진을 확보하는 데 매우 중요한 요소가 되었다.

    책에 담긴 핵심 메시지는 지금도 여전히 변함없이 중요하지만, 그러한 생각들을 효과적으로 구현하는 방식은 시간이 지나면서 필연적으로 달라져 왔다. 시장은 변화하고 진화한다. 정보는 빠르게 전파된다. 가격과 가치의 불일치를 야기하는 틈새는 빠르게 메꿔지고 금방 사라진다. 수익성 있는 틈새를 발견한 사람들은 대개 그것을 좀 더 활용하려고 시도한다. 그러면 해당 자산에 추가 자본이 유입되고, 소문이 퍼지게 되고, 돈 냄새를 맡은 사람들이 몰려들며 기회의 창이 급격히 닫힌다. 나 역시 지금까지 업계에서 일하며 그런 기회가 여러 번 왔다가 사라지는 것을 지켜보았다. 내가 월스트리트에서 일을 시작하기 몇 년 전, 골드만삭스의 거스 레비Gus Levy와 같은 사람들은 기업이 공개매수 대상이 되면 투자자들은 별생각 없이 주식을 팔고 떠나는데, 테이블에는 여전히 '약간의' 돈이 남아 있다는 것을 알아챘다. 레비는 21달러에 공개매수되기 전에 20달러에 사서 챙길 수 있는 이익이 공개매수가 실패했을 때 발생할 손실을 보상하고도 남을 만큼 충분히 크다는 것을 깨달았다. 다른 사람들은 그런 사실을 눈치채지 못하고 있음이 분명했다. 하지만 내가 월스트리트 소규모 투자회사의 합병차익거래 부서에서 일을 시작하게 되었을 무렵에는 호시절이 끝나가고 있었다. 위험 차익거래로 큰 수익을 올릴 수 있다는 소문이 퍼지면서 이 전략에 특화된 회사들이 생겨났다. 얼마 지나지 않아, 대부분의 초과수익이 사라졌고 다른 사냥터를 찾아야 했다.

    1980년대 중후반, 대부분의 투자자는 부실채권을 기피했다. 많은 기관이 파산하거나 투자등급 이하로 강등된 기업의 채권을 강제 매각하도록 내부 규정을 채택하고 있었다. 게다가 파산법 제11장Chapter 11에 따른 복잡한 파산 절차로 인해 많은 투자자가 법정 절차를 포기하고 채권을 넘겼다. 저축대부조합 위기와 1990~1991년의 경기침체, 드렉셀 번햄 램버트의 파산으로 구매자가 거의 없는 시장에 채권이 홍수처럼 쏟아져 나왔다. 많은 자산과 회사를 헐값에 매수할 수 있었다. 성공한 투자회사들이 나오기 시작했고 번창하며 큰돈을 벌었다. 위험 차익거래 시기와 마찬가지로 인재와 자본이 몰려들었고, 부실채권 인수를 전문으로 하는 펀드가 만들어졌다. 이제 부실채권 투자에서도 쉽게 돈을 벌던 시기는 사라진 지 오래되었고 치열한 경쟁이 벌어지고 있다.

매력적인 투자처를 계속 찾다 보니 수년 전부터 사모 자산 투자를 활발히 시작하게 되었다. 많은 투자자가 상장기업 투자와 비상장기업 투자를 별도의 분리된 영역으로 생각하지만, 둘 사이의 경계는 모호하고 존재하지 않는 경우가 많다. 두 영역 모두 기본 원칙은 동일하고, 비슷한 기회를 찾아낼 수 있고, 한쪽에서 얻은 지혜를 다른 쪽에도 적용할 수 있다. 아울러 상장주식과 비상장주식을 오가며 투자하는 것이 좋은 투자 기회를 발견하는 데 도움이 되고 안전마진을 높일 수도 있다. 워런 버핏처럼 세계에서 가장 성공한 투자자들은 유연한 투자 전략을 구사한다. 내가 설립한 에이브럼스 캐피털Abrams Capital이 17년 동안 계속해서 자동차 소매업에 투자하며 얻은 경험들이 이를 잘 보여 준다.

2005년 에이브럼스 캐피털은 상장된 자동차 딜러 기업 두 곳의 주식을 매수했다. 두 회사는 상당히 낮은 배수에 거래되고 있었는데, 우리는 월스트리트가 평가한 것보다 해당 사업의 가치가 더 높다고 생각했다. 자동차 딜러는 차를 팔고 수리한다. 자동차 판매 사업은 변동성이 심해 가치평가가 어렵지만, 자동차 수리 사업은 안정적이고 예측 가능하며 수익성도 좋다. 우리는 주식시장이 판매 부문에만 너무 집중하고 수리 부문에는 관심이 부족하다고 생각했다. 업계를 조사하며 데이비드 로젠버그David Rosenberg를 알게 되었는데, 그는 자동차 업계에서 잔뼈가 굵은 사람이었다. 그의 아버지 아이라 Ira Rosenberg는 뉴잉글랜드에서 유명한 자동차 체인점을 운영한 전설적인 자동차 딜러였고, 데이비드도 10대 시절 그곳에서 일했다. 우리가 처음 만났을 때, 그는 우리가 투자하고 있던 그룹1 오토모티브 Group 1 Automotive의 관리자였다. 그를 만나며 딜러 사업을 보다 깊이 이해할 수 있었고, 우리는 친구가 되었다. 기업가 정신이 충만했던 데이비드는 자신의 대리점을 운영하고 싶어 했는데, 한두 해가 지나 회사를 그만두었다. 인수할 만한 대리점을 물색하던 중 클레어 Clair 가족으로부터 11개의 프랜차이즈와 2개의 정비소를 인수하기로 합의했다. 창업주인 어니 클레어 Ernie Clair가 사망하면서 자녀들에게 매장을 물려주었지만 자녀들은 매장에 대한 애정이 없었고, 매장이 활기를 잃고 수익이 줄어들면서 몇 년 만에 매각하게 된 것이었다. 데이비드는 거래를 성사시키기 위해 자본이 필요했고 우리에게 연락했다.

데이비드는 프랜차이즈들의 실적이 매우 저조하지만 자신이 이를 개선할 수 있다고 생각했다. 나는 과거에도 비슷한 이야기를 많이 들었다. 이전 경영진이 제대로 일을 하지 않았기 때문에 자신이 인수하면 회사 운영에 활력을 불어넣을 수 있다고 공언하는 사람들이 많았다. 하지만 기대했던 개선이 이루어지는 경우는 드물었고, 그래서 나는 데이비드의 주장에 회의적이었다. 그러자 데이비드는 한 줄 한 줄 자신이 분석한 결과를 짚어 가며 여기서 25만 달러, 저기서 50만 달러를 어떻게 절약할 수 있는지 설명해 주었다. 크게 어려워 보이지 않았다. 당시 회사의 수익에 비해 가격이 높았음에도 그와 함께 회사를 인수하기로 결정했다. 인수 이후 회사 이름을 프라임 모터 그룹 Prime Motor Group으로 바꾸었다.

워런 버핏은 다음과 같은 말을 한 것으로 알려졌다. "바보라도 경영할 수 있는 사업에 투자해야 한다. 왜냐하면 언젠가는 바보가 경영하게 될 테니까." 하지만 경영에서 인적 요인을 무시할 수는 없다. 관리해야 할 고객과 직원, 거래처 담당자 모두 인간이다. 더구나 세상에는 교과서에서 답을 구할 수 없는 문제가 항상 발생한다. 개개인이 판단력을 발휘하여 상황에 맞는 해결책을 고안해 내야 한다. 치열한 자본주의 경쟁 환경에서 기업들은 끊임없는 공격을 받는다. 위협을 막아 내려면 지혜와 창의성, 기술이 필요하고 리더십이 중요하다. 데이비드 로젠버그처럼 다른 사람보다 재능이 훨씬 더 뛰어난 경영자가 필요하다. 기업 경영은 작은 수익률의 차이가 결국에는 큰 성과의 차이를 낳는 복리와 같다. 단기적으로는 유능한 경영진과 무능한 경영진의 성과 차이가 눈에 띄지 않을 수 있지만, 장기적으로 보면 유능한 경영진은 회사를 크게 성장시키고, 평균적인 경영진은 그럭저럭 해 나가며, 최악의 경영진은 회사를 벼랑 끝으로 몰고 간다. 하지만 능력 있는 경영진과 무능한 경영진을 구분하기는 쉽지 않다. 한 기업의 정상에 오른 사람은 슈퍼스타는 아니더라도 정치력과 웅변력을 갖춘 경우가 많다. 투자자들이 듣고 싶어 하는 것을 잘 알고 있기 때문에 투자자의 공감을 불러일으킬 수 있는 말과 발표를 만들어낸다. 세련되게 들리지만 상장기업의 발표에는 경영진의 진솔한 의견이 거의 담겨 있지 않다. 외부 투자자가 경영진을 제대로 판단하고 신뢰하기 어렵게 만든다.

 프라임 모터 그룹과 같은 비상장기업을 소유할 때 얻을 수 있는 이점은 투자자가 경영진의 역량을 확실히 파악할 수 있게 된다는 것이다. 이사회 멤버나 경영자(대체로 주요 투자자이기도 하다)와 나누는 대화는 대부분 솔직하다. 부정적인 의견과 긍정적인 의견 모두 가감 없이 논의된다. 어려운 문제에 대한 토의도 솔직하다. 이런 대화를 통해 투자자는 경영진이 양적 분석과 질적 분석에 모두 능숙한지 판단할 수 있다. 비상장기업의 경우 투자자는 말과 행동 모두에 의존할 수 있지만, 상장기업에서는 행동에 더 많은 비중을 두어야 한다.

 투자 대상 기업의 매력을 결정하는 또 다른 중요한 요소는 현명한 자본 배분 능력이다. 사업을 통해 창출된 자금은 사업에 재투자되거나 다른 기업에 투자하거나 주주에게 환원할 수 있다. 현금을 잘 활용하는 기업은 소유주를 위해 가치를 만들어 내지만 그렇지 못한 기업은 부를 파괴한다. 상장기업은 경영진이 신중하게 투자하고 있는지, 아니면 주주를 희생시키며 자신들만의 제국을 건설하고 있는지 알기 어렵다. 기업이 올바른 결정을 내리고 있는지 제대로 간파할 수 있는 투자자는 시장보다 더 명확하게 미래를 내다볼 수 있을 것이다.

비상장 자동차 딜러를 소유하며 자동차 판매 산업에 존재하는 기회에 눈을 뜨게 되었고, 프라임 모터 그룹의 가치를 극적으로 높일 수 있었다. 나중에 이런 지식을 바탕으로 리티아Lithia와 애즈버리Asbury라는 두 개의 상장기업에 투자할 수 있는 자신감을 얻게 되었다.

프라임 모터 그룹을 소유했던 기간 동안 자동차 딜러 인수에 대해 많은 것을 배웠다. 예를 들어 딜러를 인수하려면 자동차 제조사의 승인이 필요하기 때문에 과거 실적과 평판이 모두 좋아야 한다. 이런 요건 때문에 아무나 인수자가 될 수 없다. 게다가 중개자 없이 거래가 이루어지기도 한다. 따라서 개인적 관계가 있다면 매력적인 가격에 딜러를 인수할 기회를 얻을 수도 있다.

마지막으로 자동차 판매가 성숙기 사업이긴 하지만 수익성 있게 투자할 수 있는 방법이 생기기도 한다. 어느날 데이비드는 메르세데스-벤츠가 케이프코드의 한 대리점과 분쟁에 휘말려 소송으로 번졌지만, 이제 양측이 합의할 준비가 되었다는 소식을 전해 주었다. 이 상황을 해결하기 위해 메르세데스는 프라임 모터 그룹이 해당 대리점을 인수해 주길 원했다. 대리점은 작은 규모에 성장성도 낮았고 그 자체로는 매력이 없었다. 하지만 이 계약의 일부로 프라임 모터 그룹은 보스턴 남쪽 해안에 신규 메르세데스 대리점을 구축할 수 있게 되었다. 여기에는 새로운 시설 투자가 필요했다. 새 대리점이 수익을 내기까지 수년간 영업손실도 예상되었다. 시설 투자 비용과 영업손실을 합해 상당한 투자가 필요했지만 궁극적으로 수익성이 있다고 확신했고, 실제로 그렇게 되었다.

프라임 모터 그룹을 처음 인수했을 때는 기존 사업 개선에 집중했다. 이후 자본 배분을 통한 가치 창출 가능성을 깨닫고, 10년간 모든 수익을 부동산과 기업 인수에 재투자했다. 이런 투자는 상당한 성과를 거두었다. 프라임은 뉴잉글랜드에서 두 번째로 큰 딜러 그룹이자 미국 50대 딜러 그룹 중 하나로 성장했다.

프라임 모터 그룹을 보유하는 동안에는 기본 합의서에 따른 제약으로 상장 자동차 딜러의 주식을 매입하는 것이 금지되었다.[3] 2017년 이익을 실현하고 프라임에서 철수한 후 이런 제약이 해제되어 우리는 다시 상장된 딜러 기업으로 관심을 돌렸다. 리티아 모터스는 실적이 저조한 대리점을 인수하여 실적을 개선한 전력이 있는데, 이는 프라임 모터 그룹이 추구했던 전략이었다. 리티아는 꾸준히 실적이 성장했고, 경영진도 상당한 지분을 소유하고 있었다. 이런 요인들을 검토한 후 우리는 이 회사에 큰 금액을 투자했다. 프라임 모터 그룹을 소유했던 경험이 없었더라면 아마도 리티아의 공격적인 인수를 경계하고 회사의 자본 배분이 합리적인지 의심했을 것이다.

유동성 증권과 비유동성 증권의 가장 큰 차이는 상장증권은 매일 거래된다는 점이다. 심리는 투자에서 가장 힘든 부분이다. 증권 가격은 오르내리며 탐욕과 공포라는 강력한 감정을 자극한다. 본인이 저축해 둔 돈을 투자하든, 대규모 기금을 관리하든, 헤지펀드를 운용하든, 사람들은 자신의 마음 상태뿐만 아니라 가족과 다른 구성원(교수, 동문, 이사회 등), 고객의 마음 상태와도 씨름해야 한다. 투자자들이 시장의 움직임에 현명하게 대처할 수 있도록 그레이엄과 도드는 주식은 기업 일부에 대한 소유권이며, 주식시장은 단기적으로는 투표소지만 장기적으로는 저울과 같다는 점을 강조했다. 비상장기업을 소유하면 모든 주식이 단순히 컴퓨터 화면에서 시시각각 변하는 숫자가 아니라 기업에 대한 일부 지분이라는 생각을 강화할 수 있다. 비상장 투자의 역설은 팔지 못하는 상황에 긍정적인 부분이 있다는 것이다. 사업을 하다 보면 안 좋은 일도 자주 생긴다. 프라임 모터 그룹에 처음 투자한 시기는 2007년 말이었는데, 우리는 농담 삼아 경기침체 5분 전에 투자했다고 말한다. 이듬해 주식시장과 경제는 끔찍했고, 자동차 산업이 가장 큰 타격을 받았다. 자동차 딜러들은 재고금융floor plan financing을 이용해 차량을 매입한다. 늘 그렇듯

---

[3] 대형 딜러는 종종 제조사와 기본 합의서를 작성한다. 보통 딜러가 소유할 수 있는 제조사의 매장 수를 제한하는 내용이 합의서에 포함된다. 제조사에 비해 딜러가 너무 큰 권한을 갖지 못하게 방지하려는 목적이다.

이 은행들은 시장이 급락하자 겁에 질렸다. 위기가 한창이던 어느 날 대출기관에서 전화로 즉시 상환을 요구했다. 대출금을 갚아야 했다면 회사는 심각한 재정난을 겪었을 것이고 파산보호 신청을 했을지도 모르겠다. 다행히 은행은 대출을 회수할 권리가 없었고, 대출 만기가 도래했을 때는 위기가 지나고 회사 실적이 좋아져서 대출기관은 흔쾌히 대출을 계속 연장해 주었다.

우리는 10년 넘게 프라임 모터 그룹을 소유했고 투자한 돈의 몇 배를 벌었다. 만약 우리에게 매도 옵션이 있었다면 힘든 시기에 두려움에 굴복하고 주식을 팔아 버렸을 것이다. 비상장기업을 소유한다는 것은 피할 수 없는 많은 우여곡절을 겪고 이겨 내야 하며, 빠른 출구를 모색할 수 없다는 것을 의미한다. 이런 경험을 통해 우리는 포트폴리오에 담긴 상장기업이 어려움을 겪을 때에도 장기적인 안목을 유지할 수 있었다.

에이브럼스 캐피털에서 우리가 인내심을 갖고 투자하자 흥미로운 효과가 생겨났다. 일부 상장기업의 최고 경영자와의 관계가 비상장기업의 경우와 비슷하게 가까워진 것이다. 우리가 지분을 보유한 몇몇 상장기업은 주요 거래를 하기 전에 자주 우리의 의견을 구한다. 어떤 CEO는 우리가 자리를 요청하지 않았는데도 이사회 합류를 요청했다. 우리가 말과 행동으로 우리의 장기적 관점을 전달했고 경영진이 긍정적으로 받아들였기 때문에 가능한 일이었다.

상장주식 투자의 심리적 어려움을 야기하는 주가 변동은 얼마든지 유리하게 활용할 수 있다. 리티아 주식을 매수했던 시기에 또 다른 상장기업 애즈버리 그룹에도 투자했는데, 두 가지를 눈여겨보았다. 첫째, 회사의 CEO인 데이비드 헐트David Hult는 매우 유능했는데, 회사의 경영성과지표가 업계 최고 수준이었다. 둘째, 애즈버리 역시 자본 배분을 통한 가치 창출을 추구했는데, 그들의 전략은 리티아와는 달랐다. 수년 동안 애즈버리는 미스터 마켓(그는 자동차 딜러 기업을 항상 못마땅하게 생각하는 것 같다)의 변덕을 이용해 상당량의 자사주를 매수했다. 2005~2020년 사이 15년 동안 애즈버리는 주당 이익을 1.84달러에서 12.89달러로 7배 가까이 증가시켰다. 이런 성장의 거의 절반은 회사의 자사주 매입으로 발행주식이 3,300만 주에서 1,900만 주로 줄어든 덕분이었다.

경영진과 이사회, 투자자들의 이해관계가 모두 일치할 때 대체로 더 좋은 성과를 얻을 수 있다. 비상장기업 투자자는 경영진에게 유보이익을 재투자하고 경영진과 투자자의 부가 연동될 수 있는 보상 체계를 마련하도록 요구할 수 있다. 하지만 상장기업은 주요 구성원들의 이해관계가 불일치하는 경우가 많다. 이사는 주로 자신의 보수를 챙기고 동료 이사들의 환심을 사는 데 관심이 있고, 경영진은 주주 가치와 관계없이 외형을 키우는 데 몰두한다. 대체로 대기업을 경영할 때 연봉이 늘어나기 때문이다. 결과적으로 주주들의 권리는 박탈당한다. 우리는 비상장기업 투자를 통해 인센티브를 공유할 때 좋은 성과가 나온다는 것을 배웠기에, 최고경영자가 기업의 장기 가치 성장을 명확하게 추구하는 상장기업에는 기꺼이 프리미엄을 지불한다.

지금까지 비상장기업에 투자할 때 얻을 수 있는 많은 이점에 대해 언급했지만 단점도 있다. 우리와 함께 일했던 모든 사람이 뛰어난 경영자는 아니었다. 그중에는 회사(와 미국 정부)를 속여 파산에 이르게 한 CEO도 있었다. 일이 잘못되기 시작하면, 빠져나오는 데 아주 오랜 시간이 걸리고 하루하루가 고통스럽다. 매일 아침 사무실에 출근해 스스로에게 묻지 않을 수 없다. '내가 도대체 무슨 생각을 했던 거지? 어떻게 그렇게 멍청할 수 있었을까?'

40년 가까이 투자하며 노골적인 사기, 전반적인 무능, 가치를 파괴하는 자본 배분, 시장 붕괴, 테러 공격, 극심한 경기침체, 팬데믹 등 많은 어려움을 경험했다. 신으로 추앙받던 거물들이 단 몇 주 만에 정상에서 추락하고 파산하는 것을 지켜보았다. 투자자들이 약세장에서 심리적으로 무너지는 모습도 지켜보았다. 이런 사건들은 깊은 상처를 남겼다. 투자는 생각만큼 쉽지 않다. 성공하려면 우선 게임판에 계속 머무를 수 있어야 한다. 세스 클라먼은 투자의 진정한 비밀은 투자에 비밀이 없다는 사실이라고 말했다. 노력과 지적 정직성, 유연한 마음가짐이 성공의 원동력이다. 투자자는 세상의 변화에 맞춰 전략을 수정해야 하지만, 그레이엄과 도드의 핵심 개념을 명심하고, 상장주식이든 비상장기업이든 안전마진을 추구한다면 불확실한 미래에도 불구하고 항상 편안하게 투자할 수 있을 것이다.

제8부

기금 운용의 원칙과 사례

세스 알렉산더

　　27년 전 투자자로 첫발을 내디뎠을 때 나는《증권분석》이 현대의 투자자보다는 금융 역사가에게 더 적합한 책이라고 생각했다. 책은 고풍스러웠고, 아주 오래전 단순했던 금융 세계 이야기처럼 보였다. 현대의 투자자들이 보유 유형자산 가치보다 주가가 낮은 기업이나 철도 채권에 대한 투자를 읽는 게 무슨 도움이 되겠는가?

　　하지만 지금 나의 생각은 완전히 달라졌다.《증권분석》에 담긴 100년 전 투자 아이디어와 사례가 아니라 원칙과 통찰에 주목하자, 그레이엄과 도드의 교훈이 생생하게 다가왔다. 많은 사람이《증권분석》을 시대에 뒤떨어진 사례집으로 생각하고 마는데, 그런 사례들은 그레이엄과 도드가 자신들의 투자 철학을 표현하기 위해 당시에 활용한 것일 뿐이다. 언젠가 나에게 워런 버핏의 사무실 사진을 보고 본인도 창문 방향으로 책상을 배치했다고 말했던 펀드매니저처럼, 나도 확실히 요점을 놓치고 있었던 것이다.

　　나는 MIT에서 금융자산 투자를 담당하고 있으며, 기금을 투자하는 입장에서 이 글을 쓰고 있다. 다른 여러 미국의 대학처럼 MIT 역시 기금을 보유하고 있다. 기부금을 통해 조성된 자본으로, 학자금 지원이나 교직원 급여, 건물 유지관리 등의 비용을 지불하는 데 사용된다. MIT는 매년 기금의 5퍼센트 정도를 이런 용처와 긴급한 필요에 따라 사용한다. 나머지 자본은 기금이 구매력을 유지할 수 있도록 충분한 투자 수익을 기대하며 투자한다. 목표는 지금까지 MIT의 연구자들이 암 퇴치나 대체 에너지 연구, 우주 탐사 등의 분야에서 발전을 이루어 낸 것처럼 미래에도 진보를 이루어 낼 수 있도록, 인플레이션을 반영하여 동일한 수준에서 MIT를 영구히 지원하는 것이다. 장기적으로 평균 3퍼센트의 인플레이션과 연간 5퍼센트를 지출한다면 연 8퍼센트의 수익을 얻어야 한다.

주식이나 채권투자 서적에 기금 관리에 필요한 통찰이 담겨 있다고 생각하기는 쉽지 않을 것이다. 기금은 투자 역량이 부족해 직접 투자는 잘 하지 않는다. 대학은 엘리트 펀드매니저가 업계에서 받는 수준의 보상을 줄 수 없다. 업계와 내부 문화도 다르고, 신속한 거래를 뒷받침할 정도로 의사결정 절차가 빠르지도 못하다. 대부분의 투자 영역에서 기금은 업계 전문가와 경쟁할 수준이 되지 못한다. 예를 들어 매사추세츠주 케임브리지 사무실에 있는 우리가 인도 벵갈루루나 나이지리아 라고스에 있는 스타트업의 주요 투자자가 되는 것은 무척이나 어려운 일이다.

기금이 자산을 직접 매수하는 것은 경쟁력이 부족하지만, 외부의 뛰어난 전문 투자회사와 협력관계를 구축하는 데는 분명한 경쟁우위를 갖는다. 기금이 보유한 자금의 안정적인 특성 때문에 시장이 좋을 때나 안 좋을 때나 진득하게 기다려 주는 돈을 찾는 투자회사에 적합하다. 기금은 장기간 투자회사와 지속적이고 상호 보완적인 관계를 만들어 갈 수 있다. MIT는 무려 35년 넘게 몇몇 운용사와 관계를 이어 오고 있다. 가끔은 우리 대학의 미션인 탁월한 교육과 최첨단 연구를 지원하고 싶어 하는 투자회사의 도움을 받기도 한다. 동문과 교직원, 학부모, 친구로 구성된 대규모 커뮤니티의 도움을 받아 새로운 투자회사를 찾기도 한다. 결과적으로 대부분의 기금은 직접 투자하는 대신 외부 전문 운용사들로 포트폴리오가 구성된다. 기금의 직원들은 외부 투자회사를 선정하고 이들에게 적절히 자본을 할당하는 데 많은 시간을 쓴다.

기금이 갖는 이런 특징 때문에 기금의 포트폴리오는 일반적인 포트폴리오와는 상당히 다르다. 기금은 안정적인 자본과 긴 시간 지평을 갖고 있기 때문에, 장기적으로 묻어 두고 진득하게 기다리는 투자 전략을 추구하는 펀드매니저에게 투자를 맡길 수 있다. 부동산 재개발이나 기업 인수, 지속 가능한 목재 수확, 벤처 캐피털 스타트업 투자에도 참여할 수 있다. 예를 들어 우리는 오래되고 반쯤 공실인 건물을 매입하는 부동산 투자회사와 일할 수 있다. 건물을 재단장해서 새로 임대하는 데 성공한다면, 해당 지역의 임대료가 그대로라도 상당한 수익을 얻을 수 있다. 일정 기간 자본이 묶이는 것을 감내할 수 있기 때문에 기금은 전통적인 주식과 채권 투자에만 한정하지 않고, 포트폴리오의 상당 부분을 사모펀드나 벤처 캐피털, 부동산 투자에 할당하는 경우가 많다.

이런 차이점에도 불구하고 기금 역시 《증권분석》에서 많은 것을 배울 수 있다. 어떤 분야에서든 성공하려면 인간의 본능적인 행동을 이해하는 것이 중요하다. 예를 들어 기금 세계에서는 토론과 신중한 집단 의사결정을 통해 세심하게 장기적 결정을 내릴 수 있다. 하지만 동시에 의사결정을 연기해도 괜찮아 보일 때면 거의 언제나 의사결정을 다음으로 미루고 마는데, 이런 관행은 대체로 차선의 결과로 이어지는 경우가 많다. 이때 긴박감을 강하게 불어넣으면 더 나은 결과를 얻을 수 있다. 본능을 이해하고 필요하다면 본능을 이겨 낼 수 있는 절차와 문화적 규범을 만들 때 성공 가능성이 높아진다.

주식을 선별해 직접 투자하는 그레이엄의 세계이든 운용사를 선정하는 기금의 세계이든 선택 과잉은 문제가 된다. 투자자들은 수십 개의 산업과 국가, 수천 개의 증권 중에서 선택을 해야 한다. 기금 역시 수많은 투자회사 중에서 선택을 해야 한다. 선택지가 많을수록 유용할 것 같지만, 불행하게도 인간 본성은 이렇게 풍부한 선택 기회를 마주하면 집중력을 잃고 다른 시장 참가자들을 앞서는 경쟁우위 개발에 실패한다. 인간이 가진 호기심과 도파민을 자극하는 새로운 정보(혹은 새로운 트위터 게시글)로 인해 우리는 너무 많은 아이디어를 살펴보고, 불필요한 데이터를 수집하고, 알 수도 없고 무관한 문제를 토론하느라 너무 많은 시간을 소모한다. 그 결과 아주 소수의 투자자만이 명확하고 차별화된 전문성을 개발하고 좋은 투자 성과를 거둔다.

《증권분석》은 이런 선택 과잉에 해결책을 제시한다. 그레이엄과 도드는 매력적인 투자 대상의 특징과 피해야 할 특성, 필요한 정보를 조사하고 수집하는 방법에 대해 설명하고 사례를 제시한다. 이런 명확한 필터를 통해 투자 대상을 걸러 낸다면 선택 과잉을 피하고 특별한 회사와 제한된 정보에 집중할 수 있을 것이다.

우리 기금에서도 운용사를 선별하는 첫 단계로 이와 같은 투자 필터 개념을 이용하고 있다. 강력한 투자 필터는 몇 가지 특성을 가져야 하는데 첫째, 목록에 있는 대부분의 투자 대상을 신속하게 제거할 수 있어야 한다. 그레이엄과 도드라면 지나치게 투기적이거나 사업의 품질이 낮거나 명백히 비싸 보이는 대부분의 증권을 검토 대상에서 신속히 제거하고 제한된 기회에 모든 관심을 기울일 것이다.

둘째, 좋은 투자 필터는 자연스럽게 좋은 투자 기회로 이어져야 한다. 소외된 분야, 오해받고 있는 산업, 역동적인 변화가 발생하고 있는 분야, 관여를 통해 가치를 증가시킬 수 있는 자산을 골라내는 필터가 있다면 매력적인 수익이 기대되는 증권을 발견할 가능성이 높다. 마지막으로 좋은 투자 필터는 투자자의 기질이나 자질, 역량과 맞아야 한다. 실리콘밸리의 최신 스타트업에서 기회를 찾고 싶어도, 그런 회사를 초기에 발견하는 데 필요한 네트워크나 사업성을 평가할 기술적 배경, 창업자에게 조언해 줄 경영상의 노하우, 회사를 설득할 수 있는 과거의 성공이력, 이익이 발생할 때까지 스타트업을 지원할 충분한 자본이 없다면 해당 분야에서 성공할 가능성은 낮다.

우리 기금의 자금을 운용하는 몇몇 투자회사는 소유-경영자 필터를 사용한다. 이 필터는 의미 있는 수준으로 회사 지분을 소유한 창업자가 경영하는 상장기업을 찾는다. 창업자가 대규모 지분을 소유하고 있는 경우는 드물기 때문에 이 필터를 사용하는 운용사 매니저는 제한된 기회에 에너지와 관심을 집중할 수 있다. 비범한 소유-경영자가 장기적 관점에서 회사를 운영하고 자본 배분 의사결정을 추진한다면 장기적으로 기업가치를 끌어올릴 가능성이 높다. 하지만 이런 장기적 성과는 과거나 현재의 재무제표에는 잘 드러나지 않기 때문에 주식의 가격이 잘못 매겨질 가능성이 높다. 만약 당신이 1965년으로 가서 워런 버핏의 버크셔 해서웨이 재무제표를 살펴본다면, 버크셔 해서웨이가 이후에 보여 줄 놀라운 성과를 알아챌 수 있었을까? 아무런 단서도 얻지 못했을 것이다. 최고의 기업가들이 가진 동기, 엄격한 의사결정, 기꺼이 남들과 다른 길을 가려는 의지, 장기적인 비전 등을 제대로 알아 내기는 어렵다. 나아가 큰 변동성과 부진한 성과를 견뎌 내며 이런 기업을 진득하게 붙들고 있을 인내심을 갖기도 쉽지 않다. 그렇기 때문에 이런 유형의 기업을 소유하는 데는 차별화된 전문성이 필요하다.

좋은 투자 필터가 항상 좋은 결과를 가져오는 것은 아니다. 창업자가 경영하는 상장기업이 잘못된 투자로 판명 나는 경우도 많다. 따라서 오직 하나의 필터에만 의존하기보다는 다른 통찰과 다른 유형의 전문성을 함께 개발할 필요가 있다. 하지만 명확한 투자 필터를 가지고 시작할 때 투자자는 선택 과잉으로 고통받지 않고 자신의 시간을 효과적으로 사용하고, 전문성을 집중해서 개발하고, 신중하게 투자 대상을 확장할 수 있다.

그레이엄과 도드의 다른 조언처럼 좋은 투자 필터의 이점이 분명해 보이지만, 우리의 경험에 따르면 엄격하게 필터를 유지하는 투자자는 거의 없다. 그보다는 시장 분위기에 따라 관심 기업이 변하는 투자자들이 대부분이다. 이들은 정보기술이 각광을 받을 때면 소프트웨어 기업에, 중국 경제가 호황일 때면 중국 기업에, 인플레이션 조짐이 보이면 석유 가스 주식에 열광한다. 이들은 자신의 전문성을 깊이 개발하는 대신 다른 투자자들의 관심이 많고 투자 자본이 많이 흘러가는 분야만 골라 투자하기 때문에 할인된 투자 기회가 가장 없을 만한 곳만 찾아다닌다.

많은 투자자가 이런 실수를 피하려고 노력하면서도 결국 절제하지 못하고 본능에 굴복하고 만다. 잠재적인 수익 창출 기회를 발견하고도 자신이 경쟁력을 가진 분야에 집중하기 위해 그 기회를 쫓지 않기로 결정하기는 매우 어렵다. 주위 사람들이 특별한 훈련이나 전문지식, 경쟁력 없이도 상당한 돈을 버는 것처럼 보이는 상승장에서 이런 감정을 통제하기는 특히 어렵다.

위험 관리 영역에서도 그레이엄과 도드로부터 소중한 교훈을 얻을 수 있다. 위험관리는 모든 투자자에게 중요하지만 대학의 예산 구조상 기금에서는 특히 더 중요하다. 대학의 예산은 주로 급여와 복리후생으로 구성된다. 다른 특별한 항목이 없다면 예산 삭감은 주로 대학의 가장 큰 자산인 인력에 초점이 맞춰진다. 손대기 어려운 종신직, 안정적이고 장기적인 대학 문화 보존 욕구, 기금 재원의 제한성(기금 펀드는 대체로 법적으로 특정한 목적이 지정되어 있어, 예산이 부족한 다른 곳으로 전용할 수 없다)을 고려하면 예산 삭감은 대학에 특히 고통스럽다. 따라서 안정적 수익을 합리적으로 만들어 낼 수 있는 투자 정책은 주기적인 대규모 예산 삭감을 불필요하게 하고, 기금 지원을 받는 곳에 상당한 도움이 된다.

기금의 가장 큰 위험은 자본이 영구적으로 크게 손상되어 매년 지출해야 하는 금액의 가치를 유지하지 못하게 되는 것이다. 기금은 여러 가지 방식으로 자본 손상을 입을 수 있다. 고평가된 자산을 보유하고 수익률이 저조한 자산운용사에 자금을 맡길 수 있다. 포트폴리오의 변동성이 지나치게 높은 상황에서, 매년 고정된 지출을 위해 시장 저점에 손실을 확정 지어야 할 수도 있다. 포트폴리오의 유동성이 지나치게 낮아 지출이 필요할 때 우량자산을 크게 할인된 가격에 매각해야 할 수도 있다. 포트폴리오가 인플레이션이나 경기침체, 팬데믹, 전쟁과 같은 충격적인 환경 변화를 방어할 만큼 충분히 분산되어 있지 않을 수도 있다.

《증권분석》에 담긴 그레이엄과 도드의 통찰은 이런 리스크를 피하는 데 도움이 된다. 그레이엄과 도드는 미래에 대한 지나친 확신을 경계하고 다양한 미래 상황에서도 좋은 수익을 만들어 낼 수 있는 투자를 추천했다. 재앙과 같은 상황에 처하지 않으려면 안전마진을 확보하고, 우수한 경영진이 있는 고품질 기업을 찾고, 레버리지와 비유동성에 신중을 기해야 한다.

기금의 경우에는 어떤 자산을 소유할 것인지 직접 결정하지 않고 외부 파트너 운용사에게 맡기기 때문에 문제가 복잡하다. 따라서 운용사 선정 절차가 리스크에 대비하는 첫 번째 방어선이다. 이때 가장 중요한 질문은 기꺼이 함께 위기를 헤쳐 나갈 수 있는 운용사인지 여부이다. 너무 많은 돈을 차입하고, 포지션에 과도하게 집중하고, 하락 위험은 무시한 채 상승 시나리오만 생각하는 운용사라면 리스크가 커질 것이고, 그레이엄과 도드의 원칙을 고수하는 운용사라면 리스크는 줄어들 것이다.

운용사 리스크를 평가하려면 운용사가 투자한 자산만 살펴보아서는 안 된다는 사실을 뼈아픈 경험을 통해 배웠다. 2008~2009년 글로벌 금융위기 당시 운용사는 자본구조에서 선순위인 매우 우량한 신용상품을 매수했다. 하지만 안타깝게도 이 운용사는 수익률을 높이기 위해 레버리지를 이용했는데, 금융시장이 붕괴되고 가격이 하락하자 마진콜 상황에 직면하게 되었다. 비록 투자했던 신용상품 자체는 결국 좋은 성과를 거두었지만, 운용사는 최악의 시기에 투자 상품을 대부분 매도해야 했고 손실을 회복할 수 없었다. 핵심 직원 이탈, 고객들의 대규모 투자금 회수, 기타 경영 불안정으로 불황에 폐업하는 운용사에 자금을 맡겨 손실을 입기도 했다. 이런 경험을 통해 우리는 운용사와 관계를 맺기 전에 해당 운용사가 영업손실 기간을 버틸 수 있는 충분한 자본을 가지고 있는지, 경기침체기에도 유능한 직원을 유지할 수 있을 만큼 경제적 여유가 있는지, 힘든 시기를 헤쳐 나갈 수 있을 만큼 장기지향적인지, 양질의 투자자 기반을 충분히 확보하고 있어 하락장에 펀드에서 급격히 돈이 빠져나가는 상황을 피할 수 있는지 살펴본다.

우리는 리스크를 줄이는 데 도움이 되는 운용사의 다른 속성들도 파악하려고 노력한다. 예를 들어, 단순히 금전적 보상만을 바라지 않고 투자 과정과 도전을 즐기는 운용사를 선호한다. 이런 운용사는 단기적인 수익률 전망이 낮아도 장기적으로 충분히 할인된 투자 기회가 많다면 어려운 시장을 버티며 투자하고 성공할 가능성이 높다. 우리는 무한정 고객을 받지 않고 펀드를 마감하고 운용 자본 규모를 제한하는 운용사를 선호한다. 이런 운용사는 향후 고객이 빠져나가더라도 이를 대체할 수 있는 잠재 고객층을 유지함으로써 힘든 시기를 헤쳐 나갈 수 있다. 우리는 시장 지수를 이기는 것이 아니라 절대 수익률에 초점을 맞추기를 원한다. 경험상 절대 수익률 목표를 가진 운용사는 시장을 이겼더라도 장기적으로 손실을 보는 것은 결코 좋은 성과가 아니라고 생각하기 때문에 잠재적인 하락 가능성에 더 신경 쓰는 경향이 있다.

지금까지 살펴본 운용사 선정 방안이 벤처 캐피털에도 적용될 수 있을까? 벤처 투자자들은 홈런을 노리며 위험을 감수해야 하는 것 아닌가? 그렇다. 하지만 신중한 벤처 투자자는 다소 경험이 부족한 창업가나 검증되지 않은 사업 모델에 돈을 거는 한편으로 다른 모든 위험을 줄이기 위해 최선을 다한다. 언젠가 닥칠 힘든 시기에 기업을 지원할 수 있도록 현금을 비축해 두고, 꿈을 추구하는 창업가들에게 운영 능력이 검증된 경영진을 소개해 현실적 기반을 제공하고, 장기적으로 지속 가능한 사업 관행을 구축하도록 격려하고, 좋은 시기에 충분한 자본을 조달해 놓도록 독려한다. 불황기를 미리 대비함으로써 벤처 투자자들은 스타트업 기업들이 힘든 시기를 견뎌 내고 혁신적인 아이디어를 성공시킬 수 있도록 돕는다.

기금의 두 번째 방어선은 포트폴리오 수준에서 리스크를 통제하는 것이다. 운용사가 개별적으로 현명한 결정을 내리더라도 여러 운용사의 투자가 모이면 포트폴리오 전체적으로 위험해질 수 있는데, 기금은 이런 위험 노출을 제한할 수 있는 조치를 취해야 한다. 신중하게 톱다운 한도를 설정하면 부정적 사건이나 정치적 변화, 거시경제적 역풍에 포트폴리오 전 영역이 동시에 타격을 받지 않도록 포트폴리오를 잘 분산시킬 수 있다. 예를 들어 우리는 2013년 톱다운으로 중국 투자 한도를 설정했다. 중국에 아무리 잘 분산투자하더라도 미국 투자자의 가치를 손상시킬 수 있는 잠재적인 미래 위험을 포착했기 때문이다. 바텀업 투자 기회만 탐색했다면 중국에 과도하게 노출될 수 있었고, 지정학적 변화가 발생하면 포트폴리오의 가치가 크게 하락할 것이었다.

기금의 마지막 방어선은 기금을 소유한 기관의 전반적인 재정 정책이다. 리스크를 제한하는 투자 정책 외에도 기관은 신중하게 지출과 예비비 적립 정책을 수립하여 예산 삭감에 대비할 수 있다. 예를 들어 기관은 기금 지출액을 매년 최대 수준으로 늘리는 대신, 기금 가치가 하락하더라도 지출 삭감이 일어나지 않도록 여유를 만들어 놓을 수 있다. 마찬가지로 불황기에 사용할 수 있는 별도의 준비금을 설정해 놓을 수도 있다.

모든 투자자가 그레이엄과 도드로부터 배울 수 있다. 안타깝게도 《증권분석》은 유명세를 치르고 있다. 너무 유명하고 자주 인용되기 때문에 많은 사람들이 책을 읽지 않고도 책에 담긴 교훈을 이미 잘 알고 있다고 생각한다. 업계에 들어와 읽을 만한 책을 찾으면서 나 역시 그렇게 생각했다. 하지만 《증권분석》을 직접 읽어 보니 언론에서 흔히 인용하는 단순한 요약과는 차원이 다른 세상이 펼쳐졌다. 가장 놀라웠던 점은 책에 담긴 많은 내용이 지금도 여전히 타당하며, 심지어 기금 운용과 같은 인접 분야에도 가르침을 준다는 것이었다. 독자들도 나와 같은 즐거움을 누리기를 바란다.

부록
QR 코드 통해 제7판에 생략된 원문 PDF 참조.

| 제7판 소개 |

《증권분석》 제7판에 관하여

2008~2009년 금융위기 직전에 《증권분석》 제6판이 나오고 14년이 지났다. 매우 이례적인 시기였다. 너무 많은 일들이 벌어져서 2022년 초 제7판을 내기로 결정했다. 새롭게 다뤄야 할 내용이 많았다.

이번 개정판은 1940년 출간된 《증권분석》 제2판을 토대로 구성했고, 시대에 뒤떨어진다고 생각되는 몇 개의 챕터는 생략하였다. 제6판과 마찬가지로 주요 투자자와 금융사상가를 선별하여 원문에 대한 논평을 부탁했다. 우리는 독자들이 그레이엄과 도드 시대 이후 변한 것과 변하지 않은 것을 식별하고, 지금의 관행과 혁신, 트렌드, 도전에 대한 통찰을 얻기를 희망한다.

《증권분석》 제6판이 출간된 직후 미국 주택시장의 거품이 도화선이 되어 금융위기가 발생했다. 막대한 주택 및 상업용 모기지가 여러 조각으로 나뉘고 증권화되어 투자자들에게 판매되었다. 신용평가사들은 새로 만들어진 증권에 투자적격 등급을 부여했다. 호시절이 영원히 계속될 것처럼 이런 상품들이 만들어졌다. 전국적으로 광범위하고 지속적인 집값 하락이 발생하리라고는 아무도 생각하지 않았고, 당연히 그런 상황에 대비한 스트레스 테스트도 전혀 이루어지지 않았다. 하지만 그런 하락이 발생하자 증권 가격은 폭락했고 베어스턴스Bear Stearns, 리먼 브라더스Lehman Brothers, AIG, 패니 메이Fannie Mae, 프레디 맥Freddie Mac, 메릴린치Merrill Lynch 등의 주요 금융기관의 재무상태표는 피로 물들었다.

곧바로 실물 경제로 피해가 확산되어 주식시장 붕괴, 무차별적인 채권 매도, 심각한 경기침체로 이어졌고, 결국 대공황 이후 최악의 금융위기가 초래되었다. 연준은 지체 없이 금리 인하를 단행했고, 미국 의회는 벼랑 끝에 몰린 기업과 개인들을 지원하기 위해 다양한 법안을 통과시켰다. 미국뿐 아니라 전 세계 중앙은행과 정부에서도 비슷한 조치가 이루어졌다.

이후 미국을 비롯한 세계 경제가 회복되기 시작하면서 금융시장은 2020년 3월까지 11년 동안 활황이 이어졌다. 주식시장 역사상 가장 긴 강세장이었는데, 이 기간 S&P500은 5배 상승하였다. 이후 2020년 4월부터 2022년 1월까지 주식시장은 다시 2배가 되었다. 연준의 계속된 제로금리 정책, 국채 및 모기지 증권의 대규모 매입, 그 밖에 전례를 찾기 힘든 다양한 개입으로 시장이 과열되었다.

경제활동이 정상화되던 2020년 3월 세계적인 팬데믹이 엄습하였다. 1918~1919년 스페인 독감 이후 100년 만의 팬데믹으로 미국과 세계 경제는 폐쇄되었고 이로 인해 또 다른 일련의 부양 조치가 이루어졌다. 2022년 초까지 불균등한 경제회복, 인력 부족 심화, 중국의 강력한 봉쇄 조치, 러시아의 우크라이나 침공으로 인한 공급망 교란이 지속되었고, 계속된 막대한 경기부양의 영향으로 40년 만에 최악의 인플레이션이 발생하였다. 이로 인해 연준의 정책 방향이 급반전되었다. 큰 폭의 금리인상이 이루어졌고 주식시장도 하락 반전했다. 주가 상승이 가팔랐던 성장주의 하락이 두드러졌다. 이전의 전례 없는 경기부양책과 완화적 통화 정책은 이 책이 쓰이는 동안 이제 막 역전되기 시작했고, 이로 인해 투자자들이 직면한 시장의 불확실성이 한층 더 커졌다. 경기침체 가능성이 점점 더 커지고 있다.

2022년의 급격한 인플레이션이 통제될 수 있을까, 아니면 고착될까? 연준이 인플레이션을 진정시킬 수 있을지, 시장이 불안정해지면 연준이 또다시 구제하러 나서게 될지 지금 시점에서는 아무도 모를 것이다. 하지만 이 책에 담긴 그레이엄과 도드의 시대를 초월한 상식적인 원칙과 여러 저자들의 체계적인 해설을 읽는다면 어떤 미래도 잘 헤쳐 나갈 수 있을 것이다.

제7판의 서문은 내가 썼던 제6판의 서문을 최근 상황을 반영하여 전체적으로 재작성하였다. 제6판 출간 이후 세상은 크게 달라졌다. 벤저민 그레이엄의 시대와는 상상할 수 없을 정도로 달라졌다. 이런 세상에서 오랜 세월의 검증을 거친 그레이엄의 원칙을 어떻게 지킬 수 있고, 또 지켜야 하는지 전달하고자 노력했다. 서문 이외에도 많은 저자의 글이 추가되었다.

- 금융사학자 제임스(짐) 그랜트는 역사적 관점에서 벤저민 그레이엄이 가치투자 방식을 수립하고 실행하던 시대 상황을 조명한 탁월한 글을 기고하였다.
- 금융 분야의 저명한 작가이자 역사가인 로저 로웬스타인은 금융위기 이후 오랜 강세장에서 발생한 어리석은 유행들을 살펴보며 그레이엄의 지혜가 영원함을 보여준다.
- 투자자이자 저술가인 하워드 막스는 투자에 관한 정기적인 서신과 저서로 널리 알려져 있다. 위험과 잠재 수익에 초점을 맞춰 채권시장을 탐색하는 데 필요한 새로운 관점을 제시한다.
- 투자자이자 저자인 도미니크 미엘은 부실채권 투자에 대한 자신의 경험과 통찰을 들려준다.
- 토드 콤스는 주식투자에 대해 이야기한다. 투자 기회를 찾는 비결, 사업가치평가 전략, 실사와 분석에 대한 자신만의 접근 방식에 대해 자세히 설명한다.
- 스티븐 로믹은 주식과 채권, 모기지 담보증권 등 다양한 가치투자 기회들을 논의한다.
- 벤저민 스타인과 재커리 스턴버그는 열정적인 소유-경영자와 동행하는 투자에 집중한다. 와튼 스쿨 재학 시절 기숙사 방에서 구상한 투자 방식으로 이해관계의 일치를 중요하게 생각한다. 보유 기간이 매우 길고 포트폴리오의 집중도가 높아 성과의 변동성이 큰데 저자들은 이를 감수한다.

- 낸시 짐머만은 특수 상황 투자의 하나인 차익거래arbitrage 방식에 대해 설명한다. 증권 가격이 내재가치와 괴리되는 다양한 상황을 살펴보고 투자자가 이런 가격 오류를 이용해 수익을 취할 수 있는 방법을 알아본다.
- 나는 투자 과정에 재무상태표 분석이 여전히 중요하지만 과거와 달리 한계도 있음을 설명한다.
- 그레이엄과 도드는 글로벌 투자를 다루지 않았지만, 윌리엄 더멀, 아쉬쉬 판트, 제이슨 모먼트는 글로벌 시장에 내재된 도전과 기회를 살펴본다. 경제가 글로벌화되면서, 기업들은 점점 더 자국을 넘어 해외에서 사업을 전개하고, 투자자들도 손쉽게 해외에 투자할 수 있게 되었다. 그레이엄과 도드의 기본 원칙은 선진시장이나 신흥시장을 가리지 않고 모든 글로벌 투자에 적용될 수 있다. 하지만 글로벌 투자에는 환율, 관할 지역의 법과 규정, 다양한 문화적 규범, 시장의 유동성 부족, 상당한 정보 불이익의 위험 등 추가적으로 고려할 요소들이 있다. 우리 회사에서는, 대부분의 나라에서 오직 극소수의 사람만이 실제로 무슨 일이 벌어지고 있는지 알 텐데, 우리는 그들이 아니라는 농담을 자주 한다. 투자자라면 이런 문제를 해결하고 불이익을 극복할 방법을 찾아내야 한다. 일부 투자자들은 이런 문제가 특히 심각한 시장을 기피하게 되는데, 이로 인해 해당 시장은 모든 문제를 반영하고도 남을 만큼 할인된 가격에 거래될 수 있다. 할인된 가격은 다시 투자자를 끌어들일 것이다.
- 데이비드 에이브럼스는 자신의 독창적인 멀티 전략multistrategy 투자 방법을 소개하며 상장주식과 비상장기업 투자를 병행할 때 갖는 상승효과를 설명한다.
- 현재 교육기관, 자선단체, 의료기관 등의 기금이 보유한 자본은 규모도 크고 성장하고 있다. MIT의 기금을 관리하는 세스 알렉산더는 대규모 기금 관리를 위한 최고의 전략을 소개한다. 직접 투자하기보다는 어떤 섹터나 전략, 펀드매니저에게 자본을 할당하는 것이 최선인지를 판단하는 청지기steward로서 자신의 통찰과 소중한 관점을 보여 준다.

이번 제7판의 기고자들은 뛰어난 투자 사상가이자 훌륭한 작가로 독자들에게 많은 가르침을 줄 것이다. 이들의 글은 그레이엄과 도드의 원문과 함께 금융시장에 관심 있는 사람들이 금융시장의 작동 방식을 이해하고 성공적으로 참여할 수 있도록 체계적인 틀을 제공한다.

이 책은 15명이 협력하여 만든 공동 작업의 결과로 가치투자 커뮤니티의 특징을 잘 보여 준다. 우리들은 투자하며 경쟁하기도 하지만 친구이자 동료이다. 어느 누구도 모든 것을 다 알지 못한다는 것을 알기에 지속적으로 서로에게 배우려고 노력한다. 큰 실수를 하게 되면 다시는 되풀이하지 않도록 철저하게 기억에 새긴다. 우리 중 누구도 완벽한 투자자가 아니라는 사실을 안다. 항상 새로운 도전과 문제에 부딪히고 여전히 개선의 여지가 있다. 새로운 증권과 기업과 산업이 출현하고, 표준이 바뀌고 시장 상황이 달라지며 시대가 변함에 따라 가치투자자도 끊임없이 자신의 능력을 개선하고 새로워져야 한다. 풍부한 경험과 뛰어난 실력을 갖춘 저자들의 다양한 관점을 담은 이번《증권분석》제7판이 오래도록 사랑받는 가치 있는 책으로 남기를 희망한다.

세스 클라먼
매사추세츠 보스턴 2022년 11월

| 감사의 글 |

바쁜 중에도 소중한 시간을 내어 독자들에게 통찰과 경험과 관례를 나눠 준 해설자들께 깊이 감사드린다. 그리고 이들을 대신해서 원저자 벤저민 그레이엄과 데이비드 도드의 엄청난 업적에 경의를 표한다. 두 분은 저서와 가르침을 통해서 중요하고도 확고한 방식으로 우리에게 감동과 영감을 주셨다. 그레이엄과 도드 가치투자 원칙의 화신인 워런 버핏에게도 감사드린다. 버핏은 끊임없이 변화하는 시장과 사업 환경에서도 가치투자 원칙을 유연하게 적용할 수 있음을 현대 투자자들에게 보여 주는 전형이다.

맥그로힐의 주디스 뉼린이 이 프로젝트를 착수하고 지휘했다. 그녀의 통찰력과 편집 솜씨 덕분에 기고자들의 독특한 관점과 문체가 유지되면서도 글이 더 깔끔해졌다. 또한 외부 편집자 아비 샤피로와 캐서린 메신저가 여러 달 근면 성실하게 노력해 준 덕분에 글이 개선되었다.

이 개정판을 기쁨과 영감을 주는 나의 미래인 라일라에게 바친다. 그리고 할 수 있다는 태도와 열정적 헌신으로 무슨 일이든 해내는 나의 팀원 애슐리와 모건에게도 바친다. 감사드린다.

세스 클라먼
매사추세츠 보스턴 2022년 11월

| 해설자 소개 |

세스 클라먼 Seth A. Klarman: 보스턴 소재 바우포스트 그룹The Baupost Group, L.L.C. CEO 겸 포트폴리오 매니저. 1983년부터 가치투자 원칙을 사용해서 여러 투자조합을 성공적으로 운영하고 있다. 서문에서 그레이엄과 도드의 영원한 철학, 기업과 시장의 엄청난 변화, 가치투자자들 사이의 경쟁 환경 등을 논의했다. 가치투자의 고전《안전마진》의 저자이기도 하다.《증권분석》제6판의 공동 편집자였으며,《증권분석》제7판의 편집자이다.

제임스 그랜트 James Grant: 〈그랜트 인터레스트 레이트 옵저버〉Grant's Interest Rate Observer 창간자 겸 편집자이며, 시장과 금융에 관한 글을 반세기 동안 쓰고 있다. 버나드 바루크Bernard Baruch 전기와 빅토리아 시대의 언론인 월터 배지엇 전기를 포함해서 9권의 저서가 있다. 개론에서 그레이엄과 도드의 시대로 거슬러 올라가《증권분석》을 역사적 관점에서 고찰하였다.《증권분석》제6판의 공동 편집자였다.

로저 로웬스타인 Roger Lowenstein: 미국의 정상급 금융 기고가로서, 경제사와 금융에 관한 저서가 7권이다. 〈월스트리트 저널〉, 〈뉴욕 타임스〉, 〈파이낸셜 타임스〉, 〈워싱턴 포스트〉, 〈서브스택〉Substack 등에 기고한다. 베스트셀러《워런 버핏, 위대한 자본가의 탄생》과《천재들의 실패》의 저자이기도 하다. 저서 *Ways and Means: Lincoln and His Cabinet and the Financing of the Civil War*(방법과 수단: 링컨, 그의 내각, 그리고 남북전쟁의 재정, 국내 미출간)은 2022년 해럴드홀저도서상Harold Holzer Book Prize을 받았다. 세쿼이아 펀드Sequoia Fund 사외이사도 겸하고 있다.

하워드 막스, CFA Howard S. Marks, CFA: 로스앤젤레스 소재 오크트리 캐피털 매니지먼트Oaktree Capital Management, L.P. 설립자 겸 회장. 초창기에 하이일드 본드에 투자했으며, 그레이엄과 도드를 열성적으로 추종한다. 이 두 가지가 상충하는 것처럼 보이지만, 사실은 그렇지 않다고 말한다. 제2부 개론에서 《증권분석》의 아이디어가 현대 채권시장에도 적용된다고 설명한다.

도미니크 미엘 Dominique Mielle: 부실채권에 집중적으로 투자하는 대형 헤지펀드의 파트너와 포트폴리오 매니저를 역임했다. PG&E, 푸에르토리코, 미국 대형 항공사 등의 복잡한 부도 사건 등에서 핵심 역할을 담당했다. 2017년 《헤지펀드 저널》Hedge Fund Journal과 언스트 앤드 영Ernst & Young에서 선정한 '헤지펀드계를 선도하는 50대 여성'50 Leading Women in Hedge Funds에 포함되었다. *Damsel in Distressed*(곤경에 빠진 자산, 국내 미출간)의 저자이며 《포브스》Forbes 기고가이기도 하다.

토드 콤스 Todd A. Combs: 가이코Geico 의장 겸 CEO이며 버크셔 해서웨이의 투자책임자이다. 2010년 버크셔에 합류하기 전에는 2005년에 설립된 투자조합 캐슬 포인트 캐피털Castle Point Capital의 CEO였다. 2016년 이후 JP모건 체이스의 이사이기도 하다.

스티븐 로믹 Steven Romick: 로스앤젤레스 소재 가치투자형 투자조합 퍼스트 퍼시픽 어드바이저First Pacific Advisors의 파트너이다. 모닝스타는 그가 운용한 FPA 크레센트 펀드The FPA Crescent Fund를 뮤추얼펀드 중 위험조정수익률 최고로 평가하여 2013년 미국 자산배분 펀드매니저상U.S. Allocation Fund Manager of the Year을 수여했다. 제5부 개론에서 지속적인 학습과 현실적인 대응의 중요성을 논의했다.

재커리 스턴버그 Zachary S. Sternberg, **벤저민 스타인**Benjamin F. Stein: 둘 다 펜실베이니아 대학교 2학년이던 2005년 뉴욕에서 스프루스 하우스 투자조합Spruce House Partnership을 함께 설립했다. 이 투자조합은 소유주가 경영하는 상장기업과 비상장기업에 장기투자한다.

낸시 짐머만 Nancy Zimmerman: 절대 수익을 추구하는 보스턴 소재 헤지펀드 브레이스브릿지 캐피털Bracebridge Capital의 공동설립자 겸 파트너이다. 제7부 개론에서 현대 금융시장에도 그레이엄과 도드의 아이디어가 여전히 타당하며 차익거래 관점을 적용할 수 있음을 논의한다.

윌리엄 더멀 William Duhamel, **제이슨 모먼트**Jason E. Moment, **아쉬쉬 판트**Ashish Pant: 2010년에 설립된 루트 원 투자회사Route One Investment Company, L.P. 대표들이다. 루트 원은 가치투자 기법에 따라 전 세계에 투자한다. 루트 원 설립 전에는 세 사람 모두 패럴론 캐피털 매니지먼트Farallon Capital Management의 파트너였다. 제8부 개론에서 그레이엄 도드 기법으로 세계 시장에서 기회를 탐색하는 방법을 논의한다.

데이비드 에이브럼스 David Abrams: 1999년 보스턴에 설립된 헤지펀드 에이브럼스 캐피털 매니지먼트Abrams Capital Management의 CEO. 제8부 사례 연구에서 공개시장과 비공개시장에 그레이엄과 도드의 원칙 적용 방법을 논의한다. 《증권분석》 제6판 제7부 개론 '주식시장에 대한 거대한 착각과 가치투자의 미래'에서는 자신이 가치투자에서 얻은 초기 경험과 교훈을 제시하면서, 자칫 따분해지기 쉬운 주제인 워런트와 옵션을 생생하게 설명한다.

세스 알렉산더 Seth Alexander: MIT의 사업부인 MIT 자산운용MIT Investment Management Company, MITIMCo의 사장. MIT의 기금, 퇴직 연금, 퇴직자 복지기금 등 MIT의 금융자산을 운용한다. 제8부 개론에서 그레이엄과 도드 원칙을 기금 운용에 적용하는 방법을 논의한다.

| 옮긴이 소개 |

이건
투자서 번역가. 연세대학교 경영학과를 졸업하고 같은 대학원에서 경영학 석사학위를 받았으며, 캘리포니아 대학교 샌디에이고 캠퍼스에서 유학했다. 장기신용은행에서 주식 펀드매니저, 국제 채권 딜러 등을 담당했고 삼성증권과 마이다스에셋자산운용에서 일했다. 영국 IBJ 인터내셔널에서 국제 채권 딜러 직무훈련을 받았고 영국에서 국제 증권 딜러 자격을 취득했다. 지은 책으로 《찰리 멍거 바이블》(공저), 《대한민국 1%가 되는 투자의 기술》 등이 있다. 옮긴 책으로 《전설로 떠나는 월가의 영웅》, 《워런 버핏의 주주 서한》, 《증권분석》(제3판·제6판) 등 60여 권이 있다.

- 이메일: keonlee@empas.com
- 블로그: https://blog.naver.com/keonlee0324

박성진
이언투자자문 대표 겸 CIO. 투자는 결국 사람과 세상을 이해하는 일이라 생각한다. 독서모임 '사피엔스'에서 지적 동료들과 함께 책 읽는 시간을 즐긴다. 옮긴 책으로 《운과 실력의 성공 방정식》, 《현명한 투자자의 인문학》, 《완벽한 종목 추천》이 있다.

설윤성
서울에서 태어나 미국 뉴햄프셔주 세인트폴 고등학교를 거쳐 펜실베이니아 대학교 와튼 스쿨에서 경영학 학사 과정을 마쳤다. 현재는 토터스자산운용㈜의 대표이사를 맡고 있다.

투자라는 렌즈를 통해 세상과 인간, 그리고 겸손함에 대해 많은 것을 배웠고, 여전히 배워 나가는 중이다. 이번 번역 작업을 통해 한국어의 미묘한 표현과 아름다움을 더욱 사랑하게 되었으며, 인생의 궤도를 바꿔 놓은 《증권분석》의 번역에 참여할 수 있어 큰 영광으로 생각한다. 가치투자라는 접근법이 외면받는 지금, 투자인으로 살아가며 오히려 《증권분석》의 철학과 정신을 더욱 깊이 체감하고 있다.

SECURITY ANALYSIS